复兴之路

新中国经济思想研究

丛书主编：程霖

"十三五"国家重点出版物出版规划项目

上海市哲学社会科学学术话语体系建设办公室、上海市哲学社会科学规划办公室"新中国成立70周年"研究项目
理论经济学上海Ⅱ类高峰学科建设计划项目
中央高校建设世界一流大学学科和特色发展引导专项资金和中央高校基本科研业务费资助项目

新中国开放发展思想的演进研究（1949～2019）

陈　波◎著

中国财经出版传媒集团
经济科学出版社
Economic Science Press

图书在版编目（CIP）数据

新中国开放发展思想的演进研究：1949－2019/陈波著．—北京：经济科学出版社，2019.9
（复兴之路：新中国经济思想研究）
ISBN 978－7－5218－1027－1

Ⅰ.①新…　Ⅱ.①陈…　Ⅲ.①开放经济－经济思想－研究－中国－1949－2019　Ⅳ.①F125

中国版本图书馆 CIP 数据核字（2019）第 219246 号

责任编辑：孙丽丽　何　宁
责任校对：王苗苗
版式设计：陈宇琰
责任印制：李　鹏

新中国开放发展思想的演进研究（1949～2019）
陈　波　著
经济科学出版社出版、发行　新华书店经销
社址：北京市海淀区阜成路甲 28 号　邮编：100142
总编部电话：010－88191217　发行部电话：010－88191522
网址：www.esp.com.cn
电子邮件：esp@esp.com.cn
天猫网店：经济科学出版社旗舰店
网址：http://jjkxcbs.tmall.com
北京季蜂印刷有限公司印装
710×1000　16 开　35.75 印张　560000 字
2019 年 10 月第 1 版　2019 年 10 月第 1 次印刷
ISBN 978－7－5218－1027－1　定价：98.00 元
（图书出现印装问题，本社负责调换。电话：010－88191510）

总 序

新中国成立70年来，中国经济建设取得了举世瞩目的辉煌成就，尤其是改革开放之后，中国经济体制出现了重大转变，经济实现持续高速增长，跃居全球第二大经济体和第一大贸易国，在世界政治经济格局中的地位与角色日益凸显，步入了实现中华民族伟大复兴的良性发展轨道。与中国经济体制转变同步，中国经济思想在理论范式和学术进路上也经历了比较大的调整。从计划经济时代形成的以马克思主义政治经济学和苏联社会主义政治经济学为主要内容和理论体系，逐渐过渡到以马克思主义为指导，政治经济学、西方经济学和中国传统经济思想多元并进的局面，这为中国特色社会主义市场经济理论和体制的形成与发展创造了良好的条件。

在此过程中，中国经济思想的发展演变与中国经济的伟大实践也是紧密相关的。尤其是在改革开放以后，中国经济在“摸着石头过河”的过程中涌现出了大量前所未有的、在其他国家也较为鲜见的经济创新实践，这就对源于西方成熟市场经济国家的经济学理论的解释力和预测力提出了挑战，蕴育了经济理论创新的空间。可以说，中国经济实践探索呼唤并推动了中国经济思想创新，而中国经济思想创新又进一步引领了中国经济实践探索。新中国70年的复兴之路在很大程度上是中国人民奋力开创的、为自己量身打造的发展模式，离不开国人在诸多经济问题与理论上的理解、决断与创造，这些也构成了新中国成立以来各领域所形成的丰富经济思想的结晶。

站在新中国成立70周年的重要历史时点上，中国正处于速度换挡、结构优化、动力转化以实现高质量发展的关键当口，有必要系统回顾总结新中国经济思想，较为全面地展示新中国成立70年以来中国经济思想在若干重要领域上的研究成果。这将为新时代构建有中国特色的社会主义政治经济学学科体系、学术体系和话语体系提供可靠立足点，同时基于对当代中国经济发展建设与民族复兴内在规律与经验的总结凝练，也将有助于指导并预测中国经济未来发展方向，明确新时期进一步加快实现民族复兴的道路选择，并为世界的经济发展提供具有可借鉴性和可推广性的“中国方案”。

目前，以整体视角全面梳理新中国经济思想的研究成果主要是一些通史性著作，以谈敏主编的《新中国经济思想史纲要（1949～1989）》“新中国经济思想史丛书”等为代表。这类著作通常以理论经济学和应用经济学一级学科为基础构建总的研究框架，然后再以其各自的二级学科为单位，逐一展开研究。这类研究的优点是有利于严格遵循经济学的学科体系，涵盖范围较广，学术系统性较强。但是其更加侧重经济思想学术层面的探讨，对经济思想的实践层面探讨不多。而且，一些具有丰富经济思想内容但没有作为独立二级学科存在的领域，未能被这类研究纳入其中。

与此同时，还有一类研究以张卓元主编的《新中国经济学史纲（1949～2011）》为代表，既包括以时间线索划分的通史性考察，也包含有专题式的研究（如社会主义市场经济理论、所有制理论、企业制度理论、农业经济理论、产业结构与产业组织理论、价格改革理论、宏观经济管理改革理论、财政理论、金融理论、居民收入理论、社会保障理论、对外开放理论等)，更好地将经济理论研究与中国重大发展改革问题联系起来。这类研究的优点在于更贴近中国本土的经济问题，不拘泥于经济学科的科目划分。但由于涉及内容广泛但又多以单部著作的形式呈现，篇幅有限，所以对于所考察的经济思想常常难以做到史料丰富详实、分析细致深入。

因此，如何拓宽研究视角、创新研究体系和方法，进而对新中国经济思想的理论变迁与实践探索展开更为全面且系统深入的研究，是“复兴之路：新中国经济思想研究”丛书（以下简称丛书）拟做的探索。

对于中国经济思想的探索与创新研究，需要正确处理好学科导向和问题导向的关系。不能局限于学科导向而忽视中国经济现实问题，应该在确保学科基质的基础上以问题导向开展相关研究。同时，也要认识到，中国经济现实问题中蕴含着学科发展的内在要求、学科延伸的广阔空间、学科机理的不断改变。据此，丛书尝试突破学科界限，构建以重大问题导向为划分依据的研究框架。紧密围绕中国经济建设的目标与诉求、挑战与困境，针对新中国经济发展过程中重大问题的理论探索设计若干子项目，分别以独立专著形式展开研究。这种研究框架，能够更加紧密地融合理论与实践，更加具有问题意识，有助于将中国经济改革与发展中形成的重要经济思想充分吸纳并作系统深入的研究，可视为对上述两种研究体系的一种补充和拓展。

在研究体例和方法上，丛书所含专著将致力于在详尽搜集各领域相关经济思想史料的基础上，一方面对该思想的产生背景、发展演变、阶段特征、突出成果、理论得失、未来趋势等方面进行系统梳理与考察，另一方面则围绕思想中所体现的重大理论与现实问题，在提出问题、捕捉矛盾、厘清思路、建立制度、投入实践乃至构建理论等方面做出提炼与判断。同时将尽可能把握以下几点：

第一，把握各子项目研究的核心问题和主旨线索。因为丛书是以重大理论与现实问题导向为切入口，那么所探讨的经济思想就要能触及中国社会主义经济理论与市场经济建设的关键实质，聚焦问题的主要矛盾，进而更有针对性地串联起相关的经济思想。例如，在“新中国经济增长思想研究”中，著者认为经济增长方式（主要分为外延式和内涵式）的明确、选择与转换，是中国经济增长研究的主旨线索；在“新中国产业发展思想研究”中，著者认为根据不同时期的结构性条件变化，选择发挥外生比较优势的产业发展路径还是塑造内生竞争优势的产业发展路径是经济思想探讨的关键；在“新中国民营经济思想研究”中，不同时期以来我国各界对于民营经济的态度、定位及其在社会主义建设中的角色则是一个重要问题，等等。只有把握住核心问题与主旨线索，才能使得经济思想史的研究更有聚焦，在理论贡献挖掘与现实启迪方面更有贡献。

第二，明确各子项目研究的历史分期。由于各子项目均将以独立专著形式出现，考虑到篇幅及内容的系统性，丛书选择以纵向时间作为基本体例。在历史分期的问题上，丛书主张结合中国宏观经济体制、经济学术及诸多背景环境因素的阶段性变化，但更为根本的是应探索各子项目核心问题的内在发展逻辑，以此作为历史分期的主要依据。所以不同子项目可能会以不同的历史分期作为时间框架。

第三，综合运用多种方法，对各子项目所包含的经济思想进行全面且系统的解读。在运用史料学、历史分析等经济史学传统研究方法的基础上，注重采用现代经济学、经济社会学等相关理论和历史比较制度分析、历史计量分析、经济思想史与经济史交叉融合的研究方法，进而以研究方法的创新来推动观点与结论的立体化与新颖化。

本丛书的策划缘起于我所主持的2017年上海哲学社会科学规划“新中国70周年研究系列”项目——复兴之路：新中国经济思想研究，后有幸被增补为“十三五”国家重点出版物出版规划项目。当然，相关书稿的写作许多在2017年之前就已经开始，有些还是获得国家社科基金资助的著作。最初设计时选取了20个经济思想主题，规划出版20本著作，涵盖了新中国经济思想的许多重要方面，具体包括：新中国经济增长思想研究、新中国经济转型思想研究、新中国对外开放思想研究、新中国经济体制改革思想研究、新中国国企改革思想研究、新中国民营经济思想研究、新中国金融体制改革思想研究、新中国农村土地制度改革思想研究、新中国经济特区建设思想研究、新中国产业发展路径选择的经济思想研究、新中国旅游产业发展与经济思想研究、新中国国防财政思想与政策研究、新中国财税体制改革思想研究、新中国反贫困思想与政策研究、新中国劳动力流动经济思想研究、新中国城镇化道路发展与经济思想研究、新中国区域发展思想研究、新中国城市土地管理制度变迁与经济思想研究、新中国城乡经济关系思想研究、新中国经济理论创新等。后来由于各种原因，至丛书首次出版时完成了其中的13本著作，对应上列20个主题的前13个，其他著作以后再陆续出版。

丛书依托于上海财经大学经济学院。上海财经大学经济学院是中国经济思想史与经济史研究的重要基地和学术中心之一。半个多世纪以来，在以胡寄窗先生为代表的先辈学者的耕耘下，在以谈敏、杜恂诚、赵晓雷教授为代表的学者的努力下，上海财经大学经济思想史、经济史学科的发展对我国经济史学学科的教育科研做出了重要贡献。在学科设置上，经济学院拥有国家重点学科——经济思想史，并设有国内首家经济史学系和上海财经大学首批创新团队“中国经济转型的历史与思想研究”，致力于促进经济思想史和经济史学科的交叉融合，并实行中外联席系主任制、海外特聘教授制等，多渠道、多方式引入海内外优质教育资源，极大地促进了中国经济史学研究的国际化和现代化。

近年来，上海财经大学经济史学系建立起梯队完善、素质较高的人才队伍，聚焦于新中国经济思想史研究，已形成了一批具有影响力的学术成果，为本项目的顺利开展奠定了基础。丛书的写作团队即以上海财经大学经济学院经济史学系的师生、校友为主，其中部分校友任职于复旦大学、深圳大学、上海社会科学院、中国浦东干部学院等高校和科研机构，已成为相关单位的学术骨干。同时，部分书目也邀请了经济学院政治经济学系的几位学者撰写。在整体上，形成了老中青结合、跨学科互补的团队优势与研究特色。当然，由于作者的学科背景有别、年龄层次差异、开始着手研究撰写的时间和前期积累状况不同，以及研究对象的复杂性和整体计划完成的时间有限等原因，丛书中各著作的写作风格并不完全一致，还存在诸多不足，也未能完全达到预期目标，敬请读者批评指正！丛书创作团队将以此批研究成果为基础进一步深化对新中国经济思想的研究。

丛书的出版得到了经济科学出版社的大力支持。此外，丛书也得到了理论经济学上海Ⅱ类高峰学科建设计划项目、上海财经大学中央高校建设世界一流大学学科和特色发展引导专项资金及中央高校基本科研业务费资助项目等的资助。在此一并致谢！

程　霖

2019年7月

目 录

CONTENTS

◇◇◇◇◇◇◇◇◇◇◇ 第一章 ◇◇◇◇◇◇◇◇◇◇◇

导论

◇◇◇◇◇◇◇◇◇◇◇ 第二章 ◇◇◇◇◇◇◇◇◇◇◇

中国特色社会主义开放发展思想的历史演进

◇◇◇◇◇◇◇◇◇◇◇ 第三章 ◇◇◇◇◇◇◇◇◇◇◇

新中国前30年国家统制型保护开放理论与实践

第四章

改革开放40年我国对外开放的理论探索与实践

◇◇◇◇◇◇◇◇◇◇◇ 第五章 ◇◇◇◇◇◇◇◇◇◇◇

总结与展望：中国对外开放的大门只会越开越大

第一章

导 论

本书是一本关于中华人民共和国70年对外开放经济史和经济思想史的著作，是对新中国70年对外开放历程的一个全面系统深入的总结，总结是为了更好地前行。70年里中华人民共和国经历了风风雨雨，也创下过举世瞩目的成绩，有成功的经验，有错误的教训，甚至有失败的代价。回望过去的70年，我们可以看到祖国在一步一步地发展，从贫穷到富有，从落后到繁荣。展望未来，我们仍须不忘初心、砥砺前行，为实现“两个一百年”目标和实现中华民族伟大复兴的中国梦而努力奋斗。那么，对当代中国对外开放史展开回顾与梳理，全面总结新中国70年对外开放的伟大成就与宝贵经验。对于我们科学总结社会主义建设和发展的规律，推动我国全面建成小康社会，实现中华民族的伟大复兴，具有重要的现实意义。

历史研究是一切社会科学的基础，“历史是一面镜子，鉴古知今，学史明智。重视历史、研究历史、借鉴历史是中华民族5000多年文明史的一个优良传统。当代中国是历史中国的延续和发展。新时代坚持和发展中国特色社会主义，更加需要系统研究中国历史和文化，更加需要深刻把握人类发展历史规律，在对历史的深入思考中汲取智慧、走向未来。”① 今天，我们回顾历史，不是为了从成功中寻求慰藉，不是为了躺在功劳簿上沾沾自喜，更不是为回避今天面临的困难和问题寻找借口，而是为了总结历史经验、把握历史规律、增强开拓前进的勇气和力量、寻找高质量发展的科学办法。

2019年3月4日，习近平总书记在看望出席全国政协会议的文艺界社科界委员时发表重要讲话，强调指出：“希望大家深刻反映70年来党和人民的奋斗实践，深刻解读新中国70年历史学变革中所蕴藏的内在逻辑，讲清楚历史性成就背后的中国特色社会主义道路、理论、制度、文化优势，更好用中国理论解读中国实践，为党和人民继续前进提供强大精神激

① 《习近平在庆祝中国共产党成立95周年大会上的讲话》（2016年7月1日），载于《人民日报》2016年7月2日，第2版。

励。"[①] 时代需要我们对中华人民共和国史展开研究、交出答卷，中华人民共和国史也面临着良好的发展机遇，面对中国特色社会主义新时代的新要求，亟待进一步加强和深化中华人民共和国对外开放经济史和经济思想史的研究。

第一节 关于中华人民共和国70年对外开放历史的分期

对于中华人民共和国70年对外开放历程的阶段划分，大多数文献对于改革开放前与改革开放后两大阶段的划分是一致的。而对于改革开放前30年对外开放的细分阶段，大体上意见也是比较一致的。一般将前30年中国的对外开放历史区分为过渡时期（1949~1956年）对外开放、国民经济恢复和调整时期（1956~1966年）、"文化大革命"时期（1966~1976年）的对外开放和改革开放酝酿期（1977~1978年）。本书也采用这一分类方式。

在改革开放前的30年里，党中央集体也形成了丰富的开放发展思想，并外化为具体的政策指导中国的开放实践，取得了一定的成绩。中国在首先发展同社会主义国家、民主国家和民族独立国家合作关系的同时，对西方世界则灵活而巧妙地把美国与其他西方国家、政治与经济、官方与民间，加以区别对待，多渠道、多层次地发展和扩大对外往来。这样，使新中国赢得越来越多的朋友，同越来越多的国家建立了不同层次的合作关系，有力地打击了美国政府的对华封锁政策。当然，新中国成立之后的很长一段时间里，由于受到国内和国际因素的制约，特别是受以美国为首的西方资本主义国家对中国实行敌视和封锁政策的影响，在对外开放的格局上，带有"一边倒"的倾向，把对外开放的重点主要放在苏联和东欧的社

① 《习近平在看望参加政协会议的文艺界社科界委员时强调坚定文化自信把握时代脉搏聆听时代声音 坚持以精品奉献人民用明德引领风尚》，载于《人民日报》2019年3月5日，第1版。

会主义国家方面。而且，不可否认的是，后来受到“左”倾错误等的影响，对外开放思想没有能够得到切实的贯彻和实施。这一时期的中国开放发展我们可称之为“开放发展 1.0”。

1978 年之后，以邓小平为核心的党中央领导集体尝试启动了新一轮的、比以往更为大胆的对外开放政策，1982 年 12 月，对外开放政策被正式写入《中华人民共和国宪法》，1984 年 10 月 20 日，中共十二届三中全会通过了《中共中央关于经济体制改革的决定》第一次把对外开放作为“长期的基本国策”确定下来，中国自此走进了“开放发展 2.0”时期。40 多年的改革开放过程中，历届党中央领导集体不断推动和深化改革开放，从 20 世纪 80 年代深圳特区“杀出一条血路”，成为我国对外开放的试验田，到 20 世纪 90 年代初期，中央决定开发开放上海浦东，开放倒逼改革的层级逐步跃升。2001 年中国加入世贸组织，参与全球经济体系，对接 WTO 规则带动了不少实际性的改革举措。就这样，40 多年来我们按照从沿海到内地的梯度开放战略，开放空间从经济特区到沿海港口城市再到沿江、沿边及内陆省会城市；开放范围从贸易领域到投资领域，开放内容从商品市场到要素市场；开放维度从经济活动到社会服务，实现对内对外开放相互促进，“引进来”与“走出去”有机结合，开放广度和深度前所未有。

当然，在此发展过程中也出现了一些问题，主要表现在，总体上我国对外开放水平还不够高，用好国际国内两个市场、两种资源的能力还不够强，应对国际经贸摩擦、争取国际经济话语权的能力还比较弱，运用国际经贸规则的本领也不够强，开放型经济结构有待改善；在对外贸易方面，存在着服务贸易占相对比较小、高新技术产品出口比重不高、新兴市场开拓力度不足等问题；在利用外资方面，存在利用外资的产业结构、区域结构、利用方式结构方面的问题，现代服务业、高端制造业外商投资比重仍较低等问题；在开放的区域结构上，仍存在较为明显的区域差距，而且区域内部的开放程度不高，各行政区之间存在一定的贸易壁垒等；在利用外资方式上，外商独资占比很高，不利于技术溢出等。

中共十八届五中全会提出的“创新、协调、绿色、开放、共享”五大发展理念是科学发展原则和规律的集中体现，反映了我们党对中国特色社会主义和我国发展规律认识的不断深化。五大发展理念中最为耳熟能详的当属“开放发展”，这是自中共十一届三中全会后深入人心的重要理念之一。但是，新时期的“开放发展”蕴含着相当丰富的新内容，意味着我国的“开放发展”将从此走入“开放发展3.0”时代。

对于改革开放以来中国对外开放的分期问题，学者们的观点差异颇大，归纳来看，分别有“三阶段论”和“四阶段论”。

（1）“三阶段论”。杨帆（2015）划分历史阶段。第一阶段，1976年10月打倒“四人帮”至2000年加入世界贸易组织（WTO），特点是局部突破，以开放促改革。2000年加入WTO为标志，对外开放进入第二阶段。现在，中国需要建立“开放自信”，重回世界大国①。国家发展和改革委员会国际合作中心对外开放课题组（2018）的三阶段划分则是：第一阶段（1978～2000年）沿海率先开放，带动沿江、沿边、内陆开放；第二阶段（2001～2012年）加入WTO积极主动融入全球体系；第三阶段（2013年至今），“一带一路”引领形成全面开放新格局②。

（2）“四阶段论”。主张“四阶段论”划分的学者较多，但具体分期又存在差异。裴长洪和常欣（2013）将改革开放以来的对外开放区分为：起步阶段（1978～1984年）的改革开放；改革开放全面展开阶段（1984～1992年）的重大突破；确立社会主义市场经济体制改革模式的初期阶段（1992～2002年）；完善社会主义市场经济体制的深化改革阶段（2002年至今）③。对外经济贸易大学国际经济研究院课题组（2018）的四阶段划分分别是：外向型经济发展阶段（1978年12月～1993年10月）；开放型经济体系形成阶段（1993年11月～2007年10月）；开放型经济体系完善阶段（2007年11月～2017年11月）；全面开放新格局阶段（2017年11月至今）④。隆国强（2017；2018）的四阶段划分则是：1978～1991年是

---

① 杨帆：《中国对外开放的历史与展望》，载于《管理世界》2015年第4期。

② 国家发展和改革委员会国际合作中心对外开放课题组：《中国对外开放40年》，人民出版社2018年版，第10～14页。

③ 裴长洪和常欣：《引领中国历史走向改革开放的新阶段》，载于《中国社会科学报》2013年11月8日。

④ 对外经济贸易大学国际经济研究院课题组：《对外开放四十年：回顾与展望》，人民日报出版社2018年版，第24～30页。

对外开放的启动阶段；1992～2001年是对外开放的深化阶段；2002～2012年是规则化开放阶段；2013年至今，中国迈入大国开放阶段①。

有意思的是，尽管学者们的观点有差异，但从分期的依据来看，却是相同的，即以中国对外开放进程中的党的重大决议或重大事件及其对中国对外开放产生的实质性影响、深刻变化作为分期的划分标准，只不过，不同的学者对实质性影响或深刻变化的看法不一。

综合学者们的看法，本书采取同样的分期依据，将改革开放以来中国的对外开放区分为四个阶段：对外开放探索期（1978～1992年）、扩大对外开放时期（1992～2001年）、全面开放时期（2001～2012年）和新时代（中共十八大以来）的高水平全面对外开放②。

1. 对外开放探索期（1978～1992年）

1978年中共十一届三中全会作出了把工作重点转移到社会主义现代化建设上来的战略决策，但对于如何建设并不明确，只能展开“摸着石头过河”的探索。这一时期外贸体制改革总的方向是“放权让利”：在向市场分权方面，从1978年开始，进行了缩小以指令性计划为主的直接管理范围、扩大指导性和市场调节范围的计划体制改革，从1985年起外贸领域取消了全国的收购计划和调拨计划；在向地方分权方面，1979年，党中央、国务院批准广东省、福建省在对外经济活动中实行“特殊政策、灵活措施”，并决定在深圳市、珠海市、厦门市、汕头市试办经济特区，此后特殊开放区域的范围不断扩大；在向企业分权方面，外贸企业经过放权、分权、多种形式的工贸、技贸、自营试点，以及承包经营责任制等改革，基本上改变了企业的附属地位。1979年以来的外贸体制改革，目的在于实现出口创汇，服务于我国投资拉动型经济增长的战略，“三来一补”因而成为开放早期阶段实现劳动密集型产品出口的重要方式，并注重吸引出口型外商投资，大力发展加工贸易。一系列放权让利改革，因为激励机制的改革，实际上已经为后期的市场化改革打开了大门，此后的外贸体制改革

① 隆国强主编：《构建开放型经济新体制：中国对外开放40年》，广东经济出版社2017年版；隆国强：《中国对外开放战略回顾与展望》，载于《中国经济报告》2018年第12期。

② 这是对改革开放40多年来对外开放历程的总体分期，在具体的领域，如外贸体制改革、金融开放等，对外开放的进程稍有差异。

一直沿着这个路径走下去了。

2. 扩大对外开放时期（1992～2001 年）

1992 年邓小平南方谈话及随后召开的中共十四大，确立了社会主义市场经济的经济体制改革的目标，标志着中国的对外开放有了明确的目标，自此进入明确的市场化改革阶段。1993 年中共十四届三中全会通过了《中共中央关于建立社会主义市场经济体制若干问题的决定》，对如何按照社会主义市场经济体制的目标进行改革作出了全面的战略部署，明确了社会主义市场经济体制框架的五根基本支柱，即微观经济基础、市场体系建设、政府管理体制、收入分配制度以及社会保障制度。建立社会主义市场经济体制，在宏观层面，就是要使市场在国家宏观调控下对资源配置起基础性作用，在微观企业层面，要进一步转换国有企业经营机制，建立适应市场经济要求，产权清晰、权责明确、政企分开、管理科学的现代企业制度。1994 年 1 月 11 日，国务院作出《关于进一步深化对外贸易体制改革的决定》，提出中国对外贸易体制改革的目标是：统一政策、开放经营、平等竞争、自负盈亏、工贸结合、推行代理制，建立适应国际经济通行规则的运行机制。总体上按照市场化的方向启动外贸体制综合配套改革。从 1994 年起，中国政府不再编制出口指令性计划，而随着市场机制的不断完善，指导性出口商品目录也将逐步减少。1991 年我国取消出口补贴，将外汇留成改为向产业倾斜，从 1994 年起实行汇率并轨。1995 年第八届全国人大三次会议通过《中华人民共和国中国人民银行法》。从 1996 年 12 月 1 日起，我国实现了人民币在经常项目下的可兑换。1996 年 4 月 1 日，我国对 4000 多种商品进口关税进行大幅度削减，关税总水平降至 23%。对外开放取得重大进展。1994 年汇制改革，取消承包制和上缴中央外汇，这一改革使外贸财务体制改革更深一步。从 1994 年开始，转换外贸企业经营机制成为外贸体制改革的重要内容之一。企业转换经营机制的目标是建立现代企业制度，它涉及两个层次的转换：一是企业经营机制本身的转换，包括企业经营目标、动力、财产权利结构和责任等转换；二是决定企业经营机制的体制条件的转换。与此同时，推动外贸企业走国际化、实业化、集团化、多元化的道路也提上议事日程。1997 年中共十五大明确公有制为主体、多种所有制经济共同发展是我国社会主义初级阶段的基本经济制度，非公外贸企业开始发展。

3. 全面开放时期（2001～2012年）

自2001年12月11日开始，中国正式加入世界贸易组织（WTO），成为WTO第143个成员。这是中国开放发展史上标志性的阶段。加入WTO使中国对外贸易环境发生深刻变化。一方面，中国根据加入WTO时的各项承诺，按照时间表逐步履约，削减关税和非关税措施，对现行外贸体制进行适应性调整，使其与WTO多边规则相适应，从此中国由政策开放走向制度开放阶段。2004年7月1日起实施的《中华人民共和国对外贸易法》，进一步深化外贸体制改革，并相应完善出口退税管理办法，为中国对外贸易全面协调可持续发展提供强有力的制度保障。2007年后，中国加入WTO的保护期结束，除继续深化涉外经济体制改革，促进贸易投资便利化外，已放开外贸经营权，大幅度地降低关税，取消进口配额、许可证等非关税措施，金融、商业、电信等服务业的开放不断扩大。利用外资的质量进一步提高。

另一方面，国家针对加入WTO的影响，对标WTO规则逐步建立起制度化的进口调控体系，包括各项具体制度，包括配额、许可证、关税配额、国有外贸经济和质量安全卫生标准等，为进口调控提供根本依据；建立和完善贸易救济制度，包括建立健全反倾销、反补贴和保障措施等公平贸易管理体制，加快建设进口预警体系，及时采取措施防止过度进口对国内产业造成严重损害。

在此阶段，国家还根据世情、国情的变化而及时调整外贸战略，先后提出了“引进来”与“走出去”并重、统筹国内发展与对外开放、金融开放、“互利共赢的开放战略”等开放思路和举措。中国逐步形成了多层次、全方位的制度型全面开放格局。

4. 新时代（中共十八大以来）的高水平全面对外开放

开放发展是国家繁荣发展的必由之路，是实现中华民族伟大复兴和“中国梦”的必由之路，是社会主义发展的基本规律。所以，中共中央总书记习近平多次强调，“开放带来进步、封闭导致落后。”习近平多次表达中国对外开放的大门不会关闭，只会越开越大。中国推动更高水平开放的脚步不会停滞！中国推动建设开放型世界经济的脚步不会停滞！中国推动构建人类命运共同体的脚步不会停滞！“必须坚持扩大开放，不断推动共建人类命运共同体。改革开放40多年的实践启示我们：开放带来进步，封闭必然落后。”① “中国开放的大门永远不会关上。对外开放是中国的基本国策，中国利用外资的政策不会变，对外商投资企业合法权益的保障不会变，为各国企业在华投资兴业提供更好服务的方向不会变。”“中国开放的大门永远不会关上。对外开放是中国的基本国策，中国利用外资的政策不会变，对外商投资企业合法权益的保障不会变，为各国企业在华投资兴业提供更好服务的方向不会变。”② “实践告诉我们，要发展壮大，必须主动顺应经济全球化潮流，坚持对外开放，充分运用人类社会创造的先进科学技术成果和有益管理经验。要不断探索实践，提高把握国内国际两个大局的自觉性和能力，提高对外开放质量和水平。”③ “站在新的历史起点上，实现‘两个一百年’奋斗目标、实现中华民族伟大复兴的中国梦，必须适应经济全球化新趋势、准确判断国际形势新变化、深刻把握国内改革发展新要求，以更加积极有为的行动，推进更高水平的对外开放，加快实施自由贸易区战略，加快构建开放型经济新体制，以对外开放的主动赢得经济发展的主动、赢得国际竞争的主动。”④ “中国开放的大门不会关闭，只会越开越大！人类社会发展的历史告诉我们，开放带来进步，封闭必然落后。”⑤ 2019年6月28日，习近平在G20大阪峰会上发表主题演讲，强调中国坚定不移扩大对外开放，并宣布了五项重大举措：进一步开放市场、主动扩大进口、持续改善营商环境、全面实施平等待遇、大力推动经贸谈判。这五项重大举措，既是中国加快形成对外开放新局面、努力实现高质量发展的务实举措，也是中国致力推动构建开放型世界经济、共建人

① 习近平：《在庆祝改革开放40周年大会上的讲话（2018年12月18日）》，新华社北京2018年12月18日电。

② 习近平：《在西雅图出席侨界举行的欢迎招待会时的讲话》，载于《人民日报》2015年9月25日，第2版。

③ 习近平：《聚焦发力贯彻五中全会精神确保如期全面建成小康社会——在省部级主要领导干部学习贯彻十八届五中全会精神专题研讨班开班式上发表重要讲话强调》，载于《人民日报》2016年1月19日，第1版。

④ 《习近平在中共中央政治局第十九次集体学习时强调，加快实施自由贸易区战略加快构建开放型经济新体制》，载于《人民日报》2014年12月7日，第1版。

⑤ 习近平：《开放共创繁荣 创新引领未来——在博鳌亚洲论坛2018年年会开幕式上的主旨演讲（2018年4月10日，海南博鳌）》，新华社海南博鳌2018年4月10日电。

类命运共同体的坚定行动[①]。

基于对世情、国情的科学洞察，以习近平同志为核心的党中央提出新时代开放发展的新战略。从国际形势来看，受金融危机的影响，世界经济进入深度调整期，世界经济低速增长态势难以改变，全球进入“新平庸增长期”。发达经济体低迷不振，债务负担日显沉重，新兴经济体也多数陷身滞胀泥潭。诸多不确定性在前，机遇与挑战并存，无论对于新兴还是发达经济体而言，寻求转型动力和新的经济增长点是当务之急。增长态势减弱，发展动力明显不足，各国对市场的争夺愈加激烈，引资竞争加剧，投资风险凸显，西方国家保护主义抬头，强化贸易保护主义，除反倾销、反补贴等传统手段之外，在市场准入环节对技术性贸易壁垒、劳工标准、绿色壁垒等方面的要求越来越苛刻，由征收出口税、设置出口配额等出口管制手段引发的贸易摩擦越来越多，我国连续成为世界上受到反倾销、反补贴调查最多的国家。国际经济秩序也进入新一轮重构和深度调整期，国际规则体系面临深刻变革，美国通过重塑国际经贸规则，挤压中国的贸易机会和增长空间。对此，习近平多次强调，我们坚决反对任何形式的保护主义，愿通过协商妥善解决同有关国家的经贸分歧，“我们将坚定不移奉行互利共赢的开放战略，继续从世界汲取发展动力，也让中国发展更好惠及世界。”[②] 现在“不是要不要开放的问题，而是怎么使我们的开放水平更高的问题”。他强调，必须实施更加积极主动的开放战略，创建新的竞争优势，在更大范围、更宽领域、更深层次上全面提高开放型经济水平。“扩大对外开放，要更加注重推进高水平双向开放。要奉行互利共赢的开放战略，坚持内外需协调、进出口平衡、引进来走出去并重、引资引技引智并举，积极参与全球经济治理和公共产品供给，提高我国在全球治理中的制度性话语权。”[③]

---

① 习近平：《携手共进，合力打造高质量世界经济——在二十国集团领导人峰会上关于世界经济形势和贸易问题的发言（2019 年 6 月 28 日，大阪）》，载于《人民日报》2019 年 6 月 29 日，第 2 版。

② 习近平：《中国继续加强对外开放让中国发展更好地惠及世界》，载于《环球时报》2015 年 9 月 24 日。

③《中央经济工作会议在北京举行　习近平李克强作重要讲话》，载于《人民日报》2015 年 12 月 22 日，第 1 版。

从国内情况来看，中国进入“新常态增长期”。伴随着人口红利、改革红利的逐渐消失，中国已进入要素综合成本全面持续攀升的新阶段，资源环境约束加大，中国制造将不再拥有成本比较优势，我国的出口优势和参与国际产业分工的模式面临新挑战，经济发展新常态是这种变化的体现。传统比较优势逐步减弱的同时，中国新的比较优势却没有充分地显现，我国开放发展中“短板”的负面效应越来越明显。外部环境的重大变化和中国内部成本比较优势的减弱，共同决定了中国经济高速增长时代的终结，中国将进入一个中低速增长的新常态。这种中低速增长的新常态意味着中国开放发展面临的新格局：要么升级换代进入产业链的上游环节和价值链的高端环节，要么被后进国家挤出产业链。转变增长模式，寻求新的经济增长点，建立与高质量发展阶段相适应的现代化经济体系，已经成为中国经济的当务之急。中央认真总结对外开放的历史经验，对外，中央提出了“人类命运共同体”的全球治理理念，以及“一带一路”倡议的开放发展新战略，推动和引领全球经贸新秩序的形成与发展；对内，中央提出要不断完善对外开放战略布局，培育我国参与和引领国际经济合作和竞争新优势，全面提升开放发展的能级，推动形成高水平全面开放新格局，以高质量开放实现高质量发展。

第二节　中华人民共和国70年对外开放历程的总结

一、新中国对外开放70年的基本经验：始终坚持中国共产党的领导

70年栉风沐雨，70载春华秋实。新中国成立以来，在中国共产党的英明领导下，各族人民团结一心，齐心协力，砥砺前行，取得了一个又一个辉煌成就，抒写着建设富强中国的雄伟画卷。新中国对外开放70年之所以能取得举世瞩目的成就，第一条基本经验就是始终坚持中国共产党的

领导，始终坚持中国特色社会主义理论的指导，坚定不渝地走中国特色社会主义道路。“改革开放以来我们取得一切成绩和进步的根本原因，归结起来就是：开辟了中国特色社会主义道路，形成了中国特色社会主义理论体系，确立了中国特色社会主义制度，发展了中国特色社会主义文化。全党同志要倍加珍惜、长期坚持和不断发展党历经艰辛开创的这条道路、这个理论体系、这个制度、这个文化，高举中国特色社会主义伟大旗帜，坚定道路自信、理论自信、制度自信、文化自信，贯彻党的基本理论、基本路线、基本方略，为实现推进现代化建设、完成祖国统一、维护世界和平与促进共同发展这三大历史任务，实现‘两个一百年’奋斗目标、实现中华民族伟大复兴的中国梦而奋斗。”①

中国共产党的领导是中国近代史发展的必然，是现代中国发展的需要。中国共产党自成立这一天开始，就以全心全意为人民服务为宗旨，就以民族复兴、国家富强、人民幸福为己任，虽千难万难，亦不改初心，一往无前。中国共产党始终把全心全意为人民服务作为党的根本宗旨，坚持权为民所用、情为民所系、利为民所谋。在社会主义建设中，奠定了社会主义基本制度，初步实现了国家工业化；在改革开放中，使一个相对落后的国家一跃而成为全球经济第二的国家。

中国特色社会主义理论体系是指导我们前进的思想，中国共产党人探索中国特色社会主义的过程，也就是不断实现两个结合的过程：一是把科学社会主义的发展与中国的国情相结合；二是把中国的社会主义发展与世情相结合。伟大的实践，需要伟大理论做指导，反过来，伟大的理论，又能更好地指导实践，从而使实践少走弯路，使事业取得更大的成功。共产党人善于把马克思列宁主义和中国的具体实际有机结合。以毛泽东同志为主要代表的中国共产党人，把马克思列宁主义的基本原理同中国革命的具体实践结合起来，创立了毛泽东思想。中共十一届三中全会以来，以邓小平同志为主要代表的中国共产党人，把马克思列宁主义普遍真理和中国改革开放实践相结合，创造性地形成了邓小平理论。中共十三届四中全会以来，以江泽民同志为主要代表的中国共产党人，把马克思列宁主义普遍真

① 《中国共产党章程·总纲》。

理和中国新改革开放实践相结合，创造性地形成了“三个代表”重要思想。中共十六大以来，以胡锦涛同志为主要代表的中国共产党人，又创造性地形成了以人为本、全面协调可持续发展的科学发展观。中共十八大以来，以习近平同志为主要代表的中国共产党人，顺应时代发展，从理论和实践结合上系统回答了新时代坚持和发展什么样的中国特色社会主义、怎样坚持和发展中国特色社会主义这个重大时代课题，创立了习近平新时代中国特色社会主义思想。中国特色社会主义理论体系引领中国共产党的面貌、社会主义中国的面貌、中国人民的面貌发生了历史性变化，让中华民族以崭新姿态屹立于世界的东方①。

中华人民共和国成立70年，中国共产党人在实践中不断地摸索，走出了一条有管理的、渐进式的对外开放之路（隆国强，2018；国家发展和改革委员会国际合作中心对外开放课题组，2018；李稻葵，2018；洪俊杰和商辉，2018；靳玉英，2018）。改革开放40多年来，经过地域上从南到北、由东到西的逐步开放，产业上从制造业到服务业的依次开放，我国基本形成全方位对外开放格局。在对外开放中不断提高人民生活水平，同时保障国家安全、维护社会稳定，处理好改革、发展、稳定的关系，是我国改革开放的重要经验。

二、新中国对外开放70年的方法论：从“摸着石头过河”到“顶层设计”+“基层探索”

科学的方法是人们认识世界、改造世界的强大思想武器。改革开放是前无古人的崭新事业，必须坚持正确的方法论，在不断实践探索中推进。2012年12月31日，中共中央总书记习近平在主持十八届中共中央政治局第二次集体学习时强调，全面深化改革要坚持正确的方法论，必须认真总结和运用改革开放的成功经验。改革开放40多年来，我们党成功地探索和运用、一以贯之地坚持和发展适合中国国情的改革方法论，这是改革开

① 颜晓峰：《改革开放40年理论创新的逻辑脉络》，载于《人民日报》2018年12月12日，第7版。

放取得举世瞩目成就的一条重要原因①。

“摸着石头过河”是邓小平同志在改革开放初期提出来的，改革开放初期，由于中国的改革没有现成的道路可走，没有现成的经验可搬，所以提出要“摸着石头过河”进行改革试验，在党的领导下，把经过实践检验的有效“试验”制度化，再用形成的新制度去推进改革开放，这样逐步探索，在反复实践的过程中探索出一条成功改革之路。鼓励大胆试、大胆闯，边探索、边总结，既不裹足不前，又不盲目冒进，积极稳妥地推进改革开放。

把顶层设计和基层探索紧密结合起来是以习近平同志为核心的党中央结合新时代的特点和要求形成新时代的改革方法论。2012 年 12 月 31 日，中共中央总书记习近平在十八届中共中央政治局第二次集体学习时指出：“改革开放是前无古人的崭新事业，必须坚持正确的方法论，在不断实践探索中推进。摸着石头过河，是富有中国特色、符合中国国情的改革方法。摸着石头过河就是摸规律。实行改革开放，发展社会主义市场经济，我们的老祖宗没有讲过，其他社会主义国家也没有干过，只能通过实践、认识、再实践、再认识的反复过程，从实践中获得真知。我国改革开放就是这样走过来的，是先试验、后总结、再推广不断积累的过程，是从农村到城市、从沿海到内地、从局部到整体不断深化的过程。这种渐进式改革，避免了因情况不明、举措不当而引起的社会动荡，为稳步推进改革、顺利实现目标提供了保证。摸着石头过河，符合人们对客观规律的认识过程，符合事物从量变到质变的辩证法。不能说改革开放初期要摸着石头过河，现在再摸着石头过河就不能提了。我们是一个大国，决不能在根本性问题上出现颠覆性失误，一旦出现就无可挽回、无法弥补。同时，又不能因此就什么都不动、什么也不改，那样就是僵化、封闭、保守。要采取试点探索、投石问路的方法，取得了经验，形成了共识，看得很准了，感觉到推开很稳当了，再推开，积小胜为大胜。摸着石头过河和加强顶层设计是辩证统一的，推进局部的阶段性改革开放要在加强顶层设计的前提下进行，加强顶层设计要在推进局部的阶段性改革开放的基础上来谋划。我们

① 高尚全：《新时代的改革方法论》，载于《人民日报》2018 年 10 月 24 日，第 7 版。

要加强宏观思考和顶层设计，更加注重改革的系统性、整体性、协同性，同时也要继续鼓励大胆试验、大胆突破，不断把改革开放引向深入。”①

“摸着石头过河”是富有中国特色、符合中国国情的改革方法。“摸着石头过河”就是摸规律，从实践中获得真知。“摸着石头过河”和加强顶层设计是辩证统一的，推进局部的阶段性改革开放要在加强顶层设计的前提下进行，加强顶层设计要在推进局部的阶段性改革开放的基础上来谋划。加强顶层设计就是要对经济体制、政治体制、文化体制、社会体制、生态文明体制和党的建设制度改革作出总体统筹设计，对各项关联性改革进行深入研究，努力做到全局带动局部，局部促进全局，努力做到治本和治标相结合，标本兼治，努力做到以渐进改革促进重点突破。摸着石头过河有利于为顶层设计提供经验，要继续鼓励大胆创新、大胆突破，不断把改革开放引向深入；加强顶层设计，有利于更好地运用摸着石头过河的成果，把改革引向深入，要注重总体统筹、整体谋划，把握改革的宏观性、整体性、系统性、协同性，务实有效推进各项改革②。

三、新中国对外开放70年的历程：从被动嵌入到主动融入再到全球引领

1. 改革开放前30年被动嵌入全球体系

1840年在西方列强的船坚炮利逼迫下中国开始被动开放，西学东渐，开放被赋予了“开启民智”“救亡图存”“师夷长技以制夷”“富国强兵”等明确目标，兴办现代工厂、举办现代学校等各类“洋务运动”兴起，中国开始有意识地加入西方主导的国际社会之中。对外开放深刻地改变了中国社会。但近代以来的开放总体来看并不成功，相反，国家羸弱国民积

① 中共中央宣传部：《习近平新时代中国特色社会主义思想学习纲要》，学习出版社、人民出版社2019年版，第88～89页。

② 参见李维：《习近平重要论述学习笔记》，人民出版社2014年版；何兰生：《摸着石头过河和加强顶层设计是辩证统一的》，载于《学习时报》2016年8月22日；胡鞍钢：《顶层设计与“摸着石头过河”》，载于《人民论坛》2012年第9期；罗雪飞、栾欣超：《论“摸着石头过河”与“顶层设计”的契合——基于方法论视角的考察》，载于《第七届珞珈国是论坛论文集(2013)》，第78～82页。

贫，列强瓜分中国。这段屈辱的历史让我们明白没有主权独立就没有对外开放。1949年中华人民共和国成立，中国在制度层面上和观念层面上实现了独立自主。中国共产党人明确了独立自主、自力更生的原则，但并没有走向自我封闭，恰恰相反，中国积极寻求融入全球体系。

在美苏对立的国际冷战格局下，中国被迫选择了“一边倒”的开放战略，将开放限定在当时的社会主义阵营国家。但是中国共产党人也始终关注着国际环境的变化，随时根据世界情况的新变化创造更有利于自己的国际环境，务实地利用外部资源有效地推动国家发展。20世纪60年代后中苏关系趋于紧张，为了争取对自己更加有利的国际环境，毛泽东提出了“两个中间地带理论”，以争取美苏两大国之外更多的国家支持，亚洲、非洲、拉丁美洲是第一中间地带；欧洲、北美、加拿大大洋洲是第二中间地带，日本也属于第二个中间地带。70年代初毛泽东进一步提出了“三个世界理论”和“一条线”战略。美国、苏联是第一世界。中间派，日本、欧洲、加拿大是第二世界。第三世界人口很多，亚洲除了日本都是第三世界。整个非洲都是第三世界，拉丁美洲是第三世界。20世纪70年代，国际形势发生重大变化。美苏两个超级大国的军事力量对比朝着有利于苏联的方向发展。美国调整对外政策，在亚洲实行收缩战略，打开中美关系大门，谋求从印度支那脱身，以集中力量确保欧洲重点。为推动国际局势朝着有利于和平与稳定、有利于各国人民的方向不断发展，毛泽东于1973年在会见基辛格时提出，只要目标相同，我们不损害你们，你们也不损害我们，共同对付苏联霸权主义。希望美国跟欧洲和日本加强合作，要搞一条横线，就是美国、日本、中国、巴基斯坦、伊朗、土耳其、欧洲，这就是联合反对苏联霸权主义的“一条线”战略。

中国共产党人根据国际环境的变化调整开放策略，取得了积极的效果。1970年10月和11月，中国先后同加拿大和意大利建交，1971年5月又同奥地利建交。1971年10月，中国恢复联合国安理会常任理事国地位。随着美国总统尼克松1972年访华，中美关系也开始解冻。中国又先后同比利时、日本、联邦德国、澳大利亚和新西兰等一批国家建交，中英和中荷外交关系从代办级升格为大使级。至1973年底，中国已基本上完成同美国以外的资本主义发达国家建交的过程。在与发达国家改善国际关系的同时，我国的对外经贸活动也得到推进，1973 年启动了被称为“四三方案”的大规模设备引进、经济交流活动。这是“文化大革命”期间最大的引进工程，也是继“一五”计划后第二次引进外国先进技术设备规模最大、种类最多的方案。“四三方案”引进的 26 个大型项目于 1982 年前陆续建成。“四大化纤”1982 年全部投产后，成为 20 世纪 80 年代中国经济发展的重要基础，中国从 1984 年起，宣布取消长达 30 年的布票。

改革开放前 30 年中国的对外关系深受冷战的国际背景和阶级斗争的国内环境制约。尽管曾经在不同时期决策者在对外开放方面进行了尝试和探索，但是开放始终是有限的、局部的、片面的、单向的，中国是被动地嵌入国际经济体系之中的。

2. 改革开放以来：主动融入世界经济体系

中共十一届三中全会以后，中国对外开放政策开始确立，此后，中国逐步走向了世界。但改革开放初期，中国明显处于全球经济贸易体系的边缘，亟须融入全球价值链，发展开放型经济。在改革开放初期各种初始条件的约束下，中国选择了优先发展对外贸易、积累外汇储备为主的开放策略。中央选择在特殊区域实现特殊的开放政策，通过在这些区域发展市场经济，让中国嵌入西方国家主导的世界经济体系之中。

特殊区域的对外开放起到了积极的作用。但是，由于对中国开放政策预期的不稳定性，西方资本对进入中国仍持谨慎观望的态度。20 世纪 90 年代初期，邓小平同志南方谈话、中共十四大正式提出建立社会主义市场经济体制的目标，加快推进了改革开放的步伐。我国由最初的政策性开放转变为制度性开放。改革开放的决心更加坚定、制度更加完善，极大地鼓励了外商进行直接投资的信心。1992 年之后的一段时间，外资出现迅速增长态势，进出口贸易额的增长幅度也明显提升。

为了加入世界贸易组织，中国开始实行“接轨”政策，主动修改本国的法律、法规和政策以契合国际社会的标准。2001 年中国加入了世贸组织，加速了中国融入全球贸易体系的进程，成为中国开放型经济发展的又一关键节点。随着市场经济的发展，许多领域的内外边界被冲破，中国全面融入世界体系之中。我国进一步加大了深化改革的力度。由此产生的制度性红利极大促进了我国对外贸易的发展。大量海外资本涌入中国，中国很快就成为世界工厂，海外资本、技术与中国的劳动力、土地要素有机地结合起来，成就了中国经济增长奇迹。2010 年中国已正式超过日本、成为仅次于美国的全球第二大经济体，2006 年 2 月，中国外汇储备达 8537 亿美元，超过日本，成为全球外汇储备最大持有国。2013 年中国成为世界第一大货物贸易国，实现了由“贸易小国”向“贸易大国”的转变。

随着中国经济实力的增强，“走出去”作为一个战略被提上了日程。1992 年中共十四大提出，要积极扩大我国企业的对外投资和跨国经营。1997 年中共十五大提出要以更加积极的姿态走向世界，积极参与区域经济合作和全球多边贸易体系，鼓励能够发挥比较优势的对外投资，更好地利用国内国外两个市场、两种资源。

中国积极主动参与的国际经济体系是由发达国家主导的单循环全球价值链，这也决定了垂直专业化分工生产方式下的利益分配格局。中国代工企业被跨国公司锁定在全球价值链低端的加工、组装等低附加值环节，成为世界“血汗工厂”，给中国造成产业链“低端锁定”的问题。我国企业普遍缺乏市场势力致使发达国家跨国公司通常在国际竞争中处于主导地位，而我方则面临低端锁定、利益扭曲、引进依赖等不利格局。因此，在融入世界经济体系的过程中，中国开始从国家利益出发，寻找并构建与其他国家更多的共同点，以弱化对抗性，增强认同感。2007 年中共十七大报告指出，“当代中国同世界的关系发生了历史性变化，中国的前途命运日益紧密地同世界的前途命运联系在一起。”随着中国综合国力和国际影响力的快速提升，中国继续坚定对外开放的决心，并在国际事务上表现出更积极更主动的姿态。2007 年中共十七大报告系统阐发了“和谐世界”理念，对于政治、经济、文化、安全以及环保等重要领域的治理，提出了中国的立场和主张，明确中国要“始终不渝走和平发展道路”，奉行“互利共赢的开放战略”。中国还提出要为发展中国家提供力所能及的援助，参与多边事务，承担相应国际义务。中国大国实力的不断提升也引发了国际社会形形色色的“中国威胁论”。

3. 新时代：引领建构全球经贸秩序

经过 40 多年的探索过程，中国已具备更高水平对外开放的条件。过去我国主要是国际经贸规则的被动接受者，现在正逐步成为规则制定的参与者和建设者，成为全球经贸秩序的建构者和维护者。如何在一个开放大国的框架下，思考中国与世界的关系，已经成为推动高质量发展需要面对的重大课题。面对国际区域经济一体化蓬勃发展、欧美一些国家试图重塑国际经贸规则的重大变化，特别是美国政府四处点火，推行单边主义和保护主义，国际经济秩序面临前所未有的挑战，这要求我们必须适应经济全球化新趋势、准确判断国际形势新变化、深刻把握国内改革发展新要求，以更加积极有为的行动，推进更高水平的对外开放，加快构建开放型经济新体制，积极参与和推动全球治理体系变革（高柏和草苍，2016；周琪和付随鑫，2017；张茉楠，2017；陈伟光和蔡伟宏，2017；张二震、李远本和戴翔，2018；刘洋和纪玉山，2018；张军果，2018，2018；胡宗山，2018；田行健和江涌，2018；王福兴和王丹，2018）。习近平总书记果断提出“人类命运共同体”理念，当今世界是个前所未有相互依存的世界，中国大力提倡包容、合作、平等和共赢的核心价值，倡导共商共建共享的科学机制，勾画人类命运共同体的美好前景。

习近平总书记还提出构建“一带一路”倡议，扩大共同利益汇合点，在国家战略对接中实现互利共赢，形成了21世纪中国走向世界的对外开放新格局。对外政策上，我们坚定不移地推动全球经济合作，维护多边贸易体制主渠道地位，积极参与多边贸易谈判，贡献自己的成功经验。推进“一带一路”建设，把推动构建新型国际关系和人类命运共同体作为开展中国特色大国外交的基本方向，并在实践中组建起亚洲基础设施投资银行以及建设“一带一路”等作为优化全球治理模式的中国方案（李庆四，2018）。

“一带一路”倡议还提供了重塑全球价值链体系的契机。在推动“一带一路”建设的进程中积极构建中国主导的“双环流全球价值链”，一个环流是与发达国家之间形成价值循环体系，处于价值链低端的中国的主要任务是在产业分工中学习，不断向价值链高端攀升；另一个环流是与“一带一路”沿线国家形成产能国际合作循环体系，中国的主要任务是凭借处于价值链高端的位置，通过产能合作和转移等方式形成新的价值循环体系。“双环流全球价值链”要强化“合作共赢、共同繁荣”的发展理念，加强政策沟通和交流；积极推进“引进来”和“走出去”战略，在“一带一路”产业融合的基础上更高效合理地利用外资、扩大对外投资和国际产能合作，不断实现和扩大全球共同利益。

四、新中国对外开放70年的路径：从“紧迫性秩序危机”到主动变革

对外开放的战略对中国来说其实是一把“双刃剑”，一方面，它被中国政府在资本短缺时期作为推动经济发展和政策调整的重要工具；另一方面，它又是加剧国家对外负债导致其后数年国内经济困境的始作俑者（温铁军，2013）。温铁军（2013）剖析了1949～2009年期间中国的八次危机，认为自1949～2009我国共遭遇八次危机，其中既有单纯的经济危机，也有财政危机，有些甚至引起了剧烈的社会动荡，而那些无法解决的危机，往往就促进了制度改革①。党中央密切结合世情国情的变化，务实地根据“紧迫性秩序危机”展开开放制度的边际调整，有效应对和化解危机，从而推动中国经济不断发展。这也是中国经济具有很强韧性的重要原因之一。“紧迫性秩序危机”的开放制度渐进式变迁内生于中国投资拉动型经济增长模式。在被动渐进的制度变迁进程中，中共中央不断深化对于改革开放的认识，逐渐有意识地将“摸着石头过河”的改革开放方法论上升至与“顶层设计”相结合，主动建构开放制度，这必将推动中国经济更好发展。

1. 第一次大规模引进与危机

中华人民共和国成立之后，毛泽东等党中央领导不断强调对外开放对于中国经济发展的重要性。1950年4月5日《人民日报》发表社论指出：用外资和技术来发展我国经济建设是一件大事，不独是和苏联，就是和其他新民主主义国家，以至某些资本主义国家；不独开办这三个合股公司，就是开办其他适当的合股公司以至实行某些事业的租让，在事实上有时也还是需要的。1955年底毛泽东在广东省视察时，广东省委负责人向毛泽东建议：“我们可以向香港银行贷款，然后在国内某个地方办工厂，发展工

① 温铁军：《八次危机：中国的真实经验》，东方出版社2013年版。

业。毛泽东听后告诉他们：你们的想法不错，写个报告，我把这个意见带回北京去商量。”① 1957 年 1 月 12 日，周恩来在与波兰外宾的谈话中指出，向西方国家借款，在某一时期可以争取，但必须在平等互利的基础上进行。如领导运用得好，会得到好处②。

中国的第一步对外开放主要是针对苏联东欧社会主义国家。新中国获得了苏联 3 亿美元的低息贷款，与苏联和东欧社会主义国家建立了一些合营公司，并努力尝试和西方国家接触。新中国陆续从苏联引进了 156 个重大项目，从东欧国家引进了一大批成套项目，包括钢铁、有色金属、重型机械、煤炭、石油、电力、化工原料、精密仪器、医疗等物资和成套设备等，建设了鞍钢、武钢、包钢三大钢铁基地和吉林、兰州、太原三个化工基地，建成了第一汽车厂、哈尔滨量具刃具厂、沈阳第一机床厂、洛阳拖拉机厂等一批骨干机械工业企业，形成了新中国第一次大规模的引进热潮。在引进技术、设备等重大项目的同时，新中国还从苏联、东欧国家聘请了一大批专家，他们不仅带来了技术，也为新中国带出了一大批科技人员。与此同时，为了掌握先进的科学技术知识和管理经验，新中国开始向苏联、东欧国家派出大批留学生、实习生。从 20 世纪 50 年代初至 60 年代初，新中国先后向苏联、东欧派出了 1 万多名留学生和实习生，掀起了新中国成立后第一个留学热潮。

20 世纪 50 年代末 60 年代初，中苏关系恶化。1957 年苏联宣布停止对中国的投资，1960 年苏联单方面撕毁了同中国签订的 300 多份合同，撤走了全部 1000 多名在华专家，并带走了全部图纸、计划和资料，停止供应急需的重要设备，使 200 多个企事业单位的建设处于停顿、半停顿状态。中苏两国的贸易额由 1960 年 16.64 亿美元、占中国进出口总额的 43.7%，急剧下降至 1965 年 4.1 亿美元、仅占 9.6%。中国的对外贸易急剧萎缩，基本上关闭了对苏联和东欧国家开放的大门。中央政府随即完全没有投资能力了，国家经济增长陡然下降。1954～1958 年，发行了国家经济建设公债。在发行内债的同时，中国政府也向苏联和东欧国家举借外

① 转引自顾龙生主编：《中国共产党经济思想史》，山西经济出版社 1996 年版，第 502 页。

② 中共中央文献研究室：《周恩来年谱 1949－1976（中）》，中央文献出版社 1997 年版，第 9 页。

债。当时中国欠苏联的各项借款和应付利息共计折合人民币 52 亿余元（其中 60% 以上是抗美援朝战争中我国借支的军事物资的贷款和利息）。“大跃进”时期，政府财政赤字大增，财政赤字占 GDP 的比重 1958 年为 2%、1959 年为 2.9%、1960 年达 6.7%。那时候的赤字基本上靠发行货币填补，造成高通胀。1960 年是经济非常困难的时期，中国开始偿还所欠苏联的债务，到 1965 年债务全部还清，付出了惨痛的代价①。

自 20 世纪 60 年代起，受苏联逼债和严峻的国际形势影响，以毛泽东为首的党中央逐步放弃了利用外资的设想，利用外资遂成为社会主义的禁区，产生了“既无内债，又无外债”“无债一身轻”的思想②。毛泽东说：“还是靠自力更生，事情总是起变化的。‘只要有利，向魔鬼借钱也可’我们不走这条路。‘魔鬼’不给我们贷款，很好；要贷给我们，我们也不要。”③ 1964 年 9 月 20 日毛泽东在接见阿尔及利亚政府经济代表团时说：“技术、资金从哪里来呢？任何外国不贷款给我们，我们也不愿向外借。技术从哪里来？都得靠自己……欠了一身债日子是不好过的。”④ “正是因为欠债日子不好过，所以，取消援助最好，外国也取消了对我们的援助。”⑤

2. 第二次大规模引进与危机

“四三方案”是中华人民共和国 20 世纪 70 年代初向美国、联邦德国、法国、日本、荷兰、瑞士、意大利等西方国家大规模引进成套技术设备的计划。1973 年 1 月 5 日，国家计划委员会向国务院提交《关于增加设备进口、扩大经济交流的请示报告》，建议利用西方经济危机，在今后 3～5 年内引进价值 43 亿美元的成套设备（之后在这个方案的基础上又追加了一批项目，投资总额 51.8 亿美元）。报告建议应采取的引进原则：坚持独立自主、自力更生的方针；学习与独创相结合；有进有出，进出平衡；新旧结合，节约外汇；当前与长远兼顾；进口设备大部放在沿海沿江，小部分

① 数据引自林双林：《中国财政赤字和政府债务分析》，载于《经济科学》2010 年第 3 期。
② 张旭东：《中国利用外资政策重新确立》，载于《党史纵横》2008 年第 8 期。
③ 顾龙生：《毛泽东经济年谱》，中共中央党校出版社 1993 年版，第 598 页。
④ 顾龙生：《毛泽东经济年谱》，中共中央党校出版社 1993 年版，第 611 页。
⑤ 顾龙生：《毛泽东经济年谱》，中共中央党校出版社 1993 年版，第 625 页。

放在内陆。中国利用“四三方案”引进的设备，结合国产设备配套，兴建了26个大型工业项目，总投资约200亿元人民币，至1982年全部投产。大规模引进所需外汇大部分来源于外贸收入。1970年，全国出口总额为22.6亿美元，1973年达58.2亿美元。为中国出口创汇的产品主要有两类，一是土特产，二是手工业品。

1974年以后，财政赤字连续突破100亿元；而当时的财政总规模才800亿元左右，导致国家进行扩大再生产的投资能力再次严重不足。大规模引进外资的结果，是造成1978～1979年在财政收入不过才千亿左右的条件下，连续出现每年180亿～200亿元的高额财政赤字，迫使国家在1979年第一次“超发”了400亿元货币，这又使得城市经济改革从一开始就面临通货膨胀压力①。

3. 1977～1978年第三次大规模引进与危机

1978年国务院务虚会对各项经济指标的要求又在1975年制定的《十年规划编要》基础上加了码，国务院就批准了国家计委的报告，决定1978年再追加48亿元基本建设投资。1978年原计划基本建设投资332亿元，到1978年底，全年实际投资完成395亿元，比上年增加100亿元。大中型项目由上年的1433个增加至1723个，战线又拉长了。

中共中央、国务院对国务院务虚会议的意见又讨论多次，决定加快了引进的谈判步伐，至1978年底，中国与日本、美国等国家先后签订了22个成套设备引进项目，其中12月最后10天就签订了31亿美元的协议，主要是化工项目，计划总投资561亿元，其中需外汇123亿美元，当年引进总额78亿美元全部要用现汇支付。这些项目基本上没有进行可行性研究、没有进行综合平衡、没有按基本建设程序办事的项目的上马，使国民经济本来就已失调的比例关系，变得更加严重。引进过多，与国家外汇支付能力和配套能力不相适应，使物资、信贷、财政和外汇收支不平衡②。总投资与所需外汇均超出国力及外汇支付能力。经济发展的史实证明，1977～1978年的引进工作有很大的盲目性，规模大、进程

① 温铁军：《中国50年里三次开放的代价》，载于《中国企业家》2012年第12期。
② 数据引自李正华：《1978年国务院务虚会研究》，载于《当代中国史研究》2010年第2期。

急，成为1977～1978年中国经济发展中的一个重要特征，因而这两年又被称为“洋冒进的两年”①。20世纪70年代政府投资过度积累的财政赤字，中央和地方为了促进经济发展增加投入造成更大赤字。

在这一背景下，中央再度转换对外开放的策略，“两个不允许”政策被突破。1977年10月，邓小平还强调不能靠借钱搞建设，不能以借债来实现四个现代化②。1978年5月30日，在与胡乔木等人谈话时，邓小平指出：“现在的国际条件对我们很有利。西方资本主义国家从它们自身的利益出发，很希望我们强大一些。这些发达国家有很多困难，它们的资金没有出路，愿意把钱借给我们，我们却不干，非常蠢。”“我们脑子里还都是些老东西，不会研究现在的问题，不从现在的实际出发来提出问题，解决问题”③。6月下旬，他在听取谷牧出访西欧五国汇报时的谈话中指出：引进这件事要做，下决心向外国借点钱搞建设，要抓紧时间④。1978年9月的国务院务虚会议上，李先念指出：欧、美、日等资本主义国家经济萧条，要找出路。我们应该有魄力、有能力利用它们的技术、设备、资金和组织经验，来加快我们的建设。随后，全国计划会议确立了一项决策：“从那种不同资本主义国家进行经济技术交流的闭关自守或半闭关自守状态，转到积极地引进国外先进技术，利用国外资金，大胆地进入国际市场。”⑤

1979年12月上旬，日本首相大平正芳来华访问，正式宣布对中国实施援助开发贷款。国家建委副主任谢北一率团赴日本，签订了第一份

---

① 参见朱危安：《新中国经济史上的一个特殊阶段：1977－1978年》，载于《岭南学刊》1990年第1期；岳鹏：《中国共产党对中国特色社会主义道路的艰辛探索：1977－1978》，载于《成都大学学报》2016年第6期；程中原：《1977－1978：经济领域的思想解放与改革开放的起步》，载于《晋阳学刊》2010年第3期；董筱丹、温铁军：《宏观经济波动与农村“治理危机”——关于改革以来“三农”与“三治”问题相关性的实证分析》，载于《管理世界》2008年第9期。

② 邓小平1977年10月7日会见以日本退役陆军将领三冈健次郎为团长的日本三冈访华团时的谈话。

③ 中共中央文献研究室：《邓小平年谱1975－1997（上）》，中央文献出版社2004年版，第320页。

④ 《邓小平年谱（1975－1997）》（上），中央文献出版社2004年版，第335页。

⑤ 当代中国的经济管理编辑部：《中华人民共和国经济管理大事记》，中国经济出版社1986年版，第320页。

贷款协议，中国接受日本政府500亿日元贷款[①]，这是中国自改革开放以来接受的最早、最大一笔外国政府贷款。这一举动，打破了过去既无内债，又无外债的传统观念和禁区。随后，中国恢复了在世界银行中的成员国席位、恢复了国际货币基金组织的代表权、加入了国际农业发展基金会，开始使用国际金融机构的贷款，之后，中国开始接受第三国政府贷款，此后，长期商业贷款、政府优惠贷款等陆续进入中国。随着这些贷款进入中国，不仅是项目的建设工程、技术和运送到项目现场的材料、设备，还有项目管理、外债管理、外资采购等新观念、新方法、新理念。

为了推动利用外资，在没有经验的情况下，中央小心翼翼地开始了区域开放试点，同时也就开启了中国渐进的对外开放的步伐。以邓小平同志为核心的党的第二代领导集体，从我国国情出发，借鉴世界各国开办自由经济区（经济特区）的经验，决定首先创办经济特区，开辟对外开放的窗口。首批四个经济特区取得成功后，我国又逐步扩大开放领域，形成了沿海开放城市——沿海开放地区——沿江开放地区——沿边开放地区——内陆开放地区的多层次由点到面、点面结合的全方位开放格局。

随着外资不断进入中国，为外资企业和外籍人士提供金融服务的需求也就不断上升，因此，中国的金融开放也随之启动，外资银行开始进入中国开展业务。随着中国区域开放的不断扩张，以及产业开放的不断拓展，外资银行在华业务的空间扩张和业务范围扩张也就随之而来了。

1978年以来，我国大力引进西方先进技术，并打破成规，通过举借外债的方式引进西方先进技术。因此，外汇成为当时中国引进西方先进技术最大的“瓶颈”。千方百计解决外汇匮乏的问题成为中央政策的重要目标。因此，中国必须大力发展能够出口创汇的产业。发挥中国充裕的劳动力优势，自然而然成为人们的选择。同时，中国的国际环境大为改观，“亚洲四小龙”随着工业发展，劳动力价格不断上升，劳动力密集型产业无以为继，急需向外转移劳动密集型的制造业。大力发展“三来一补”因此成为

---

① 按当时汇率约合3.3亿人民币，2.2亿美元。1978年中国的外汇储备仅为1.67亿美元。

我国一项出口创汇的重要政策①。

为了配合这一政策，国内又展开了三项工作。一是在农村进行经济体制改革，将大力富余劳动力从农业生产中释放出来，这些劳动力从农村地区流向经济开放区域，进入工业部门就业，这样海外资本与国内的劳动力要素结合起来，产生了重要的积极效应。二是外汇制度不断调整。1982年国务院批转国家进出口管理委员会等单位关于修订《出口商品外汇留成试行办法》和修订后的《出口商品外汇留成试行办法》的报告（1982年2月28日），1984年国务院批转对外经济贸易部《关于外贸体制改革意见的报告》的通知，1985年国务院批转《出口商品外汇留成办法》（1985年3月29日），1985年3月，国务院颁发《关于批转〈财政部关于对进出口产品征、退产品税或增值税的规定〉的通知》，1985年实行的出口产品退税办法、出口商品外汇留成办法和超计划出口收汇“倒三七”分成办法。1986年国务院发布《关于鼓励出口商品生产扩大出口创汇的通知》。三是对外贸管理体制的改革。内容是中央向地方分权和向外贸企业放权让利，这也开启了未来走向市场经济改革的大门。

上述外贸制度变革带来了积极的效应，也为其后的诸多问题埋下了隐患。1987年底，“三来一补”加工厂点达近3万家，1987年合同数达84061份。1978～1987年，全国来料加工进口额从13.3亿美元增至116.71亿美元，占全国外贸总额的比重从1980年的3.4%上升至1987年的14.1%；其中，1981年来料加工贸易额为19.48亿美元，至1985年达52.81亿美元，占加工贸易比重的70.02%②。但是，到了1988年，我国又形成了新的经济过热。温铁军认为，这是我国新中国成立以来第五次经济危机。1988年，国家财政赤字达300多亿元，相当于财政收入的14.8%。1980年，我国外汇储备为－12.96亿美元，在国家鼓励出口创汇

---

① 所谓“三来一补”，就是指来料加工、来件装配、来样定制和补偿贸易，简称来料加工业务。来料加工是指外商提供原料、辅料，由我国企业按照外商要求加工成成品，交给外商负责出口，我方收取加工费。来件装配是指我国企业接受外商提供的元件、零件、部件，按照对方要求的质量、款式进行装配，然后交付外商，我方收取工缴费。来样制定是指国内生产企业按照外国客商提供的产品样式，生产加工并出口成品的产业活动。补偿贸易是指一方利用另一方信贷，向其购买设备和技术，但并不偿付现款，而是等企业投产后，以产品进行偿付。

② 数据引自邓娜、侯少夫：《中国加工贸易的发展历程与政策演变》，载于《开放导报》2012年第6期。

的政策下，外汇储备情况好转，1981 年为 27.08 亿美元，1982 年为 69.86 亿美元，1983 年为 89.01 亿美元。随后，迅速下降，1988 年外汇储备为 33.72 亿美元。而同年外债率超过 80%。简单地说，就是出口创汇 100 美元，其中超过 80 美元要用来还债[①]。为了解决当时面临的急迫任务，在对外经济方面，解决外汇储备问题，迅速提高出口创汇能力，我国开始采取价格双轨制改革和一系列市场化价格改革等激进的改革措施。

4. 1993 ~ 1994 年：三大赤字爆发和外向型经济改革

1992 年我国确立建设市场经济新体制的目标，政企分开，国有企业改革，逐步成为独立的市场主体，这掀起了政府机关大办企业的浪潮，利益集团寻租现象严重；地方也借“南方谈话”精神，纷纷扩大投资规模。最终导致财政、金融和外汇三大赤字同步爆发，国民经济增长乏力。

1979 ~ 1994 年，人民币汇率执行的是挂牌价和调剂价并存的双轨制，这就是所谓的“双重汇率制”或“汇率双轨制”。1984 ~ 1990 年，人民币钞票供应量增长开始驶入“快车道”，此后几乎每年的广义货币（M2）增速都在 20% 以上，尤其是 1984 年和 1986 年，M2 甚至达 39% 和 31% 这样的惊人增幅。在外汇储备没有大幅增加的情况下，这样的货币供给速度，显然给人民币带来了巨大贬值的压力；再叠加改革开放后中国企业大规模的商品进口、留学、出国和移民潮，对美元等外汇的需求急剧增加，美元供不应求，内在升值动力巨大。1985 ~ 1993 年，官方人民币兑美元汇率从 2.94 一路贬值至 5.76，贬值了近 1 倍。1994 年之前，企业外汇存款多，而官方外汇储备不足。当时外汇调剂市场价格和官方价格差距甚大，美元兑人民币的官方汇价是 1∶5.7，而外汇调剂市场的价格则一度达 1∶10，甚至更高。在这种情况下，外贸企业基本上都不愿意将外汇卖给商业银行，而是愿意通过外汇调剂市场出售外汇。一些企业为突破外汇管制、抢占市场先机，也愿意到调剂市场购入外汇。为了增加外汇储备，缩小调剂市场与官方市场之间的价格差距，政府推行汇率并轨和强制结售汇制度，实现了外汇从企业到商业银行再到中央银行的集中，中央银行持有的外汇储备

---

① 温铁军：《八次危机：中国的真实经验 1949 – 2009》，东方出版社 2013 年版，第 109、121 页。

不断增加；官方汇率则直接与调剂市场汇率并轨，定为1∶8.7，人民币对美元官方汇率由1∶5.8直接跳贬至1∶8.7，贬值幅度达50%。

汇率并轨、人民币大幅贬值的措施，起到了积极的效果。这降低了外汇交易成本和投机行为，恢复了外汇市场秩序，提高了中国出口商品的国际竞争力，出口猛增，贸易顺差大幅上升，中国的外汇储备不断攀升，短短3年时间，从1994年的516.2亿美元增长至1997年的1398.9亿美元（见表1－1），为抵御住亚洲金融危机的冲击打下了基础。汇率双轨制问题的解决也为中国进入WTO扫清了汇率准入障碍。但不容忽视的是，外汇储备大幅上升带来的国际不平衡问题又为下一阶段的经济发展埋下了隐患。

表1－1　1978～1997年期间中国的进出口及外汇储备情况

时间	进出口总额（百万美元）	出口总额（百万美元）	进口总额（百万美元）	进出口差额（百万美元）	外汇储备（亿美元）	财政赤字（亿元）
1978	20640	9750	10890	－1140	1.67	－1140
1979	29330	13660	15670	－2010	8.4	－2010
1980	38140	18120	20020	－1900	－12.96	－1900
1981	44022	22007	22015	－10	27.08	－8
1982	41606	22321	19285	3030	69.86	3036
1983	43616	22226	21390	840	89.01	836
1984	53549	26139	27410	－1270	82.2	－1271
1985	69602	27350	42252	－14902	26.44	－14902
1986	73846	30942	42904	－11970	20.72	－11962
1987	82653	39437	43216	－3770	29.23	－3779
1988	102784	47516	55268	－7750	33.72	－7752

续表

时间	进出口总额（百万美元）	出口总额（百万美元）	进口总额（百万美元）	进出口差额（百万美元）	外汇储备（亿美元）	财政赤字（亿元）
1989	111678	52538	59140	-6600	55.5	-6602
1990	115436	62091	53345	8746	110.93	8746
1991	135634	71843	63791	8052	217.12	8052
1992	165525	84940	80585	4355	194.43	4355
1993	195703	91744	103959	-12215	211.99	-12215
1994	236621	121006	115615	5391	516.2	5391
1995	280864	148780	132084	16696	735.97	16696
1996	289881	151048	138833	12215	1050.29	12215
1997	325162	182792	142370	40422	1398.9	40422

1986 年中国正式提出恢复在关贸总协定地位的申请，20 世纪 90 年代，中国政府加快了进入世贸组织的谈判。在此过程中，中国开始对标关贸总协定的要求，顺应国际贸易自由化的潮流，不断推进国内经济体制改革，推进各项贸易自由化的改革，降低关税等。2001 年，中国正式加入世界贸易组织（WTO），我国积极主动地按照加入 WTO 时的承诺，推行各项改革措施，取得了积极的效果，极大地推动了中国的开放发展。但中国经济的对外依存度越来越高，引发了关注，中国面临的贸易摩擦也越来越多。国际贸易顺差和利用外资的顺差带来了巨额的外汇储备，造成“外汇占款绑架货币政策”的现象，基础货币扩大，M2 不断增加，引起物价和资产价格上涨，同时，外储收益也不高。中国开始从资本短缺经济体向资本剩余经济体的转型，开放政策开始调整和变化，从 21 世纪初开始，中国的资本开始“走出去”，“引进来”与“走出去”并行成为新的开放策略。

5. 新时代的外部市场危机与中国“时间修复”与“空间修复”开放策略

1997 年东亚金融危机之后外需冲击，2008 年之后外部市场逆转，都给我国的经济增长造成了严重的不利影响，迫使我国修正发展战略，内需拉动策略越来越被重视。在资本过剩的情况之下，启动内需拉动战略带来的一个后果是商品价格和资产价格的不断上升，尤其是在之前以公共产品方式提供的一些商品或服务，如住房、教育、医疗、养老等，转向以市场的方式来提供之后，价格不断上涨，尤其表现在房地产价格上。

物价上涨带来了劳动力、土地等要素成本不断上升，在技术进步有限的情况下，中国制造被“低端锁定”，中国商品在全球市场竞争中的竞争力非常弱，中国商品面临来自欧、美、日、韩技术竞争优势，以及来自东南亚等新兴市场经济国家低成本优势的双向挤压，为了应对成本压力，原本分布在具有对外开放区位优势地区的出口型生产企业开始迁移到东南亚等地，而不是按照产业梯度转移理论所设想的那样向中国中西部地区转移。与此同时，在居民收入水平增长有限的情况下，老百姓的消费能力迅速地被消耗，从而导致国内产能过剩问题日益凸显。中国经济进入新常态。

为了应对上述复杂的情况，中国采取了“空间修复”与“时间修复”双管齐下的开放策略转型。在“空间修复”上，习近平总书记提出了“一带一路”倡议，在“时间修复”上，中共中央党提出了“高质量发展”。中国希望通过“空间修复”与“时间修复”，为我国企业摆脱“被俘获”困境，提升国际分工地位，重塑全球价值链体系提供契机。因为“空间修复”与“时间修复”双管齐下的开放策略，能够构架中国主导的“双环流全球价值链”，包括中国和发达经济体及中国和发展中经济体两个价值链环流，凭借经济贸易地位及产业发展水平，中国在中间节点位置发挥了中心枢纽作用。当然，中国全球价值链地位的提升，关键还在于基于国内市场空间的国内价值链的培育，加快构建以本土市场需求为基础的国家价值链（NVC）的网络体系和治理结构（刘志彪和张杰，2007，2009；张珉和卓越，2010；许南和李建军，2011）。

第三节　新中国对外开放70年理论创新的特点

对外开放的伟大实践过程就是创新的过程，实践的创新必然导致理论的创新，这是理论发展的规律。创新的实践锻就了创新的思维，改革开放实践催生了思想解放运动，为马克思主义理论创新提供了实践基础和精神准备；改革开放实践提出了许多重大的现实课题，创造了许多富有探索性的经验，明确了许多富有挑战性的迫切要求，从而成为推动理论创新的直接动力。总体上来看，改革开放实践发展得很快，经济学科的建设和经济理论的建设是滞后于实践的发展的①。也有一些学者总结了对外开放进程中的理论进展。李家祥（2019）认为，改革开放41年期间，以10年为一个阶段，不同阶段理论研究的重点分别是“对外开放必要论”“加快对外开放论”“提高开放水平论”“形成全面开放新格局论”②。本书认为，新中国70年对外开放进程中理论研究呈现出以下特点。

一、党的纲领性文件或重大决议引领开放理论的发展

实践是理论创新的源泉，理论创新又会指导实践发展。党在对外开放问题上的历次纲领性文件或重大决议，均引发了学术研究的热潮，也引领着开放理论的创新与发展，如表1－2所示。

---

①　郑新立：《经济理论不能长期滞后于实践》，载于《经济参考报》2009年3月18日。

②　李家祥：《改革开放40年中国对外开放理论主线的发展与新时代的创新》，载于《天津商业大学学报》2019年第1期。

表1－2　党关于对外开放的纲领性文件或重大决议与理论研究热点

序号	重大会议或纲领性文件	经济改革内容	理论研究的热点
1	1978年12月18～22日，中共十一届三中全会	作出把工作重点转移到社会主义现代化建设上来的战略决策	外贸体制改革
2	1979年8月13日，国务院颁发《关于大力发展对外贸易增加外汇收入若干问题的规定》，主要内容是扩大地方和企业的外贸权限，鼓励增加出口，办好出口特区。1980年5月16日，中共中央、国务院批转《广东、福建两省会议纪要》，定名为“经济特区”。1988年4月13日在第七届全国人民代表大会上通过关于建立海南省经济特区的决议	1979年，党中央、国务院批准广东省、福建省在对外经济活动中实行“特殊政策、灵活措施”，并决定在深圳市、珠海市、厦门市、汕头市试办经济特区	外贸体制改革； 特区经济研究； 区域开放研究
3	中共十二大（1982年9月1～11日）	制定了全面开创社会主义现代化建设新局面的正确纲领； 计划经济为主、市场调节为辅； 坚持自力更生和扩大对外经济技术交流	外贸体制改革； 外贸企业改革
4	1984年10月中共十二届三中全会通过了《中共中央关于经济体制改革的决定》	把实行对外开放定为基本国策； 增强企业活力是经济体制改革的中心环节； 政企关系； 积极发展多种经济形式，进一步扩大对外的和国内的经济技术交流	外贸体制改革； 外贸企业改革

续表

序号	重大会议或纲领性文件	经济改革内容	理论研究的热点
5	1986年12月5日，国务院作出《关于深化企业改革增强企业活力的若干规定》	全民所有制小型企业可积极试行租赁、承包经营。全民所有制大中型企业要实行多种形式的经营责任制。各地可以选择少数有条件的全民所有制大中型企业进行股份制试点	外贸企业承包制改革； 外贸战略
6	中共十三大（1987年10月25日~11月1日）	社会主义初级阶段理论； 进一步扩大对外开放的广度和深度，不断发展对外经济技术交流与合作； 出口创汇能力； 按照有利于促进外贸企业自负盈亏、放开经营、工贸结合、推行代理制的方向，坚决地有步骤地改革外贸体制	改革外贸体制； 利用外资； 区域开放； 外贸战略
7	1988年9月中共十三届三中全会	把1989年、1990年改革和建设的重点突出地放到治理经济环境和整顿经济秩序上； 必须有领导有秩序地推进相互配套的全面改革	外贸体制改革； 外贸战略
8	1988年2月，国务院发出《关于加强和深化外贸体制进行重大改革若干问题的规定》	我国外贸企业全面推行承包经营责任制	
9	中共十四大（1992年10月12~18日）	明确经济体制改革的目标是建立社会主义市场经济体制； 进一步扩大对外开放，更多更好地利用国外资金、资源、技术和管理经验	多层次、多渠道、全方位开放的格局； 利用外资； 外贸战略

续表

序号	重大会议或纲领性文件	经济改革内容	理论研究的热点
10	1993年11月中共十四届三中全会《中共中央关于建立社会主义市场经济体制若干问题的决定》	转换国有企业经营机制，建立现代企业制度；国家要为各种所有制经济平等参与市场竞争创造条件，对各类企业一视同仁；发挥市场机制在资源配置中的基础性作用，放开竞争性商品和服务的价格，尽快取消生产资料价格双轨制，培育市场体系的重点是，发展金融市场、劳动力市场、房地产市场、技术市场和信息市场等；转变政府职能，建立健全货币、财税等宏观经济调控体系；推进分税制改革；推进金融改革，实行政策性业务与商业性业务分离，现有的专业银行要逐步转变为商业银行；建立以市场为基础的有管理的浮动汇率制度和统一规范的外汇市场，逐步使人民币成为可兑换的货币；国家依法保护法人和居民的一切合法收入和财产；实行全方位开放，降低关税，吸引外资，国民待遇	全方位开放； 外贸企业改革
11	1994年1月11日，国务院作出《关于进一步深化对外贸易体制改革的决定》	提出中国对外贸易体制改革的目标是：统一政策、开放经营、平等竞争、自负盈亏、工贸结合、推行代理制，建立适应国际经济通行规则的运行机制	外贸体制综合配套改革
12	从1994年起实行汇率并轨。1995年第八届全国人大三次会议通过《中华人民共和国中国人民银行法》。从1996年12月1日起，我国实现了人民币在经常项目下的可兑换。1996年4月1日，我国对4000多种商品进口关税进行大幅度削减，关税总水平降至23%		汇率制度改革

续表

序号	重大会议或纲领性文件	经济改革内容	理论研究的热点
13	中共十五大（1997 年 9 月 12 ~ 18 日）	调整和完善所有制结构，明确公有制为主体、多种所有制经济共同发展是我国社会主义初级阶段的基本经济制度；加快推进国有企业改革； 充分发挥市场机制作用，健全宏观调控体系； 实施科教兴国战略和可持续发展战略； 努力提高对外开放水平	建立现代企业制度； 科教兴贸战略； 开放与国家经济安全； 贸易摩擦
14	2001 年 12 月，全国人大通过中国加入世界贸易组织的议案，中国正式加入世界贸易组织		围绕加入 WTO 的相关研究
15	中共十六大（2002 年 11 月 8 ~ 14 日）	坚持“引进来”和“走出去”相结合，全面提高对外开放水平	“走出去”研究； 贸易摩擦
16	2003 年 10 月中共十六届三中全会《中共中央关于完善社会主义市场经济体制若干问题的决定》	深化涉外经济体制改革，全面提高对外开放水平；统筹发展	统筹国内发展和对外开放； 统筹区域开放； 贸易摩擦
17	2004 年 4 月 6 日，第十届全国人民代表大会常务委员会第八次会议修订通过了《中华人民共和国对外贸易法》，修订后的《中华人民共和国对外贸易法》于 2004 年 7 月 1 日起施行	外贸经营从审批制转为登记制，彻底放开了外贸经营权，彻底放开了外贸经营权，国家准许货物与技术的自由进出口。但是，法律、行政法规另有规定的除外	
18	中共十七大（2007 年 10 月 15 ~ 21 日）	中国将始终不渝走和平发展道路； 互利共赢的开放战略	互利共赢的开放战略
19	2002 年 2 月第二次全国金融工作会议	快速推进新一轮国有商业银行改革。2004 年国有商业银行进行股份制改革	金融开放； 产业安全

续表

序号	重大会议或纲领性文件	经济改革内容	理论研究的热点
20	中共十八大（2012 年 11 月 8～14 日）	全面提高开放型经济水平，强调适应经济全球化新形势，必须实行更加积极主动的开放战略，完善互利共赢、多元平衡、安全高效的开放型经济体系	加快形成更高水平对外开放新格局； “一带一路”； 人类命运共同体； 贸易摩擦
21	2013 年 11 月，中共十八届三中全会，《中共中央关于全面深化改革若干重大问题的决定》	全面深化改革和扩大对外开放； 构建开放型经济新体制	构建开放型经济新体制； 自由贸易试验区
22	2015 年中共十八届五中全会《中共中央关于制定国民经济和社会发展第十三个五年规划的建议》	完善对外开放战略布局。推进双向开放，促进国内国际要素有序流动、资源高效配置、市场深度融合	全方位开放格局； 人类命运共同体； “一带一路”
23	中共十九大（2017 年 10 月 18～24 日）	习近平新时代中国特色社会主义思想； 建设现代化经济体系，要推动形成全面开放新格局	推动形成全面开放新格局、高水平开放、制度型开放； 发展更高层次的开放型经济； 人类命运共同体； “一带一路”
24	2018 年中央经济工作会议	推动全方位对外开放	全方位开放格局； 中美贸易战

资料来源：根据公开文件和文献检索的情况编制。

二、对外开放进程中出现的重大事件引领学术研究的高潮

1997 年亚洲金融风暴引发国内学者对于金融开放的关注，2001 年中国加入世界贸易组织（WTO）前后，国内出现了对外开放领域的一波研究热潮，理论界对加入 WTO 对中国经济的影响进行了广泛讨论，加入 WTO 是“狼来了”，将对中国经济产生严重冲击，但更多的人认为加入 WTO 对中国经济是机遇与挑战并存。对外贸体制改革来说也是既有机遇也有挑战的，机遇主要来源于更加开放、更加全球化的外部环境，挑战则主要是针对我国以往的外贸管理手段和外贸管理机构职能的转变。掀起了一波对外开放理论研究的高潮。2008 年金融危机，围绕危机与中国对外开放学者们展开了深入探讨；2013 年中央决定建设上海自由贸易试验区，引发了国内学者对于自贸区研究的热潮；2018 年爆发的中美贸易摩擦引起全世界的关注，国内学者也形成了极其丰富的研究成果。2018 年 4 月 14 日习近平总书记宣布，党中央决定支持海南全岛建设自由贸易试验区和中国特色自由贸易港，这引发了学者们对于自贸港研究的兴趣。

三、对外开放理论以诠释性研究为主，一些学术研究超前实践、指导发展

中国外贸体制改革的每一步，都不能没有贸易理论以及市场经济理论的超前探索，也不能没有理论的诠释（张生玲和张丽平，2008）。在对外开放领域学者们的研究成果浩如烟海。大量的文献诠释、评价了新中国不同历史时期开放发展的战略、政策措施、改革发展的成就与问题，总结经验、提供指导。但是，“理论工作者应该为经济方针、政策制定提供依据，而不是仅仅提供解释。要知道，理论家不是宣传家。”① 也有一些研究成果超前对外开放的实践，并对开放发展的影响产生影响。

---

① 雷册渊：《专访｜洪远朋：幸运的是，这三个“春天”我都参与了、努力了》，载于《解放日报》2018 年 12 月 29 日。

中国经济 40 多年来取得举世瞩目的发展，经济的对外开放在其中发挥了举足轻重的作用。“渐进式”“做试验”是重要的经验（隆国强，2017；国家发展和改革委员会国际合作中心对外开放课题组，2018；洪俊杰，2018；靳玉英，2018）。而通过理论回溯，有不少学者当初提出的渐进式开放的对策建议得到了重视，中国社科院财贸所研究员杨圣明（1998）认为应结合我国的具体国情，渐进式地提高我国服务贸易的开放度[①]。一些学者提出了证券市场渐进式开放的理念，以及他们对我国证券市场开放次序的设想，得到了监管部门的重视（田素华，2000；田素华，2001；王开国，2001；田素华和杨士军，2001）。

在对外开放起步之初，袁文祺、戴伦彰和王林生（1980）撰文指出，应该重新审视对外贸易的作用，要从国民经济盈利性角度看外贸，强调对外贸易必须注重经济效益问题。

在关于如何推动外贸体制改革方面，1979 年，上海社科院的张崇文就撰文《外贸体制必须改革》，认为为了加快实现社会主义四个现代化，必须通过外贸体制改革来推动我国对外贸易的大发展。20 世纪 80 年代的外贸体制改革确立了“放权让利”和外贸企业承包经营改革，冯艾玲、李华云和周小川（1988）撰文认为，外贸体制改革应围绕企业、市场、宏观控制三个环节采取系统的、治本的、配套的改革，而不再徘徊于局部的、治标的、试验性的改革。1994 年 1 月 11 日，国务院作出《关于进一步深化对外贸易体制改革的决定》，开启了中国外贸体制综合配套改革。

1986 年 12 月 5 日，国务院作出《关于深化企业改革增强企业活力的若干规定》，全民所有制小型企业试行承包经营改革。1988 年，国务院发出《关于加强和深化外贸体制进行重大改革若干问题的规定》，开始在全国范围内全面推行对外贸易承包经营责任制，以促使外贸体制朝着“自负盈亏、放开经营、工贸结合、推行代理制”的方向前进。但冯艾玲、李华云和周小川（1988）明确反对外贸企业承包经营责任制改革，认为这是行不通的。厉以宁（1989）认为外贸体制改革最终必将走股份制道路的观点

① 《中国社科院财贸所杨圣明研究员指出——渐进式提高服务贸易开放度》，载于《领导决策信息》1998 年第 50 期。

也是具有前瞻性和引领性的，1992年之后我国国有企业开始试点股份制改革，1997年后开始全面推行国有企业的股份制改革。

中国从改革开放伊始就非常重视通过对外贸易出口创汇，为国内经济建设筹集资金。改革开放40多年中国总体上日益庞大的外汇储备规模与此指导思想高度相关。中国社科院学部委员余永定早在1997年就发表了一篇关于外汇储备的战略思考的文章[①]，文章明确提出中国积累外汇储备的实质是穷国存钱，并将其以极低的成本借给富国使用，这种做法是与中国要素禀赋决定的比较优势背道而驰的。要知道，当时中国的外汇储备只有1400亿美元，能够理解余永定所想的人寥寥无几，而如今，中国的外汇储备太庞大已成为经济学界的共识，越来越多的学者提出了从追求国际收支顺差向追求国际收支平衡的建议（沈诗霞，2001；李晓西和张生玲，2005），得到了决策部门的认可。

温铁军教授在1994年和1996年分别撰文比较全面地提出过对金融危机的预警[②]，但遗憾的是未能引起监管层的重视，在1997年东亚金融危机爆发后，国内在反思和分析问题时，温铁军（1998）再度撰文，指出有关方面又过于重视技术层次的问题或纯粹金融业务上的分析，忽视了金融危机发生的根源是东亚国家复制翻版传统结构工业化的必然结果，根源在于金融垄断资本越来越异化于实物经济而追求不断翻新的衍生品期货交易从而谋取暴利[③]。这些分析对于中国具有重要的警示意义，尤其是2008年危机之后大家对金融危机的总结聚焦在这一点上，而2015年中国的股灾、金融“脱实向虚”等问题，更加证明了温铁军教授观点的前瞻性和深刻性。

中国资本账户开放问题一直是学术界和监管层关注的焦点议题，2012

① 余永定：《关于外汇储备和国际收支结构的几个问题》，载于《世界经济与政治》1997年第10期。

② 林顿·拉鲁什、温铁军：《国际金融资本体系的总体性危机与中国改革》，载于《战略与管理》1994年第6期；温铁军：《美国学者林顿对世界金融市场崩溃的第九次预测》，载于《改革》1996年第1期。

③ 温铁军：《国际金融风潮与中国的“资源资本化”》，载于《战略与管理》1998年第1期。

年中国人民银行调查统计司课题组发布两份研究报告[①]，建言我国加快资本账户开放的条件基本成熟，金融改革应抓住机遇、通盘考虑、协调推进。大量的学者撰文表示反对，认为中国加快资本账户开放的条件并不成熟，中国应该审慎推进资本账户开放（张礼卿，2012；余永定，2012；石建勋，2012）。从实践的情况来看，我们还是选择了审慎推进资本账户开放的策略。

还有一些学者关于中国对外开放的对策建议得到了相关部门的重视，并转化为对外开放的实践。如孙祁祥、王国军和郑伟（2012）按照开放、共赢、与时俱进的思路，借鉴国际经验、结合中国国情，提出中国保险业在2012～2020年进一步对外开放三个发展阶段中的六大战略，即股权结构战略、业务准入战略、外资保险区域平衡发展战略、外资保险供给结构平衡发展战略、“走出去”战略和金融业协同开放战略[②]。上述战略思路，部分已经转化为保险业改革开放的政策措施，在实践中推行。

中国金融四十人论坛（CF40）《径山报告》课题组撰写的《2017径山报告》，针对积极、稳健地推动中国金融业的进一步对外开放，提出七个方面的政策建议：第一，国务院金融稳定发展委员会应统筹金融改革开放政策，规划路线图并设计配套方案。第二，完善与开放金融体系相匹配的宏观审慎监管框架，有效预防并化解金融风险。第三，积极增加汇率的灵活性，更多地让市场因素决定汇率水平。第四，落实准入前国民待遇并放松外资机构的持股比例，真正推动金融机构的对外开放。第五，尊重国际市场规则和惯例，实现金融市场更高层次的开放。第六，利用国内产业结构转型升级和“一带一路”倡议的契机，积极构建对外投融资框架。第七，在宏观和微观两个层面建立跨境资本流动的管理框架，并稳健地加快人民币国际化的进程。从2018年中国宣布金融业全面开放，并迅速出台

① 中国人民银行调查统计司课题组、盛松成：《我国加快资本账户开放的条件基本成熟》，载于《中国金融》2012年第5期；中国人民银行调查统计司课题组、盛松成：《协调推进利率、汇率改革和资本账户开放》，载于《金融市场研究》2012年第2期。

② 孙祁祥、王国军、郑伟：《中国保险市场对外开放的重大议题与政策选择：2012～2020》，载于《保险研究》2012年第2期。

一系列金融开放制度安排的内容来看，《径山报告》的影响是非常大的[①]。

四、对外开放理论研究从规范研究为主走向规范研究与实证研究并重

在人文社会科学研究方面，规范研究与实证研究是两种重要的研究方法，规范研究方法是指借助概念解析与逻辑推理，揭示事物变化的规律与原因，提出解决问题对策的方法，通常回答"为什么""怎么做"的问题。规范研究面向"元问题"而展开（任剑涛，2008）。实证研究方法有广义和狭义之分，广义的实证研究方法泛指所有经验性研究方法，如调查研究法、实地研究法和经验数据统计分析法等。通常所说的实证研究方法是指狭义的实证研究方法，即运用历史数据或现实案例，借助数学模型，对事物发展过程与相互影响进行经验性研究，得出结论并提出相关政策建议的方法（郭复初，2016）。两种研究方法各有优点及局限性。规范研究有利于帮助我们透过现象看本质，找寻规律，从而提出理论观点和对策建议。实证研究的分析过程一般包括：命题提出与文献综述——提出证明命题的假设——研究设计（证明命题的思路）——变量设计（被解释变量、解释变量、控制变量等）和数据收集——实证检验（运用有关数学模型分析进行证实与证伪）——现象解释（得出结论）——政策建议[②]。首先，实证研究方法面临的最大挑战是假设的合理性与科学性；其次，实证分析过程中样本、变量与数学模型的选择等都容易受个人偏好的影响，进而导致实证分析的结论可信度下降。但规范研究方法与实证研究方法并不是绝对排斥的。马克思在研究的过程中非常娴熟地运用了规范分析法，但马克思同时也认为："一种科学只有在成功地运用数学时，才算达到了真正完

---

① 参见《径山报告》课题组：《中国金融开放的下半场》，中信出版社 2018 年版；黄益平：《积极、稳健地开放中国金融业——〈2017 径山报告〉综合》，载于《新金融评论》2017 年第 5 期。

② 郭复初：《论财务理论研究观念与方法——兼论规范研究与实证研究相结合》，载于《财务研究》2016 年第 6 期。

善的地步。”① 事实上，马克思在其研究中也大量运用了数学方法。

从文献检索的情况来看，早期我国对外开放领域的研究文献基本上属于规范研究，有一些针对中国外贸、外资、外汇等具体问题的研究，也多是使用到简单的描述统计方法。随着对外开放相关研究的不断深入，出现了规范研究与实证研究共同发展和共同繁荣的局面。这意味着在对外开放领域经济理论和研究方法的多元化，尤其是在国外各种经济学理论及研究方法不断引入中国的情况下，越来越多的研究者开始运用各种数理模型和计量方法，对相关问题展开深入的实证研究，为相关理论及观点提供更加坚实的论据。

在国际贸易领域非常重要的一些研究方法，如贸易引力模型（gravity model of trade）、可计算一般均衡模型（computable general equilibrium, CGE）、动态随机一般均衡模型（dynamic stochastic general equilibrium, DSGE）、全球贸易分析模型（global trade analysis project，GTAP）、结构计量模型（structural econometric model）、反事实研究方法（antifact inferential measuring method）等国外流行的方法先后被介绍到中国，国内学者运用这些方法对相关问题展开实证分析，取得了一些有影响力的研究成果。如杨小海等（2017）、刘建丰和潘英丽（2019）分别运用分析了中国的资本账户开放问题。彭红枫等（2018）则采用政策法规名义测度法和经济指标事实测度法来衡量资本账户开放程度，并利用基于 FGLS 估计的面板固定效应模型对 20 国集团（G20）国家资本账户开放程度的影响因素进行了实证分析，在此基础上，得到国际经验规律下中国资本账户开放程度应达到的理论水平，并将其与实际值进行对比分析。东艳和李春顶（Dong Yan and Chunding Li，2018）、李春顶等（Li Chunding et al.，2018）利用 GTAP 对 2018 年中美贸易摩擦影响进行估算，相关研究引起了国内外的关注。贸易引力模型（刘青峰和姜书竹，2002；程惠芳和阮翔，2004；盛斌和廖明中，2004；陈汉林和涂艳，2007；钱学锋和梁琦，2008；周念利，2010），GTAP（杨军等，2005；周曙东等，2006；李众敏和吴凌燕，

① 保尔·拉法格：《马克思恩格斯回忆录》第一册“摩尔和将军”，人民出版社 1982 年版，第 93 页。

2008；万璐，2011；周睿，2014；邓利娟、侯丹丹和黄燕萍，2016）等都被国内学者广泛加以利用。

上述情况反映出国内对外开放领域学术研究在不断发展和深化，这是一个值得欣喜的现象。相信在未来的学术界中，国内学者会有一些原创性的研究成果出现，为中国的学术进步和国家经济建设作出更大的贡献。

第四节 本书的主要创新点及不足之处

本书涵盖70年中国对外开放各领域和关键环节，按照外贸体制改革、外贸战略演进、区域开放、金融开放、服务贸易、对外开放与国家经济安全、贸易摩擦和参与全球治理八大脉络，对中华人民共和国70年对外开放进程及理论研究的演进进行全方位回顾，对翔实的数据和丰富的文献进行系统梳理分析，展现历史、呈现全景、总结规律。这是一本资料非常丰富的专著，可以供该领域的研究者参考。

本书的不足之处也是很明显的。首先是对于我国对外开放中的一些领域或重要问题没有展开研究。囿于篇幅和研究时间精力等原因，本书未能对中国利用外资（FDI）问题、中国的对外直接投资问题（OFDI）、全球价值链、中国的对外经济合作问题等展开全面深入研究。这些非常有必要在后续的研究中加以补充。其次，由于对外开放领域涉及的研究议题非常多，每一个议题都可加以细分，研究的成果非常丰富，本书在梳理的过程中尽量加以总结归纳，但难免会有不深入、不细致的问题。最后，作为一本对外开放经济史和经济思想史的著作，本书在撰写的过程中参考了大量的文献，对此，笔者在本书中尽量加以标注，但难免会挂一漏万，如有遗漏，谨向原作者表示歉意。

第二章

中国特色社会主义开放发展思想的历史演进

中国共产党人有着非常丰富的开放发展思想，其理论渊源是马克思主义经典著作中的开放发展理论。中国共产党人以马克思主义开放发展思想为指导，结合世界的情况和中国国情，不断创新和发展开放发展思想，并指导中国开放发展的实践，取得了积极的效果。中国共产党人关于开放发展的思想在不断完善和成熟，中国共产党人关于开放发展的实践也在不断创新。

第一节　马克思主义经典著作中的开放发展思想

马克思主义经典著作中提出和阐述了丰富的开放发展思想。马克思和恩格斯的“世界历史”理论及列宁的“利用资本主义的西方”的构想，正是这一思想的表述。

一、马克思恩格斯关于开放发展的思想

马克思主义政治经济是对古典政治经济学的批判性发展，古典政治经济学中蕴含着极其丰富的开放发展思想，例如，英国资产阶级古典政治经济学家李嘉图认为，“在商业完全自由的制度下，各国都必然把它的资本和劳动用在最有利于本国的用途上。——由于增加生产总额，它使人们都得到好处，并以利害关系和互相交往的共同纽带把文明世界各个民族结合成一个统一的社会。”① 这些是马克思、恩格斯经典著作中开放发展思想的重要理论渊源。从19世纪40年代起，马克思、恩格斯在创立科学社会主义理论的过程中，在《德意志意识形态》《共产党宣言》等著作中，立足于“历史向世界历史转变”这一历史事实，十分清楚地阐明了他们的“世界历史”思想，并蕴涵着丰富的对开放发展思想。总体来看，马克思恩格斯的开放发展思想主要包括以下几个方面：

① ［英］李嘉图：《政治经济学及赋税原理》，商务印书馆1976年版，第113页。

1. 开放发展的历史必然性

马克思和恩格斯关于开放发展的丰富论述表明，对外开放是一种历史现象，是生产力发展到一定历史阶段上各民族普遍交往的必然结果，是大工业和普遍交往的产物，具有其历史必然性。

（1）开放发展是资产阶级追求自身利益最大化的必然产物。马克思恩格斯的剩余价值理论深刻揭示了资本的本性所在。在资产阶级对利益的追逐上，马克思一针见血地指出，“人们奋斗所争取的一切，都同他们的利益有关。”① 恩格斯在《家庭、私有制和国家的起源》一书中对此同样进行了深刻地揭露，“鄙俗的贪欲是文明时代从它存在的第一日起直至今日的起推动作用的灵魂；财富，财富，第三还是财富，——不是社会的财富，而是这个微不足道的单个的个人的财富，这就是文明时代唯一的、具有决定意义的目的。”② 不断扩大产品销路和获取利润的需要“驱使资产阶级奔走于全球各地。它必须到处落户，到处开发，到处建立联系”，“资产阶级，由于开拓了世界市场，使一切国家的生产和消费都成为世界性的了。”“它迫使一切民族——如果它们不想灭亡的话——采用资产阶级的生产方式；它迫使它们在自己那里推行所谓的文明，即变成资产者。一句话，它按照自己的面貌为自己创造出一个世界。”也就是说，现代资产阶级的利益驱动客观上为开放发展提供了发展的动力。“资产阶级，由于一切生产工具的迅速改进，由于交通的极其便利，把一切民族甚至最野蛮的民族都卷到文明中来了。它的商品的低廉价格，是它用来摧毁一切万里长城、征服野蛮人最顽强的仇外心理的重炮。它迫使一切民族——如果它们不想灭亡的话——采用资产阶级的生产方式；它迫使它们在自己那里推行所谓的文明，即变为资产者。一句话，它按照自己的面貌为自己创造出一个世界。”③

（2）开放发展是生产力水平提高和社会分工深化的必然要求。马克思恩格斯提出，随着资本主义生产方式下生产力水平的提高和社会大分工不断向纵深方向发展，世界交往和世界贸易普遍发展起来，引起国际分工、

① 《马克思恩格斯全集》（第1卷），人民出版社1956年版，第82页。
② 《马克思恩格斯选集》（第4卷），人民出版社1995年版，第177页。
③ 《马克思恩格斯选集》（第1卷），人民出版社1995年版，第268页。

国际交换，形成世界市场，世界各国在经济、政治、文化、伦理道德等领域相互依赖，才最终突破了国家、民族的地域局限性和区域的封闭性，使民族历史开始逐步转变为世界历史。马克思指出，“建立新的工业部门已经成为一切文明民族的生命攸关的问题；这些部门拿来加工制造的，已经不是本地的原料，而是从地球上极其遥远的地区运来的原料；它们所出产的产品，已经不仅供本国消费，而且供世界各地消费。旧的需要为新的需要所代替，旧的需要是用国货就能满足的，而新的需要却要靠非常遥远的国家和气候悬殊的地带的产品才能满足了。过去那种地方的和民族的闭关自守和自给自足状态已经消逝，现在代之而起的已经是各民族的各方面互相往来和各方面互相依赖了。物质的生产如此，精神的生产也是如此。”①

（3）开放发展是人的自由全面发展的必然要求。人的自由而全面的发展始终是马克思主义创始人坚守的理论旨趣和追求的革命目标。马克思开放发展思想的最终实践目标在于通过世界性的交往与互动，促进和实现人的自由和全面发展。马克思指出，只有通过“对外开放”和扩大世界性交往，“单个人才能摆脱种种民族局限和地域局限而同整个世界的生产（也同精神的生产）发生实际联系，才能获得利用全球的这种全面的生产（人们的创造）的能力。各个人的全面的依存关系、他们的这种自然形成的世界历史性的共同活动的最初形式，由于这种共产主义革命而转化为对下述力量的控制和自觉的驾驭，这些力量本来是由人们的相互作用而产生的。”②

（4）科技进步也必然推动开放发展。马克思恩格斯认为，在世界市场、世界历史的形成过程中，科学技术是历史的有力杠杆，是最高意义上的革命力量。马克思在《哲学的贫困》一文中指出，“在英国，机器发明之后分工才有了巨大进步……由于有了机器，现在纺纱工人可以住在英国，而织布工人却住在印度。在机器发明以前，一个国家的工业主要是用本地原料来加工……由于机器和蒸汽的应用、分工的规模已使大工业脱离

① 《马克思恩格斯选集》（第1卷），人民出版社1995年版，第276页。
② 《马克思恩格斯选集》（第1卷），人民出版社1995年版，第89～90页。

了本国基地，完全依赖于世界市场、国际交换和国际分工。”大机器生产“使古老的民族工业被消灭了，把一系列的国家投入到国际分工和国际交换中来。”[①] 在《资本论》中，马克思也指出，“一种和机器生产中心相适应的新的国际分工产生了，它使地球的一部分成为主要从事农业生产的地区，以服务于另一部分主要从事工业的生产地区。”[②]

2. 开放发展存在着双重效应

马克思和恩格斯深入分析了资本主义条件下开放发展的双重影响。开放发展极大地推动了资本主义生产的发展，所以，资本主义“首次开创了世界历史，因为它使每个文明国家以及这些国家中的每一个人的需要的满足依赖于整个世界”[③]。随着资本主义制度的扩张，“资产阶级，由于一切生产工具的迅速改进，由于交通的极其便利，把一切民族甚至最野蛮的民族都卷到文明中来了”[④]，全球结成了一个以国际分工为基础的商品生产的经济体系。“资产阶级社会的真实任务是建立世界市场和以这种市场为基础的生产”[⑤]。这一体系创造了比以往一切时代的全部生产力还要多、还要大的生产力。

但我们还必须充分认识到，资本主义制度全球扩张所带来的世界市场体系同时也是一个不平等的体系，给广大发展中国家和地区带来了巨大的痛苦和灾难。这一经济体系是“未开化和半开化的国家从属于文明的国家”“农民的民族从属于资产阶级的民族”“东方从属于西方”的体系[⑥]。恩格斯曾形象地描绘说：“英国是农业世界的大工业中心，是工业太阳，日益增多的生产谷物和棉花的卫星都围绕着它运转”[⑦]。这一体系在形成和扩张的过程中具有很强的掠夺性和侵略性，既对自然界进行无情的开发和利用，同时也对其他落后民族进行残酷的剥削和压迫，促使落后封闭民族被迫“对外开放”，从而将其变为自己的原料产地和商品销售市场，给

---

① 《马克思恩格斯全集》（第4卷），人民出版社1958年版，第168～169页。
② 马克思：《资本论》（第1卷），人民出版社1975年版，第494～495页。
③ 《马克思恩格斯选集》（第1卷），人民出版社1995年版，第111页。
④ 《马克思恩格斯选集》（第1卷），人民出版社1995年版，第276页。
⑤ 《马克思恩格斯全集》（第29卷），人民出版社1972年版，第348页。
⑥ 《马克思恩格斯选集》（第1卷），人民出版社1995年版，第277页。
⑦ 《马克思恩格斯选集》（第4卷），人民出版社1995年版，第425页。

各国特别是落后国家，造成了巨大的痛苦和灾难，因为基于资本主义生产方式的开放发展，始终是服从于和服务于资产阶级的利益和要求的，所以“资产阶级……它的商品的低廉价格，是它用来摧毁一切万里长城、征服野蛮人最顽强的仇外心理的重炮。它迫使一切民族——如果它们不想灭亡的话——采用资产阶级的生产方式；它迫使它们在自己那里推行所谓的文明，即变为资产者。一句话，它按照自己的面貌为自己创造出一个世界。”①

不仅如此，马克思恩格斯还明确指出，在资本主义生产方式下，世界市场扩大了人的异化的范围、加重了异化的程度。马克思主义认为，人的异化是指人的物质活动、精神活动及其产物变成异己的力量反过来反对甚至支配、统治人本身，因而出现了人原来具有的正常的人性和人的本质被压抑、扭曲，甚至被否定的情况。人的异化不是从来就有的，不是永远存在的，它只是人类社会发展到一定阶段的产物，而强制性的社会分工和世界市场力量对个人的支配是人异化产生的根源。在私有制情形下，由于社会分工不是出于自愿而是出于自发，主体的劳动对其本身来说，就成为“一种异己的、同他对立的力量，这种力量压迫着人，而不是人驾驭着这种力量”②，即存在着异化现象。大工业生产方式的发展，以及与之相适应的历史向世界历史的转变，扩大了这种异化的范围，加重了异化的程度。“单个人随着自己的活动扩大为世界历史性的活动，越来越受到对他们来说是异己力量的支配，受到日益扩大的、归根结底表现为世界市场的力量的支配”③。当然，马克思恩格斯同时也认为，这一过程也是解决人的异化问题，实现人的自由和全面发展的必由途径。

3. 社会主义必须走开放发展的道路

马克思、恩格斯在探讨东方落后国家的发展道路时曾经指出，东方国家要想跨越资本主义“卡夫丁峡谷”直接进入社会主义阶段，必须坚持的基本前提之一是吸收资本主义制度的“一切肯定成果”。马克思在给俄国女革命家查苏利奇的信中指出：“俄国是在全国范围内把‘农业公社’保

---

① 《马克思恩格斯选集》（第1卷），人民出版社1995年版，第276页。
② 《马克思恩格斯选集》（第1卷），人民出版社1995年版，第85页。
③ 《马克思恩格斯选集》（第1卷），人民出版社1995年版，第89页。

存到今天的欧洲唯一国家。它不像东印度那样，是外国征服者的猎获物。同时，它也不是脱离现代世界孤立存在的。一方面，土地公有制使它有可能直接地、逐步地把小土地个体耕作变为集体耕作，并且俄国农民已经在没有进行分配的草地上实行着集体耕作……另一方面，和控制着世界市场的西方生产同时存在，使俄国可以不通过资本主义制度的'卡夫丁峡谷'，而把资本主义制度的一切肯定的成就用到公社中来"。[①] 在这里，马克思反复强调社会主义必须吸收、利用资本主义的一切肯定成果，就包含了走开放发展道路。

实际上，马克思恩格斯早已指出，在现代社会化大分工的历史条件下，在世界历史成为现实的前提下，"对外开放"自然成为无法抗拒的历史洪流。早在 1845 年，马克思恩格斯在研究人类社会发展的普遍规律和意识形态的现实基础时，分析了集中代表资本主义社会生产力水平的大工业对推动竞争、促进各民族各国家间互相交往以及形成世界市场上的积极作用，并且认为自从资本主义世界体系形成以来，任何国家、任何民族都不可能在闭关自守的状态下得到发展。"世界历史"形成和发展的内在动力和根源在于生产力和交往形式之间的结构性矛盾。随着生产力的不断发展，"已成为桎梏的旧的交往形式被适应于比较发达的生产力，因而也适应于更进步的个人自主活动方式的新的交往形式所代替；新的交往形式又会成为桎梏，然后又被别的交往形式所代替"[②]。各民族的原始闭关自守状态也由于这种"日益完善的生产方式、交往以及因交往而自然形成的不同民族之间的分工消灭得越是彻底，历史也就越是成为世界历史"[③]。

马克思和恩格斯科学地预见到，生产力和世界交往的普遍发展不仅为资本主义创造了世界历史的前提，更为未来共产主义社会的产生创造了物质前提和阶级基础，共产主义的最终胜利是必然的而且是世界性的。共产主义是最开放的一种世界体系，它"是以生产力的普遍发展和与此相联系的世界交往为前提的"，"只有作为'世界历史性的'存在才有可能实现"，也只有作为"占统治地位的各民族'一下子'同时发生的行动，在

① 《马克思恩格斯选集》（第 19 卷），人民出版社 1995 年版，第 435 ~ 436 页。
② 《马克思恩格斯选集》（第 1 卷），人民出版社 1995 年版，第 124 页。
③ 《马克思恩格斯选集》（第 1 卷），人民出版社 1995 年版，第 88 页。

经验上才是可能的”。如果不具备这两个前提，就会造成以下两个后果：一是共产主义就只能作为某种地域性的东西而存在；二是交往的力量本身就不能发展成为普遍的因而是不堪忍受的力量，它们仍然会处于地方性的、笼罩着迷信气氛的状态。于是，他们得出结论说：“交往的任何扩大都会消灭地域性的共产主义。共产主义只有作为占统治地位的各民族‘一下子’同时发生的行动，在经验上才是可能的，而这是以生产力的普遍发展和与此相联系的世界交往为前提的。”“无产阶级只有在世界历史意义上才能存在，就像共产主义——它的事业——只有作为‘世界历史性的’存在才有可能实现一样。”①

正因为如此，马克思恩格斯明确指出共产主义革命不能在单独一个国家发生，因为“单是大工业建立了世界市场这一点，就把全球各国人民，尤其是各文明国家的人民，彼此紧紧地联系起来，以致每一国家的人民都受到另一国家发生的事情的影响。此外，大工业使所有文明国家的社会发展大致相同，以致在所有这些国家，资产阶级和无产阶级都成了社会上两个起决定作用的阶级，它们之间的斗争成了当前的主要斗争。因此，共产主义革命将不是仅仅一个国家的革命，而是将在一切文明国家里，至少在英国、美国、法国、德国同时发生的革命”②。所以，无产阶级的世界性崛起，只有在相互联合起来即“对外开放”的前提下才能取得较为彻底的胜利。马克思指出，“随着资产阶级的发展，随着贸易自由的实现和世界市场的建立，随着工业生产以及与之相适应的生活条件的趋于一致，各国人民之间的民族隔绝和对立日益消失……无产阶级的统治将使它们更快地消失。联合的行动，至少是各文明国家的联合的行动，是无产阶级获得解放的首要条件之一。”③

二、列宁关于开放发展的思想

列宁开放发展的思想，产生于1920年底苏维埃俄国国内战争刚刚结

① 《马克思恩格斯选集》（第1卷），人民出版社1995年版，第86～87页。
② 《马克思恩格斯选集》（第1卷），人民出版社1995年版，第241页。
③ 《马克思恩格斯选集》（第4卷），人民出版社1995年版，第291页。

束的时候。列宁认为，要完成恢复和发展国民经济的任务，必须实行开放发展的政策。概括列宁当时的思想，主要有下述内容：

1. 苏维埃国家开放发展的必然性与可能性

列宁基于“世界经济”这一概念，反复说明世界经济的相互依赖性是人类文明发展的必然趋势，开放发展是世界经济发展的必然要求，也是发展苏维埃经济和巩固苏维埃政权的必然要求。

（1）苏维埃国家开放发展是世界经济发展的必然要求。早在十月革命前夕，列宁就指出：“人类的整个经济、政治和精神生活在资本主义制度下就已经愈来愈国际化了。社会主义会把这三方面的生活完全国际化。”① 在推行新经济政策时期，列宁更是提出了“世界经济”的概念，阐述了世界各国经济的相互依赖性以及开放发展的必要性，认为“有一种力量胜过任何一个跟我们敌对的政府或阶级的愿望、意志和决心，这种力量就是世界共同的经济关系。正是这种关系迫使它们走上这条同我们往来的道路。”② 所以，社会主义必须要通过开放发展来学习和利用资本主义创造的一切文明成果。列宁明确指出，“社会主义共和国不同世界发生联系是不能生存下去的，在目前情况下应当把自己的生存同资本主义的关系联系起来。”③ “必须取得资本主义遗留下来的全部文化，并且用它来建设社会主义。”④ “如果你们不能利用资产阶级世界留给我们的材料建设大厦，你们就根本不能建成它，你们也就不是共产党人，而是空谈家。”⑤

（2）开放发展是推动苏维埃经济发展的必然要求。连年的战争使得年轻的苏维埃俄国陷入了严重的经济困难。许多工厂被破坏，大量工人失业，粮食和燃料极端匮乏，百废待兴，出路何在？列宁认为争取与资本主义的和平共处与往来十分必要，因为苏俄的经济危机十分深重，没有外国的装备和技术帮助，单靠自己的力量根本无法恢复被破坏的经济。“我们的目的只有一个，就是要在资本主义包围中利用资本家对利润的贪婪和托

---

① 《列宁全集》（第23卷），人民出版社1990年版，第332页。
② 《列宁全集》（第42卷），人民出版社1987年版，第332页。
③ 《列宁全集》（第41卷），人民出版社1985年版，第167页。
④ 《列宁全集》（第36卷），人民出版社1986年版，第48页。
⑤ 《列宁全集》（第36卷），人民出版社1986年版，第6页。

拉斯与托拉斯之间的敌对关系，为社会主义共和国的生存创造条件。社会主义共和国不同世界发生联系是不能生存下去的，在目前情况下应当把自己的生存同资本主义的关系联系起来。”① 列宁甚至提出了一个著名的公式——“乐于吸取外国的好东西：苏维埃政权＋普鲁士的铁路秩序＋美国的技术和托拉斯组织＋美国的国民教育等等等等＋＋＝总和＝社会主义。”② 不仅如此，列宁还把有效地运用资本主义国家的资金、技术、设备作为提高劳动生产率并最终战胜资本主义的重要途径和手段。列宁精辟地分析道：“当我们国家在经济上还极其薄弱的时候，怎样才能加速经济的发展呢？那就是要利用资产阶级的资本”③“必须取得全部科学、技术、知识和艺术，否则，我们就不可能建设共产主义社会的生活。”④ 只有在充分吸收和掌握最新文明成果的前提下并加以创新，才可以有效地壮大社会主义物质基础，创造出比资本主义更高的劳动生产率。

（3）开放发展是巩固苏维埃政权的迫切需要。从外部环境来看，苏维埃政权建立之后，内忧外患，经济破坏严重，列宁指出，必须利用帝国主义之间的矛盾，瓦解帝国主义对付社会主义的联合阵线，争取持久的国际和平。他说：“我们一向就是利用帝国主义利益上的这种分歧的。我们所以战胜了武装干涉，只是因为帝国主义本身的利益使它们四分五裂，而使我们团结巩固。我们就是利用这一点取得了一个喘息时机，并使德帝国主义在布列斯特和约时期不能取得完全的胜利。”⑤ 而租让制等开放发展措施的提出，正是利用了帝国主义之间的这种矛盾，利用了它们对利润的贪婪追求，从而使它们之间的斗争更加激烈，而不可能联合起来进攻社会主义国家。列宁说：“我们正确地估计了帝国主义竞争的这种紧张局面，并且认为我们必须不断地利用它们之间的斗争，使它们难以同我们作斗争。英法关系中也存在着政治上的不和。现在我们要谈的已经不只是喘息时机，而是比较长期地进行新建设的重要机会。”⑥ 同时，“因为我国的经济

① 《列宁全集》（第41卷），人民出版社1986年版，第167页。
② 《列宁全集》（第34卷），人民出版社1985年版，第520页。
③ 《列宁全集》（第40卷），人民出版社1990年版，第42页。
④ 《列宁全集》（第36卷），人民出版社1985年版，第49页。
⑤ 《列宁全集》（第40卷），人民出版社1990年版，第24页。
⑥ 《列宁全集》（第40卷），人民出版社1990年版，第24～25页。

危机十分深重，没有外国的装备和技术帮助，我们单靠自己的力量就无法恢复破坏了的经济。”① 要想得到发达国家的资本、技术和商品，就必须开放发展，只有这样，才能够“捍卫一个比它周围的资本主义敌人弱得多的共和国，从而使敌人无法建立反对我们的联盟，使它们难以实行自己的政策，使它们不能取得胜利，我们的任务是保证俄国有恢复经济所必需的工具和资金，因为我们一旦得到这些东西，我们就会牢牢地站起来，那时任何资本主义敌人对我们都是不足惧的。”②

从内部情况来看，列宁认为通过开放发展，有利于健全和完善社会主义政治制度，保证苏维埃政权立于不败之地。在列宁看来，苏维埃政权中的官僚主义等对社会主义革命和建设事业危害极大，相比较而言，资本主义制度也有其优点，“同社会主义比较，资本主义是祸害。但同中世纪制度、同小生产、同小生产者涣散性引起的官僚主义比较，资本主义则是幸福。”③ 而要克服当时苏维埃政权中的分散性和涣散性等问题，最根本的办法就是发展社会化大生产，通过对外开放，打破封闭，培养与社会化大生产相适应的组织纪律性和果敢作风，从而有利于釜底抽薪地解决官僚主义的问题。

在列宁看来，社会主义国家走向开放发展也有着可能性，无论是社会主义国家还是资本主义国家都是整个世界经济的组成部分。全世界共同的经济关系决定了资本主义国家同社会主义国家不可避免地要走上“往来的道路”，因为“我们要做生意，他们也要做生意”④ 列宁说，资本主义国家虽然还在仇视苏维埃国家，但是它们不得不帮助我们恢复和发展国民经济，因为，“这里最大的困难是：我们同资本主义国家若没有一定的相互关系，我们就不可能有稳固的经济关系。事态非常清楚地表明，它们也同样不可能有稳固的经济关系。”⑤ 列宁从“世界国民经济的观点”出发，认为在大工业时代，世界经济已经是一个相互联系的整体，世界各国无论

① 《列宁全集》（第41卷），人民出版社1985年版，第17页。
② 《列宁全集》（第40卷），人民出版社1990年版，第117～118页。
③ 《列宁全集》（第41卷），人民出版社1985年版，第218页。
④ 《列宁全集》（第43卷），人民出版社1987年版，第70页。
⑤ 《列宁全集》（第42卷），人民出版社1990年版，第328页。

其实行何种政治制度，都不可避免地相互依存。1920年2月，列宁同美国《世界报》记者林肯·埃尔谈话时就深刻地阐明了这一点。他说："经济问题，如果不是从国际的角度，而是从个别国家或一些国家的角度来考察，那是不可能解决的。欧洲没有俄国，便不能恢复元气。而欧洲衰弱了，美国的情况就会危急起来……我们俄国有小麦、亚麻、白金、钾碱和很多矿产，这些都是全世界迫切需要的。世界终究会到我们这里来要这些东西，不管我们这里实行的是布尔什维主义或者不是布尔什维主义。"①

2. 苏维埃国家开放发展的途径和形式

当时俄国要恢复被战争破坏的千疮百孔的经济，进行大规模的经济建设，但资金、技术、管理经验等都十分缺乏。因此，列宁提出了充分利用各种途径和形式来推动苏维埃的开放发展。

（1）充分利用外国资金。面临繁重的经济建设任务，需要大量的建设资金，列宁指出："当我们国家在经济上还极其薄弱的时候，怎样才能加速经济的发展呢？那就是要利用资产阶级的资本"②。当时，列宁提出的利用外资的方法除了向资本主义国家贷款外，主要是通过租让制等形式的国家资本主义吸引外国资本家直接向俄国投资办实业。

实行租让制，是列宁的伟大首创，是列宁对外开放思想的核心内容，列宁说："什么是租让呢？它是国家同资本家订立的一种合同，资本家负责安排或改进生产（如采伐和浮运木材，开采煤碳、石油和矿石等等），把所得的一部分交给国家，另一部分作为利润归自己所有。""根据合同，资本家在一定期限内是一部分国家财产的租借者，但不是所有者，所有权仍然属于国家。"③ 列宁于1920年11月26日亲自拟订了《人民委员会关于租让问题的决定草案》，并于11月23日公布。列宁指出："恢复俄国生产力以及整个世界经济的过程，可以通过如下途径而大大加速，这就是吸引外国的国家机构和地方机构、其他国家的私人企业、股份公司、合作社和工人组织来参加开发和加工俄国的天然财富。"④ 列宁最初提出对外国

① 《列宁全集》（第38卷），人民出版社1986年版，第166～167页。
② 《列宁全集》（第40卷），人民出版社1986年版，第42页。
③ 《列宁全集》（第42卷），人民出版社1990年版，第332页。
④ 《列宁全集》（第40卷），人民出版社1990年版，第81页。

实行两种租让合同草案："一种是堪察加为期10年的租让合同草案"[①]，"第二种租让就是我们出租阿尔汉格尔斯克省的数百万俄亩森林"[②]。不久，列宁又提出"三种主要的租让项目或租让形式：第一种是北部边远地区的森林租让，第二种是粮食租让，第三种是西伯利亚的矿业租让"[③]。同时将一些经营不善的国营企业、工厂对外国资本家及国内承租者实行租让。1921年2月，又提出将格罗兹尼和巴库的石油实行对外租让。

列宁深入阐述了租让制的必要性："我们在10年内连这些宝藏的1%也无法开发，如果我们把一个矿租给外国资本家，在他们的帮助下，我们就有可能开发自己的矿，至于租让哪些地区，我们是有选择的"[④]。列宁还进一步论证了实行石油租让和更广泛的工业企业租让的必要性，他说："对我们来说，同其他先进国家的国家托拉斯实行这种联合，是十分必要的，因为我国的经济危机十分深重，没有外国的装备和技术援助，我们单靠自己的力量就无法恢复被破坏了的经济，只输入装备是不够的，我们或许可以用更广泛的方式把企业租给最大的帝国主义辛迪加：租出四分之一巴库，四分之一格罗兹尼，以及四分之一我们最好的森林资源，这样来保证我们得到最新的技术装备，建立起必要的基础"[⑤]。

（2）大量引进外国先进的技术和设备。列宁十分注重引进和拥有先进的技术设备，并把它当作苏维埃政权生死存亡的大事来看待，"用加倍的利润收买资本主义"。尽快地获得各种先进的经营管理经验、先进的技术设备，"有了这些东西我们就一定能够巩固起来，最终站立起来，在经济上战胜资本主义。"[⑥] 列宁要求最高国民经济委员会科学技术部要清楚地、及时地、合乎实际需要而不是例行公事地介绍欧美的技术，要求尽快地从发达国家获得机车、机器、电气器材等生产资料。他甚至提出："贸易关系和对外联系的和 = 我国大工业的振兴。"[⑦]

---

① 《列宁全集》（第40卷），人民出版社1990年版，第42页。
② 《列宁全集》（第40卷），人民出版社1990年版，第43页。
③ 《列宁全集》（第40卷），人民出版社1990年版，第111页。
④ 《列宁全集》（第40卷），人民出版社1986年版，第79页。
⑤ 《列宁全集》（第41卷），人民出版社1986年版，第17页。
⑥ 《列宁全集》（第31卷），人民出版社1990年版，第435页。
⑦ 《列宁全集》（第42卷），人民出版社1987年版，第513页。

（3）努力学习外国先进的技术和管理经验。列宁在当时发出了“向德国人学习，向托拉斯的组织者学习”的号召，认为那种“不向资产阶级学习也能够实现社会主义”的思想是“中非洲居民的心理”[①]，必须予以克服。1921年10月，他在《新经济政策和政治教育委员会的任务》一文中，向党的干部提出，共产党人必须在对外经济活动中学会做经济工作，“大家都去做经济工作吧：资本家将同你们在一起，外国资本家，即承租人和租借人也将同你们在一起，就让他们发财吧。但你们要跟他们学会做经济工作。”[②] 列宁认为，通过采取租让制，通过订立合同把国家当时尚无力经营的某些工矿企业、森林、油田、土地等按一定条件和期限租给外国资本家，由承租的资本家经营，“我们的工人就可以向他们学习技术，这一切对我们都是十分有利的”[③]。列宁后来还提出与外国资本家建立合营公司，认为“我们通过这种方式可以学习做生意，这对我们是必要的”[④] 因为通过建立合营公司，不仅能够获得大量的资本和利润，还可以直接学习外国的先进技术和管理方法，在具体实践中培养自己的专业技术管理人员。“成立合营公司的办法是能真正改善对外贸易人民委员会这个糟糕的机关的唯一办法，因为实行这个办法，外国商人和俄国商人就会在一起工作。如果我们在这种条件下还不能多学一点、学会、学通，那么我国人民就是毫无希望的傻瓜了”[⑤]。列宁甚至强调要大胆聘用外国专家来推进学习外国的技术和管理经验，列宁告诫全党和全国人民：“以前的历次革命所以失败，就是因为工人靠强硬的专政不能坚持下去，工人不懂得单靠专政、暴力、强制是坚持不住的；唯有掌握了文明的、技术先进的、进步的资本主义的全部经验，使用一切有这种经验的人，才能坚持得住”[⑥]。

（4）大力发展对外贸易。在恢复国民经济的过程中，列宁明确指出，党和政府应该作出最大的努力来迅速恢复贸易关系，花大气力推进对外贸

① 《列宁全集》（第34卷），人民出版社1985年版，第252页。
② 《列宁全集》（第42卷），人民出版社1990年版，第193页。
③ 《列宁全集》（第40卷），人民出版社1986年版，第77页。
④ 《列宁全集》（第43卷），人民出版社1986年版，第284页。
⑤ 《列宁全集》（第43卷），人民出版社1985年版，第331页。
⑥ 《列宁全集》（第38卷），人民出版社1986年版，第241页。

易这一工作，以利于促进国内工农业生产的发展。列宁强调，“我们绝对必需同资本主义国家（只要它们还没有完全垮台）进行贸易。”① 而且，列宁指出：“尽管会有辩论，会有争执、分歧，各方会有不同的组合——甚至可能会闹到决裂的地步，但这个基本的经济需要最终还是会发生作用的。……我可以十分有把握地说，苏维埃共和国同整个资本主义世界的正常贸易往来一定会得到进一步的发展。”②

3. 苏维埃国家开放发展的原则

（1）独立自主、平等互利的原则。坚持独立自主、平等互利的原则是列宁对外开放战略思想的根本立足点。列宁特别强调在与世界其他国家的交往中，苏维埃国家应坚持独立自主、平等互利的原则，善于保护自身的利益。列宁在全俄工兵代表苏维埃第二次代表大会上指出：“我们拒绝一切关于掠夺和暴力的条款，但是我们乐于接受一切关于睦邻关系的条款和经济协定，这些我们是不能拒绝的。”③ 列宁坚决反对出卖无产阶级国家主权来讨好资产阶级的做法，列宁强调：“决不接受任何对我们不利的东西。我们决不屈服于最后通牒。如果你们只愿意‘做生意’，那就来吧！但是，没有看到的货色我们是不买的，而且不把‘要价’一分一厘都算清楚我们也决不成交。”④ 在人类历史上，列宁第一次提出了社会主义与资本主义所有制之间的实际平等的原则，成为发展国际经济关系的基本准则。

（2）坚持自力更生为主、引进外资为辅的原则。列宁认为实行对外开放必须坚持自力更生为主、引进外资为辅的原则。列宁特别重视要把握好租让的限度，他提出：“如果我们只把少数工厂租给承租人，而把大部分工厂保留在自己手中，那租让并不可怕；这是没有什么可怕的。当然，如果苏维埃政权把自己的大部分工厂拿去租让，那是十分荒唐的；那就不是租让，而是复辟资本主义。只要我们掌握着所有国营企业，只要我们精确而严格地权衡轻重，我们能把什么租出去，在什么条件下、在什么限度内

① 《列宁全集》（第43卷），人民出版社1987年版，第2页。
② 《列宁全集》（第43卷），人民出版社1986年版，第71页。
③ 《列宁全集》（第33卷），人民出版社1985年版，第15页。
④ 《列宁全集》（第42卷），人民出版社1987年版，第413页。

可以出租，那么租让是没有什么可怕的。这种情况下发展起来的资本主义是在监督之下和计算之中的，而国家政权则仍然掌握在工人阶级和工人国家的手中。”①

（3）谨慎的原则。列宁强调苏维埃国家必须利用资本主义建设社会主义。但列宁同时也清醒地认识到，利用资本主义、实行对外开放政策必定会给苏维埃俄国带来许多危险，西方的思想价值观念、生活方式、对共产党和社会主义的攻击言论等也会涌进苏维埃俄国。列宁指出，“只要我们苏维埃共和国还是紧挨着整个资本主义世界的一个孤立地区，那种认为我国经济完全可以独立和各种各样的危险已经消失的想法，就是十分可笑的幻想和空想。当然，只要这种根本对立还存在，危险也就存在，并且不能避免。我们只要站稳脚跟，就能克服这些危险，要善于把较大的危险和较小的危险区别开来，宁愿承受较小的危险而避免较大的危险。”② 采取开放发展战略，“租让企业在经济上对我们有很大好处。当然，它们在建设一些工人村时，将带来资本主义习气，腐蚀农民。但是应该加以注意，应该处处用自己的共产主义影响加以抵制。这也是一场战争，是共产主义和资本主义这两种方式、两种形态、两种经济的军事较量。我们一定能够证明，我们更有力量。”③“他们企图腐蚀我们的农民、我们的群众。作为小业主的农民，其本性是倾向自由贸易的，而我们则认为这种行为是犯罪的。国家要同这种行为进行斗争。正是在这方面我们应当让社会主义和资本主义这两种经营方式较量较量。这也是一场战争，在这场战争中我们也应当进行坚决的战斗。”④ 所以，列宁提出，实行租让制必须有一个合理的限度，而且“在执行租让合同的时候，我们也一定会保护住我们的利益，决不让资本家政权复辟。”⑤ 必须加强对人民的思想政治教育，苏维埃政权完全有能力挫败资产阶级“和平演变”的图谋。

---

① 《列宁全集》（第 41 卷），人民出版社 1986 年版，第 151 页。
② 《列宁全集》（第 40 卷），人民出版社 1986 年版，第 135 页。
③ 《列宁全集》（第 40 卷），人民出版社 1986 年版，第 77 页。
④ 《列宁全集》（第 40 卷），人民出版社 1986 年版，第 79 页。
⑤ 《列宁全集》（第 40 卷），人民出版社 1986 年版，第 136 页。

第二节 中国共产党人开放发展思想与实践的发展

新中国成立至今，中国共产党人以马克思主义政治经济学为指导，立足于中国经济建设的实践，提出了一脉相承而逐步发展的系统开放发展思想。中国共产党人积极将马克思主义政治经济学中国化，并用之于指导中国的开放发展，在开放发展的必要性、开放发展的目的性、开放发展的内容、开放发展的基本原则等方面不断传承，在开放发展的实践方面则不断创新，对中国社会主义革命和建设起了十分重要的推动作用，中国共产党人开放发展的思想也在社会主义建设实践中不断发展和丰富。

一、中国共产党人关于开放发展的一致性

1. 中国共产党人关于开放发展必然性的一致性

中国共产党人以马克思主义世界历史观为指导，充分认识到社会主义中国开放发展的历史必然性和必要性，因为，只有开放发展，才能加快中国经济的发展速度，缩短中国走向现代化的路程，才能尽快赶上发达国家前进的步伐。开放发展是国家繁荣发展的必由之路，是实现中华民族伟大复兴和“中国梦”的必由之路，是社会主义发展的基本规律。所以，中国共产党人对中国走开放发展道路始终坚持不动摇。

在战争时期和社会主义建设时期，毛泽东一直强调开放发展的必要性，认为这是由中国的实际情况决定的。1944 年毛泽东在延安同斯诺、谢伟思、福尔曼等外国友人谈话中多次表示：“中国战后的最大需要就是发展经济，但中国缺乏独立完成这一任务的必要的资本主义基础，希望美国能和中国共产党进行经济合作。”“中国必须工业化。在中国，工业化只能通过自由企业和外国资本帮助之下才能做到，中国和美国的利益是互相关

联的。”[①] 在社会主义建设时期，毛泽东认为我们搞社会主义建设，既缺少经验，又缺少知识，直指“现在我们能造什么？能造桌子椅子，能造茶碗茶壶，能种粮食，还能磨成面粉，还能造纸，但是，一辆汽车、一架飞机、一辆坦克、一辆拖拉机都不能造。”[②] 所以，要建设好社会主义，中国必须走开放发展的道路。

毛泽东还清醒地看到了中国社会主义建设的长期性，所以，开放发展也必须长期坚持。1956 年 4 月，毛泽东在《论十大关系》的讲话中，明确提出了“向外国学习”的思想。他说：“我们提出向外国学习的口号，我想是提得对的。”不仅经济落后时要向外国学习，“将来我们国家富强了，我们一定还要坚持革命立场，还要谦虚谨慎，还要向人家学习，不要把尾巴翘起来。不但在第一个五年计划期间要向人家学习，就是在几十个五年计划之后，还应当向人家学习，一万年都要学习嘛！这有什么不好呢？”[③]

早在 20 世纪 50 年代初期，周恩来就曾指出，在我们这样经济文化落后的国家，关起门来进行现代化建设是不行的。必须要在自力更生的基础上，“向一切国家的长处学习”，开展广泛的经济技术交流和合作[④]。但周恩来仍多次指出，资本主义制度我们不学，“资本主义生产上好的技术、好的管理方法，我们是可以学的”[⑤]。

新中国成立以来，陈云在领导对外开放和对外经济工作的伟大实践中做了大量卓有成效的开创性工作，积累了丰富的实践经验，形成了深刻的对外开放思想，其核心是实行对外开放国策来加快中国特色社会主义现代化建设，是对毛泽东对外开放思想继承发展的重要体现。这方面，陈云指出：“对外开放，充分利用外国有用的东西加快国内建设，这是完全正确的。对外开放时，我们也讲了要充分注意对外开放中带来的消极东西。”[⑥] “四个现代化怎么化法？当然，主要靠自力更生。就引进工作来讲，我认

---

① 《毛泽东等中共领导人与谢伟思的六次谈话》，载于《党史通讯》1983 年第 20、21 期合刊。

② 《毛泽东著作选读》（下册），人民出版社 1986 年版，第 712 页。

③ 《毛泽东著作选读》（下册），人民出版社 1986 年版，第 740 页。

④⑤ 《周恩来外交文选》，中央文献出版社 1990 年版，第 158、160～161 页。

⑥ 《陈云文选》（第 3 卷），人民出版社 1995 年版，第 332 页。

为既要买工厂，又要更多地买技术、买专利。四个现代化是一定能够实现的，要提高信心。”[①]“打破闭关自守的政策是正确的，今后在自力更生为主的条件下，还可以借些不吃亏的外债。引进有利的技术，也是必要的。”[②]“对外开放，引进国外先进技术和经营管理经验，为我国社会主义建设所用，是完全正确的，要坚持。”[③] 陈云提出的“三个两”思想——必须要利用国内外两种资源，打开国内外两个市场，学会组织国内建设和发展对外经济两套本领，确立我国对外开放战略的思想基础[④]。

邓小平的对外开放理论是对毛泽东对外开放思想的继承和发展。邓小平认为，毛泽东思想是马克思列宁主义在中国的运用和发展。“三中全会以后，我们就是恢复毛泽东同志的那些正确的东西嘛，就是要准确地、完整地学习和运用毛泽东思想嘛。基本点还是那些。从许多方面来说，现在我们还是把毛泽东同志已经提出、但是没有做的事情做起来，把他反对错了的改正过来，把他没有做好的事情做好。今后相当长的时期，还是做这件事。当然，我们也有发展，而且还要继续发展。”[⑤] 在开放发展上，邓小平作出了“现在的世界是开放的世界”和“中国的发展离不开世界”的著名论断，这成为改革开放以来中国开放发展政策的立论基础。邓小平同样强调，“任何一个国家要发展，孤立起来，闭关自守是不可能的，不加强国际交往，不引进发达国家的先进经验、先进科学技术和资金是不可能的”[⑥]。“现在的世界是开放的世界。中国在西方国家产业革命以后变得落后了，一个重要原因就是闭关自守。建国以后，人家封锁我们，在某种程度上我们也还是闭关自守，这给我们带来了一些困难。三十几年的经验教训告诉我们，关起门来搞建设是不行的，发展不起来。关起门有两种，一种是对国外；还有一种是对国内，就是一个地区对另外一个地区，一个部门对另外一个部门。两种关门都不行。我们提出要发展得快一点，太快不

① 《陈云文选》（第3卷），人民出版社1995年版，第262页。
② 《陈云文选》（第3卷），人民出版社1995年版，第276页。
③ 《陈云文选》（第3卷），人民出版社1995年版，第355页。
④ 《三中全会以来重要文献选编》，人民出版社1982年版，第1113页
⑤ 《邓小平文选》（第2卷），人民出版社1993年版，第300页。
⑥ 《邓小平文选》（第3卷），人民出版社1993年版，第117页。

切合实际，要尽可能快一点，这就要求对内把经济搞活，对外实行开放政策。”[①] 邓小平指出，中国的发展离不开世界，曾经的中国由于闭关锁国导致了经济的衰退和萧条，这些都告诉我们“不开放不行”“关起门来搞建设是不能成功的”[②]。邓小平在1978年全国科学大会上指出：“认识落后，才能去改变落后。学习先进，才有可能赶超先进。……但是，独立自主不是闭关自守，自力更生不是盲目排外。科学技术是人类共同创造的财富。任何一个民族、一个国家，都需要学习别的民族、别的国家的长处，学习人家的先进科学技术。”[③]

邓小平认为，对外开放是加快社会主义经济建设的必然要求，是实现宏伟战略目标的必由之路。他一再强调“不开放不改革没有出路，国家现代化建设就没有希望。”[④] “社会主义要赢得与资本主义相比较的优势，就必须大胆吸收和借鉴人类社会创造的一切文明成果，吸收和借鉴当今世界各国包括资本主义发达国家的一切反映现代化生产规律的先进经营方式、管理方法。”[⑤] 对外开放的实施，既可以引进当前国内现代化建设缺乏的资金、技术设备和管理经验，又促进国家经济的快速发展。利用对外开放师夷长技、取长补短，在较短的时间内缩小与发达国家的差距，加快社会主义现代化建设的进程。

1984年10月，邓小平提出了“三步走”的发展战略，第一、第二步目标已基本实现，人民生活达到了小康水平，第三步是到21世纪中叶，人均国民生产总值达到中等发达国家水平，人民生活比较富裕，基本实现现代化，再在这个基础上继续前进。邓小平指出，要实现这个宏伟目标，根本就在于对内要搞活经济，对外要开放经济，只有内外兼修，我们国家的经济发展才能更快更稳。“没有对外开放政策这一着，翻两番困难，翻两番之后再前进更困难。”[⑥] 1984年10月20日，中共中央十二届三中全会通过了《中共中央关于经济体制改革的决定》，这个决定第一次把对外

① 《邓小平文选》（第3卷），人民出版社1993年版，第64～65页。
② 《邓小平文选》（第3卷），人民出版社1993年版，第78页。
③ 《邓小平文选》（第2卷），人民出版社1993年版，第91页。
④ 《邓小平文选》（第3卷），人民出版社1993年版，第219页。
⑤ 《邓小平文选》（第3卷），人民出版社1993年版，第372页。
⑥ 《邓小平文选》（第3卷），人民出版社1993年版，第90页。

开放作为“长期的基本国策”确定下来。1984 年 12 月，邓小平在会见核电投资有限公司代表团时说：“我国的对外开放、吸引外资的政策，是一项长期持久的政策。……我们的对外开放政策，本世纪内不能变，下个世纪的前五十年也不能变。五十年以后又怎么样？那时，中国同外国在经济上将更加紧密地联系起来，千丝万缕的联系怎么能断得了呢?”[①] 在 1987 年 10 月召开的中共十三大上，将对外开放确立为社会主义初级阶段基本路线的一个基本点。

以江泽民为核心的中共第三代领导集体明确表示：“改革开放是强国之路，必须坚定不移、一如既往地贯彻执行，绝不回到闭关锁国的老路上去。”[②] 不仅如此，江泽民还从“世界是相互依存和世界多样性”这两个观点中，进一步系统地论证了中国实行对外开放的必要性。他指出：“人类社会发展到今天，人们已愈来愈认识到大家生活在一个相互依存的世界里。”[③] “当今世界经济已经成为一个相互联系、相互依存的整体。”[④] “经济全球化使各国的经济联系更加紧密，也为各国的发展提供了机遇”[⑤]，社会要进步，经济要发展，就必须和世界各国联系。加上各国家之间经济、科技的激烈竞争，相互依赖程度的加深，更加肯定了世界各国必须相互合作，以更好地促进全球经济化趋势，因此，“社会主义要赢得同资本主义相比较的优势，必须大胆吸收和借鉴世界各国包括资本主义发达国家的一切反映现代社会生产和商品经济一般规律的先进经营方式和管理方法。国外的资金、资源、技术、人才以及作为有益补充的私营经济，都应当而且能够为社会主义所利用。”[⑥] 所以，中国的改革开放是“符合中国人民的意志和愿望，顺应当今世界和人类进步事业的发展潮流的”[⑦]。

中共十七大报告把改革开放的意义提高到更加重要的地位，称“改革

---

① 邓小平：《会见核电投资有限公司代表团时的谈话》，载于《人民日报》1985 年 1 月 20 日。

② 中共中央文献研究室：《十三大以来重要文献选编（中）》，人民出版社 1991 年版，第 545 页。

③ 江泽民：《国际形势和中日关系》，载于《人民日报》1992 年 4 月 8 日。

④ 江泽民：《在俄罗斯国际关系学院发表的演讲》，载于《人民日报》1994 年 9 月 4 日。

⑤ 江泽民：《关于经济全球化问题的发言》，载于《人民日报》2000 年 9 月 8 日。

⑥ 江泽民：《在中国共产党第十四次全国代表大会上的报告》，人民出版社 1992 年版，第 21 页。

⑦ 江泽民：《阔步前进的中国与世界》，载于《人民日报》1995 年 7 月 14 日。

开放是决定当代中国命运的关键抉择，是发展中国特色社会主义、实现中华民族伟大复兴的必由之路；只有社会主义才能救中国，只有改革开放才能发展中国，发展社会主义，发展马克思主义。”① 胡锦涛指出：“对外开放是我国的一项基本国策，必须长期坚持，毫不动摇。在国内市场和国际市场联系日益紧密的情况下，我们必须树立全球战略意识，实施互利共赢的开放战略，着力转变对外贸易增长方式，全面提高对外开放水平，扬长避短，趋利避害，在更大范围、更广领域、更高层次上参与国际经济技术合作和竞争，使对外开放更好地促进国内改革发展。”②

习近平多次强调，改革开放是决定当代中国命运的关键一招，也是决定实现“两个一百年”奋斗目标、实现中华民族伟大复兴的关键一招，实践发展永无止境，解放思想永无止境，改革开放也永无止境，停顿和倒退没有出路，改革开放只有进行时、没有完成时。面对新形势新任务，我们必须通过全面深化改革，着力解决我国发展面临的一系列突出矛盾和问题，不断推进中国特色社会主义制度自我完善和发展③。“开放带来进步、封闭导致落后。”习近平 2014 年 11 月 9 日在出席 2014 年亚太经合组织（APEC）工商领导人峰会时的讲话，传达了中国对开放发展的坚定态度。2015 年 9 月 24 日，习近平在华盛顿同美国总统奥巴马举行中美元首会晤时指出，“改革开放是中国的基本国策，也是今后推动中国发展的根本动力。”所以，“中国开放的大门永远不会关上。对外开放是中国的基本国策，中国利用外资的政策不会变，对外商投资企业合法权益的保障不会变，为各国企业在华投资兴业提供更好服务的方向不会变。”④ “实践告诉我们，要发展壮大，必须主动顺应经济全球化潮流，坚持对外开放，充分运用人类社会创造的先进科学技术成果和有益管理经验。要不断探索实

① 胡锦涛：《高举中国特色社会主义伟大旗帜　为夺取全面建设小康社会新胜利而奋斗——在中国共产党第十七次全国代表大会上的报告》，载于《人民日报》2007 年 10 月 25 日，第 1 版。

② 中共中央文献研究室：《十六大以来重要文献选编（中）》，中央文献出版社 2005 年版，第 1097 页。

③ 习近平：《关于〈中共中央关于全面深化改革若干重大问题的决定〉的说明》，载于《人民日报》2013 年 11 月 16 日，第 1、4 版。

④ 习近平：《在西雅图出席侨界举行的欢迎招待会时的讲话》，载于《人民日报》2015 年 9 月 25 日，第 2 版。

践，提高把握国内国际两个大局的自觉性和能力，提高对外开放质量和水平。”①

2. 中国共产党人关于开放发展目的的一致性

中国共产党人对于开放发展的目的有着鲜明的态度和立场，那就是要发展好社会主义，就是要实现国家富强、民族振兴、人民幸福。

毛泽东反复强调、要把吸收外国的东西变成中国的，并生动而形象地比喻为“学外国织帽子的方法，要织中国的帽子”②。1964 年 12 月，毛泽东在审阅周恩来在第三届全国人民代表大会第一次会议上的政府工作报告草稿时，加写了一段话：“我们不能走世界各国技术发展的老路，跟在别人后面一步一步地爬行。我们必须打破常规，尽量采用先进技术，在一个不太长的历史时期内，把我国建设成为一个社会主义的现代化的强国。”③

陈云不断地告诫全党同志，“任何一个共产党员，每时每刻都必须牢记，我们是搞社会主义的现代化，不是搞别的现代化；我们进行的事业，是社会主义事业。”④ 所以，中国的对外开放，要以自力更生为主，要在我们这样一个大国中建立起强大独立国民经济体系的思想。陈云指出：“外国专家是要走的，长期聘请的只是极少数。请外国专家来考察，提意见，这一点要做。但是，究竟如何建设，建成后怎样管理，还得靠我们自己的专家和技术工人。”⑤

邓小平多次指出，对外开放并不是为了改变社会主义制度转去发展资本主义，相反，是为了更好更快地实现社会主义现代化建设，把中国建设成经济上繁荣富强，政治上民主自由的社会主义现代化国家。对外开放不会影响社会主义制度的根本，“相反地，对外开放有利于壮大和发展社会主义经济。”⑥ 只有积极大胆地吸收借鉴和学习人类社会创造的一切文明成果，才能加快社会主义经济的发展。在有人质疑吸收外资合办企业会导

---

① 习近平：《聚焦发力贯彻五中全会精神确保如期全面建成小康社会——在省部级主要领导干部学习贯彻十八届五中全会精神专题研讨班开班式上发表重要讲话强调》，载于《人民日报》2016 年 1 月 19 日，第 1 版。

② 《毛泽东著作选读》（下册），人民出版社 1986 年版，第 751 页。

③ 中共中央文献研究室：《毛泽东文集》（第 8 卷），人民出版社 1999 年版，第 341 页。

④ 《陈云文选》（第 3 卷），人民出版社 1995 年版，第 347 页。

⑤ 《陈云文选》（第 3 卷），人民出版社 1995 年版，第 262 页。

⑥ 《邓小平文选》（第 3 卷），人民出版社 1993 年版，第 226 页。

致发展资本主义的问题时，邓小平也一再地强调："中国是社会主义国家，坚持社会主义道路，发展社会主义经济，吸引外资、合资经营，不可能损害社会主义中国的主权，只会有助于发展社会主义经济"，"不管怎么开放，不管外资进来多少，它占的份额还是很小的，影响不了我们社会主义的公有制。吸收外国资金、外国技术，甚至包括外国在中国建厂，可以作为我们发展社会主义社会生产力的补充。"① 邓小平认为，对外开放并不是改变社会主义制度转去发展资本主义，目的是要壮大和发展社会主义经济。他一再强调，"社会主义要赢得与资本主义相比较的优势，就必须大胆吸收和借鉴人类社会创造的一切文明成果，吸收和借鉴当今世界各国包括资本主义发达国家的一切反映现代化生产规律的先进经营方式、管理方法。"②

江泽民指出："当今世界经济的发展，要求我们必须勇于和善于参与经济全球化的竞争，充分利用好国外国内两种资源，两个市场。……我们要尽快适应新形势新要求，更加积极地拓展对外贸易增长空间，参与国际区域经济合作，合理有效地利用外资，引进先进技术和管理经验，更好地利用经济全球化带来的有利于生产力发展的因素，发挥我们的比较优势，加快我国经济的发展。"③ 2001 年中国加入世界贸易组织（WTO），意味中国就必须履行加入 WTO 的各项责任，按 WTO 的规则行事。江泽民强调："加入世贸组织，要求我们各级政府管理经济的方式和办法有一个大的改进。要按市场经济的规律，进一步调整和完善合乎社会主义市场经济要求的行为规范和法律体系。……要通过深化改革，进一步消除影响生产力发展的体制性障碍。这样才能有力地推动我国的经济发展，而且这也是我们应对加入世贸组织后各种挑战的一个根本途径。"④

胡锦涛指出"在人类漫长的发展史上，各国人民的命运从未像今天这

① 《邓小平文选》（第 3 卷），人民出版社 1993 年版，第 64 页。

② 《邓小平文选》（第 3 卷），人民出版社 1993 年版，第 373 页。

③ 中共中央文献研究室：《江泽民论有中国特色的社会主义》（专题摘编），中央文献出版社 2002 年版，第 193 页。

④ 江泽民：《在省部级主要领导干部"国际形势与世贸组织"专题研究班座谈会上的重要讲话》，载于《人民日报》2002 年 2 月 26 日。

样紧密相连、休戚与共。”① 为此，胡锦涛强调，必须适应经济全球化趋势的新发展和中国改革发展的新形势，进一步树立全球战略意识，积极参与国际经济技术合作和竞争，全面提高对外开放水平，“使对外开放更好地促进国内改革发展。”②

习近平从坚持和发展中国特色社会主义、中华民族伟大复兴的中国梦、人民对美好生活的向往等高度强调了开放发展的重要性。习近平指出：“坚持和发展中国特色社会主义是一篇大文章，邓小平同志为它确定了基本思路和基本原则，以江泽民同志为核心的党的第三代中央领导集体、以胡锦涛同志为总书记的党中央在这篇大文章上都写下了精彩的篇章。现在，我们这一代共产党人的任务，就是继续把这篇大文章写下去。”③ 在主持中共中央政治局第十九次集体学习时，习近平指出：“站在新的历史起点上，实现‘两个一百年’奋斗目标、实现中华民族伟大复兴的中国梦，必须适应经济全球化新趋势、准确判断国际形势新变化、深刻把握国内改革发展新要求，以更加积极有为的行动，推进更高水平的对外开放，加快实施自由贸易区战略，加快构建开放型经济新体制，以对外开放的主动赢得经济发展的主动、赢得国际竞争的主动。”“不断扩大对外开放、提高对外开放水平，以开放促改革、促发展，是我国发展不断取得新成就的重要法宝。开放带来进步，封闭导致落后，这已为世界和我国发展实践所证明。”④

3. 中国共产党人关于全面开放发展的一致性

中国的开放发展不应该是某一领域、某一方面的开放，而应是全方位的、面向全世界各种类型国家的开放，这既能使我国引进当今世界最先进科学技术来发展自己，又能使我国与一切热爱和平的国家加强合作交流。

---

① 胡锦涛：《努力建立持久和平、共同繁荣的和谐世界——在联合国成立60周年首脑会议上的讲话》，载于《人民日报》2005年9月16日。

② 中共中央文献研究室编：《十六大以来重要文献选编》（中），中央文献出版社2005年版，第1097页。

③ 习近平：《毫不动摇坚持和发展中国特色社会主义在实践中不断有所发现有所创造有所前进——在新进中央委员会的委员、候补委员学习贯彻党的十八大精神研讨班开班式上的讲话》，载于《人民日报》2013年1月6日，第1版。

④ 习近平：《加快实施自由贸易区战略　加快构建开放型经济新体制——在中共中央政治局第十九次集体学习时讲话》，载于《人民日报》2014年12月7日，第1版。

中国共产党成立后，经过几代中国共产党人的努力探索，经过对新民主主义革命时期、社会主义建设时期的对外开放的经验总结，中国已基本形成了一个全方位、多层次、宽领域的开放发展格局。

毛泽东对外开放思想的内容丰富，涵盖面宽，几乎囊括了与政治、经济、文化等相关的所有领域。在政治领域，毛泽东以马克思主义为指导，借鉴苏联经验，同时也积极学习西方资本主义国家的经验和具体制度；在经济领域，毛泽东主张与国外开展经济交往，发展对外经贸关系，取长补短，学习国外的先进科学技术和管理经验等，针对资金短缺的问题，提出了如何吸收和利用外资的问题，并给出了具体的途径；在文化领域，提出了“以我为主、洋为中用”的观点，主张批判地吸收世界先进文化，以丰富和发展社会主义文化。在经济领域，毛泽东的开放发展思想主要包括以下方面：

（1）开放发展要利用外资。1944年，毛泽东接见美国记者福尔曼时，直截了当地说我们需要外资并欢迎外国政府与外国资本家到解放区来投资。他说：“我们欢迎外国人及外国资本来中国做这些事。中国是落后的国家，所以我们非常需要外国的投资。”“中国必须工业化”，并且，“在外国资本帮助之下才能做到”。认为利用外资是一个相当长时期内发展经济的好途径。毛泽东明确指出：“只有主要依靠自力更生，同时不放松外援之争取，才是正确的道路。”后来又做了进一步的论述说，为着发展工业，需要更大批资本。从什么地方来呢？不外乎两方面：一方面主要地依靠中国人民自己积累资本，同时借助于外援。在服从中国法令、有益中国经济的条件下，外国投资是我们所欢迎的①。

吸引华侨回国投资是毛泽东利用外资思想中的重要内容。华侨是一个特殊群体，一般都具有强烈的爱国主义精神，愿意为祖国的革命和建设作出贡献。因此，毛泽东强调要吸收和利用华侨的资金。针对当时一些华侨怕回国投资后，会遭到共产，因此，一方面不敢回国投资，另一方面将已经在内地的投资转向香港。为了保障华侨的利益，鼓励其回国，

① 中共中央文献编辑委员会：《建国以来毛泽东文稿》（第1卷），中央文献出版社1990年版，第216页。

毛泽东指出："华侨投资的二十年、一百年不要没收。可以开投资公司，还本付息。可以搞国营，也可以搞私营。可以消灭了资本主义，又搞资本主义。"①

（2）开放发展要吸收资本主义国家的先进科学技术和企业管理方法。毛泽东认为，由于中国不论在经济还是科学领域都还比较落后，应当注重向外国学习。通过学习，掌握资本主义国家先进的科学技术和管理经验，为我国社会主义建设提供人才和技术保证，加速我国社会主义现代化建设的进程。所以，毛泽东指出，我们的方针是，"一切民族、一切国家的长处都要学，政治、经济、科学、技术、文学、艺术的一切真正好的东西都要学。""一切国家的好经验我们都要学，不管是社会主义国家的，还是资本主义国家的，这一点是肯定的。"② 对于外国资产阶级一切腐败制度和思想作风，我们要坚决抵制和批判，但是，这并不妨碍我们去学习资本主义国家的先进科学技术和管理方法中合乎科学的方面。"工业发达国家的企业，用人少、效率高，会做生意，这些都应该有原则地好好学来，以利于改进我们的工作"③。

（3）开放发展要着力推动对外贸易。1936 年初，毛泽东在延安与斯诺谈论中国革命与世界事务时说："当中国获得了独立时，那么，外国正当贸易利益就可享有比以前更多的机会。四亿五千万人民生产和消费的力量不是一件能完全由中国人来管的事情，而必须要许多国家来参加。我们巨大的潜在的生产力用在各方面的创造性的活动上能够帮助改善全世界经济和提高全世界文化的水准。"④ 1944 年毛泽东在延安同美军观察组成员谢伟思的谈话中表示中美能够也应该展开互助互利的贸易。美国在中国投资，会使得中美双方在经济上"取长补短"，将给中美双方带来经济利益，并认定抗日战争后"美国不但是援助中国经济发展的最合宜的国家，而且

---

① 薄一波：《若干重大决策与事件的回顾》（修订本）（上卷），人民出版社 1997 年版，第 448 页。

② 《毛泽东著作选读》（下册），人民出版社 1986 年版，第 740 页。

③ 中共中央文献编辑委员会：《建国以来毛泽东文稿》（第 1 卷），中央文献出版社 1990 年版，第 444 页。

④ 《毛泽东 1936 年同斯诺的谈话》，人民出版社 1979 年版，第 138 页。

也是完全有能力合作的唯一国家。”①

关于全方位开放问题，邓小平指出：“我们还有一些人没有弄清楚，以为只是对西方开放，其实我们是三个方面的开放。一个是对西方发达国家的开放，我们吸收外资、引进技术等等主要从那里来。一个是对苏联和东欧国家的开放，这也是一个方面。国家关系即使不能够正常化，但是可以交往，如做生意呀，搞技术合作呀，甚至于合资经营呀，技术改造呀，一百五十六个项目的技术改造，他们可以出力嘛。还有一个是对第三世界发展中国家的开放，这些国家都有自己的特点和长处，这里有很多文章可以做。所以，对外开放是三个方面，不是一个方面。”②

邓小平尤为强调科学技术领域的对外开放。邓小平认为，要实现社会主义现代化，首先要实行科学技术领域的对外开放。“资本主义已经有了几百年历史，各国人民在资本主义制度下所发展的科学和技术，所积累的各种有益的知识和经验，都是我们必须继承和学习的。”③ 邓小平还指出：“有些东西并不能说是资本主义的。比如说，技术问题是科学，生产管理是科学，在任何社会，对任何国家都是有用的，我们学习先进的技术、先进的科学、先进的管理来为社会主义服务，而这些东西本身并没有阶级性。”④ 在1980年底的中央工作会议上，邓小平指出，要“继续在独立自主、自力更生的前提下，执行一系列已定的对外开放的经济政策，并总结经验，加以改进”。

面对经济全球化的新格局，江泽民一直强调，“在国内市场和国际市场联系日益紧密的情况下，我们必须树立全球战略意识，实施互利共赢的开放战略，着力转变对外贸易增长方式，全面提高对外开放水平，扬长避短，趋利避害，在更大范围、更广领域、更高层次上参与国际经济技术合作和竞争，使对外开放更好地促进国内改革发展。”⑤ “面对经济、科技全

① 《毛泽东等中共领导人与谢伟思的六次谈话》，载于《党史通讯》1983年第20、21期合刊。

② 《邓小平文选》（第3卷），人民出版社1993年版，第98～99页。

③ 《邓小平文选》（第3卷），人民出版社1993年版，第164页。

④ 《邓小平文选》（第2卷），人民出版社1993年版，第351页。

⑤ 中共中央文献研究室：《十六大以来重要文献选编》（中），中央文献出版社2005年版，第1097页。

球化趋势，我们要以更加积极的姿态走向世界，完善全方位、多层次、宽领域的对外开放格局，发展开放型经济，增加国际竞争力，促进经济结构优化和国民经济素质提高。”①

我国对外开放非均衡的特点比较明显，从对外开放的空间分布来看，我国对外开放是以沿海地区为起点，不断向内地地区推进的，40 多年来，东部地区发展硕果累累，但这也使东、西部地区在开放的总体水平出现了差距，西部地区的对外开放程度远远低于东部地区。针对区域经济对外开放非均衡的问题，为了扩大西部地区对外开放领域，从而完善全方位的对外开放格局，江泽民强调，要积极推进全方位、多层次、宽领域的对外开放，他指出“对外开放的地域要扩大，形成多层次、多渠道、全方位开放的格局。继续办好经济特区，沿海开放城市和沿海经济开放区，扩大开放沿边地区，加快内陆省、自治区对外开放的步伐。以上海浦东开发为龙头……带动长江三角洲和整个长江流域地区经济的新飞跃。加速广东、福建、海南、环渤海地区的开放和开发。”② 通过从沿江、沿边到内陆省会城市的开放，逐步完善多层次的开放格局。实施西部大开发战略，加快中西部地区对外开放发展，使我国的对外开放的战略从“倾斜开放”转向“协调开放”。“要把进一步加快中西部地区发展，作为党和国家一项重大的战略任务，摆到更加突出的位置。”③“党中央、国务院在继续抓好珠江三角洲开放开发的同时，决定以开发开放浦东为龙头，带动长江三角洲和沿江地区开发开放和经济发展，这是我国经济发展区域布局和扩大对外开放格局的一个重要战略决策。中央各部门和七省一市要齐心协力，确保这一战略决策得到贯彻实施。”同时，江泽民强调：“要加强同沿海地区的经济联系，加快对外开放的步伐，充分利用各种有利条件，结交新伙伴，开拓新市场。要把扩大陆地边境的对外开放，作为我们整个对外开放的重要组成部分，有计划有步骤地加以实施。”④

---

① 江泽民：《十五大报告》，人民出版社 1997 年版，第 29 页。

② 《江泽民文选》（第 1 卷），人民出版社 2006 年版，第 230 页。

③ 中共中央文献研究室：《十五大以来重要文献选编》（中），人民出版社 2001 年版，第 1125 页。

④ 中共中央文献研究室：《江泽民论有中国特色的社会主义》（专题摘编），中央文献出版社 2002 年版，第 186～187 页。

进入21世纪，胡锦涛提出了要拓展对外开放的广度和深度、提高开放型经济水平的思想。中国要转变对外贸易增长方式，提高对外贸易的质量和效益；要不断提高利用外资的质量和水平，提高我国的自主创新能力；要深化涉外经济体制改革，为对外开放创造安全健康的环境。胡锦涛指出："在国内市场和国际市场联系日益紧密的情况下，我们必须树立全球战略意识，实施互利共赢的开放战略，着力转变对外贸易增长方式，全面提高对外开放水平，扬长避短，趋利避害，在更大范围、更广领域、更高层次上参与国际经济技术合作和竞争，使对外开放更好地促进国内改革发展。"①

经过40多年的开放，我国对外开放的基础和条件已经发生了根本性变化，开放布局需要完善、更需要创新，以深化开放程度，提高开放水平。中共十八大以来，以习近平同志为核心的新一届中央领导集体更加充分认识到了不断提高开放发展水平，形成全方位开放发展格局的重要性。中共十八大报告提出要"统筹双边、多边、区域、次区域开放合作。"2013年4月8日，习近平在同出席博鳌亚洲论坛2013年年会的中外企业家代表座谈时表示，"中国开放的大门不会关上。中国将在更大范围、更宽领域、更深层次上提高开放型经济水平"。2013年10月7日，习近平在亚太经合组织工商领导人峰会上发表演讲强调"我们将实行更加积极主动的开放战略，完善互利共赢、多元平衡、安全高效的开放型经济体系。""十三五"规划建议进一步指出："完善对外开放战略布局。推进双向开放，促进国内国际要素有序流动、资源高效配置、市场深度融合。"

根据全球形势深刻变化和我国经济发展的阶段性特点，中央先后提出了一系列开放发展战略，推进丝绸之路经济带和21世纪海上丝绸之路合作建设。加快互联互通、大通关和国际物流大通道建设，构建中巴、孟中印缅等经济走廊。扩大内陆和沿边开放，促进经济技术开发区创新发展，提高边境经济合作区、跨境经济合作区发展水平。积极推动上海、广东、天津、福建自由贸易试验区建设，在全国推广成熟经验，形成各具特色的

① 中共中央文献研究室：《十六大以来重要文献选编》（中），中央文献出版社2005年版，第1097页。

改革开放高地。

中共十一届三中全会以后，我国成功实现了从封闭半封闭到全方位开放的伟大历史转折。从建立经济特区、发展对外贸易、引进外资、扩大对外经济技术交流与合作开始，逐步形成全方位、多层次、宽领域的对外开放格局。

所谓全方位，就是不论对资本主义国家还是社会主义国家，对发达国家还是发展中国家都实行对外开放政策。各民族各国家，无论大小、发展程度如何、属于什么性质和类型，都有自己的长处，只要可以和我们互通有无，我们都应在平等互利基础上积极发展同它们的经济贸易关系。

所谓多层次，就是根据各地区的实际和特点，通过经济特区、沿海开放城市、经济技术开发区、沿海经济开发区、延边和沿江地区以及内陆省区等不同程度不同形式的开放，形成全国范围内的对外开放格局，这种格局的形成是一个在不断总结经验的基础上，有重点、有层次，由点到面、逐步推进、全面展开的过程。

所谓宽领域，就是立足于我国国情，对国际商品市场、国际资本市场、国际技术市场、国际劳务市场的开放，把对外开放拓宽到能源、交通等基础产业以及金融、保险、房地产、科技、教育、文化、服务业等。

4. 中国共产党人对于开放发展基本原则的一致性

中国是一个发展中的大国，中国在国际社会中的地位和国内的实际情况，都决定了中国积极主动地走上开放发展道路，必须坚持一些基本的原则，在这一点，中国共产党人有着一致性和传承性。

(1) 坚持独立自主、自力更生原则。独立自主、自力更生原则是我国对外开放的立足点。对外开放是与其他国家在平等的前提下的互惠互利的交往，但绝不是让中国依赖其他国家，实现社会主义现代化建设，最主要依靠的还是中国自己，发展中的问题也要根据中国的情况来办，而且应该以中国人民的力量为主。自力更生地发展社会主义经济是实行对外开放政策的前提，实行对外开放又能大大加快社会主义经济的发展。只有以独立自主、自力更生为立足点，才能更好更快地实现对外开放进程；只有对外开放才能增强独立自主、自力更生的能力，也才能加速中国的现代化建设的进程，达到对外开放的目的。

毛泽东始终认为，在中国进行民主革命和经济建设，要把立足点放在自己的力量上，即放在独立自主、自力更生这一基本点上。在《独立自主地搞建设》一文中，毛泽东强调："自力更生为主，争取外援为辅，破除迷信，独立自主地干工业、干农业、干技术革命和文化革命，打倒奴隶思想，埋葬教条主义，认真学习外国的好经验，也一定研究外国的坏经验——引以为戒，这就是我们的路线。"① "我们的方针要放在什么基点上，放在自己力量的基点上，叫作自力更生。我们并不孤立，全世界一切反对帝国主义的国家和人民都是我们的朋友。但是我们强调自力更生，我们能够依靠自己组织的力量，打败中外一切反动派。"② 邓小平继承并发展了这一原则，他指出，"独立自主，自力更生，无论过去、现在和将来，都是我们的立足点。""我们搞的现代化，是中国式的现代化。我们建设的社会主义，是有中国特色的社会主义。我们主要是根据自己的实际情况和自己的条件，以自力更生为主。"③ 江泽民认为，坚持独立自主就是要在不能盲目照搬的基础上，要重视创新精神，抵制外来腐朽的东西，要把引进、利用和创新结合起来，把扩大对外开放和坚持自力更生结合起来。习近平指出，"过去三十多年，我国发展主要靠引进上次工业革命的成果，基本是利用国外技术，早期是二手技术，后期是同步技术。如果现在仍采用这种思路，不仅差距会越拉越大，还将被长期锁定在产业分工格局的低端。在日趋激烈的全球综合国力竞争中，我们没有更多选择，非走自主创新道路不可。我们必须采取更加积极有效的应对措施，在涉及未来的重点科技领域超前部署、大胆探索。""现在，比较正常的技术引进也受到种种限制，过去你弱的时候谁都想卖技术给你，今天你发展了，谁都不愿卖技术给你，因为怕你做大做强。在引进高新技术上不能抱任何幻想，核心技术尤其是国防科技技术是花钱买不来的。人家把核心技术当'定海神针''不二法器'，怎么可能提供给你呢？只有把核心技术掌握在自己手中，才能真正掌握竞争和发展的主动权，才能从根本上保障国家经济安全、国防

---

① 毛泽东：《在第二个五年计划要点上的批示》，载于《人民日报》1975年1月21日。
② 《毛泽东选集》（第4卷），人民出版社1991年版，第1132页。
③ 《邓小平文选》（第3卷），人民出版社1993年版，第29、92页。

安全和其他安全。"[①] "我们没有别的选择，非走自主创新道路不可。"[②]

对外开放与独立自主、自力更生是辩证统一的关系。毛泽东在强调依靠自力更生的同时，也指出不放松外援之争取，认为这才是正确道路。毛泽东指出："我们中华民族有同自己的敌人血战到底的气概。有在自力更生的基础上光复旧物的决心，有自立于世界民族之林的能力。但这并不是说我们可以不需要国际援助；不，国际援助对于现代一切国家一切民族的革命斗争都是必要的。"[③] 邓小平指出："必须坚持独立自主、自力更生的方针。但是，独立自主不是闭关自守，自力更生不是盲目排外"[④]。所以，邓小平多次强调："关起门来搞建设是不能成功的，中国的发展离不开世界。像中国这样大的国家搞建设，不靠自己不行，主要靠自己，这叫自力更生，但是，在坚持自力更生的基础上，还需要对外开放，吸收外国的资金和技术来帮助我们发展。"[⑤] 习近平也强调，"我们强调自主创新，绝不是要关起门来搞创新。在经济全球化深入发展的大背景下，创新资源在世界范围内加快流动，各国经济科技联系更加紧密，任何一个国家都不可能孤立依靠自己力量解决所有创新难题。要深化国际交流合作，充分利用全球创新资源，在更高起点上推进自主创新，并同国际科技界携手努力，为应对全球共同挑战作出应有贡献。"[⑥]

（2）坚持平等互利的原则。中国共产党一贯主张在对外开放中，要平等互利，互相尊重。我们缺乏资金、技术、管理经验；西方国家需要更大更多的新的市场，双方的交往是互惠互利的交往，两者之间可以谋求共同发展。在中共七届二中全会上，毛泽东就提出了"我们是愿意按照平等原则同一切国家建立外交关系的，但是从来敌视中国人民的帝国主义，决不能很快地就以平等的态度对待我们，只要一天他们不改变敌视的态度，我

---

① 习近平：《在参加全国政协十二届一次会议科协、科技界委员联组讨论时的讲话》，2013年3月4日。

② 习近平：《在中国科学院第十七次院士大会、中国工程院第十二次院士大会上的讲话》，载于《人民日报》2014年6月10日，第1版。

③ 《毛泽东选集》（第1卷），人民出版社1991年版，第161页。

④ 《邓小平文选》（第2卷），人民出版社1993年版，第91页。

⑤ 《邓小平文选》（第3卷），人民出版社1993年版，第78页。

⑥ 习近平：《在十八届中央政治局第九次集体学习时的讲话》，载于《人民日报》2013年10月2日，第1版。

们就一天不给帝国主义国家在中国以合法的地位。”1949 年 9 月制定的《中华人民政治协商会议共同纲领》第五十七条规定：“中华人民共和国可在平等和互利的基础上，与各外国的政府和人民恢复并发展通商贸易关系。”1950 年 6 月在与印度客人的谈话中说：“无论是人与人之间，政党与政党之间，或是国与国之间，都必须是互利的。如果任何一方受到损害，合作就不能维持下去。”“我们在合作方面得到一条经验：无论是人与人之间、政党与政党之间、国家与国家之间的合作，都必须是互利的，而不能使任何一方受到损害。如果任何一方受到损害，合作就不能维持下去。正因为这个原因，我们的五项原则之一就是平等互利。”① 新中国成立以后，毛泽东曾反复告诫中国同志，不要翘尾巴，要防止我们自己在国际交往中搞大国沙文主义。1956 年 11 月 12 日，毛泽东在《纪念孙中山先生》一文中写道：“中国人在国际交往方面，应当坚决、彻底、干净、全部地消灭大国主义。”1956 年 9 月 29 日在会见南共联盟代表团维塞林诺夫等人的谈话中、1958 年 8 月 16 日同西哈努克谈话时、1963 年 3 月 18 日同尼泊尔首相柯伊拉腊谈话中、1964 年 6 月 14 日同坦桑尼亚客人的谈话中、1964 年 8 月 29 日同尼泊尔教育代表团的谈话中，都强调了“反对大国沙文主义”“不能搞大国沙文主义，不能看不起小国”“每个民族都有长处，都有缺点”的论点②。邓小平认为，我们是社会主义国家，必须平等互利、互守信用地发展经济往来关系，平等互利是我国对外开放的客观基础。“我们坚定不移地实行对外开放政策，在平等互利的基础上积极扩大对外交流。”③ 在主动打开国门，让中国走向世界的同时，必须维护我国的政治独立和经济独立，“任何外国不要指望中国做他们的附庸，不要指望中国会吞下损害我国利益的苦果。”④ “历史最终会证明，帮助了我们的人，得到的利益不会小于他们对我们的帮助，至于政治上战略上的意义就

---

① 《同印度总理尼赫鲁的四次谈话》，（1954 年 10 月 21 日），引自《毛泽东文集》（第 6 卷），第 364 页。

② 上述毛泽东相关讲话分别引自邓力群主编：《外交战略家毛泽东》，中央民族大学出版社 2004 年版，第 342、346、386、433 页。

③ 《邓小平文选》（第 3 卷），人民出版社 1993 年版，第 3 页。

④ 《邓小平文选》（第 2 卷），人民出版社 1993 年版，第 92 页。

更大了。”[①] 胡锦涛强调，中国将继续同发达国家加强战略对话，积极开展区域合作，向广大发展中国家提供力所能及的援助，维护发展中国家的正当要求和共同利益。“中国将始终不渝奉行互利共赢的开放战略。我们将继续以自己的发展促进地区和世界共同发展，扩大同各方利益的汇合点，在实现本国发展的同时兼顾对方特别是发展中国家的正当关切。我们将继续按照通行的国际经贸规则，扩大市场准入，依法保护合作者权益。我们支持国际社会帮助发展中国家增强自主发展能力，改善民生，缩小南北差距。我们支持完善国际贸易和金融体制，推进贸易和投资自由化便利化，通过磋商协作妥善处理经贸摩擦。中国决不做损人利己、以邻为壑的事情。”[②] 习近平强调，我们要坚持走和平发展道路，但决不能放弃我们的正当权益，决不能牺牲国家核心利益。任何外国不要指望我们会拿自己的核心利益做交易，不要指望我们会吞下损害我国主权、安全、发展利益的苦果[③]，“我们要坚持开放的发展，让发展成果惠及各方。在经济全球化时代，各国要打开大门搞建设，促进生产要素在全球范围更加自由便捷地流动。各国要共同维护多边贸易体制，构建开放型经济，实现共商，共建，共享。”[④]

（3）坚持辩证的原则。毛泽东认为，我们应该在满足人民实际需要的基础上，积极主动并批判性地吸收和借鉴国外的先进文化，反对盲目照搬和盲目排外的两种错误倾向。毛泽东在民主革命时期就指出：“对待外国文化，排外主义的方针是错误的，应当尽量吸收进步的外国文化，以为发展中国新文化的借镜；盲目搬用的方针也是错误的，应当以中国人民的实际需要为基础，批判地吸收外国文化。”[⑤] 毛泽东在《新民主主义论》中指出：“中国应该大量吸收外国的进步文化，作为自己文化食粮的原料，这种工作过去还做得很不够。这不但是当前社会主义文化和新民主主义文

---

① 《邓小平文选》（第3卷），人民出版社1993年版，第80页。

② 《中国共产党第十七次全国代表大会文件汇编》，人民出版社2007年版，第47页。

③ 《习近平在中共中央政治局第三次集体学习时强调，更好统筹国内国际两个大局、夯实走和平发展道路的基础》，载于《人民日报》2013年1月30日，第1版。

④ 习近平：《谋共同永续发展　做合作共赢伙伴——在联合国发展峰会上的讲话》，载于《人民日报》2015年9月27日，第2版。

⑤ 《毛泽东选集》（第3卷），人民出版社1991年版，第1083页。

化，还有外国的古代文化，例如各资本主义国家启蒙时代的文化，凡属于我们今天用得着的东西，都应该吸收”。[①] 但毛泽东同时认为，我们在向一切民族、一切国家学习时，“必须有分析有批判地学”，“一定要与中国实际相结合”，坚持马克思主义的科学态度，“必须有分析有批判地学，不能一切照抄，机械搬运。他们的短处、缺点，当然不要学。”“外国资产阶级的一切腐败制度和思想作风，我们要坚决抵制和批判。但是，这并不妨碍我们去学习资本主义国家的先进的科学技术和企业管理中合乎科学的方面。”“对外国的科学、技术和文化，不加分析地一概排斥对外国东西不加分析地一概照搬，都不是马克思主义的态度，都对我们的事业不利。”[②] 邓小平强调，对外开放是我国一项长期的基本国策，但在积极扩大与其他国家的对外开放交往的“同时，我们保持清醒的头脑，坚决抵制外来腐朽思想的侵蚀，决不允许资产阶级生活方式在我国泛滥。”[③] 在对外开放的过程中，我们既要大胆吸收外来文化中一切有益于我们的因素，加强与其他国家的文化交流，也要注意资本主义腐朽习气和其他有害的外来文化的侵袭，坚决抵制资本主义制度对社会主义制度的侵蚀，维护中华民族的优良风气和优秀文化传统。邓小平指出“我们执行对外开放政策，学习外国的技术，利用外资，是为了搞好社会主义建设，而不能离开社会主义道路。”[④] 在执行对外开放政策过程中，如果出现偏离社会主义方向的情况，应该立刻加以纠正。“我们要理直气壮地坚持社会主义道路，坚持四项基本原则。”[⑤] 20 世纪 70 年代末开始出现鼓吹资产阶级自由、鼓吹全盘西化的歪风，主张取消以公有制为主体，实行私有化，这种思想对我国的社会主义现代化建设很有危害。所以，邓小平多次指出“反对资产阶级自由化，不仅这次要讲，还要讲十年二十年。这个思潮顶不住，加上开放必然进来许多乌七八糟的东西，一结合起来，是一种不可忽视的、对我们社会主义四个现代化的冲击。”[⑥] 2013 年 1 月 28 日，习近平在十八届中共中央

---

① 《毛泽东选集》（第 2 卷），人民出版社 1991 年版，第 706～707 页。
② 《论十大关系》，（1956 年 4 月 25 日），引自《毛泽东文集》（第 7 卷），第 44 页。
③ 《邓小平文选》（第 3 卷），人民出版社 1993 年版，第 3 页。
④ 《邓小平文选》（第 3 卷），人民出版社 1993 年版，第 195 页。
⑤ 《邓小平文选》（第 3 卷），人民出版社 1993 年版，第 196 页。
⑥ 《邓小平文选》（第 3 卷），人民出版社 1993 年版，第 182 页。

政治局第三次集体学习时的讲话指出，“我们要坚持从我国实际出发，坚定不移走自己的路，同时我们要树立世界眼光，更好把国内发展与对外开放统一起来，把中国发展与世界发展联系起来。”①

二、中国共产党人对于开放发展实践的不断创新

中国共产党人结合国际形势的实际状况，以及中国国内的发展情况，与时俱进，不断创新着开放发展的实践，全面提高开放发展的水平，不同时期开放发展的具体举措带有强烈的时代特征，符合了当时发展的需要，并且取得了积极的效果。中国开放发展的历史实践也告诉我们，只有坚持与时俱进，中国的开放发展事业才会不断地发展壮大，中国的经济水平才能不断提高，中国才会更好地屹立于世界之林，中国人民才会生活得更加美好。

1949 年新中国成立之初的国际形势非常不乐观，1950 年 12 月 28 日，美国政府宣告管制我国在美国的公私财产，加剧对我国的敌视破坏活动，禁止在美国注册的任何船只开往中国；1951 年美国等利用联合国大会通过对中国的贸易禁运法案，对中国实行封锁、禁运；1952 年，美国操纵巴黎统筹委员会，增设作为执行对中国实行贸易禁运的专门机构“中国委员会”，把 400 多项物资列入对中国实行贸易禁运的目录；美国还通过立法规定，违反了中国贸易禁运的美援国家将被美国取消援助。

鉴于这样一个情况，中国共产党人在尽力迅速恢复战争创伤、重建国家的同时，一边抵抗以美国为中心的西方国家向中国施加的种种压力，一边在独立自主前提下实行“一边倒”的对外开放政策，同以苏联为主的东欧国家签订了多种政治、军事、经济、科技、文化及其他各种专项协定和议定书等，争取到他们的支持援助，打破了以美国为首的资本主义国家对新中国的经济封锁。

1949 年 12 月 16 日，毛泽东率中国代表团访问苏联，就中苏双方的重

① 习近平：《更好统筹国内国际两个大局　夯实走和平发展道路的基础》，载于《人民日报》2013 年 1 月 30 日，第 1 版。

要政治和经济问题举行了会谈，在这次的双边会谈中，中国与苏联签署了一系列互助条约。如《中苏关于中国长春铁路、旅顺口及大连的协定》《中苏关于苏联贷款给中华人民共和国的协定》等。1950 年 2 月 14 日，周恩来代表中国政府与苏联签订了《中苏友好同盟互助条约》，这极大地带动了中国与苏联经济关系的发展。随后，中国与苏联签订了《创办中苏轮船修理建造股份公司协定》；与捷克签订了《中捷国际海运股份公司的协定》，与波兰签订了《成立中波轮船股份公司协定》。这几项协议的签订对中国打破美国对中禁运壁垒来说有着重要的意义。1953 年 5 月 15 日，中国与苏联又签订了《关于苏维埃社会主义共和国联盟政府援助中华人民共和国中央人民政府发展中国国民经济的协定》。该协定规定，苏联援助中国建设与改建原子能反应堆、汽车制造等 156 个项目。这些条约和协议大大增进了中国和苏联等东欧国家的交流，“用法律的形式固定下来，使得我们有了一个可靠的同盟军，这样就便利我们放手进行国内的建设工作和共同对付可能的帝国主义侵略，争取世界和平”①。

“一边倒”的对外开放政策是中国共产党在特定的历史条件下采取的特殊的政策，在当时恶劣的国际环境之下为新中国经济恢复与发展有很大的帮助。

20 世纪 50 年代末中苏关系紧张，给中国当时的对外开放带来了恶劣的影响。为了不再受限于苏联，中国共产党将发展交往的对象放到第三世界国家上，试图打开新的外交局面，中国对外交往的重点由争取他国援助转向了对外援助。1956～1962 年，除了给予柬埔寨经济援助外，中国还与尼泊尔、锡兰、缅甸、印度尼西亚等国家订立了经济援助协定。1963 年 12 月底至 1964 年 1 月，周恩来出访非洲 10 国，1 月 16 日，在访问加纳共和国时，借助答加纳通讯社记者的提问，周恩来向全世界发表了著名的《中国政府对外经济技术援助的八项原则》，提出了中国对外援助的八项原则，中国将根据平等互利的原则对外提供援助，不把这种援助看作单方面的赐予，而认为援助是相互的，并尊重受援国的主权，绝不附带任何条

① 薄一波：《若干重大决策与事件的回顾》（上卷），中共中央党校出版社 1991 年版，第 42 页。

件，绝不要求任何特权。1964 年以后中国的对外援助更是大幅增加，这些有利于冲破西方资本主义国家的封锁，也为中国后来的发展提供了良好的国际环境。

中国共产党也非常注重发展与西方资本主义国家的关系。1954 年 8 月，在接见英国工党代表团时毛泽东指出："第二次世界大战开始以来，中英关系已经根本改变"，"不同的制度是可以和平共处的"，因此"在我们和你们之间，基本的争论是不多了"。"我们这类国家，如中国和苏联，主要依靠国内市场，而不是国外市场。这并不是说不要国外联系，不做生意。不，需要联系，需要做生意，不要孤立。有两个基本条件使我们完全可以合作：一、都要和平，不愿打仗；二、各人搞自己的建设，因此也要做生意。"① 1955 年 11 月，在同法国议员代表团谈话时周恩来说："中国政府和人民愿意法国走北欧国家的道路，同中国建立完全的外交关系……现在可多进行人民之间的来往，多进行贸易和文化交流，造成气氛"，"特别是政治活动家要多来往，法国议会派代表团来中国，我们希望我国全国人民代表大会也能派代表团到法国去"。周恩来还建议中法之间在文化、科学、贸易方面都可以进行来往，特别是"贸易方面可增进民间的贸易来往，甚至可以签订半官方的贸易协定。来往频繁起来就好。"中国是一个爱好和平的国家，只要大家努力，"中法建立外交关系就不会太晚。"②

1964 年中法建交，中法两国政府间贸易关系迅速发展，带动西欧掀起了开展对华贸易的热潮。1962～1968 年，中国从英国、法国、意大利、联邦德国先后进口了石油、化工、冶金、电子、精密仪器等技术 80 多项，包括氧气顶吹转炉、冶炼锌密闭鼓风炉、硅半导体材料制造设备、天然气及重油气化制合氨等技术设备、维尼纶及腈纶等合成纤维和高压聚乙烯、聚丙烯等塑料生产技术、重型汽车制造技术等，这些项目对于填补国内空白，提高技术和改造老企业发挥了一定的作用。这一时期同中国建立外交关系的国家由 1960 年的 37 个增加至 1970 年的 56 个，同中国有外贸关系

① 中华人民共和国外交部、中共中央文献研究室：《毛泽东外交文选》，中央文献出版社、世界知识出版社 1994 年版，第 158～161 页。

② 中华人民共和国外交部、中共中央文献研究室：《周恩来外交文选》，中央文献出版社、世界知识出版社 1990 年版，第 157 页。

的国家和地区由1960年的118个增加至1970年的130个。

中共十一届三中全会之后，邓小平拓展了中国对外开放的基本形式，在发展对外贸易、吸收外国资金、先进科学技术、先进管理经验的同时，欢迎外国企业到中国兴办合资或独资企业，来对社会主义经济作出补充。1979年，邓小平在一份批示上明确支持兴办的中外合资企业，从此，“三资”企业在中国蓬勃兴起。1985年8月，邓小平指出：“社会主义有两个非常重要的方面，一是以公有制为主体，二是不搞两极分化。公有制包括全民所有制和集体所有制，现在占整个经济的百分之九十以上。同时，发展一点个体经济，吸收外国的资金和技术，欢迎中外合资合作，甚至欢迎外国独资到中国办工厂，这些都是对社会主义经济的补充。……我倒是觉得现在外国投资太少，还不能满足我们的需要。”①

邓小平在改革开放实践上的最大贡献是建设经济特区。1979年4月，邓小平提出试办经济特区的思想，同年的7月15日，中共中央、国务院根据邓小平的倡议，正式批准在深圳、珠海、汕头、厦门试办特区。1980年3月，在中央召开的广东、福建两省工作会议上，正式定名为“经济特区”。1987年，邓小平提出了建立更大的特区——海南岛经济特区的建议，他强调：“特区是个窗口，是技术窗口、管理窗口、知识的窗口，也是对外政策的窗口。……特区成为开放的基地，不仅在经济方面，培养人才方面使我们得到好处，而且会扩大我国的对外影响。”② 1992年邓小平在武昌、深圳、珠海、上海等地的谈话中则对经济特区作了再一次的肯定，他说：“对办特区，从一开始就有不同意见，担心是不是搞资本主义。深圳建设的成就，明确回答了那些有这样那样担心的人。特区姓‘社’不姓‘资’。从深圳的情况看，公有制是主体，外商投资只占四分之一，就是外资部分，我们还可以从税收、劳务等方面得到益处嘛！多搞点‘三资’企业，不要怕。”③ 对于特区的成就，邓小平也给予了充分的肯定，“现在我可以放胆地说，我们建立经济特区的决定不仅是正确的，而且是

① 《邓小平文选》（第3卷），人民出版社1993年版，第138页。
② 《邓小平文选》（第3卷），人民出版社1993年版，第117页。
③ 《邓小平文选》（第3卷），人民出版社1993年版，第51页。

成功的”[①]。此后，邓小平还考虑要增加对外开放城市，“除现在的特区之外，还可考虑再开放几个港口城市，如大连、青岛，这些地区不叫特区，但可以实行特区的某些政策。我们还要开发海南岛，如果把海南岛的经济迅速发展起来，那就是很大的胜利”[②]。“特区是个窗口”、是“开放的基地”思想的提出，正式确定了特区在全国改革开放中的地位和作用，经济特区在改革开放和现代化建设中产生了重要的示范、辐射和带动作用。

经过20多年的改革开放，中国的经济实力得到了大大的增强，国内经济水平高速发展，科技水平飞速提高。与此同时，世界经济全球化不断深化，国家与国家之间的经济联系越来越紧密。在这一大背景下，以江泽民为代表的中国共产党第三代领导集体从新时代的国际国内经济发展形势出发，为解决我国社会主义现代化建设的迫切需求，提出了一系列新的对外开放战略。

江泽民坚持了邓小平继续创办经济特区的思想，指出经济特区不仅要办下去，而且要办得更好，江泽民指出：“在中国兴办经济特区，打开改革开放和现代化建设的一条新路，充分体现了邓小平同志和我们党的勇于创新、高瞻远瞩的革命胆略和政治智慧。经济特区建设所取得的成就充分证明创办经济特区的实践是成功的，实行改革开放的总方针是完全正确的，它从理论和实践的结合点上，丰富了我们对建设有中国特色社会主义的认识。”[③] 江泽民说：“中央对发展经济特区的决心不变；中央对经济特区的基本政策不变；经济特区在全国改革开放和现代化建设中的历史地位和作用不变。……经济特区不仅要继续办下去，还要办得更好……”[④]“中央对发展经济特区的决心不变；中央对经济特区的基本政策不变；经济特区在全国改革开放和现代化建设中的历史地位和作用不变。……就是说，经济特区不仅要继续办下去，还要办得更好；对经济特区实行的基本政策要坚持下去；经济特区不仅要继续发挥‘窗口’作用、‘试验’作

① 《邓小平文选》（第3卷），人民出版社1993年版，第239页。

② 《邓小平文选》（第3卷），人民出版社1993年版，第52页。

③ 中共中央文献研究室：《江泽民论有中国特色的社会主义》（专题摘编），中央文献出版社2002年版，第198页。

④ 中共中央文献研究室：《十四大以来重要文献选编》（上），人民出版社1996年版，第865～866页。

用、‘排头兵’作用，而且要发挥得更充分。那种认为在全国形成全方位对外开放格局的新形势下，经济特区的地位和作用可以削弱甚至可以逐步消失的看法，是不对的。”① 不仅如此，江泽民还提出了经济特区不能再靠政策优势来谋取发展，而要积极参与国际合作和竞争，靠科技创新、体制创新，经济特区要继续为对外开放的深入发展提供新经验，并要“通过增创和发挥特区的新优势来发挥特区的新特色。”“今后特区发展所必需的而又有可能实行的一些政策的优势还得有，但保持特区优势的立足点和重点不应再放在这上面了，而主要应通过深化各项改革、调整经济结构、加强全面管理、提高人员素质、完善投资环境、增进经济效益、健全法制法规，使整体经济水平再上一个台阶。”②

江泽民提出了“引进来”和“走出去”相结合的战略。对外开放应是双向的，不仅要有进来，还要有出去，只进不出或只出不进，都是不完全的对外开放。只有将二者相辅相成，才是对资源配置的最大优化，拓展了对外开放的发展空间。实施“引进来”和“走出去”相结合战略，对于提高我国企业的国际经营水平、发掘我国产业竞争潜力、增强我国国际竞争力都具有非常重要的战略意义和现实意义。经过20多年的经济发展，我国的经济实力得到了大大的增强，也为我国企业“走出去”奠定了良好的基础。1996年7月，江泽民在河北省唐山市考察工作时首次明确提出“走出去”的思想：“要加紧研究国有企业如何有重点有组织地走出去，做好利用国际市场和国外资源这篇大文章。广大发展中国家市场十分广阔，发展潜力很大。我们要把眼光放远一些，应着眼于未来、着眼于长远，努力加强同这些国家的经济技术合作，包括利用这些国家的市场和资源搞一些合资、合作经营的项目。”③

1997年“走出去”更是作为重要的国家发展战略而提出。江泽民指出：“在此，我想再讲一个重要问题，就是我们不仅要积极吸引外国企业

① 中共中央文献研究室：《十四大以来重要文献选编》（上），人民出版社1996年版，第865～866页。

② 中共中央文献研究室：《江泽民论有中国特色的社会主义》（专题摘编），中央文献出版社2002年版，第199页。

③ 《江泽民文选》（第3卷），人民出版社2006年版，第94页。

到中国投资办厂，也要积极引导和组织国内有实力的企业走出去，到国外去投资办厂，利用当地的市场和资源。视野要放开一些，既要看到欧美市场，也要看到广大发展中国家的市场。发展中国家的生产力水平比发达国家低，对产品和技术的要求相对也低一些，但市场十分广阔。在努力扩大商品出口的同时，必须下大气力研究和部署如何走出去搞经济技术合作。'引进来'和'走出去'，是我们对外开放基本国策两个紧密联系、相互促进的方面，缺一不可。这个指导思想一定要明确。"他还指出："关键是要有领导有步骤地组织和支持一批国有大中型骨干企业走出去，形成开拓国外投资市场的初步规模。这是一个大战略，既是对外开放的重要战略，也是经济发展的重要战略。"① 2002 年 2 月在广东讲话中，江泽民分析了实施"走出去"战略的可能："这二十年，我们是以'引进来'为主，把外国的资金、技术、人才、管理经验等引进来，这是完全必要的。不先'引进来'，我们的产品、技术、管理水平就难以提高。你想'走出去'也出不去。现在情况与二十年前不同了，我们的经济水平已大为提高，实施'走出去'战略的条件更具备了，要求也更迫切了。……这个战略实施好了，对增强我国经济发展的动力和后劲，促进我国的长远发展，具有极为重大的意义。"②

随着建设社会主义市场经济的不断推进，我国社会主义市场经济体制有了很大完善，我国的对外开放形势也发生了巨大变化，在新的历史起点上，以胡锦涛为总书记的新一代中国共产党领导集体审时度势，围绕"三步走"的宏伟目标，强调要继续坚持互利共赢的开放战略，提高对外开放水平；以优化进出口商品结构为重点，加快转变外贸增长方式；以引进先进技术、先进管理和海外智力为重点，提高利用外资质量；以扩大能源和技术合作为重点，继续实施"走出去"战略，把中国开放发展提升到一个新的历史高度。

中共十八大以来，习近平总书记高瞻远瞩，审时度势，立足于国际国

---

① 中共中央文献研究室：《江泽民论有中国特色的社会主义》（专题摘编），中央文献出版社 2002 年版，第 191 页。

② 中共中央文献研究室：《江泽民论有中国特色的社会主义》（专题摘编），中央文献出版社 2002 年版，第 194 页。

内两个大局，统筹两种资源，推动新一轮更高水平的开放，以开放促发展，在发展中不断开放，推动了中国开放发展的新实践。

首先，2013 年 9 月和 10 月，习近平先后提出共建“丝绸之路经济带”和“21 世纪海上丝绸之路”的重大倡议。推进“一带一路”有利于中国在更大范围实现资源优化配置、拓展市场空间，为中国经济增长提供新的动力。“为了使我们欧亚各国经济联系更加紧密，相互合作更加深入，发展空间更加广阔，我们可以用创新的合作模式，共同建设‘丝绸之路经济带’。这是一项造福沿途各国人民的大事业。”① 东南亚地区自古以来就是“海上丝绸之路”的重要枢纽，中国愿同东盟国家加强海上合作，使用好中国政府设立的中国—东盟海上合作基金，发展好海洋合作伙伴关系，共同建设 21 世纪“海上丝绸之路。”②

其次，通过“自由贸易试验区”建设来推动改革开放。中国中央政府先后批准建设上海、广东、天津、福建自由贸易试验区。2014 年 3 月 5 日，习近平在参加十二届全国人大二次会议上海代表团审议时强调，“建设自由贸易试验区，是党中央为推进新形势下改革开放提出的一项重大举措。”通过自由贸易试验区建设，主动创新，更好地把握国际通行规则，加快形成与国际投资、贸易通行规则相衔接的基本制度体系和监管模式，降低贸易壁垒，苦练“内功”，提高开放层次，对接更高水平开放，有效利用国际国内两种资源，成为中国以开放和创新促进改革和推动持续发展的新实践。在主持中共中央政治局第十九次集体学习时，习近平指出：“加快实施自由贸易区战略，是适应经济全球化新趋势的客观要求，是全面深化改革、构建开放型经济新体制的必然选择，也是我国积极运筹对外关系、实现对外战略目标的重要手段。”“加快实施自由贸易区战略，是我国积极参与国际经贸规则制定、争取全球经济治理制度性权力的重要平台，我们不能当旁观者、跟随者，而是要做参与者、引领者，善于通过自由贸易区建设增强我国国际竞争力，在国际规则制定中发出更多中国声

① 习近平：《弘扬人民友谊　共同建设“丝绸之路经济带”——习近平在哈萨克斯坦纳扎尔巴耶夫大学发表重要演讲》，载于《人民日报》2013 年 9 月 8 日，第 1 版。

② 习近平：《携手建设中国—东盟命运共同体——在印度尼西亚国会的演讲》（2013 年 10 月 3 日，雅加达），载于《人民日报》2013 年 10 月 4 日，第 1 版。

音、注入更多中国元素，维护和拓展我国发展利益。”①

最后，习近平倡导中国积极主动地参与全球治理，并通过参与全球治理更好地维护共同利益，更好地推进中国的开放发展。习近平接受《华尔街日报》采访时强调，“全球治理体系是由全球共建共享的，不可能由哪一个国家独自掌握。中国没有这种想法，也不会这样做。中国是现行国际体系的参与者、建设者、贡献者，一直维护以联合国为核心、以联合国宪章宗旨和原则为基础的国际秩序和国际体系。”“我不认为世界上哪个国家可以使全球治理结构向自己倾斜，也不认为这样做是符合时代潮流的。全球治理结构如何完善，应该由各国共同来决定。联合国马上就要举行成立70周年系列峰会。中国愿同广大成员国一道，推动建设以合作共赢为核心的新型国际关系，完善全球治理结构，共同构建人类命运共同体。”②中国积极参与全球治理的目的在于更好地维护好共同利益，“中国是国际发展体系的积极参与者和受益者，也是建设性的贡献者。倡议成立亚洲基础设施投资银行（以下简称亚投行），就是中国承担更多国际责任、推动完善现有国际经济体系、提供国际公共产品的建设性举动，有利于促进各方实现互利共赢。”③“中国坚持走和平发展道路，奉行独立自主的和平外交政策，实行互利共赢的对外开放战略，着力点之一就是积极主动参与全球治理，构建互利合作格局，承担国际责任义务，扩大同各国利益汇合，打造人类命运共同体。”④ 中共十八大以来，在以习近平同志为核心的党中央领导下，中国坚定不移奉行互利共赢的开放战略，本着“共商、共建、共享”的原则和理念，积极推动国际经济治理体系改革和创新，提升发展中国家的全球话语权，努力为促进世界经济增长和完善全球治理贡献中国智慧，取得了辉煌的成就。中国以更加自信、更加主动的心态在全球治理中发挥了重要参与者、建设者和贡献者的作用。在全球治理议程上，

① 习近平：《加快实施自由贸易区战略　加快构建开放型经济新体制——在中共中央政治局第十九次集体学习时讲话》，载于《人民日报》2014年12月7日，第1版。

② 《人民日报》，2015年9月23日，第1版。

③ 习近平：《在亚洲基础设施投资银行开业仪式上的致辞》，载于《人民日报》2016年1月17日，第2版。

④ 习近平：《共同开创中阿关系发展美好未来　推动中阿民族复兴形成更多交汇——在阿拉伯国家联盟总部发表演讲》，载于《人民日报》2016年1月22日，第2版。

中国正从规则接受者向制定者转变，从被动参与者向主动塑造者转变，从外围协商者向核心决策者转变。

中国共产党人在开放发展实践上的不断创新，为中国经济的持续发展奠定了良好的基础。随着国际国内经济社会环境的不断变化，我们也需要结合世界的情况和国内的情况，继续不断创新开放发展的新制度、新形式和新方式，进而推动中国的开放发展。

第三章

新中国前30年国家统制型保护开放理论与实践

新中国成立后的30年间，我国依照苏联经验，实行国家统制型保护贸易理论的实践①，表现为：国家集中垄断对外贸易；外贸经营管理权一律集中于国家和少数外贸专业公司；以计划和划分经营范围控制进出口贸易；关税没有起到调节进出口的作用；国家严格的外汇管制，人民币汇率高估；国内外市场价格割裂；不与国际新经济贸易组织交往。

第一节 过渡时期（1949～1956年）对外开放的思想与实践

从中华人民共和国成立，到社会主义改造基本完成，这是一个过渡时期。党在这个过渡时期的总路线和总任务，是要在一个相当长的时期内，逐步实现国家的社会主义工业化，并逐步实现国家对农业、对手工业和对资本主义工商业的社会主义改造。过渡时期又分为两个阶段：（1）1949～1952年，是国民经济的恢复和初步发展时期；（2）1953～1956年，是社会主义工业化和三大改造时期。

新中国成立初期，为恢复国民经济、支援抗美援朝，对外贸易主要用于同帝国主义开展反禁运斗争，积极大量进口和恢复发展工农业生产以及交通运输所需的重要物资和原材料，外贸出口依存度较低，徘徊在4%～4.6%之间。在国民经济恢复时期（1950～1952年），出口贸易也相应处于恢复增长阶段，年平均增长率为22.1%，1952年的出口额占GDP的4.0%。“一五”计划前三年，中国基本上没有工业加工能力，为解决恢复国民经济急需大量资金的燃眉之急，只能依赖原料性产品的出口，因此，资源密集型产品几乎垄断了全部出口商品；但随着出口额的逐年上升，1956年，中国对外贸易改变了入超局面，如图3－1、表3－1、表3－2所示。

① 裴长洪主编：《共和国对外贸易60年》，人民出版社2009年版，第516页。

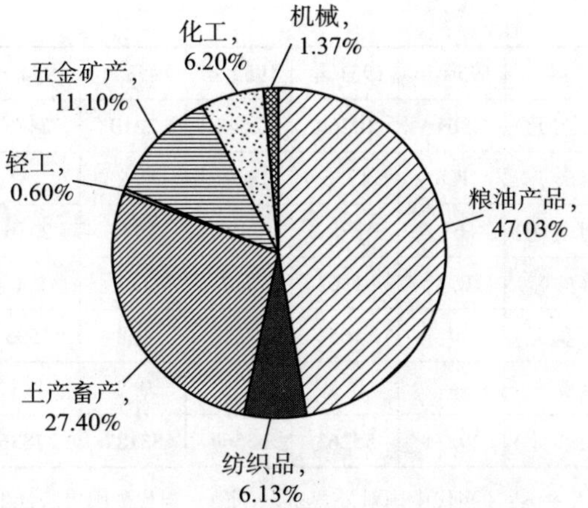

图3-1　1950~1952年我国各主要出口产品的比重

注：1950~1952年数据求平均值所制。

资料来源：沈觉人主编：《当代中国对外贸易》（下），当代中国出版社1992年版，附录三，第393、394页。

表3-1　　　　1950~1956年中国出口商品总额及结构

项目		1950年	1951年	1952年	1953年	1954年	1955年	1956年
出口总额（万美元）		55236	75692	82294	102212	114580	141188	164483
粮油食品	金额（万美元）	27857	32834	38903	50682	50644	60622	66818
	比重（%）	50.4	43.4	47.3	49.6	44.2	42.9	40.6
纺织品	金额（万美元）	3280	4523	5393	8674	1417	17461	25767
	比重（%）	5.9	6.0	6.5	8.5	10.0	12.4	15.7
土产畜产	金额（万美元）	18094	17906	21268	23831	25775	25930	29471
	比重（%）	32.8	23.6	25.8	23.3	22.5	18.4	17.9
工艺	金额（万美元）	—	—	—	—	—	1896	2596
	比重（%）	—	—	—	—	—	1.3	1.6
轻工	金额（万美元）	571	385	238	1252	4267	3289	3604
	比重（%）	1.0	0.5	0.3	1.2	3.7	2.3	2.2
五金矿产	金额（万美元）	4403	8832	11168	14024	16091	22108	25561
	比重（%）	8.0	11.7	13.6	13.7	14.0	15.7	15.5

续表

项目		1950 年	1951 年	1952 年	1953 年	1954 年	1955 年	1956 年
化工	金额（万美元）	964	10269	2642	2210	2475	4379	6301
	比重（%）	1.8	13.6	3.2	2.2	2.2	3.1	3.8
机械	金额（万美元）	63	778	2456	1371	2316	2885	2899
	比重（%）	0.1	1.0	3.0	1.3	2.0	2.0	1.8
其他	金额（万美元）	4	165	226	168	1595	2618	1466
	比重（%）	—	0.2	0.3	0.2	1.4	1.9	0.9
初级产品	金额（万美元）	49231	55263	65564	83187	77836	104013	122056

资料来源：沈觉人主编：《当代中国对外贸易》（下），当代中国出版社 1992 年版，附录三。

表 3－2　　1950～1956 年中国进口商品总额及结构

年份	项目	成套设备和技术	机械仪器	五金矿产	化工	轻工业	工艺	纺织品	粮油食品	土产畜产	其他
1950	金额（万美元）	40	6759	8030	14031	—	—	—	—	—	29418
	占比（%）	0.1	11.6	13.8	24.1	—	—	—	—	—	50.5
1951	金额（万美元）	13295	17222	18213	22835	—	—	—	—	—	48276
	占比（%）	11.1	14.4	15.2	19.1	—	—	—	—	—	40.3
1952	金额（万美元）	29408	15547	11531	10255	—	—	—	—	—	45084
	占比（%）	26.3	13.9	10.3	9.2	—	—	—	—	—	40.3
1953	金额（万美元）	23212	24138	22092	17655	5991	87	3383	1988	364	35701
	占比（%）	17.2	17.9	16.4	13.1	4.5	0.1	2.5	1.5	0.3	26.5
1954	金额（万美元）	34340	30014	17622	19528	2690	135	6287	3523	308	17290
	占比（%）	26.1	22.8	13.4	14.8	2.0	0.1	4.8	2.7	0.2	13.1

续表

年份	项目	成套设备和技术	机械仪器	五金矿产	化工	轻工业	工艺	纺织品	粮油食品	土产畜产	其他
1955	金额（万美元）	75217	24148	16231	23486	3398	131	9458	3582	452	17228
	占比（%）	43.4	13.9	9.4	13.5	2.0	0.1	5.5	2.1	0.3	9.9
1956	金额（万美元）	40045	29423	18343	27759	3575	92	8691	3983	9971	23435
	占比（%）	24.2	17.8	11.1	16.8	2.2	0.1	5.3	2.4	6.0	14.2

资料来源：沈觉人主编：《当代中国对外贸易》（下），当代中国出版社1992年版。

新中国成立之初“一边倒”的开放思想与实践。“新中国的对外贸易政策，还有一个最重要的特点，就是一面倒的政策。”① 新中国成立初期，由于以美国为首的西方资本主义国家对中国实行经济封锁和禁运，试图把新中国的红色政权扼死在摇篮里。在此背景下，毛泽东在1949年6月30日发表的《论人民民主专政》一文中首次提出了“一边倒”的对外开放概念，毛泽东指出：“一边倒，是孙中山的四十年经验和共产党的二十八年经验教给我们的，深知欲达到胜利和巩固胜利，必须一边倒。积四十年和二十八年的经验，中国人不是倒向帝国主义一边，就是倒向社会主义一边，绝无例外。骑墙是不行的，第三条道路是没有的。我们反对倒向帝国主义一边的蒋介石反动派，我们也反对第三条道路的幻想。”②

“一边倒”对外开放是当时政治军事斗争环境下的现实选择。当时的美国为了达到第二次世界大战后独霸世界的目的而挑起“冷战”对抗，形成两大阵营对峙的局面。以美国为首的西方资本主义国家在政治、经济、军事上孤立、封锁、包围我国，形成了对新中国“半月型”的包围圈。在这种情况下，中国人民别无选择，只能站在与苏联为首的和平民主阵营一边，即“我们在国际上是属于以苏联为首的反帝国主义战线一方面的，真

① 王季深：《新中国对外贸易》，五十年代出版社1953年版，第19页。
② 《毛泽东选集》（第4卷），人民出版社1991年版，第1472页。

正的友谊的援助只能向这一方面去找，而不能向帝国主义战线一方面去找。”① 从政治上看，当时世界已形成两个尖锐对立的两大阵营，如果在与美国等西方资本主义国家的对抗升级后，不进一步密切与苏联和东欧国家的关系，中国就会在政治上陷入孤立；从经济上看，在以美国为首的西方资本主义国家实行封锁禁运后，中国失去了在资本主义市场购买经济建设所需设备材料的可能性，为了经济上的原因，中国也需要进一步倒向苏联和东欧国家一边。

在“一边倒”对外开放思想的主导下，新中国把对外开放争取外援的目光重点投向苏联和东欧国家，积极发展与苏联和东欧各国的政治、经济、文化方面的交往，在1949年12月16日中共中央《关于对外贸易方针的指示》中明确了我们对外贸易的基本方针，应该是凡苏联及东欧各新民主主义国家所需要的货物，我们尽量向苏联及新民主主义国家出口，凡苏联及新民主主义国家不需要及不能供给的货物，我们才向各资本主义国家出口或进口。其主要措施有：一是争取苏联的贷款。通过利用这些贷款，中国购买了大量的经济建设中所急需的物资设备，引进大批项目。这些项目的建成，改变了新中国工业残缺不全的状况，奠定了中国工业化的基础。二是吸引苏联及东欧国家的直接投资，在新中国的历史上出现了最早的一批中外合资企业。三是引进苏联及东欧国家的先进技术，包括引进设备、引进人才和开展技术合作交流等。四是发展与苏联及东欧国家的贸易关系。五是在全社会大力提倡学习俄文，广泛宣传介绍苏联和东欧国家的经济建设经验，向苏联和东欧国家派遣留学生和实习生，掀起向苏联学习的高潮，从而保证新中国成立之后各项事业的胜利发展。

1949年12月至1950年1月，毛泽东率领中国代表团访问苏联，签订了《中苏友好同盟互助条约》《中苏关于中国长春铁路、旅顺口及大连的协定》和《中苏关于贷款给中华人民共和国的协定》等，还请苏联专家来中国设计汽车厂。1951年4月24日，陈云在中财委第五十四次委员会议上在谈到关于进口器材的问题时指出：最近能从英、美等西方国家进口的器材越来越少，必须转向苏联和其他社会主义兄弟国家进口。考虑到它

① 《毛泽东选集》（第4卷），人民出版社1991年版，第1475页。

们都是实行计划经济的国家，相关部门要早日提出订单计划[①]。同年6月16日，陈云在接受捷克通讯社和《红色权利报》驻华特派员采访时指出：在当前国际形势下，中国和以苏联为首的和平阵营国家之间的经济合作，对中国极为重要。这种经济合作帮助了中国的经济建设，有效地反对了美帝国主义对中国的经济封锁[②]。

在正确思想指导下。1949年，苏联对中国贸易额为2630万美元，占中国对外贸易总值的8%，1950年上升为24190万美元，占29.8%，为1949年的9倍多。1950年中国对苏贸易额也呈增长趋势。1951年，在美国加紧“禁运”“封锁”的形势下，中国与苏联的贸易进一步发展。1951年3月14日，两国签订了《中苏铁路联运协定》，以方便货物运输。同年6月2日中财委作出决定，凡由苏联、德意志民主共和国、捷克、波兰、匈牙利、朝鲜等社会主义国家进口的货物，按最低税率征税。经过双方的努力，20世纪50年代中期，中苏贸易额不断增长，1950年苏联成为中国最大的贸易伙伴，当年中苏贸易额占中国对外总贸易额的30%，达33844万美元；1951年中国对苏联出口及转口总额比1950年增加121.91%，占全年出口及转口总额的42.25%；1952年的中苏贸易总额在1951年大幅度增长的基础上，比1951年又增加23.71%，占全国进出口贸易总值的49.97%；1953年为125823万美元，占56.3%；1955年为178985万美元，占61.9%；1956年的贸易额比1950年增长近6.5倍[③]。从1951年11月起，中国派出74人的大型贸易谈判代表团赴苏参加1952年的贸易谈判。全团分综合、进口、出口、设计、新疆、旅大船渠（大连修船造船工厂的简称）6组，其中进口组分成五金、机器、机床、交通电讯、化工、杂品、特殊订货等8个小组，设计组分成鞍钢、机械电工、电力矿冶、轻化纺、技术援助等6个小组。组团的规模反映了中国当时对与苏联贸易的重视和莫大希望。贸易谈判是在平等互惠、友好合作、相互协商的原则下进行的，易货范围和易货数额都比以往扩大了。1952年中国对苏联贸易出

① 《陈云年谱》（中卷），中央文献出版社2000年版，第94页。
② 《陈云年谱》（中卷），中央文献出版社2000年版，第104页。
③ 裴坚章主编：《中华人民共和国外交史（1949－1956）》，世界知识出版社1994年版，第41页。

口额为14.78亿元，占全部出口总额的55.88%，进口额为11.79亿元，占全部进口总额的46.82%。对苏贸易已成为中国对外贸易中举足轻重的最重要组成部分①。

在新中国成立初期的经贸活动中，苏联政府和苏联专家对中国提供了很大帮助。据统计，1950～1953年先后到中国帮助经济建设的苏联专家有1093人。“一五”计划期间，苏联专家人数持续上升，1956年达到高峰，有3113人，其中技术专家2213人，经济顾问123人，科学和文化领域的顾问、专家403人，军事顾问和专家374人②。苏联来华的专家、学者、顾问为中国经贸事业的蓬勃发展作出了重大贡献。中苏在经济领域里的密切合作，推动了新中国独立的工业体系的初步建立。

要冲破西方资本主义国家对新中国的经济封锁，仅靠对苏联东欧社会主义国家的对外贸易还不够，新中国还想办法积极开展中国和东南亚国家以及我国港澳地区的对外贸易。“一面倒的贸易政策，决不等于绝对拒绝和排斥对资本主义的国家间的贸易……仍然必须利用资本主义国家之间的各种矛盾，尽量争取这些器材的迅速及时输入，以供应新中国经济建设的需要，同时那些可以向资本主义国际市场推销的出口物质，仍须推广输出，争取外汇。”③

1949年7月，陈云在上海财经会议上，在对外贸易方面考虑的重要问题便是突破帝国主义经济封锁问题，提出了“一北一南”的方针，即向北发展与苏联和东欧社会主义国家贸易，向南利用我国港澳地区原有贸易通道。另外还要求积极利用帝国主义间的矛盾和以外商代销规避封锁等一系列办法拓展外贸渠道④。

1954年中央对外贸易部召开了第一次扩大对港澳地区出口工作会议，强调要保证对港澳地区的物资供应，积极扩大对港澳地区的出口以及经港澳转口到东南亚的贸易通道。此后，我国大陆地区对港澳地区的出口贸易

---

① 之恺：《新中国外贸方针的制定》，载于《中共党史资料》1993年第47期。

② 参见沈志华：《对在华苏联专家的历史考察：基本状况及政策考察》，载于《当代中国史研究》2002年第3期，第24～37页。

③ 王季深：《新中国对外贸易》，五十年代出版社1953年版，第19页。

④ 《陈云文选》（第2卷），人民出版社1995年版，第2页。

量逐年递增。其中，1950～1957年，增长了22.7%。对亚非贸易额由1950年3.6亿美元，上升至1957年7.67亿美元。在这个时期，中国大陆地区通过港澳地区市场，以多种渠道和方式，向一些对中国实行贸易限制和歧视政策的西方资本主义国家转销商品，并从西方国家购进一些“禁运”物资。这些措施对于恢复和发展中国国民经济，逐步开拓与西方资本主义国家的贸易往来，起到了相当大的积极作用①。

外贸部门还利用资本主义国家之间的矛盾大胆开展直接与这些国家之间的贸易。1952年4月，中国政府派代表团参加在莫斯科召开的国际经济会议。这次会议取得了丰硕成果，中国分别同英国、法国、联邦德国等11个西方国家企业签订了各项贸易协议②。1954年9月17日，陈云还指示外贸部适当削减对苏联的出口，削减的部分作为储备物资，一旦有合适的机会，就向资本主义国家出口，借此换回更多的资本主义国家外汇，如果中国手中有6000万～8000万美元外汇储备，可以解决很多问题③。据统计，中国对西方资本主义国家的贸易额，1957年底比1952年增长了6倍多④。

在中国共产党第一代领导人的正确领导下，新中国独立自主地拓展了对外贸易，改变了旧中国外贸事业由他国控制，成为外国原料产地和消费品倾销地的状况。1951年，中国对外贸易总额达19.55亿美元，超过新中国成立前最高年份1928年4亿多美元。1952～1957年，中国进出口总额增长比例指数为161.8%，进口额比例指数为133.3%，出口额比例指数为201.1%。1950～1956年，中国的年出口递增率达17%，出口的商品结构也发生了明显的变化，与我国开展贸易往来的地区和国家不断增多⑤，冲破西方资本主义国家对中国的经济封锁，打开通路，加强了中国同国际间的贸易往来，迅速克服了新中国伊始财经方面的严重困难。

① 沈觉人主编：《当代中国的对外贸易》（上），当代中国出版社1992年版，第21～22页。
② 沈觉人主编：《当代中国的对外贸易》（上），当代中国出版社1992年版，第22页。
③ 《陈云年谱》（中卷），中央文献出版社2000年版，第221页。
④ 沈觉人主编：《当代中国的对外贸易》（上），当代中国出版社1992年版，第23页。
⑤ 国家统计局编：《新中国五十年》，中国统计出版社1999年版，第567页。

第二节　国民经济恢复和调整时期（1956～1966 年）对外开放的思想与实践

1957 年的进出口额为 310342 万美元（进口额 150587 万美元，出口额 159755 万美元）（见表 3－3、表 3－4）。总之，“一五”期间的出口年平均增长率为 14.2%，外贸出口依存度超过 5%；“一五”完成后，中国已有了自己的具有加工能力的工业部门，在外贸领域也打破了由资源密集型产品一统天下的格局，开始加工品的出口，但资源密集型产品在出口总额中的比重依然不断上升。“二五”期间和国民经济调整期间（1958～1965 年），由于国际政治关系的变化及 1958 年全国上下掀起的“大跃进”运动，外经贸部门不切实际地“大进大出”，超越国力，导致外贸出口的大幅下降，1960 年外贸出口依存度下降为 4.34%，倒退至 1954 年的水平。此期间，中国对外贸易规模一直起起落落，直至 1965 年随着国民经济情况的好转，进出口额才增至 424530 万美元，但整个 20 世纪 60 年代，中国的出口依存度均低于 50 年代的平均水平，徘徊在 2.5%～4% 之间。

表 3－3　　1957～1965 年期间中国出口商品总额及结构

项目		1957 年	1958 年	1959 年	1960 年	1961 年	1962 年	1963 年	1964 年	1965 年
出口总额（万美元）		159755	198110	226135	185601	149063	149023	164921	191634	222790
粮油食品	金额（万美元）	52051	67928	72504	47744	25268	25399	37994	51583	67734
	比重（%）	32.6	34.3	32.1	25.7	16.9	17.1	23	26.9	30.4
纺织品	金额（万美元）	30829	37555	62619	60200	55591	52981	51534	49674	47411
	比重（%）	19.3	19	27.7	32.4	37.3	35.6	31.3	25.9	21.3

续表

项目		1957年	1958年	1959年	1960年	1961年	1962年	1963年	1964年	1965年
土产畜产	金额（万美元）	31170	36800	35169	26112	17526	17838	21016	25982	31743
	比重（%）	19.5	18.6	15.5	14.1	11.8	12	12.8	13.6	14.3
工艺	金额（万美元）	3353	4358	4280	4436	4500	4781	5469	7451	9870
	比重（%）	2.1	2.2	1.9	2.4	3	3.2	3.3	3.9	4.4
轻工产品	金额（万美元）	3552	6253	5180	4793	7254	7472	8710	10069	13868
	比重（%）	2.2	3.2	2.3	2.6	4.9	5	5.3	5.3	6.2
五金矿产	金额（万美元）	25262	27985	27694	28376	25889	25105	24395	28102	27669
	比重（%）	15.8	14.1	12.2	15.3	17.4	16.8	14.8	14.7	12.4
化工	金额（万美元）	8148	9010	6898	4851	3574	4904	5808	7294	8235
	比重（%）	5.1	4.5	3.1	2.6	2.4	3.3	3.5	3.8	3.7
机械	金额（万美元）	3827	6363	9479	7938	8516	10474	9929	11391	16260
	比重（%）	2.4	3.2	4.2	4.3	5.7	7	6	5.9	7.3
其他	金额（万美元）	1563	1858	2312	1151	945	69	66	88	—
	比重（%）	1	0.9	1	0.6	0.6	—	—	—	—
初级产品	金额（万美元）	114050	142283	170292	134056	98385	96218	110544	127239	146888

资料来源：沈觉人主编：《当代中国对外贸易》（下），当代中国出版社1992年版。

表3-4　　1957～1965年期间中国进口商品总额及结构

年份	项目	进口总额	成套设备和技术	机械仪器	五金矿产	化工	轻工业	工艺	纺织品	粮油食品	土产畜产	其他
1957	金额（万美元）	150587	43466	25990	16217	28003	3053	47	8986	4278	996	19551
	占比（%）	—	28.9	17.3	10.8	18.6	2.0	0.0	6.0	2.8	0.7	13.0
1958	金额（万美元）	207045	44830	41610	32944	53575	1018	489	8000	5870	9013	9696
	占比（%）	—	21.7	20.1	15.9	25.9	0.5	0.2	3.9	2.8	4.4	4.7
1959	金额（万美元）	211999	68894	45070	34871	43072	1129	454	6350	2215	9832	112
	占比（%）	—	32.5	21.3	16.4	20.3	0.5	0.2	3.0	1.0	4.6	0.1
1960	金额（万美元）	195319	64933	31591	36854	37534	2031	361	14891	3387	3670	67
	占比（%）	—	33.2	16.2	18.9	19.2	1.0	0.2	7.6	1.7	1.9	0.0
1961	金额（万美元）	144536	19644	13515	14261	28375	2087	230	11460	51770	3194	—
	占比（%）	—	13.6	9.4	9.9	19.6	1.4	0.2	7.9	35.8	2.2	—
1962	金额（万美元）	117285	10688	7354	11969	23892	1852	338	9029	48450	3713	—
	占比（%）	—	9.1	6.3	10.2	20.4	1.6	0.3	7.7	41.3	3.2	—
1963	金额（万美元）	126646	5460	7636	11705	27850	2834	359	15760	49753	5289	—
	占比（%）	—	4.3	6.0	9.2	22.0	2.2	0.3	12.4	39.3	4.2	—

续表

年份	项目	进口总额	成套设备和技术	机械仪器	五金矿产	化工	轻工业	工艺	纺织品	粮油食品	土产畜产	其他
1964	金额（万美元）	154734	5343	12984	17904	25270	3689	620	20591	61663	6670	—
	占比（%）	—	3.5	8.4	11.6	16.3	2.4	0.4	13.3	39.9	4.3	—
1965	金额（万美元）	201740	8726	30165	32310	33017	3464	1153	23201	59053	10651	—
	占比（%）	—	4.3	15.0	16.0	16.4	1.7	0.6	11.5	29.3	5.3	—

资料来源：沈觉人主编：《当代中国对外贸易》（下），当代中国出版社1992年版。

20世纪60年代后，苏联推行大国沙文主义，经济上单方面撕毁合同、撤走专家、中断对中国的经济援助、逼迫还债，军事上在中苏边境陈兵百万，形成对我国安全的严重威胁。中苏关系恶化，中国对苏联、东欧等国的贸易额急剧下降，出口比重分别从60%和17%降为9.9%和7.9%，进口比重也从60%和17%降为9.2%和6.3%。而资本主义国家和地区逐步成为中国进出口贸易的主要市场。对西欧国家的进口和出口额在中国内地进出口总额中所占的比重，平均都在20%左右，最高年份达30%；对我国香港地区的进出口贸易显著增长，比重在进出口贸易总额中上升至20%；对日本、东南亚地区，以及加拿大和澳大利亚的贸易也持续上升，对加拿大和澳大利亚的贸易也在进出口总额中分别占6%和10%以上①。在如此局势面前，毛泽东的头脑异常冷静，并根据第二次世界大战后国际关系新格局情形，先后提出“中间地带”和“三个世界”划分的对外开放思想。

1946年8月，毛泽东在同美国记者安娜·路易斯·斯特朗的谈话中第一次提出“中间地带”的对外开放思想，认为第二次世界大战后世界上大

① 沈觉人主编：《当代中国的对外贸易》（下），当代中国出版社1992年版，第5页。

部分地区充满着民主势力与反民主势力之间的激烈斗争，苏联是世界民主力量的主要柱石，美国是世界反动势力的堡垒。但是第二次世界大战后世界面临的现实问题，不是美苏之间会爆发一场战争并引起新的世界大战，因为在美苏之间隔着一个由欧、亚、非三洲的许多资本主义国家和殖民地、半殖民地国家构成的辽阔的中间地带；第二次世界大战后世界面临的是美国力图控制和侵略包括中国在内的中间地带国家。毛泽东 1964 年进一步提出“两个中间地带”的思想，晚年还提出了联美抗苏的“一条线”战略。1974 年 2 月 22 日，毛泽东在会见赞比亚总统卡翁达时首次提出“三个世界”划分的对外开放思想，指明了全世界无产阶级和被压迫民族应联合起来，结成最广泛的国际统一战线，反对超级大国的霸权主义和战争政策，把开放的重心移向第三世界，使中国在国际上逐渐摆脱孤立的处境。对此，邓小平提出：“毛泽东同志在他晚年为我们制定的关于划分三个世界的战略……对于打破苏联霸权主义企图在国际上孤立我们的狂妄计划，改善我们的国际处境，提高我国的国际威望，起了不可估量的作用。”[①] 实质上，从 1946 年提出“中间地带”到 1964 年提出“两个中间地带”，再到晚年“三个世界”划分的对外开放思想，这三者之间是一脉相承的，标志着毛泽东在对外开放的国际斗争中有了更加明确的主体意识。

与此同时，国际形势也发生了一些变化，使得有利于积极利用资本主义文明发展的有利条件出现了，如 1954 年继朝鲜半岛停战后，印度支那战争也将停止，亚洲出现缓和局势；欧洲方面由于 1955 年苏联与西方国家签订了《奥地利国家条约》也出现了缓和。国际局势缓和后，西方资本主义国家急于想同中国发展经贸关系，采取了一些积极措施：1956 年 4 月，英国政府宣布允许一些英国公司出口若干巴黎统筹委员会对中国的禁运物资，5 月进一步引用“例外程序”对中国取消了橡胶禁运；1956 年 9 月，日本也引用巴黎统筹委员会的“例外程序”向中国扩大输出项目；就连对中国持最强硬态度的美国也在 1957 年 4 月被迫放松了对中国的禁运。上述国际环境的变化和西方国家对中国封锁禁运的放松，对于中国发展与

① 《邓小平文选》（第 2 卷），人民出版社 1994 年版，第 160 页。

西方国家的经贸关系十分有利。正是在这一有利的国家环境下，中国对外开放、发展与资本主义国家经济文化关系的思想与实践得到了较大拓宽。这些对外开放成果的取得，极大地改善了中国的安全环境，开辟了新中国成立以来最广泛的对外经济关系和外交关系的新格局。

陈云也敏锐地抓住中国对外经贸格局上的大变化，意识到对资本主义研究的迫切性，要好好研究资本主义经济危机中的各种因素，这将和中国的进口贸易有重大的关系。这一时期，陈云搜集资料，通过细致的调查研究，先后写出了《目前经济危机与一九二九年危机的比较》《对目前世界经济危机的看法》等文章，对中央制定政策起到了重要的作用。1973 年 6 月陈云约请中国人民银行负责人帮助搜集有关国际金融和货币十个方面材料的谈话时又说："过去我们的对外贸易是 75% 面向苏联和东欧国家，25% 对资本主义国家。现在改变为 75% 对资本主义国家，25% 对苏联、东欧。"① 由此，陈云指出："和资本主义打交道是大势已定。"② 既然同资本主义打交道大势已定，那就要对资本主义进行研究。陈云请中国人民银行负责人收集美国、日本、英国、联邦德国、法国各国货币发行量等材料，说："不研究资本主义，就不要想在世界市场中占有我们应占的地位。"③他抓住资本主义经济的新变化，在深入调查研究的基础上，提出了调整出口结构的设想。他要求尽力保持我国港澳地区、日本、新加坡和马来西亚等传统市场，积极开辟西欧、加拿大、美国等新市场。西欧生活水平很高，向西欧出口吃的东西，成本总比他们便宜④；利用加拿大等地的边贸向美国出口商品；千方百计打开美洲、大洋洲和其他地区的市场⑤。

1953 年 10 月 10 日，陈云在全国粮食会议上关于实行粮食统购统销的讲话中指出："出口粮食能不能减少，这个主意不能打。在三十二亿斤的出口粮中，有二十亿斤是大豆，这主要是用来跟苏联等国换机器的，五亿四千万斤是用来换橡胶的……所有这些出口，都是必要的。"⑥ 1953 年他

---

① 《陈云文选》（第 3 卷），人民出版社 1995 年版，第 217 页。
②③ 《陈云文选》（第 3 卷），人民出版社 1995 年版，第 218 页。
④ 中共中央文献研究室：《陈云年谱》（下卷），中央文献出版社 2000 年版，第 190 页。
⑤ 《陈云文选》（第 3 卷），人民出版社 1995 年版，第 226 页。
⑥ 《陈云文选》（第 2 卷），人民出版社 1995 年版，第 206 页。

在改善食品的产销状况的报告中再一次指出：“从猪肉商品量与出口对比来看，出口仍有潜力。在一吨肉可换五吨钢材的条件下，争取更多一些猪肉出口，对支援国家经济建设有重大意义。”“保证必要的出口，换取工业设备，借以支援国家经济建设。”① 1954 年他在加强市场管理的一次讲话中指出：“在今后一个相当长的时期内，国内市场的销售应服从出口的需要。有些商品如肉类，应压缩国内市场的销售，保证出口，水果、茶叶和这种小土产，应尽先出口，只有这样才能保证必要的出口，换回国家建设所必需的工业设备。”② 关于为什么在国内供应非常紧张的情况下还要保证出口，陈云做了精辟的分析：“我们必须进口大量的机器装备，来建立我国的工业基础，以便在若干年以后，把我国改造成为一个高度工业化的国家。为了进口机器装备，我们必须用出口物资去交换。我国现在还是一个农业国家，能够出口的主要物品是农产品。如果在国内消费方面，不能节省出农产品去出口，那么，我们就不可能进口机器装备来进行工业建设。因此，全国人民应该自觉地节省凡属可以节省的消费品，以便供应出口……减少消费，当然是一件不舒服的事情，但是我们必须在两者中间选择一个：或者是暂时减少可以减少的消费，以便完成国家工业化，由此来建立我国能够进一步地发展农业和轻工业的基础，使我们有可能在将来迅速地增加各种消费品的产量；或者是尽其所有在国内消费掉，因而不能建设工业，使我国经济长期处于落后状态。全国人民自然应该选择前者，不应该选择后者。”③ 这些论述是对比较优势原理最为简明的阐释。在陈云的指导下，1953～1959 年我国通过出口粮食 353 亿斤，换回了国家经济建设急需的其他物资。

由于 20 世纪 50 年代末“大跃进”和人民公社化运动造成国民经济结构严重失调，国家整个经济建设进入一个困难的调整时期。1960 年，由于困难时期和“大跃进”的失误，我国粮食大量减产，人均产量由 603 斤下降为 435 斤。新中国成立初的有限积累消耗殆尽，农业收成已经不能解决人们的基本温饱问题。粮食安全问题成为影响社会稳定的重大因素之一，

① 陈云：《陈云文选》（第 2 卷），人民出版社 1995 年版，第 224、227 页。
② 陈云：《陈云文选》（第 2 卷），人民出版社 1995 年版，第 253 页。
③ 陈云：《陈云文选》（第 2 卷），人民出版社 1995 年版，第 257 页。

为了缓解全国性的粮食供应紧张形势，陈云提议进口粮食，但在1962年“七千人大会”上有人反对粮食进口。对此，陈云指出：“我们这个国家，在粮食问题上的立脚点，当然要摆在自给上面……但还不如把那些能出口的东西都集中起来，换粮食进来……每人减少一尺布，就可以多进口十亿斤粮食。五美元一匹布，七千万匹布就是三千五百万美元，恰好是买十亿斤麦子的钱。我看宁肯每人减少一尺布，多进口十亿斤粮食。”① 陈云提出粮食进口的策略得到落实后，我国从1961年开始净进口粮食，据统计，1961～1965年，国家每年进口约500万吨的粮食，从而保证了市场的稳定，起到应急补给和调剂不足的作用。例如，正是有了1961年6月20日前抢运的215万吨进口粮，避免了北京、天津、上海、辽宁等省市和重灾区粮食脱销的危险，从而得以化解因缺粮而在重要城市引起骚动的危机。此外，这一时期的进口粮还补充了一部分国家粮食库存，对国民经济的调整和恢复也起了一定的支持作用②。进口粮食这一外贸活动，无论是从当时国内外环境看，还是从现今的角度看，都是一件极有意义的大事。

第三节　“文化大革命”时期（1966～1976年）对外开放的错误及修正

“三五”和“四五”的十年动乱期间（1966～1976年），由于“左”倾错误严重泛滥，及“文化大革命”的破坏，1960～1970年，出口贸易平均增长率降至1.3%；1970年的出口贸易依存度由1960年的4.3%降至2.5%；1969年的进出口额只有40.29亿美元，中国对外贸易处于停滞时期。直至1970年，由周恩来、邓小平同志先后主持党中央工作，整个经济状况好转，对外贸易才颇有上升。1975年进出口总额达147.5亿美元，创新中国成立以来的最高水平。但1976年又由于“四人帮”的破坏，致

① 《陈云文选》（第3卷），人民出版社1995年版，第141～142页。
② 唐正芒：《陈云与困难时期的粮食进口》，载于《党史天地》2007年第10期。

使进出口额下降至134.33亿美元（进口额65.78亿美元，出口额68.55亿美元）。值得注意的是，20世纪70年代是整个世界经济贸易快速增长时期，1970～1980年间世界出口贸易年平均增长20.3%，但是，中国却由于接二连三的政治运动，使进出口贸易几乎停滞，外贸出口依存度仅为4%，出口发展缓慢，越来越跟不上世界经济贸易的发展步伐，如表3－5、表3－6所示。

表3－5　　　1966～1976年期间中国的出口商品总额及结构

项目		1966年	1967年	1968年	1969年	1970年	1971年	1972年	1973年	1974年	1975年	1976年
出口总额（万美元）		236575	213531	210298	220352	225981	263601	344257	581895	694937	726421	685476
粮油食品	金额（万美元）	83075	78794	73180	67232	69312	77983	98057	195424	227509	193207	147467
	比重（%）	35.1	36.9	34.8	30.5	30.7	29.6	28.5	33.6	32.7	26.6	21.5
纺织品	金额（万美元）	51801	47228	48536	51855	52034	56416	84550	136782	122770	141089	148111
	比重（%）	21.9	22.1	23.1	23.5	23	21.4	24.6	23.5	17.7	19.4	21.6
土产畜产	金额（万美元）	31850	28189	32710	37740	36345	42702	52186	79337	93572	90782	104803
	比重（%）	13.5	13.2	15.5	17.1	16.1	16.2	15.2	13.6	13.5	12.5	15.3
工艺	金额（万美元）	10357	10633	12742	15397	14713	15985	22757	37505	37173	40725	45996
	比重（%）	4.4	5	6.1	7	6.5	6.1	6.6	6.4	5.3	5.6	6.7
轻工	金额（万美元）	14968	14526	14285	16346	18126	21028	25986	41714	51666	53012	52720
	比重（%）	6.3	6.8	6.8	7.4	8	8	7.5	7.2	7.4	7.3	7.7

续表

项目		1966年	1967年	1968年	1969年	1970年	1971年	1972年	1973年	1974年	1975年	1976年
五金矿产	金额（万美元）	27162	21098	16226	17141	19965	27581	31047	43041	59055	60919	59441
	比重（%）	11.5	9.9	7.7	7.8	8.9	10.4	9	7.4	8.5	8.4	8.7
化工	金额（万美元）	8596	7661	6427	7139	7972	11894	17965	30926	83987	124206	108741
	比重（%）	3.6	3.6	3.1	3.3	3.5	4.5	5.2	5.3	12.1	17.1	15.9
机械	金额（万美元）	8766	5402	6192	7502	7514	10012	11709	17166	19205	22481	18197
	比重（%）	3.7	2.5	2.9	3.4	3.3	3.8	3.4	3	2.8	3.1	2.6
初级产品	金额（万美元）	166726	154211	154426	156827	157691	177101	234793	411543	443851	425078	400381

资料来源：沈觉人主编：《当代中国对外贸易》（下），当代中国出版社1992年版。

表3－6　　1966～1976年期间中国的进口商品总额及结构

年份	项目	进口总额	成套设备和技术	机械仪器	五金矿产	化工	轻工业	工艺	纺织品	粮油食品	土产畜产
1966	金额（万美元）	224687	10103	42331	49639	37527	3859	893	15355	55928	9052
	占比（%）	—	4.5	18.8	22.1	16.7	1.7	0.4	6.8	24.9	4.0
1967	金额（万美元）	201990	10744	31902	54221	36907	4863	679	14765	42646	5263
	占比（%）	—	5.3	15.8	26.8	18.3	2.4	0.3	7.3	21.1	2.6

续表

年份	项目	进口总额	成套设备和技术	机械仪器	五金矿产	化工	轻工业	工艺	纺织品	粮油食品	土产畜产
1968	金额（万美元）	194468	7853	28929	52791	44194	4247	283	11260	40484	4427
	占比（%）	—	4.0	14.9	27.1	22.7	2.2	0.1	5.8	20.8	2.3
1969	金额（万美元）	182592	680	29204	58021	48147	2609	425	11824	28278	3404
	占比（%）	—	0.4	16.0	31.8	26.4	1.4	0.2	6.5	15.5	1.9
1970	金额（万美元）	232605	—	40688	92866	44046	3212	—	11262	35767	4764
	占比（%）	—	—	17.5	39.9	18.9	1.4	0.0	4.8	15.4	2.0
1971	金额（万美元）	220488	—	50719	74611	40278	3960	—	16045	29915	4960
	占比（%）	—	—	23.0	33.8	18.3	1.8	0.0	7.3	13.6	2.2
1972	金额（万美元）	285832	1832	57146	87759	49802	7374	—	25843	51294	4782
	占比（%）	—	0.6	20.0	30.7	17.4	2.6	0.0	9.0	17.9	1.7
1973	金额（万美元）	515748	7308	75454	169488	73190	13473	—	59075	107648	10112
	占比（%）	—	1.4	14.6	32.9	14.2	2.6	0.0	11.5	20.9	2.0
1974	金额（万美元）	761906	31055	128893	212245	102923	19631	—	84431	167168	15560
	占比（%）	—	4.1	16.9	27.9	13.5	2.6	0.0	11.1	21.9	2.0

续表

年份	项目	进口总额	成套设备和技术	机械仪器	五金矿产	化工	轻工业	工艺	纺织品	粮油食品	土产畜产
1975	金额（万美元）	748650	97619	143608	218693	123835	18077	—	43982	93477	9359
	占比（%）	—	13.0	19.2	29.2	16.5	2.4	0.0	5.9	12.5	1.3
1976	金额（万美元）	657764	112262	92094	208005	98398	14322	—	54769	65857	12057
	占比（%）	—	17.1	14.0	31.6	15.0	2.2	0.0	8.3	10.0	1.8

资料来源：沈觉人主编：《当代中国对外贸易》（下），当代中国出版社1992年版。

外贸工作因为联系国外，首当其冲地成为打击的对象，受到了严重影响，在这种背景下，周恩来顶住压力，重新提倡学习外国特别是学习资本主义国家的长处。1973年2月26日，他在计委的一次汇报会上，严肃地批评了有些人以“左”派自居，随便给人扣帽子，结果从欧美等一些国家考察回来的几个代表团，不敢做报告谈人家的长处，也不敢谈我们的短处。他明确指出，“出国参观、考察，就是为了学习人家的长处。”① 此后，他又多次指出不能认为凡是资本主义国家的东西都不好，不要以为我们什么都能搞，要虚心向别人学习，学习人家的长处。1970年6月21日，他在接见我方参加中日民间渔业谈判代表时，了解到他们对有关的水产知识和市场信息知之甚少，就深有感慨地说，新中国成立20年了，收集的资料太少了，简直没有资格和人家谈判。成了“关门主义”那还了得②。1972年11月24日，他在接见外贸部门的负责人时再次指出，广交会是在我们被封锁的情况下搞的，有很大的盲目性，如价格问题主要是缺乏调查研究，对国际市场的价格不太了解，有的是对国内市场和国际市场价格不

①② 中共中央文献研究室：《周恩来经济文选》，中央文献出版社1993年版，第641页。

加区别，这怎么能做好生意呢？[①]

周恩来多次强调技术引进工作非常重要，“这也是政治任务，是我们国民经济中不可缺少的一个重要方面，不仅在政治上重要，服从于主席的外交路线，而且在国民经济建设上，有利于加快社会主义建设速度，赢得时间，多快好省地建设我们的国家。”[②] 1969 年，毛泽东提出国内要生产彩色电视机，周恩来要国家计委组织全国有关科研生产部门攻关，攻关 3 年，见效甚微。在这种情况下，有关部门提出要引进一整套电视机生产线，得到周恩来的大力支持。根据他的指示，国家计委会同有关部门，把国内急需引进的项目做了一次通盘研究和讨论，于 1973 年 2 月正式向国务院提交了《关于增加进口设备，扩大经济交流的请示报告》，提出了一个 43 亿美元的成套设备和单机的引进方案，又称“四三方案”[③]。并且坚决抵制林彪、江青集团利用“蜗牛事件”“风庆轮事件”对“四三方案”的攻击，“四三方案”很快得到了毛泽东和中央政治局的批准，得以实施。

周恩来多次指出，在引进技术的同时，还必须在学习和利用的基础上，有所创新，不断提高自己的科研和生产能力，从根本上促进民族工业的发展。1972 年 2 月，他在总结长期实践经验的基础上，明确提出了关于引进技术设备要“一学、二用、三改、四创”的八字指导方针[④]。他多次强调，学习外国必须同独创精神结合起来，引进新技术必须同自己钻研结合起来。对引进的技术设备，必须加以研究，从仿制做起，进而结合我国的具体国情加以改进和提高。1973 年 5 月 31 日，他在中央工作会议上就技术引进工作再次指出，引进外国的是辅助方法，引进来，不仅是模仿，而是要创新，这样才能赶超。周恩来提出的八字指导方针，对于今天我国的开放发展仍然有着重要的指导意义。

1973 年陈云听取外贸部门进口轧钢设备零配件问题汇报时，他坚定地指出：“如果缺了零配件，国内解决不了，就要推迟投产，耽误一年就少

---

① 中共中央文献研究室：《周恩来年谱》（下卷），中央文献出版社 1997 年版，第 564～565 页。

② 沈觉人主编：《当代中国对外贸易》（上），当代中国出版社 1992 年版，第 34～35 页。

③ 此后，又追加了一些项目，计划进口总额达 51.4 亿美元。《周恩来研究学术讨论会论文集》，中央文献出版社 1988 年版，第 360 页。

④ 中共中央文献研究室：《周恩来年谱》（下卷），中央文献出版社 1997 年版，第 511 页。

生产三百万吨钢板，很不合算。如果有人批评这是‘洋奴’，那就做一次‘洋奴’。”①

1971年1月22日，李先念、纪登奎、华国锋联名向周恩来报送国家计委《关于进口成套化纤、化肥技术设备的报告》，建议引进我国急需的化纤新技术成套设备4套、化肥设备2套，以及部分关键设备和材料，约需4亿美元。2月5日，周恩来批准了报告，并强调要在消化、吸收后，再创新、改造。随后，周恩来以此为突破口，要国家计委副主任顾明找主要工业部门，把急需引进的项目通盘考虑一次，搞一个全面规划报给他审批。8月6日，国家计委提出了《关于进口一米七连续式轧板机问题的报告》，估价约4亿美元。8月21日，毛泽东、周恩来予以批准。11月7日，国家计委再次提出《关于进口成套化工设备的请示报告》，建议进口6亿美元的23套化工设备。周恩来圈阅批准这个报告的同时，又要求将总额33亿美元的另一进口方案送他合并考虑。他不仅看到眼前的急需，而且在为将来的发展打算，准备采取一个大规模的一揽子引进方案。在1972年引进一系列项目工作顺利进行的基础上，1973年1月5日，国家计委向国务院提交《关于增加设备进口、扩大经济交流的请示报告》，对前一阶段和今后的对外引进项目作出总结和统一规划。报告建议，利用西方处于经济危机，引进设备对我有利的时机，在今后三五年内引进43亿美元的成套设备。其中包括：13套大化肥、4套人化纤、3套石油化工、10个烷基苯工厂、43套综合采煤机组、3个大电站、武钢一米七轧机及透平压缩机、燃气轮机、工业汽轮机工厂等项目。这个方案被通称为“四三方案”，是继20世纪50年代的156项引进项目后的第二次大规模引进计划，也是打破“文化大革命”时期经济贸易领域“闭关自守”局面的一个重大步骤。以后，在此方案基础上，又陆续追加了一批项目，计划进口总额达51.4亿美元。

“文化大革命”后期，在周恩来的主持和李先念、陈云、邓小平等人协助下，经过两年多的努力，1973～1975年，我国对外经济贸易工作取得了开拓性的进展，出现了一个新的局面。1973年我国对外贸易总额达到

---

① 《陈云文选》（第3卷），人民出版社1995年版，第224页。

109.76亿美元，1975年更是达147.51亿美元，分别是1970年45.8亿美元的2.4倍和3.2倍。其中，1973年的出口额是58.2亿美元，1975年上升为72.64亿美元，分别是1970年22.6亿美元的2.58倍和3.21倍。一方面，国外成套设备和技术的引进，促进了国内工农业生产的发展，尤其是冶金、化肥、石化等基础工业的发展，为改革开放后我国经济建设的发展和民族工业的振兴打下了坚实的基础；另一方面，外贸出口的迅速扩大，增加了外汇收入，有力地支持了先进技术、设备的引进，同时也推动了国内生产的发展①。这不但对当时国民经济的整顿、恢复和发展起到了很大的促进作用，也对中共十一届三中全会后改革开放事业的发展产生了积极影响。

第四节　改革开放酝酿期（1977～1978年）对外开放的思想与实践

由于其独特的政治背景和经济状况，1977～1978年是新中国经济史上的一个特殊阶段②。一方面是在此之前长达10年的“文化大革命”打断了中国经济正常发展的进程。连续不断的政治运动、“左”的指导思想、“左”的政策与实践，使1967～1976年的中国经济基本上处于挫折、停滞状态；另一方面是这两年采取的“洋冒进”措施，导致了1977～1978年的中国经济在长期形成的畸形道路上越走越远，长期以来形成的国民经济比例失调状况更加严重，经济发展中潜伏着深刻的危机，也是1978年之后我国被动地走上对外开放之路的重要原因之一。

① 沈觉人主编：《当代中国对外贸易》（下），当代中国出版社1992年版，第370～378页。
② 朱危安：《新中国经济史上的一个特殊阶段：1977－1978年》，载于《岭南学刊》1990年第1期。

一、1977～1978年对外开放的情况

1977～1978年的中国经济取得了较大的进展。社会总产值、国民收入连续两年较大幅度地增长，主要工农业产品产量恢复或超过历史最好水平。1977年社会总产值比1976年增长10.3%，1978年比1977年增长13.1%。1978年国民收入比1977年增长12.3%，比1976年增长19.4%。1977年，进出口贸易总额恢复并超过了历史最好水平。1978年，进出口贸易总额又比1977年增长30.3%，出口大于进口，外汇收支平衡，略有结余。1977～1978年出口商品总额及结构如表3－7所示。

表3－7　　1977～1978年期间出口商品总额及结构

项目	指标	1977年	1978年
出口总额	—	759041	974531
粮油食品	金额（万美元）	148364	196251
	比重（%）	19.6	20.1
纺织品	金额（万美元）	157252	218968
	比重（%）	20.7	22.5
土产畜产	金额（万美元）	133187	163718
	比重（%）	17.5	16.8
工艺	金额（万美元）	59918	71986
	比重（%）	7.9	7.4
轻工	金额（万美元）	60117	73621
	比重（%）	7.9	7.6
五金矿产	金额（万美元）	59641	75449
	比重（%）	7.9	7.7
化工	金额（万美元）	118974	148458
	比重（%）	15.7	15.2

续表

项目	指标	1977 年	1978 年
机械	金额（万美元）	21588	26080
	比重（%）	2.8	2.7
初级产品	金额（万美元）	438803	578937

资料来源：沈觉人主编：《当代中国对外贸易》（下卷），当代中国出版社 1992 年版。

经济发展的史实证明，1977～1978 年的引进工作有很大的盲目性，规模大、进程急，成为 1977～1978 年中国经济发展中的一个重要特征，因而有人将这两年称为“洋冒进的两年”，1977～1978 年期间进口商品总额及结构如表 3－8 所示。1978 年，中国与日本、美国等国家先后签订了 22 个成套设备引进项目，计划总投资 561 亿元，其中需外汇 123 亿美元，当年引进总额 78 亿美元全部要用现汇支付。总投资与所需外汇均超出国力及外汇支付能力，如表 3－8 所示。

表 3－8　　1977～1978 年期间进口商品总额及结构

品名	1977 年		1978 年	
	金额（万美元）	占比（%）	金额（万美元）	占比（%）
进口总额	721395	—	1089311	—
成套设备和技术	37692	5.2	46852	4.3
机械仪器	90719	12.6	144802	13.3
五金矿产	220707	30.6	402730	37.0
化工	120154	16.7	159500	14.6
轻工业	18609	2.6	29821	2.7
工艺	—	—	1939	0.2
纺织品	69435	9.6	113796	10.4
粮油食品	145324	20.1	167895	15.4
土产畜产	18755	2.6	21976	2.0

资料来源：沈觉人主编：《当代中国对外贸易》（下卷），当代中国出版社 1992 年版。

国民经济比例失调严重，作为国民经济基础的农业仍然相当薄弱。1977~1978年，农业生产发展速度（比上年增长）分别为-0.5%和8.1%。作为世界农业大国的中国，这两年不得不从国外进口农产品，仅在1978年就花了21亿美元进口粮食、棉花、糖料，占当年进口总额的1/5。

二、1977~1978年的经济开放及技术引进

1976年粉碎"四人帮"后，全国人民热切希望加快建设速度，把"四人帮"造成的损失夺回来，赶超世界先进水平。这其中重要的一点就是要恢复和扩大从资本主义国家引进技术和设备。1976年11月16日，《人民日报》发表《自力更生、洋为中用———批判"四人帮"歪曲和破坏独立自主、自力更生方针的建议》一文。文章批判了"四人帮"关于引进外国技术设备是"爬行主义""洋奴哲学"的观点，肯定了引进技术和设备的必要性，指出："那种认为凡是引进先进技术就是'洋奴哲学'，就是'爬行主义'，实际上是主张'闭关自守'，这是对人类文明史的愚妄无知，是对独立自主、自力更生方针的恶意歪曲"。在此基础上，1977年3月全国计划会议提出引进技术和设备促进中国经济发展的意见，并形成《关于1977年国民经济计划几个问题的汇报提纲》，提出："要有计划有重点地引进先进技术，洋为中用，这样有利于增强我国的能力，加快社会主义建设的步伐。善于学习前人的好经验，吸取外国的长处，这是后来居上的一个重要因素。闭关自守，拒绝学习外国的好东西，什么都要从头摸索起，那就会放慢我们一些工业技术的发展，那也是爬行主义。"中央政治局经过讨论同意了该《汇报提纲》。很快，中央领导层就引进外国先进设备和技术来加快社会主义现代化建设速度达成共识。

1977年7月17日，国家计委向国务院提交了今后8年引进技术和设备的计划。1977年12月召开全国计划会议形成《关于经济计划的汇报要点》，指出：中国的工业技术非常落后，很多方面基本上还是苏联四五十年代的东西，已经不适应中国经济发展的步伐，必须坚持独立自主、自力更生的方针，不断地提高农业、工业、国防和科学技术的现代化水平。同时，还要认真学习外国的好东西，引进必要的先进技术。在今后5~8年

内，我们要利用国际上的有利时机，在坚持独立自主和平等互利的前提下，运用更加灵活的方式，把我们急需的国外先进技术拿到手，把学习和独创很好地结合起来。1978年2月，华国锋在五届人大一次会议上强调："努力学习国内和世界上的先进科学技术，决不能因循守旧，故步自封。"[①] 在这次会议上通过了《发展国民经济十年（1976－1985年）规划的纲要》，对引进规模做了具体规定。同年，7～9月召开了国务院务虚会，9月召开了全国计划会议，两次会议都强调大量引进国外先进技术和设备。

为了做好新技术的引进工作，1978年5月，国务院成立了引进新技术领导小组。小组由国务院副总理余秋里担任组长，副组长由当时国家计委副主任顾明担任。小组的主要任务主要是：统筹提出新技术和成套设备的引进计划，搞好综合平衡；向中共中央、国务院提出有关引进的方针、政策和建议；组织引进计划的实施，进行督促检查，总结交流这方面的经验；组织有关方面研究、消化和发展引进的新技术等。

由于国家领导人对引进工作的大力支持和为大规模引进所做的一系列积极准备工作，20世纪70年代末第三次大规模的引进高潮，集中在1978年。仅1978年一年，中国就提出了22个引进先进技术和成套设备的重点工程项目，与日本、德国、英国、法国、美国等国签订了相当于前五年合计成交金额两倍的合同，共需外汇130亿美元（1978年已签约部分为78亿美元），相当于1950～1977年中国引进累计完成总额的89.2%[②]。这些项目包括：上海宝山钢铁厂成套设备的引进；在其他引进项目中，以石油为原料的化工设备有：大庆石油化工厂1套30万吨乙烯生产装置；山东石油化工厂1套30万吨乙烯生产装置；北京东方化工厂1套30万吨乙烯生产装置；南京石油化工总厂两套30万吨乙烯生产装置；吉林化学工业公司1套11万吨乙烯关键设备；浙江化肥厂1套30万吨合成氨生产装置；新疆化肥厂1套30万吨合成氨生产装置；宁夏化肥厂1套30万吨合

① 华国锋：《团结起来，为建设社会主义的现代化强国而奋斗》，载于《红旗》1978年第3期。

② 陈东林：《20世纪50～70年代中国的对外经济引进》，载于《上海行政学院学报》2004年第6期。

成氨生产装置；以煤炭为原料的山西化肥厂30万吨合成氨装置。这9个项目共投资160多亿元。此外，还引进100套综合采煤机组；江西德兴铜基地；贵州铝厂；上海化纤二期工程；江苏仪征化纤厂；河南平顶山帘子线厂；山东合成革厂；兰州合成革厂；云南五钠厂；内蒙古霍林河煤矿；河北开滦煤矿；彩色电视机生产线。这一年是新中国成立以来技术引进规模最大、进展最快的一年。成交额相当于前5年（1973～1977年）成交总额的两倍，涉及十几个国家几百个厂商①。

重新恢复确立引进外国技术和设备的思想政策不是偶然的。第一，从国外引进技术和设备是中共的一贯主张，只是“文化大革命”期间因“左”的思想和林彪、“四人帮”集团的干扰破坏这一正确主张未能顺利贯彻，“文化大革命”结束后，极“左”思潮得到遏制，重新恢复确立引进外国技术和设备的思想政策理所当然。第二，“文化大革命”结束以后，中央领导层开始走出国门去了解外国发展情况，并在1978年前后在全国又掀起了一股出国考察的热潮。这些考察团作为探索对外开放国策的先导部队，被人们称为共和国即将开始的大规模对外开放的“侦察兵”。这些出访不但改善了我国的对外关系，而且使中央领导层对近年来国际形势的发展变化有了比较直接和全面的了解，其中，感受最强烈的一点，就是我国在经济和科学技术上同世界先进水平的巨大差距。然而，在当时情况下，要迅速把国民经济搞上去，单凭自己的力量是不行的。第二，中央领导层对引进外国技术和设备的重视。1977年邓小平复出后在多种场合反复强调引进世界先进科学技术和工业管理方法的重要性和迫切性。1977年5月12日，邓小平在同中国科学院副院长方毅的谈话中提出：“过去没有吸收外国先进的东西。”“世界发达国家都注意最新的科学成果。据说他们政府头头每天办公桌上都放一张每日科技新闻。……科学研究方面的先进东西是人类劳动的成果，为什么不接受？接受这些东西有什么可耻的？”②此外，李先念、陈云等同志也非常重视引进工作，李先念在国务院务虚会议上提出“学会同外国资本家打交道”，“搞好技术引进，努力扩大出口”

① 《中国技术引进的进展和展望——国家计委副主任顾明答记者问》，载于《经济导报》1979年8月1日。

② 中共中央文献研究室：《邓小平年谱（1975－1997）》（上），中央文献出版社2004年版。

等，这些口号都充满着改革开放思想。第四，是国际形势的重大变化。20世纪70年代初，苏联继续从北、西、南三面包围我国，而美国为了抑制苏联咄咄逼人的攻势，逐渐改变敌视中国的政策。毛泽东及时捕捉住这一机遇，推动中国在对外开放舞台上好戏连台：1971年10月，中国在联合国的合法席位得以恢复；1972年2月，美国总统尼克松访华，开始了中美关系的正常化进程；同年9月，中日实现了邦交正常化。如果说，新中国的对外开放进程是1978年后才正式开始的话，那么，对外开放的序幕就是在20世纪70年代初由毛泽东亲自拉开的。有了上述这些因素，通过确立引进外国先进技术和设备的政策来促进国民经济的发展就顺理成章了。

引进外国先进技术和设备，需要大量外汇。根据1977年7月国家计委向国务院提交的8年引进计划，共需外汇65亿美元，国内配套工程的基建投资需要400亿元人民币。当时我国的外汇储备很有限，1978年仅有15.75亿美元①。外汇严重不足成为我国引进技术设备遇到的一个难题。为了解决这个难题，中共中央采取了以下一些办法：一是发展出口创汇，采取各种形式把出口贸易做大做活。二是发展非贸易创汇，特别是国际旅游业，“要大量增加各种非贸易外汇收入。旅游事业要加快发展，并不断总结经验，改进服务态度”②。三是采取延期付款、分期付款、补偿贸易等灵活方式，减少现汇支出。1977年，中国签订的引进技术设备合同220多项，成交金额30多亿美元，其中26个大型成套项目，43套综合采煤机组，用汇占80%以上，而其中40%的金额采用的就是延期付款的办法支付的。

当然，由于进口增速过快，发生了进口大型成套设备项目过多、规模过大的问题。对此，陈云充分肯定对外引进的方针，说：“打破闭关自守的政策是正确的。”③ 但他首先提出，要进口粮食，把农民稳定下来。他在中央为召开中共十一届三中全会做准备的工作会议上说：“粮食进口多

---

① 转引自黎青平：《毛泽东邓小平与对外开放》，中共中央党校出版社1998年版，第151页。

② 《李先念论财政金融贸易（1950－1991年）》（下），中国财政经济出版社1992年版，第381页。

③ 《陈云文选》（第3卷），人民出版社1995年版，第227页。

一些不要紧。农民稳住了，事情就好办了。”[①] 他还提出，工业引进“要建设现代化的工业体系”，“引进必须从我国现有的工业基础出发，要在既有基础上填平补齐，成龙配套，缺什么，补什么；需要什么，引进什么”[②]。他要求引进方案要有专家参加，集体决策。

对已经铺开的过大的引进的项目，应当怎么办？陈云提出一个总的原则，就是“对已经铺开的基本建设项目，该踏步的踏步、该下马的下马、该快马加鞭的要快马加鞭”。他受中央委托对宝钢进行调查，从国民经济全局考虑，认为需要建设一个大型现代化的钢厂，“宝钢要干到底”[③]。同时他也强调，建设宝钢，要注重在技术上消化和创新。“日本也是引进先进技术，然后加以消化，再加进一点自己的东西出口”[④]。

值得一提的是，“文化大革命”结束后的一段时期内，对于利用外国贷款和直接投资两种引进外资形式仍然是不允许实行的。20 世纪 60 年代以后毛泽东就把利用外国贷款和直接投资两种形式看作对外引进的两大禁区，虽然“文化大革命”已经结束，但是当时“左”的思想尚未肃清，还没有摆脱“两个凡是”观点的束缚，所以，党和政府仍然坚持“两个不允许”政策。1970 年 8 月 11 日毛泽东在接见来自资本主义国家的外宾时说：“我们是社会主义国家，既然叫社会主义，就不应要求跟你们搞合营，这个道理很清楚。”[⑤] 1972 年 8 月，外贸部在接见日本三菱访华团时指出：“中华人民共和国不允许外国人在中国投资。”“社会主义中国根本不会引进外国资本和同外国共同开发本国或他国的资源；根本不会同外国搞联合经营……”[⑥] 1978 年 4 月 22 日，中国外贸部部长李强指出中国现在可以采取补偿贸易、来料加工、来样加工、分期付款、延期付款等利用外资形式之后明确指出，对于借款和合资经营两种形式，“我们是坚决不干的”[⑦]。

---

① 《陈云文选》（第 3 卷），人民出版社 1995 年版，第 236 ~ 237 页。
② 《陈云文选》（第 3 卷），人民出版社 1995 年版，第 267 页。
③ 《陈云文选》（第 3 卷），人民出版社 1995 年版，第 261 页。
④ 中共中央文献研究室：《陈云年谱》（下卷），中央文献出版社 2000 年版，第 311 页。
⑤ 顾龙生：《毛泽东经济年谱》，中共中央党校出版社 1993 年版，第 648 页。
⑥ 转引自黎青平：《毛泽东邓小平与对外开放》，中共中央党校出版社 1998 年版，第 96 页。
⑦ 转引自黎青平：《毛泽东邓小平与对外开放》，中共中央党校出版社 1998 年版，第 151 页。

第五节　新中国前30年统制型保护开放制度及其成因

一、新中国前30年统制型保护开放的思想与实践

新中国对外贸易的总政策是贸易管制、保护贸易（王季深，1953；燮邦，1955）。“新中国的对外贸易除由国家严格管理外，还采取了保护贸易政策。”[①] 新中国成立前夕，在中国共产党七届二中全会上，党中央就确立了新中国“对内节制资本和对外统制对外贸易”的基本政策。开国前夕，陈云从东北解放区到北平，筹组中财委，统一管理全国财经工作。他首先抓的一件事，是集中管理对外贸易。1949年6月4日，他在《关于成立中央财经委员会的说明》中说：“对外贸易，必须统一，假若天津是一种规定，上海是另一种规定，这就不行。”[②] 为了迅速统一对外经贸工作，他在随后召开的海关工作座谈会上要求：“海关要列在比较快地统一的日程里。”在陈云主持下，中国政府收回了海关管理权，取消了外国资本的经营特权，一方面“把旧海关内对新民主主义有用的东西，如验证、查缉等业务技术和管理经验等接受过来”；另一方面“把海关变成为人民服务的、完全自主的、有利于新民主主义国计民生的海关”[③]。1950年12月，中央人民政府政务院通过了《对外贸易管理暂行条例》，随后中央人民政府贸易部颁布了《对外贸易管理暂行条例实施细则》，明确了对外贸易必须置于国家的统一管理之下。1952年9月，内贸和外贸分口管理，中央人民政府成立了对外贸易部，同时在各大行政区设立外贸部特派员。各大行政区撤销后，在各省、自治区和直辖市成立对外贸易局。1953～1978年，中央对外贸体制进行了一些调整和变革，使高度集中、统一管理、统一经

① 燮邦：《新中国的对外贸易》，学习生活出版社1955年版，第17～18页。
② 《陈云文选》（第1卷），人民出版社1995年版，第389页。
③ 《陈云文选》（第3卷），人民出版社1995年版，第24页。

营的对外贸易体制进一步得到巩固和完善，人民政府采取三大措施，废除了帝国主义国家在中国的特权，没收了国民党政府和官僚资本的对外贸易企业，并逐步改造私营外贸企业，建立国营对外贸易企业，最终形成由13家专业进出口公司垄断经营全国进出口业务的局面。与此体制相配套，这段时期中国执行的是国家统制型的封闭式保护贸易政策。

实行严格的对外贸易管制，有下述理由：第一，如果外贸被资本家私人控制，任其自发、自流，不加以限制，必然会阻碍甚至破坏新民主主义的经济建设。第二，“今天的所谓自由贸易只不过是帝国主义垄断资本家们企图掠夺旁人，或者乘机渗入另一国家势力范围所打的一块漂亮招牌而已。”① 保护贸易正是为了防止国际帝国主义资产阶级进入中国，与国内的反动资产阶级、旧地主、买办、官僚的残余勾结起来破坏我们的建设。第三，发展经济和维护独立。“目前，保护贸易政策对我们之所以必需，是因为我们在大力发展同苏联和各人民民主国家贸易关系的同时，还要与资本主义世界各国保持平等互利、互通有无的贸易关系。必须指出，在以苏联为首的社会主义阵营内，国与国间的贸易关系是建立在国际主义的基础上的，贸易的日的在于求得贸易双方国民经济的高涨，谈不上一个国家对另一些国家采取保护贸易政策；但在与资本主义国家进行贸易、与资本主义世界市场发生联系的时候，我们既要考虑国家的经济独立，不依赖帝国主义国家，更要创造适当的条件，以促进国内工商业的发展。正是基于这些要求，国家除严格管理对外贸易之外，又不能不进而采取保护贸易政策。”② 第四，保护贸易政策是为了保护民族工业的幼苗。我国的工业还很不发达，1949年，中国现代工业产值只占工农业总产值的17%，几乎没有重工业；1952年，现代工业产值占工农业总产值的26.6%，重工业在工业生产总值中占35.5%；到1957年，重工业在工业生产总值中的比重提高至48%。“在这种情况下，我国与资本主义国家进行贸易，那必然会使我国工业幼苗遭到摧残，使我国在政治上丧失独立自主，结果根本谈不到有计划地进行对外贸易，谈不到国民经济有计划地发展，更不可能完成国家的社会主义工业化，不可能建设社会主义社会。因此，新中国在对

①② 燮邦：《新中国的对外贸易》，学习生活出版社1955年版，第18页。

外贸易方面，决不能走自由贸易的道路。”①

关于保护贸易，中央人民政府政务院在《关于关税政策和海关工作的决定》中曾规定：“（1）在国内能大量生产的或者暂时还不能大量生产但将来有发展可能的工业品及半制品，于进口同样的这些商品时，海关税率应规定高于该项商品的成本与我国同样货品的成本间之差额，以保护国家民族生产。（2）对于一切奢侈品和非必需品，订征更高的税率。（3）在国内生产很少或者不能生产的生产设备器材、工业原料、农业机械、粮食种籽及肥料等，其税率要低或免征关税。（4）凡一切必需的科学图书与防治农业病虫害等书籍，以及若干国内不能生产的或国内药品所不能代替的药品的输入，免征或减征关税。（5）海关税则对进口货物有两种税率：对于凡与中华人民共和国有贸易条约或协定的国家，应该规定一般的正常的税率；对于凡与中华人民共和国没有贸易条约或协定关系的国家，要规定比一般较高的税率。（6）为了发展我国的出口货物的生产，对于经由中央人民政府所奖励的一切半制品及加工原料的输出，只订很低的税率或免税输出。”②“关于保护贸易政策，就进口而言，非必要的商品一定要禁止其进口或限制其进口，采取必要的措施，保护国内工业生产的发展，不使其因受外货的竞争而垮台；另一方面使工业生产能够在比较低廉的价格水平上获得必要的生产设备和重要原料，以利于工业化建设。就出口而言，首先是供给国内有余方能输出，而且要争取尽可能的高价，以保护农民的利益。”③

国家实行保护贸易政策的主要措施之一是采取合理的保护关税政策。就进口贸易而言，为了防止外货倾销影响国内工业生产，对于国内能够制造的产品不应由国外输入，纵使输入也得课征较高的进口税，以保护本国产品的生产。……当然，保护关税与过高关税之间有着原则上的区别。在保护关税政策下，凡国内生产很少或不能生产的生产设备和器材等必需物资的进口，一般都课以较低的关税，或者免税；对国家鼓励输出的商品也只征很低的关税，或者免税。这种贸易政策的采取，有利于国内生产的发

---

① 燮邦：《新中国的对外贸易》，学习生活出版社1955年版，第18页。
② 《政务院关于关税政策和海关工作的决定》，载于《人民日报》1950年3月8日。
③ 王季深：《新中国对外贸易》，五十年代出版社1953年版，第17～18页。

展，也有利于国际间的合作。“保护贸易政策与对外贸易管制有着密切的关系。对外贸易管制的目的之一是保护国内生产。假使单纯实行保护关税政策而没有对外贸易管制，保护贸易政策的执行就很困难；在实行对外贸易管制的条件下实行保护关税，保护贸易才能有效地发挥它保护国内生产的作用。”①

新中国成立后的前30年间的国家统制型保护性对外贸易的政策，进出口贸易基本上由对外贸易部及其所属各专业进出口公司统一经营。这种根据当时历史条件实行的高度集中的外贸体制，对于抗击和冲破帝国主义的封锁禁运，进行私营进出口商行的社会主义改造，发展独立自主的对外贸易，起了重要的历史作用，使得新中国的对外贸易有了一个良好开端，在一定程度上弥补了当时国内经济建设的不足。也有利于控制中国进出口水平和构成，达到保护民族幼稚工业，实现进口替代战略的目的。

但是，国家统制型保护性对外贸易也有许多弊端。（1）独家经营，统得过死，不能调动各方面的主动性和积极性；（2）统得过死，先收购，后外销，产销不见面，工贸不结合，阻碍了企业与买方、卖方的接触，不利于外贸企业发挥自主经营的能力；（3）产销脱节，不利于生产适销对路的出口产品，不利于竞争能力的提高；（4）统包盈亏，由国家统包盈亏，吃“大锅饭”，不利于实行经济核算，效益差，不利于外贸企业走上自主经营、自负盈亏、自我发展、自我约束的企业经营之路；（5）一年制订一次计划，开两次广交会，基本上是坐在家里做生意，难以对变化频繁的国际市场作出灵敏的反应，难以促进生产企业在适销对路上下功夫，难以发挥地方和其他部门搞外贸的积极性；（6）最终导致国内市场与国际市场割裂，失去了承接国际产业转移、利用国际资本转移和国际先进技术的良机。总之，国家统制型保护性对外贸易对扩大出口、搞好技术引进很不利。

新中国成立之初对外开放的思想和实践，除了受到当时的社会历史背景的影响，也受到了当时的社会主义意识形态及对外开放理论的影响。

---

① 燮邦：《新中国的对外贸易》，学习生活出版社1955年版，第19～20页。

二、国家统制型保护贸易形成的社会历史背景

国家统制型保护贸易思想的产生及相应政策的实施是在一定的历史条件下逐步形成的，可以说，特定的历史条件决定了它产生的必然性。

首先，国家统治型保护贸易是中国百年屈辱史和“多难兴邦”的必然选择。1840～1949 年列强对中国发动了几次大规模的侵略战争。1840 年 6 月，第一次鸦片战争，签订了中国近代史上第一个不平等条约《南京条约》，中国从此逐渐沦为半殖民地半封建社会，1856 年秋第二次鸦片战争，签订了《天津条约》，1894～1895 年甲午中日战争战败，被迫签订了《马关条约》，半殖民地半封建程度大大加深，1900 年八国联军攻占北京后强迫清政府订立的丧权辱国的《辛丑条约》，半殖民地半封建确立，1931～1945 年日本侵略中国，中国的主权独立和领土完整不断遭到破坏，列强对华侵略加剧，中华民族危机日益深重。中国共产党领导中国人民经过北伐战争、土地革命战争、抗日战争和全国解放战争四个阶段，终于在 1948 年推翻了以蒋介石为首的国民党政府的统治，取得了新民主主义革命的胜利。1949 年，第一届中国人民政协会召开，标志着中国人民民主革命的伟大胜利。1949 年 10 月 1 日，中华人民共和国终于成立了，从此，中国人民站起来了，中华民族再也不是一个被人侮辱的民族了。

新中国成立初期，我国面临着巨大的财政经济困难。1950 年美国发动了侵略朝鲜战争，对中国进行军事威胁和挑衅。此后，又联合其他西方国家对中国实行全面的封锁、禁运，企图从经济上扼杀我新生政权，当时中国不仅与帝国主义存在着矛盾，国内也存在着工人阶级和资产阶级的矛盾，在帝国主义封锁、物资调度困难的情况下，资本主义卵翼下的投机商大肆进行投机活动，造成国内物价上涨、市场混乱。在这种历史背景下，要战胜帝国主义封锁和资本主义投机活动，迅速恢复和发展国民经济，必须有计划地集中使用社会资源，迅速建立起比较完整的工业体系和国民经济体系。另外，要广泛开展国内外交流、增加出口、保证进口，为建立工业体系创造条件。因此，在国家集中领导和统一管理下，充分利用有限的资源，开展对外贸易活动，已成为当时的必然选择。

其次，国家统治型保护贸易是建立社会主义计划经济的需要。中共七届二中全会确立了全国胜利后，我国要实现由新民主主义社会向社会主义社会转变的奋斗目标。按照马克思主义原理及当时对其的理解，认为社会主义社会必须消灭剥削制度。结合新中国成立后所面临的政治、经济形势，国家确立了国民经济恢复时期“统一管理、统一领导”的计划经济管理体制，统一了全国的财政收支、物资调动、现金管理及对铁路、邮电、贸易的管理。为适应这一体制的总体要求，按照中央人民政府的统制贸易政策，对外贸易领域必须结束分散管理局面，统一各大解放区所建立的外贸机构，统一外贸管理制度，建立外贸计划管理和财务管理体系，在这些工作运行之中，逐步形成了高度集中的外贸体制。随着社会主义计划经济的全面确立，国家垄断型外贸体制也趋于完善。

三、社会主义意识形态与国家统制型保护贸易的形成

新中国成立后前 30 年国家统制型保护贸易的形成，受到了社会主义意识形态及苏联社会主义经济建设理论的影响。

1. 马克思主义政治经济学理论的影响

首先，马克思的社会再生产理论从使用价值角度为发展对外贸易提供了理论依据。马克思的社会总资本再生产理论指出，社会再生产各部类之间以及各部类内部的不同生产部门之间必须保持一定的比例关系，做到物资资料的实现与补偿，以及价值形态的实现与补偿，社会再生产才能够顺利进行下去。但是，由于各国的生产水平、经济结构、科学技术进步的程度以及资源、劳动力、地理环境等因素均有不同，各国社会总产品的实际实物构成，往往与扩大再生产的发展以及技术进步所需要的实物构成有差距，也就是说，在一国范围内，很难在实物形态上达到社会扩大再生产所要求的均衡关系，而通过对外贸易，可以互通有无、调剂余缺，从而有助于实现再生产的物资资料结构平衡。

在这一理论的影响下，新中国成立后前 30 年发展对外贸易的一个重要指导思想就是“互通有无、调剂余缺”，“在社会主义再生产中，为了实现国民经济的有计划、按比例发展，有一些重要物质，由于自然条件的

关系，或者由于国内生产能力和技术水平的限制，一时供应不足，或一时还不能生产，那就需要通过对外贸易，来补足过剩生产的缺乏。”① 当然，“不仅如此，在世界科学技术日新月异的情况下，为了缩短国内的摸索过程，为了同霸权主义抢时间，更需要从国外引进一些最新的技术设备。进口国外的先进技术设备，并不是对自力更生的否定，而是更好地加强自力更生。”② 新中国成立初期主要通过组织内外物资交流，帮助调剂供求和稳定市场物价，扶持工农业生产和交通运输的恢复和发展；争取所需物资的进口，支援抗美援朝、保家卫国的斗争；“一五”时期主要围绕国家工业化的中心任务，有计划扩大内外物资交流，积极增加进口，为我国换回了大批生产建设所需的机器、工业器材、原料等重要物资，促进第一个五年计划的全面实现；1958～1978 年中国经历了太多的动乱和波折，党在指导思想上也出现了失误，虽然进出口增长有起有伏，但仍然紧紧围绕着调剂余缺、弥补我国技术和资源不足而展开各项进出口工作。刘汉秉同样从对外贸易有助于解决我国社会主义再生产中的不平衡问题出发，提出中国需要对外贸易，通过物资的进出口，或从国外引进一些新的技术，来帮助协调国内再生产过程中的各种比例关系，调剂有无，补充不足，辅助平衡，加快再生产速度，促进国民经济的发展和更好地满足人民生活的需要③。

其次，马克思主义的国际分工理论指出，国际分工的形成与发展是由社会生产力的发展决定的，是人类生产力发展到一定阶段的必然产物。以机器技术为基础的社会化大生产的不断发展，必然越出国界，把一系列国家和地区纳入国际分工和国际交换之中，国际分工体系和国际市场开始形成。随着人的交往的扩大与世界市场的开辟，一些工业不发达的国家和地区日益同整个世界联系起来，“那些迄今或多或少置身于历史发展之外、工业迄今建立在工场手工业基础上的半野蛮国家，随之也就被迫脱离了它们的闭关自守状态。……大工业便把世界各国人民互相联系起来，把所有地方性的小市场联合成为一个世界市场，到处为文明和进步做好了准备，

①② 许涤新：《许涤新经济文选》，上海人民出版社 1979 年版，第 194 页。

③ 刘汉秉：《我国社会主义国民经济为什么需要对外贸易》，载于《外贸学术资料》1965 年第 4 期。

使各文明国家里发生的一切必然影响到其余各国。"[①] 依据马克思主义的国际分工理论，我国必须积极利用国际分工，大力发展对外贸易，积极有效地利用国内外两种资源和两个市场，推动社会主义经济建设。赵继昌阐述了工业品出口的重要意义，认为工业品出口可以扩大出口货源，从而保证今后国家经济建设发展日渐增加的进口需要，工业品出口也可以支持和刺激国内工业发展，工业品出口对于国际政治关系等有着重要意义[②]。

马克思不仅从生产力方面科学地分析了国际分工产生和发展的客观性，而且从生产关系方面揭示了资本主义国际分工的性质和特征。资本主义国际分工的形成和发展是建立在资本主义生产关系的基础上的。因此，资本主义国际分工必然是由资本主义国家所主导的，带有强制、畸形和剥削的性质和特征。帝国主义国家和殖民地国家之间的相互分工、互为市场的依赖关系具有控制和被控制、剥削和被剥削的性质。基于此，我国作为一个社会主义国家，应该积极参与和利用国际分工，大力发展对外经贸事业，最先应该大力发展与社会主义国家之间的经贸关系。在与西方资本主义国家发展经贸关系的过程中，尽管有着相互需要、相互依存、相互利用和相互促进的关系，但为了避免被剥削和被掠夺，就非常有必要采取保护性的对外贸易策略。

此外，国内学术界关于对外贸易的理论研究也受到了马克思主义政治经济学和社会主义意识形态的影响。例如，20 世纪 50 年代我国学术界把社会主义国家之间的信贷关系视为经济合作的一种形式，认为社会主义国家之间的信贷关系，根本不同于资本主义世界中的信贷关系。资本主义的信贷关系是一些国家奴役和掠夺另一些国家的手段，而社会主义国家之间的信贷，则是建立在双方完全平等和条件极为优惠的基础上进行的。得到贷款的国家，可以用该国大量出口的普通商品，按公平价格来偿付本金及利息。[③] 还有学者认为，引进技术是社会主义国家间的经济合作的另一种形式，社会主义国家科学技术合作的主要形式有：互换关于工业企业建筑

① 马克思、恩格斯：《马克思恩格斯选集》（第 1 卷），人民出版社 1995 年版，第 234 页。
② 赵继昌：《工业品出口的重要意义》，载于《对外贸易》1955 年第 11 期。
③ 陈家勤主编：《国际经贸理论通鉴——国际经贸理论中国卷（下册）：中国当代国际经贸理论》，对外经贸大学出版社 2008 年版，第 2 页。

工程、各种产品的生产和先进工艺流程的技术设计书；互派专家了解科学技术成就和先进生产经验；各国科学研究机关之间建立直接联系以及举行科学会议等①。

樊弘等（1962）对凯恩斯主义有关国际经济贸易理论和政策做了介绍与批判，“贸易顺差对于国内经济总会是有利的。”而且，这种利益不限于第一次国民收入的净增加，凯恩斯认为，由于乘数效应可以成倍地增加，反之，有贸易逆差的国家情形则正好相反。推广资本输出是使双方“交获其利”，是“互惠互利”的政策。作者批评指出，凯恩斯主义是打着“挽救”危机、解决“失业”问题的招牌，推销对外经济扩张政策的，凯恩斯主义的主张企图通过国际组织直接干预他国的对内对外经济活动，冲破他国对于资本主义大国所设置的贸易、汇兑和资金移动的种种障碍，便于他们继续保持在国际贸易和国际金融中的垄断和霸权地位②。王惟中③和张显高④还分别对“不发达经济学”展开了批评，认为“不发达经济学”的全部体系是资产阶级庸俗政治经济学的变种。“不发达经济学”是在第二次世界大战结束以后，帝国主义者和殖民主义者为了在新的历史条件下达到他们殖民统治的目的，一方面需要对“不发达国家”人民进行欺骗宣传，掩盖“不发达国家”经济落后的真实原因，论证“不发达国家”不可能独立发展经济，只有依靠“发达国家”的“经济援助”才能改变这些国家的落后面貌；另一方面要求“不发达国家”依据“国际分工”和“国际合作”的原则，大力发展农业和适合于它们的自然条件的采掘工业，有条件地发展轻工业，以促进国家经济的发展。

2. 列宁的“社会主义国家对外贸易理论”的影响

新中国成立后前30年，我国在经济建设的理论和实践中受苏联模式影响较大，这一时期的经济理论主要沿袭了苏联经济理论的基本思想和基

① 中国人民大学经济系：《政治经济学（社会主义部分）》，中国人民大学出版社1960年版，第391～414页。

② 樊弘、高鸿业、严仁赓、罗志如编著：《当代资产阶级经济学说（第一册）》，商务印书馆1962年版，第131～140页；陈家勤主编：《国际经贸理论通鉴——国际经贸理论中国卷（下册）：中国当代国际经贸理论》，对外经贸大学出版社2008年版，第26～31页。

③ 王惟中：《为新殖民主义服务的“不发达经济学”》，载于《人民日报》1964年4月10日。

④ 张显高：《简评“不发达经济学”》，载于《学术月刊》1964年第1期，第58～65页。

本框架，其中，列宁创造性地提出的“社会主义制度下对外贸易的基本原理”这一思想对我国对外贸易体制的形成影响比较深刻。

列宁在对外贸易政策的实践过程中，从理论上揭示了社会主义国家不能搞闭关锁国，而必须与世界经济发生广泛的联合和合作这一条社会主义建设的重要规律，列宁强调指出：“社会主义共和国不同世界发生联系是不能生存下去的，在目前情况下应当把自己的生存同资本主义的关系联系起来。”① 列宁甚至说：“苏维埃政权＋普鲁士的铁路管理制度＋美国的技术和托拉斯组织＋美国的国民教育等等总和＝社会主义。”② 但发展对外贸易是基于共同的经济利益上的需要及打破帝国主义经济封锁的需要，这是列宁所提出的坚定不移的外贸原则：“决不接受任何对我们不利的东西，我们决不屈服于最后通牒。如果你们只愿意‘做生意’，那就来吧，但是，没有看到货色我们是不买的，而且不把‘要价’一分一厘都算清楚我们也决不成交。”③

关于对外贸易的管理体制列宁提出了“对外贸易国家垄断制”的思想，即对外经济贸易必须纳入国家的统一计划和管理，这一思想的提出则由生产资料公有制为基础的社会主义制度的性质决定的。“对外贸易国家垄断制”是在1918年4月22日颁布的《关于对外贸易国有化》法令中提出的。这个法令规定：“一、对外贸易全部实行国有化，向外国政府以及国外一些贸易企业买卖各种商品（采掘工业、加工工业和农业的产品等等）的交易，由特别授权的机关代表俄罗斯共和国进行之。除这些机构外，禁止同外国进行进出口交易。二、管理国有化的对外贸易机关为工商业人民委员部。”

从1921年底开始，以及整个1922年之内，俄共（布）中央领导层内围绕外贸垄断制发生了一场激烈的争论。当时在中央政治局内，赞成实行外贸垄断制的只有列宁和托格茨基两个人，而主张取消或削弱外贸垄断制

① 列宁：《在全俄工会中央理事会共产党党团会议上关于租让制问题的报告（4月11日）》，载于《列宁全集》（第41卷），人民出版社1986年版，第167页。

② 列宁：《列宁文稿》（第3卷），人民出版社1978年版，第94页。

③ 列宁：《就俄共（布）中央给出席热那亚会议的苏维埃代表团的指示给格·瓦·契切林的信（2月7日）》，载于《列宁全集》（第42卷），人民出版社1987年版，第413页。

的有斯大林、季诺维也夫、加米涅夫、布哈林4个人。1922年10月6日，在列宁因病未能出席、事先又没有征求外贸人民委员部的意见的情况下，通过了财政人民委员索柯思尼柯夫的提纲，决定对外贸垄断制作一项改革："通过劳动国防委员会关于暂时准许某几类商品或某些边境出口的若干决定。"① 具有高度政治敏感性的列宁立刻觉察到这是破坏外贸垄断制。他在10月13日给斯大林并转俄共（布）中央委员的信中分析：如果取消外贸垄断制，"有什么力量不让农民和商人去做最有利的交易呢？再让俄国布满监视人吗，把采购站的邻人抓起来，设法证明他出售的亚麻是供秘密出口的吗？"② 这样一来，无产阶级国家所要对付的将不仅是专门的走私者，而是全体农民，"他们将全体出动来保护自己并同试图夺去他们'自身'利益的政权作斗争"③。这无疑将使社会主义俄国陷入国际资本主义与国内资本主义自发势力汪洋大海的铁壁合围与两面夹击之中，并空前激化与全体农民的矛盾，从而"制造一个完全混乱的局面，动摇那些刚刚开始加固的支柱。"④ 两个月后，即12月13日，列宁在给斯大林并转中央全会的《关于对外贸易垄断》的信中，进一步强调这是一个根本问题。他指出："如果工业得不到保护，工业无产阶级是绝对不能恢复自己的工业，使俄国成为工业国的，而能保护工业的只是外贸垄断，决不是关税政策。……因此这个斗争对无产阶级及其工业具有最根本的原则的意义。"⑤ 所以，在"这个极端重要的问题上继续犹豫不定是绝对不能允许的，是会破坏全部工作的"⑥。出于病情恶化，列宁不能亲自参加12月18日召开的中央全会，他建议托洛茨基在全会上发言，维护他的绝对必须保持并加强对外贸易垄断的观点。在列宁的全力坚持与耐心说服下，12月中央全会就一致通过了撤销10月全会的决定，重申保持和从组织上加强对外贸易

① 列宁：《就对外贸易垄断问题给约·维·斯大林并转俄共（布）中央委员的信（10月13日）》，载于《列宁全集》（第43卷），人民出版社1987年版，第220页。

②③④ 列宁：《就对外贸易垄断问题给约·维·斯大林并转俄共（布）中央委员的信（10月13日）》，载于《列宁全集》（第43卷），人民出版社1987年版，第221页。

⑤ 列宁：《关于对外贸易垄断（12月13日）》，载于《列宁全集》（第43卷），人民出版社1987年版，第331页。

⑥ 列宁：《关于在全俄苏维埃第十次代表大会上的讲话问题给约·维·斯大林并转俄共（布）中央委员会委员的信（12月15日）》，载于《列宁全集》（第43卷），人民出版社1987年版，第334页。

垄断的绝对必要性。

很显然，列宁当时竭尽全力地维护对外贸易垄断制，是符合当时俄国实际的正确决策，这对于当时社会主义工业建设刚刚起步，还处于十分脆弱的幼苗状态，而又处于帝国主义列强包围之中的落后俄国来说，确实具有生命攸关的意义。新中国成立之后，党和国家领导人吸收了列宁关于“对外贸易国家垄断制”的思想，并以此为指导来构建了我国的统治型保护贸易体制。

3. 斯大林“两个平行世界市场”思想的影响

1927年，斯大林在接见一个美国工人代表团时说：“在国际革命进一步发展的过程中将形成两个世界规模的中心：一个是把那些趋向于社会主义的国家集结在自己周围的社会主义中心，一个是把那些趋向于资本主义的国家集结在自己周围的资本主义中心。这两个阵营的斗争将决定全世界资本主义和社会主义的命运。”① 此后，斯大林详细阐述了两个平行的世界市场思想：“第二次世界大战及其经济影响在经济方面的最重要的结果，应当认为是统一的无所不包的世界市场的瓦解。这个情况决定了世界资本主义体系总危机的进一步加深。”“中国和其他欧洲各人民民主国家却脱离了资本主义体系，和苏联一起形成了统一的和强大的社会主义阵营，而与资本主义阵营相对立。两个对立阵营的存在所造成的经济结果，就是统一的无所不包的世界市场瓦解了，因而现在就有了两个平行的也是互相对立的世界市场。”②

总而言之，斯大林关于“两个平行世界市场”的思想内容包括：(1) 第二次世界大战的结果形成了统一的和强大的社会主义阵营与资本主义阵营相对立；(2) 两个阵营对立的经济结果就是统一的无所不包的世界市场的瓦解；(3) 因而现在就有了两个平行的也是互相对立的世界市场。作为平行的世界市场的形成的论据，斯大林提出以下三点：第一，苏联、中国和其他欧洲人民民主国家经济上的合作和互助；第二，苏联的真正的帮助和精湛技术的支援；第三，这些国家高速度的工业发展，可以不需要

① 斯大林：《斯大林全集》（第10卷），人民出版社1954年版，第118页。
② 斯大林：《苏联社会主义经济问题》，人民出版社1952年版，第27页。

从资本主义国家输入商品，还会把自己多余的商品输往他国。同时，关于统一的世界市场必然瓦解的论据是：首先，主要资本主义国家夺取世界资源的范围将会缩小；其次，世界销售市场的条件将会恶化；最后，这些国家的企业开工不足的现象将会增加。因此，斯大林认为统一的无所不包的世界市场必然瓦解，世界资本主义体系总危机进一步加深。

“两个平行世界市场”的论断在苏共十九大上得到了极高的评价，并成为苏联对外经济政策的理论。此后，这一理论在苏联和其他社会主义国家广泛流行，中国也曾在《苏联社会主义经济问题》一书出版后，发表了大量学习文章，掀起过学习“两个平行世界市场”理论的高潮①。在当时特定的历史条件下，斯大林的这一思想作为社会主义国家对外经济关系的重大理论确定下来，对第二次世界大战后包括中国在内的社会主义国家的经济发展产生了重大影响。

当然，也曾有国内学者对“两个平行世界市场”提出过质疑，陈肇斌（1957）认为：统一的世界市场并未瓦解，社会主义世界市场与资本主义世界市场的界限并不存在，不能认为两种不同类型的国际经济关系就能决定着两种不同的国际分工或两个世界市场的产生。如果仅仅由社会主义和资本主义两种类型国际经济关系，来论证统一的世界市场瓦解为两个平行的世界市场，这不能不在客观上过低地估计了或忽略了上述两种国际经济关系的意义。通过社会主义国家与一切不同制度国家的广泛经济接触，将能更加扩大社会主义在世界市场上的影响，这是有利于社会主义战胜资本主义的。王锐生和梁世斌（1958）则认为陈肇斌的观点是极其错误的，陈肇斌的研究方法是反对阶级分析方法，方法论上也存在问题。

① 陶大镛：《两个平行的世界市场》，世界知识出版社 1955 年版。

第四章

改革开放40年我国对外开放的理论探索与实践

从1978年中国共产党第十一届中央委员会确定了国民经济发展的新的指导方针，到1992年邓小平南方谈话，指明了社会主义的本质和社会主义改革开放的目的等，解放了人们的思想，在1992年召开的中共十四大上确立了社会主义市场经济体制作为改革的目标。历经40年的探索和实践，中国特色社会主义道路有了明确方向，对外开放成为我国一项长期的基本国策，也使我国的开放发展能够沿着一条新的正确的道路向前发展。

第一节　改革开放40年我国对外开放的成就

1984年，邓小平指出："中国的发展离不开世界。对内经济搞活，对外经济开放，不是短期的政策，而是长期的政策"。1984年中共十二届三中全会《中共中央关于经济体制改革的决定》中明确"十一届三中全会以来，我们把对外开放作为长期的基本国策，作为加快社会主义现代化建设的战略措施，在实践中已经取得显著成效"。

一、改革开放探索期（1978～1992年）我国对外开放的情况

1. 1978～1992年期间我国进出口贸易的情况

在我国进行改革开放初期（1978～1992年），伴随着外贸管理体制的改革和更为灵活的贸易形式，对外贸易迅速发展；海外投资与经济特区的创办，为中国对外经贸关系的发展注入了巨大的活力；工业制成品成为中国主要的出口商品。在这一阶段，国家对外贸的重视程度空前提高，外贸体制改革和外商直接投资极大地促进了外贸发展。

1978～1991年，进出口总额由206.4亿美元增长至1356.3亿美元，其中出口由97.5亿美元增长至718.4亿美元，进口由108.9亿美元增长至637.9亿美元，年均增速分别达16.6%和14.6%，如表4－1所示。

表4-1　　1978~1992年期间中国进出口情况　　单位：亿美元

年份	进出口总额	出口总额	进口总额	净出口
1978	206.4	97.5	108.9	-11.4
1979	293.3	136.6	156.7	-20.1
1980	381.4	181.2	200.2	-19
1981	440.3	220.1	220.2	-0.1
1982	416.1	223.2	192.9	30.3
1983	436.2	222.3	213.9	8.4
1984	535.5	261.4	274.1	-12.7
1985	696	273.5	422.5	-149
1986	738.5	309.4	429.1	-119.7
1987	826.5	394.4	432.1	-37.7
1988	1027.9	475.2	552.7	-77.5
1989	1116.8	525.4	591.4	-66
1990	1154.4	620.9	533.5	87.4
1991	1356.3	718.4	637.9	80.5
1992	1655.3	849.4	805.9	43.5

资料来源：国家统计局国民经济综合统计司：《新中国50年统计资料汇编》，中国统计出版社1999年版。

图4-1表示1978~1992年全国的进出口总额及贸易差额。由图4-1可知，首先，进口总额从1978年的187.4亿元增加至1992年的4443.3亿元，在15年内增长了约23倍，年平均增长率为25.37%，高于同一时期GDP的年平均增长率15.36%。其次，出口总额从1978年的167.6亿元增加至1992年的4676.29亿元，在15年内增长了28倍，年平均增长率为26.84%，高于同一时期GDP的年平均增长率。然后，将出口总额减去进口总额得到贸易差额，如果贸易差额为正则是贸易顺差，如果贸易差额为负则是贸易逆差。可以看到，在改革开放探索的初期阶段（1978~1989

年），除去1982年和1983年的贸易顺差，贸易结构总体表现为贸易逆差，这一阶段的贸易差额达－1587.59亿元。但是，从1990年开始，进出口总额在数量上发生反转，此时贸易结构表现为贸易顺差，三年的贸易顺差分别为411.565亿元、428.45亿元和232.96亿元。

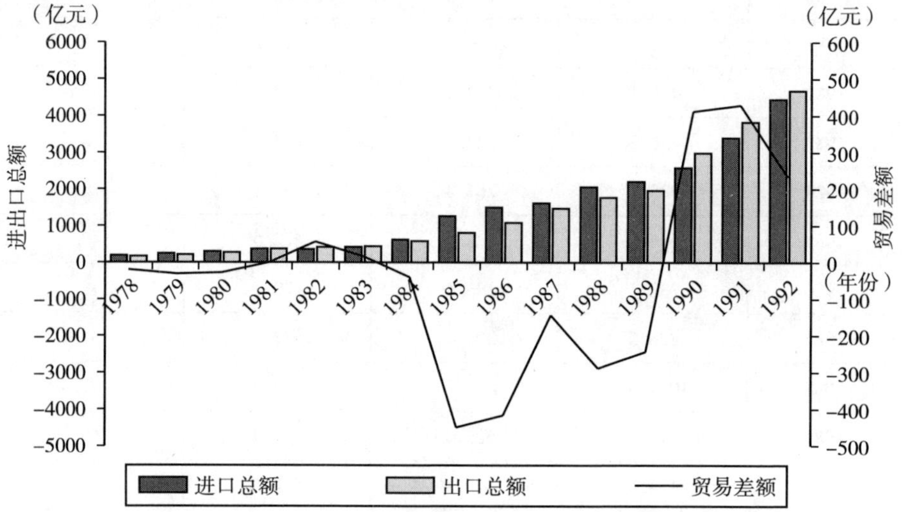

图4－1　1978～1992年进出口总额与贸易差额

资料来源：国家统计局年度数据库、历年《中国统计年鉴》。

图4－2表示1978～1992年全国的进出口依存度（进出口总额除以当年GDP）情况。由图4－1可以知道，首先，在改革开放探索时期的对外贸易依存度不断地上升，由1978年的9.7%上升至1992年的33.5%，年平均增长率达9.31%。主要包括三个快速增长时期：第一个是1978～1981年，从9.7%上升至14.9%；第二个是1983～1986年，从14.3%上升至25.3%；第三个是1989～1992年，从24.2%上升至33.5%。其次，改革开放探索的初期阶段（1978～1989年），进口依存度始终要大于出口依存度，但是在1990年的进口依存度和出口依存度分别为13.6%和15.8%，从此进口依存度逐渐小于出口依存度。

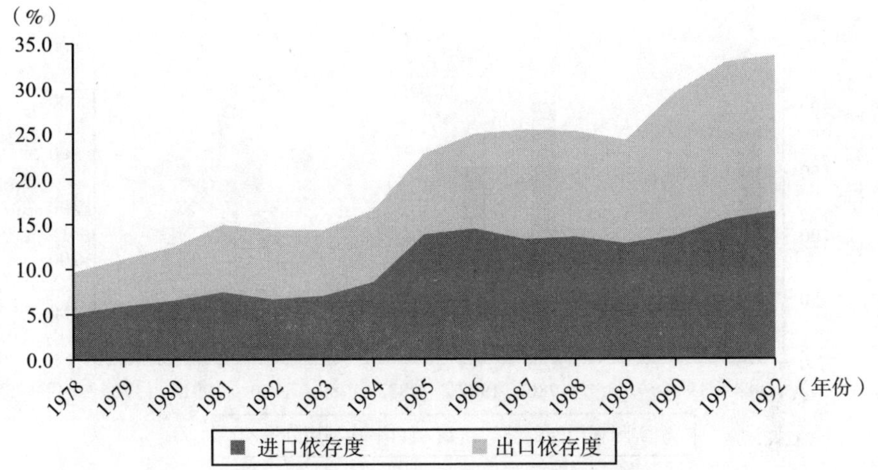

图4-2　1978~1992年的进出口依存度

资料来源：国家统计局年度数据库、历年《中国统计年鉴》。

2. 利用外资情况

改革开放至1992年期间，利用外资的数额不断增加。图4-3表示1983~1992年全国的实际利用外资额及项目平均利用外资额情况。由图4-3可知，首先，实际利用外资额不断地上升，由1983年的22.6亿美元上升至1992年的192.02亿美元，年平均增长率达26.84%，要高于同一时期GDP的年平均增长率15.36%。主要包括有两个快速增长时期：第一个是1983~1988年，从22.6亿美元上升至102.3亿美元；第二个是1991~1992年，从115.5亿美元上升至192.02亿美元。其次，项目平均利用外资额波动幅度较大，如1983年的项目平均利用外资为432.95万美元，但在之后的两年时间仅为151.53万美元和151.35万美元；再如1986年的项目平均利用外资为491.94万美元，之后呈现出下降的趋势，到1992年仅为39.3万美元，年平均增长率为-34.37%。

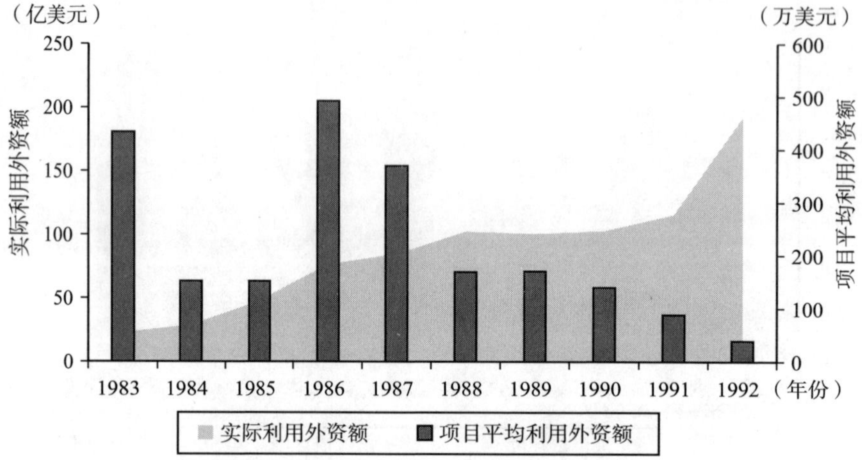

图 4－3　1983～1992 年全国利用外资额情况

资料来源：国家统计局年度数据库、历年《中国统计年鉴》。

3. 对外投资情况

图 4－4 表示 1979～1992 年全国的对外合同投资额及合同平均对外投资额情况。由图 4－4 可知，首先，对外合同投资额不断地上升，由 1979 年的 0.33 亿美元上升至 1992 年的 52.51 亿美元，年平均增长率达 47.69%，远远高于同时期 GDP 的年平均增长率 15.36%。其中包括有三个快速增长时期：第一个是 1982～1984 年，从 3.46 亿美元上升至 15.38 亿美元；第二个是 1986～1988 年，从 11.89 亿美元上升至 18.13 亿美元；第三个是 1989～1992 年，从 17.81 亿美元上升到 52.51 亿美元。其次，合同平均对外投资额的波动幅度较大，如 1984 年之前合同平均对外投资处于上升区间，由 1979 年的 122.22 万美元上升至 1984 年的 447.09 万美元，在 5 年时间内增长了接近 4 倍。然而，从 1985 年到 1991 年期间的合同平均对外投资额则处于 250 万美元左右的平稳状态，直到 1992 年迅猛地由前一年的 215.54 万美元增加到 451.12 万美元。

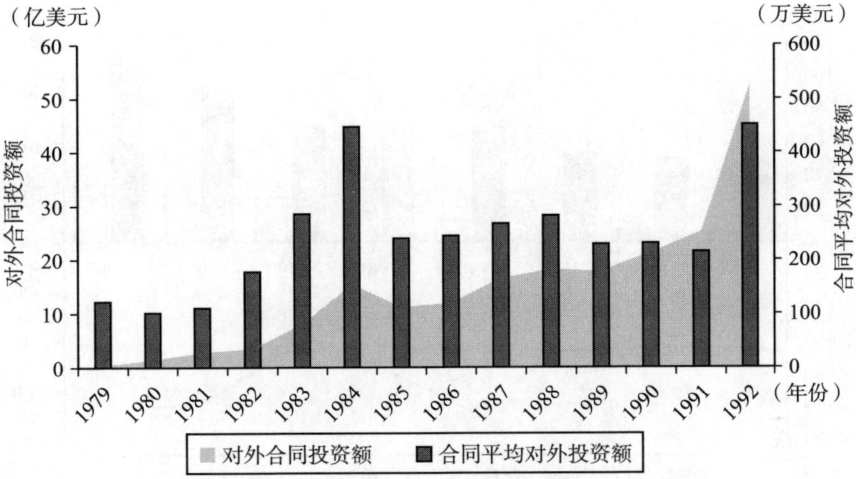

图 4－4　1979～1992 年的对外投资情况

资料来源：国家统计局年度数据库、历年《中国统计年鉴》。

4. 高新技术产品贸易结构

图 4－5 表示 1985～1992 年全国的高新技术产品进出口总额以及贸易差额。由图 4－5 可知，首先，高新技术产品进口额从 1985 年的 47. 34 亿美元增加至 1992 年的 107. 12 亿美元，年平均增长率为 12. 37%，要低于同时期商品进口总额的年平均增长率 25. 37%。其次，高新技术产品出口额从 1985 年的 5. 21 亿美元增加至 1992 年的 39. 96 亿美元，年平均增长率为 33. 79%，要高于同时期商品出口总额的年平均增长率 26. 84%。然后，将高新技术产品出口总额减去进口总额得到贸易差额，如果贸易差额为正则是贸易顺差，如果贸易差额为负则是贸易逆差。可看到，在改革开放探索时期，高新技术产品的贸易结构表现为贸易逆差，并且这时期的贸易差额达－422. 91 亿美元，尤其是 1988 年、1991 年和 1992 年，高新技术产品的贸易逆差分别为 68. 46 亿美元、65. 62 亿美元和 67. 16 亿美元。

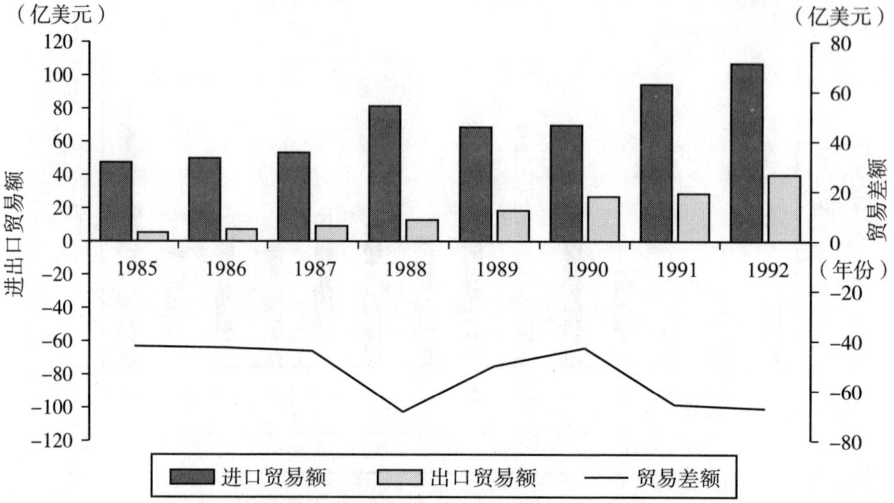

图 4－5　1985～1992 年的高新技术产品贸易结构

资料来源：历年《中国科技统计年鉴》。

二、扩大改革开放时期（1992～2001 年）我国对外开放的情况

1. 进出口贸易结构

图 4－6 表示 1992～2001 年全国的进出口总额及贸易差额。由图 4－2 可知，首先，进口总额从 1992 年 4443.3 亿元增加到 2001 年 20159.18 亿元，在 10 年内增长了 3.5 倍，年平均增长率为 18.3%，略高于同一时期 GDP 的年平均增长率 16.9%。其次，出口总额从 1992 年 4676.29 亿元增加到 2001 年 22024.44 亿元，在 10 年内增长了 3.7 倍，年平均增长率为 18.79%，高于同一时期 GDP 的年平均增长率。最后，将出口总额减去进口总额得到贸易差额，如果贸易差额为正则是贸易顺差，如果贸易差额为负则是贸易逆差。可以看到，由于出口总额的增长率要高于进口总额的增长率，所以在扩大改革开放时期，除去 1993 年出现－701.4 亿元的贸易逆差外，贸易结构在其他年份均表现为贸易顺差，这一时期的贸易差额达到 15651.74 亿元。

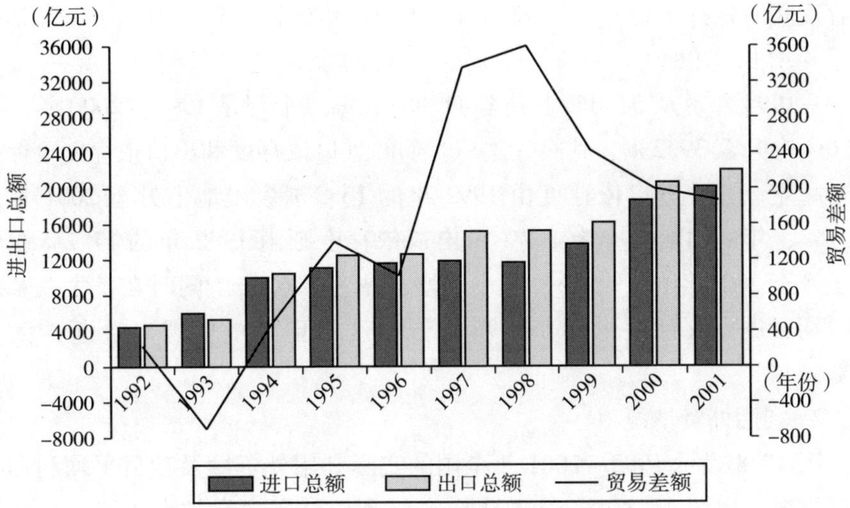

图4－6　1992～2001年进出口总额与贸易差额

资料来源：国家统计局年度数据库、历年《中国统计年鉴》。

图4－7表示1992～2001年全国的进出口依存度（进出口总额除以当年GDP）情况。由图4－7可知，首先，在扩大改革开放时期的对外贸易

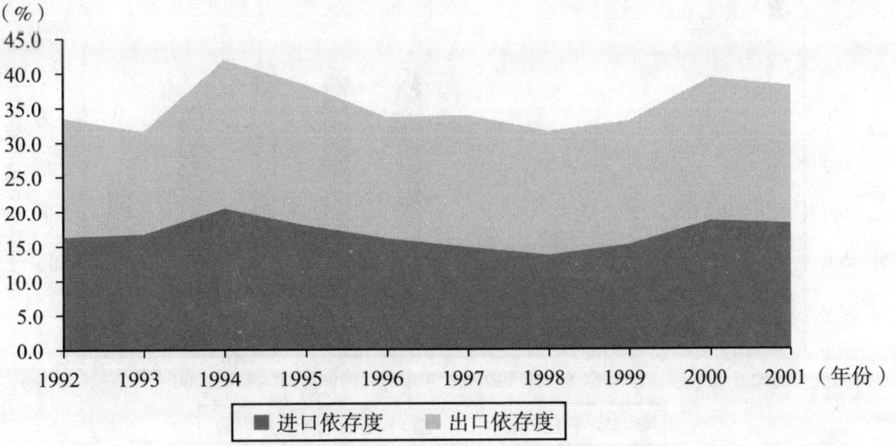

图4－7　1992～2001年的进出口依存度

资料来源：国家统计局年度数据库、历年《中国统计年鉴》。

依存度相对保持平稳，由1992年的33.5%缓慢上升至2001年的38.1%，年平均增长率仅为1.41%。主要包括有两个快速增长时期：第一个是1993～1994年，从31.6%上升至41.9%；第二个则是1999～2000年，从33.0%上升至39.2%。其次，这一时期的进口依存度和出口依存度也保持相对稳定，其中进口依存度由1992年的16.3%缓慢地上升至2001年的18.2%，年平均增长率为1.2%；出口依存度则由1992年的17.2%缓慢地上升至2001年的19.9%，年平均增长率为1.62%。同时在扩大改革开放时期，进口依存度依然小于出口依存度，且差距呈现出逐渐扩大的趋势。

2. 利用外资情况

图4－8表示1992～2001年全国的实际利用外资额及项目平均利用外资额情况。由图7－8可知，首先，实际利用外资额在扩大改革开放初期阶段（1992～1997年）不断上升，从1992年的192.02亿美元上升至1997年的644.08亿美元，年平均增长率为27.38%，远远高于同时期GDP的年平均增长率16.9%。但是随后在波动中出现下降，从1997年的644.08亿美元下降至2001年的496.7亿美元，年平均增长率为－6.29%。

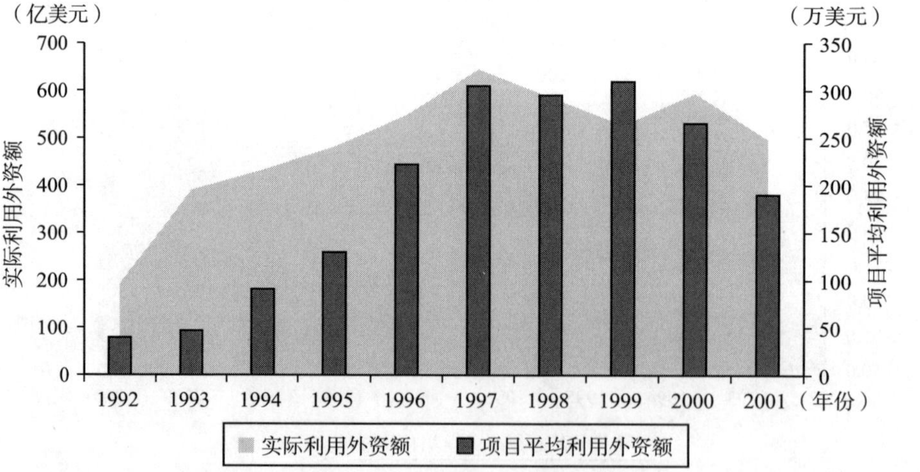

图4－8　1992～2001年的利用外资情况

资料来源：国家统计局年度数据库、历年《中国统计年鉴》。

其次，项目平均利用外资在经历20世纪80年代末的低谷期后，从1994年开始逐渐地上升，至1999年达到最高的309.36万美元，年平均增长率为27.82%。在此之后呈现不断下降的趋势，由1999年309.36万美元下降至2001年的190.02万美元，整体的下降幅度为119.34万美元。

3. 对外投资情况

图4-9表示1992~2001年全国的对外合同投资额及合同平均对外投资额情况。由图4-9可知，首先，对外合同投资额在扩大改革开放时期继续保持不断上升趋势，由1992年的52.51亿美元上升至2001年的130.39亿美元，年平均增长率为10.63%。其中可以大致地划分为两个阶段：第一个是增长起步阶段（1992~1995年），对外合同投资额由52.51亿美元增长至74.84亿美元；第二个是增长稳步阶段（1996~2001年），对外合同投资额由77.28亿美元稳步增长至130.39亿美元。其次，合同平均对外投资额保持相对地平稳，尤其是在1992~2000年之间，合同平均对外投资额始终保持在400万美元左右，高于这数值的年份有1992年、1995~1997年、1999年和2000年，低于这数值的年份有1993年和1994年、1998年，以及2001年的最低值223.42万美元。

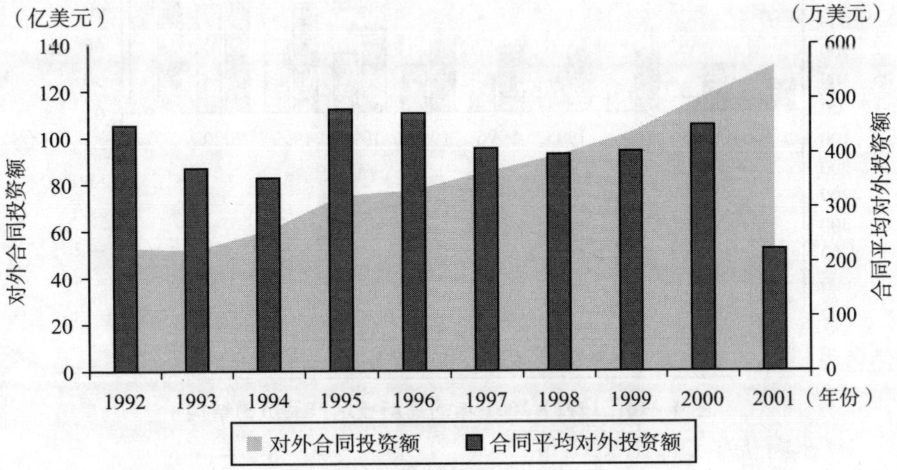

图4-9　1992~2001年的对外投资情况

资料来源：国家统计局年度数据库、历年《中国统计年鉴》。

4. 高新技术产品贸易结构

图4－10表示1992～2001年全国的高新技术产品进出口总额及贸易差额。由图4－10可知，首先，高新技术产品进口额从1992年的107.12亿美元增加至2001年的641亿美元，年平均增长率为21.99%，略高于同时期商品进口总额的年平均增长率18.3%。其次，高新技术产品出口额从1992年的39.96亿美元增加至2001年的465亿美元，年平均增长率为31.35%，要高于同时期商品出口总额的年平均增长率18.79%。然后，将高新技术产品出口总额减去进口总额得到贸易差额，如果贸易差额为正则是贸易顺差，如果贸易差额为负则是贸易逆差。可以看到，在扩大改革开放时期，高新技术产品的贸易逆差并未缩小反而在扩大，由1992年的67.16亿美元进一步地扩大至2001年的176亿美元，年平均增长率达11.3%，尤其是1994年以及1999～2001年，高新技术产品的贸易逆差分别达142.53亿美元、128.94亿美元、154.64亿美元和176亿美元。

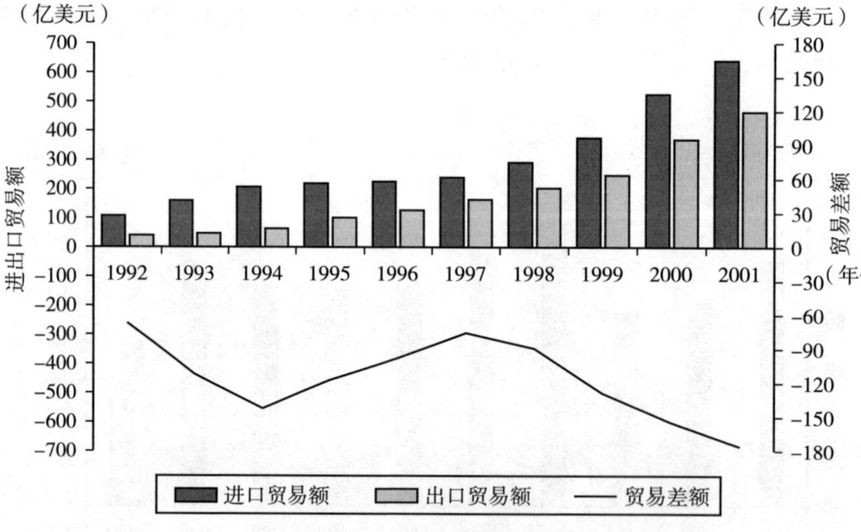

图4－10 1992～2001年的高新技术产品贸易结构

资料来源：历年《中国科技统计年鉴》。

三、全面改革开放时期（2001～2012 年）我国对外开放的情况

1. 进出口贸易结构

图 4－11 表示 2001～2012 年全国的进出口总额及贸易差额。由图 4－11 可知，首先是进口总额从 2001 年的 2.02 万亿元增加至 2012 年的 11.48 万亿元，在 12 年内增长了 4.68 倍，年平均增长率为 17.13%，要略高于同时期 GDP 的年平均增长率 15.49%。其次是出口总额从 2001 年的 2.2 万亿元增加至 2012 年的 12.94 万亿元，在 12 年内增长了 4.88 倍，年平均增长率为 17.46%，同样略高于同一时期 GDP 的年平均增长率。然后，将出口总额减去进口总额能得到贸易差额，如果贸易差额为正则是贸易顺差，如果贸易差额为负则是贸易逆差。可以看到，由于在全面改革开放时期内的出口总额增长率要高于进口总额增长率，所以贸易结构始终表现为贸易顺差，达 12.33 万亿元。尤其是加入世界贸易组织（WTO）后，贸易顺差

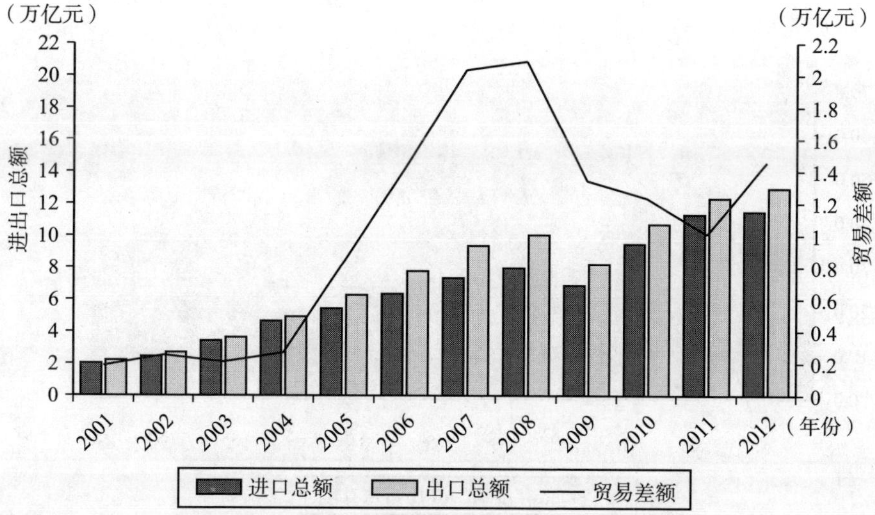

图 4－11　2001～2012 年进出口总额与贸易差额

资料来源：国家统计局年度数据库、历年《中国统计年鉴》。

迅速地扩大，由2004年的2667.57亿元扩大至2008年的20868.41亿元，在5年内增长了6.82倍，不过从2009年开始贸易差额基本维持在1.2万亿元左右的稳定状态。

图4－12表示2001～2012年全国的进出口依存度（进出口总额除以当年GDP）情况。由图4－12可知，首先，在全面改革开放时期的对外贸易依存度呈现出“先上升后下降”的态势，由2001年的38.1%先上升至2006年的64.2%，年平均增长率为11.04%，然后下降至2012年的45.2%，年平均增长率为－5.7%。其次，这一时期的进口、出口依存度同样呈现出“先上升后下降”的态势，不过进口依存度上升阶段是从2001年的18.2%至2005年的29%，下降阶段则是从2005年的29%至2012年的21.2%，波动幅度相对较小。但是，出口依存度上升阶段是从2001年的19.9%至2006年的35.4%，下降阶段则是从2006年的35.4%至2012年的23.9%，波动幅度相对较大。并且，在全面改革开放时期，虽然进口依存度仍小于出口依存度，但是这个差距是“先扩大后缩小”，整体贸易结构渐趋平衡。

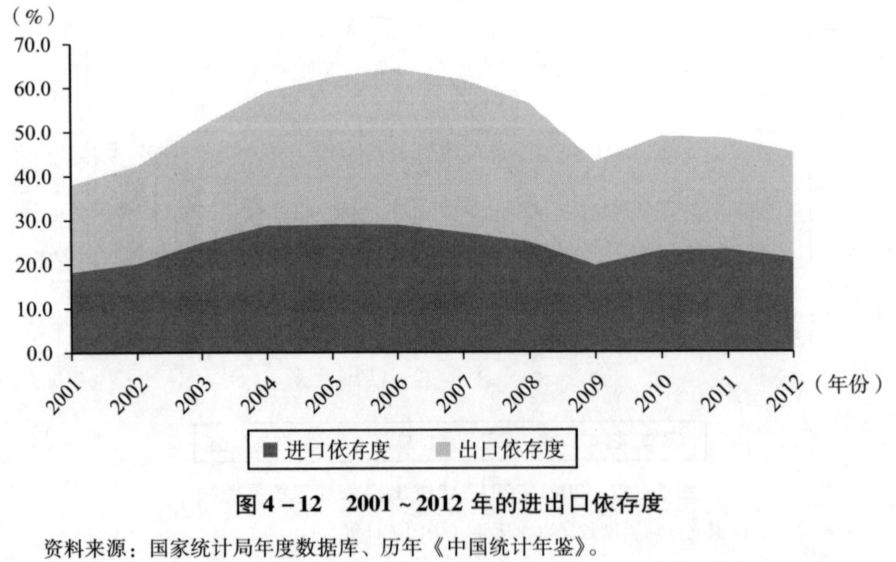

图4－12　2001～2012年的进出口依存度

资料来源：国家统计局年度数据库、历年《中国统计年鉴》。

2. 利用外资情况

图4－13表示2001～2012年全国的实际利用外资额及项目平均利用外资额情况。由图4－13可知，首先，实际利用外资额在全面改革开放时期处于上升区间，由2001年的496.7亿美元增长至2012年的1132.94亿美元，年平均增长率为7.78%。包括三个快速增长阶段：第一个阶段是2001～2004年，从496.7亿美元上升至640.72亿美元；第二个阶段是2006～2008年，从670.8亿美元上升至952.53亿美元；第三个阶段是2009～2011年，从918.04亿美元上升至1176.98亿美元。其次，项目平均利用外资在全面改革开放初期（2001～2003年）由190.02万美元下降至136.66万美元。但随后开始逐渐地上升，尤其是从2007年的206.86万美元上升至2008年的346.2万美元，增加幅度超过2003年的项目平均利用外资额。在此期间，项目平均利用外资额的年平均增长率为14.29%，高于实际利用外资的年平均增长率。

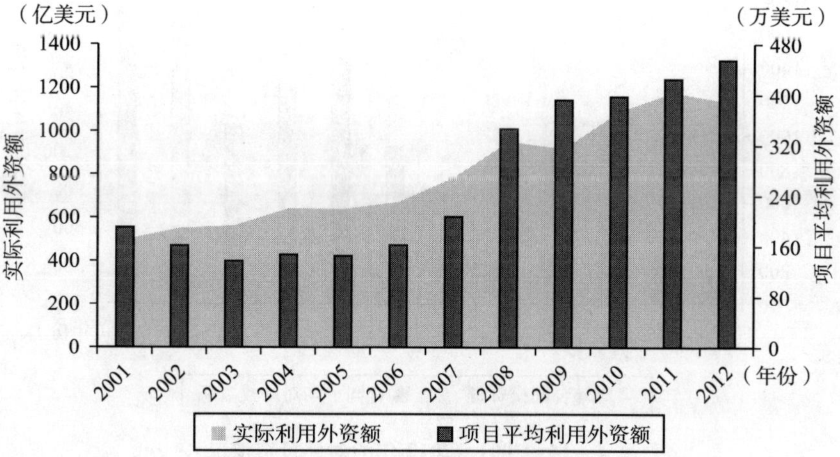

图4－13　2001～2012年的利用外资情况

资料来源：国家统计局年度数据库、历年《中国统计年鉴》。

3. 对外投资情况

图4－14表示2001～2012年全国的对外合同投资额及合同平均对外

投资额情况。由图 4－14 可知，首先，对外合同投资额在全面改革开放时期仍然保持上升趋势，由 2001 年的 130.39 亿美元上升至 2012 年的 1565.29 亿美元，年平均增长率为 25.35%，并在 2008 年以 1045.62 亿美元超过实际利用外资额的 952.53 亿美元。可以大致地划分为两个阶段：第一个阶段是上一时期延续的稳步增长阶段（2001～2005 年），对外合同投资由 130.39 亿美元增长至 638.05 亿美元；第二个阶段是快速增长阶段（2005～2012 年），对外合同投资由 638.05 亿美元增长至 1565.29 亿美元。其次，合同平均对外投资额相对应地也可以划分为两个阶段：第一个阶段是平稳变化阶段（2001～2006 年），由 223.42 万美元上升至 507.89 万美元，年平均增长率为 17.85%；第二个阶段是波动上涨阶段（2006～2012 年），合同平均对外投资由 507.89 万美元上升至 2332.77 万美元，年平均增长率为 28.93%。

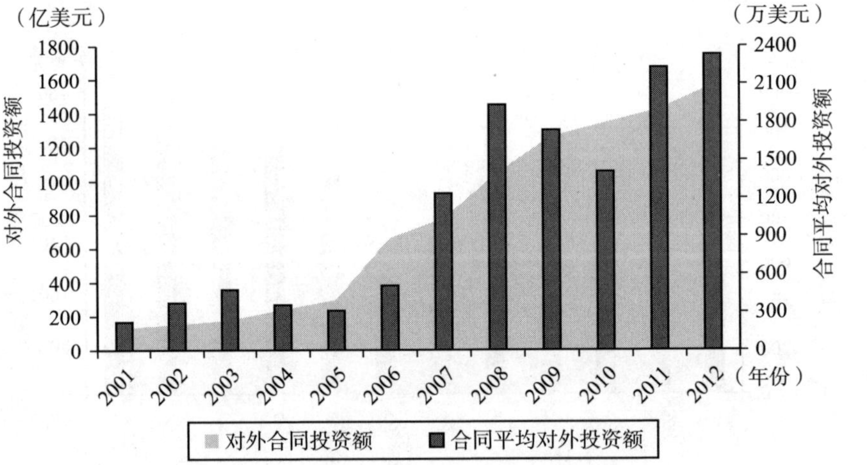

图 4－14　2001～2012 年的对外投资情况

资料来源：国家统计局年度数据库、历年《中国统计年鉴》。

4. 高新技术产品贸易结构

图 4－15 表示 2001～2012 年全国的高新技术产品进出口总额及贸易差额。由图 4－15 可知，首先，高新技术产品进口额从 2001 年的 641 亿

美元增加至2012年的5068.64亿美元，年平均增长率为20.68%，略高于同时期商品进口总额的年平均增长率17.13%。其次，高新技术产品出口额从2001年的465亿美元增加至2012年的6011.73亿美元，年平均增长率为26.2%，同样高于同时期商品出口总额的年平均增长率17.46%。然后，将高新技术产品出口总额减去进口总额得到贸易差额，如果贸易差额为正则是贸易顺差，如果贸易差额为负则是贸易逆差。可以看到，在全面改革开放时期，高新技术产品的贸易结构由负转正，即由贸易逆差转为贸易顺差，在2004年首次出现贸易顺差41亿美元，之后不断地上升至2012年的943.09亿美元。除去2001~2003年出现的贸易逆差，这一时期的贸易顺差总计为5201.29亿美元，年平均增长率达47.99%。

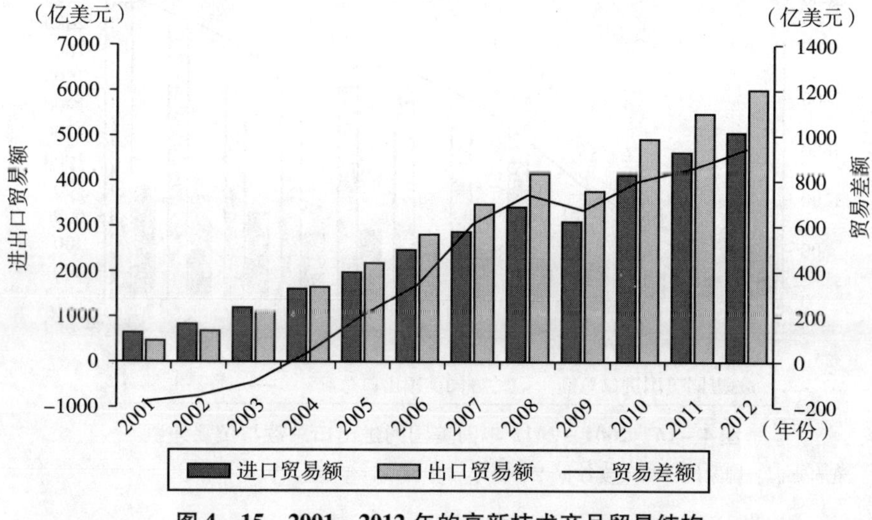

图4-15 2001~2012年的高新技术产品贸易结构

资料来源：历年《中国科技统计年鉴》。

5. 中美贸易的情况

图4-16表示2001~2012年同美国的进出口总额及贸易差额。由图4-16可知，首先是同美国的进口总额从2001年的262.02亿美元增加至2012年的1328.97亿美元，在12年内增长5.07倍，年平均增长率为

15.91%，低于同时期商品进口总额的年平均增长率17.13%。其次是同美国的出口总额从2001年的542.83亿美元增加至2012年的3517.77亿美元，在12年内增长5.48倍，年平均增长率为18.52%，略高于同时期商品出口总额的年平均增长率17.46%。然后，将同美国的出口总额减去进口总额能得到贸易差额，如果贸易差额为正则是贸易顺差，如果贸易差额为负则是贸易逆差。可以看到，与商品贸易差额的情况相类似，同美国的贸易差额在全面改革开放时期内表现为贸易顺差，并且这个贸易顺差处于持续扩大状态，由2001年的280.8亿美元扩大至2012年的2188.79亿美元，年平均增长率为20.52%。

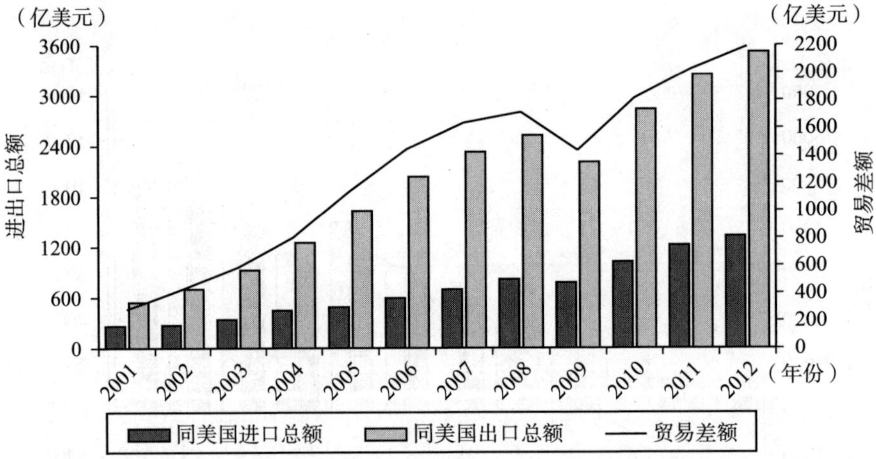

图4－16　2001～2012年同美国的进出口总额与贸易差额

资料来源：国家统计局年度数据库、历年《中国统计年鉴》。

图4－17表示2001～2012年与美国的进出口占比（同美国的进口、出口总额分别除以当年商品进口、出口总额），及贸易差额（同美国贸易差额除以当年商品贸易差额）情况。由图4－17可知，首先，同美国的进出口占比在全面改革开放时期呈现出不断下降的趋势，从2001年的31.16%下降至2012年的24.48%，年平均增长率为－2.17%。其中同美国的进口占比呈现出“先下降后平稳”的趋势，先由2001年的10.8%下

降至2005年的7.4%，随后始终保持在7%（2011年）~7.5%（2006年）的区间内。但是同美国的出口占比则不断地下降，由2001年的20.4%下降至2012年的17.2%，年平均增长率为-1.55%。其次，同美国贸易差额占比在全面改革开放时期可以划分为两个阶段：第一个是不断上升阶段（2001~2004年），从2001年的124.6%上升至2004年的250.1%，即2004年同美国的贸易顺差是当年商品贸易顺差的2.5倍；第二个是保持稳定阶段（2005~2012年），这个阶段同美国贸易差额占比基本稳定在57.4%（2008年）~130.6%（2011年），这个阶段同美国的贸易差额是上一个阶段的1/2左右。

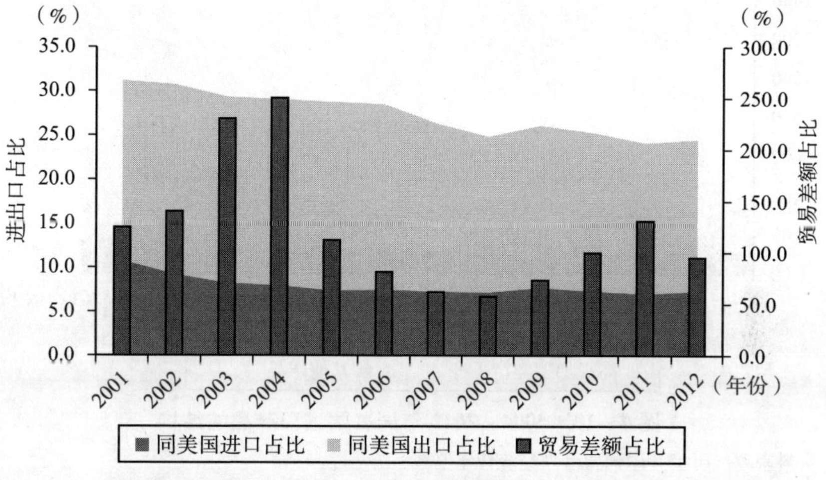

图4-17　2001~2012年同美国进出口、贸易差额的占比

资料来源：国家统计局年度数据库、历年《中国统计年鉴》。

图4-18表示2004~2012年同美国的进口产品结构，包括农业资源类产品、初级加工类产品、高级加工类产品和其他产品。由图4-18可知，首先，同美国进口农业资源类产品由2004年的54.2亿美元增加至2012年的265.38亿美元，年平均增长率为21.96%，要高于同美国进口总额的年平均增长率15.91%。其次，同美国进口初级加工类产品由2004年的114.41亿美元增加至2012年的330.66亿美元，年平均增长率为

14. 19%，略低于同美国进口总额的年平均增长率。然后，同美国进口高级加工类产品由2004年的276. 13亿美元增加至2012年的677. 65亿美元，年平均增长率为11. 88%，要低于同美国进口总额的年平均增长率。最后，同美国进口其他产品由2004年的1. 21亿美元增加到2012年的4. 01亿美元，年平均增长率为16. 16%，略高于同美国进口总额的年平均增长率。此外，同美国进口产品结构中占比最大的是高级加工类产品，平均占比达到59. 11%，但在全面改革开放时期的高级加工类产品进口占比呈现逐年下降的趋势，由2004年的61. 92%下降至2012年的53. 04%。

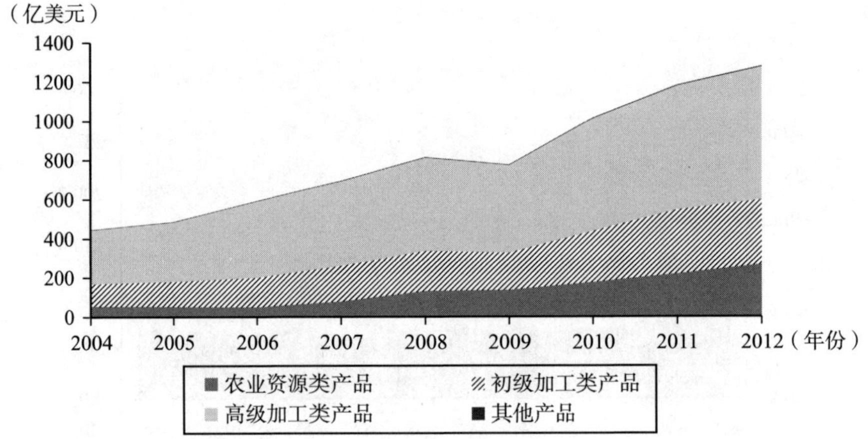

图4－18　2004～2012年同美国进口产品的结构

资料来源：历年《中国贸易外经统计年鉴》。

图4－19表示2004～2012年同美国的出口产品结构，包括农业资源类产品、初级加工类产品、高级加工类产品和其他产品。由图4－19可知，首先，同美国出口农业资源类产品由2004年的25. 73亿美元增加至2012年的50. 69亿美元，年平均增长率为8. 85%，远低于同美国出口总额的年平均增长率18. 52%。其次，同美国出口初级加工类产品由2004年的382. 43亿美元增加至2012年的1103. 68亿美元，年平均增长率为14. 17%，低于同美国出口总额的年平均增长率。然后，同美国出口高级加工类产品由2004年的693. 71亿美元增加至2012年的2007. 62亿美元，

年平均增长率为14.21%，低于同美国出口总额的年平均增长率。最后，同美国出口其他产品由2004年的146.97亿美元增加到2012年的353.77亿美元，年平均增长率为11.61%，低于同美国出口总额的年平均增长率。此外，同美国出口产品结构中占比最大的是高级加工类产品，平均占比达56.05%，并且在全面改革开放时期的高级加工类产品出口占比呈现相对稳定状态，基本维持在54.67%（2005年）~57.3%（2010年）区间之内。

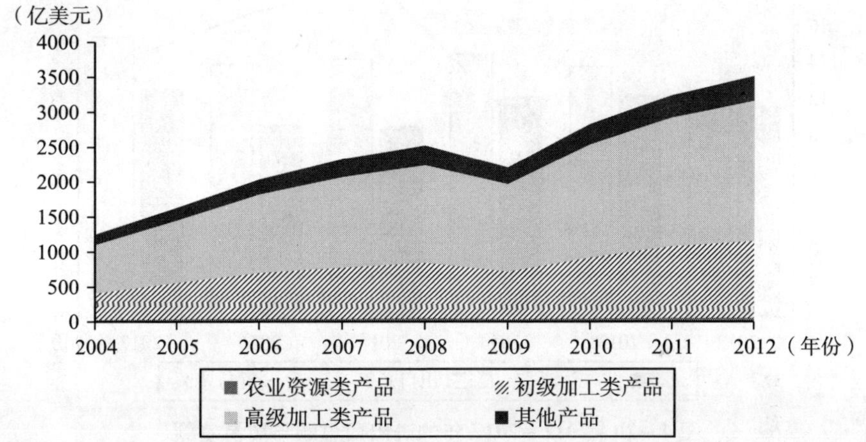

图4-19　2004~2012年同美国出口产品的结构

资料来源：历年《中国贸易外经统计年鉴》。

四、新时代（2012年至今）我国对外开放的新进展

1. 进出口贸易结构

图4-20表示2012~2017年全国的进出口总额及贸易差额。由图4-20可知，首先是进口总额从2012年的11.48万亿元增加至2017年的12.46万亿元，在5年内增长了0.09倍，年平均增长率为1.65%，远低于同时期GDP的年平均增长率8.89%。其次是出口总额从2012年的12.94万亿元增加至2017年的15.33万亿元，在5年内增长0.18倍，年平均增长率为3.46%，同样要低于同时期GDP的年平均增长率。然后，

将出口总额减去进口总额能得到贸易差额，如果贸易差额为正则是贸易顺差，如果贸易差额为负则是贸易逆差。可以看到，中共十八大以来的贸易结构依然表现出贸易顺差，由 2012 年的 1.46 万亿元扩大至 2015 年的 3.68 万亿元，再下降至 2017 年的 2.87 万亿元。并且，后金融危机时代的国际贸易疲软使这一时期进出口总额增长率均低于 GDP 的年平均增长率。

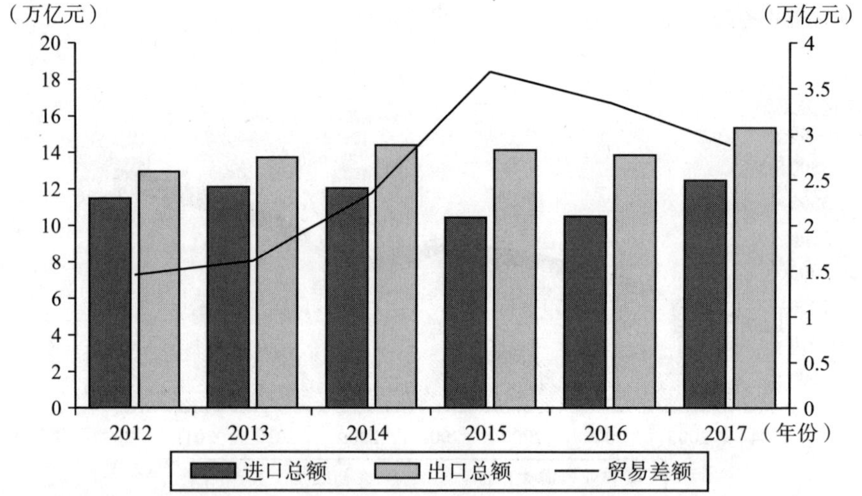

图 4 – 20　2012 ~ 2017 年的进出口总额与贸易差额

资料来源：国家统计局年度数据库、历年《中国统计年鉴》。

图 4 – 21 表示 2012 ~ 2017 年全国的进出口依存度（进出口总额除以当年 GDP）情况。由图 4 – 21 可知，首先，中共十八大以来的对外贸易依存度呈现出不断下降的趋势，由 2012 年的 45.2% 不断下降至 2017 年的 33.6%，这个数值相当于 1996 年的对外贸易依存度，年平均增长率为 –5.75%，“三驾马车”中对外贸易的作用逐渐减弱。其次，这一时期的进口、出口依存度同样呈现出不断下降的趋势，其中进口依存度由 2012 年的 21.2% 下降至 2017 年的 15.1%，年平均增长率为 –6.64%，出口依存度则由 2012 年的 23.9% 下降至 2017 年的 18.5%，年平均增长率为 –4.99%。同时，中共十八大以后的进口依存度和出口依存度的差距正在

逐渐扩大，由2012年的2.7%扩大至2017年的3.4%。

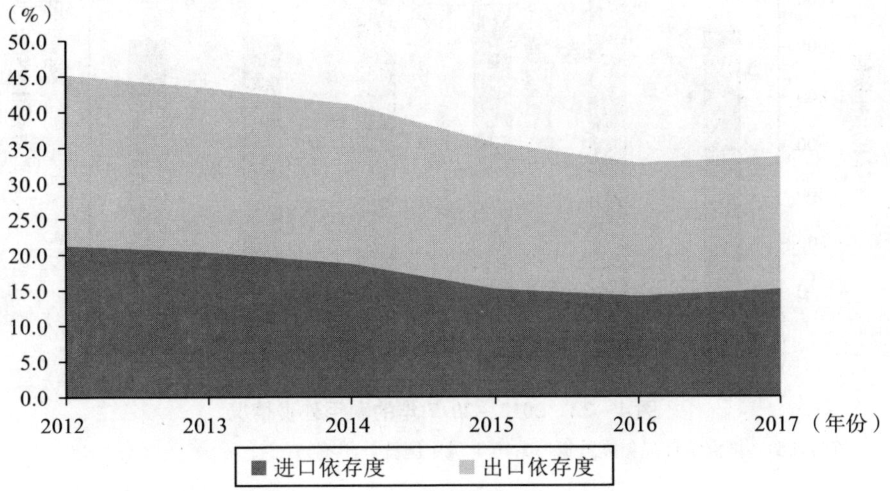

图4－21　2012～2017年的进出口依存度

资料来源：国家统计局年度数据库、历年《中国统计年鉴》。

2. 利用外资情况

图4－22表示2012～2017年全国的实际利用外资额及项目平均利用外资额情况。由图4－22可知，首先，实际利用外资额在中共十八大以后保持平稳增长，由2012年的1132.94亿美元增长至2017年的1310.35亿美元，年平均增长率为2.95%。其中2013～2016年的实际利用外资额分别为1187.21亿美元、1197.05亿美元、1262.67亿美元及1260.01亿美元。其次，项目平均利用外资在这一时期同样保持稳定状态，在2012年项目平均利用外资额为454.54万美元，到2017年项目平均利用外资额为442.69万美元，要略低于2012年的数值。不过在2013年，项目平均利用外资为521.32万美元，之后则出现不断下降趋势：2014年为503.43万美元，2015年为475.13万美元，2016年为451.62万美元，直至2017年达到最低。

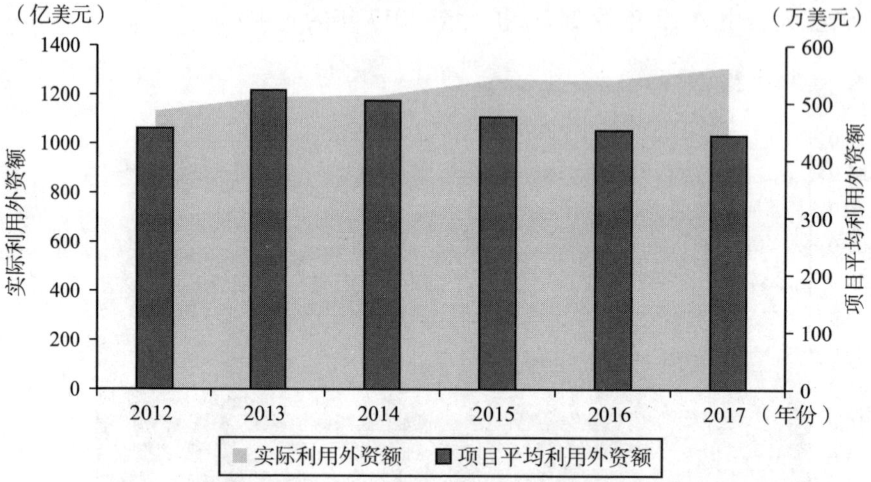

图 4－22　2012～2017 年的利用外资情况

资料来源：国家统计局年度数据库、历年《中国统计年鉴》。

3. 对外投资情况

图 4－23 表示 2012～2017 年全国的对外合同投资额及合同平均对外投资额情况。由图 4－23 可知，首先，对外合同投资额在中共十八大以后

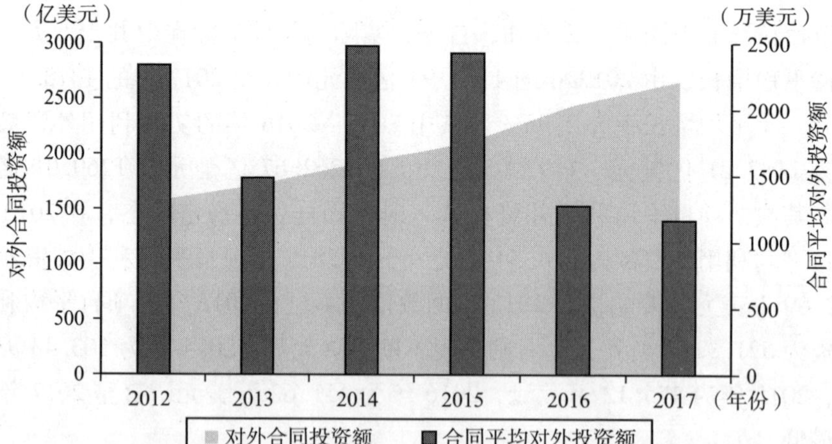

图 4－23　2012～2017 年的对外投资情况

资料来源：国家统计局年度数据库、历年《中国统计年鉴》。

继续保持上升趋势，由 2012 年的 1565. 29 亿美元上升至 2017 年的 2652. 8 亿美元，年平均增长率为 11. 13%，要略高于同时期 GDP 的年平均增长率 8. 89%。其中 2013 年的对外合同投资为 1716. 3 亿美元，2014 年为 1917. 6 亿美元，2015 年为 2100. 7 亿美元，2016 年为 2440. 1 亿美元。其次，合同平均对外投资额存在波动，相对较高的是 2012 年、2014 年和 2015 年，分别为 2332. 77 万美元、2477. 52 万美元和 2425. 19 万美元，相对较低的是 2013 年、2016 年和 2017 年，分别为 1482. 38 万美元、1273. 74 万美元和 1164. 84 万美元。

4. 服务贸易结构

图 4 – 24 表示 2012 ~ 2017 年全国的进口服务贸易结构，包括旅行服务、金融服务、信息通信服务和知识产权使用费。由图 4 – 24 可知，首先，中共十八大以后进口服务贸易呈现出上升趋势，由 2012 年的 8010 亿元上升至 2017 年的 20544 亿元，年平均增长率为 20. 73%。其中旅行服务在进口服务贸易结构中占主导地位，由 2012 年的 6425 亿元上升至 2017 年的 17210 亿元，年平均增长率为 21. 78%，出国旅行成为全国居民的重

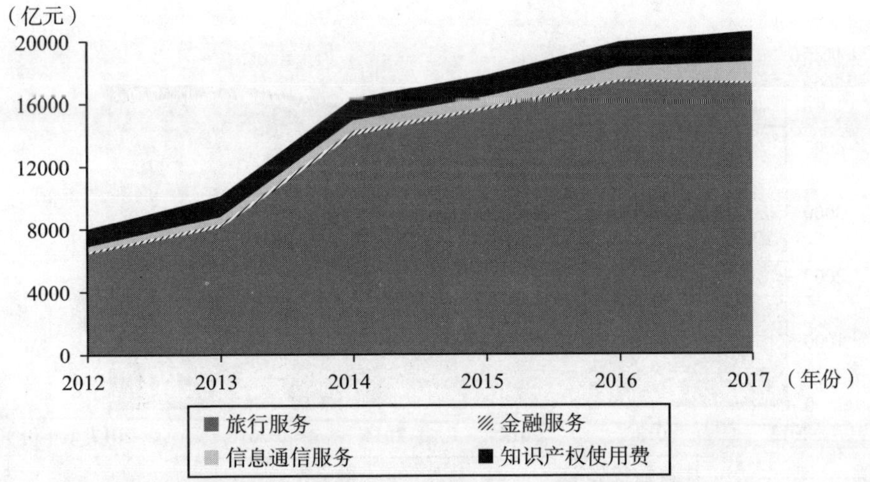

图 4 – 24　2012 ~ 2017 年的进口服务贸易结构

资料来源：商务部商务数据中心。

要选项。其次，在进口服务贸易结构中，信息通信服务和知识产权使用费同样在不断提高，两者分别由2012年的346亿元和1118亿元提高至2017年的1295亿元和1930亿元，年平均增长率为31.21%以及11.54%。最后，金融服务进口呈现出“先上升后下降”的状态，由2012年的121亿元上升至2014年的303亿元，随后又下降至2017年的109亿元。

图4－25表示2012～2017年全国的出口服务贸易结构，包括旅行服务、金融服务、信息通信服务和知识产权使用费。由图4－25可知，首先，中共十八大以后出口服务贸易呈现出稳中有升的状态，由2012年的4361亿元上升到2017年的5063亿元，年平均增长率为3.03%。其中旅行服务在出口服务贸易结构中占主导地位，但随着时间推移不断地下降，由2012年的3152亿元下降至2017年的2615亿元，年平均增长率为－3.67%。其次，在出口服务贸易结构中，信息通信服务和金融服务处于上升区间，两者分别由2012年的2014亿元和119亿元上升至2017年的1876亿元和250亿元，年平均增长率为12.87%和16.01%。最后，知识产权使用费的出口在2012～2016年相对比较稳定，始终维持在60亿元左右，但是在2017年迅猛地增加至322亿元。

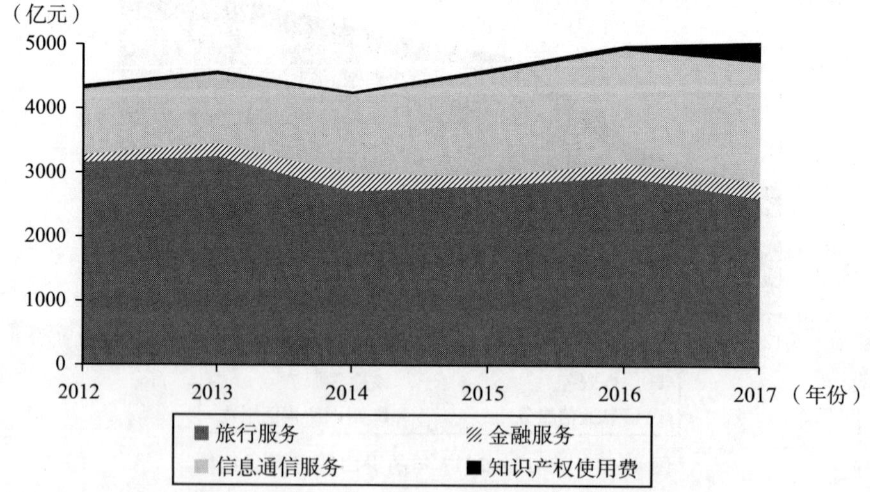

图4－25　2012～2017年的出口服务贸易结构

资料来源：商务部商务数据中心。

5. 高新技术产品贸易结构

图4－26表示2012～2016年全国的高新技术产品进出口总额及贸易差额。由图4－26可知，首先，高新技术产品进口额从2012年的5068.64亿美元增加至2016年的5237.24亿美元，年平均增长率为0.82%，要略低于同时期商品进口总额的年平均增长率1.65%。其次，高新技术产品出口额从2012年的6011.73亿美元增加至2016年的6041.74亿美元，年平均增长率为0.12%，低于同时期商品出口总额的年平均增长率3.46%。最后，将高新技术产品出口总额减去进口总额得到贸易差额，如果贸易差额为正则是贸易顺差，如果贸易差额为负则是贸易逆差。可以看到，在中共十八大以后高新技术产品的贸易结构表现为贸易顺差，不过是“先上升后下降”的贸易顺差，由2012年的943.09亿美元上升至2014年的1091.59亿美元，之后又下降至2016年的804.5亿美元，不仅低于2012年的贸易顺差水平，而且与2010年的贸易顺差水平相当。

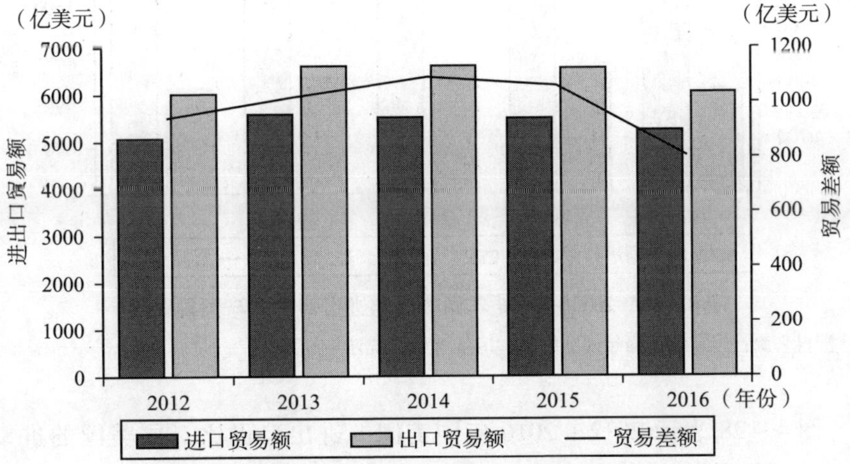

图4－26　2012～2016年的高新技术产品贸易结构

资料来源：历年《中国科技统计年鉴》。

6. 中美贸易的进展

图4－27表示2012～2016年同美国的进出口总额及贸易差额。由

图4－27可知，首先是同美国的进口总额从2012年的1328.97亿美元增加到2016年的1344.45亿美元，年平均增长率为0.29%，主要原因在于2014年后开始出现的下降趋势。其次是同美国的出口总额从2012年的3517.77亿美元增加至2016年的3852.71亿美元，年平均增长率为2.3%，低于同时期商品出口总额的年平均增长率3.46%。最后，将同美国的出口总额减去进口总额得到贸易差额，如果贸易差额为正则是贸易顺差，如果贸易差额为负则是贸易逆差。可以看到，同美国的贸易差额在中共十八大以后维持平稳向上态势，并始终表现为贸易顺差，由2012年的2188.79亿美元上升至2016年的2508.26亿美元，年平均增长率为3.46%。

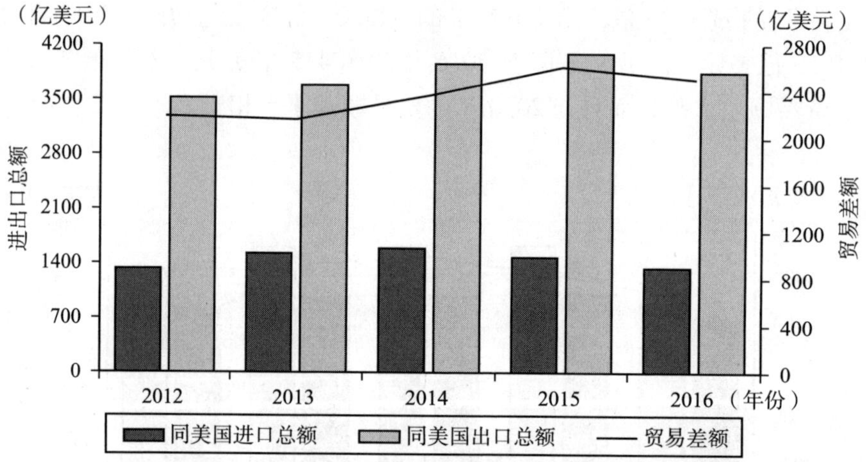

图4－27　2012～2016年同美国的进出口总额与贸易差额

资料来源：国家统计局年度数据库、历年《中国统计年鉴》。

图4－28表示2012～2016年同美国的进出口占比（同美国的进口、出口总额分别除以当年商品进口、出口总额），及贸易差额（同美国贸易差额除以当年商品贸易差额）情况。由图4－28可知，首先，同美国的进出口占比在中共十八大以后呈现出平稳提升的趋势，从2012年的24.48%缓慢提升至2016年的26.83%，年平均增长率为2.32%。其中同美国的进口占比同样呈现平稳上涨的趋势，由2012年的7.3%缓慢上涨至2016

年的8.5%，年平均增长率为3.75%。其次，同美国的出口占比也在平稳提升，由2012年的17.2%缓慢提升至2016年的18.4%，年平均增长率为1.7%。最后，同美国贸易差额占比在中共十八大以后处于不断下降区间，从2012年的95%下降至2016年的49.2%，年平均增长率为-15.17%，同美国的贸易顺差在总体贸易顺差中的重要性不断地下降，不过2016年的占比49.2%相较于2015年的占比44%则稍有提升。

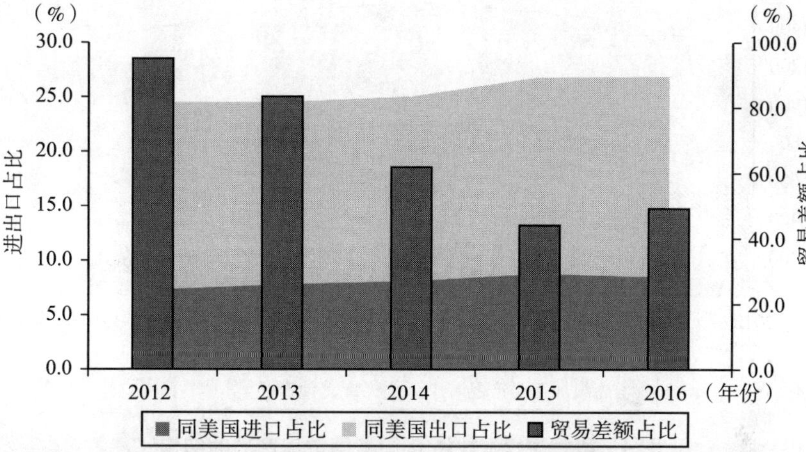

图4-28　2012~2016年同美国进出口、贸易差额的占比

资料来源：国家统计局年度数据库、历年《中国统计年鉴》。

图4-29表示2012~2016年同美国的进口产品结构，包括农业资源类产品、初级加工类产品、高级加工类产品和其他产品。由图4-29可知，首先，同美国进口农业资源类产品由2012年的265.38亿美元下降至2016年的234.35亿美元，年平均增长率为-3.06%，低于同美国进口总额的年平均增长率0.29%。其次，同美国进口初级加工类产品由2012年的330.66亿美元下降至2016年的259.34亿美元，年平均增长率为-5.89%，远低于同美国进口总额的年平均增长率。然后，同美国进口高级加工类产品由2012年的677.65亿美元增加至2016年的841.22亿美元，年平均增长率为5.55%，要高于同美国进口总额的年平均增长率。最后，同美国进口其他产品由2012年的4.01亿美元增加至2016年的5.65亿美

元，年平均增长率为 8.95%，远高于同美国进口总额的年平均增长率。此外，同美国的进口产品结构中占比最大的依然是高级加工类产品，平均占比达 60.03%，并且在中共十八大以后呈现出逐年上升的趋势，由 2012 年的 53.04% 上升至 2016 年的 62.75%。

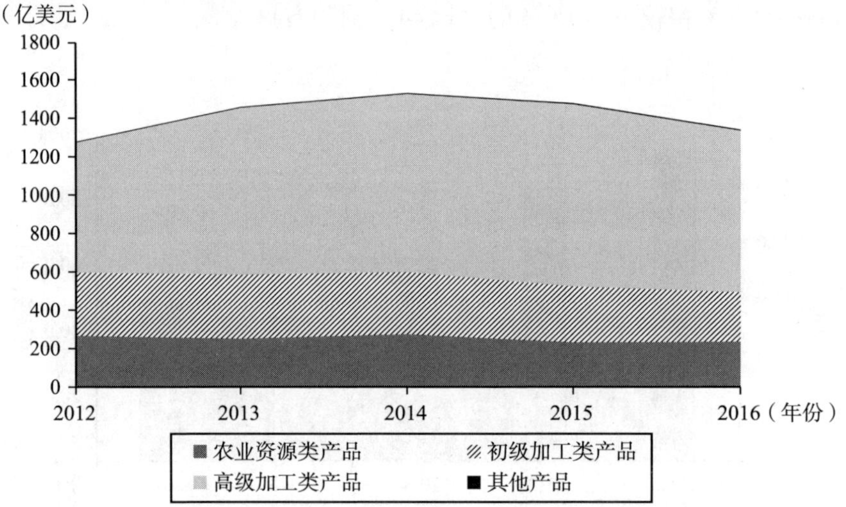

图 4－29　2012～2016 年同美国进口产品的结构

资料来源：历年《中国贸易外经统计年鉴》。

图 4－30 表示 2012～2016 年同美国的出口产品结构，包括农业资源类产品、初级加工类产品、高级加工类产品和其他产品。由图 4－30 可知，首先，同美国出口农业资源类产品由 2012 年的 50.69 亿美元增加至 2016 年的 52.48 亿美元，年平均增长率为 0.87%，要低于同美国出口总额的年平均增长率 2.3%。其次，同美国出口的初级加工类产品由 2012 年的 1103.68 亿美元增加至 2016 年的 1182.08 亿美元，年平均增长率为 1.73%，低于同美国出口总额的年平均增长率。然后，同美国出口高级加工类产品由 2012 年的 2007.62 亿美元增加至 2016 年的 2156.85 亿美元，年平均增长率为 1.81%，要略低于同美国出口总额的年平均增长率。最后，同美国出口的其他产品由 2012 年的 353.77 亿美元增加至 2016 年的

453.6亿美元，年平均增长率为6.41%，高于同美国出口总额的年平均增长率。此外，同美国出口产品结构中占比最大的是高级加工类产品，平均占比达56.56%，并且在中共十八大以后高级加工类产品出口占比呈现相对稳定状态，基本维持在55.5%（2015年）~57.44%（2014年）区间之内。

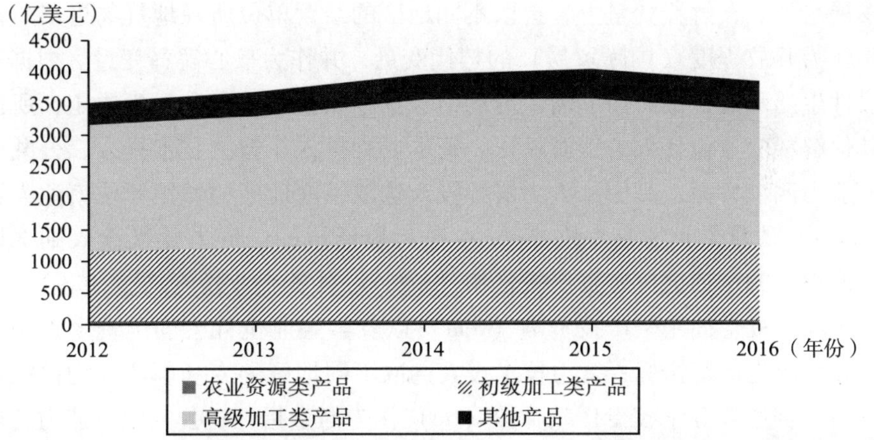

图4－30　2012～2016年同美国出口产品的结构

资料来源：历年《中国贸易外经统计年鉴》。

第二节　对外开放推动中国经济增长的实证分析

开放兴盛世，开放出强国。通过对外开放，打开国门搞建设，把一国发展置于广阔的国际空间来谋划，才能创造更多发展机遇、更大发展空间，才能充分发挥比较优势，创造更多财富，实现更大发展。实施对外开放，能够通过促进分工的专业化、推动技术进步、加快人力资源积累和体制机制创新，不断提高劳动生产率，最终实现经济的持续增长。对外开放既是中国同世界各国实现合作共赢的根本之道，也是中国经济持续繁荣发展的必由之路。

一、对外开放程度对经济增长的影响

1. 变量选取与计量模型建立

在实证研究方面，本书选取不同地区的生产总值、第一产业增加值、第二产业增加值和第三产业增加值作为被解释变量，代表不同地区的经济发展水平。在解释变量上，选取不同地区的经营单位所在地货物进出口总额作为开放程度（国际贸易）的替代变量，并作为核心解释变量。根据一般性生产函数，最终产品需由劳动力、资本和技术等各种要素决定，所以其他解释变量包括人力资源投入、资本要素投入、智力技术投入、公共服务能力四个方面。其中，人力资源投入选取不同地区的城镇单位就业人数（uue）、私营企业就业人数（pue）作为衡量指标；资本要素投入则选取不同地区的全社会固定资产投资额（wsfa）、外资企业投资总额（fdi）、房地产业全社会固定资产投资额（refa）以及金融业全社会固定资产投资额（fifa）作为衡量指标；智力技术投入选取不同地区的专利申请人均授权量（til）、普通高等学校专任教师数（tic）作为衡量指标；公共服务能力选取不同地区公共图书馆的人均拥有量（pln）、艺术表演团体的人均拥有量（pag）作为衡量指标。

上述指标数据中除去房地产业和金融业全社会固定资产投资额的时间窗口为2003～2017年，其他变量均为全国31个省、自治区和直辖市从1993～2017年的面板数据样本集，由于重庆市在1997年正式成立，将导致样本集缺失4个观测值，共计771个观测值。所有原始数据来源于《中国统计年鉴》《新中国六十年统计资料汇编》和国家统计局的分省年度数据库，部分缺失数据由相应年份的地方统计年鉴补充。根据面板数据的结构以及探讨经济增长的研究目的，可建立如下的面板数据“双对数”线性回归模型：

$$\text{lneco}_{it} = \alpha_i + \beta_0 \cdot \text{lntrade}_{it} + \sum_{n=1}^{N} \beta_n \cdot \text{lnControl}_{it} + \varepsilon_{it} \qquad (4-1)$$

式（4－1）中i代表不同地区（i＝1，2，…，31），t代表不同时间（t＝1，2，…，25），α_i为个体效应或异质性效应，表示不随时间变化的影响因素。$lneco_{it}$衡量不同地区、不同时间的经济发展水平，包括地区生产总值对数（ln_gdp）、第一产业增加值对数（ln_first）、第二产业增加值对数（ln_second）以及第三产业增加值对数（ln_third）四个部分。ln_trade_{it}是开放程度（国际贸易）的替代变量，即不同地区的经营单位所在地货物进出口总额的对数，$lnControl_{it}$是其他解释变量的对数，包括有人力资源投入、资本要素投入、智力技术投入和公共服务能力四个方面，$\varepsilon_{it} \sim N(0, \sigma^2)$作为随机干扰项。

2. 基本回归结果

表4-2呈现的是开放程度（国际贸易）对经济增长影响的实证结果，经过豪斯曼检验可以确定，模型（1）至模型（4）均采用固定效应的方法估计。结果发现：开放程度（国际贸易）对区域经济增长有显著的正向影响，在地区生产总值方面，经营单位所在地货物进出口总额每提升1%，地区生产总值将显著地提高0.087%；在第二产业增加值方面，经营单位所在地货物进出口总额每提升1%，第二产业增加值将显著提高0.0537%；在第三产业增加值方面，经营单位所在地货物进出口总额每提升1%，第三产业增加值将显著地提高0.0524%。需要值得注意的是，开放程度（国际贸易）对第一产业增加值的影响并不显著，说明农林牧渔业主导的第一产业国际竞争力比较薄弱，在全球化贸易市场中缺乏优势。

表4-2　　开放程度（国际贸易）对经济增长影响的实证结果

变量		被解释变量			
		ln_gdp 模型（1）	ln_first 模型（2）	ln_second 模型（3）	ln_third 模型（4）
ln_trade		0.0870*** (0.0142)	0.0156 (0.0171)	0.0537*** (0.0160)	0.0524*** (0.0178)
人力资源投入	ln_uue	0.0520* (0.0276)	-0.00999 (0.0334)	-0.000311 (0.0311)	0.00523 (0.0347)
	ln_pue	0.166*** (0.00996)	-0.00971 (0.0121)	0.138*** (0.0112)	0.233*** (0.0125)

续表

变量		被解释变量			
		ln_gdp 模型（1）	ln_first 模型（2）	ln_second 模型（3）	ln_third 模型（4）
资本要素投入	ln_wsfa	0.434*** (0.0163)	0.505*** (0.0197)	0.511*** (0.0183)	0.406*** (0.0204)
	ln_fdi	0.0594*** (0.0132)	-0.00409 (0.0159)	0.0317** (0.0148)	0.0658*** (0.0165)
智力技术投入	ln_til	0.0671*** (0.0132)	-0.00725 (0.0159)	0.0151 (0.0148)	0.151*** (0.0165)
	ln_tic	0.0155 (0.0267)	-0.0396 (0.0323)	0.166*** (0.0301)	-0.00839 (0.0335)
公共服务能力	ln_pln	-0.0995*** (0.0155)	-0.0403** (0.0187)	0.0207 (0.0174)	-0.134*** (0.0194)
	ln_pag	-0.0169 (0.0125)	-0.0333** (0.0151)	-0.0102 (0.0141)	-0.0279* (0.0157)
Cons_		2.870*** (0.231)	2.199*** (0.280)	2.534*** (0.260)	2.115*** (0.290)
Observations		771	771	771	771
HausmanTest		80.17	92.55	54.21	35.32
FStatistics		4810.10	1382.63	4102.49	3548.13
R-squared		0.9834	0.9445	0.9806	0.9776

注：***、**、*分别表示在1%、5%、10%水平上显著，括号内为标准误。

对于其他解释变量：一是地区生产总值上，人力资源投入对地区生产总值的增长具有一致性作用，无论是城镇单位就业人数抑或是私营企业就业人数，均对地区生产总值的增长存在显著的促进作用。资本要素投入、智力技术投入与人力资源投入的效应相同，其中资本要素投入两个衡量指标：全社会固定资产投资额和外资企业投资总额都能显著促进地区生产总值的增长，智力技术投入中的专利申请人均授权量同样能够显著促进地区生产总值的增长，不过普通高等学校专任教师数对地区生产总值增长的正向作用不显著。此外，公共服务能力对地区生产总值增长有抑制作用，其中公共图书馆的人均拥有量有显著的抑制作用。

二是第一产业增加值上，人力资源投入虽然对第一产业增加值的增长存在负向影响，但是这种影响并不显著。资本要素投入中的全社会固定资产投资额对第一产业增加值增长有明显的促进作用，而外资企业投资总额的抑制作用不显著。不仅如此，智力技术投入的两个衡量指标：专利申请人均授权量和普通高等学校专任教师数的抑制作用同样不显著，这说明农林牧渔业主导的第一产业更需要固定资本的投入。此外，公共服务能力对第一产业增加值的增长有显著的抑制作用。

二是第二产业增加值上，人力资源投入对第二产业增加值的增长有异质性影响，城镇单位就业人数存在抑制作用，而私营企业就业人数则存在明显的促进作用。与模型（1）的效应相同，资本要素投入和智力技术投入的四个衡量指标均能够推动第二产业增加值的增长，包括全社会固定资产投资额、外资企业投资总额、专利申请人均授权量及普通高等学校专任教师数，不过专利申请人均授权量的促进作用并不显著。此外，公共服务能力两个衡量指标对第二产业增加值增长的影响也不显著。

四是第三产业增加值上，人力资源投入虽然对第三产业增加值的增长存在正向影响，但是只有私营企业就业人数的影响显著。与模型（1）的作用相同，资本要素投入两个衡量指标均能够明显推动第三产业增加值的增长，无论是全社会固定资产投资额抑或是外资企业投资总额。但是，智力技术投入对第三产业增加值增长的影响有异质性，其中专利申请人均授权量存在显著的促进作用，而普通高等学校专任教师数的抑制作用并不显著。与此同时，公共服务能力两个衡量指标对第三产业增加值增长存在显著的负向影响。

3. 不同阶段的回归结果

进一步地，需要考察不同阶段的开放程度（国际贸易）对经济增长的影响。如表4-3所示，将样本数据集时间划分为三段：第一段为1993~2001年（扩大改革开放时期）；第二段为2002~2012年（全面改革开放时期）；第三段为2013~2017年（即中共十八大以后）。模型（5）至模型（7）的被解释变量为地区生产总值的对数，并且均采用固定效应面板模型进行了回归估计，结果显示：在1993～2001年期间，开放程度（国际贸易）对区域经济增长有显著的正向影响，经营单位所在地货物进出口总额每提升1%，地区生产总值将显著提高0.0474%；在2002～2012年期间，开放程度（国际贸易）对区域经济增长同样存在显著的正向影响，经营单位所在地货物进出口总额每提升1%，地区生产总值将显著提高0.0998%；但是在2013～2017年期间，开放程度（国际贸易）对区域经济增长呈现负向影响，且在10%的置信水平上显著，经营单位所在地货物进出口总额每提升1%，地区生产总值将显著下降0.0406%。

表4－3　不同阶段的开放程度（国际贸易）对经济增长影响的实证结果

变量		被解释变量：ln_gdp		
		1993～2001年 模型（5）	2002～2012年 模型（6）	2013～2017年 模型（7）
ln_trade		0.0474** （0.0240）	0.0998*** （0.0225）	－0.0406* （0.0206）
人力资源投入	ln_uue	－0.0115 （0.0679）	0.404*** （0.0606）	0.183 （0.150）
	ln_pue	0.183*** （0.0235）	0.00685 （0.0318）	0.0627*** （0.0206）
资本要素投入	ln_wsfa	0.509*** （0.0445）	0.440*** （0.0363）	0.298*** （0.0421）
	ln_fdi	0.0116 （0.0158）	0.0163 （0.0184）	0.0747*** （0.0222）
	ln_refa		0.0571** （0.0268）	－0.0988** （0.0479）
	ln_fifa		0.00633 （0.00667）	－0.0372*** （0.00887）
智力技术投入	ln_til	0.0222 （0.0211）	0.0392** （0.0185）	－0.0103 （0.0288）
	ln_tic	－0.0327 （0.0785）	0.0750 （0.0590）	0.475*** （0.154）

续表

变量		被解释变量：ln_gdp		
		1993~2001年 模型（5）	2002~2012年 模型（6）	2013~2017年 模型（7）
公共服务能力	ln_pln	-0.0148 (0.0295)	-0.0599** (0.0242)	-0.364 (0.265)
	ln_pag	-0.572*** (0.0827)	-0.0179 (0.0116)	0.111*** (0.0218)
Cons_		1.246** (0.562)	1.473*** (0.415)	4.437*** (1.208)
Observations		275	310	155
FStatistics		381.74	1089.52	69.38
R-squared		0.9360	0.9781	0.8710

注：***、**、*分别表示在1%、5%、10%水平上显著，括号内为标准误。

对于其他解释变量：首先是在1993~2001年期间，人力资源投入对区域经济增长的作用具有异质性，城镇单位就业人数有不显著的负向效应，而私营企业就业人数则是显著的正向效应。资本要素投入的两个衡量指标：全社会固定资产投资额和外资企业投资总额都会对区域经济增长有促进作用，但只有全社会固定资产投资额作用显著。此外，智力技术投入的影响并不显著，而公共服务能力中艺术表演团体的人均拥有量对区域经济增长存在显著的抑制作用。

其次是在2002~2012年期间，人力资源投入的城镇单位就业人数以及私营企业就业人数都对区域经济增长有正向影响，但是只有城镇单位就业人数的影响显著。资本要素投入中的四个衡量指标：全社会固定资产投资额、外资企业投资总额、房地产业全社会固定资产投资额和金融业全社会固定资产投资额，均对区域经济增长存在促进作用，其中全社会固定资产投资额和地产业全社会固定资产投资额的促进作用显著。智力技术投入中专利申请人均授权量能够明显推动区域经济增长，而普通高等学校专任教师数的影响不显著。此外，公共服务能力的两个衡量指标对区域经济增长有负向效应。

最后是在2013～2017年，人力资源投入的城镇单位就业人数以及私营企业就业人数都对区域经济增长有正向影响，与模型（6）不同的是私营企业就业人数的影响更显著。资本要素投入对区域经济增长存在异质性作用，全社会固定资产投资额和外资企业投资总额有显著的促进作用，而房地产业和金融业全社会固定资产投资额则有显著的抑制作用，说明中共十八大以来房地产业和金融业的投资活动不利于区域经济增长。同样，智力技术投入在这个时期对区域经济增长也存在异质性影响，专利申请人均授权量的影响为负，而普通高等学校专任教师数的影响显著为正。公共服务能力中公共图书馆人均拥有量有抑制作用，但是艺术表演团体人均拥有量有显著促进作用。

4. 不同地区的回归结果

接着，考察不同地区的开放程度（国际贸易）对经济增长的影响。如表4－4所示，将样本数据集的31个省、自治区和直辖市划为四个区域：第一个区域是东部地区；第二个区域是中部地区；第三个区域是西部地区；第四个区域是东北地区。模型（8）至模型（11）的被解释变量为地区生产总值的对数，且均采用固定效应面板模型进行回归估计，结果显示：在东部地区、中部地区和西部地区，开放程度（国际贸易）对区域经济增长有促进作用，而在东北地区则有抑制作用，不过只有中部地区和西部地区的作用显著。在中部地区，经营单位所在地货物进出口总额每提升1%，地区生产总值将显著提高0.172%；而在西部地区，经营单位所在地货物进出口总额每提升1%，地区生产总值将显著提高0.0743%。

对于其他解释变量：一是在东部地区，人力资源投入对区域经济增长的影响具有异质性，城镇单位就业人数对区域经济增长存在不显著的抑制作用，而私营企业就业人数则存在显著的促进作用。与此同时，资本要素投入和智力技术投入对区域经济增长的效应具有一致性，全社会固定资产投资额、外资企业投资总额、专利申请的人均授权量以及普通高等学校专任教师数四个衡量指标都能明显地推动区域经济增长。但是，东部地区的公共服务能力对区域经济增长存在负向影响。

表 4 – 4　　不同地区的开放程度（国际贸易）对经济增长影响的实证结果

变量		被解释变量：ln_gdp			
		东部地区 模型（8）	中部地区 模型（9）	西部地区 模型（10）	东北地区 模型（11）
ln_trade		0.0289 (0.0229)	0.172 *** (0.0422)	0.0743 *** (0.0159)	–0.0767 (0.0605)
人力资源投入	ln_uue	–0.0276 (0.0348)	–0.321 *** (0.0784)	–0.108 ** (0.0438)	0.184 ** (0.0873)
	ln_pue	0.130 *** (0.0141)	0.134 *** (0.0303)	0.0926 *** (0.0125)	0.213 *** (0.0330)
资本要素投入	ln_wsfa	0.490 *** (0.0241)	0.486 *** (0.0507)	0.687 *** (0.0232)	0.321 *** (0.0408)
	ln_fdi	0.0518 ** (0.0229)	0.112 ** (0.0442)	0.00312 (0.0125)	0.239 *** (0.0456)
智力技术投入	ln_til	0.0600 *** (0.0180)	0.0824 *** (0.0287)	–0.0197 (0.0170)	0.184 *** (0.0432)
	ln_tic	0.145 *** (0.0321)	–0.329 *** (0.0673)	–0.241 *** (0.0443)	0.178 (0.144)
公共服务能力	ln_pln	–0.830 *** (0.0578)	–0.0755 (0.181)	–0.00276 (0.0133)	0.265 (0.390)
	ln_pag	–0.0148 (0.0164)	–0.0947 *** (0.0241)	0.0147 (0.0164)	0.0387 (0.0469)
Cons_		0.394 (0.363)	4.680 *** (0.861)	2.809 *** (0.306)	3.952 ** (1.768)
Observations		250	150	296	75
FStatistics		2564.04	1811.67	3642.63	631.80
R – squared		0.9901	0.9918	0.9917	0.9890

注：***、**、* 分别表示在 1%、5%、10% 水平上显著，括号内为标准误。

二是在中部地区，与模型（8）相同的是人力资源投入对区域经济增长的影响同样具有异质性，城镇单位就业人数对区域经济增长存在显著的抑制作用，私营企业就业人数则存在显著的促进作用。并且，资本要素投入和智力技术投入对区域经济增长的影响与模型（8）基本类似，唯有普通高等学校专任教师数的影响显著为负。同时，中部地区的公共服务能力两个衡量指标对区域经济增长存在负向影响。

三是在西部地区，与模型（8）和模型（9）相同的是人力资源投入对区域经济增长影响也具有异质性，城镇单位就业人数对区域经济增长存在显著的抑制作用，私营企业就业人数则存在显著的促进作用。资本要素投入的两个衡量指标：全社会固定资产投资额和外资企业投资总额均能够推动区域经济增长，但全社会固定资产投资额的影响更为显著。反之，智力技术投入的两个衡量指标：专利申请人均授权量和普通高等学校专任教师数对区域经济增长有抑制作用，且普通高等学校专任教师数的作用更为显著。此外，西部地区的公共服务能力两个衡量指标对区域经济增长的效应不显著。

四是在东北地区，与前三个模型不同的是人力资源投入对区域经济增长存在显著的促进作用，无论是城镇单位就业人数抑或是私营企业就业人数。然而，资本要素投入和智力技术投入的影响却与模型（8）和模型（9）基本类似，唯一的区别在于普通高等学校专任教师数对区域经济增长的正向作用并不显著。此外，东北地区的公共服务能力两个衡量指标对区域经济增长的正向影响也不显著。

二、实际利用外资（FDI）对技术进步的影响

1. 变量选取与计量模型建立

在实证研究方面，本书选取不同地区专利申请人均授权量、发明专利申请人均授权量、实用新型专利申请人均授权量以及外观设计专利申请人均授权量作为被解释变量，代表不同地区的技术进步程度。在解释变量上，选取不同地区外商企业的投资总额作为实际利用外资（FDI）的替代变量，并作为核心解释变量，其他解释变量则包括技术创新环境、经济发展水平、公共服务能力和产业结构贡献四个方面。其中，技术创新环境选取不同地区的技术市场成交额（tmt）、普通高等学校专任教师数（tic）作

为衡量指标；经济发展水平则选取人均地区生产总值（pgdp）、居民消费水平（hcl）作为衡量指标；公共服务能力选取不同地区公共图书馆的人均拥有量（pln）、艺术表演团体的人均拥有量（pag）作为衡量指标；产业结构贡献则选取农林牧渔业增加值（aiav）、工业增加值（siav）、房地产业增加值（reav）和金融业增加值（fiav）作为衡量指标。

上述指标数据均为全国31个省、自治区和直辖市从1993～2017年的面板数据样本集，由于重庆市在1997年正式成立，将导致样本集缺失4个观测值，共计771个观测值。所有原始数据来源于《中国统计年鉴》《新中国六十年统计资料汇编》和国家统计局的分省年度数据库，部分缺失数据由相应年份的地方统计年鉴补充。根据面板数据的结构，可建立如下的面板数据线性回归模型：

$$tech_{it} = \alpha_i + \beta_0 \cdot fdi_{it} + \sum_{n=1}^{N} \beta_n \cdot Control_{it} + \varepsilon_{it} \qquad (4-2)$$

式（4－2）中i代表不同地区（i＝1，2，…，31），t代表不同时间（t＝1，2，…，25），α_i为个体效应或异质性效应，表示不随时间变化的影响因素。$tech_{it}$衡量不同地区、不同时间的技术进步程度，包括专利申请人均授权量（per_npg）、发明专利申请人均授权量（per_nipg）、实用新型专利申请人均授权量（per_nppg）以及外观设计专利申请人均授权量（per_napg）四个部分。fdi_{it}是实际利用外资的替代变量，$Control_{it}$是其他解释变量，包括技术创新环境、经济发展水平、公共服务能力和产业结构贡献四个方面，$\varepsilon_{it} \sim N(0, \sigma^2)$作为随机干扰项。

2. 基本回归结果

表4－5呈现的是实际利用外资（FDI）对技术进步影响的实证结果，经过豪斯曼检验可以确定，模型（1）至模型（3）采用固定效应方法估计，模型（4）则采用随机效应方法估计。结果发现：实际利用外资对技术进步存在较为显著的影响，在专利申请人均授权量上，外资企业投资总额每增加1百亿美元，专利申请人均授权量将显著增加0.0598项/万人；在发明专利申请人均授权量上，外资企业投资总额每增加1百亿美元，发明专利申请人均授权量将显著增加0.0211项/万人；在实用新型专利申请人均授权量上，外资企业投资总额正向影响并不显著；在外观设计专利申

请人均授权量上，外资企业投资总额每增加 100 亿美元，外观设计专利申请人均授权量将显著增加 0.212 项/万人。

表 4－5　　实际利用外资（FDI）对技术进步影响的实证结果

变量		被解释变量			
		per_npg 模型（1）	per_nipg 模型（2）	per_nppg 模型（3）	per_napg 模型（4）
fdi		0.0598*** （0.0202）	0.0211*** （0.00319）	0.0171 （0.0112）	0.0212* （0.0111）
技术创新环境	tmt	0.377*** （0.0448）	0.313*** （0.00706）	0.0895*** （0.0248）	－0.0354 （0.0254）
	tic	－0.241* （0.136）	－0.00479 （0.0214）	－0.289*** （0.0753）	0.0623 （0.0696）
经济发展水平	pgdp	0.536*** （0.241）	－0.165*** （0.0381）	0.386*** （0.134）	0.300*** （0.134）
	hcl	0.954 （0.783）	0.886*** （0.123）	0.792* （0.434）	－0.699 （0.434）
公共服务能力	pln	－20.33*** （4.684）	－2.007*** （0.738）	－14.06*** （2.597）	－4.919* （2.620）
	pag	22.51*** （2.712）	3.014*** （0.428）	13.86*** （1.504）	5.588*** （1.493）
产业结构贡献	aiav	－27.01*** （2.930）	－3.310*** （0.462）	－13.45*** （1.625）	－10.31*** （1.559）
	siav	5.166*** （0.980）	0.367*** （0.155）	3.071*** （0.544）	1.677*** （0.539）
	reav	－11.03* （6.658）	－7.340*** （1.049）	－12.24*** （3.692）	8.099*** （3.747）
	fiav	26.87*** （5.052）	4.897*** （0.796）	18.23*** （2.802）	4.650* （2.799）
Cons_		0.363 （0.236）	－0.110*** （0.0372）	0.309*** （0.131）	0.175 （0.180）

续表

变量	被解释变量			
	per_npg 模型（1）	per_nipg 模型（2）	per_nppg 模型（3）	per_napg 模型（4）
Observations	771	771	771	771
HausmanTest	19. 26	60. 35	35. 64	12. 88
FStatistics	395. 16	1019. 55	367. 86	—
WaldStatistics	—	—	—	1040. 90
R - squared	0. 8564	0. 9390	0. 8473	0. 5669

注：***、***、*分别表示在1%、5%、10%水平上显著，括号内为标准误。

对于其他解释变量：一是在专利申请人均授权量上，技术创新环境对区域技术进步有异质性作用，技术市场成交额能够显著促进区域技术进步，但是普通高等学校专任教师数则会显著抑制区域技术进步。经济发展水平中的人均地区生产总值会明显提高区域技术进步，但居民消费水平的正向影响不显著。公共服务能力对区域技术进步也存在异质性作用，地区公共图书馆的人均拥有量提升会对区域技术进步有抑制作用，但艺术表演团体的人均拥有量则有促进作用。产业结构贡献中的农林牧渔业、房地产业发展对区域技术进步有负向影响，工业和金融业的发展对区域技术进步则有正向影响。

二是在发明专利申请人均授权量上，技术创新环境中的技术市场成交额能够显著促进区域技术进步，但是普通高等学校专任教师数对区域技术进步的负向影响不显著。经济发展水平对区域技术进步存在异质性作用，人均地区生产总值会明显抑制区域技术进步，但居民消费水平则会明显促进区域技术进步。与专利申请人均授权量的效应一致，公共服务能力和产业结构贡献对区域技术进步同样有异质性作用，并且作用方向与模型（1）中相同。

三是在实用新型专利申请人均授权量上，除去经济发展水平中的居民消费水平对区域技术进步存在显著的正向影响以外，其他解释变量的显著性以及作用方向与模型（1）相同，此处不再累赘。四是在外观设计专利申请人均授权量上，技术创新环境对区域技术进步的影响并不显著，无论是技术市场成交额抑或是普通高等学校专任教师数。经济发展水平中的人均地区生产总值与模型（1）和模型（3）相同，均对区域技术进步有显著的促进作用，但居民消费水平的负向影响不显著。另外，产业结构贡献中的房地产业发展能够促进区域技术进步，但是在模型（1）、模型（2）和模型（3）中，这种影响都是显著为负。其他解释变量的显著性与作用方向与模型（1）和模型（3）一致。

3. 不同阶段的回归结果

进一步地，需要考察不同阶段的实际利用外资（FDI）对技术进步的影响。如表4－6所示，将样本数据集时间划分为三段：第一段为1993～2001年（扩大改革开放时期）；第二段为2002～2012年（全面改革开放时期）；第三段为2013～2017年（即中共十八大以后）。模型（5）至模型（7）的被解释变量为专利申请人均授权量，并且均采用固定效应面板模型进行回归估计，结果显示：在1993～2001年期间，实际利用外资对区域技术进步的作用并不显著，甚至呈现负相关性；不过，在2002～2012年，实际利用外资对区域技术进步的作用则显著为正，即外资企业投资总额每增加100亿美元，专利申请人均授权量显著增加0.254项/万人；在2013～2017年期间，虽然实际利用外资仍然存在对区域技术进步的促进作用，但是作用的强度明显出现下降，即外资企业投资总额每增加100亿美元，专利申请人均授权量显著增加0.108项/万人。

对于其他解释变量：首先是在1993～2001年（扩大改革开放时期），技术创新环境对区域技术进步的影响并不显著，无论是技术市场成交额抑或是普通高等学校专任教师数。经济发展水平对区域技术进步有异质性作用，人均地区生产总值能够明显促进区域技术进步，但是居民消费水平反过来却明显抑制区域技术进步。公共服务能力对区域技术进步的影响并不显著，无论是公共图书馆抑或是艺术表演团体的人均拥有量。这个时期内，产业结构贡献对区域技术进步的作用存在较大的差异，农林牧渔业和金融业的发展显著抑制区域技术进步，但是房地产业的发展又显著促进区域技术进步，正如实际利用外资的不显著结果，工业发展对区域技术进步同样不显著。

表 4 - 6　　不同阶段的实际利用外资（FDI）对技术进步影响的实证结果

变量		被解释变量：per_npg		
		1993 ~ 2001 年 模型（5）	2002 ~ 2012 年 模型（6）	2013 ~ 2017 年 模型（7）
fdi		-0.0176 (0.0260)	0.254 *** (0.0451)	0.108 *** (0.0238)
技术创新环境	tmt	0.243 (0.201)	0.0468 (0.0839)	0.566 *** (0.139)
	tic	-0.179 (0.114)	-0.663 *** (0.199)	1.612 * (0.893)
经济发展水平	pgdp	0.598 *** (0.242)	1.214 *** (0.317)	2.496 *** (0.700)
	hcl	-1.095 *** (0.526)	-3.800 *** (1.243)	-1.283 (1.206)
公共服务能力	pln	0.370 (2.371)	-10.62 (6.693)	-92.88 (178.8)
	pag	-4.631 (7.766)	11.22 *** (3.665)	-0.304 (4.933)
产业结构贡献	aiav	-6.347 *** (1.905)	14.58 *** (5.224)	1.328 (9.740)
	siav	0.319 (1.185)	-6.061 *** (1.550)	-7.229 *** (2.237)
	reav	45.29 *** (7.667)	-7.204 (11.30)	-17.76 (11.44)
	fiav	-15.23 *** (6.257)	95.25 *** (9.206)	2.566 (8.033)
Cons_		0.890 *** (0.299)	0.755 * (0.445)	-1.898 (7.487)
Observations		275	341	155
FStatistics		20.65	157.59	25.19
R - squared		0.4936	0.8529	0.7103

注：*** 、 *** 、 * 分别表示在 1% 、5% 、10% 水平上显著，括号内为标准误。

其次是在2002～2012年（全面改革开放时期），技术创新环境中的技术市场成交额对区域技术进步影响并不显著，而普通高等学校专任教师数对区域技术进步呈现负向效应。与模型（5）相同，经济发展水平对区域技术进步也存在异质性作用，对人均地区生产总值有促进作用，但是对居民消费水平则有抑制作用。公共服务能力中艺术表演团体的人均拥有量能推动区域技术进步的提升，而公共图书馆的人均拥有量影响不显著。这个时期内，产业结构贡献的作用存在较大差异，农林牧渔业和金融业的发展由抑制作用变为促进作用，工业发展则不利于区域技术进步，对房地产业发展的影响并不显著。

最后是在2013～2017年（即中共十八大以后），技术创新环境对区域技术进步有明显的促进作用，包括技术市场成交额以及普通高等学校专任教师数。同时，经济发展水平对区域技术进步存在异质性作用，但与模型（5）相比，居民消费水平的影响并不显著。公共服务能力对区域技术进步的影响并不明显，产业结构贡献中能产生显著作用的是工业发展，但是为负向作用。

4. 不同地区的回归结果

接着，考察不同地区的实际利用外资（FDI）对技术进步的影响。如表4－7所示，将样本数据集的31个省、自治区和直辖市划为四个区域：第一个区域是东部地区；第二个区域是中部地区；第三个区域是西部地区；第四个区域是东北地区。模型（8）至模型（11）的被解释变量为专利申请人均授权量，且均采用固定效应面板模型进行回归估计，结果显示：在东部地区和西部地区，实际利用外资能显著促进区域技术进步，东部地区的外资企业投资总额每增加100亿美元，专利申请人均授权量显著增加0.073项/万人，而西部地区的外资企业投资总额每增加100亿美元，专利申请人均授权量显著增加0.522项/万人，说明实际利用外资在西部地区更能够促进区域技术进步。然而，中部地区和东北地区的实际利用外资对区域技术进步的影响并不显著。

表4-7　　不同地区的实际利用外资（FDI）对技术进步影响的实证结果

变量		被解释变量：per_npg			
		东部地区 模型（8）	中部地区 模型（9）	西部地区 模型（10）	东北地区 模型（11）
fdi		0.0730*** （0.0286）	-0.0585 （0.0581）	0.522*** （0.110）	0.0265 （0.0338）
技术创新环境	tmt	0.352*** （0.0751）	0.0356 （0.0828）	0.551*** （0.0548）	0.871*** （0.225）
	tic	-1.401*** （0.344）	-0.106 （0.0936）	-0.0125 （0.102）	-0.164* （0.0966）
经济发展水平	pgdp	1.949*** （0.406）	0.575 （0.518）	-0.483*** （0.216）	0.960*** （0.257）
	hcl	0.296 （1.309）	2.398* （1.334）	2.470*** （0.627）	-3.189*** （0.850）
公共服务能力	pln	664.7*** （154.9）	609.6*** （67.83）	-7.855*** （1.850）	48.29 （62.11）
	pag	60.09*** （8.609）	5.026*** （1.753）	12.64*** （2.059）	1.824 （6.419）
产业结构贡献	aiav	-66.20*** （7.362）	-6.885*** （3.422）	-5.817*** （2.891）	16.73*** （2.851）
	siav	15.10*** （2.229）	0.459 （1.110）	0.203 （1.036）	-3.088*** （1.277）
	reav	-27.79*** （10.48）	-10.68 （10.14）	7.692 （8.046）	29.84*** （13.63）
	fiav	8.593 （8.936）	10.79 （7.583）	-0.327 （5.412）	2.107 （6.198）
Cons_		-13.16*** （3.201）	-12.92*** （1.391）	-0.366*** （0.105）	-0.826 （1.674）
Observations		250	150	296	75
FStatistics		245.40	177.59	217.60	164.67
R-squared		0.9218	0.9363	0.8976	0.9674

注：***、***、*分别表示在1%、5%、10%水平上显著，括号内为标准误。

对于其他解释变量：一是在东部地区，技术创新环境对区域技术进步存在明显的异质性作用，技术市场成交额能够显著促进区域技术进步，但是普通高等学校专任教师数则会显著抑制区域技术进步。经济发展水平中的人均地区生产总值以及居民消费水平均会对区域技术进步形成正向效应，但是对居民消费水平的正向影响不显著。公共服务能力的两个衡量指标：公共图书馆和艺术表演团体的人均拥有量都会显著作用于区域技术进步，且作用方向都为正。在东部地区的产业结构贡献上，农林牧渔业和房地产业的发展将会抑制区域技术进步，但是工业的发展却会促进区域技术进步，对金融业发展的正向作用不显著。

二是在中部地区，技术创新环境对区域技术进步的影响不显著，无论是技术市场成交额抑或是普通高等学校专任教师数，且经济发展水平中仅有居民消费水平存在对区域技术进步的明显促进作用。与模型（8）一致的是公共服务能力两个衡量指标：公共图书馆以及艺术表演团体的人均拥有量都会显著作用于区域技术进步，且作用方向都为正。在中部地区的产业结构贡献上，只有农林牧渔业的发展显著抑制区域技术进步，工业、房地产业和金融业发展的影响均不显著。

三是在西部地区，技术创新环境中的技术市场成交额能够明显促进区域技术进步，但是对普通高等学校专任教师数的作用不显著。经济发展水平对区域技术进步则存在异质性影响，对人均地区生产总值有明显抑制作用，而对居民消费水平有明显促进作用。与模型（8）不同的是公共服务能力中的公共图书馆人均拥有量对区域技术进步呈现负向效应，不过在产业结构贡献上，与模型（9）相同的是只有农林牧渔业的发展会显著抑制区域技术进步，对工业、房地产业和金融业发展的影响均不显著。

四是在东北地区，技术创新环境和经济发展水平对区域技术进步的作用与模型（8）中基本相同，唯一区别在于居民消费水平会显著抑制区域技术进步。然而，东北地区公共服务能力的两个衡量指标：公共图书馆和艺术表演团体的人均拥有量对区域技术进步的影响并不显著。在产业结构贡献上，农林牧渔业和房地产业的发展将会促进区域技术进步，但是工业的发展反而会抑制区域技术进步，同时对金融业发展的影响并不显著。

三、对外直接投资（OFDI）对技术进步的影响

1. 变量选取与计量模型建立

实证研究方面，本书同样选取不同地区专利申请人均授权量、发明专利申请人均授权量、实用新型专利申请人均授权量以及外观设计专利申请人均授权量作为被解释变量，代表不同地区的技术进步程度。在解释变量上，选取不同地区的非金融类对外直接投资流量情况作为对外直接投资（OFDI）的替代变量，并作为核心解释变量，其他解释变量则包括技术创新环境、经济发展水平、公共服务能力和产业结构贡献四个方面。其中，技术创新环境选取不同地区的技术市场成交额（tmt）、普通高等学校专任教师数（tic）作为衡量指标；经济发展水平选取人均地区生产总值（pgdp）、居民消费水平（hcl）作为衡量指标；公共服务能力选取不同地区公共图书馆的人均拥有量（pln）、艺术表演团体的人均拥有量（pag）作为衡量指标；产业结构贡献选取不同地区的农林牧渔业增加值（aiav）、工业增加值（siav）、房地产业增加值（reav）和金融业增加值（fiav）作为衡量指标。

上述指标数据均为全国31个省、自治区和直辖市从2006年至2016年的面板数据样本集，所有原始数据来源于《中国商务年鉴》《中国统计年鉴》《新中国六十年统计资料汇编》和国家统计局中的分省年度数据库，部分缺失数据由相应年份的地方统计年鉴补充。根据面板数据的结构，可建立如下的面板数据线性回归模型：

$$tech_{it} = \alpha_i + \beta_0 \cdot ofdi_{it} + \sum_{n=1}^{N} \beta_n \cdot Control_{it} + \varepsilon_{it} \qquad (4-3)$$

式（4-3）中i代表不同地区（i=1，2，…，31），t代表不同时间（t=1，2，…，11），α_i为个体效应或异质性效应，表示不随时间变化的影响因素。$tech_{it}$衡量不同地区、不同时间的技术进步程度，包括专利申请人均授权量（per_npg）、发明专利申请人均授权量（per_nipg）、实用新型专利申请人均授权量（per_nppg）以及外观设计专利申请人均授权量（per_napg）四个部分。$ofdi_{it}$是对外直接投资的替代变量，$Control_{it}$是其他

解释变量，包括技术创新环境、经济发展水平、公共服务能力和产业结构贡献四个方面，$\varepsilon_{it} \sim N(0, \sigma^2)$ 作为随机干扰项。

2. 基本回归结果

表4－8 呈现的是对外直接投资（OFDI）对技术进步影响的实证结果，经过豪斯曼检验可确定，模型（1）至模型（4）均采用固定效应的方法估计。结果发现：对外直接投资对区域技术进步的影响存在明显的差异，在专利申请人均授权量和实用新型专利申请人均授权量上，非金融类对外直接投资额的作用不显著；在发明专利申请人均授权量上，非金融类对外直接投资额每增加 1 亿美元，发明专利申请人均授权量将显著增加 0.00955 项/万人；在外观设计专利申请人均授权量上，非金融类对外直接投资额每增加 1 亿美元，外观设计专利申请人均授权量将显著减少 0.0163 项/万人。

对于其他解释变量，在之前的实际利用外资（FDI）对技术进步影响的实证研究中已经进行了阐述，这里不再过多赘述。需要值得注意的是：由于数据样本集不同，技术创新环境、经济发展水平、公共服务能力以及产业结构贡献对区域技术进步影响的显著性、作用方向和强度等都发生了变化。

表 4－8　　对外直接投资（OFDI）对技术进步影响的实证结果

<table>
<tr><td colspan="2" rowspan="2">变量</td><td colspan="4">被解释变量</td></tr>
<tr><td>per_npg
模型（1）</td><td>per_nipg
模型（2）</td><td>per_nppg
模型（3）</td><td>per_napg
模型（4）</td></tr>
<tr><td colspan="2">ofdi</td><td>－0.00622
（0.00814）</td><td>0.00955 ***
（0.00137）</td><td>0.000494
（0.00462）</td><td>－0.0163 ***
（0.00472）</td></tr>
<tr><td rowspan="2">技术创新环境</td><td>tmt</td><td>0.572 ***
（0.0818）</td><td>0.289 ***
（0.0138）</td><td>0.174 ***
（0.0464）</td><td>0.110 ***
（0.0474）</td></tr>
<tr><td>tic</td><td>－0.776
（0.533）</td><td>－0.0495
（0.0899）</td><td>－0.611 ***
（0.303）</td><td>－0.115
（0.309）</td></tr>
</table>

续表

变量		被解释变量			
		per_npg 模型（1）	per_nipg 模型（2）	per_nppg 模型（3）	per_napg 模型（4）
经济发展水平	pgdp	0.409 （0.489）	-0.237 *** （0.0824）	0.260 （0.277）	0.385 （0.283）
	hcl	2.897 *** （1.419）	1.053 *** （0.239）	2.490 *** （0.806）	-0.646 （0.823）
公共服务能力	pln	-25.97 *** （6.855）	-2.853 *** （1.155）	-16.84 *** （3.892）	-6.279 （3.973）
	pag	28.26 *** （5.375）	4.661 *** （0.906）	17.03 *** （3.052）	6.573 *** （3.116）
产业结构贡献	aiav	-34.47 *** （6.673）	-3.561 *** （1.125）	-21.39 *** （3.788）	-9.520 *** （3.868）
	siav	6.360 *** （1.751）	0.511 * （0.295）	4.267 *** （0.994）	1.582 （1.015）
	reav	30.42 *** （11.21）	-5.190 *** （1.890）	6.562 （6.366）	29.04 *** （6.500）
	fiav	2.703 （8.223）	3.122 *** （1.386）	3.697 （4.668）	-4.116 （4.766）
Cons_		0.382 （1.612）	0.158 （0.272）	0.214 （0.915）	0.0105 （0.934）
Observations		341	341	341	341
HausmanTest		25.27	23.19	32.40	28.86
FStatistics		109.51	244.88	114.71	18.32
R - squared		0.8011	0.9001	0.8084	0.4026

注：***、**、*分别表示在1%、5%、10%水平上显著，括号内为标准误。

3. 不同阶段和地区的回归结果

接着，需要考察不同阶段和地区的对外直接投资（OFDI）对技术进步的影响。如表4-9所示，将样本数据集按时间分为两段：第一段为

2012年以前（全面改革开放时期）；第二段为2012年以后（即中共十八大后）。同时，按区域分为四个地区：第一个是东部地区；第二个是中部地区；第三个是西部地区；第四个是东北地区。模型（5）至模型（10）的被解释变量为专利申请人均授权量，且均采用固定效应面板模型进行回归估计。从不同阶段的回归结果来看：无论是2012年以前抑或是2012年以后，对外直接投资对区域技术进步影响都不显著，2012年以前呈现出负向效应，但2012年以后则呈现正向效应。从不同地区的回归结果来看：在东部地区、中部地区、西部地区和东北地区中，东部地区的对外直接投资对区域技术进步有抑制作用，其他地区的对外直接投资对区域技术进步则有促进作用，但这些作用均不显著。对于其他解释变量，在之前的实际利用外资（FDI）对技术进步影响的实证研究中已经进行阐述，这里不再过多赘述。需要注意的是：由于数据样本集不同，技术创新环境、经济发展水平、公共服务能力以及产业结构贡献对区域技术进步影响的显著性、作用方向和强度等都发生了变化。

表4-9　　不同阶段和地区的对外直接投资（OFDI）对技术进步影响的实证结果

变量		被解释变量：per_npg					
		不同阶段回归		不同地区回归			
		2012年前 模型（5）	2012年后 模型（6）	东部地区 模型（7）	中部地区 模型（8）	西部地区 模型（9）	东北地区 模型（10）
ofdi		-0.0585 (0.0377)	0.0126 (0.00863)	-0.0145 (0.0129)	0.00256 (0.0224)	0.0285 (0.0267)	0.0286 (0.0264)
技术创新环境	tmt	0.145 (0.118)	0.924*** (0.207)	0.471*** (0.160)	0.0226 (0.156)	0.638*** (0.0881)	0.773 (0.505)
	tic	-3.061*** (0.643)	1.770 (1.276)	-1.027 (1.503)	0.490 (0.541)	-0.140 (0.495)	-0.134 (1.162)
经济发展水平	pgdp	0.246 (0.527)	2.638*** (1.024)	3.174*** (0.991)	0.581 (1.032)	-0.612 (0.411)	1.021*** (0.420)
	hcl	0.905 (1.959)	-1.873 (1.612)	1.012 (2.468)	3.569 (2.374)	2.686*** (1.164)	-4.070*** (1.546)

续表

变量		被解释变量：per_npg					
		不同阶段回归		不同地区回归			
		2012 年前 模型（5）	2012 年后 模型（6）	东部地区 模型（7）	中部地区 模型（8）	西部地区 模型（9）	东北地区 模型（10）
公共服务能力	pln	-11.20 （7.668）	-184.2 （239.0）	1389 *** （438.8）	898.9 *** （125.1）	-16.62 *** （2.750）	-4.914 （215.2）
	pag	12.30 *** （5.202）	10.87 （8.631）	41.26 *** （14.50）	0.0713 （3.494）	23.77 *** （3.208）	11.15 （13.68）
产业结构贡献	aiav	10.12 （8.714）	-4.237 （18.80）	-100.5 *** （18.80）	-8.979 （8.402）	-0.966 （5.998）	22.83 *** （5.875）
	siav	-4.290 * （2.374）	-5.879 * （2.969）	17.20 *** （4.548）	-1.596 （2.914）	0.447 （1.447）	-3.108 （2.173）
	reav	54.51 *** （15.43）	-1.429 （15.66）	9.536 （22.20）	-31.36 * （15.70）	51.96 *** （13.35）	23.23 （22.97）
	fiav	94.50 *** （12.21）	-1.830 （10.92）	-6.836 （14.57）	17.49 （12.36）	-8.033 （8.688）	6.690 （13.00）
Cons_		7.071 *** （1.758）	-1.105 （9.957）	-32.80 *** （11.44）	-21.14 *** （3.812）	-0.701 （0.842）	0.258 （5.241）
Observations		217	124	110	66	132	33
FStatistics		83.58	16.57	59.68	57.34	79.31	27.45
R - squared		0.8401	0.6897	0.8806	0.9279	0.8889	0.9408

注：***、***、*分别表示在 1%、5%、10% 水平上显著，括号内为标准误。

第三节　改革开放 40 年中国外贸体制改革的理论与实践

外贸体制改革是学术界研究的焦点议题。在中国知网期刊全文数据库

（CNKI）检索发现，1979 年张崇文撰文提出中国的外贸体制必须改革[①]，此后，随着学者们的研究日益丰富。改革开放 40 多年，总体上来看，在开放方面理论领先于实践，在改革方面理论滞后于实践。

一、外贸体制改革的理论探索

关于外贸体制改革进程的不同看法。朱钟棣（1999）参考时任对外贸易经济合作部部长石广生的观点[②]，将中国在 1979～1998 年的外贸体制改革划分为四个阶段：1979～1987 年的探索阶段；1988～1990 年的整体推进阶段；1991～1993 年的攻坚阶段，1994～1998 年的继续深化阶段。《中国外贸体制改革的进程、效果与国际比较》课题组（2007）的四阶段分类：第一阶段为以市场为取向，以打破旧体制为主要内容的中国外贸体制改革（1979～1993 年），这一阶段又细分为初步改革阶段（1979～1987 年）、深化改革阶段（1988～1990 年）和进一步深化改革阶段（1991～1993 年）；第二阶段为按照社会主义市场经济体制的要求初步建立外贸新体制（1994～2001 年）；第三阶段为中国加入世贸组织过渡期的外贸体制改革（2001～2005 年）；第四阶段为加入世贸组织过渡期结束之后的全面改革[③]。隆国强（2017）认为中国的外贸体制市场化改革遵循了当时的渐进式、增量改革的总体模式。改革主要分为三个阶段：第一阶段（1978～1987 年）以下放外贸经营权为主要内容；第二阶段（1988～1993 年）以外贸承包经营责任制改革为主要内容；第三阶段（1994～2000 年）以汇率体制改革为开端。从改革的效果来看，外贸体制市场化改革一方面通过下放外贸经营权和建立并完善外贸承包经营责任制使企业日益成为外贸市场的主体，大大提升了外贸企业的主动性、积极性，增强了外贸发展的活力；另一方面随着指令性计划退出、汇率制度改革以及关税调整的进行，外贸管理的市场化程度越来越高，管理效率迅速提高，进一步释放了外贸

---

① 张崇文：《外贸体制必须改革》，载于《经济管理》1979 年第 12 期。

② 石广生：《中国对外经济贸易二十年》，载于《中华儿女（海外版）》1999 年第 1 期。

③ 《中国外贸体制改革的进程、效果与国际比较》课题组：《中国外贸体制改革的进程、效果与国际比较》，对外经济贸易大学出版社 2007 年版。

发展潜力①。张生玲和张丽平（2008）将1978~2008年30年间的外贸体制改革分为五个阶段：对计划外贸体制的讨论和反思（1978~1984年）；逐步破除计划外贸体制（1984~1992年）；市场外贸体制的确立（1992~2001年）；加入WTO与内外贸的融合（2001~2007年）。她按照这五个阶段分别对当时学者的思想理论做了陈述，并对分权式改革、汇率体制改革、加工贸易问题、有管理的自由贸易体制、政府职能转变、内外贸一体化等进行论述与总结。王菁（2013）从博弈论角度出发，认为中国外贸体制改革经历了一条从管制到放松管制、从集权到分权、从计划到市场的创新之路，在此期间，中央政府、地方政府和各贸易国等利益主体都在进行博弈，打破了之前的制度均衡，之后又在不断的博弈中找寻一种新的制度均衡。而外贸体制的每一次变革都会引入一部分市场因素，使得我国外贸体制逐步完成了市场导向型的变革。2018年10月商务部研究院院长顾学明在广交会国际贸易发展论坛以《改革开放40年我国外贸结构优化升级》为题进行发言②，总结了改革开放40年以来我国外贸体制改革的演变与发展，将40年的外贸体制改革分为五个阶段：扬帆起航的阶段（1978~1988年）；以市场为导向的体制改革促进外贸实现平稳较快增长的阶段（1989~2000年）；积极与国际规则接轨，外贸实现飞跃式发展阶段（2001~2008年）；稳增长、调结构、跻身世界第一货物贸易大国的阶段（2009~2013年）；外贸转型升级，迈向高效发展的一个阶段（2013~2018年）。40多年来我国外贸完成了在贸易方式、商品结构、国际市场布局、外贸经营主体和国内市场结构等方面的优化升级。顾学明认为应当从三方面来建设经贸强国，即坚持创新引领，培育外贸竞争的新优势；发展更高层次、更大范围、更宽领域的开放型经济，构建人类命运共同体的开放；大力推进“一带一路”建设，构建面向全球的自由贸易区网络。

本书参考学者们的观点，结合中国对外开放的历史进程，将我国外贸体制改革的进程分为四个阶段：第一阶段，改革开放探索期（1978~1992

---

① 隆国强主编：《构建开放型经济新体制：中国对外开放40年》，广东经济出版社2017年版。

② 顾学明：《改革开放40年我国外贸结构优化升级》，载于《经济参考报》2018年10月24日。

年），这一阶段外贸体制改革的重心是逐步破除计划外贸体制；第二阶段，外贸体制扩大改革开放时期（1992 ~ 2001 年），这一阶段初步确立并开始实施市场型外贸体制改革；第三阶段，全面开放时期（2001 ~ 2012 年），这一阶段外贸体制改革的重心是对标 WTO 规则，全面推进外贸体制改革和国内市场经济制度建设；第四阶段，新时代（中共十八大以来）的外贸体制改革阶段。以制度型开放为核心，对标国际高标准贸易投资规则，打造国际一流营商环境，积极参与国际经贸规则的建构，实行更积极主动的开放战略，促进贸易和投资自由化、便利化，坚持维护发展中国家的规则权益，大力推动立足周边、辐射“一带一路”、面向全球的高标准自贸区网络建设，在国际营商环境竞争中掌握主动。

二、外贸体制改革实践的推进与理论的演进

1. 外贸体制改革开放探索期（1978 ~ 1992 年）

这一阶段是以放权让利为主要政策的外贸体制改革探索时期，重点是下放外贸经营权和逐步建立自负盈亏的经营机制，将原来少数外贸总公司垄断经营变为有条件的各类企业都可经营，充分调动各地方、各部门、各类企业发展外贸的积极性；打破统负盈亏、“吃大锅饭”的外贸财务体制，取消国家对出口的补贴，外贸企业按市场经济原则自负盈亏、自主经营。

中国的外贸体制改革一直是国内外相关学者关注的重点。1953 ~ 1978 年，我国出口额占世界出口总额的比重，由 1.23% 下降至 0.75%，在世界上所占位次由第 17 位降至第 32 位。改革开放前的 30 年高度集中的外贸经营体制对我国的对外开放造成了严重的束缚。1978 年 12 月，中共十一届三中全会作出决定把全党工作重点转移到社会主义现代化建设上来。随着经济建设提到重要位置，改革外贸体制的呼声不断传出。外贸体制改革的呼声缘起 1958 ~ 1978 年统制型外贸体制的弊病：第一，外贸统得过死，管理权力过于集中，不利于发挥地方和其他部门经营外贸的积极性；第二，产销不见面，生产企业或者供货部门脱离国外市场，得不到价格、质量、品种、规格方面的足够信息，因此也无法根据市场变化作出及时的反应；第三，外贸部统包盈亏的办法，助长了“吃大锅饭”和平均主义的

习惯，不利于经济效益的提高；第四，外贸经营上的垄断不但产生低效益，而且滋长了官商作风。因此，在探索阶段，中国外贸体制改革的主要方向是改革高度集中的经营体制和单一的指令性计划管理体制，下放外贸经营权，开始实行进出口贸易的指令性计划、指导性计划和市场调节相结合（张崇文，1979；程继贤，1980；季崇威，1983；邱德民，1983；王仕元，1984；中国社会科学院财贸物资经济研究所“外贸”课题组，1987；周小川，1990；王林生，1990；江小娟，1991；廖庆薪，1991；李岚清，1992；朱钟棣，1999）。袁文祺和葛虹（1984）认为外贸体制改革是我国社会生产力发展的需要，新的外贸体制改革符合价值规律的要求，新的外贸体制是对内搞活经济和对外实行开放方针的需要。王绍熙（1985）强调外贸所有制的单一化、外贸领导管理权的集中化、外贸计划的绝对化、外贸分配的平均化、外贸组织结构的分割化，这些特点是同我国原有的国民经济体制特点一脉相承的，它们有着共同的认识根源。实质上，这个根源就是不认同社会主义经济的本质是有计划的商品经济，因而不会按照商品经济规律的客观要求领导和管理经济。外贸体制改革是从根本上调整和改革外贸部门和企业之间以及外贸部门、企业与其他经济部门、企业之间的经济关系，以适应实行对外开放、对内搞活经济的需要，加快四个现代化建设。实质上就是在外贸领域调整和改革不适应社会生产力发展的生产关系，建立符合现阶段我国生产力发展客观要求的外贸经营管理新体制。新的外贸体制应当具有以下四个基本特征：一是外贸企业要真正成为相对独立的商品生产者和商品经营者。二是统一性与灵活性相结合的外贸计划管理体制。三是自觉依据和运用价值规律的外贸体制。四是多部门、多层次、多种经济形式和经营方式的外贸体制①。

（1）对对外贸易作用的重新认识。改革开放前，对外贸易的作用被简单化为互通有无，调剂余缺。说到底，就是从使用价值角度来看待对外贸易的作用。在对对外贸易的认识上，也形成了一些政治色彩非常浓厚的观点。一是社会主义国家之间的经济关系是一种国际主义互相援助的关系，

① 王绍熙：《试论当前外贸体制改革的理论基础及其主要特征》，载于《国际贸易》1985年第6期。

是兄弟般的互助合作的关系；二是平等互利、互通有无的贸易，是社会主义国家之间经济合作的主要形式之一；三是社会主义各国的对外贸易，是根据协定有计划进行的，贸易按照稳定的和统一的价格来进行核算，摆脱了资本主义市场的市场价格波动等（张卓元，1999；马慧敏，2003）。

20世纪80年代初，理论界又重新认识了对外贸易的作用。有学者提出了要重视外贸在价值交换方面的作用，要从国民经济盈利性角度看外贸，认为“调剂余缺，互通有无”思想不能作为对外贸易的主要功能作用，对外贸易必须注重经济效益问题，不仅如此，还提出了国际分工的必然性，认为比较成本学说有其“合理内核”，应该正确看待国际分工（袁文祺、戴伦彰和王林生，1980、1982；季崇威，1981；季崇威和袁文祺，1983；王新奎，1985；严建苗，1988；厉以宁，1989；张生玲和张丽平，2008）。有的学者认为我国外贸体制改革的理论基础仍然是列宁的对外贸易国家垄断制的理论；另有学者认为应是马克思的国际价值理论；还有学者认为是有计划的商品经济理论。这些观点当然都具有一定的理论指导意义。袁文祺、戴伦彰和王林生（1980）根据马克思主义经典作家的基本思想，论述了比较成本说有“合理的内核”；阐明了国际分工能够节约社会劳动的原因和条件；考察了价值规律在国际市场上的作用，并指出了什么才是真正的不等价交换。从经济规律的角度，分析了我国利用国际分工的可能性和必要性，认为不应当把对外贸易仅仅视为调剂国民经济的“填空补缺”的手段，阐明加强对外经济联系，充分利用国际分工，对于实现四个现代化有积极作用，并对利用国际分工的方式做了初步探讨①。季崇威（1981）认为应当用“比较成本论”指导我国对外贸易，在国际贸易中取得较好的经济效果。季崇威和袁文祺（1983）等认为必须重视对外贸易经济的宏观效应，满足必要前提，并对提高对外贸易宏观经济效益提出了几点建议：一是以对外贸易的国民经济盈利性原则为依据等，安排进出口商品结构；二是要利用比较利益原则，发挥我国在自然资源、劳动力方面的优势，在已有工业基础前提下，有选择地进出口商品；三是把宏观经济效

① 袁文祺、戴伦彰、王林生：《国际分工与我国对外经济关系》，载于《中国社会科学》1980年第1期。

益作为衡量标准，改进对外贸易的计划工作和经营管理[①]。厉以宁（1989）批评了“换汇至上”的思想，强调对外贸易是应当看经济效益的，出口的目的不仅仅是为了换到外汇。换到外汇是结果，是出口贸易有经济效益而必然导致的结果。

1979 年，上海社科院的张崇文撰文《外贸体制必须改革》，认为为了加快实现社会主义四个现代化，我国的对外贸易必须有一个大发展。这两年来对外贸易虽有发展，但发展的速度还不够快。与我国的国际地位很不相称，与实现四个现代化很不相适应。要实现对外贸易的大发展，必须大幅度地提高生产力。这就必然要求多方面地改变与生产力发展不相适应的生产关系和上层建筑，改变一切不相适应的管理方式、经营方式[②]。张崇文（1979）还从四个方面提出了对策建议，第一，对外贸的体制改革应该是发挥两个积极性。应该是发挥全国各地、各部门的积极性，而不是口岸包办，外贸公司独营。第二，关于外汇提成问题，如果生产出口商品的单位能够从供应出口货源中提取部分外汇，专供改进技术设备、提高产品品种质量之用，这不仅能进一步提高企业生产出口商品的积极性，扩大出口货源，而且能增产增收外汇；水涨船高，国家可以更多增收外汇，企业可以获得扩大再生产的外汇资金，有利于发展生产。第三，关于发挥企业自主权，对外贸易多少年来都是中央高度集中，地方没有一点自主权。外贸企业应该有自主权，使之能从本企业情况出发，结合国际市场变化，当机立断，处理外贸业务，办理职权范围内的事务，不受上级干涉。这样使其既有经济权力，同时也负有经济责任。才能够更好地发挥企业的积极性，扩大外贸出口。第四，关于三种计划、两项指标。三种计划指的是中央计划、地方计划和自营计划。在中央计划和地方计划以外，发挥企业的积极性，制订和实施企业的自营计划。自营计划包括三类商品、新、小商品、零星手工艺品、以进易出、来料加工以及合作生产等，可由外贸与工厂、公社直接挂钩自行安排，不需通过层层环节。这样产销直接联系，简化了手续，见效快，周转快。两项指标是指外汇指标和利润指标。外汇指标是

---

① 季崇威、袁文祺：《大力提高经济效益打开外贸新局面》，载于《国际贸易》1983 年第 3 期。

② 张崇文：《外贸体制必须改革》，载于《经济管理》1979 年第 12 期。

考核企业完成任务的实物量指标，利润指标是企业加强核算、改善经营管理的具体体现。过去规定的指标过多，而这两项指标是考核外贸企业的重要指标。有了这两个指标，就可以抓住关键考核一个企业经营的好坏，而达到精简的目的。

1981 年有学者在对外经济研讨会上的发言中认为，外贸体制改革的方向应该是对外贸易部负责研究发展政策，掌管方针政策的贯彻执行，负责全国对外贸易活动的监督和管理；各个专业外贸公司经营一些重要的商品，并负责对地方经营的商品进行协调和管理；一些具备条件的重要企业和联合体将直接经营对外贸易，它们各自独立核算，自负盈亏（张培基著，1992）。邱德民（1983）提出了我国外贸体制模式的构想，我国的外贸体制既不能是集权型，也不能是分散型，而应当是一种集权以统一对外，分散以扩大出口创汇的能动型模式。它和那种集权型与分散型相结合的混合型模式是有明显区别的，其突出的特点是统一领导、企业经营、协调管理、联合对外。邱德民（1983）还设想了“三纵、二横”的组织体系。外贸体制的具体组织形式应当是纵、横交错的网络结构。从纵的方面考虑，应设立三个职能不同的体系：对外贸易行政监督管理体系、对外贸易业务协调管理体系和对外贸易业务综合服务体系。从横的方面考虑，有两个层次：首先，三个经营渠道：以中心城市为依托，在现设各省、自治区、直辖市的外贸进出口分公司的基础上成立外贸专业公司，直接对外；直接出口的生产企业及其联合体；全国性专业化的、供产销一条龙的出口公司。以上三类外贸企业，是我国对外贸易的经济实体和主要流通渠道。其中外贸专业公司的经营是主体，它同直接出口的生产企业及其联合体之间，可以是供货关系，也可以是代理关系；生产企业或联合体，可以让其所在地的外贸专业公司代理，也可以让别的地区或沿海口岸的外贸专业公司代理。其他无外贸经营权的企业与外贸专业公司之间，仍应维持供货关系不变；但应适当调整有关经济政策，使供货单位能够取得一定的物质利益。其次，以沿海主要口岸为依托，设立对外贸易联合成交中心。“三纵、二横”的组织体系，横的方面是基础，纵的方面是主干，彼此纵横交错而各负其责、互不干扰；又牵一发而动全身，互相制约，形成一个有机的整体。这就同过去那种两条线（外贸部系列的行政系统、总公司系列的业务经营系统）、两张皮（工、贸脱节）、政企不分的外贸管理体制形成鲜明的对照[①]。

钟朋荣（1988）提出外贸体制要实现四个转变：一是经营体制由收购制向外贸企业与生产企业联营制转变；二是外汇分配体制由配给制向企业创汇用汇到市场买卖的拍卖制转变；三是外贸亏损方式由消极补亏向只对政策性亏损补亏的积极补亏转变；四是外贸宏观控制由直接控制向以税率、关税、汇率等经济手段的间接控制为主转变。周小川（1988；1990）认为我国的贸易体制改革理论准备尚不充分，属于“摸着石头过河”的探索式改革，缺少长远规划与分步计划。他借鉴国际贸易理论代表人物克鲁格曼的外贸发展五阶段理论，认为我国目前（中共十三大之后）处于第一、第二阶段之间，即处于简单而统一的行政管理或数量管制阶段与管制趋向严格化和复杂化的阶段之间，具体而言，该阶段我国外贸相当大部分依旧受到指令性计划控制，同时又面临着国内价格与国际价格相差巨大的问题。对于该阶段我国外贸体制需要考虑的潜在问题，他的观点是：第一，中国的贸易体制改革应当要过渡到第三阶段；第二，除意识形态、不良文化的冲击外，更应当重视对外开放对国内经济体制、价值观念带来的冲击。他认为传统的斯大林式的计划价格理论实际上并不能处理国内价格与国际市场价格变动关系的问题，并且有关主管机关常常对国内比较优势、国内生产能力、消费者适应能力和资源配置优化作出不恰当的判断。他认为中国既要看到对外开放深化的利益，又要认清它所导致的问题与代价，并得出结论：应该积极响应国际市场价格，而不是过多地采取偏离性政策。汪尧田（1990）也强调对外贸易体制改革和其他体制改革一样，必须要有一定的理论为依据，使改革建立在科学的基础上，这样就可使改革措施在出台之前有各种思想准备，出台之后顺利进行，减少失误。江小涓（1991）认为我国对外贸易前 30 年处于国家高度集中管制之下，出口商品结构以少数大宗初级产品为主。而出口商品结构及其变动趋势是选择外贸体制改革方向的重要因素之一。在对我国改革开放以来出口情况与出口商品结构进行实证研究并着重分析劳动密集程度与出口增长潜力相关性后发

---

① 邱德民：《我国外贸体制改革的探讨》，载于《财贸经济》1983 年第 8 期。

现，我国出口商品增长不可能再集中于少数大宗商品和传统骨干产业，高度集中的外贸体制已失去运转条件。以微观搞活和宏观协调控制为基本原则的外贸体制改革难以实现。她认为对应于出口商品结构的多样化趋势，我国外贸组织形式也应当多样化。我国应当完善并继续扩大机电产品生产企业的外贸自主权，出口优惠政策应对所有制造业企业产生同样的鼓励效果，继续发挥外贸企业的专业优势和规模经营效益，采用出口税的方式加强对已在国际市场上占有较大份额或者国内比价偏低的资源类产品的数量管制，维持出口资源配置的合理性。[①] 李岚清（1992）认为我国改革开放后，外贸体制主要问题包括少数的国家外贸总公司垄断经营、外汇体制由国家统收统支、汇价不合理、工贸（农技）难以有机结合等问题。为加速我国对外经贸发展，需要通过改革外贸行政管理机制，深化外贸企业机制改革，完善外贸协调服务机制，进一步开拓对外经济贸易市场，实行严格的质量管理等方式深化改革。

（2）外贸体制改革的特征与内容。

第一，外贸体制改革渐进式推进。1979 年 7 月 30 日第五届全国人大常委会第十次会议决定设立中华人民共和国进出口管理委员会，领导对外贸易部的工作。1979 年 7 月党中央决定对广东和福建两省的对外经济活动实行特殊政策和灵活措施。1982 年 1 月，党中央批转了《关于沿海九省、市、自治区对外经济贸易工作座谈会纪要》，要求扩大地方外贸经营权，规定除了国家统一经营的商品外，其他商品一律由地方负责经营。国家只下达出口创汇的任务，各省市区在完成规定的外汇任务时，自负盈亏。为此，北京、天津、上海、辽宁、广东、福建、山东 7 省市成立了对外贸易总公司，其他省区市也不同程度地增强了自营出口的任务。到 1984 年 6 月，隶属于地方的进出口公司有 125 个，极大地调动了地方经营外贸的积极性。1982 年 3 月重新组建对外经济贸易部。对外经济贸易部由原来的进出口管理委员会、对外贸易部、对外经济联络部和外资管理委员会合并组成，统一领导管理全国的对外贸易工作。1983 年，外贸行业开始推行承包经营责任制；1984 年中共十二届三中全会通过了《中共中央关于经济体

① 江小涓：《出口商品结构与外贸体制选择》，载于《管理世界》1991 年第 3 期。

制改革的决定》。1984年，国务院提出了外贸体制改革的指导思想和原则为：政企职责分开，工贸结合，推行代理制，同年，对外经济贸易部的《关于外贸体制改革意见的报告》中提出取消“收购制”，采取具有中国特色的审批外贸代理制。1984年6月，国务院各主管生产部门共成立了机械部的中国机械设备进出口公司、中国农业机械进出口联合公司等中央工业部门的总公司23个，下属分公司52个。此外，地方工业部门成立的进出口公司也有31个。外贸部门独家垄断外贸的局面被打破。1987年，中共十三大明确了外贸体制改革的方向：统一政策，自负盈亏，放开经营，平等竞争。1988年，国务院发出《关于加强和深化外贸体制进行重大改革若干问题的规定》，开始在全国范围内全面推行对外贸易承包经营责任制，以促使外贸体制朝着“自负盈亏、放开经营、工贸结合、推行代理制”的方向前进。1991年，国家对外经济贸易部发布了《关于外贸代理制的暂行规定》，对外贸代理制的基本内涵作出了明确界定。1991年，国家全面取消了财政补贴，通过外汇留成额度支持出口。1990年12月9日国务院作出了《关于进一步改革和完善对外贸易体制改革若干问题的决定》，1991年初以国家税务局等六个部门印发的《关于加强出口产品退税管理的联合通知》为标志，揭开了新一轮对外贸易承包责任制的序幕。这一时期的外贸体制改革呈现出由浅及深的特点，体现出我国改革渐进式及增量改革的总体思路。

第二，改革的主要内容。这一阶段外贸体制改革的重要内容有十个方面：①增设外贸口岸，下放外贸经营权，规定34种一类出口商品由中央管理，具体由对外经济贸易部所属的各专业进出口公司经营，个别商品经国务院批准，可以由其他部门经营出口；二类出口商品在外贸专业进出口总公司组织协调下分别由经营出口的省、市、自治区自行对外成交，出口任务划归各地；三类出口商品由省、市、自治区经营出口；②调整领导机构的尝试；③由外贸部门一家垄断进出口贸易的经营体制转化为多家经营的做法；④开展了多种形式的工贸结合试点，成立全国性的工贸公司，外贸专业公司开始在一些主要的海外市场设立代表处等机构，建立与客户的联系；⑤根据商品分级管理分类经营的原则，多渠道经营进出口贸易；⑥推行政企分开的改革。对外经济贸易部作为行政领导着重负责外经贸方针政策和规章制度的制定和贯彻落实，许可证配额的发放和调整，外贸专业公司的设置和经理等领导的任免，运用经济手段对外贸企业实行奖惩，等等；要求地方外经贸厅根据对外经济贸易部的授权做好外经贸的行政工作；而各级外贸公司作为外贸企业，着重经营好进出口业务；⑦外贸专业公司对工矿产品的出口基本上由收购制改为代理制，只有一些农副产品和手工艺品仍采用收购制；⑧简政放权，搞活外贸企业。要求各类外贸企业逐步从原来所属的行政部门独立出来，实行独立核算、自负盈亏，向专业化、社会化方向发展，地市县外贸企业可以兼营内贸。对服装、轻工、工艺三个行业实行完全自负盈亏的试点；⑨缩小指令性计划范围，扩大指导性计划，学会运用经济手段调节出口商品的数量和规格；⑩实行承包经营责任制。1988 年开始在全国范围内全面推行对外贸易承包经营责任制，以促使外贸体制朝着“自负盈亏、放开经营、工贸结合、推行代理制”的方向前进。

（3）对外贸体制的评价。这一时期理论界对于政企分开的改革方向达成了共识，认为政企改革是整个外贸体制改革的方向，也是解决外贸体制中管死与管活，以及国家和企业主要矛盾的关键（张生玲和张丽平，2008）。

学者们关于分权式外贸体制改革方案存在着分歧，有学者高度评价了分权式改革，认为分权式改革在调动部门和地方的积极性、促进我国外贸的增长、开辟工贸结合的新途径、扩大对外贸易渠道、促进企业的技术进步、锻炼外贸干部队伍等方面都发挥了积极作用。但这一阶段改革只是将外贸权下放给部门和地方，而真正经营外贸的企业的自主权并没有扩大，企业的经营仍受条条块块束缚，积极性并未充分调动起来。对外贸易经营权下放后，受国内外市场价格差异所蕴藏的利益驱动，各地方和部门都争相成立外贸公司从事进出口贸易，甚至有些地方不具备外贸活动的条件，也成立了口岸，开展对外贸易活动，造成恶性竞争。改革没有触及外贸企业的财务体制，国家仍然对外贸企业亏损进行补贴，没有从根子上解决“吃大锅饭”的问题（张生玲和张丽平，2008）。王林生（1990）认为改革同时也带来了新的矛盾：一是分散经营与统负盈亏的矛盾。由于企业有经营之权，享盈利之利，而不负亏损之责，形成了上千只手伸到一口大锅里争食的局面；二是刚性的出口收汇任务与软性的资源收购方法之间的矛盾。由于大部分出口商品均须按议价收购，出口收汇则仍是指令性的硬任务，于是经营者不得不群起争夺货源；三是优惠政策对创汇主力呈现逆倾斜的矛盾。由于国家对多创汇进行鼓励，原有专业外贸公司实力强，仍是受惠主力，与优惠政策扶持外贸新生力量的初衷相悖。这些矛盾本质上是权责利相分离的必然结果，所以，调整国内价格水平和体系是外贸实现自负盈亏的必然条件①。

20世纪80年代初，对外贸易实行体制改革试点，工业企业和省市都争夺外贸自主权，形成多头对外、削价竞销、只顾外汇、不计成本的局面。在广东、福建等沿海省份甚至出现了不法之徒内外勾结，大搞走私活动，还涉及不少党员干部，群众意见很大。1982年1月5日，陈云同志指出："要重办，要杀掉几个。杀几个，可以挽救一大批。解放初期，贪污几千元就杀。"陈云同志批示："对严重的经济犯罪分子，我主张要严办几个，判刑几个，以至杀几个罪大恶极的，并且登报，否则党风无法整顿。"② 几位中央领导人阅后都表示同意，邓小平还特别加了八个字："雷厉风行，抓住不放"。6天后，中央书记处召开会议，研究贯彻中央常委的指示精神，并向全国各地发出紧急通知。一场打击经济领域违法犯罪活动的斗争由此开展起来，保证了对外开放事业的健康发展。时任对外经济贸易部部长的郑拓彬来向陈云汇报，反映外贸工作内部打乱仗的情况。陈云听后说，改革的最终目的是给国家增加外汇，提出"肥水不落外人田"。后来，在外贸体制改革的报告上批示："对外贸易工作既要调动各方面的积极性，又要坚持统一对外，这是外贸体制改革必须坚持的一条原则。"③

针对这些问题，厉以宁（1989）强调外贸体制改革应该是"还权"而不是"放权"，一个企业，如果是自主经营户，就有权经营出口和进口业务，因为，对外贸易权本来是应当属于企业的。把对外贸易权集中于外

① 王林生：《外贸体制改革的回顾与反思》，载于《科技导报》1990年第8期。
② 中共中央文献研究室：《陈云年谱》（下卷），中央文献出版社2000年版，第287页。
③ 陈云：《陈云文集》（第3卷），中央文献出版社2005年版，第539页。

贸公司手中，使生产与销售脱节，对发展外贸不利[1]。一些学者则提出了外贸体制综合配套改革的方案（邱杰和常慧立，1987；李军，1987；冯艾玲、李华云和周小川，1988；余道群，1988）。余道群（1988）认为外贸体制改革是一项复杂的系统工程，它不仅涉及外贸本身宏观、中观、微观管理的问题，而且涉及经济领域里其他方面的问题，诸如价格、汇率、财务管理体制、物资分配制度等。因此，对外贸体制进行改革时，应该按整个经济体制改革的要求，建立起外贸体制改革的总体目标模式，使外贸体制改革配套协调、有条不紊地进行。冯艾玲、李华云和周小川（1988）认为外贸体制改革的经验教训表明，改革难以取得实质性进展的主要原因，除了思想认识方面的问题之外，更重要的是外贸体制改革与国内经济体制改革未能形成配套同步关系。从外贸体制改革的要求来看，国内体制改革应围绕企业、市场、宏观控制三个环节采取系统的、治本的、配套的改革，而不再徘徊于局部的、治标的、试验性的改革。在国民经济体制改革中，价格的改革和税制的改革与外贸体制改革关系最为密切，外贸体制改革的进程依赖于税制改革合理化的进程。外贸体制改革价税方案的外部配套有三个要求：首先，它要求国内生产和外贸企业的财务约束是较硬的，至少在改革中有效地趋于硬化；其次，外贸体制改革的价税方案要求国内企业必须以追求利润为主要目标，并对利润有较灵敏的反应；最后，应有一个比较统一的市场，至少不是严重割据的市场，才能保证市场信号的合理性[2]。

针对这一阶段实施的外贸企业承包经营责任制改革，学术界的观点也是分歧巨大。有学者积极支持外贸承包经营责任制，认为：第一，以契约和招标方式为特征的外贸承包责任制是实现自负盈亏、放开经营的基本措施，有利于促进工贸的真正结合，是提高经济效益的根本途径；第二，其根本目的在于调动和发挥外贸承包企业的主动性和积极性，在深化外贸体制改革的过程中，将会起到举足轻重的作用；第三，外贸承包责任制还只

---

① 厉以宁：《中国外贸体制改革和发展外向型经济问题》，载于《社会科学辑刊》1989 年第 4 期。

② 冯艾玲、李华云、周小川：《外贸体制改革及其外部配合关系的探讨》，载于《改革》1988 年第 1 期。

是适应社会主义初级阶段要求的初级形式，随着社会生产力的不断发展，以及社会主义初级阶段向高级阶段过渡，外贸体制改革的形式必然向高级形式转化[①]。张松涛（2001）高度评价了外贸承包经营责任制，认为一方面，改革进一步发挥了各地方、各部门、各类外贸企业和生产企业扩大出口的积极性，对于改善企业内部经营机制，扩大出口贸易，促进对外贸易的发展，起到了重要作用；另一方面，改革在一定程度上消化了1988年下半年以来国内物价明显大幅度上涨对外贸出口的压力，出口有了较大发展，国家外汇收入和储备增加，进出口商品结构和贸易平衡状况有了明显改善[②]。

但是，也有很多学者质疑了外贸企业承包经营责任制改革的方案及其效果，认为外贸企业并未真正走上按商品经济原则经营，自负盈亏的轨道，反而造成了地区间、企业间不正当的和盲目的竞争或不平等竞争（冯艾玲、李华云和周小川，1988；厉以宁，1989；李雨时，1990；于立新，1991；于立新和袁伶娃，1991）。冯艾玲、李华云和周小川（1988）认为外贸企业承包经营责任制改革存在着诸多问题，并不是可行方案，第一，外贸企业的承包比国内生产企业的承包具有更大的复杂性：国内企业的承包往往是以规定的外部环境，即假设价格、供销渠道等因素不发生显著变化为条件的；外贸企业即使在实行专业化分工的情况下，也将面对成百上千不同品种、规格的商品。要根据我国进出口发展战略的要求不断优化进出口结构，特别是使出口商品结构向深加工制成品的方向转变，也必须在承包时实行比较复杂的办法；由于我国目前对宏观经济几大平衡的控制能力较弱，宏观经济条件一旦发生变化，外贸企业的承包条件就很可能会改变，这也给外贸企业承包增加了复杂性；第二，在外贸公司实行承包的体制中，总量与结构两种任务之间存在严重的冲突，应考虑实行较为全面的进出口许可证制度，以保证进出口结构有所改进，并使某些贸易环节中的高额利润不致过多地流失出去；第三，在自上而下层层实行承包的体制下，就必然要在很大程度上实行地方行政性分权，同时，国内市场某种程

① 参见《经济研究》编辑部：《中国经济理论问题争鸣》，中国财政经济出版社2002年版。

② 张松涛：《宏观经济对外经济世界经济：改革开放新阶级的思考》，中国对外经济贸易出版社2001年版。

度的割据状态将是不可避免的；第四，企业自身所有制下企业的经营动机和主要目标都是追求职工收入和福利的最大化，加上企业利润的可操纵性（即可由行政办法操纵）。因此，直接针对企业利润的经济杠杆的作用将不那么明显，而职工工资、奖金与外贸效益挂钩以及确定单位出口商品工资含量等措施的作用则是比较明显的[①]。厉以宁（1989）强调应从思想上明确外贸承包制只是过渡性的措施，尽管外贸承包多多少少使企业的经营状况同企业自己的利益、企业职工利益挂钩了，企业和职工的积极性多少有些提高，所以取得了一定的成效，但外贸承包制并没有使企业与政府分离开来，企业还是摆脱不了上级主管部门的干预。此外，外贸承包制也没有解决企业自负盈亏问题，企业负盈不负亏，实行外贸承包制以后，企业可能偏重于短期行为，偏重于眼前利益，这种急功近利的做法可能损害长远利益[②]。基于以上分析，厉以宁（1989）认为外贸体制改革最终必将走股份制道路。在股份制之下，现有的外贸公司将改造为由国家持股、企业基金会持股、职工个人持股，以及向社会招股的股份公司。这些股份公司同行政部门脱离关系，自主经营，自行决策，自负盈亏，自己利用积余来发展、扩充。国家持股，表明国家作为投资者同其他投资者一样，处于平等地位，只能根据股份多少，选出董事，从企业内部来影响决策。如果按照这种方式经营对外贸易，那么股份制化外贸公司就可以灵活地参加国际市场竞争，而不必担心来自上级机关的干预。至于国家股的多少，可依照企业的具体情况来确定，总的原则是：国家股中的普通股不宜超过全公司股份的一半，国家股的一部分改为优先股[③]。鲁开垠（1989）、罗志（1993）、苏存（1995）先后提出了借鉴外国经验，构造中国式综合商社的外贸企业改革思路。

2. 外贸体制扩大改革开放时期（1992~2001年）

1993年11月，中共十四大明确提出了建立社会主义市场经济体制的改革目标。中共十四届三中全会出台了《中共中央关于建立社会主义市场

① 冯艾玲、李华云、周小川：《外贸体制改革及其外部配合关系的探讨》，载于《改革》1988年第1期。

②③ 厉以宁：《中国外贸体制改革和发展外向型经济问题》，载于《社会科学辑刊》1989年第4期。

经济体制若干问题的决定》。自此，全国经济体制改革朝着市场化方向迈进。外贸体制改革也开始步入了市场型外贸体制改革阶段。该阶段的外贸体制改革的重点是：统一政策、放开经营、平等竞争、自负盈亏、工贸结合、推行代理制。从1992年开始，外贸体制开始以符合“国际规则”为导向，改革的主要内容包括：取消出口补贴，取消进口调节税；取消进出口指令性计划，减少许可证和配额数量；取消汇率双轨制，实行以市场供求为基础的、单一的、有管理的人民币浮动汇率制度，实行外汇收入结汇制，解决了进出口企业购汇结汇难的问题；多次大幅度降低进口关税，使之与国际平均关税水平接近。转变管理方式，主要运用经济和法律手段调节对外贸易，关税、汇率、税收、利率等成为主要调节手段，在货物贸易、外资、知识产权、反倾销等各个领域出台一系列的法律法规，增强政策透明度。

（1）外贸体制改革的主要内容。第一，汇率体制改革。具体包括四方面内容：一是将官方汇率和外汇调剂中心的双重汇率并轨成统一的由银行间外汇市场所决定的汇率；二是实行结售汇制，取消各类外汇留成，取消出口企业外汇上缴和额度管理制度，对一般企业实行结售汇制，不保留它们的外汇账户，但开始允许一些大中型企业保留自己的外汇账户，在核定的额度内这些大中型企业不必把自己的出口收汇结给外汇指定银行；三是对进口等经常项目下的用汇凭有效凭证实行售汇制度；四是1996年12月1日起实行人民币经常项目下的可兑换。

第二，取消进出口贸易的指令性计划，实行指导性计划，不再召开全国外贸出口计划会议；取消某些商品的进口补贴；取消全部进口替代商品的清单；缩小进口许可证管理的商品范围；以产业政策来引导进口商品结构的不断趋向优化；逐步改变进口商品的行政审批办法，改用汇率和关税的调节方法；改革汇率制度，使汇率处于合理的水平；不断减低关税水平，使其接近发展中国家的水平。国家取消了对外贸企业的指令性计划，取消了外贸企业上缴外汇的任务，实行了统一的所得税政策，外贸企业与国内其他企业一样按国家规定的统一税率缴税，取消了对外贸企业的财政优惠。

第三，各部委所属外贸企业与原主管部委脱钩，并按照现代企业制度进行改造。1998年国务院各部委所属企业与原主管部委脱钩的重大决策出台以后，各专业外贸总公司也同对外经济贸易部脱了钩。这种脱钩有利于政企的进一步分开，有利于按现代企业制度来改造专业外贸公司。在外贸企业中建立责权利结合的岗位责任制；试行股份制，让职工持有少量股份，以调动工作积极性；加强工贸、技贸结合，发展实业化、集团化、国际化经营，由单纯的商品贸易向多功能企业转化。

第四，从1994年开始逐步过渡到由中央财政统一退税的出口退税制度。

第五，设立出口商品发展基金和风险基金，成立进出口银行，对出口贸易提供信贷支持和风险担保，逐步降低关税，清理非法定减免关税。

第六，加强外贸立法，先后发布实施《中华人民共和国对外贸易法》（1994年）、《中华人民共和国反倾销和反补贴条例》（1997年）。

第七，进一步减少对进出口的数量限制，对部分供给富余的进出口商品实行配额和许可证管理，对配额许可证商品实行配额有偿招标、拍卖或规则化分配。1993年国家实行配额许可证管理的出口商品品种减少至138种，比上年减少了52%；同时取消了原来的分级管理、分类经营的做法，除少数大宗的重要出口商品之外，其他出口商品一律放开经营；出口配额的分配同出口实绩挂钩；同时进一步扩大地方外贸管理部门的积极性。

第八，鼓励外贸经营企业的多元化。除了外贸公司以外，鼓励外资企业、获得外贸自营权的大中型企业、私有企业、乡镇企业出口，出口渠道呈多元化的发展趋势。

（2）理论研究。

首先，对标国际经贸规则进行外贸体制改革。我国在恢复关贸总协定缔约国地位之后，将进一步根据关贸总协定的要求和建立社会主义市场经济体制的目标，深化经济体制改革和外贸体制改革，基于此，学者们给出了大量研究（强永昌，1993；韩琪，1993；许煜、马立钧，1996；李桂芹，1996；徐晓梅，1999）。1993年强永昌连续发表了5篇论文，强调从我国现行外贸体制与关贸总协定国际贸易规范的差距入手对构建我国外贸新体制，并对我国外贸新体制的内容和应遵循的原则做了深刻的分析[①]。随着社会主义市场经济的改革方向的确定，在客观上，对我国外贸行政管理体制提出了新的要求，即要求经贸部门各项政策必须更加科学、运行协调有效，并确保行政管理人员的廉政和勤政；从根本上实现经贸部门的上层建筑与经济基础的适应；促进我国外贸体制向国际贸易规范和市场经济靠拢[②]。金融部门是国民经济体系中的核心部门。它通过各种资金借贷关系与国民经济各部门、各产业之间存在密切的联系；它既是推动国民经济发展的驱动器，又是平衡和协调整个国民经济体系良性运转的有效的宏观间接调控手段。因此，完善金融体制是深化外贸改革和规范外贸行为的前提条件，在规范我国外贸宏观金融管理的过程中，汇率制度是核心，外汇管理制度和政策性融资是条件，只有在这三个主要因素得到同时完善的条件下，我国外贸宏观金融管理体制才能最终转向市场的间接调控和实现规范化的目标[③]。完善和规范我国与外贸有关的财政体制，是实现我国外贸体制与国际规范接轨的前提条件。长期以来，在“大财政、小银行”的计划经济影响下，外贸宏观管理中的政府职能被强化，行政性财政手段成为外贸宏观管理的重要杠杆，直接对外贸部门的活动产生影响，导致了外贸宏观管理行政化和微观经营的低效率。随着我国“复关”目标的即将实现和市场经济改革目标的进一步明确，改革现行财政管理体制，规范外贸财政支持手段和提高其宏观调节效果，也就成了外贸宏观管理体制改革的当务之急[④]。进出口商品价格管理制度是关于进出口商品的价格形成机制和协调机制等方面的制度规定。其主要目标是：协调国内外不同的市场体系、价格体系和货币体系；以实现平等互利的原则；与其他宏观调控手段相配合，减少国内外价格体制的相互矛盾与摩擦，减轻国际市场价格波动对国内的不利影响；使国内经济与国际经济相互促进，以实现社会主义市

---

① 强永昌：《关于我国宏观外贸体制改革问题——“复关”后我国外贸新体制构造的思考》，载于《国际贸易》1993年第5期。

② 强永昌：《外贸宏观管理体制改革之二：行政管理体制改革》，载于《国际贸易》1993年第6期。

③ 强永昌：《宏观外贸体制改革之三：与外贸有关的金融体制改革》，载于《国际贸易》1993年第7期。

④ 强永昌、陶勇：《外贸宏观管理体制改革之四——与外贸有关的财政体制改革》，载于《国际贸易》1993年第8期。

场经济的改革目标[①]。

其次，对汇率体制改革的讨论。从汇率体制改革入手推进外贸体制改革，主要原因在于当时中国外贸经营和管理中的汇率问题日益凸显（隆国强，2018）。1994年，时任外经贸部部长的吴仪认为："在当前形势下改革汇率制度，是真正抓住了关键。这些措施较之以往的改革措施在统一政策、放开经营、自负盈亏、平等竞争等方面取得了重大突破，将使长期困扰外贸发展的一些深层次问题得以有效地解决，从而有利于中国外贸体制按国际规范运行，有利于外贸企业更广泛、更深入地参与国际分工和交换，发展开放型经济，实现国内经济与国际经济的互接互补。"[②] 改革开放前，由于外汇由国家统收统支，因此汇率只是国家内部进行会计核算的工具，对进出口起不到任何调节作用。改革开放之后，中国在较长一段时间内实行外汇调剂市场汇率与官方汇率并存的"双轨制"汇率制度。此外，当时还存在"黑市"汇率。在多种汇率并存的情况下，国内、国外市场的价格体系难以打通，企业在经营过程中也很难进行有效的成本控制。这越来越影响中国对外贸易的进一步发展。美籍华人经济学家邹至庄（2005）评析了1979年之后为了促进出口中国政府采取的经济政策，包括中央下放商品的经营权，对出口商品实行分级管理分类经营；贸易公司与制造企业和专门生产出口产品的工业企业合作组建工贸公司；给予出口公司特殊待遇以鼓励出口，让外贸企业在财务上与其主管部门脱钩；在几个沿海省份，建立了出口加工区，他断言此后的经济中，汇率问题的重要性更加凸显[③]。汇率并轨理顺了连接国内市场价格体系与国际市场价格体系的通道，使得我国外贸管理体制和经营体制进一步与国际接轨。从管理手段上讲，它使我国外贸管理的市场化程度大大提高。对此，学者们给予了高度评价（张松涛，2001）。于立新（1994）还构想了汇制改革的下一步方案——适时推出人民币自由兑换的一揽子改革方案。

---

① 强永昌：《外贸宏观管理体制改革之五——进出口商品价格管理制度改革》，载于《国际贸易》1993年第9期。

② 吴仪：《如何面对一场没有硝烟的世界商战——关于外贸体制改革问题》，载于《中国改革》1994年第7期。

③ 邹至庄：《中国经济转型》，中国人民大学出版社2005年版。

这一阶段的外贸体制市场化改革进一步活跃了外贸市场，外贸管理进一步与国际规范接轨，取得了明显的成效。首先，汇率并轨后，人民币兑美元汇率在较长的时间内较为稳定，这大大降低了外贸企业的汇兑风险，为外贸的发展创造了有利的条件。其次，《中华人民共和国对外贸易法》的颁布实施标志着中国对外贸易管理走上法制化轨道，《中华人民共和国反倾销和反补贴条例》的出台使得中国外贸管理更加与国际通行规则接轨（隆国强，2018）。

3. 全面开放时期（2001～2012年）的外贸体制改革

这一阶段外贸体制改革的中心是对标WTO规则，全面推进外贸体制改革和国内市场经济制度建设。2001年12月11日我国正式加入世界贸易组织（WTO），成为其第143个成员。我国的外贸体制改革进入了以WTO规则为基础的全面改革阶段。主要内容包括：（1）在非歧视原则、自由贸易原则和公平竞争原则下调整和修改不符合WTO规定的政策法规；（2）加快外贸主体多元化步伐，允许私营外贸企业迅速发展；（3）转变外贸主管部门职能，强化宏观管理，弱化行政手段，加强服务；（4）制定出口产业政策，建立完善外贸促进体系，推广代理制。对外贸易体制进一步转向市场化、自由化、法制化轨道①。

2004年7月1日，《中华人民共和国对外贸易法》应运而生。新修订的《中华人民共和国对外贸易法》充分考虑了加入世贸组织时签署的《中华人民共和国加入议定书》第5.2条和《中国加入工作组报告书》第84段（a）中“在贸易权方面应给予所有外国个人和企业，并不低于给予在中国的企业的待遇”的承诺，是真正意义上的市场经济条件下的能与国际接轨的外贸代理制度，彻底下放了外贸经营权，打破了外贸垄断。由此我国的审批制外贸代理制暂时告一段落，开始实行“外贸代理登记制”。“外贸代理登记制”是一个履行我国加入世贸组织承诺，遵循世贸组织规则，并将其转化为我国国内法的重大举措；是一种体现自由竞争，符合市场经济发展内在要求和市场经济发展规律的对外贸易体制。外贸经营权的

① 杜荣：《建国60年我国对外贸易发展回顾与启示》，载于《国际经贸探索》2009年第10期。

下放使很多外贸经营者欢欣鼓舞，为我国外贸经济的高速发展注入了新的血液。外贸企业开始去优化自己的外贸代理服务，增加自己外贸代理的竞争优势，适应一个又一个自由竞争和淘汰的过程，最后树立起自己的商誉和品牌。这个阶段我国积极与国际规则接轨，外贸实现了飞跃式发展。2001 年中国加入了世贸组织，加速了中国融入全球贸易体系的进程，成为中国开放型经济发展的又一关键节点。我国进一步加大了深化改革的力度，共集中清理了 2300 多部法律法规和部门规章，2003 年 10 月 13 日国务院发布关于改革现行出口退税机制的决定。我国逐步建立了符合世贸组织规则和进出口管理的法律框架和制度。由此产生的制度性红利极大促进了我国对外贸易的发展。这一阶段的外贸体制改革取得了巨大的成绩，我国从一个封闭型的贸易小国迅速成长为一个开放型的贸易大国，我国外贸进出口总额高速增长，由 2001 年的 42183.6 亿元增长到 2004 年的 95539.1 亿元，再到 2008 年的 179921.5 亿元。

（1）加入世界贸易组织（WTO）与转变政府管理职能。加入 WTO 后，关于外贸体制改革的讨论更多地集中在转变政府职能上。中国加入 WTO 后对政府行为提出的基本要求是：依法、透明、合理、高效地履行政府职能。我国现行政府管理体制及职能与 WTO 规则还不相适应，必须着眼于发展趋势的国际化，深化行政体制改革；根据 WTO 运行规则的要求，明确界定中央政府和地方政府的职责和权能；抓住“政企分开”这个关键，切实转变政府职能。从改革政府审批制度入手，促进政府职能的转变；促进政府职能转变向政府管理法制化方向发展（赵晋平，2000；邓炜，2002；史晓丽，2002；钟山，2002；吴玉雄，2002；刘熙瑞，2002；张星炜，2002；周骏宇，2007；王平，2011；陈琦伟，2014）。中国加入 WTO 后，将面临各种激烈的竞争，表面看来，加入 WTO 是企业之间的竞争，但实际上，其背后却是政府管理方式、机制、职能与效率的竞争。为了能够充分应对加入 WTO 带来的挑战，适应 WTO 规则的基本要求，必须切实转变政府职能，使其不能对市场进行过多的干预，强化政府在民主法制、宏观调控、公共服务等方面的基本职能（梁鹰，2002；韩琪，2002；曾慧，2002）。国务院发展研究中心课题组（2002）的研究认为，由于中国是一个从计划经济向市场经济过渡的国家，现行体制在很多方面与

WTO 的要求存在明显的差距。我国对 WTO 的承诺非常广泛，包括国民待遇、透明度、贸易制度的统一实施、司法审议、外贸权、进出口许可程序、国家定价、落实《与贸易有关的知识产权协定》（TRIPs）与《与贸易有关的投资措施协议》（TRIMs）有关规定、标准与技术法规等诸多方面，其中绝大部分承诺实质上都直接涉及中国体制的改革与调整。该研究认为，加入 WTO 对政府职能转变的直接挑战主要表现在：一是政府保护国内市场的方式受到限制。二是政府支持国内产业提高国际竞争力的方式必须改变。三是政府涉外经济管理的办法必须调整。四是政府涉外经济管理的机构必须调整。该研究还强调，在政府的一些管理职能弱化的同时，一些新的涉外经济管理职能却亟待加强。例如，对国外进口产品的反倾销调查、与国外的贸易谈判等。随着政府涉外经济管理职能的调整，政府涉外经济管理的机构设置也必须进行相应的调整，对官员的知识与技能要求也会发生相应的变化，从而导致人员的更新。国务院发展研究中心课题组（2002）还指出，加入 WTO 对中国体制改革提出了新的要求：第一，加快完善市场经济体制变得更为迫切。在经济全球化的新形势下，一个国家在激烈的国际竞争中取胜的唯一办法，是创造一个富有吸引力的投资环境，吸引全世界的人才、资金、信息等生产要素汇聚，从而发挥本国的比较优势，推动经济的快速发展。第二，建立公平竞争的体制环境，实现国内统一市场。中国的对外开放与体制改革采取的是渐进式推进的战略，这一战略的好处是保证了体制的稳定过渡，避免了过大的冲击，但其成本则是在不同部门、不同地区、不同所有制的企业之间，形成了普遍的差别待遇，完全不能适应市场经济体制最基本的公平竞争的要求。第三，加快建立开放经济的风险防范体系。开放经济的风险来自诸多方面，按照国际经验，风险防范体系应该包括以下几个方面：建立灵活的汇率制度，保持国际收支平衡；加强金融监管，防范金融风险；建立反补贴、反倾销体系，防止国内产业受到来自外部的不正当竞争；完善社会保障体系，防止开放市场所必须的结构性调整演变为社会问题。第四，对加快政府本身的改革提出更迫切的要求。在中国社会主义市场经济新体制的建立与完善过程中，政府作为改革的发起者与实施者，始终居于中心地位①。

法学界的专家从法制建设的角度给出了颇具指导意义的对策建议（周泳，1998；何茂春，2000；曹建明和贺小勇，2000；曹建明，2001，2002；史树林，2001；李巍，2004；沈四宝和马其家，2004）。

（2）加入WTO与内外贸一体化。国民经济恢复时期（1949～1952年），根据当时所面临的国内外形势，成立中央贸易部统一管理中国的对内对外贸易；计划经济时期（1953～1977年）以及改革开放的前25年（1978～2003年），面对西方资本主义国家的封锁，以及内外贸运行体制不同，对内贸易由商业部、经贸委、粮食部等多个部门管理，专门成立对外贸易部指导中国对外贸易的运行，实行内外贸的分割管理。陈启杰1989年便撰文指出内外贸一体化发展的重要意义②，20世纪90年代，先后有学者呼吁内外贸一体化发展（闵树琴，1997；刘克和安占然，1997；姚苏烽，1997；童书兴，1998；李光集，1998；白和金，1999；马洪，2000）。李光集（1998）认为，我国在进行市场经济体制改革以前和改革初期，国民经济发展水平很低，企业毫无市场取向的经验，尤其是驾驭国际市场能力很低。在这种情况下，为了取得外汇，优先保证外贸发展，集中力量扶持和发展外贸企业而将内外贸割裂是有一定道理的，但随着经济改革的不断深入，内外贸长期分离的管理体制，已给当前内外贸一体化进程留下许多障碍③。2001年加入WTO后内外贸一体化的要求更为迫切。陈朝晖（2004）、陈文玲等（2005）、于培伟（2005）、蔡珍贵和王石（2006）、裴长洪和彭磊（2008）、张生玲（2009）等分别对中国内外贸分割体制的弊端进行了深入分析，认为内外贸的分割是人为破坏了市场体系的竞争性、统一性和开放性，损害与扭曲了企业作为市场的主体地位，不利于流通企业做大做强，不利于从整体上全面提高对外开放水平，严重影响了中国流通业促进生产、引导消费作用的发挥，不利于节约流通费用，提高国民经

① 国务院发展研究中心"经济全球化背景下政府职能转变的国际比较研究"课题组：《中国尤为艰巨——经济全球化背景下的政府职能转变》，载于《国际贸易》2002年第5期。

② 陈启杰：《试论内外贸一体化——上海发展外向型经济、调整内外贸格局的一条思路》，载于《财经研究》1989年第2期。

③ 李光集：《内外贸一体化是我国经济发展的必然趋势》，载于《银行家》1998年第10期。

济的综合效率。

内外贸一体化需要相应地改革外贸管理体制。有专家认为我国长期以来内外贸分别管理的体制，已不适应内外贸业务相互融合、国内国际市场一体化和加入WTO的形势，也不适应建立开放的市场体系和进一步吸收外资的需要。为完善社会主义市场经济体制，必须深化流通体制改革，把内外贸管理统一起来，把贸易管理同对外经济合作结合起来。表现在机构设立上，就是要把对外贸易和经济合作部与国家经贸委的内贸管理等职能整合起来，组建商务部（张卓元，2005；陈文玲等，2005）。李永江（2004）则认为，与经济体制一样，内外贸一体化改革也存在一个转轨过程。长期分离的管理体制，已给当前内外贸一体化进程留下许多障碍。这些障碍主要体现在体制障碍、机制障碍、政策法规障碍、观念障碍和管理障碍。就管理障碍而言，由于体制原因，管理上遗留的障碍更多，第一，从行政机构的管理上看，虽然商务部的成立，从组织上解决了中央一级层面上内外贸一体化的问题，但目前各地方行政管理部门还未统一，经贸委、外经贸委、商务厅同时存在，剪不断自然理还乱，名不正、言不顺、职不清、责不明，政出多门的现象影响了权威性和管理效率。内外贸统一如何操作还有待研究，尚需时日。第二，内贸自身的管理也没有实现统一，而内贸管理不统一，就很难做到内外贸真正意义上的一体化管理。第三，商务部无法监控管理市场流通的关键环节。第四，大宗商品内外贸管理体制严重分割①。谭祖谊（2011）则依据经济学原理对内外贸统一进行了剖析，认为行政管理体制的变化只是引起对内外贸一体化问题讨论的引线，真正的经济背景是经济结构调整和扩大国内需求。内外贸一体化是以企业为主体的市场自发演进过程，它有助于加快基于比较优势和规模收益的区域产业结构调整和优化，并通过产业结构和贸易结构调整促进国内需求快速增长。企业选择内外贸一体化经营，除了受到内部预算约束和外部市场规模限制以外，还依赖于产业链的延展路径和市场一体化的程度②。

1993年我国组建国内贸易部，对外经济贸易部更名为对外贸易经济合

① 李永江：《内外贸一体化存在五大障碍》，载于《国际商报》2004年9月28日。

② 谭祖谊：《内外贸一体化的内涵、经济效应及其路径选择》，载于《北方经贸》2011年第8期。

作部，结束了生活资料与生产资料长期分割管理的局面，1998 年国内贸易部再次改组为国家国内贸易局。针对内外贸一体化的现实需求，2003 年商务部正式成立，实现内外贸易合二为一①。商务部的成立标志着内外贸一体化在中央贸易管理层面上的整合开始走上正轨，但内外贸一体最终要靠具体的微观载体来实现，学者们也对内外贸统一的微观实现方式展开了分析。通过试点，建立起一批内外贸兼营的大型流通企业，这样做有利于把国内市场和国际市场联系起来，发挥两类部门的综合优势（马洪，2000），借鉴日韩经验加快组建我国综合商社（郭冬乐，2004；邓仕燕、罗韬，2006），构建内外贸一体化跨国商贸集团（赵树梅，2011；林至颖，2011）等建议被提出来。储敏和黄哲日（2006）则给出了推动内外贸统一的五个对策建议：建立完善的法律法规制度、建立适当的预警机制、发挥行业协会和中介组织的规范和引导作用、加强企业自律培养全局观念和培养专业人才②。

4. 新时代（中共十八大以来）的外贸体制改革

这一阶段外贸体制改革的中心任务是以制度型开放为核心，对标国际高标准贸易投资规则，打造国际一流营商环境，积极参与国际经贸规则的建构，实行更加积极主动的开放战略，促进贸易和投资自由化、便利化，坚持维护发展中国家的规则权益，大力推动立足周边、辐射“一带一路”、面向全球的高标准自贸区网络建设，在国际营商环境竞争中掌握主动。

中共十八大提出全面深化改革的目标，中共十八届三中全会《中共中央关于全面深化改革若干重大问题的决定》具体提出全面深化改革的指导思想、目标任务以及重大原则，其中，构建开放型经济新体制是全面深化改革的主要任务和重大举措之一。中共十八届五中全会通过的《中共中央关于制定国民经济和社会发展第十三个五年规划的建议》明确提出：“完善对外开放战略布局。推进双向开放，促进国内国际要素有序流动、资源高效配置、市场深度融合。”2019 年 3 月 5 日，李克强总理在政府工作报告中指出：“继续推动商品和要素流动型开放，更加注重规则等制度型开

① 荆林波、袁平红：《改革开放四十年中国流通领域发展回顾与展望》，载于《求索》2018 年第 6 期。

② 储敏、黄哲日：《内外贸一体化的演进及完善对策》，载于《北方经贸》2006 年第 6 期。

放，以高水平开放带动改革全面深化。”[①] 这是我们党在新的历史起点上，对我国未来5年对外开放作出的重大战略部署，也是改革开放40年后，对推动我国对外开放作出的新部署，不仅为新一轮高水平对外开放指明了方向和路径，而且意味着开放性质的“质”的重大跨越，我国对外开放将进入制度型开放新阶段（汪洋，2013；张二震和戴翔，2014；张燕生，2015；霍建国，2015；东艳，2015；谢奕秋，2015；姜荣春，2015；杨长湧，2016；张岸元，2016；沈丹阳，2017；上海 WTO 事务咨询中心，2017；李强和徐康宁，2017；杨艳红和卢现祥，2018；张宇燕，2018；权衡，2018；熊若愚，2018；戴翔、张二震和王原雪，2018；叶辅靖，2018；何立胜，2019；杨长湧，2019；许英明，2019；吴浩，2019）。2010年丁栋虹撰文指出，中国的经济依靠市场开放获得了历史的发展，但只有依靠制度开放，才能获得将来的发展，尤其是长期健康的发展；中国经济基于单纯市场开放所产生的品质问题，必须在高瞻远瞩、大刀阔斧的制度开放及建设中才能解决。这是所指的制度开放，既指从制度的意识形态到具体实践上，对经济国际化以后成为地球村的整个世界的开放，也指对不同区域、不同市场、不同企业性质互通后的市场一体化的开放[②]。改革开放40多年来，中国经济高速发展，人民生活水平普遍提高，国家经济实力明显增强，体制改革稳步推进，对外开放在中国经济发展中发挥了积极作用。随着我国深度融入经济全球化进程，对我国引进新的市场经济运行规则，在制度领域实行更多开放的要求不断提高，如何更好地实现从商品要素领域的开放向经济制度开放的转型，并取得更大的制度开放效益，需要我们认真研究制度开放的风险和机遇，一方面深化改革，加快完善国内相关法规体系，打好高品质开放的制度基础；另一方面扩大开放，为国际规则的制定贡献应有的“中国方案”，推动经济全球化健康发展（邓炜，2018）。

新时代对外开放面临新环境，对提高开放的质量效益提出新要求，新时代对外开放面临新任务，应着力提升主动性、有效性、规范性，以“一

---

① 李克强：《政府工作报告——2019年3月5日在第十三届全国人民代表大会第二次会议上》，中国政府网，http：//www. gov. cn/zhuanti/2019qglh/2019lhzfgzbg/index. htm。

② 丁栋虹：《从市场开放走向制度开放》，载于《董事会》2010年第7期。

带一路”建设为重点，进一步提升开放的主动性，以扩大服务业市场准入和推动贸易强国建设为重点，进一步提升开放的有效性，以打造国际一流营商环境为重点，进一步提升开放的规范性（杨长湧，2019），更加注重规则等制度型开放，体现出我国作为一个负责任大国，不断顺应时代发展需求，进一步在制度层面与国际接轨。制度型开放将与流动型开放一起，为我国改革开放的深化和世界经济发展，释放出源源不断的制度红利（张宇燕，2018；权衡，2018；熊若愚，2018；何立胜，2019；许英明，2019；吴浩，2019）。制度型开放的核心是对标国际通行规则。制度型开放有利于推动经济全球化朝着更加开放、包容、普惠、平衡、共赢的方向发展。

戴翔、张二震和王原雪（2018）认为，所谓全面开放新格局，实质上是开放发展的多维度拓展与深化。即空间维度要实现外部地理格局的拓展和内部区域布局的优化；领域维度上要实现制造业开放的深化和服务业开放范围的扩大；系统维度上要实现“引进来”的高质量提升和“走出去”的大踏步加快；方式维度上要实现传统和创新的有效结合；体制维度上要实现从政策性开放向体制性开放的升级；治理维度上要实现从以往全球经济规则的简单接受者进一步向建设者和贡献者转变。叶辅靖（2018）认为推动形成全面开放新格局是适应引领国际国内经济发展新变局的必然要求，其核心在“全面”，重点和难点在于“五个更好结合”，即“引进来”和“走出去”的更好结合、沿海开放和内陆沿边开放的更好结合、制造领域开放和服务领域开放的更好结合、向发达国家开放和向发展中国家开放的更好结合、多边开放与区域开放的更好结合。此外，还应坚持自主、有序、平等、安全的方针，稳健推进金融开放，为实体经济开放提供支撑。

打造法治化、国际化的一流营商环境，是我国吸引集聚全球优质要素的关键，也是新一轮高水平开放的关键，需要从内外两方面发力。对内，以自由贸易试验区和中国特色自由贸易港建设为抓手，对标国际高标准贸易投资规则，在保护知识产权、推进“放管服”改革、深化国有企业改革等方面加快制度创新和复制推广，打造对外开放新高地。对外，积极参与世贸组织改革，促进贸易和投资自由化便利化，坚持维护发展中国家的规则权益，大力推动立足周边、辐射“一带一路”、面向全球的高标准自贸区网络建设，在国际营商环境竞争中掌握主动。同时，要建立健全开放型经济安全保障体系，保持高水平开放和高水平安全的平衡（杨长湧，2019）。陈万灵和蔡春林（2018）认为，面对多哈回合贸易谈判、中美投资协定（BIT）和跨太平洋伙伴关系协定（TPP）等高水平规则的挑战，中国可以从五个方面着手构建开放型经济新体系：一是全面实施市场准入负面清单制度，加快市场经济体制建设；二是对标高标准规则，完善各方面开放规则和宽领域开放体系；三是加快自由贸易园区（FTZ）建设，完善内部全域开放格局；四是加快自由贸易区战略的实施，完善外部全方位开放格局；五是稳步推进“一带一路”建设，完善陆海内外联动、东西双向互济的开放格局。

中共十八大以来，我国努力适应经济全球化的新形势，不断探索对外开放新路子，建立中国（上海）自由贸易试验区，进一步探索改善外贸发展的制度和政策环境，在上海自贸区建设试点基础上，国务院先后于2015年和2017年批准设立广东自贸区、天津自贸区、福建自贸区以及浙江自贸区、辽宁自贸区、四川自贸区、重庆自贸区、湖北自贸区、河南自贸区、陕西自贸区11个自由贸易试验区建设。2018年4月，在自贸区建设试验发展基础上，中央再次宣布海南建立中国特色自由贸易港区。截至2019年6月底，中国自由贸易试验区建设已经形成“1+3+7+1”覆盖东西南北中的联动发展格局。中国自由贸易试验区的建立，是基于世界贸易组织（WTO）有关“自由贸易区”的规定，也就是“与国际接轨”。这就为深化体制机制改革、不断完善市场准入制度、加快完善社会主义市场经济体制、准入前国民待遇加负面清单管理制度并在全国范围内推广创造了条件。12个自贸区试验区，既是中国改革开放的“试验田”，也是中国改革开放的“风向标”。这标志着中国将不断加大加快改革开放步伐，以更加务实的态度与国际接轨（李扬，2013；张燕生，2013；徐明棋，2013；王新奎，2014；周汉民，2014；肖林和马海倩，2014；沈开艳，2014；韩冰，2014；肖林，2015；沈开艳和徐琳，2015；庞明川、朱华和刘婧，2014；王锐兰和李玉芳，2015）。

自贸区制度创新实验不断取得进展。截至2019年4月30日，国务院和各部门已向全国或特定区域复制推广自由贸易试验区171项改革试点经验，有效发挥了全面深化改革开放试验田的作用。2015 年 1 月 29 日国务院发文《国务院关于推广中国（上海）自由贸易试验区可复制改革试点经验的通知》，推广复制上海自贸区经验，在全国范围内复制推广的改革事项有 28 项，涉及五个方面：一是投资管理领域，包括税务登记号码网上自动赋码、组织机构代码实时赋码、企业设立实行“单一窗口”等 9 项；二是贸易便利化领域，包括检验检疫通关无纸化、第三方检验结果采信等 5 项；三是金融领域，包括个人其他经常项下人民币结算业务、外商投资企业外汇资本金意愿结汇等 4 项；四是服务业领域，包括允许设立股份制外资投资性公司、允许内外资企业从事游戏游艺设备生产和销售等 5 项；五是事中事后监管方面，包括社会信用体系、信息共享和综合执法制度、社会力量参与市场监督制度等 5 项。在全国其他海关特殊监管区域复制推广的改革事项共 6 项，包括期货保税交割海关监管制度、融资租赁海关监管制度、进口货物预检验等。

2016 年 11 月 10 日，国务院印发《关于做好自由贸易试验区新一批改革试点经验复制推广工作的通知》，复制推广的改革事项共 19 项。其中，在全国范围内复制推广的新一批改革事项 12 项，投资管理领域包括负面清单以外领域外商投资企业设立及变更审批改革、税控发票领用网上申请、企业简易注销 3 项；贸易便利化领域包括国际海关经认证的经营者（AEO）互认制度、出境加工监管等 7 项；事中事后监管措施包括引入中介机构开展保税核查、核销和企业稽查以及海关企业进出口信用信息公示制度 2 项。在海关特殊监管区域复制推广的改革事项 7 项，包括入境维修产品监管新模式、委内加工监管等。2018 年 5 月 23 日，国务院印发《关于做好自由贸易试验区第四批改革试点经验复制推广工作的通知》推广复制自贸区经验，包括全国推广 28 项，海关特殊监管区域 6 项，其中，在全国范围内复制推广改革事项 27 项，包括服务业开放领域中的扩大内地与港澳地区合伙型联营律师事务所设立范围、国际船舶运输领域扩大开放等 5 项；投资管理领域包括一般纳税人登记网上办理、工业产品生产许可证“一企一证”改革等 6 项；贸易便利化领域包括铁路运输方式舱单归并新模式、海运进境集装箱空箱检验检疫便利化措施、进境保税金属矿产品检验监管制度等 9 项；事中事后监管措施包括企业送达信息共享机制、边检服务掌上直通车等 7 项。在特定区域复制推广改革事项 3 项，包括海关特殊监管区域“四自一简”监管创新、“保税混矿”监管创新等。2019 年 4 月 30 日，国务院印发《关于做好自由贸易试验区第五批改革试点经验复制推广工作的通知》，按照党中央、国务院决策部署，自由贸易试验区所在省市和有关部门结合各自由贸易试验区功能定位和特色特点，全力推进制度创新实践，形成了自由贸易试验区第五批改革试点经验，将在全国范围内复制推广。复制推广的主要内容包括：（一）在全国范围内复制推广的改革事项。1. 投资管理领域：“公证‘最多跑一次’”“自然人‘一人式’税收档案”“网上办理跨区域涉税事项”“优化涉税事项办理程序，压缩办理时限”“企业名称自主申报制度”5 项。2. 贸易便利化领域：“海运危险货物查验信息化，船舶载运危险货物及污染危害性货物合并申报”“国际航行船舶进出境通关全流程‘一单多报’”“保税燃料油跨港区供应模式”“海关业务预约平台”“生产型出口企业出口退税服务前置”“中欧班列集拼集运模式”6 项。3. 事中事后监管措施：“审批告知承诺制、市场主体自我信用承诺及第三方信用评价三项信用信息公示”“公共信用信息‘三清单’（数据清单、行为清单、应用清单）编制”“实施船舶安全检查智能选船机制”“进境粮食检疫全流程监管”“优化进口粮食江海联运检疫监管措施”“优化进境保税油检验监管制度”6 项。（二）在自贸试验区复制推广的改革事项。投资管理领域：“推进合作制公证机构试点”。

当前，自由贸易试验区建设正进入“全新阶段”。由商务部研究院编写的首部《中国自由贸易试验区发展报告》近日发布。根据报告，五年来我国自贸试验区各项试验任务落实良好，上海自贸区“全面深化方案”试验任务完成情况最好，完成率达到 98.99%。广东、天津、福建等第二批 3 个自贸试验区“总体方案”已基本完成，任务完成率均超过 90%；第二批自贸试验区 2.0 版“深化方案”已全面推开。第三批自贸试验区“总体方案”试验任务全面启动，截至 2018 年底，完成率总体超过 70%，其中辽宁自贸试验区完成率超过 90%。隆国强建议，应进一步完善自贸试验区的保障机制，尤其是法律保障。“自贸试验区是改革开放的先行区，中央一直提出重大改革要于法有据，改革同时又是要打破原来的体制机制甚至法律规定。怎么能处理好这个矛盾？如何通过更加有效的法治授权，让自贸区放开手脚、推进改革？同时还需要把探索成功的经验尽快上升为新的法律规章。”①

第二类自由贸易区包括中韩、中澳自贸区谈判和2014年启动的亚太自由贸易区。截至2017年底，目前我国已经签署了16个自贸协定，涉及24个国家和地区。具体来看，已签协议的自贸区有：中国—格鲁吉亚、中国—韩国、中国—冰岛、中国—秘鲁、中国—新西兰、中国—巴基斯坦、中国—澳大利亚、中国—瑞士、中国—哥斯达黎加、中国—新加坡、中国—智利、中国—东盟、中国—马尔代夫等。正在谈判的10个自贸区协定有：中国—海合会、中日韩、中国—斯里兰卡、中国—以色列、中国—挪威、中国—巴基斯坦自贸协定第二阶段谈判、中国—新加坡自贸协定升级谈判、中国—新西兰自贸协定升级谈判、中国—智利自贸协定升级谈判。正在研究的10个自贸区有：中国—哥伦比亚、中国—摩尔多瓦、中国—斐济、中国—尼泊尔、中国—巴布亚新几内亚、中国—加拿大、中国—孟加拉国、中国—毛里求斯、中国—蒙古国、中国—秘鲁自贸协定升级联合研究、中国—瑞士自贸协定升级联合研究。备受各界瞩目的区域全面合作伙伴关系（RCEP）谈判也有望再获实质进展。

通过建立自贸区，可以取消国家之间的关税及非关税壁垒，降低因为关税壁垒造成的福利损失。目前，各个国家和地区都在通过建立区域性的贸易组织来实现区域经济一体化，以此带动区域性经济发展。其中的亚太自贸区（盛斌，2007；张振江，2009；全毅，2014；唐国强和王震宇，2015；国家开发银行亚太自贸区战略研究课题组，2016）、RCEP（盛斌，2010；刘昌黎，2011；贺平和沈陈，2013；彭支伟和张伯伟，2013；沈铭辉，2013；盛斌和果婷，2014）和中日韩自由贸易区（张蕴岭，2002，2004；冯昭奎，2002；杨贵言，2005；孙新，2005；陆建人，2006；刘重力和盛玮，2008）意义重大。

亚太自贸区则更具有历史标志性意义，这是第一次由中国首倡、中国

① 参见《首份〈中国自由贸易试验区发展报告〉发布我国自贸试验区建设进入全新阶段》，央广网，2019年6月23日。

设置议题、中国提出行动计划和时间表的国际经济治理新方案，也是未来中国在制定国际规则中占据主导地位的新标志①。“亚太自贸区”这一概念早在2006年就被提出，2010年日本横滨亚太经济合作组织（APEC）部长级会议上，与会部长表示，将在各国之间43项双边及小型自由贸易协定的基础上，在亚太地区建立自由贸易区（Free Trade Area of the Asia-Pacific，FTAAP）。2014年APEC北京会议通过《亚太自贸区北京路线图》，启动亚太自贸区进程，2014年5月，21个经济体代表在青岛就推进亚太自贸区采取切实行动达成共识，“亚太自贸区”开始迎来实质性突破。2016年APEC利马会议通过《亚太自贸区利马宣言》、全面规划下一步工作、巩固亚太自贸区建设前进势头。2017年11月亚太经合组织（APEC）第二十五次领导人非正式会议通过的《岘港宣言》，写入了“要共同致力于构建亚太命运共同体”的内容，并明确强调要大力推进贸易与投资的自由化和便利化，全面系统推进并最终建成亚太自贸区。

《区域全面经济伙伴关系协定》（RCEP）谈判于2012年由东盟发起，成员包括东盟10国、中国、日本、韩国、印度、澳大利亚和新西兰共16方。目前，已举行1次领导人会议、10次经贸部长会议及22轮谈判。《区域全面经济伙伴关系协定》（RCEP）第22轮谈判于2018年4月28日~5月8日在新加坡举行。在全体会议召开的同时，货物、服务、投资、原产地规则、海关程序与贸易便利化、卫生与植物卫生措施、技术法规与合格评定程序、贸易救济、金融、电信、知识产权、电子商务、法律机制、政府采购等领域都并行举行了工作组会议。RCEP如果达成，将会形成一个人口接近35亿、GDP总和约为21万亿美元、占世界贸易总量约30%的贸易机制，是世界上最大的贸易协定。将为各国增加就业，推动可持续增长，促进包容性发展，推动创新，提升各国人民的生活水平。在当前这个保守主义、贸易保护主义抬头，多边贸易协定被美国不负责任地甩到一边的世界，迫切需要RCEP尽快谈成，突破保守主义的壁垒，突破“美国优先”的自私自利，维护全球贸易规则和贸易自由化。

---

① 中国与全球化智库（CCG）：《亚太自贸协定：后TPP时代的最佳选择?》，载于《金融时报》2016年12月12日。

中日韩自由贸易区谈判于2012年11月启动，已举行13轮磋商，总体进展积极。中国、日本、韩国同为全球重要经济体，国内生产总值和对外贸易总额合计均占世界20%以上。建立中日韩自由贸易区将有助于充分发挥三国间的产业互补性，挖掘三国贸易投资潜力，促进区域价值链进一步融合，符合三国的共同利益，有利于本地区的繁荣与发展，也有助于提升区域经济一体化水平。

截至2018年底，中国累计设立外商投资企业约96万家，累计实际使用外资超过2.1万亿美元。1992年以来，中国实际使用外资连续27年位居发展中国家首位。但长期以来，中国并没有一部统一的外商投资基础性法律，而是根据外商投资企业组织形式的不同，分别由《中华人民共和国中外合资经营企业法》《中华人民共和国中外合作经营企业法》和《中华人民共和国外资企业法》三部法律予以规制。此后，“外资三法＋管理办法”成为中国外商投资领域的基础性法规。“外资三法”已难以适应中国构建开放型经济新体制以及推动形成全面开放新格局的需要。

2019年3月15日，十三届全国人大二次会议高票通过《中华人民共和国外商投资法》，这是中国第一部外商投资领域统一的基础性法律。这部法律对外商投资的准入、促进、保护、管理等方面作出了统一规定。它将于2020年1月1日起施行。新法施行后，改革开放初期制定的“外资三法”——中外合资经营企业法、外资企业法和中外合作经营企业法——将正式退出历史舞台。根据《中华人民共和国外商投资法》，国家对外商投资实行准入前国民待遇加负面清单管理制度；外商投资企业依法平等适用国家支持企业发展的各项政策；国家保障外商投资企业依法平等参与标准制定工作；国家保障外商投资企业依法通过公平竞争参与政府采购活动；国家保护外国投资者和外商投资企业的知识产权。《中华人民共和国外商投资法》是为了进一步扩大对外开放，积极促进外商投资，保护外商投资合法权益，规范外商投资管理，推动形成全面开放新格局，促进社会主义市场经济健康发展，根据宪法，制定的法律。

2018年4月13日，习近平在庆祝海南建省办经济特区30周年大会上郑重宣布，党中央决定支持海南全岛建设自由贸易试验区，支持海南逐步探索、稳步推进中国特色自由贸易港建设，分步骤、分阶段建立自由贸易港政策和制度体系。海南自由贸易港是按照中央部署，在海南全岛建设自由贸易试验区和中国特色自由贸易港，是党中央着眼于国际国内发展大局，深入研究、统筹考虑、科学谋划作出的重大决策[①]。中央确立海南自由贸易区（港）的发展分三步走，第一步，到 2020 年，在和全国同步进入小康社会的同时，要求自由贸易区建设取得重大进展，国际化开放程度明显提升。第二步，到 2025 年，自由贸易港的制度体系和政策体系初步建立，国际化的营商程度达到国内一流水平。第三步，到 2035 年基本形成比较完善的自由贸易港的制度体系、政策体系，国际化的营商环境跻身全球前列。中央决定支持海南全岛建设自由贸易试验区，这标志着我国探索建设自由贸易港之路正式扬帆起航，学者们展开了对自由贸易港的研究（佟家栋，2018；赵晋平，2018；赵晋平和文丰安，2018；桑百川和邓寅，2018；余淼杰、徐竹西和祝辉煌，2018；上海对外经贸大学自由贸易港战略研究院，2018；王珍珍和赵富蓉，2018；李猛，2018；陈东和邢霂，2018；裴长洪、刘斌和李越，2019；冯梦骐，2019；胡加祥，2019；蓝庆新、韩萌和马蕊，2019；王晓玲，2019）。

自由贸易港是全球货物、人才、资本的汇集地，在现有保税港区和自由贸易区的基础上探索建设开放程度和自由程度更高的自由贸易港，对标国际经验，中国探索建设自由贸易港需在货物贸易便利度、人员流通自由度以及金融开放度三个方面实现新的突破（余淼杰、徐竹西和祝辉煌，2018）。李家祥和郭春明早在 2008 年即撰文指出建设自由贸易港区与国家综合配套改革试验区的建议，指出当时的上海浦东新区、深圳特区和天津滨海新区应当充分利用综合配套改革的政策优势，在外汇政策、贸易政策、税收政策、行政管理体制等各个领域进行政策调整和制度创新，积极稳妥地推进自由贸易港区建设[②]。赵晓雷（2017）提出应赋予自由贸易试验区更大改革自主权，探索建设自由贸易港区。余南平（2018）认为中国自由贸易港建设可以在第三代全球自由贸易港建设的经验基础上，进行自

---

① 习近平：《在庆祝海南建省办经济特区 30 周年大会上的讲话》（2018 年 4 月 13 日），载于《人民日报》2018 年 4 月 14 日，第 2 版。

② 李家祥、郭春明：《建设自由贸易港区与国家综合配套改革试验区》，载于《开放导报》2008 年第 5 期。

由贸易港定位、机制与功能的创新。中国应通过自由贸易港的设计与建设，推动中国产业链与“一带一路”沿线国家形成国际产能合作，打造“一带一路”综合国际公共服务平台，并使“一带一路”与自由贸易港建设有机联动融合产生内外溢出功能价值，有力地服务于中国引领新一轮全球化和有效提供国际公共产品。中国（海南）改革发展研究院课题组经过研究，认为海南省从建设自由贸易港的目标出发，可以考虑把全国其他11个自贸区的负面清单缩小到30项左右。如果能缩小到10项左右，基本就接近我国香港特别行政区和新加坡了。如果这样的话为企业到海南省投资发展又创造最优的、最开放的市场环境①。

一些学者（王淑敏和朱晓晗，2018；王淑敏和谭文雯，2018；龚柏华，2018；刘恩专，2018）从法制建设的角度分析了自由贸易港建设，认为加强和完善港口立法是建设中国自由贸易港的首要任务。探索适宜中国自由贸易港港口立法的路径，并由此提出适时出台国家立法《自由贸易港法》、制定行政法规《港口法实施细则》，以及修订各地自由贸易试验区条例或管理办法的具体建议（王淑敏和朱晓晗，2018；王淑敏和谭文雯，2018）。

另一些学者（胡星宇，2018；程圩，2018）强调了内陆建设自由贸易港的意义，但梅新育（2018）认为，面对探索自由贸易港的热潮，各地应当根据自己的实际情况制订合理的目标。由于自贸区、自由贸易港自身的特点，最适合建设自贸区、自由贸易港的地点不在内陆，而在沿海，自由贸易港尤其如此。

改革开放以来，中国对外贸易制度经历了四个阶段，不同的阶段改革的侧重点不一样，无论是最初的简政放权、推行对外贸易承包经营责任制，还是20世纪90年代的汇率改革，加入WTO之后的对比国家经贸规则的制度改革，都在不同程度地促进中国对外贸易和经济的发展（尹翔硕，1998；马晓野，2004；孙玉琴，2005；汪同三和王静，2006；“中国

---

① 迟福林：《从自由贸易试验区走向自由贸易港》，载于《中国远洋海运》2018年第11期；刘默：《海南何以成中国改革开放新标杆——专访中国（海南）改革发展研究院院长迟福林》，载于《中国经济报告》2018年第6期；赵雯、杨婷：《新时代：将改革进行到底——访中国（海南）改革发展研究院院长迟福林》，载于《社会治理》2018年第4期。

外贸体制改革的进程、效果与国际比较”课题组，2007；陈文敬，2008；李坤望，2008；隆国强，2018；余淼杰，2018；李家祥，2018；郭璐，2018）。中国也从一个封闭落后的农业国家发展成为全球第二大经济体、第一大货物贸易国、第一大货物出口国、第二大货物进口国、第二大服务贸易大国、第二大对外直接投资大国。同时，中国也从最不发达国家提升为中高收入发展中国家，成长为有全球重要影响力的开放型经济大国，走开放式发展道路被视为中国经验或中国模式的重要组成部分（江小涓等，2008）。下一阶段，中国将通过制度改革，推动形成高水平全面对外开放新格局，在全面开放新格局中实现更高水平、更高质量的发展。

三、改革开放 40 年汇率体制改革

汇率作为两种币值的交换比例，与国际贸易收支和国内经济发展关联密切。汇率定价机制的市场化是经济市场化和对外开放程度的重要参照指标。新中国成立以来，我国的汇率改革经过了单一汇率体制、双轨汇率体制、钉住美元汇率的单一浮动汇率体制和钉住一篮子货币体制四个时期，其中每一次汇率改革又呈现出不同的阶段性特征。人民币汇率制度由政府控制到市场参与；由封闭到对外开放；由固定不变到灵活调整，汇率制度的演变不仅是中国不同阶段经济发展的客观要求，也是中国经济不断开放、融入世界的重要体现（于凤芹和王智明，2018）。

1. 汇率改革对于我国经济增长的影响

随着中国资本市场的开放，国内资本市场的价格与汇率联动越来越紧密，汇率改革不可避免引起汇率波动，汇率波动又会通过传导影响资本市场的波动。国内很多学者从不同维度对此进行了研究，例如，汇率改革与人民币波动的相关性研究，汇率改革的理论变迁研究，汇率与政策的搭配分析，以及与其他国家的对比研究，像日本、波兰等。在国内研究汇率波动与经济增长的相关文献中，很多学者支持逐步放大人民币汇率波动幅度的观点，庞晓波、孙叶萌和刘延昌（2008）发现 2005 年汇率改革后人民

币汇率的波动已经可以反映中国宏观经济的变化①。黄炎龙、陈伟忠和龚六堂（2011）建立小型开放经济模型研究了汇率稳定性，并指出汇率稳定性和宏观经济波动之间的关系依赖于汇率政策，有管理的浮动汇率制度有助于经济体实现内外部市场均衡②。王胜和田涛（2015）分析了汇率与居民消费价格指数（CPI）变动的关联性，发现汇率变动是CPI变动的格兰杰（Granger）原因，汇率波动对CPI波动存在显著的ARCH效应③。周建和赵琳（2016）通过构建DSGE模型研究了人民币汇率波动和货币政策之间的关系，指出较大的汇率波动会干扰货币政策对宏观经济的调控效果④。王雅琦等（2018）通过研究发现人民币升值有利于提升一般贸易产品质量，因为升值时低质量产品更多地退出市场，留在市场上的便是质量较高的产品，然而这一效应对加工贸易并不明显。

综合而言，人民币汇率的确与宏观经济之间存在明显的相关性，同时，汇率制度的变革会配合货币政策发挥更加有效的调控作用。汇率政策的制定是多方因素共同制约和推进的，我国每一阶段的汇率改革都因不同的历史背景而采取了不同的变动。

2. 汇率双轨制度

我国汇率制度的变革总体上来说是与外贸体制的改革相伴相生的，同时也得益于中国经济制度的转轨转型。新中国成立初期，人民币汇率调整频繁，直到1953～1970年，人民币汇率开始了相对来说比较固定的一段时间。到布雷顿森林崩溃之后，美元正式与黄金脱钩，各国货币与美元挂钩的时代已成过去，随着美元贬值，人民币也迎来了时间较为漫长的升值过程，到了1980年人民币汇率上升至1.53元人民币兑换1美元结束。因为在1978年之前，我国实行的是计划经济体制，与世界经济的联系并不密切，国际贸易和资本流动有限。对外开放程度较低，此时的外汇市场几

---

① 庞晓波、孙叶萌、刘延昌：《我国货币政策传导中的通货膨胀隐患》，载于《社会科学战线》2008年第2期。

② 黄炎龙、陈伟忠、龚六堂：《汇率的稳定性与最优货币政策》，载于《金融研究》2011年第11期。

③ 王胜、田涛：《人民币汇率对CPI传递效应分析——基于均值与波动溢出层面的视角》，载于《国际金融研究》2015年第4期。

④ 周建、赵琳：《人民币汇率波动与货币政策调控难度》，载于《财经研究》2016年第2期。

乎不存在。汇率的作用仅用于计价（赵志君，2018），属于外贸核算部门的工具。

在改革开放初期，中国先后实行过两种形式的汇率双轨制度，分别为官方汇率与内部结算汇率并行的双重汇率制度，以及官方汇率与外汇调剂市场汇率并行的双重汇率制度。其中，结算价和外汇调剂市场汇率算是引入了最初的市场因素，出于保值考虑，人民币汇率被高估。

（1）官方汇率与内部阶段汇率并行（1979～1985 年）。1978 年，改革开放开始起步。很快，1979 年，跟随着改革开放的步伐，我国的外贸体制也开始进行体制改革。对外贸易活动由国家统一管理转变为多家经营。经营主体的增加和外贸程度的扩大暴露了我国汇率存在的严重被高估的问题。于是，1981 年，引入贸易外汇内部结算价，产生了贸易内部结算价与官方汇率并存的局面。内部结算汇率在推进外贸体制改革、培育外汇市场、增加企业创汇能力等方面发挥了作用。尤其是基于出口换汇成本确定内部结算价格，在一定程度上避免了官方汇率高估，调动了外贸企业出口积极性，推动了我国贸易顺差扩大和外汇储备积累，但是依然存在官方汇率明显高于内部结算汇率。后来随着官方汇率的不断下调，到 1984 年人民币对美元的官方汇率已经接近内部结算汇率。1985 年我国宣布取消贸易和非贸易的双重汇率，结束了官方汇率与内部结算汇率并行的双轨安排，恢复以贸易汇率为基础的单一汇率制度①。

（2）官方汇率与外汇调剂市场汇率并行（1986～1993 年）。1985 年 11 月诞生了建立在买卖双方一致意向基础上的外汇调剂市场，初步形成了官方汇率和调剂市场汇率双轨共存的局面。1988 年，国家开始进行价格市场化改革尝试，外汇调剂市场也从之前的 4 个经济特区扩大至保留外汇的内地企业。但是此次改革过程中出现了通货膨胀，改革开放的进程因此减缓。此后，1992 年邓小平南方谈话之后，加上 1992 年召开的中国共产党第十四次全国代表大会确立了建立社会主义市场经济体制的改革目标，这极大地增强了国内外投资者的信心。中国改革开放步伐加快，再次出现

① 王宇：《建立健全有管理的浮动汇率制度——中国汇率市场化改革的回望与前行》，载于《金融纵横》2019 年第 2 期。

经济过热和通货膨胀的局面，同时，随着我国工业化的迅速发展，外币需求和进口需求强烈，导致我国外汇储备大幅下降。之后，我国基本处于贸易赤字状态。人民币开始出现贬值。该阶段充分体现了汇率调节的内外部复杂性，名义汇率和实际汇率的剧烈变化和持续贬值开始对人民币汇率并轨提出要求。

总体来看，改革开放初期，中国实行的双轨制并存的汇率体制是基于当时的基本国情出发，是适合当时的经济发展需要的，首先，双轨制度避免了由于国际收支账户下资本账户冲击所造成的汇率波动，同时，双轨汇率体制下资源的配置较之以往实现了效率的提升。其次，官方可以通过汇率的差额来观测市场的变化，及时利用外汇储备来调整差额使其保持在一个合理的区间，避免出现大规模的非法交易和套利行为，最后，双轨制为中国从固定汇率制转变为浮动汇率制提供了良好的过渡。随着改革开放的不断深化和中国经济实力的提高，实行市场化主导的浮动汇率制是必经之路，考虑到中国经济总量大、涉及范围广等具体国情，通过双轨制逐步向浮动汇率制转型是比较合理的选择①。

3. 汇率并轨与有管理的浮动汇率制度

改革开放之后，中国的经济实现了快速发展，经济增长速度和对外贸易总量得到巨大的提升，中国的国际地位和影响力也越来越强。此外，中国发展劳动密集型产业和利用廉价劳动力生产的优势积累了一定程度的贸易盈余。改革开放推行的是出口导向型经济，这使得中国的外汇储备不断增加，中国政府也在一直推行汇率适度的深化与改革。以上为接下来的汇率并轨提供了经济和政治基础。这一阶段可以分为两个时期，即 1994～1997 年的汇率并轨过渡期；1998～2005 年人民币汇率改革的去市场化时期。

（1）汇率并轨时期（1994～1997 年）。该时期也称为“94 汇改”，1994 年 1 月 1 日中央决定实行“以市场供求为基础的、单一的有管理的浮动汇率制”。官方汇率由 5.80 下调至 8.70。建立统一的外汇市场体系，全国外汇交易通过银行结售汇纳入银行间外汇市场。取消外汇留成管理，实行结售汇制度，对办理结售汇业务的银行规定外汇周转头寸限额。同时建

① 齐琦部：《论中国汇率制度的选择》，载于《金融研究》2004 年第 2 期。

立 ±0.3% 的人民币汇率日浮动区间。

汇率并轨是汇率改革历史上的一次具有开创性意义的跨越，它终结了官方汇率相对于调剂市场汇率的长期高估的状态，扭转了人民币不断贬值的趋势（赵志君，2018）。汇率并轨在一定程度上放开了对于汇率的管制并活跃了外汇市场，标志着在市场经济的背景下，人民币汇率机制更多地融入了市场的力量。1996 年，中国宣布实现人民币经常项目下自由兑换，这也是进一步放松外汇管制的表现①。

（2）开放中的冲击——人民币汇率制度改革的去市场化（1998～2005 年）。好景不长，由于大量举债、过度开放金融市场、粗放式发展经济、监管不力等原因，泰国、菲律宾等国的货币均遭受到国际金融资本的冲击，之后危机便蔓延至韩国、日本、新加坡等经济体，1998 年东南亚金融危机引发大量资本外逃现象。东南亚金融危机波及各国货币贬值，人民币相对升值，进口增加，出口受到不利影响。又因中国主要的投资来源于亚洲，金融危机导致对中国的直接投资大量减少。危机发生后的两年，中国实际利用外资额由 644.08 亿美元下降至 526.59 亿美元，此次金融危机最直接的是对人民币汇率的冲击。因为东南亚各国迫于压力大幅贬值本国货币，而中国政府为了防止危机不断扩散，承受着各方巨大的压力对外宣布人民币不贬值，尽到了一个大国应当承担的责任，防止了危机蔓延。1997 年之后，人民币实际上钉住美元稳定下来，保持在 8.27 左右（于凤芹和王智明，2018）。

4. 参考一篮子货币进行调节、有管理的浮动汇率制改革（2006 年至今）

随着世界经济逐步走出东南亚金融危机的阴影，我国迎来了前所未有的发展机遇，住房制度改革、市场化的推行、加入世界贸易组织和申办奥运会的成功三大利好叠加在一起，我国的经济迈向了快速发展的轨道。

（1）国际金融危机前的单边升值时期。自从中国加入世贸组织后，中国对外贸易顺差逐年扩大，外汇储备迅速增加，到 2005 年，我国的外汇

---

① 于凤芹、王智明：《中国汇率制度改革 40 年：变迁与发展》，载于《经济与管理研究》2018 年第 12 期。

储备已达7110亿美元。为了缓解国际收支失衡压力，中国银行宣布，自2005年7月21日起，中国实行以市场供求为基础、参考一篮子货币进行调节、有管理的浮动汇率制。2006年进一步取消了开户事前审批，企业无须经外汇局批准即可直接到银行开立经常项目外汇账户。2007年取消了账户限额管理，允许企业根据经营需要自主保留外汇。2008年修订后的《中华人民共和国外汇管理条例》明确企业和个人可以按规定保留外汇或者将外汇卖给银行。2009年之后，为进一步促进贸易投资便利化，提高政策透明度，外汇管理部门大力开展法规清理，共宣布废止和失效400余个外汇管理规范性文件①（张嘉诚，2013）。

在2005年实行浮动式汇率改革的3年内，人民币大幅升值，由原来的1美元兑8.11元人民币上升至6.82元人民币。同时随着中国市场化改革的不断深入，中国国内生产总值以平均14.5%的速度增长上升，外汇储备则以平均24%的速度增长，一直到美国次贷危机发生，我国的经济增速才开始有了下滑。2008年美国次贷危机发生，由于美国一直是中国最重要的贸易伙伴，我国的外贸进出口和经济增长情况无疑会受到牵连，从数据来看。中国的进出口总额在次贷危机期间出现下滑，经常账户在2008～2009年的下降幅度一度达42%。央行为了应对次贷危机带给国内经济的波动影响，主动收窄了汇率浮动区间。

值得注意的是，启动一篮子汇率汇改后，出现了一些传统汇率理论无法解释的现象。首先，在人民币升值的情况下，中美贸易顺差上升，因为从理论上来说，人民币升值对于中国的出口贸易有抑制作用，但是数据显示，2007年贸易顺差几乎是2001年的10倍，进一步造成人民币升值压力。出现这种现象的根本原因，是因为事实上只是人民币被低估和调整不到位的表现形式，在人民币汇率调整到均衡水平之前，升值压力可能一直存在（赵志君，2018）。以上经济现象也说明了一国的汇率改革不是一个理论模型就可以解释的，人民币汇率改革不能单纯地以某一个国家或者模型为范本进行参考，而是需要综合考虑国际、国内、宏观、微观等多种复

① 张嘉威：《我国人民币在岸市场业务模式初探》，载于《中国外资》2013年第4期，第47～48页。

杂因素。

总体来说，2005年的“7.21汇改”是中国从固定汇率制向浮动汇率制改革的重要节点，虽然2009年美国次贷危机短暂影响了中国的进出口贸易，但是我国人民币调节工具的灵活性与中国经济整体的经济基本面保证了中国的对外贸易在当时全球经济低迷的大环境中仍然保持良好。谢伏瞻（2018）认为“7.21汇改”总体来说是比较成功的。可以说第一次改革之后，我们度过了亚洲金融危机带来的冲击。2005年汇率改革之后，我们度过了国际金融危机对我们形成的挑战①。

（2）国际金融危机期间的稳定控制期（2009～2014年）。2008年金融危机过后，全球经济陷入低迷增长状态，由于美元大幅贬值，我国实行了积极的财政政策和宽松的货币政策，中国加强对人民币的管制，人民币升值趋势终止，在此期间，人民币汇率弹性几乎为0。直至2010年，中国人民银行决定进一步推行人民币汇率形成机制，进而增加人民币的弹性，人民币再一次开始了其单边升值过程，一直至2014年。长期人民币升值，使得我国的宏观经济发生质变。2014年第一季度，我国经常项目顺差收缩至55亿美元，其中货物贸易出现了105亿美元的逆差，这是2011年第一季度之后第一次出现贸易逆差。人民币升值的情况到此结束，也侧面显示了我国的出口贸易产品的竞争力减弱。市场上开始有了人民币贬值预期。

（3）稳定和双向震荡时期（2014年至今）。到了2014年之后，国际经济危机的负面影响逐渐出清，世界各国的经济开始有了好转，整个市场对于美联储推出量化宽松政策和加息预期明显增加，此时美元和英镑都显示出了升值趋势。但是全球经济随之释放出不确定性增加的信号，例如，乌克兰危机爆发、希腊危机迟迟没有好转、欧元区失业率居高不下等，与此同时，中国经过了财政和货币政策的强刺激后，也出现了一些遗留问题，此时，中央作出经济进入“三期叠加”的判断，一些经济体进入新一波竞争性货币宽松阶段（裴长洪、于燕，2015）。②

---

① 谢伏瞻、余永定、李扬、张宇燕、高培勇：《改革开放40年汇率改革理论与实践探索》，载于《经济学动态》2018年第9期。

② 裴长洪、于燕：《“一带一路”建设与我国扩大开放》，载于《国际经贸探索》2015年第10期，第4～17页。

2015 年 8 月 11 日（简称“8.11 汇改”），中国又掀开了新一轮汇率改革的大幕，央行正式宣布做市商在银行间外汇市场每个工作日开盘前参考前一工作日银行间外汇市场收盘汇率，综合考虑外汇市场供求情况以及主要贸易对象汇率变化报出外汇中间价，同时，人民币汇率参考以市场供求为基础、一篮子货币计算出的汇率。这意味着央行将对外汇中间价干预的权力正式移交给市场，中国在汇率市场化之路上又迈出坚实的一步，同时这也是人民币汇率机制改革重要的一步①。“8.11 汇改”实施后的效果也很乐观，人民币在岸和离岸市场汇率报价差异的问题取得了立竿见影的效果，人民币汇率报价的市场化机制越来越完善，浮动性处于不断提高中②（余永定、肖立晟，2018），以上说明国内对于国际资本冲击的容纳度加大。同时人民币贬值的压力也得到了一定控制。

虽然“8.11 汇改”取得了一定成绩，但是由于中国当时正在实施供给侧结构改革，经济降温，加之美国的加息政策，导致市场对于人民币普遍预期悲观。于是央行进行干预，导致外汇储备大幅减少，2014 年我国的外汇储备为 3.99 万亿美元，到了 2016 年已经锐减为 3 万亿美元。这种情况使得市场上空头有机可循，为了保证国内货币政策的独立性，为了实行独立的货币政策，同时降低外汇储备的损耗，央行暂时加强了外汇管制。然而，外汇管制会降低中国对外贸易和资本流动的活跃性，对于人民币国际化进程也可能造成不利的影响（于凤芹和王智明，2018）。2016 年 2 月央行又推出了“收盘汇率 + 一篮子货币汇率变化”的人民币兑美元汇率中间价形成机制，2017 年 2 月将中间价对一篮子货币的参考时段由 24 小时调整为 15 小时。同年 6 月，中国外汇交易中心在人民币兑美元汇率中间价报价模型中引入“逆周期因子”，人民币兑美元中间价由“前一交易日收盘价 + 一篮子货币汇率变化 + 逆周期因子”三者共同决定。张明（2016）认为，央行“8.11 汇改”的方向是正确的，但在时机选择上值得商榷，且央行持续干预离岸市场的做法欠妥。未来人民币汇率改革面临维

① 丁岚、韩峰：《人民币汇改进程及其动因的建模研究》，载于《经济与管理研究》2014 年第 6 期。

② 余永定、肖立晟：《完成“8.11 汇改”：人民币汇率形成机制改革方向分析》，载于《国际经济评论》2017 年第 1 期。

持现状、重回中间价干预老路、自由浮动与年度宽幅汇率目标区四种潜在选择，建立年度宽幅汇率目标区与加强对短期资本的监测与管理，是下一阶段中国央行的最佳选择①。央行应尽快引入人民币兑篮子汇率宽幅区间波动（余永定、张斌、张明，2016；张斌，2016）。余永定（2017）、余永定和肖立晟（2017）认为，2015年"8.11汇改"是央行推动汇率机制市场化，实行汇率制度由"类爬行安排"到浮动汇率制度过渡的一次重要尝试。然而，经过三天的试验后，央行放弃了原定的汇率改革目标。此后，央行提出了新的中间价形成机制，在"参考前日收盘价决定当日中间价"的基础上，引入了"稳定24小时篮子货币"因素。在新的汇率形成机制中，由于美元指数和其他货币的变动难以预测，人民币汇率变动不确定性显著上升，在一定程度上削弱了单边投机力量。然而，现行汇率形成机制并不能扭转人民币贬值趋势，也不能消除人民币贬值预期，同时妨碍了央行根据国内经济的基本面实施独立的货币政策，而且还会因为人为的"双向波动"造成外汇储备的损耗。所以，余永定（2017）、余永定和肖立晟（2017）主张尽快实现停止对外汇市场的干预，让人民币自由浮动。消除人民币贬值预期的唯一办法就是让人民币汇率市场化。希望央行能沿"8.11汇改"的思路，在做好预案的基础上，早日完成中国汇率制度改革②。从1995年中国开始实施汇率改革以来，尽管时有反复，中国汇率改革大致是沿着由固定汇率向浮动汇率过渡的方向前进的（余永定，2017）。浮动汇率制度应该是中国汇率改革的最终目标，对此，学界是有基本共识的③。吴晓芳、谢建国和葛秋颖（2017）认为"收盘汇率+一篮子汇率变化"这种制度使得中国的汇率生成机制更加国际化，有利于人民币国际化的推进。但是，在国内经济形势与篮子货币发行国的经济不统一的情况下，这种定价机制势必会脱离中国的经济现实，从而影响央行实行独立的

---

①　张明：《人民币汇率形成机制改革：历史成就、当前形势与未来方向》，载于《国际经济评论》2016年第3期。

②　余永定：《"8.11"汇改后中国的汇率政策和汇率体制改革》，载于《新金融》2017年第5期；余永定、肖立晟：《完成"8.11汇改"：人民币汇率形成机制改革方向分析》，载于《国际经济评论》2017年第1期。

③　余永定：《汇率预期、资本流动和中国汇率制度改革之道》，载于《清华金融评论》2017年第9期。

货币政策[①]。

一国汇率制度的选择不同于国际汇率体系的选择。相对国际经济体系而言最优的汇率制度，并不总是适合某国某个经济发展阶段的需要，即并不一定是最优的。但是要确定一国较合适的汇率制度，不得不考虑其本国经济发展的实际情况以及所处的国际环境，包括国际货币体系所处的发展阶段、国际汇率制度、调节机制、资本流动甚至不同的政治体制等因素。党的十九大明确提出，加快完善社会主义市场经济体制，深化利率和汇率市场化改革。随着全面开放新格局的形成，货币政策独立性对于我国的重要性显著提高，人民币汇率弹性不断增加，从有管理浮动走向自由浮动或清洁浮动是大势所趋。但是我们也从中国汇率改革的历史经验得到教训和启示，即每一阶段的汇率改革都面临着国内外不同的经济形势和政治环境，汇率改革没有现成的模式，只能尽可能地保证国内货币政策独立的条件下取得最优方案。但是，无论汇率改革政策如何变化，无论外部环境多么动荡，保证人民币汇率稳定、助推人民币走向国际的核心仍然是国家经济基本面。

第四节　中国对外贸易发展战略的理论与实践演进

战略一词最早应用于军事方面，是对全局谋划的智慧纲领，被引申到政治经济领域，其含义变为泛指统领性的、全局性的、左右胜败的谋略、方案和对策。对外贸易发展战略是一国或地区发展对外贸易的重要内容，根据经济发展的总体要求，针对对外贸易发展的目标及其实现手段所做的战略性决策，即指一国或地区通过国际分工方式和程度的选择而影响国内资源配置和竞争效率的一套贸易政策或制度。对外贸易发展战略处于一国

① 吴晓芳、谢建国、葛秋颖：《人民币汇率制度改革影响了中国货币政策的有效性吗?》，载于《经济评论》2017 年第 1 期。

经济发展战略的核心地位，具备全局性、整体性和稳定性，其实质是国际背景下的产业发展战略，不仅需要考虑国内的资源条件和发展目标，更需要考虑国际贸易环境的变化，战略的制定也是一连串贸易政策、贸易体制、进出口战略的合集，往往形成系统性的影响，因此需要各方措施的配合，这也就决定了贸易战略的稳定性，不可朝令夕改。

对外贸易发展战略处于一国经济发展战略的核心地位，具备全局性、整体性和稳定性，国家发展的不同阶段则会根据具体国情进行相应调整，传统的对外贸易发展战略转换则是从保护贸易理论到比较优势理论（静态比较优势理论、动态比较优势理论）、竞争优势理论发展，本书分别对其进行了学者研究的综述，并结合中国具体的外贸发展战略进行了国内学者研究的整理，战略之间并不存在替代关系，而是相互联系的。

对于贸易战略划分归类的依据学者观点不一，但是众多学者将“贸易奖励制度是否是中性的”作为判断依据，巴拉萨（1982）界定的奖励制度是政府为影响资源在各类经济活动中的配置，并影响资源的使用是面向国内市场还是面向国外市场而采取的措施。在检验贸易奖励制度的偏向性上，克鲁格（1984）构造了贸易体制偏向指数，巴格瓦蒂（1985～1986）使用进口品和出口品的有效汇率的偏差衡量贸易战略。国内学者尹翔硕（1994）则提出异议，认为贸易奖励制度是否中性来界定贸易战略是把出口导向战略与自由贸易挂钩，进口替代战略应该从贸易保护理论中得到支持①。

基于前述共识，贸易发展战略的划分主要分为机构组织和专家学者两类讨论。世界银行作为机构代表，1987年根据1963～1985年41个国家和地区的资料，把贸易战略分为坚定外向型、一般外向型、一般内向型和坚定内向型。学者方面则分为两类：一是钱纳里（1986）总结的标准化工业国家的出口促进战略、进口替代战略和平衡战略；二是克鲁格（1983）总结的发展中国家实际执行的出口促进战略、进口替代战略和温和的进口替代战略。

运用于中国经济的贸易战略讨论过程中，需要结合中国的实际国情，

---

①　尹翔硕：《发展中国家贸易发展战略研究》，复旦大学出版社1995年版。

从改革开放到加入世界贸易组织，中国产业结构从第二产业主导到第三产业迅速崛起，不同的时代背景下又培育出了新鲜的贸易战略，本书将结合贸易战略的内涵和实施背景，总结中国贸易战略的转换路径。

一、对外贸易战略转换的理论演进

关于中国贸易战略演变的路径变化，胡东波（1997）认为1978年以前中国贸易战略是进口替代，尹翔硕（1998）补充认为1978年以后逐渐向出口导向战略演变。对贸易战略的制定从依据比较优势到考虑竞争优势，逐渐上升到国家整体发展的格局。

1. 保护贸易理论下的贸易战略

进口替代战略的理论基础是保护贸易理论，主张通过贸易保护实现本国工业化，使本国避免在初级产品贸易条件恶化的情况下出口初级产品而受损（康珊，2007）。进口替代战略是指一国采取各种措施，限制某些外国工业品进口，促进本国有关工业品的生产，逐渐在本国市场上以本国产品替代进口品，为本国工业发展创造有利条件，实现工业化。幼稚工业化论、贸易条件恶化等是这一战略的根基。

新中国成立后，以毛泽东为代表的中共中央领导人先后制定了“另起炉灶”“打扫干净屋子再请客”“一边倒”的开创新中国外交新局面的三大决策，以及坚持维护国家主权的和平共处五项原则等战略方针，奠定了对外开放的基础，中国作为一个独立而完整的国家参与世界贸易。但是，改革开放前的中国错过了工业革命，贸易条件并不良好，刘立群（1994）认为出口导向战略并不适合中国这样的大国经济，进口导向型战略更加符合。

除了处于发展初期的原因之外，在多边贸易体制发展严重受挫、区域贸易安排和双边贸易协定盛行的情况下，国际贸易保护主义产生了新趋势、新特点，中国由体制外的贸易外生者转变为举足轻重的贸易内生者，要直面壁垒、积极应诉，强调以积极的贸易结构调整、产业政策调整来密切配合外贸政策调整，使用国家干预政策来积极支持本国战略性产业的发展（沈国兵，2012）。

进口替代战略的劣势部分学者早已注意，于立新和袁伶佳（1988）指出，我国在对外经济关系中，一直奉行“调剂余缺，互通有无”的战略方针，仅仅将外贸看作商品流通领域，而忽略了对国民经济的促进作用，传统的贸易政策和产业政策缺乏相关配套措施，外销国际市场的能力十分有限，进口替代产品主要供应国内市场[①]。

2. 比较优势理论下的贸易战略

“比较优势”理论是大卫·李嘉图在亚当·斯密“绝对优势”理论基础上发展而来的，认为国际贸易的基础是各国之间存在的相对生产技术差别以及由此产生的相对成本不同。而后，赫克歇尔和俄林的“要素禀赋”理论进一步发展了比较优势理论。出口导向战略的依据来自比较优势理论，支持者以林毅夫为代表。

出口导向型发展战略产生的贸易利益主要有加速资本积累、规模经济、促进技术进步、产业结构升级以及制度的模仿创新等。林毅夫（1999）最强调资本积累，指出如果发展中国家遵循比较优势发展产业，就会获得最大可能的经济剩余，而且，资本的回报率和储蓄倾向会最高，从而最大可能地进行要素禀赋结构升级，并实现收敛[②]。更多学者将中国经济与美国、日本、澳大利亚等发达国家进行对比，认为只有实施出口导向战略，充分发挥比较优势才能缩小与发达经济体的差距。

（1）静态比较优势理论下的贸易战略。以静态比较优势理论为基础就是以顺比较优势来制定贸易战略。赫克歇尔和俄林立足于国家现状，认为应当出口利用本国充裕的生产要素生产的商品，而进口稀缺要素生产的商品。静态比较优势的发挥使经济发展速度增长，资本积累的速度将远远高于劳动力和自然资源增加的速度，因此，资本将由相对稀缺逐渐变为相对丰富，资本的价格由相对昂贵逐渐变成相对便宜（林毅夫，1999）[③]。

---

① 于立新、袁伶佳：《我国外贸发展战略的选择与产业结构调整》，载于《江汉论坛》1988年第12期。

② 林毅夫、蔡昉、李周：《比较优势与发展战略——对“东亚奇迹”的再解释》，载于《中国社会科学》1999年第5期。

③ 林毅夫：《推行比较优势战略》，载于《中国市场》1999年第10期。

立足于中国经济，改革开放初期凭借大量廉价的劳动力优势，大力发展劳动密集型产业，而进口资本密集型产业，引进外资设立生产工厂。蔡昉、王德文、王美艳（2003）分析 WTO 框架下中国可以充分考虑发挥劳动力资源优势，进行产业选择、技术选择和分工选择，这是提高中国工业竞争力的出路①。

对静态比较优势的一大指责是容易陷入“比较优势陷阱”。秉持资源禀赋说解释国际分工和国际贸易存在严重片面性，中国加入 WTO 应立足于提高劳动生产率，积极发展新技术产业，在更开放的环境中发展自己（钱小平，2001）②。仅仅按照由资源禀赋所决定的比较优势参与国际分工，并不能给中国带来持久的贸易利益，反而会出现“贫困化增长”的局面（张晓辉，2004）③。若不进行长远筹划，中国也可能使整体经济陷入“转型陷阱”（干春晖、余典范，2013）④。

（2）动态比较优势理论下的贸易战略。以动态比较优势理论为基础就是以逆比较优势来制定贸易战略。同样建立在比较优势理论之上，动态比较优势理论认为尤其是发展中国家应该具备更长远的目光，现实的资源禀赋可能产生变化，为使本国在国际分工中跃居上层，必须依靠政府的培养和扶持，发展更具国际竞争力的产业。

在对中国改革开放后对外开放的性质讨论中，国内学术界广泛把它界定为“发挥廉价劳动力比较优势”，学者们看到政府在其中的引导作用，王允贵（2002）提出在动态比较优势理论基础上，中国应实行有管理的贸易自由化战略，对大多数产业实行自由贸易政策的同时，对少数产业实行低保护和温和的出口鼓励政策。刘重力和胡昭玲（2005）认为应出口劳动密集型积累资金，同时适度保护和扶持本国资本和技术密集型产业发展。从发展的角度看，张幼文（2015）指出经济全球化的本质

---

① 蔡昉、王德文、王美艳：《工业竞争力与比较优势——WTO 框架下提高我国工业竞争力的方向》，载于《管理世界》2003 年第 2 期。

② 钱小平：《资源禀赋说，“入世”的悖论——兼与林毅夫教授商榷》，载于《华东经济管理》2001 年第 4 期。

③ 张晓辉：《比较优势陷阱与中国外贸发展战略选择》，载于《改革与战略》2004 年第 9 期。

④ 干春晖、余典范：《中国构建动态比较优势的战略研究》，载于《学术月刊》2013 年第 4 期。

特征是生产要素的国际流动，通过引进外资实现高级稀缺要素流入，使国内低级充裕要素得到使用，要素性质差异决定了中国在这种开放模式下收益较低，因此开放战略升级的核心是培育高级生产要素，为发展经济学贡献了宝贵观点。

加入WTO更应该注重获取动态比较优势，具体包括：广泛参加国际分工，分享全球技术发展的外溢效应；适当的保护和鼓励下，技术密集型产业在“干中学”中锤炼出口主体；建立以全球市场为目标的规模经济产业。

综上所述，在进口替代战略实施的基础之上，民族产业得以发展，但是随着产品生产规模的扩大，完全依靠国内消费无法完成彻底消化，在贸易开放的环境下，为增强本国贸易产业的比较优势，产生了出口导向战略，一定程度的进口替代可以说是出口导向增长的前提。

需要注意的是，新兴大国以出口为导向的开放战略在带来经济高速增长的同时，也给国内经济发展带来规模和结构等方面的困境，这构成新兴大国开放战略升级的压力与动力（李珮磷，2013）。魏浩和李翀（2014）在静态和动态比较优势的基础上提出超比较优势理论，构建了梯形对外贸易发展战略①。对于不同形态比较优势的地位，李翀（2015）以服务业为例，认为应当巩固具有静态比较优势的服务业，创建可能具有动态比较优势的服务业，培育可能具有超比较优势的服务业，以加快我国对外服务贸易的发展②。

3. 竞争优势理论下的贸易战略

竞争优势理论是美国哈佛大学商学院教授迈克尔·波特（Michael E. Porter）最早提出的，他以不完全竞争市场为前提，强调以动态、全面的观点观察分析国际竞争力，以技术进步和制度创新为动力，以产业结构升级为特征，以全面提高本国产业国际竞争力为目标。

洪银兴（1990）一直对中国长期以来坚持的劳动密集型产品具备比较

① 魏浩、李翀：《超比较优势与中国梯形对外贸易发展战略的构建》，载于《世界经济与政治论坛》2014年第1期。

② 李翀：《基于动态比较优势的我国对外服务贸易发展战略研究》，载于《中山大学学报（社会科学版）》2015年第1期。

优势持怀疑态度，他认为中国劳动成本低是就工资成本而言，不一定能带动中国产业结构的升级，为提升中国产业结构和增强竞争力，应该重视国际上20世纪70年代末兴起的战略性贸易理论。郭克莎（2003）也认为要突破以比较优势理论为基础的传统国际分工模式的束缚，提出要重视运用战略性贸易政策①。

竞争优势理论下的战略性贸易政策是在比较优势理论的战略实施出现问题的背景下得以探讨，中国以往对外开放战略基于扩大出口、引进外资以及国家控制外汇，导致国际收支严重失衡，央行大量发行人民币，最终引发价格全面上涨，魏杰（2008）认为后续对外开放战略应转为追求国际收支平衡和外汇体制的自由。另外，经济全球化过程中并不一定导致双赢的局面，输赢的结果取决于对外开放战略和战略的有效性，隆国强（2016）提出对外开放战略的“三元模型”，强调利用国际资源与市场服务于中国新常态，发挥新的比较优势，对外开放的战略要从以往以“出口创汇”为核心目标，调整为“新兴大国的竞争力升级战略”。比较优势战略让中国取得了巨大的经济成就，但也逐渐显现“比较优势陷阱”的迹象，徐元康（2016）通过对中国比较优势战略进行质疑性研究和实证分析，认为比较优势战略不适应我国外贸的未来发展，我国外贸必须进行战略转型，可以实施有选择性的战略性贸易政策②。

战略性新兴产业与全球大国崛起之间存在耦合性，通常的规律是一个国家首先通过制度创新激发了创新活力和促进了科技创新，科技创新成果的规模性应用带动了战略性新兴产业的发展，战略性新兴产业的快速成长则有效提升了该国的国际竞争力，奠定了大国崛起的基础（霍国庆、孙皓，2016）。与小国经济的对外贸易高度依存度不同的是，大国经济拥有庞大的国内市场，允许其发展专业化和规模经济，洪银兴（1997）强调中国扩大开放和扩大对外贸易的主要目的是要利用国际资源和国际市场提升国内的产业结构，推进中国经济的现代化，提升和优化自己的产业结构，提高技术密集产业的比重。学者们均站在建立国家参与国际贸易

① 郭克莎：《对中国外贸战略与贸易政策的评论》，载于《国际经济评论》2003年第5期。
② 徐元康：《战略性贸易政策理论述评》，载于《岭南学刊》2014年第5期。

的竞争优势之上，大国的崛起需要拥有自身的竞争优势才能广泛参与国际分工。

竞争优势理论最典型的贸易战略支持则为战略性贸易政策。战略性贸易政策建立在“新贸易理论”和波特的“国家竞争优势理论”基础上，主张政府在一些领域里有选择地采取补贴、关税等干预政策，以帮助本国企业在垄断竞争的世界市场上获得竞争优势。战略性贸易政策容易招致贸易报复，甚至会恶化为贸易战，最终两败俱伤（王艳霞，2000）。相比于战略性贸易政策，战略联盟的建立更加温和，近似相同的效果却能减少摩擦，信息的不对称则决定了国家应该采取战略性补贴还是征税（徐元康，2014）。

但是，也有学者认为，片面强调竞争优势也是不足取的，应将比较优势与竞争优势并重型发展战略作为中国发展战略的选择（徐强，2003）[①]，构建中国新的出口增长模式，从企业到产业到国家实现在比较优势中形成竞争优势（胡秋华，2009）[②]。

魏杰（2008）综合了学者们的研究，将中国对外贸易战略分为两类，一是充分利用国内资源而争夺和占领国际市场的对外开放战略；二是整合国际资源而开发国内市场的对外开放战略。笔者认为保护贸易理论和比较优势理论下的贸易战略倾向于前者，竞争优势理论下的贸易战略则倾向于后者。

二、中国对外贸易战略实践的重要调整

从整体的大趋势来看，传统的外贸战略理论基础是从保护贸易理论到比较优势再到竞争优势，具体到中国的实际，学界和业界对外贸战略赋予了更多更详细的内容。

---

① 徐强：《比较优势竞争优势与中国经济发展战略》，载于《东北财经大学学报》2003年第6期。

② 胡秋华：《比较优势、竞争优势与我国经济发展战略》，载于《生产力研究》2009年第15期。

1. 国际大循环理论

1987年10月底，王建同志向中央提出国际大循环经济发展战略的建议，不久，王建的建议形成中国沿海地区经济发展战略，并被付诸实施。1987年12月30日，王建在答《光明日报》记者问时，解释其内容“就是大力发展劳动密集产品的出口，在国际市场换回外汇，为重工业发展取得所需资金与技术，再用重工业发展后所积累的资金返回来支援农业，从而通过国际市场的转换机制，沟通农业与重工业的循环关系”①。随后1988年王建再度解释了国际大循环理论的具体含义。国际大循环支持中国发展外向型经济，充分利用中国农村劳动力资源丰富的优势，大力发展劳动密集型产业，坚持“两头在外，中间在内，大进大出”的方针，提倡和鼓励沿海地区到国际市场上去进口原料，加工增值之后，再把产品销往国际②。

国际大循环理论结合了中国的产业结构特征、农业劳动力转移、地区经济发展等多方面的问题，欲解决工业化过程中大量农村剩余劳动力的出路问题和国际市场中换取外汇加强农业与重工业之间的联系问题。其重点措施包括：一是调整出口市场结构，努力开拓发达国家以外的市场；二是使乡镇工业成为出口创汇的骨干力量；三是控制国内消费水平上升速度；四是把提高加工深度和讲求规模经济效益作为发展劳动密集型出口产业的长期方针③。发展趋势则表现为提出劳动密集型产业→基础工业和基础设施，资金密集型产业→附加价值高的重加工业→农业的发展顺序。

国际大循环战略为“沿海地区经济发展战略”提供了依据，也为中国从重工业优先的赶超战略到发挥比较优势的出口导向战略的转变提供了思路。既遵循了要素禀赋理论在外贸中获得静态利益，又以主张发展中国家积极参与国际分工获得外贸动态利益，使中国走出了“中国制造”和国际化低附加值的道路。

---

① 王建：《国际大循环——引人注目的战略构想》，载于《光明日报》1987年12月30日。
② 王建：《什么是“国际经济大循环”》，载于《当代财经》1988年第7期。
③ 程万泉：《走国际大循环的发展道路——我国经济发展的一种新思路》，载于《瞭望周刊》1987年第48期。

该战略一经提出也存在质疑。梁桂全（1988）认为从国情、世情来看，国际大循环都存在严重的实施障碍，一方面忽略了中国10亿人口和近千万平方公里的疆域和社会主义国家存在的“制度障碍”；另一方面忽视了世界经济跌入“长波”低估，资本主义国家进口增长速度下降的基本态势，照抄“亚洲四小龙”的经验，未摆脱“大一统”的观念，采取开放的多元优势次阶推进战略更符合中国国情①。徐华（1988）则认为看似闭合贯通的循环，但在重工业向农业流入资金的过程却难以进行，最终导致二元化经济发展不协调，为此应建立“复式国际循环”，由农业→农村工业→国际市场→农业构成国际小循环Ⅰ，由重工业→国际市场→重工业构成国际小循环Ⅱ，而国际大循环仍如原状②。从比较优势来看，国际大循环战略在中国循环效率低反而对产业结构更迭产生负面影响形成摩擦，存在低效发展和负担沉重的风险，引起的通货膨胀和依赖型经济结构会使中国丧失“大国优势”③。此外，对国际大循环中所提劳动力优势是否存在、存在多大、怎么认识的问题也成为学者们的攻击要点。所有批评中，最新最严重的是，来自美元霸权的残酷掠夺，资金、资源和劳动力被虹吸到沿海的出口导向型部门，造就了畸形的外向与内需相分割的“二元经济”，成为内需长期无法启动、民族企业的投资机会被外资挤占并引发严重经济泡沫的主要原因，重工业生产低端产品产能过剩的同时，高端技术仍被跨国公司所垄断（贾根良，2010）④。

2. “大经贸”战略

改革开放以来对对外贸易政策进行了多次改革，但是攻坚阶段改革不能再局限于某部门某行业内部，需要突破限制，在整体配套中推进⑤。原来政企不分、自成系统、垄断经营、行业分割的局面越来越不适应形势的

① 梁桂全：《不合国情的“国际大循环”构想——兼论开放的多元优势次阶跃推进战略》，载于《学术研究》1988年第4期。

② 徐华：《谈国际大循环中的农业问题——对国际大循环理论的缺陷分析及修正意见》，载于《中国经济问题》1988年第3期。

③ 王子林、翁先定、郭亚洪、柳靖：《国民经济内外循环战略的选择——“国际大循环”质疑》，载于《经济学动态》1988年第7期。

④ 贾根良：《国际大循环经济发展战略的致命弊端》，载于《马克思主义研究》2010年第12期。

⑤ 耿莉萍：《论我国的“大经贸”战略》，载于《北京商学院学报》1997年第5期。

发展；同时，随着生产经营国际化和全球经济一体化的迅速进展，我国的对外经贸工作也面临越来越严峻的挑战①。从 1992 年外经贸部部长吴仪在中国对外经贸发展战略国际研讨会上首次提出“大经贸”概念到 1997 年 1 月在全国对外经贸工作会议上再次提出实施“大经贸”发展战略，其渐渐进入学者研究视野。

“大经贸”战略是指在新形势下进一步拓宽对外经贸的深度和广度，实行以进出口贸易为基础，商品、资金、技术、服务相互渗透、协调发展，外经贸、生产、科研、金融等部门共同参与的对外经贸发展战略。其目标是实现适度超前增长、集约化发展、市场多元化、地区分工合理化，最终实现良性循环。“大经贸”战略是一种进口替代战略和出口导向战略结合而成的混合发展战略。基本内容包括外经贸主体多元化、各项外经贸业务发展一体化、各类外经贸企业经营综合化、管理与服务行业化、贸工农商技银联合协作化、宏观管理方式市场化②。

林荆州和许玉美（1993）最早将“大经贸”与市场经济结合进行研究，其中包括大外贸、大投资、大劳务、大技贸、大企业等多个维度，市场经济发展中必然要求多元化、复合型的大经贸形态③。湖南省原副省长唐之享（1995）也发文表示积极实施大经贸战略，促进对外经贸发展，特点表现为贸易形态综合化、经营主体多元化、贸工（农、技、商）一体化、经营活动国际化④。长期以来，外贸行业形成了层层压指标的习惯和“重速度、轻效益”的思想，单纯追求数量增长，而忽视了经济效益的增长，在 20 世纪 90 年代外贸出口持续滑坡的情况下必须转变观念，效益才能提高（胡兆庆，1997）⑤。深化改革的过程中也需要明晰产权关系，多种方式实现国有资产利用，除少数带有垄断性的企业实行国有独资经营

---

① 钱宗起：《我国实施“大经贸”战略的几个结合问题》，载于《国际商务研究》1997 年第 6 期。

② 耿莉萍：《论我国的“大经贸”战略》，载于《北京商学院学报》1997 年第 5 期。

③ 林荆州、许玉美：《大经贸与市场经济》，载于《国际贸易》1993 年第 5 期。

④ 唐之享：《积极实施大经贸战略促进对外经贸大发展》，载于《国际贸易问题》1995 年第 5 期。

⑤ 胡兆庆：《实施“大经贸”——对“大经贸”战略的几点认识》，载于《国际贸易》1997 年第 3 期。

外，大部分可以实行股份制[①]。

“大经贸”政策为市场上所有的企业创造了平等竞争的机会，优胜劣汰的环境推动了外贸事业的发展，企业超越了内外贸的界限，将国内国际市场统一起来，也大力推进了中国市场从计划管理向市场经济的转变。但是，“大经贸”强调的是“超越”而不是“大而全”，并不是指人人都可以做外贸，更不是资源滥用以扩大外贸规模，以效益提升带动速度增长是重点。

3. 科技兴贸战略

1992年4月开始，以股份合作制形式开创中小企业改革先河的诸城模式建立，在此之前，1991年3月，诸城对外贸易公司自力更生的同时，便积极走科技兴贸之路[②]。在1994年上海市产业振兴过程中，科技兴贸带着政府意志成为上海市近中期科技发展规划的重要组成部分。1995年，中共十四届五中全会提出两个根本性转变，从计划经济体制向社会主义市场经济体制转变，从粗放型经济增长方式向集约型转变，在“以质取胜”的原则下更应该走“科技兴贸”之路[③]。而国际市场上需求旺盛的技术密集、加工度高的产品几乎是中国竞争力最弱的产品，“以价取胜”的增长并不适应世界经济贸易发展总趋势（夏杨，1998）[④]。从国家层面，1999年4月，中央经济工作会议明确提出科技兴贸战略，并把它作为1999年外经贸发展的十项重要工作之一和外经贸跨世纪发展的新举措[⑤]。同年7月，对外贸易经济合作部和科学技术部联合制定了《科技兴贸行动计划》[⑥]。

科技兴贸，就是按照“科学技术是第一生产力”的观点，依靠科技发展商品流通和服务流通，促进商业、物资、外贸等流通产业的现代化繁荣

① 钱宗起：《我国“大经贸”战略的内涵与实施的对策问题》，载于《国际经贸探索》1998年第2期。

② 李秀荣：《靠科技腾飞的诸城市外贸公司》，载于《经济工作通讯》1991年第5期。

③ 姜巍：《科技兴贸以质取胜——转变外经贸经济增长方式的有效途径》，载于《国际经贸探索》1997年第6期。

④ 夏杨：《崇尚科技兴贸——影响我国出口贸易持续增长的科技因素及其对策》，载于《国际贸易》1998年第2期。

⑤ 《外经贸部提出科技兴贸战略》，载于《中国科技月报》1999年第4期。

⑥ 浅潜：《国家出台〈科技兴贸行动计划〉》，载于《精细与专用化学品》1999年第14期。

社会主义市场经济[①]。从规范意义上讲，定义为："科技兴贸"是根据第三产业发展对新技术、高技术和信息的广泛需要，利用科技进步和国家科技、经济政策，增强现代科技在第三产业中的作用，提高第三产业的现代化水平[②]。是中共十五大"科教兴国"战略在外经贸领域的具体体现[③]。

前期学者讨论的"科技兴贸"具体措施包括：一是调整流通产业商品结构，增加科技性商品的经营比重，优化产业政策，建立科、工、贸结构之间的互动机制；二是增加科技资金投入，依靠政策支持提供现代化设施和工具，大力推广计算机信息系统；三是发展产业集团化、连锁化和超市化，集中科技投资实现规模效益（陈祝平，1993）[④]；四是建立科研与市场中介机构，完善技术基础设施，注重知识资本积累，加强人才培养，充分发挥知识资本的作用，使出口贸易方式由数量增长型转变为科技进步型（夏杨，1998）[⑤]。

作为国家外贸战略，"科技兴贸"战略的措施包括：一是努力抓好开发高新技术产品出口和提高传统出口商品的技术含量；二是尽快落实优先促进高新技术产品出口的"五定"方案（定产品、定企业、定市场、定目标、定时间）；三是制定鼓励和扶持发展高新技术产业、扩大高新技术产品出口的政策措施；四是加强调研，为扩大高新技术产品出口提供信息服务；五是努力办好面向国际市场的高科技园区和高科技企业；六是加强国际高新技术产品的经贸交流活动（张祥，1999）[⑥]。

随着对外贸易发展，以价格为中心的竞争正逐渐被以质量为中心的竞争所取代，世界经济的竞争越来越表现为科技竞争、人才竞争、质量竞争等，科技水平的提高能够赋予外贸产品更多附加值，有利于中国对外贸易的产品结构调整，增强国际竞争优势。一方面科技进步是集约型增长方式的基础；另一方面科技进步是创名牌产品，坚持

① 陈祝平：《试论科技兴贸》，载于《财贸研究》1993 年第 3 期。

② 《科技兴贸的内涵与关键技术研究报告》，载于《财经研究》1994 年第 6 期。

③ 许复兴：《实施科技兴贸战略优化出口商品结构实现我国由贸易大国向贸易强国的历史性跨越》，载于《中国科技业》2000 年第 10 期。

④ 陈祝平：《试论科技兴贸》，载于《财贸研究》1993 年第 3 期。

⑤ 夏杨：《崇尚科技兴贸——影响我国出口贸易持续增长的科技因素及其对策》，载于《国际贸易》1998 年第 2 期。

⑥ 张祥：《"科技兴贸"战略及其政策措施》，载于《中国外资》1999 年第 7 期。

“以质取胜”战略的基础。

进入 21 世纪，学者对科技兴贸战略表现出了新思考。对于政府在其中的作用，冯静和黄克安（2005）认为，政府作为科技兴贸的组织者，在科技兴贸工作中发挥着引导和服务功能，政府从全局和战略的高度扩大高新技术产品出口，在优化出口商品结构、提升外贸出口竞争力、实现我国由贸易大国向贸易强国转变等方面发挥了领导推动和服务促进的积极作用①。实际上，2011 年科学技术部国际合作司发文，称商务部、科学技术部等部门正加大实施科技兴贸战略力度，确定从 2006 年起，用 3 年时间建设 100 个国家科技兴贸出口创新基地，形成一批具备较强自主创新能力、在转变外贸增长方式中能发挥主导作用的产业门类②。杨圣明（2012）指出，外延的粗放方式与内涵的集约方式并不是孤立的而是相互联系的，只是在经济和贸易发展的不同阶段处于不同地位，由粗放、外延方式为主转向以集约、内涵方式为主是极其艰难的③。徐元（2013）对科技兴贸战略进行的升级，认为在创新驱动发展已经成为国家基本战略的背景下，我国外贸发展也应当相应从“科技兴贸”战略向“创新强贸”战略转变④。

4. 互利共赢开放战略

2001 年 3 月 15 日第九届全国人民代表大会第四次会议批准中共中央制定的“十一五”规划，提出今后要实施互利共赢的开放战略，加快转变对外贸易增长方式，提高外贸质量，积极开展国际经济合作。“十二五”“十三五”规划中继续贯彻实施，中国致力于构建全方位开放战略，走向国际化，承担国际责任与义务。2005 年 10 月，中共十六届五中全会首次明确提出“实施互利共赢开放战略”。其中，最早向非洲国家倡导互利共赢的贸易政策，《人民日报》发文称中国与非洲互相需要，对非洲资源的

---

① 冯静、黄克安：《科技兴贸与政府作用的发挥》，载于《对外经贸实务》2005 年第 6 期。
② 科技部国际合作司：《国家科技兴贸创新基地：战略性新兴产业的重要发展力量》，载于《中国高新区》2011 年第 1 期。
③ 杨圣明：《对“科技兴贸”战略的新认识》，载于《时代经贸》2012 年第 1 期。
④ 徐元：《打造外贸发展战略升级版——新形势下我国外贸发展从“科技兴贸”向“创新强贸”转变的思考》，载于《国际贸易》2013 年第 12 期。

合理利用和开发是互利共赢的方式[1]。在中共十九大会议中，习近平总书记提出“构建新型国际关系”，打造“人类命运共同体”，进一步深化了互利共赢战略。

互利共赢开放战略的内涵要求其必须遵循一定的原则，在战略实施过程中既要符合中国的利益，又要考虑到其他国家的利益，实现各国多赢、共赢，而不是零和博弈，这也是中国和平崛起所需要遵循的原则。

战略具体措施包括：一是转变对外贸易增长方式，提高产品附加值，发挥进口对国民经济的支持作用；二是积极有效地利用外资，引导外资为产业结构调整服务，深化国有企业改革，鼓励外资向中西部、东北部地区进行投资；三是实施“走出去”战略，政府层面做好规划引导，企业做好产权制度改革和人才培养，并建立完善的中介服务体系[2]；四是建立和完善国家经济安全体系，强化对国际市场的监控[3]。

陈继勇和胡艺（2011）撰书指出在经济全球化不断深化、世界经济严重失衡和中国开放型经济大国地位确立的背景下所提出的对外开放新战略，它包括互利共赢的贸易开放战略、金融开放战略、国际投资战略、国际技术创新与合作战略以及国际区域经济合作战略这五大分战略[4]。金融体制改革具有滞后性，金融市场始终处于严密把控的状态，但是随着贸易的深化，中国金融市场也正在逐步走向开放，张艺博和周琪（2009）发展了互利共赢的金融开放战略，认为金融开放要贯彻“以我为主”的原则，深化“稳健有序、安全可控”的思想，强化“竞争合作”的手段，实现“互利共赢”的目标[5]。

但是，互利共赢开放战略在实施过程中也面临困难，传统的国际治理体系主要由欧美国家主导，“丛林法则”在国际贸易和分工中仍然存在，中国贯彻的互利共赢并未成为世界国家普遍共识，致使诸如“一带

---

① 黄泽全：《互补优势互利共赢——合理利用和开发非洲资源》，载于《国际经济合作》2003 年第 12 期。

② 赵英奎：《论互利共赢开放战略》，载于《理论学刊》2006 年第 2 期。

③ 张松涛：《关于坚持互利共赢开放战略的若干问题》，载于《国际贸易》2007 年第 2 期。

④ 陈继勇、胡艺：《中国互利共赢的对外开放战略》，社会科学文献出版社 2011 年版。

⑤ 张艺博、周琪：《中国互利共赢的金融开放新战略》，载于《武汉大学学报（哲学社会科学版）》2009 年第 5 期。

一路”倡议在西方国家严重成为“中国威胁论”的论据，在本国利益高于一切的观念下，维护霸权、维护传统国际秩序也阻碍了互利共赢秩序的建立。

5. 平衡发展战略

传统的平衡发展战略融合了进口替代战略和出口导向战略的基本因素，强调对关税保护和外汇配合、反出口偏向、资本流入等方面实行平衡调整，通过汇率政策限制进口需求，通过减少实际汇率贬值降低出口增长水平，力图建立既不忽视进口替代又不轻视出口扩张的中性经济，是进口替代与出口导向之间的过渡阶段。

1978 ~ 1992 年，中国正处于计划经济向市场经济过渡期间，供不应求，但是改革开放带来对外贸易的迅速发展，中国经济处于一般内需型经济，唐海燕（1994）、胡凤英（1992）认为无论是单纯的进口替代战略还是出口导向战略都不符合中国实际，只有平衡发展战略在实践中取得了令人瞩目的成效，对于大国经济更加受用，有效地刺激经济运行高效率，但是对于 1992 年近期的外贸战略则应该向进口替代倾斜。

其具体措施在于：一是充分发挥传统经济和现代经济的各自优势，实现整个经济的循环发展；二是充分发挥沿海经济和内陆经济的各自优势，实现整个经济的协调发展；三是充分发挥出口产业和进口替代产品各自的作用，加快整个产业结构升级；四是密切关注国际国内市场变动，促进出口产业和进口替代产业的转化与变换①。

中共十八大报告中提出“适应经济全球化新形势，必须实行更加积极主动的开放战略，完善互利共赢、多元平衡、安全高效的开放型经济体系。”其中的多元平衡发展战略是以科学发展观统筹对外贸易中多个具有平衡关系的战略及其相互之间的平衡发展，同时保持与国民经济社会发展之间的协调关系。冯雷（2013）总结了多元平衡关系包括进口贸易与出口贸易、货物贸易与服务贸易、加工贸易与一般贸易、“引进来”与“走出去”、目标市场之间、商品结构之间、优势创新与传统优势之间、贸易主

① 胡凤英、唐海燕：《我国经济发展状态与平衡发展外贸战略》，载于《国际贸易》1992 年第 3 期。

体之间八大平衡关系，并重点探讨了前三对平衡关系①。

第五节　中国区域开放的理论与实践演进

一、中国区域非均衡渐进式开放的总体特征

自1978年中共十一届三中全会拉开改革开放的大幕，中国扩大开放的探索便从未停止。中国的对外开放，在空间上的推广采取了渐进式开放的方式（刘振亚，1991；艾景学，1994；蒋清海，1995；桑百川，1996；吴一丁和毛克贞，1996；魏后凯等，1997；张幼文，1999；崇庆余，2000；赵伟，2001；高洪深，2001；吕康银，2002；何枫、陈荣和何炼成，2003；陈映，2004；肖长培，2007；陈月英和赵海燕，2007；王晓红和李计广，2009；国家发展和改革委员会国际合作中心对外开放课题组，2018；对外经贸大学国际经济研究院课题组，2018；洪俊杰和商辉，2018；迟福林，2018；隆国强，2018；裴长洪，2018）。

魏后凯（1991）认为"六五"以来，随着国民经济和社会发展战略的转轨以及改革开放的不断深入，国家对区域经济发展战略进行了重大调整，制定并实行了包括地区市局政策、地区产业政策、地区特殊政策、区域补偿政策、区域组织政策及区域调控政策在内的一系列的区域经济政策。但是，总的来说，中国目前还缺乏一个比较完整的区域经济政策体系，而且由于各项区域经济政策政出多门，乃至互不协调、相互掣肘，严重影响了政策的实施效果。因此，现行的区域经济政策在增强了地区经济的活力，刺激了地区经济增长的同时也带来了诸如地区间经济发展差距急剧扩大、地区企业结构严重趋同、地区封锁加剧以及老工业基地经济增长不景气等问题②。张可云（2005）曾认为，中国的区域战略经过了5个阶

① 冯雷：《开放型经济体系的多元平衡发展战略》，载于《全球化》2013年第6期。
② 魏后凯：《九十年代中国区域经济政策研究》，载于《管理世界》1991年第1期。

段性的变化：第一个阶段是1949～1964年，为“内地建设战略”阶段，当时把内地建设作为区域战略的重点，期望通过有目的地布局工业来平衡全国的生产力布局，协调沿海和内地的关系。第二个阶段是1966～1970年，为“三线建设战略”阶段，当时基于国际环境的恶化和备战的考虑，集中力量进行大规模的“三线建设”，生产力布局跳跃式西移。第三个阶段是1973～1978年，为“战略调整”阶段，国家的产业布局开始由内地向东部，特别是向沿海经济发达区域逐步转移。第四阶段是1979～1991年，为“沿海发展战略”阶段，当时国家充分利用沿海地区的优势，面向国际市场，参与国际交换和国际竞争，大力发展开放型经济。1992年至今则是“区域协调发展战略”阶段，其中1992～1995年是区域协调发展战略的酝酿期①。

由点到面、由浅入深，从1979年试办深圳、珠海、汕头、厦门经济特区率先启动，扩展至1992年沿边、沿江、内陆省会城市全面开放；从浦东开发开放，到加入世界贸易组织；从设立自由贸易试验区、“一带一路”建设，到构建人类命运共同体。我国的对外开放由南到北、由东到西层层推进，基本上形成了“经济特区——沿海开放城市——沿海经济开放区——沿江和内陆开放城市——沿边开放城市——内陆——全国”这样一个宽领域、多层次、有重点、点线面结合、具有不同功能的梯度推进格局，新时代中国进一步推动形成全方位、高层次的开放格局②。

从兴办深圳等4个经济特区到沿海沿边沿江沿线和内陆中心城市全方位对外开放、加入WTO、设立自由贸易试验区、探索建设自由贸易港，从“引进来”“走出去”到双向开放，70年来，中国经济社会取得了历史性的成就。我国1978年进出口贸易总额为206.4亿美元。2018年，全国新设立外商投资企业60533家，同比增长了69.8%，实际使用外资金额1349.7亿美元，同比增长了3%。中国的贸易结构也在不断优化，2018年，进出口总额创历史新高，全年货物进出口总额达30.5万亿元，贸易

---

① 张可云：《“十一五”规划专家解读区域政策　警惕区域经济冲突》，载于《中华工商时报》2005年12月27日。

② 国家发展和改革委员会国际合作中心对外开放课题组：《中国对外开放40年》，人民出版社2018年版，第二章区域对外开放：中国特色渐进式开放模式。

总量首次超过30万亿元。

货物进出口总额从初期的206亿美元增长至超过4万亿美元，累计使用外商直接投资超过2万亿美元，对外投资总额达1.9万亿美元，已经成功融入全球专业化分工与协作生产供应体系，有效嵌入全球产业链、供应链与价值链。通过改革开放这个“关键一招”，我国已经跃升为世界第二大经济体、制造业第一大国、货物贸易第一大国、商品消费第二大国、外资流入第二大国，我国外汇储备连续多年位居世界第一。中国的发展已经和全球经济融为一体。改革开放不仅深刻改变了中国，也深刻影响了世界。

中国幅员辽阔，各地地理状况、经济发展状况、人的观念状况不尽相同，中国对外开放如何起步，关系到全国对外开放方略的成败。以邓小平同志为核心的党的第二代领导集体，从我国国情出发，借鉴世界各国开办自由经济区（经济特区）的经验，决定首先创办经济特区，开辟对外开放的窗口。

1979年，党中央、国务院批准广东、福建在对外经济活动中实行“特殊政策、灵活措施”，并决定在深圳、珠海、厦门、汕头试办经济特区，福建省和广东省成为全国最早实行对外开放的省份之一。1979年8月13日，国务院颁发《关于大力发展对外贸易增加外汇收入若干问题的规定》，主要内容是扩大地方和企业的外贸权限，鼓励增加出口，办好出口特区。1980年5月16日，中共中央、国务院批转《广东、福建两省会议纪要》，定名为“经济特区”。1988年4月13日在第七届全国人民代表大会上通过关于建立海南经济特区的决议，建立了海南经济特区。深圳等经济特区的创建成功，为进一步扩大开放积累了经验，有力推动了我国改革开放和现代化的进程。我国5个经济特区的面积分别为深圳市327.5平方公里、珠海市121平方公里、厦门市131平方公里、汕头市52.6平方公里、海南省33920平方公里。

改革开放之初，在缺少对外经济交往经验、国内法律体系不健全的形势下，设立经济特区为国内的进一步改革和开放、扩大对外经济交流起到了极为重要的作用。从建设经济特区，到沿海开放城市和沿海开放经济区，再到发展海南经济特区，充分考虑了我国开放经济发展的地理位置、自然资源、经济基础以及充分引进技术管理的需要等因素，对中国发展开放经济和推动国内经济增长注入了内在活力①。

首批4个经济特区取得成功后，我国又逐步扩大开放领域，形成了沿海开放城市—沿海开放地区—沿江开放地区—沿边开放地区—内陆开放地区的多层次由点到面、点面结合的全方位开放格局。

1984年4月，党中央和国务院决定进一步开放北海、湛江、广州、福州、温州、宁波、上海、南通、青岛、烟台、天津、秦皇岛、大连这14个港口城市，并在这些城市建立经济技术开发区，这是继经济特区创办之后，我国大陆从南到北形成对外开放的主干线，形成沿海开放地带。1984年以后，我国确定了长江三角洲、珠江三角洲、闽南三角地区等5个开放区，在广东、福建两省设立综合改革开放试验区。东南沿海开放的海岸线共跨11个省、自治区和直辖市，人口覆盖2.2亿人。中共十三大后，中央高层决策者们根据对外开放从发展外向型经济起步和演进的成功启示，提出了加快沿海地区对外开放和经济发展的报告。1988年1月23日，邓小平在这份报告上批示："完全赞成。特别是放胆地干，加速步伐，千万不要贻误战机。"② 9月，他又切切地叮嘱有关领导同志："沿海地区要加快对外开放，使这个拥有两亿人口的广大地带较快地先发展起来，从而带动内地更好地发展，这是一个事关大局的问题。内地要顾全这个大局。"③

沿海经济发展战略提出后，国务院就其具体实施做了总体部署。1985年2月，党中央、国务院批准了《长江、珠江三角洲和闽南厦漳泉三角地区座谈会纪要》，将长江三角洲、珠江三角洲和闽南三角区划为沿海经济开放区，并指出这是我国实施对内搞活经济、对外实行开放的具有重要战略意义的布局。1988年初，中央又决定将辽东半岛和山东半岛全部对外开放，同已经开放的大连市、秦皇岛市、天津市、烟台市、青岛市等连成一片，形成环渤海开放区；将山东省的济南、广东省的韶关、河源、梅州等一些市、县列入沿海经济开放区。中央还提出在这些经济开放区形成贸—

① 权衡：《对外开放四十年实践创新与新时代开放型经济新发展》，载于《世界经济研究》2018年第9期。

② 《邓小平文选》（第三卷），人民出版社1993年版，第408页。

③ 《邓小平文选》（第三卷），人民出版社1993年版，第27页。

工—农—体化的生产结构。1988 年初，中央决定开放辽东半岛、胶东半岛，这使沿海开放区增加至 7 个。1988 年 3 月 18 日，国务院发出《关于进一步扩大沿海经济开放区范围的通知》，决定适当扩大沿海经济开放区，新划入沿海经济开放区 140 个市、县。包括杭州、南京、沈阳等省会城市。人口增加至 1.6 亿人。1989 年 5 月，为方便台商到大陆投资，国务院批准福建省在沿海地区设置台商投资区，台商在投资区内可以享受规定的优惠政策。

进入 20 世纪 90 年代以后，国家推进内地的对外开放。1990 年 6 月，中共中央、国务院批准建设上海浦东新区。1992 年 6 月，党中央、国务院决定开放长江沿岸的芜湖、九江、岳阳、武汉和重庆 5 个城市。沿江开放对于带动整个长江流域地区经济的迅速发展，对于我国全方位对外开放新格局的形成起了巨大的推动作用。不久，党中央、国务院又批准了合肥、南昌、长沙、成都、郑州、太原、西安、兰州、银川、西宁、乌鲁木齐、贵阳、昆明、南宁、哈尔滨、长春、呼和浩特共 17 个省会城市为内陆开放城市，不仅形成了以上海浦东新区为龙头的长江流域开放地带，我国的对外开放出现了一个新局面。而且，开放区域横跨我国中、西两大经济带，进一步加快了沿江和内陆省区开发与开放的步伐，对于我国社会主义现代化建设的全局有着十分重要的战略意义。1992 年邓小平视察南方之后，国务院又先后决定开放内陆边境的 13 个边境市、县、镇，从东北、西北到西南地区，有黑河、绥芬河、珲春、满洲里、二连浩特、伊宁、博乐、塔城、普兰、樟木、瑞丽、畹町、河口、凭祥、东兴等。沿江及内陆和沿边城市的开放，是我国的对外开放迈出的第四步，形成了内陆周边对外开放的新格局。

党在领导我国实施区域对外开放的进程中，在战略上是循序渐进，在思想准备上是大胆地试验，在实施步骤上是摸着石头过河。在 4 个特区花了四五年时间以后，1985～1988 年，沿海大发展，再过三四年，沿江沿边，内地大规模推开。从布局上看，多线并举同时进行。一是沿海战线，先是 4 个特区试点，一方面由小点扩大至大点（面），由市扩大至省，再由试点扩大至重点——上海浦东开发；另一方面由几个试点扩大至多点，沿海 14 开发城市，然后由点成线，由多点到面，形成沿海开发地带的点面结合，形成前沿阵地的布局；二是内陆战线，内陆18个省会城市开放，包括不少中西部城市，关系到我国对外开放的后劲、资源的合理配置、中西部的发展。18个省会城市多数没有沿海城市的优越条件，从1984年开始就试办开发区、高科技开发区、经济技术开发区等，利用土地资源优越，廉价劳动力优势，兴办开发区也是一个城市对外开放的试点。由于有了这个试点，内陆省会城市对外开放，享受沿海开放城市政策，就水到渠成；三是中国加入WTO后，区域开放逐步向西部和东北部地区拓展，更多地区从对外开放中获益。一个多层次、多渠道、全方位的对外开放新格局初步形成[①]。由设立经济特区到相继开放上海浦东、沿海沿江沿边城市，逐步形成由点到线及面的开放格局，中国开始全面融入世界经济体系，同时，也形成了“内联外引”的发展模式（洪俊杰和商辉，2018）。上述重大开放举措，为引进外资、发展对外经济关系提供了十分有力的软、硬环境。经过几年的努力，经济特区的建设，沿海开放城市和开放地区的开发都有了迅猛发展。到1988年，全国累计签订利用外资协议项目6413个，累计协议金额约783亿美元。对外开放不断扩大，沿海地带的发展，极大地推动了全国的改革开放和经济建设。随着对外经济、技术合作及交流继续扩大，对外贸易和利用外资大幅度增长，国家外汇储备明显增加，1992～1996年，我国实际利用外资1500多亿美元，是前13年总和的6.4倍。1996年实际利用外资高达400多亿美元，1992～1996年共借用国外贷款650亿美元，占改革开放18年借用总量的一半。

2013年3月，李克强总理提出，上海要在现有综合保税区基础上，研究如何试点先行在28平方公里内建立一个自由贸易试验区，进一步扩大开放，推动完善开放型经济体制机制。探索建设自贸区是中国对外开放迈向制度创新、建立开放型经济体制机制的重要标志。2013年8月，国务院正式批准设立中国（上海）自由贸易试验区。根据该试验区方案，聚焦制度创新主线，重点探索政府职能转变、金融制度改革开放、贸易服务开放、外商投资和税收政策等多项改革措施，并将大力推动上海市转口、离

① 刘书林：《从反封锁到构建人类命运共同体——新中国对外开放战略的历史演进》，载于《理论与评论》2018年第4期。

岸业务的发展，从而为构建开放型经济体制机制先行先试，积累经验。在上海自贸区建设试点基础上，国务院先后于2015年和2017年批准设立广东自贸区、天津自贸区、福建自贸区以及浙江自贸区、辽宁自贸区、四川自贸区、重庆自贸区、湖北自贸区、河南自贸区、陕西自贸区11个自贸试验区建设。自由贸易试验区试点及其扩围始终坚持制度创新，聚焦构建开放型经济体制机制，逐渐与国际最高标准、最好水平的投资贸易规则接轨，从更深层次推动中国开放经济深化和发展。2018年4月，在自贸区建设试验发展基础上，中央再次宣布海南建立中国特色自由贸易港区。至2019年6月底，中国自由贸易试验区建设已经形成"1+3+7+1"覆盖东西南北中的联动发展格局。[①] 2019年6月28日，国家主席习近平在20国集团领导人峰会上就世界经济形势和贸易问题发表重要讲话。习近平宣布，中国将新设6个自由贸易试验区，增设上海自由贸易试验区新片区，加快探索建设海南自由贸易港[②]。2019年8月26日，国务院正式印发《中国（山东）、（江苏）、（广西）、（河北）、（云南）、（黑龙江）自由贸易试验区总体方案》，由此，我国的自由贸易试验区布局，在前期"1+3+7+1"的基础上，进一步扩容为"1+3+7+1+6"的新格局。目前，在自贸区已经形成一整套自主和集成制度创新体系，特别是开放公平、安全高效的市场准入管理制度系统，包括以准入前国民待遇和负面清单为核心的外商投资管理制度、以国际贸易单一窗口为核心的贸易便利化管理制度、以自由贸易（FT）账户分账核算体系为核心的金融创新及监管制度。自贸区的制度创新与最佳案例已经复制、推广到国内其他地区，为促进扩大开放和"放管服"改革提供了宝贵的成功经验，也让更多的地区都能共享开放发展的红利。

伴随着中国特色社会主义进入新时代，中国的对外开放也进入了新时代。新时代中国对外开放迎来了发展更高层次开放型经济、培育国际竞争新优势、推动"一带一路"建设、参与全球经济治理体系的全面开放新格

---

① 《中国自贸区建设进入快速发展期》，中国产经新闻，2019年4月18日。

② 习近平：《携手共进，合力打造高质量世界经济——在二十国集团领导人峰会上关于世界经济形势和贸易问题的发言（2019年6月28日，大阪）》，载于《人民日报》2019年6月29日，第1版。

局的重要时期。2017 年 10 月 18 日，习近平同志在党的十九大报告中指出，推动形成全面开放新格局。中国开放的大门不会关闭，只会越开越大。要以“一带一路”建设为重点，坚持“引进来”和“走出去”并重，遵循共商共建共享原则，加强创新能力开放合作，形成陆海内外联动、东西双向互济的开放格局。在新的历史条件下，积极推进沿海、沿边、内陆对外开放，这对于促进我国不同地区共享经济发展具有十分重要的意义。

我国区域对外开放的渐进式推进，也反映出区域经济发展指导思想的演进。改革开放以来，以邓小平同志为核心的党的第二代中央领导集体提出了非均衡的发展战略，其本质和核心是“两个大局”思想和“由沿海向内地逐步推进”的发展战略。1988 年，邓小平提出了“两个大局”的思想“沿海地区要加快对外开放，使这个拥有两亿人口的广大地带较快地先发展起来，从而带动内地更好地发展，这是一个事关大局的问题。内地要顾全这个大局。反过来，发展到一定的时候，又要求沿海拿出更多力量来帮助内地发展，这也是个大局。那时沿海也要服从这个大局”①。

以江泽民同志为核心的党的第三代中央领导集体和以胡锦涛同志为核心的党的第四代中央领导集体确立了区域协调发展的战略，并实施网络式和板块式的发展路径促进了经济社会协调发展，明确提出了必须加强地区间的分工合作，并充分认识到在未来的发展中，缩小地区间在发展上的差距是一项长期的战略任务。中央先后制定和实施了西部大开发战略②、振

① 《邓小平文选（第 3 卷）》，人民出版社 1993 年版，第 227 页。

② 1999 年 11 月，中央经济工作会议部署，抓住时机，着手实施西部地区大开发战略。2000 年 1 月，国务院成立了西部地区开发领导小组。由时任国务院总理朱镕基担任组长，时任国务院副总理温家宝担任副组长。2000 年 1 月，国务院西部地区开发领导小组召开西部地区开发会议，研究加快西部地区发展的基本思路和战略任务，部署实施西部大开发的重点工作。2000 年 10 月，中共十五届五中全会通过的《中共中央关于制定国民经济和社会发展第十个五年计划的建议》，把实施西部大开发、促进地区协调发展作为一项战略任务，强调：“实施西部大开发战略、加快中西部地区发展，关系经济发展、民族团结、社会稳定，关系地区协调发展和最终实现共同富裕，是实现第三步战略目标的重大举措。”2001 年 3 月，九届全国人大四次会议通过的《中华人民共和国国民经济和社会发展第三个五年计划纲要》对实施西部大开发战略再次进行了具体部署。2006 年 12 月 8 日，国务院常务会议审议并原则通过《西部大开发“十一五”规划》。目标是努力实现西部地区经济又好又快发展，人民生活水平持续稳定提高，基础设施和生态环境建设取得新突破，重点区域和重点产业的发展达到新水平，教育、卫生等基本公共服务均等化取得新成效，构建社会主义和谐社会迈出扎实步伐。面积为 685 万平方公里，约占全国的 71.4%。2002 年末人口 3.67 亿人，占全国的 25%。

兴东北老工业基地战略[①]和中部崛起战略[②]。

以习近平同志为核心的党的新一届中央领导集体确立了区域共享发展的战略，要更加注重人口经济和资源环境空间均衡，增强发展的协调共享性，在共享发展中拓宽发展空间，在加强薄弱领域中增强发展后劲，制定和实施区域发展战略，正确处理好一系列重大关系，推动区域共享发展，努力塑造要素有序自由流动、主体功能约束有效、基本公共服务均等、资源环境可承载的区域共享发展新格局。这标志着我国的经济发展战略进入了一个崭新的阶段。

二、对非均衡渐进式开放战略的评价

大量的文献对于我国区域非均衡渐进式开放战略给予了肯定，认为这是适合中国实际情况的战略选择，也取得了很好的实际效果。同时，也有大量的研究对于这一区域开放战略可能带来的负面影响进行了分析，认为中国开放空间推进的渐进式特征是中国区域经济增长差异的重要因素。蒋清海（1995）认为，对外开放不仅意味着中央政策的优惠和财力支持，不仅意味着引进外资、技术和管理经验，更重要的是引进市场运行机制、市场经济体制和创新精神。因此，中央的对外开放政策和对外开放战略对于国民经济和区域经济的协调发展具有重大的意义。吴一丁和毛克贞（1996）认为，所谓区域型开放模式是指一国以一定的行政区域为单位，建立经济特惠区域，在特惠区内实行特殊的开放政策和灵活的措施，吸引国外生产要素发展经济，实现本国经济与国际经济之间往来的对外开放模式。我国的对外开放从一开始就选择了这种模式，这种模式的显著特征是，各地区间的开放政策有很大的差别，开放区域相对于非开放区域有更

① 2003年10月，中共中央、国务院发布《关于实施东北地区等老工业基地振兴战略的若干意见》，明确了实施振兴战略的指导思想、方针任务和政策措施。

② 中部崛起战略是指促进中国中部经济区——河南、湖北、湖南、江西、安徽和山西6省共同崛起的一项中央政策，2004年3月由时任国务院总理温家宝在政府工作报告中首次明确提出。2006年4月15日，《中共中央国务院关于促进中部地区崛起的若干意见》中部地区包括山西、安徽、江西、河南、湖北、湖南6省，国土面积102.8万平方公里，占全国陆地国土总面积的10.7%。

多的发展机会。区域型开放的关键是选择好开放区域，不同国家的经济发展目标不同，选择的区域类型也不相同，一般而言，经济发达国家为了实现国民经济均衡发展的目标，一般选择国内落后地区作为开放区域，旨在通过优惠政策，吸引外部大量资金、技术，以此促进落后地区的经济发展，进而提高国民经济的整体发达程度；而发展中国家为了实现国民经济高速增长的目标，一般选择发达地区实行特殊的开放政策，促进发达地区经济进一步发展，并以此为增长极，带动国民经济整体发展。我国在采用区域型开放模式后，首先选择了经济基础较好的东部沿海地区为开放地带，以后逐步扩大。权衡（1997）认为，改革开放以来，中国区域经济关系发生了深刻的变化。一方面各地区经济得到了空前发展，经济实力显著增强；另一方面区域经济关系的矛盾和不协调也日益突出。赵伟（2001a；2001b）从中国独特的区域开放模式出发，考察了中国区域开放的模式，探讨了中国式区域开放模式与经济增长及制度转型区域差异之间的关系，认为中国区域经济差距急剧扩大的主要原因之一，是非均衡的区域开放，区域经济差异与体制改革进程差异及对外开放进程差异这两个因素存在明显的相关性，且区域对外（国际）开放进程对于休制转型进程的影响强烈，区域对外开放进程的不平衡主要与两个因素密不可分：一个是中央政府的区域不平衡开放政策。在改革开放最初的20年内，中央政府将最优惠的开放政策给了沿海有限的几个地区，而置内陆于相对苛刻的开放政策环境之下；另一个是不平衡的区域开放区位格局。与沿海地区相比较，广大的内陆地区在对境外开放方面，存在明显的区位劣势。除以上两个因素之外，中国区域层次上的经济开放，采取了一种非常独特的模式，而独特的区域开放模式，则也在一定程度上决定了中国工业化中前期区域经济的非均衡发展[①]。王必达（2002）也认为中国独特的区域开放模式决定了各区域对外开放程度的差异性，而对外开放程度的差异又是各区域经济增长速度差异的重要原因，因此，要缩小东西部地区发展差距，逐步实现经济“趋同”，就要求中西部地区必须实行区域大开放的战略。王培青和延军平

---

① 赵伟：《区际开放：左右未来中国区域经济差距的主要因素》，载于《经济学家》2001年第5期；赵伟：《区域开放之制度转型与经济增长效应：一个研究纲要》，载于《求索》2007年第3期。

（2007）认为，我国区域开放战略充分体现了渐进式开放的特点。在地域上，从南到北、从东到西，从沿海到沿江、沿边，逐步向内地扩展，大体上按照经济特区——沿海开放城市——沿海经济开放区——沿边沿江经济区——内地中心城市的序列推进，形成了全方位的开放格局。这一由局部示范到全方位开放的战略路径，保证了我国区域开放战略的安全性和稳定性。迟福林（2018）指出，我国改革开放40多年的实践证明，区域开放与区域发展直接相关。区域开放是促进区域发展的重要动力之一。开放程度高的区域，其发展水平一般都比较高；反之亦然。这些年，我国东部、中部、西部区域发展水平的差距与区域开放的程度相关。

一些文献从利用外资规模的区域差异角度分析了地区发展差距的成因（魏后凯，2002；韦开蕾，2013）。外商直接投资的规模在中国区域分布层面具有明显的二元结构，这种二元结构与中国区域经济增长的二元结构具有一致性，存在明显的因果关系。魏后凯（2002）认为，改革开放以来，我国区域经济发展呈现出典型的二元结构特征，这种二元结构的形成与外商投资分布的不平衡密切相关，他的实证分析结果表明，在这期间，东部发达地区与西部落后地区之间GDP增长率的差异，大约有90%是由外商投资引起的。自20世纪70年代末期以来，中国的地区经济格局发生明显变化，东部地区的经济增长速度和人均收入水平明显快于中西部地区，造成这种结果的一个重要原因就是外资流入量的差异（王晨钟，2004）。张平（2010）认为，中西部和东北地区吸收的FDI远远低于东部地区，这使得改革开放30年来，中国区域间经济发展的不平衡性大大增加。

还有一些文献剖析了利用外资技术进步效应的区域差异对经济增长差距的影响研究。冼国明和严兵（2005）针对外资在中国东中西部地区的技术溢出效应的分析表明，总体而言，外资在东部地区产生的溢出效应相对较强，但中西部地区的经济发展水平还未跨越促使外资产生显著正面溢出效应的发展门槛。陈继勇和盛杨怿（2008）也从外商在华直接投资的知识溢出和地区技术进步的角度分析了FDI区域分布对区域经济增长差异的影响。

自我国实行对外开放政策以来，对外开放已逐步超越传统因素而成为影响我国区域经济增长和区域发展格局的重要因素，尤其是早期所实行的向沿海地区倾斜的非均衡的对外开放政策以及强调效率和相对优势的区域发展战略使地理区位优越、经济基础雄厚和市场化程度高的沿海地区开放型经济快速发展。我国东部沿海和中西部地带间对外开放程度差距显著拉大，贸易和外商直接投资的持续增长，但却主要集聚在东部沿海地带，无疑将拉大我国各地区间和东中西三大地带间的经济发展的差距。中国人民大学的张可云教授认为，在 1992 年以前，我国的区域经济主要面临两个问题，一是贫困落后，二是区域发展差距较大。但是从 1992 年以后，问题明显增多了，如东北老工业基地老化、西部贫困落后以及东部膨胀等问题[①]。因此，一些学者指出了不同区域全面开放的重要性（李海舰，1991；长江开发开放总体构想研究课题组，1996；张幼文，1999；何频，2002）。李海舰（1991）对我国三大经济地带开放战略提出了构想，认为我国东部、中部、西部这三大经济地带，应该实行“点线面”的对外开放战略，即西部实行“点开放”、中部实行“线开放”、东部实行“面开放”，它们共同构成具有中国特色的区域对外开放总体设计。张幼文（1999）指出，中国应力促形成全方位、多层次、宽领域的对外开放格局，因此要把全方位对外开放战略提到新的高度和深度。赵伟（2001）则强调了区际开放的重要性，他认为，中国的区域开放有两个层面，一个层面是对国内其他地区的开放即区际开放；另一个层面是对国外的开放即国际开放。来中国的区域开放模式有三个特点：（1）在开放顺序上，两个层次的开放同时发生。（2）对外开放严格受制于政府的开放战略与政策，但无论是中央政府的开放战略还是区域政府的开放战略，都明显地带有某种片面性色彩：强调对外开放甚于对内开放。（3）区域开放范围大于先行市场经济国家工业化期间的开放范围。片面注重国际层面开放而轻视区际层面开放的区域开放模式，既是由中国特定的经济转型与发展条件、环境促成的，又不失为一种明智的选择。

---

① 辜王景：《专家解读十一五区域政策警惕区域经济冲突》，载于《中华工商时报》2005 年 12 月 27 日。

三、统筹区域开放和区域协调发展阶段的区域开放研究

中共十六届三中全会提出了以人为本，全面、协调、可持续的科学发展观，强调“按照统筹城乡发展、统筹区域发展、统筹经济社会发展、统筹人与自然和谐发展、统筹国内发展和对外开放的要求”，推进改革和发展①。

区域统筹就是以均衡发展理论和新经济增长理论为基础构建，注重人文特色，注重统筹协调，注重社会总福利最大化，注重解决基础性问题。是一种全新的发展思路和务实的增长。

区域非均衡发展战略出现了越来越多的矛盾与问题，如何统筹区域发展，实现各地区共同发展、共同繁荣已成为政府重点关注的问题。科学发展观要求统筹区域发展，就是要缩小地区差距。为此，中央先后提出了西部大开发战略、振兴东北地区等老工业基地的决策，以及促进中部地区崛起的重大战略部署。

坚持科学发展观，统筹区域发展，实现各地区城乡之间的共同发展，缩小区域之间的贫富差距，达到各地区共同繁荣，既是符合中国当前国情的正确选择，也是建设社会主义和谐社会的必然要求，对于促进我国经济社会全面、持续、稳定、健康发展的意义则是不言而喻的。学者们展开了丰富的研究（林毅夫和刘培林，2003；刘福垣，2003；李国平和范红忠，2003；郑毓盛和李崇高，2003；李国平和范红忠，2003；陆文喜和李国平，2003；王梦奎，2004；国务院发展研究中心课题组，2004；洪银兴，2004；张可云和胡乃武，2004；胡乃武和张可云，2004；蔡德奇，2004；林凌，2004；魏后凯，2004，2008；徐林，2004；李国平和刘健，2004；李卫宁和粟岚，2004；刘健，2004；刘夏明、魏英琪和李国平，2004；钱富新，2004；陆铭和陈钊，2004；张可云和胡乃武，2004；文玫，2004；朱文晖和张玉斌，2004；黄勤，2004；李卫宁和粟岚，2004；刘健和李国

① 《中共中央关于完善社会主义市场经济体制若干问题的决定》（2003 年 10 月 14 日中国共产党第十六届中央委员会第三次全体会议通过），新华社北京 2003 年 10 月 21 日电。

平，2005；张建军和刘健，2006；权衡，2007；陈宣庆和张可云，2007；李剑林，2007；范恒山，2008；杜鹰，2009，2012）。

郑毓盛和李崇高（2003）分析了中国的地方分割所造成的效率损失，朱文晖和张玉斌（2004）回顾了改革开放以来中国区域政策的四次调整。朱文晖和张玉斌（2004）将改革开放以后中国区域政策的调整划分为三个阶段，第一次调整是在1980～1992年对广东省和福建省实行“特殊政策、灵活措施”，令广东省成为中国改革开放的前沿阵地，广东省成为中国经济实力最强的省份；第二次调整始于1990年的浦东开发开放，上海市重现国际大都市的雏形，长三角成为全球瞩目的热点；第三次调整始于1999年底中央决定推行西部大开发，但到目前成效不甚明显。在2003年，中国的区域发展重点有所调整，即第四次区域政策调整，东北地区和华南地区（包括香港地区在内）成为优先突破的区域。中国区域政策发生作用的逻辑如下：中央的政策提供区域发展的启动机会，地方政府的响应能力决定区域发展的速度，市场原动力的形成决定了政策调整的成效，而外向型和内源性经济的良性结合将是区域优势能否持续的关键①。

张可云和胡乃武（2004）认为，无论是从国际环境还是从国内形势来看，协调区域经济关系无疑是21世纪前期社会经济发展必须注意的一个重要问题。只有统筹区域发展，才能化冲突为合作，全面提升中国的整体竞争实力。

洪银兴（2004）认为，邓小平提出的允许一部分地区先富起来的思想，实际是给有条件加快发展的地区提供充分发挥其发展潜能的机会，使较其他地区发展更快的地区从发展中得到相应的经济利益，由此为各个地区加快经济发展提供了强大的经济动力。实践中对沿海地区经济加速增长起作用的不是允许其先富起来的政策本身，而是实现先富起来政策的机制。这种机制主要是率先市场化、国际化和工业化。一部分地区先富起来不是目的，只是实现共同富裕的“捷径”。在经济发展和市场化改革达到今天水平的条件下，一部分地区确实先富起来了，这时现实地提出统筹区

① 朱文晖、张玉斌：《改革开放以来中国区域政策的四次调整及其研判》，载于《开放导报》2004年第1期。

域发展缩小地区差距，让欠发达地区也富起来的问题，体现了允许一部分地区先富起来与科学发展观的衔接。

张可云（2002）特别强调了区域统筹发展对于解决区域经济冲突的重要性。在全球化时代，加强不同类型区域之间的合作并克服区域经济冲突是提升中国整体国际竞争实力的必然要求。中国区域经济冲突已经完成了3个轮回：第一轮爆发于20世纪80年代；第二轮发生于20世纪90年代；第三轮出现在21世纪前10年。在一轮完结后，这种无休无止的争斗又重新开启，每一轮的线索都是：重复建设→原料大战→市场封锁→价格大战。几乎每隔10年左右完全再现一次这一过程。这种轮回循环不仅使参与者得不偿失，还诱发或加剧了几乎所有的社会经济问题，因而妨碍了整个中华民族的进步。所以，未来统筹区域发展的措施应该从三个层次来考虑：一是如何完善区域管理制度基础；二是如何将各种区域问题的解决结合起来；三是如何促进新型区域经济合作格局的形成。其中，第一个层次要解决的是区域管理的基础问题；第二个层次要解决的是治疗区域病的手段问题；第三个层次要解决的是协调区域经济关系的具体办法问题。要解决好这三个层次的问题，需要采取以下重大措施：第一，在中央政府与各级地方政府中设立区域管理机构。区域政策与规划的制定、实施、监督与评价必须由专门的职能部门负责。第二，尽快组织力量，明确标准经济区与问题区域划分。第三，明确要求各级地方政府制定本地区的发展战略，并在此基础上制定完善的区域政策工具与程序。第四，促进东部地区与东北地区传统产业转移，进一步完善中西部地区的起飞条件。第五，促进区域间企业主导型合作，协调企业跨区域行为①。

刘乃全等（2008）从空间视角考察了改革开放30年来我国区域发展整体战略的演变路径和作用机制。分析认为，从不平衡向相对协调发展的区域发展战略转变取得了总体效率和空间平等相对较好的结合，区域改革开放也取得许多成功的经验，但由于东中西部地区联动发展的机制尚未形成，致使区域差距在不断扩大。因此，我国未来区域发展整体战略的目标应该是形成合理的空间结构，实现总体效率与空间结构的相对均衡，并通

① 张可云：《预防新一轮区域经济冲突》，载于《战略与管理》2002年第2期。

过空间集聚及加强区域经济联动等方式促进区域经济的协调发展，四轮驱动和主体功能区建设也将有助于我国经济在区域协调发展中保持持续稳定增长①。丁瑶（2008）提出，进入新的历史时期和发展阶段，国家更加强调区域发展的协调性。物流成本过高、市场体系不完善、高端人才缺乏、低水平竞争等是阻碍中西部内陆地区推进开放型经济的主要障碍。要缩小与东部地区的差距，必须大力推进开放型经济，充分借鉴先进发达地区的发展经验，结合内陆地区自身实际，创新发展模式，发挥后发优势，用超常规手段和速度来实现超常规发展。李自杰和李计广（2010）反思了中国区域开放战略的历史进程，认为中国区域开放战略的核心内涵是优惠政策推动，充分调动地方积极性，大力发展外向型经济。在中国全面开放之后，开放面临的国内外条件均发生了重大变化，因而中国区域开放战略也应进行调整，开放重点应转向产业开放，突出特殊经济区功能，发展跨境区域经济合作；优惠性政策应逐步转向中性的出口政策和中性的外资政策②。魏后凯（2008）认为统筹区域发展使得改革开放 30 年中国区域经济从不平衡发展演进到相对均衡发展。

王心和李志俊（2008）、桑百川（2013）、陈宇峰和朱荣军（2015）分别从区域经济重心转移的角度论述了区域开放重心调整与区域经济再均衡的重要性。桑百川（2013）认为在世界经济艰难复苏过程中，中国经济也正经历着结构性变革，区域开放的重心正从沿海向内陆、从东部向中西部和边境地区转移。区域开放重心内移的根源在经济结构转型升级中，外商投资区位转移。中国总体发展阶段发生变化，进入了工业化加速发展时期，重化工时代即将到来③。

四、新时代区域共享共赢发展的研究

2015 年 10 月 29 日，习近平在中共十八届五中全会第二次全体会议上

① 刘乃全、刘学华、赵丽岗：《中国区域经济发展与空间结构的演变——基于改革开放 30 年时序变动的特征分析》，载于《财经研究》2008 年第 11 期。

② 李自杰、李计广：《中国区域开放战略的演变与反思》，载于《云南社会科学》2010 年第 3 期。

③ 桑百川：《区域开放重心内移与经济再均衡》，载于《中国经贸》2013 年第 9 期。

的讲话鲜明提出了创新、协调、绿色、开放、共享的发展理念①。《中共中央关于制定国民经济和社会发展第十三个五年规划的建议》强调指出，实现“十三五”时期发展目标，破解发展难题，厚植发展优势，必须牢固树立创新、协调、绿色、开放、共享的发展理念②。创新、协调、绿色、开放、共享的“五大发展理念”是实现我国“十三五”既定发展目标、破解发展难题、厚植发展优势的理论指南，是“十三五”乃至更长时期我国发展思路、发展方向、发展着力点的集中体现。它是改革开放40多年来对于发展问题的经验总结与理论提升，集中反映了我们党对中国经济社会发展规律的认识和把握，是关于发展观念的又一次理论创新③。党的十九大报告明确提出要“建立更加有效的区域协调发展新机制”，中央全面深化改革委员会第四次会议指出，要加快形成统筹有力、竞争有序、绿色协调、共享共赢的区域发展新机制，中共中央、国务院又于2018年11月18日发布《中共中央国务院关于建立更加有效的区域协调发展新机制的意见》，明确了当前中国区域发展的努力方向和政策目标。新时代，中国经济从高速增长阶段转向高质量发展阶段，区域发展战略和政策安排必然要转向更加重视协调发展，更加重视形成“统筹有力、竞争有序、绿色协调、共享共赢”的区域协调发展新机制。对此，学者们展开了丰富的研究（叶青，2017；范恒山，2014，2018；张可云，2018，2019；孙久文，2018；迟福林，2018；汪慧玲和张耀华，2018；孔凡斌和陈胜东，2018；李松龄，2018；李程骅，2018；汪慧玲和张耀华，2018）。

孙久文（2018）认为区域协调发展战略是建设现代化经济体系的重要一环。张可云（2019）指出，区域协调发展的最终目的是缩小区域差距，实现区域间均衡发展，具体体现为基本公共服务均等化、基础设施通达程度比较均衡、人民基本生活保障水平大体相当三个方面。以区域规划和区域政策为主要手段，建立“统筹有力、竞争有序、绿色协调、

① 习近平：《深入理解新发展理念》，载于《人民日报》2019年5月17日，第1版。

② 《中共中央关于制定国民经济和社会发展第十三个五年规划的建议》（2015年10月29日中国共产党第十八届中央委员会第五次全体会议通过），新华社北京2015年11月3日电。习近平：《关于〈中共中央关于制定国民经济和社会发展第十三个五年规划的建议〉的说明》，新华社北京2015年11月3日电。

③ 陈昕：《新发展理念的五大特征》，载于《人民日报海外版》2017年11月29日。

共享共赢”的区域协调发展新机制，是实现这三个目标的必然要求。完善区域管理制度基础主要包括“四管”，即“谁管”“管谁”“咋管”“管效”；确保竞争有序主要依靠两种手段，即区域规划与区域政策；确保绿色协调的手段主要有两种，即主体功能区制度与区域产业发展负面清单；共享共赢，主要依靠两种手段，即问题区域扶持政策与对口支援政策[①]。

经过40多年的改革开放，我国对外开放的基础和条件已经发生了根本性变化，开放布局需要完善、更需要创新，以深化开放程度，提高开放水平。中共十八大报告提出：“统筹双边、多边、区域、次区域开放合作。”2015年9月22日，在第三届中美省州长论坛上，习近平指出：“我们将采取有力措施促进国内区域协调发展、城乡协调发展，加快欠发达地区发展。我们将加快推进‘一带一路’建设，为国内各地区拓展对外合作搭建平台。比如，新疆是丝绸之路经济带‘核心区域’，云南是‘一带一路’向西南开放的‘桥头堡’。”[②]“十三五”规划建议指出：“完善对外开放战略布局。推进双向开放，促进国内国际要素有序流动、资源高效配置、市场深度融合。”中共十八届五中全会提出的“完善对外开放战略布局，推进双向开放”则为我们更新了关于区域双向开放开发的思维和视野。

所谓双向开放开发，就是要充分发挥区域资源、区位等优势，紧紧围绕区域产业发展、资源开发利用、基础设施建设、环境保护和生态建设，对区域内区域外进行全面开放，吸引发展要素，与各类经济实体、社会力量开展合作开发，以开放促开发，以开发求发展，实现资源共享、利益共赢。进入21世纪，双向开放开发具有丰富的时代内涵。双向开放有三重境界：第一重境界：双向开发；第二重境界：内外联动；第三重境界：双向开放。说到底，双向开放是一种高层次的、广阔性的、全方位的开放境

---

① 张可云：《区域协调发展新机制的内容与创新方向》，载于《区域经济评论》2019年第1期。

② 习近平：《在中美省州长论坛上的讲话（2015年9月22日，西雅图）》，新华网美国西雅图2015年9月22日电。

界[①]。我们要加强内陆沿边地区、沿海、边境、跨境建设和合作，完善对外开放区域布局，形成沿海内陆沿边协作互动的全方位开放新格局（刘清森和李晓明，1991；李澜和谭朴妮，2005；高虎城，2015；郭锐、王亚飞和陈东，2016）。

深入推进“一带一路”建设，是中央适应全球发展格局的深刻变化，统筹国内国际两个大局作出的重大战略决策，对于全面发展与沿线国家共建共享的互利合作关系，加快我国中西部地区发展，推动东部沿海地区开放型经济率先转型升级，进而形成海陆统筹、东西互济、面向全球的对外开放格局，具有十分重大的意义。可以说，“一带一路”不仅是沿线国家共建共享之路，也是从根本上促进我国东中西部协调发展之路。对此，学者们展开了深入研究（万军，2015；许飞，2016；柳江和申洋，2016；宋国友和张淦，2017；叶青，2017；张玲，2017；马克林，2017；王苏生、胡王江和付波航，2017；胡箭，2017；范恒山，2018；门洪华，2019；肖燕飞，2019）。

迟福林（2018）提出，推动形成我国对外开放新格局，从国内来说，重点和难点大部分集中在服务贸易领域。在这个特定背景下，如何把区域发展和服务贸易开放相融合，打造区域开放新高地的同时，推动形成区域开放与区域发展新格局。如何在推动形成开放新格局当中提升区域发展水平和质量，发挥不同区域在开放中的不同作用。这既是我国扩大对外开放的需求，又是促进区域协调发展的需求。门洪华（2019）认为新时代中国对外开放战略的重点是：构建开放型经济新体制，推动形成全面开放新布局；以深化区域协调发展为抓手，促成陆海内外联动、东西双向互济的开放格局；建立和发展自由贸易实验区，探索对外开放新途径；推进“一带一路”建设，促进中国大战略的优化；积极参与全球经济治理，引领全球开放合作。面向未来，中国对外开放战略应秉持守正创新，优化国家战略、强化地区战略、深化全球战略，推进中国与世界的良性互动。陈健和龚晓莺（2018）认为，新时代背景下区域协调发展战略下“一带一路”沿线互联互通的实践路径：一是深化东中西部区域合作，推进政策沟通；

① “学习大军”：《习大大谈“双向开放”的三重境界》，中国经济网，2015年11月3日。

二是加大东中西部互联互通的投入机制，推进设施联通；三是加大东中西部省际贸易和投资，加速贸易畅通化、投资便利化；四是加强中西部地区金融倾斜支持力度，推进资金融通；构建东中西部多层次的交流合作平台，推进民心相通。通过以上举措以期为新时代区域协调发展战略下“一带一路”沿线互联互通实践提供参考。

五、关于自由贸易试验区的研究

2013年9月，中国（上海）自由贸易试验区正式挂牌；2015年，广东、天津、福建3个自由贸易试验区相继挂牌；2016年，辽宁、浙江、河南、湖北、重庆、四川、陕西7个自由贸易试验区向纵深推进；2018年10月，中国（海南）自由贸易试验区批准设立，海南自由贸易试验区向“覆盖全岛”展开。6年来，从1个到12个，从沿海到内陆，从“一枝独秀”到形成“雁阵效应”，并与“一带一路”建设、自贸协定谈判等国际区域合作相互配合，中国自由贸易试验区在不断拓展、扩围、升级、赛跑中进入“快车道”。12个自由贸易区试验区，既是中国改革开放的“试验田”，也是中国改革开放的“风向标”。这标志着，中国将不断加大加快改革开放步伐，以更加务实的态度与国际接轨。学者们展开了丰富的研究。利用中国知网中国期刊全文数据库（CNKI），选择“哲学与人文科学”“社会科学Ⅰ辑”“社会科学Ⅱ辑”“经济与管理科学”这4个子数据库，以“自贸区”作为“文献篇名”的关键词进行检索，检索结果情况如表4－10所示。

表4－10　　2003～2019年5月“自贸区”研究文献数量情况

年份	文献数量	年份	文献数量
2003	1	2007	8
2004	4	2008	14
2005	9	2009	33
2006	18	2010	130

续表

年份	文献数量	年份	文献数量
2011	74	2016	769
2012	62	2017	681
2013	472	2018	630
2014	939	2019	194
2015	1099	—	—

1. 关于自贸区制度创新实验的研究

李扬（2013）认为，上海自贸区的试验方案进一步强调了改革与开放之间彼此促进、相辅相成的关系。因此，方案的发布，也宣布了中国新一轮改革进程的启动。张燕生（2013）指出，上海在国内首个设立自由贸易试验区，意义重大。试验区下一步先行先试的重点，是沿着海关特殊监管区域的发展路径试点更加自由开放的小自由贸易园区（FTZ），还是作为应对跨太平洋（TPP）、跨大西洋（TTIP）打造高标准自由贸易区（FTA）的全球变局，适应国内下一步高标准改革开放和发展的内在要求，在更高层次、更大范围、更宽领域推动经济国际化、现代化、知识化发展的重大战略举措，定位截然不同。中国下一步发展的目标和重点，是成为全球负责任大国、高收入大国、法治大国和生态文明大国，将产生具有全球重大影响力的世界级大都市和城市群。上海市在这方面具有责无旁贷的责任和前景。王新奎（2014）认为，建立上海自由贸易试验区是因应经济全球化发展新趋势的一项重要国家战略，是党中央作出的一项重大举措。上海自由贸易试验区旨在抓住全球服务贸易和投资规则重构的时机，主动去适应国际高标准的规则要求，来推进我国服务业和服务贸易的发展，在新一轮的国际经济竞争中抢占先机。在上海自由贸易试验区先行先试的与投资有关的改革措施中，难度最大但也最重要的是对外商投资准入实行“负面清单”管理模式。这一改革对上海自由贸易试验区的整体改革起到纲举目张的作用，同时也是以开放“倒逼”改革的主要着力点。负面清单管理是保证政府管理体系透明化和法制化的一个重要手段，是政府经济治理体系现代化的标志之一。现阶段上海自由贸易试验区外商投资准入管理负面清单设计仍存在一些难点，诸如对产业编码长度的选择和对现有的不符措施的梳理、如何在制定负面清单时通过清理不符措施以切实减少对外商投资准入的限制和提高投资便利化的程度、如何确定需要保留将来采取不符措施权力的行业和领域等，这需要我们通过锐意改革和不断创新加以逐步改进和完善①。肖林和马海倩（2014）强调中国（上海）自由贸易试验区深化改革，旨在建设开放度最高的自由贸易试验区，当好全国改革开放排头兵、创新发展先行者；旨在充分发挥市场配置资源的决定性作用，实现政府职能转变和管理创新新探索；旨在转变发展方式，探索创新驱动发展的新路径；旨在全面服务国家战略，形成上海“四个中心”与“一带一路”、长江经济带等国家战略和倡议紧密互动、联动发展、引领发展。上海市人民政府发展研究中心课题组（2016）的研究报告指出，中国（上海）自由贸易试验区的设立是中国在经济新常态下，适应全球经济重构所面临的新挑战与新要求的重大举措。上海自贸试验区建设3年来，紧紧围绕国家战略，大胆先行先试，形成了五大制度创新成果，对于新时期我国全面深化改革、扩大开放具有重大示范带动意义。针对当前工作推进中存在的一些问题和薄弱环节，需要在更大程度上加大制度创新力度，对照国际最高标准、最好水平的自由贸易区，更加注重制度创新的系统集成，大力推进改革开放先行先试，切实加强与国家战略的紧密联动，进一步发挥示范引领、服务全国的作用。

2. 关于自贸区金融创新实验的研究

郑杨（2014）指出，建设上海自贸区，是新形势下中央统筹国内国际两个大局推进改革开放的重大举措。试验区不同于传统的自由贸易园区，其目的是打造具有国际高水准的制度创新高地。为此，上海市应统筹试验区与上海国际金融中心建设两项国家战略的机遇，协同推进、有机联动，为我国全面深化金融业改革开放探索新途径、积累新经验。吴大器等（2014）认为，上海自贸区金融改革是顺应世界金融自由化主流趋势的制

① 王新奎：《中国（上海）自贸试验区改革的重点：对外商投资准入实施“负面清单”管理》，载于《上海对外经贸大学学报》2014年第1期。

度创新，为此推动了利率市场化、汇率市场化等先行先试，对于改进金融开放及金融服务贸易之不足，弥补其短板效应将发挥积极效果，从而更好服务贸易，实现贸易及投资便利化。为规避自由化导致相关的风险，我国金融自由化尤其是自贸区金融自由化相关领域先行先试，应该有边界、循序渐进；要用“三明治”思维优化金融自由化在金融中心建设、浦东综合配套改革、自贸区金融改革先行先试三方面的联动机制。徐明棋（2016）总结了上海自贸区的金融改革开放试验。上海自贸区的金融开放和改革措施引起了外国官方和金融机构的高度关注，因为上海市的目标是要建成国际金融中心。中国人民银行、中国银监会、中国保监会和中国证监会出台了自由贸易区改革开放的 51 条措施以及扩区后出台的 40 条，其主要特点是在自由贸易区与海外之间建立了特殊通道，资金从海外进出自由贸易区实现了自由化，这就在客观上使自贸区与海外人民币离岸市场直接相连，成为境内的人民币离岸市场。自贸区还先行一步推进了利率市场化和汇率机制改革，一个对外扇形开放的窗口已经打开。自贸区还推进了银行、保险和证券业的进一步开放试验，这些措施对于人民币国际化产生了重要的促进作用，也会给上海国际金融中心建设带来新的动力。徐明棋对自贸区金融改革开放的试验措施和进展做了介绍，并从多个层面分析了它们对人民币国际化的影响。他认为，人民币国际化是在资本账户没有完全开放、人民币尚未完全自由兑换的背景下推进的，因此离岸人民币市场将在其中扮演重要的作用，而上海自贸区承担了连接国内金融市场与海外人民币离岸市场的衔接作用，在人民币国际化的进程中具有非常特殊的地位①。沈伟（2017）认为自贸区建设的重要使命是金融创新。上海自贸区在金融创新方面的立法实践表明，其相关举措推动了上海国际金融中心的发展进程，引领着中国金融体系的深刻变革，彰显了自贸区金融创新的广阔前景。然而，上海自贸区金融改革的渐进性以及金融“收”“放”立法与政策的不匹配，使得改革在金融自由化和金融风险（纠纷）识别上面临着阻碍。自贸区的金融创新立法，应当进一步巩固和推进金融自由化进程，加

① 徐明棋：《上海自由贸易试验区金融改革开放与人民币国际化》，载于《世界经济研究》2016 年第 5 期。

强金融风险（纠纷）的防控与化解，适当了解和吸纳中国其他金融改革试验区的有益经验，从而实现中国金融改革试验区的良性互动。

3. 关于自贸区建设实效的实证研究

江若尘等（2014）从上海总部经济发展的现状与诉求出发，分析了行政审批、投资限制、金融管制等因素对上海总部经济的掣肘，讨论了上海自贸区的机制、政策创新对化解上述障碍的作用。

更多学者运用“反事实”分析方法分别剖析了自贸区建设的效应。王利辉和刘志红（2017）基于“反事实”思维视角，运用面板数据政策效应评估方法与合成控制法，对比自贸区成立前后经济变量的实际值与“反事实”值之差，揭示样本期内不同季度的实施效果，评估其对地区的经济效应。研究发现两种方法评估下，上海自贸区对上海地区实际人均 GDP、固定资产投资及进出口总额的影响效应分别为 2. 82%、1. 25%、2. 54%、2. 34%及 3. 24%、1. 05%、2. 75%、2. 23%，其中对人均 GDP 的影响较大，所得结果大于零且基本保持一致，表明自贸区对地方经济的影响效应为正。陈芳（2017）使用反事实分析法对广州自贸区的经济增长效应进行量化，实证研究结果显示广州自贸区的设立对当地的工业增加值、当地的进出口总额均表现出显著的正向刺激作用。殷华和高维和（2017）以上海自贸区为例，基于面板数据的政策效应评估方法，利用地区间经济发展的相关性构造上海市的反事实经济绩效，并对比上海市的真实经济绩效，进而估计出上海自贸区产生的“制度红利”效应。研究表明：①上海自贸区建设显著促进了上海市 GDP、投资、进口和出口的增长，且这一结论在多项稳健性检验后依然成立；②随着制度创新的进一步深化和扩大，扩区后的自贸区建设对上海市经济的促进效应更加显著；③上海自贸区以制度创新为核心推进改革，具有显著的长期经济效应。文章客观地评价了上海自贸区建设的经济绩效，为我国自贸区的建设、完善和复制推广提供了有益的政策建议。周明升和韩冬梅（2018）运用“反事实”方法测度了上海自贸区金融开放创新对上海市的经济效应。叶修群（2018）利用双重差分法实证检验了自贸区对地区经济增长的影响，研究发现设立自贸区显著提高了地区 GDP 增长率，自贸区的经济增长促进效应存在明显滞后，他进一步利用反事实分析法进一步检验自贸区经济增长效应的地区异质性，发现上海和广东自贸区的经济增长促进效应明显，表现为对第三产业的促进效应；天津和福建自贸区的经济增长促进效应不明显，但对第二产业的促进效应明显；自贸区的经济增长促进效应都具有明显的滞后性，这一点在对第二产业和第三产业的促进效应上都有体现。刘秉镰和王钺（2018）利用合成控制分析技术，构建“反事实”样本，实证考察上海自贸区成立前后创新变量的实际值与“反事实”值之间的差距，研究发现，上海自贸区的设立能够显著促进上海市创新水平的提升，且该结果具有稳健性。

六、针对区域开放水平测度的研究

一些文献针对区域开放水平进行了测度（曾海鹰和任登鸿，2007；张玉杰和申小林，2011；申小林和张玉杰，2012；国家发展和改革委员会国际合作中心课题组，2013；赵娟、石培基和朱国锋，2016；张应武和李董林，2017），如国家发展和改革委员会国际合作中心课题组（2013）设计了一套能够比较全面、系统、客观、科学度量中国区域对外开放水平的指标体系，并采用主成分分析法，根据统计年鉴等权威数据，对全国31个省区市的对外开放度指标进行测算和排名。张应武和李董林（2017）的实证研究表明：（1）从空间分布状态来看，我国区域开放型经济发展水平自东向西逐步降低，与区域经济发展水平呈现高度相关关系；（2）从时间维度动态趋势变化来看，开放型经济发展水平呈现V、倒V、M、W 4种变化趋势，同时存在时间和空间上的规律性。这些实证分析对于客观评判和分析我国不同区域的开放水平，并有的放矢地采取对策建议意义重大。

第六节　中国金融开放的历史回顾与理论演进

在知网以“金融开放”为篇名关键词进行检索，可得相关文献592篇，其中主要围绕金融机构、金融安全、经济增长、金融监管等相关主题。最早的相关文献可追溯到1992年周建松的《试论加大金融开放力度》[①]，之后研究数量逐渐增多。

一、关于金融开放的含义与测度的研究

1. 关于金融开放的含义

国外文献中学者一般较多地使用“金融自由化”一词，金融自由化理论最早由麦金农和肖分别在《经济发展中的货币与资本》和《经济发展中的金融深化》中提出，卡明斯基和施穆克勒克斯（Kaminsky and Schmuklex，2002）认为金融自由化应包括三方面内容，即资本账户自由化、国内金融部门自由化、股票市场自由化。他们将资本账户、国内金融部门、证券市场自由化程度划分为三个等级：完全自由化、部分自由化、无自由化，并分别给出了等级标准，在此基础上综合评定一国整体金融自由化程度。贝卡尔特和哈维（Bekaert and Harvey，1995）认为金融开放包括股票市场开放、资本账户开放、ADR和国家基金发行、银行改革、私有化、资本流动和FDI七个方面[②]。可见，金融自由化包括对内和对外两个方面，金融开放只讨论其对外的方面，其中资本账户开放和金融市场开放是金融开放的最核心要素[③]。隆国强（2018）认为金融业是经营金融产品的特殊行业，其特殊性既源于其对国民经济的重要性——被视为现代经济的核心，更在于金融发展中始终伴随不确定性，即经济学意义上的风险。正是由于具备这些特殊性，因此金融业是一个受到严格管制的行业，在世界上各个经济体中无一例外。金融管制是某一经济体为维持金融的稳定运行和整体效率而对金融机构和金融市场活动的各个方面进行的管理和限制，内容主要包括市场准入、业务范围、市场价格（利率和汇率）、风险管控、资金使用、资金跨境流动等方面。从这个角度来看，任何放松金

① 周建松：《试论加大金融开放力度》，载于《浙江金融》1992年第8期。

② Bekaert，G. and C. R. Harvey，1995，“Time-varying World Market Integration”，Journal of Finance，50：403 –444.

③ Kaminsky，Graciela and Sergio Schmukler，2002，“Short Run Pain，Long-run Gain：The Effects of Financial. Libera lization”，World Bank Working Paper 2912.

融管制的举措，无论是对内部资金还是对外部资金，均可被视作金融领域的开放。叶辅靖和原倩（2019）认为，所谓金融开放，通常包括两个方面的内容：一是资本项目的开放；二是指银行、证券、保险等金融服务业以及金融市场的对外开放。王爱俭、方云龙和王璟怡（2019）认为金融开放的本质是某一经济体金融要素的跨境自由流动，具体包括金融业对外开放和资本账户开放两个方面。我国金融服务业开放、金融市场开放、人民币汇率形成机制市场化改革、经常项目和资本项目可兑换以及人民币国际化等都是金融开放的有机组成部分（周小川，2013；易纲和宋旺，2008；易纲，2009）。陈卫东（2019）从广义上来讲，金融开放的内涵包含三个层次：一是金融机构开放，即一国对他国或地区金融机构以合资、独资或并购等方式从事银行、证券、保险等金融服务的准入及行为活动的管制程度，以及对该国金融机构在境外从事相关金融服务的开放程度；二是金融市场开放，即一国与国际金融市场的互融互通，境外资金进入国内金融市场、境内资金在国际市场配置状况；三是货币的开放与国际化，即本币与外币之间的自由兑换与流通程度。

所以，金融开放的定义有狭义和广义之分①。狭义上的金融开放主要看对外国资本流入及各种金融活动进入本国（地区），或本国（地区）资本流出及各种金融活动参与到他国（地区）是否存在法律法规或行政的管制，或者存在何种程度的管制。广义上的金融开放是指一国通过法律法规或行政手段，允许国际资本跨境流动和货币自由兑换，和允许他国（地区）的金融机构和投资者在本国金融市场从事交易、开展各种金融业务与服务活动，以及允许本国金融机构和投资者在国际金融市场进行各种交易与金融活动。本书将金融开放归结为两个方面：资本账户的开放与金融市场的开放。资本账户开放是指不再限制资本跨国交易；金融市场的开放，主要包括银行业、证券业、保险业及其他金融服务业的开放，其具有提高资源配置效率和风险分散功能，降低经济发生波动的可能性②。

---

① 陈志民：《论金融开放对我国经济增长的影响》，载于《当代经济》2017 年第 30 期。

② 余永定认为，金融业开放和资本项目自由化，是两个完全不同的概念，金融业开放属于贸易领域，资本项目自由化属于资本跨境流动范畴，两者不能混为一谈。余永定：《人民币国际化存在“时序上”的问题》，载于《财经》2018 年 8 月 12 日。

2. 关于金融开放的测度

早期的国外学者在对金融开放的测度大多从定性的角度分为开放和不开放，即基于有关国家对资本流动管制政策及变化来度量金融开放与否。另一些学者则是通过一些经济变量来间接度量实际的金融开放程度，大多从定量的角度。具体度量指标和方法如表4－11所示。

表4－11　　　　金融开放度量方法

基于监管制度的度量法		间接量化度量法	
提出者	指标	提出者	指标
国际货币基金组织 （IMF）	IMFmeasure， share	费尔德斯坦和霍里奥卡 （Feldstein and Horioka，1980）	运用储蓄率—投资率度量法来衡量资本跨国流动的程度和范围
奎恩 （Quinn，1997）	Quinn， ΔQuinn	爱德华兹和汉 （Edwards and Khan，1985）， 哈克和蒙泰 （Harque and Montiel，1990）， 冷泉和叶兹 （Reisen and Yeches，1993）	基于利差来度量金融开放程度
克莱因、奥利韦伊 （Klein，Olivei，2001）	Klein－Ovliei	克雷 （Kraay，1998）， 雷恩和米列西－费雷蒂 （Lane and Milesi－Ferretti，2002）， 埃迪索特 （Edisoet，2002）	运用实际资本流动来度量金融开放程度
蒙泰、莱因哈特 （Montiel，Reinhart，1998）	Montiel－Reinhart	巴卡尔 （Bakaert，1995）	运用跨国证券市场收益相关度来度量金融开放

续表

基于监管制度的度量法		间接量化度量法	
提出者	指标	提出者	指标
贝卡尔特（Bekaert，1995），贝卡尔特和哈维（Bekaert and Harvey，1995），莱文和泽沃斯（Levine and Zervos，1998），亨利（Henry，2000a，2000b）	一系列的度量股票市场开放的指标，主要是以开放时间和关键事件构建指标	贝卡尔特（Bekaert，1995），阿赫恩、格里弗和沃诺克（Ahearne，Griever and Warnock，2000），爱迪生和沃诺克（Edison and Warnock，2002）	根据 IFCI 指数和 IFCG 指数设计了 FOR 指标来度量资本流动控制的强度和程度

资料来源：刘毅、曹锐钢：《金融开放与经济增长效应研究的文献综述》，载于《上海金融》2006 年第 12 期；陈雨露、罗煜：《金融开放与经济增长：一个述评》，载于《管理世界》2007 年第 4 期。

二、关于金融开放与经济增长的研究

国内外学者就金融开放对经济增长影响进行了大量的实证研究。根据现有文献研究，梳理金融开放与经济增长之间关系，大致可划分为四类：促进论、无关论、有害论和条件论。

在促进论方面，金融开放等于一国获得更广阔的资金池，较低的利率也应该刺激投资和提高经济增长（Mishkin，2000；Obstfeld，1994；2009；Rodrik and Subramanian，2009）。弗舍尔（Fischer，1998）认为金融开放有利于资本在全球的流动和提高资本的配置效率，由此会促进经济增长和提升福利水平。奥伯斯特（Obstfeld，1994；2009）通过进行福利分析和实证检验，指出金融全球化和资本市场开放分散了投资的风险，提高了人们的消费水平，因此得出资本市场开放具备稳定增长效应的结论；哈维（Henry，2000）研究了资本市场开放对宏观经济的影响，他发现实行金融开放以后的新兴市场的投资收益有一定的提高，而且私人投资也有了一定的增加；爱德华兹（Edwards，2001）认为一国实行金融开放，通过资本账户开放，增加总储蓄量，进而增加可转化为投资的资本，投资水平得以提高从而促进经济增长，同时资本账户的开放会提高资本配置效率，进而提高生产水平，也从而促进经济增长。布莱尔（Blair，2003；2007）、古斯加丽塔（GusGarita，2009）通过分析金融开放对国内经济增长、全要素生产率和生产积累的影响，认为金融开放对经济增长有利。科斯、普拉萨德和泰勒（Kose，Prasad and Taylor，2009）也认为，对于资本劳动比相对较低的发展中国家来说，金融开放所带来的好处尤其重要。

在无关论方面，有的学者的研究认为没有或很少证据证明金融开放与经济增长之间有必然的联系（Rodrik，1998）。巴斯耶和弗拉茨舍（Bussiere and Fratzscher，2004）等通过实证研究未发现金融开放对经济发展产生长期稳定的增长效应。

在有害论方面，金融开放、资本跨境流动的增加可能会导致金融不稳定和增加金融危机的国际传播，引发金融危机，对发展中国家而言不但不会带来增长，反而产生危害（Demirguc－Kunt and Detragiache，1998；Edison et al.，2004；Stiglitz，2000；2005），尤其是对于发展中国家而言，没有充分可信的研究表明两者之间存在清晰明确且稳健的关系（Prasad，Rajan and Subramanian，2007）。

在条件论方面，爱德华兹（2001）则发现金融开放与贫穷国家的经济增长存在负相关关系，但与发达国家的经济增长关系刚好相反，由此认为金融开放是否能促进经济增长取决于体制的好坏。贝卡尔特（Bekarrt，2010）认为只有当金融发展达一定水平后，金融开放才会促进全要素生产率增加和经济增长。艾肯格林、古拉帕利和帕尼萨（Eichengreen，Gullapalli and Panizza，2011）、科塞、普拉萨德和泰勒（Kose、Prasad and Taylo，2011）实证分析的结论是，只有当一国的经济、法制及政治环境达到一定的水平后，金融开放才会促进经济增长。黄等（2014）利用80个国家1980～2010年数据研究发现，金融开放对低收入国家的影响不显著，对中等收入国家的影响为负，对高收入国家的影响为正。对于发展中国家来说，金融开放发挥作用需具备达到中等发展水平（Edison et al.，2004）、有足够的私人资本流入且流入的资本具有长期性和不易撤回性以及有较高的国内储蓄率（Aghion et al.，2010）等条件。加姆拉（Gamra，2009）则认为金融的部分开放比完全开放更有利于经济增长。金融开放的经济增长效应的实证成果如表4－12所示。

表 4－12　　　　金融开放的经济增长效应的实证研究成果

研究者	样本（个）	开放的度量指标	因变量和估计方法	估计结果
奎因（Quinn，1997）	58	Δquinn（1958～1988）	人均收入增长率（1960～1989），截面数据和OLS	有显著影响
克莱因和奥利韦伊（Klein and Oliver，2000）	82	share	人均收入增长率（1976～1995），IV	有显著影响，金融深度对增长效应具有显著影响
爱德华兹（Edwards，2001）	55～62	Quinn（1988），Δquinn（1973～1988）	人均收入增长率（1980～1989），截面数据，WLS（以1985年GDP为权重）	有显著影响，国民收入差异对增长效应有影响
阿特塔、艾肯格林和维普洛斯（Arteta，Eichengreen and Wyplosz，2001）	51～59	QuinnΔquinn	人均收入增长率（1973～1981，1982～1987，1988～1992），OLS	难以确定，宏观经济的稳定程度和市场化对增长效应有影响
贝卡尔特、哈维和伦德布拉德（Bekaert，Harvey and Lundblad，2001）	95	证券市场自由化的度量指标	人均收入增长率（1981～1997），移动平均面板数据	有显著影响
奥·唐纳（O'Donnel，2001）	94	Share，volume（实际资本流动）	人均收入增长率（1971～1994），同时在回归中增加了开放指标和其他变量的交叉项	用share指标做自变量，增长效应不显著；用volume指标做自变量，增长效应显著
昌达（Chanda，2001）	57（非OECD）	Share	人均收入增长率（1975～1995），增加了种族差异和开放指标的交叉变量	种族和语言的趋同度对增长效应有影响

续表

研究者	样本（个）	开放的度量指标	因变量和估计方法	估计结果
格里列和米列亚-费雷蒂（Grilli and Milesi Ferretti，1995）	61	share	人均收入增长率（1971～1994），IV	无显著增长效应
罗德里克（Rodrik，1998）	约100	share	人均收入增长率（1975～1995），截面数据，OLS	无显著增长效应
克雷（Kraay，1998）	64、94或117	share（117），quirm（94），volume（64）	人均收入增长率（1985～1997），截面数据，OLS&IV，	share和I Quinn的增长效应不显著，volume的效应显著

资料来源：刘毅、曹锐钢：《金融开放与经济增长效应研究的文献综述》，载于《上海金融》2006年第12期；陈雨露、罗煜：《金融开放与经济增长：一个述评》，载于《管理世界》2007年第4期。

越来越多的学者认识到，金融开放是否有利于一个经济体的增长，要取决于经济体的初始条件以及综合环境，发达国家比发展中国家更容易享受金融开放带来的正向效应（张瑜和李书华，2011；张永升、杨伟坤和荣晨，2014；张明，2015）。陈雨露和罗煜（2007）将金融开放促进经济增长的主要途径归纳为四个方面：金融开放提升投资数量和投资效率、风险分散、改善金融技术和全要素生产率、制度改革和配合效应①。魏尚进将金融开放的好处归结为三个方面：降低融资成本、提高风险规避能力和增加政策的纪律性。就降低融资成本而言，当对跨境资本流动施加限制时，融资成本及广义定义的经济活动会受到负面影响。跨境资本的限制越多，交易成本就会越高，对经济的负面影响就越深，金融开放可能会缓和融资难、成本贵的问题；就提高风险规避能力而言，金融开放是提供风险规避的手段之一，当跨境资本可以完全自由流动，金融开放可以提高居民与企业的风险规避能力；增加政策的纪律性是金融开放的第三个潜在好处，金

① 陈雨露、罗煜：《金融开放与经济增长：一个述评》，载于《管理世界》2007年第4期。

融开放有利于加强对宏观政策的纪律约束，从而提高宏观政策的质量[①]。但同时魏尚进也强调，金融开放要成功需要很多配套性改革或预备性改革，包括降低国内金融体系的扭曲、提高效率，防范国际资本市场风险传导和国内其他要素市场改革，特别是国内劳动力市场改革，以及相关配套公共治理、反腐、依法治国的改革[②]。对于发达国家而言，通货膨胀的水平与经济发展水平适宜，从而刺激经济增长；对于发展中国家而言，通货膨胀对经济增长的正向效应不显著，外资流入可能更倾向于进行投资和投机活动，而不投向实体产业[③]。张明（2014）认为，在世界经济发展的进程中，金融开放的提速通常也伴随着金融风险的加剧。尤其是很多新兴市场国家，在金融市场开放进程中或者开放后，均遭遇了不同程度的金融危机的冲击，有些国家的经济快速增长进程甚至因为金融危机的爆发戛然而止。他详细归纳了金融开放中的潜在风险：大量短期资本流入引发资产价格泡沫；大量短期资本外流引爆金融危机；金融市场被外国金融机构操纵，民营金融机构迟迟不能发展壮大。所以，金融开放本身并不必然意味着经济增长，只有当一国金融市场发展达到一定程度、该国固有的金融扭曲在开放前基本消除、该国在开放进程中实施了审慎的金融监管政策之后，金融开放才可能带来经济持续增长（张明，2014）。李丽玲和王曦（2016）的研究发现，资本账户开放对经济增长的综合作用存在着“门槛效应”，不考虑汇率波动时，资本账户开放对中高收入国家经济增长具有明显促进作用，对低收入国家作用相反；考虑汇率波动时，资本账户开放的增长效应有所弱化，并且汇率波动越大，资本账户开放的边际效应越小。而且，只有在本国良好的制度水平和健康的金融体系环境下，金融开放才可以降低对宏观经济波动造成的风险[④]。

---

①② 魏尚进：《从最新实证研究结果来看金融开放的策略》，搜狐网，2018 年 4 月 14 日。http：//www. sohu. com/a/226070689_481741。

③ 张永升、杨伟坤、荣晨：《金融开放与经济增长：基于发达国家与发展中国家的实证分析》，载于《财政研究》2014 年第 3 期。

④ 张瑜、李书华：《金融开放度与宏观经济波动——基于发达国家与发展中国家和地区的实证研究》，载于《财经论丛》2011 年第 5 期。

三、关于中国金融开放的历史进程

中国的金融改革开始于 1978 年的改革开放，经过 40 多年的发展，我国的金融体系已经发展成为以国有商业银行为主体，股份制银行和外资银行为两翼，证券公司、保险公司等多种金融机构同时发挥作用，分业经营的多层次、多结构的现代化金融体系，而我国的金融监管体系则形成了由中国人民银行、中国银保监会和中国证监会各自发挥作用，相互联系、相互促进的监管体系。

关于改革开放以来我国金融业对外开放的阶段划分，学者们给出了不同的看法。2017 年中国金融四十人论坛发布的《2017 · 径山报告》将 40 年金融对外开放划分为四个阶段：1978 ~ 1991 年是金融开放的探索阶段，最重要的举措是开办“经济特区”和汇率调整；1992 ~ 2000 年是金融开放的奠基阶段，最重要的举措是实施有管理的浮动汇率制和积极吸引外国直接投资；2001 ~ 2008 年是金融开放的铺开阶段，最重要的举措是向境外金融机构开放国内市场；2009 ~ 2017 年是金融开放的稳健推进阶段，最重要的举措是加速人民币国际化进程和提出“一带一路”倡议。国家发展和改革委员会国际合作中心对外开放课题组（2018）将 40 年金融对外开放划分为三个阶段：初期开放阶段（1978 ~ 1997 年），从引入外资银行为代表的机构开放起步，逐步走向市场开放领域延伸，同时匹配相关领域的改革这次；积极融入阶段（1998 ~ 2008 年），标志性的举措是中国履行加入 WTO 的承诺向境外机构开放国内金融市场；深化开放阶段（2009 ~ 2018 年），标志性的举措是人民币国际化进程加快和亚投行等多边金融机构的成立①。徐洪才（2018）依据外资金融机构进入、汇率形成机制改革、金融开放相关法律法规的颁布和完善等标志性事件，将改革开放 40 年来我国金融业对外开放历程分为四个阶段：第一阶段（1978 ~ 1992 年），这一阶段是我国金融业对外开放的起步阶段；第二阶段（1993 ~ 2001 年）是

① 国家发展和改革委员会国际合作中心对外开放课题组：《中国对外开放 40 年》，人民出版社 2018 年版，第 208 ~ 213 页。

我国金融业对外开放加快发展的阶段；第三阶段（2002～2017 年底）是我国金融业对外开放稳步发展的阶段；第四阶段（2018 年至今），在 2018 年 4 月的博鳌亚洲论坛上，习近平总书记宣布，中国将大幅放宽包括金融业在内的市场准入[①]。隆国强（2018）将中国银行业对外开放划分为四个阶段：第一个阶段为 1979～1993 年、第二个阶段为 1994～2000 年、第三个阶段为 2001 年底～2006 年、第四个阶段为 2007～2018 年[②]。杨凯生（2018）认为中国金融业的 40 年来的对外开放历史进程可分为五个阶段[③]。第一个阶段是 1978～1993 年。这是中国金融业对外开放的起步阶段。这一阶段当时中国金融业对外开放主要是引入了一些外资银行，开始参与国际金融市场活动，引进外汇资金，改善境内市场投融资环境。第二个阶段是 1994～2001 年。这一阶段，外商投资增加较快，外资银行业务有了进一步发展。1994 年初，人民币汇率改革开启，我国开始实行有管理的浮动汇率机制；随后，国务院颁布了《外资金融机构管理条例》，标志着对外资银行经营的管理步入了法制化、规范化的轨道。1998 年以后，受亚洲金融危机影响，外资金融机构在我国大陆地区的发展出现了短暂的结构性调整期。第三个阶段是 2001 年底～2006 年。这一阶段，中国金融业的对外开放发生了巨大变化。2001 年 12 月中国加入 WTO，在更大范围和深度上参与国际金融的合作与竞争。2006 年底，当时在中国大陆的外资银行资产总额达 8068 亿人民币。2004 年以汇丰 19.9% 战略入股交通银行为标志，多家外资银行先后作为战略投资者入股中资银行。第四个阶段是 2006～2016 年。2006 年中国加入 WTO 过渡期结束，开始履行金融业进一步对外开放的承诺。2006 年以《中华人民共和国外资银行管理条例实施细则》的颁布为标志，外资银行在我国的地域及客户限制明显减少，获得了更多国民待遇。2008 年，因全球金融危机影响，部分外资银行收缩或退出了部分在华业务。第五个阶段，即 2017 年至今，中国金融市场对外开

① 徐洪才：《我国金融业对外开放：回顾及展望》，载于《金融发展研究》2018 年第 9 期。

② 隆国强主编：《构建开放型经济新体——中国对外开放 40 年》，广东经济出版社 2018 年版，第 192～196 页。

③ 杨凯生：《中国金融市场对外开放的历史进程与趋势展望》，在金融市场开放与“一带一路”金融合作论坛上的讲话，2018 年 9 月 28 日。

放进入了新阶段。叶辅靖和原倩（2019）将我国的金融开放分为三个阶段：尝试阶段（1978～1993年）、扩展阶段（1994～2001年）和常态化阶段（“入世”至今）。王爱俭、方云龙和王璟怡（2019）提出三阶段论：1978～1993年：金融开放起步期，中国金融业拉开开放发展的大幕；1993～2001年：金融开放政策准备期，从顶层设计上完成了中国金融开放政策初探；2001～2018年：金融开放提速期，中国金融开放被推向更高台阶①。陈卫东（2019）认为改革开放以来，我国金融业开放先后经历了试点先行期（1980～2001年）、加速开放期（2002～2007年）、发展调整期（2008～2017年）、开放新时期（2018年至今）四大阶段。学者们的观点各异，但对金融开放进程划分的依据却是相同的：即以国家重大金融开放的制度创新或金融开放领域的重大金融事件为划分的依据。

本书遵循同样的依据，考虑到金融开放进程中的实质性变化，将金融开放进程区分为四个阶段：一是初步开放阶段（1978～1991年）；二是继续开放阶段（1992～2000年）；三是稳步推进阶段（2001～2017年）；四是金融业全面开放阶段（2018至今）。

1. 第一阶段：我国金融业对外开放起步阶段（1978～1991年）

该阶段处在金融开放的摸索时期，这一时期开放的主要目标是创造一个优良的金融服务环境以吸引外资的进入，开放力度较小、进度较缓慢。

从银行业开放来看，1984年中国人民银行作为中央银行的地位确立，标志着我国银行体制开始由原计划经济体制下的大一统银行体制转变为现代二级银行体制。外部来看，1979年起，新中国成立后逐渐销声匿迹的外资银行重新进入中国，标志性事件是日本输出入银行首先在北京设立了第一家外资银行代表处。外资银行的进入带来了竞争的因素，给中资银行的业务活动带来很大压力，促使其改善自身的产权结构和资本结构。外资银行作为中国商业银行体系中的一个重要组成部分，推动着中国银行制度不断完善和开放。

从利率、汇率市场化改革来看，利率改革方面，新中国成立初期国务

① 王爱俭、方云龙、王璟怡：《金融开放40年：进程、成就与中国经验》，载于《现代财经（天津财经大学学报）》2019年第3期。

院统一制定存贷款利率并由中国人民银行管理，这一措施对当时生产和经济秩序的恢复有着积极的作用，但随着经济和时代的发展，利率管制的各种弊端显现出来，改革利率的呼声越来越高。20 世纪 90 年代，按照“先放开货币市场和债券市场利率，再逐步推进存贷款利率的市场”的指导思想，我国正式启动利率市场化的改革。1991 年 1 月 1 日建立了全国统一的银行间同业拆借市场，同业间拆借业务均在全国统一的拆借市场进行，生成了中国银行间同业拆借市场利率（CHIBOR）。

在汇率改革方面，在之前计划经济体制下，我国实行的汇率制度为基于购买力平价法的“物价比对法”，直至 1973 年布雷顿森林体系解体，为了适应新的汇率制度环境，我国开始实行一篮子货币计划来进行汇率的调节，主要是美元和马克。1981 年开始，人民币实行官方汇率与内部结算汇率并存的双汇率制度。1985 年后，内部结算汇率被政府取消，进入官方牌价与外汇调剂价并存阶段，企业贸易盈余外汇留存在各主要城市的外汇调剂中心，按照市场供求原则形成了外汇调剂价格。

在证券业方面，我国资本市场也开始起步。1990 年、1991 年分别设立了上海、深圳两个证券交易所；1991 年底 B 股开始试点，证券业也开始对外开放，并有企业开始走出国门，到海外市场发行股票、债券融资。

2. 第二阶段：我国金融业对外开放快速发展（1992～2000 年）

从银行业开放来看，这一阶段我国逐步放开了外资金融机构可设立分支机构的区域和外资金融机构业务范围的限制，外资银行与国内银行在存款、贷款和结算三大传统业务领域逐步展开竞争。1994 年 7 月，石家庄、武汉、重庆、西安等 10 个城市获准成为我国首批引进经营性外资金融机构的内陆城市，随后的 1999 年，原先外资金融机构只在我国特定的城市区域成立分支机构的限制被取消。《中华人民共和国外资金融机构管理条例》《上海浦东外资金融机构经营人民币业务试点暂行管理办法》《关于批准外资银行加入全国同业拆借有关问题的通知》等都是该阶段推动银行业改革开放的重要文件。

在利率改革方面，1996 年 6 月 1 日，人民银行颁布《关于取消同业拆借利率上限管理的通知》，准许银行间同业拆借的借贷双方自主决定拆借利率，银行间同业拆借利率正式放开。2000 年 9 月 21 日，中国人民银行解除了对外币贷款利率的限制，银行之间可自行商议决定外币贷款的利息，放开了境内外贷款的利率。

在汇率改革方面，1994 年中国继续进行外汇制度改革，形成了以市场机制为基础的人民币汇率制度。1994 年 1 月 1 日实现了人民币汇率并轨，逐步形成以市场供求为基础的、单一的、有管理的浮动汇率制度。债券市场利率化改革始于 1996 年证券交易所市场通过利率招标、收益率招标等多种方式发行国债。

从证券业开放来看，1993 年后，我国相继开设了注册地在我国内地、上市地在我国香港的 H 股、在纽约的 N 股和在新加坡的 S 股，给内地企业提供新的融资手段，同时也给国际投资者提供多种交易平台。但该时期证券交易所成立时间还不长，证券业整体发展开放进程相对比较缓慢。

从保险业开放来看，该阶段保险领域对外开放步伐较大。保险业的对外开放进度伴随着我国保险市场的发展而不断加快。1992 年 9 月，美国友邦保险公司上海分公司的成立，标志着我国正式对外开放保险市场，此后，在中国从事保险业务的国外保险公司越来越多。1993 年，中国平安保险公司引进美国摩根斯坦利和美国高盛集团两人国际投资银行入股平安 13.7% 的股份，成为新中国第一家引进外资的保险企业。1995 年初，保险开放的试点城市从上海市扩大到广州市。

3. 第三阶段：我国金融业对外开放稳步推进（2001－2017 年）

2001 年，我国加入 WTO，这成为我国金融对外开放的里程碑。按照加入 WTO 的承诺，我国要在 5 年过渡期内逐步取消对外资金融机构的限制，实现金融业全面对外开放，这对我国银行、证券、保险业自身的改革发展都提出了较高的要求，督促我国金融业进行市场化改革，以适应国际金融业竞争。

从银行业开放来看，该阶段我国金融业对外开放具有标志性意义的事件就是我国四大国有银行的股份制改革和上市。2005 年 10 月中国建设银行在香港特区正式挂牌上市，成为我国四大国有银行上市的先驱者，随后中国银行和中国工商银行于 2006 年，中国农业银行于 2010 年相继完成上市。国有商业银行通过上市拓宽了融资渠道，加强了银行的资本金，伴随上市所带来的社会监督和外部约束有利于国有商业银行加强自身的风险控制水平，为银行业进一步对外开放奠定了坚实基础。[①] 此外，该阶段还新设了多家股份制银行、城市商业银行，并进行了农村信用社的系列改革。随后，引入外资金融机构参股、允许外资设立独资银行与走出国门结合，成为国内扩大银行业对外开放的主要方式。

从利率、汇率市场化改革来看，境内外货币利率市场化进一步推进。2003 年 11 月，解除了小额外币存款利率下限的限制。2004 年 11 月，解除了对 1 年期以上小额外币存款利率上限的限制。汇率制度也在该阶段实现进一步改革。2005 年我国废除单一盯住美元的汇率制度，改为以市场供求为基础，参考一篮子货币进行调节、有管理的浮动汇率制度，汇率市场化程度进一步提高，释放了人民币升值压力，为金融业对外开放奠定了良好基础。2010 年 6 月 19 日，中国人民银行宣布进一步推进人民币汇率形成机制改革，以增强人民币汇率弹性。2015 年，我国再度调整人民币对美元汇率中间价报价机制，做市商参考上日银行间外汇市场收盘汇率，向中国外汇交易中心提供中间价报价，汇率形成的规则性、透明度和市场化水平进一步提升。

从保险业开放来看，保险市场方面，我国在 2001 年颁布的《中华人民共和国外资保险公司管理条例》对我国保险市场上开展业务的外资保险机构必须具备的条件、其业务可以开展的范围及其应承担的法律责任等给予了明确的规定。随着 3 年过渡期结束，我国保险业进入稳步开放阶段。2004 年初，我国放开外资非寿险机构设立公司形式的限制，进入我国的外资保险机构增多。中国人寿保险股份有限公司、中国人民财产保险股份有限公司与中国再保险（集团）股份有限公司也先后在纽交所、港交所等境外市场挂牌上市。

从证券市场开放来看，2002 年我国开始实施合格的境外投资者（QFII），外国机构投资者可以投资我国的债券、股票以及其他金融资产，并实行额度配给制。2006 年开始推行合格境内机构投资者（QDII），2011 年、2014 年又分别推出了人民币合格境外投资者（RQFII）、人民币合格境内投资者（RQDII）。2014 年、2016 年，沪港通和深港通分别启动，

① 徐洪才：《我国金融业对外开放：回顾及展望》，载于《金融发展研究》2018 年第 9 期。

2017 年 7 月香港特区与内地“债券通”上线。随着资本市场的进一步开放，与国际金融市场的互动、互联、互通不断深化。这些制度的实施使我国证券市场结构得到进一步完善，通过对国际资金的有序引导，一定程度上缓解了自由流动的国际资本对我国金融市场的冲击，我国金融与资本账户的开放也得以进一步加深。

在这一阶段中国开始主动推进人民币国际化。2008 年国际金融危机后，作为应对危机、规避汇率风险的重要手段，我国央行陆续与 19 个国家和地区的货币当局签署货币互换协议，涉及规模 20062 亿元人民币。2009 年，人民银行公布《跨境贸易人民币结算试点管理办法》，倡导在贸易结算中直接使用本币。2015 年底，我国开始组建亚洲基础设施投资银行，为推动“一带一路”建设、推动国际产能合作、推动人民币国际化提供了平台。2016 年，人民币加入国际货币基金组织的特别提款权（SDR）篮子货币。截至目前，人民币作为支付货币排在世界第五位，在伦敦、巴黎、纽约等主要金融中心建立了人民币清算行。①

4. 第四阶段：我国金融业全面开放（2018 年至今）

2018 年以来，随着国际政治、经济和金融形势变化，我国政府再次深化金融业对外开放，对外开放力度明显加速②。2018 年 4 月，习近平总书记在亚洲博鳌论坛上宣布：“去年年底宣布的放宽银行、证券、保险行业外资股比限制的重大措施要确保落地，同时要加快保险行业开放进程，放宽外资金融机构设立限制，扩大外资金融机构在华业务范围，拓宽中外金融市场合作领域。”③ 2018 年 4 月 11 日，中国人民银行行长易纲在博鳌亚洲论坛宣布了进一步扩大金融业对外开放的时间表和具体措施，明确 11 项金融开放政策，我国金融业对外开放明显提速。此后，我国陆续重启在 2015 年因跨境资本流动压力而暂停新批 QDII、RQDII、合格境内有限合伙人（QDLP）等的额度，放开 QDII、RQDII 资金汇出限制，取消本金锁定期要求。2018 年 5 月，中国还对境外银行卡清算机构和非银行支付机构开

---

① 徐洪才：《我国金融业对外开放：回顾及展望》，载于《金融发展研究》2018 年第 9 期。

② 伍旭川：《金融业对外开放不断深化，步伐明显加速》，载于《银行家》2019 年第 1 期。

③ 习近平：《开放共创繁荣创新引领未来——在博鳌亚洲论坛 2018 年年会开幕式上的主旨演讲（2018 年 4 月 10 日，海南博鳌）》，新华社海南博鳌 2018 年 4 月 10 日电。

放了支付业务的市场准入以及外资金融服务公司开展信用评级业务。6月28日我国发布了《外商投资准入特别管理措施（负面清单）（2018年版）》，取消银行和金融资产管理公司的外资持股比例限制，内外资一视同仁；将证券公司、基金管理公司、期货公司、人身险公司的外资持股比例上限放宽至51%，3年以后不再设限。8月23日，中国银保监会发布《关于废止和修改部分规章的决定》，正式宣告取消外资对中资银行和金融资产管理公司单一持股不超过20%、合计持股不超过25%的持股比例限制，实施内外资一致的股权投资比例规则。10月25日，中国银保监会网站就修改《中华人民共和国外资银行管理条例》（以下简称《条例》）公开征求意见，进一步放宽了外资银行在华经营的相关限制。11月28日，中国银保监会发布《中华人民共和国外资银行管理条例实施细则》（修订征求意见稿），与《条例》变化相适应，多角度聚焦松绑准入和简化监管，明确了外资银行营业性机构经营代理发行、代理兑付、承销政府债券等适用原则。

在中国发展高层论坛2019峰会上，中国人民银行行长易纲、中国银保监会副主席王兆星等都在这场国家级论坛上透露了一些将要推进的金融开放大动作，简单来说，可以总结为五个总体考虑、四项具体措施①。2019年5月1日，中国银保监会官网发出文件，公布银行保险业对外开放12条具体的新措施，包括取消外资银行人民币业务审批，允许境外金融机构入股在华外资保险公司，允许外国保险集团公司投资设立保险类机构等②。进一步扩大银行业保险业对外开放是我国经济和金融自身发展的需

① CF40研究部：《金融开放再加码背后的“实话实说”》，搜狐网，2019年3月26日。

② 银行保险业对外开放12条新措施包括：（1）按照内外资一致原则，同时取消单家中资银行和单家外资银行对中资商业银行的持股比例上限；（2）取消外国银行来华设立外资法人银行的100亿美元总资产要求和外国银行来华设立分行的200亿美元总资产要求；（3）取消境外金融机构投资入股信托公司的10亿美元总资产要求；（4）允许境外金融机构入股在华外资保险公司；（5）取消外国保险经纪公司在华经营保险经纪业务需满足30年经营年限、总资产不少于2亿美元的要求；（6）放宽中外合资银行中方股东限制，取消中方唯一或主要股东必须是金融机构的要求；（7）鼓励和支持境外金融机构与民营资本控股的银行业保险业机构开展股权、业务和技术等各类合作；（8）允许外国保险集团公司投资设立保险类机构；（9）允许境内外资保险集团公司参照中资保险集团公司资质要求发起设立保险类机构；（10）按照内外资一致原则，同时放宽中资和外资金融机构投资设立消费金融公司方面的准入政策；（11）取消外资银行开办人民币业务审批，允许外资银行开业时即可经营人民币业务；（12）允许外资银行经营“代理收付款项”业务。

要，这将有利于丰富市场主体、激发市场活力，提高金融业经营管理水平和竞争能力，也有利于学习借鉴国际先进理念和经验，扩大产品与服务创新，增加金融有效供给，满足广大人民群众不断提高的金融服务需求。通过进一步拓展开放领域，优化开放布局，有助于以高水平开放带动改革全面深化。中国人民银行行长易纲也指出，将遵循三条原则推进金融业对外开放：一是准入前国民待遇和负面清单原则；二是金融业对外开放将与汇率形成机制改革和资本项目可兑换进程相互配合，共同推进；三是在开放的同时，要重视防范金融风险，要使金融监管能力与金融业对外开放度相匹配。

对于中国金融开放40多年所取得的成就，学者们均给出了高度评价（隆国强，2017；黄益平，2017；易纲，2018；蔡昉，2018；厉以宁，2018；裴长洪，2018；《径山报告》课题组，2018；国家发展和改革委员会国际合作中心对外开放课题组，2018；王兆星，2018；吴晓求，2018；王国刚，2018；李扬等，2018；何德旭，2018；张杰，2018；杨凯生，2018；夏杰长和姚战琪，2018；董志勇等，2018；对外经济贸易大学国际经济研究院课题组，2019；叶辅靖和原倩，2019；姜建清，2019；王爱俭等，2019）。

40多年来，作为中国改革开放发展巨大成就的组成部分，金融业发生了历史性变革，基本建成了与中国特色社会主义市场经济相适应、具有活力和国际竞争力的现代金融市场体系（易纲，2018）。经过40多年改革开放的持续推进，中国金融市场的规模及结构、广度及深度已逐步向发达国家市场靠拢。截至2017年底，中国银行业总资产超过了250万亿元人民币，居全球第一位，盈利水平（ROA约为0.92%，ROE约为12.56%）及资本质量（NPL约为1.74%，拨备率约为181.42%）都居于业界前列。中国股票市场的总市值居全球第二位，债券市场的市值居全球第三位，保险业按保费收入居全球第二位。未来，中国金融市场开放领域将继续拓宽，市场准入限制将进一步取消，外资机构经营范围将不断扩大，中国金融市场是全球最具发展潜力与投资吸引力的新兴市场（杨凯生，2018）。吴晓求（2018）认为中国金融无论在规模、结构、业态，还是在功能、竞争力和国际影响力等方面都发生了深刻的变革。中国金融已从改革开放之初的传统的、落后的计划性金融，转变成初具现代金融功能特征的市场化金融，中国金融开始具有大国金融的一些特征。金融开放40多年将我国逐渐打造成新兴金融大国，中国金融业已从闭关自守发展到了国门大开而融入全球金融体系并全球化生存的状态（王爱俭、方云龙和王璟怡，2019）。

王兆星（2018）强调，中国在过去40年当中所取得的巨大的经济成就，金融的改革开放是功不可没的，体现在八个方面：（1）金融改革开放打破了金融的垄断格局，形成了更具竞争和活力的金融机构体系和金融市场体系，从而为我们建立和发展社会主义市场经济提供了重要的支撑；（2）金融改革开放增加了金融的有效供给，促进了实体经济的快速发展，也更好地满足了城乡居民对金融服务的需求；（3）金融改革开放促进了资金的积聚和流动，进而促进了人才和技术的聚积和流动，促进了生产和贸易的增长；（4）金融改革开放促进了金融市场的发展，促进了资源的市场配置，促进了资本的使用效率和经济效率的提高；（5）金融改革开放促进了金融的普惠和金融的创新，进而促进了就业、创业，促进了贫困人口的减少，也促进了科技创新和进步；（6）金融改革开放促进了重大基础设施建设的融资和投资；（7）金融改革开放使我国国有银行从进入破产的边缘走向更加稳健、更具竞争力的银行，也在国际市场上更具影响力，使我国的金融体系能够更好地抗击1998年的亚洲金融危机和2008年的全球金融危机；（8）金融改革开放促进了中国金融业更加国际化、人民币更加国际化、金融监管更加国际化，以及资本和经济的全球化。

方思元和梁珣（2018）总结了改革开放以来我国金融对外开放所取得的成绩，具体表现在以下方面：（1）金融机构方面，由于金融业本质是竞争性行业，对外开放引入外资，加强行业内竞争，优化金融资源配置，进一步提高了我国金融机构的创新能力及风险管控能力。例如，国内无抵押信用贷款、村镇银行等业务均由外资银行引入。而外资金融企业产权及公司治理经验也提升了我国金融机构公司治理水平。（2）金融市场方面，参与主体不断增加，带动跨境资本双向流动发展。股票市场已通过合格境外机构投资者（QFII）、合格境内机构投资者（QDII）、人民币合格境外机构投资者（RQFII）、合格境内有限合伙人（QDLP）、人民币合格境内机构投资者（RQDII）、沪港通、合格境内投资企业（QDIE）、深港通等“通道式”制度开放，不断完善双向互通。（3）资本项目相关方面，我国利率市场化已于2015年底在政策层面完成。汇率弹性及灵活性不断提升，形成“以市场供求为基础、参考一篮子货币进行调节、有管理的浮动汇率制度”。资本项目可兑换程度提高，中国1996年接受《国际货币基金组织协定》第八条款义务，实现经常项目可兑换。21世纪以来，稳妥有序推进资本项目可兑换，直接投资实现基本可兑换，外债从事前审批转向宏观审慎管理，跨境证券投资渠道不断拓展，按国际货币基金组织分类标准评估，中国资本项目已具有较高可兑换程度。（4）人民币国际化不断推进。

《径山报告》课题组（2018）对金融开放政策的总体评价是成绩很大、问题也不少，体现在汇率政策改革一直在朝着双向波动和市场决定的方向努力，但始终没有呈现出足够的灵活性；资本项目开放和人民币国际化取得了很大的进展，但在最近两年出现了一些反复；金融机构的对外开放经常是“雷声大、雨点小”，实际进展相对有限甚至出现了一定程度的倒退；金融市场的对外开放严重受制于境内外市场规则、制度方面的差异以及我国“通道式”的开放模式；对外投融资合作才刚刚开始，金融机构“走出去”明显滞后于企业“走出去”，跨境金融服务的能力还比较弱。就中国的金融开放政策而言，有几个明显的特点，一是“缓慢、反复”；二是“决心大、推进难”；三是政策协调性不够。这些特点当然跟中国的渐进式改革方式有关，同时可能跟部门利益也有关系，另外也跟政策理念有关①。

从金融资产规模来讲，我国金融业已经非常庞大。2017年4月，习近平总书记在中央政治局第四十次集体学习时发表讲话指出，中国已经成为世界金融大国②。但是我们目前还不是金融强国，金融体系的效率、金融产品的丰富程度，以及金融需求的满足程度，与发达的金融体系还是有很

① 黄益平：《积极、稳健地开放中国金融业——〈2017径山报告〉综合》，载于《新金融评论》2017年第5期；《径山报告》课题组：《中国金融开放的下半场》，中信出版社2018年版。

② 《习近平在中共中央政治局第四十次集体学习时强调金融活经济活金融稳经济稳做好金融工作维护金融安全》，新华社，2017年4月26日。

大的差距。我们不仅要做金融大国，还要做金融强国。

从国际上各类金融开放度指数看，我国金融业开放程度排名靠后，不少指标甚至排名倒数。金融业开放度指数编制本身固然存在局限性，但也提醒我们需重视差距，如表4－13所示。

表4－13　我国在金融开放相关指数上的得分及排名（2017年）

指标名称	发布机构	具体衡量内容	衡量体系	得分	世界排名
金融自由度	美国传统基金会	衡量一国政府对金融业的干预程度，以及金融市场的发展程度	0～100分分值越低表示金融自由度越低	20	110/186
金融业FDI限制指数	OECD	反映一国对外资金融机构的准入限制，包括投资股权比例限制、并购审批制度、机构设立形式、高管人员要求等	0～1分分值越高表示金融限制度越高	0.316	65/68
服务贸易限制指数——银行业	OECD	衡量一国银行业开放程度，包括外资准入限制、金融体系是否充分竞争、监管透明度等	0～1分分值越高表示限制度越高	0.41	41/44
服务贸易限制指数——保险业	OECD	衡量一国保险业开放程度，包括外资准入限制、金融体系是否充分竞争、监管透明度等	0～1分分值越高表示限制度越高	0.45	42/44
金融发展指数	世界经济论坛	衡量一国金融发展水平，包括金融服务可得性、金融体系稳健性、金融监管健全程度等	排名	—	48/137

资料来源：益言：《金融开放度指数的国际比较》，载于《中国货币市场》2018年第4期；陈卫东：《全面评估中国金融业开放："引进来"和"走出去"》，载于《新视野》2019年第1期。

人民币国际化取得重要进展但仍有较大提升空间。人民币进一步国际化有助于我国从根源上降低金融风险，稳定汇率，减少资本流出压力。2016年10月人民币加入特别提款权（SDR）货币篮子，权重达10.92%，成为人民币国际化的重要里程碑。截至2018年末，我国已与46家境外央行建立双边本币互换协议，截至2019年1月，人民币跨境支付系统（CIPS）业务范围已覆盖162个国家和地区，共有直接参与者31家、间接参与者818家。银联卡全球受理网络已覆盖174个国家和地区，境外发行规模已超1亿张，跨境交易规模逾9000亿元。人民币在跨境贸易和投资支付中的占比不断提高，2018年，货物贸易人民币收付额3.7万亿元，同比上升13%，在本外币跨境收付中占比11.7%；直接投资项下人民币收付额2.66万亿元，同比增长61%，在本外币跨境收付中占比59.5%。这便利了企业对外投资和贸易，降低了汇兑成本。人民币跨境支付清算网络初步形成。全球范围内已设立25家人民币清算行。境外投资者在我国金融市场使用人民币交易和投资规模不断扩大。2018年全年，共有1186家境外机构投资者进入银行间债券市场，已累计发行人民币债券1980.6亿元，投资规模1.73万亿元；境外机构参与人民币外汇市场交易规模1700.4亿美元。截至2018年底，我国已批准人民币合格境外机构投资者（RQFII）205家，额度为6466.7亿元人民币。人民币的国际储备货币地位不断提升。已有60多个国家和地区将人民币纳入外汇储备，越来越多的央行表示有意投资人民币资产。截至2018年第三季度，人民币占全球外汇储备的比例升至1.80%。人民币在全球金融安全网中发挥了重要作用。我国已与38个国家和地区签署了双边本币互换协议，目前仍有有效协议31个，总规模约3万亿元。货币互换有效补充了其他国家的外汇储备，成为全球金融安全网的一部分，为维护全球金融稳定发挥了重要作用。

但人民币的国际地位仍低于中国在世界经济和贸易中所占份额，人民币的国际地位与其他SDR篮子货币相比仍需进一步提升。我国经济约占全球GDP的15%，进出口贸易额约占全球总额的12%，而根据环球同业银行金融电讯协会（SWIFT）数据，人民币在跨境支付中仅占1.1%；根据国际清算银行（BIS）数据，人民币在全球外汇交易额中仅占4.0%，全球排名均在第八位，不仅远落后于美元、欧元、英镑和日元等主要储备货币，和瑞士法郎、澳大利亚元和加拿大元相比也有差距。因此，人民币的国际使用程度仍有较大提升空间，如图4-31所示。

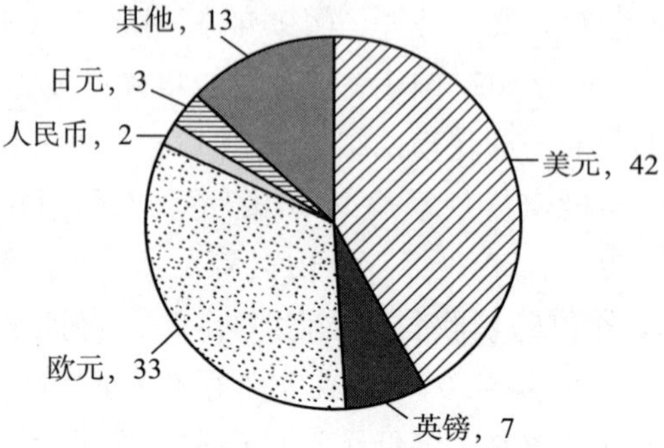

图4－31　截至2018年12月全球主要货币国际支付市场份额（单位：%）

四、关于新时代中国金融业全面开放的研究

关于新时代中国金融业全面开放的举措，引发了关注和激烈的争论。新时代金融全面开放的举措得到了很多学者的高度肯定，认为金融开放是富国强民的必由之路，中国应继续扩大金融业开放（吴晓求，2015，2018；周小川，2018；易纲，2018；方星海，2018；魏革军，2018；徐忠，2018；姚洋，2018；连平，2018；李扬，2018；朱隽，2018；连平和刘健，2018；CF40研究部，2019）。易纲（2018）指出，通过对外开放，主动、深入了解金融监管的国际准则，客观认识到了我们的差距，引进了技术和管理，也引进了竞争机制，特别是有助于改善公司治理和减少外部行政干预，也会促进会计准则、透明度和信用评级等中介服务领域的改革。通过对外开放，还推动了国内相关领域改革，比如人民币加入SDR，就要求我们不断完善与储备货币发行国地位相适应的宏观政策框架，从而增进国际社会对人民币的信心①。易纲（2019）强调，金融业开放是我国对外开放格局的重要组成部分。扩大金融业对外开放是我国的自主选择，这既是金融业自身发展的需要，也是深化金融供给侧结构性改革、实现经济高质量发展的内在要求②。吴晓求（2015）认为，对于中国而言，中国

① 易纲：《金融业改革开放四十年：坚持市场主导、坚持对外开放》，第一财经，2018年12月17日。

② 易纲：《继续扩大金融业开放　推动经济高质量发展》，人民网，2019年3月24日。

金融无论在规模、结构、业态，还是在功能、竞争力和国际影响力等方面都发生了重大而深刻的变革。中国金融未来的发展方向是构建现代金融体系和与中国经济相匹配的大国金融，在开放和国际化方面进行了方向明确、方法谨慎的试错性探讨。中国金融不仅彻底完成了从计划性金融到市场化金融的转型，而且为中国金融的未来发展奠定了坚实基础。我们所要构建的现代金融体系一定是开放的。从世界金融发展历史看，没有一个全球性大国的金融不是开放的，这是历史经验的总结。全球性大国的金融之所以是开放性的金融，根源于金融资源的集聚效应和风险的全球分散。开放的全球有利于制度的进步、法治的完善、价格的有效形成和金融功能的全部提升。对中国而言，中国大国金融的战略目标是，建设 21 世纪新的国际金融中心①。开放的金融意味着人民币必须是可自由交易的货币，意味着中国资本市场既是中国投资者的市场，也是全球投资者的市场。2018 年 4 月 28 日在清华大学举行的“2018 中国与世界思想对话会”上，中国证监会副主席方星海认为，我们的金融开放晚了，中国特别需要金融的开放，一方面就是中国有很多的储蓄，但是我们的金融机构和金融市场的能力还比较差，没有办法把这些储蓄很好地配置到实体经济当中，所以我们应该引进更多的、更有能力的金融机构和金融市场，以及金融市场的参与者，能够把中国的储蓄更好地配置到实体经济当中去；另一方面，由于储蓄多，有一部分储蓄还要到国外去，也需要更好的金融机构引入②。中国人民银行研究局局长徐忠在《经济日报》撰文称，改革开放并没有给中国金融业带来系统性负面冲击，反而推动了整个金融体系的发展与国际竞争力的提高。应该充分认识到，当前我们面临的主要问题并不是对外开放过度，而是对外开放不足、金融业竞争力不足、金融抑制过多③。中国金融开放后，有人担心国内银行会被外资化，但连平认为，“在可预见的未来不会有这种现象，或者说出现这种情况的概率非常小。”原因在于：第一，中国具有全球规模和实力最大的银行业；第二，目前在银行业中国的国有

① 吴晓求：《大国金融中的中国资本市场》，载于《金融论坛》2015 年第 5 期。

② 《清华大学 2018 中国与世界思想对话会实录：我们的金融开放就是晚了》，清华新闻网，2018 年 5 月 2 日。

③ 徐忠：《正确看待金融业进一步对外开放》，载于《经济日报》2018 年 3 月 29 日。

资本具有明显的优势地位，在未来很长一段时间中不可能根本改变；第三，监管政策不是一放了之，监管还是有一系列非常审慎的安排；第四，目前中国银行业虽然有许多困难，有许多压力，但总的来说平稳运行。[①]姚洋也认为，不用担心金融开放，因为“放眼世界，除极少数地区（如我国香港地区和新加坡）以外，本国（地区）金融机构基本上主导一国（地区）的金融体系”[②]。张承惠（2018）认为中国金融业迎来开放新机遇，引入外资能助力国内资本市场形成多元化竞争格局，其带来的竞争压力也有利于中资金融机构建立更加市场化的公司治理结构，并加快经营转型。通过引入外资股东的风控体系和金融产品体系，深化与外资机构在金融产品及服务上的合作，也有利于提升中资金融机构的服务水平和能力，提高金融效率。同时，加快开放有利于中资金融机构更好地理解海外市场文化、规则，了解海外市场、产品、服务，开阔视野，从而推动中资金融机构提高“走出去”和国际化的质量，进一步促进中国资本市场国际化。而加快开放后中外金融机构之间人才、信息等资源的充分交流，也有利于中资机构优化员工队伍和组织架构，整合内部运营流程，以及改进管理机制。

中国银保监会副主席王兆星（2018）强调，在当前更加复杂、更具有不确定性的国际环境和国内经济环境下面，我们更需要坚定和进一步地扩大金融开放。王兆星（2018）还具体从五个方面论述了坚定金融开放的必要性和重要性；第一，金融危机的根源并不是因为金融开放，而是经济金融的严重失衡和货币政策、金融监管的严重的滞后和失效。第二，只有进一步扩大金融开放，才能增强金融的竞争与活力，才能进一步增强资金的有效供给，增加金融对实体经济的支持，更有利于稳投资、稳就业、稳信心。第三，只有进一步扩大金融开放，才能提高资金的配置和使用效率，从国内外市场聚集更多的资本，促进产业结构的调整和升级。第四，只有进一步扩大金融开放，才能促进金融创新，促进金融科技的发展和运用，才能提高金融的效率性、可获得性。第五，只有进一步扩大金融开放才能

① 连平：《金融开放不会造成国内银行的外资化》，新浪财经，2018 年 6 月 15 日。
② 姚洋：《金融开放不是“城下之盟”》，载于《环球时报》2018 年 7 月 16 日。

促进国际协调与合作，促进全球的金融治理，促进共同努力防范金融系统性风险①。

综合而言，中国资本市场必须进一步国际化，才能适应金融全球化的需要，才能使中国资本市场成为国际金融市场不可或缺的一部分，才能使中国从金融大国变成金融强国（郑新立，2013；曹凤岐，2018；刘世锦，2018；张承惠，2018；陆磊，2018；徐洪才，2018；陈卫东，2019）。

很多学者关注到了金融进一步扩大全面开放可能带来的风险。张承惠（2018）认为，对中国金融市场和金融服务水平而言，加快开放是机遇大于挑战，利大于弊。因为外资金融机构的进入将加大竞争强度，加快国外成熟金融产品的引入，提升资本市场的交易量和流动性，改进对企业和个人的金融服务质量。但是对于中资金融机构来说，则可能是挑战大于机遇。从银行业来看，大银行拥有雄厚资金实力、品牌以及国家信用，在小银行的业务领域（地方金融、中小微金融），外资银行容易水土不服，因此短期内直接冲击不大，但中长期来看，竞争压力会逐渐加大。从证券业来看，未来的竞争可能集中于投行、财富管理等利润丰厚的领域，以及海外市场业务。业务比较单一、渠道相对狭窄的中小券商的生存空间将进一步压缩。对于保险业来说，尽管短期内对财险业冲击不大，但以车险为主和价格竞争为主的业务模式已经不可持续。在农业保险、健康险、再保险、保险中介等领域，中资保险机构面临实力弱、专业能力不足、风控机制不健全等问题，竞争力不强。大型寿险公司由于在资金、客户、科技等方面实力较强，因此相对安全。尽管如此，产品、服务和风险控制仍是中资寿险公司的软肋，而中小寿险公司有可能在竞争中首先感受到压力。

谭小芬和梁雅慧（2019）认为，中国金融开放新阶段的潜在风险主要体现在：利率和汇率市场化水平与金融开放程度不匹配威胁开放后的金融稳定，金融扩大开放后导致资本流动冲击和国内金融结构扭曲程度的加剧。中国应结合自身发展状况和历史经验，有效识别金融开放新阶段的潜在风险，通过完善制度建设、强化监督调控等方式对风险加以防范，并在

① 王兆星：《中国过去四十年的经济成就金融改革功不可没》，新浪财经，2018 年 11 月 14 日。

开放过程中自主把握开放顺序和节奏，实现金融开放正面效应的最大化。中国金融期货交易所研究院首席经济学家赵庆明表示，从市场和监管两面看，中国都能应对金融开放对国内金融机构造成的冲击，北京大学国家发展研究院副院长余淼杰持有类似看法，“中国金融市场经过多年发展，竞争能力已比加入 WTO 之前好很多，逐步开放、引入竞争，不会有太大的负面冲击，正面影响更大，有利于提高金融业服务的质量。”余淼杰认为，从整个宏观层面看，金融开放会表现出化压力为动力的效果，目前中国金融业抗击能力较之前好很多。不过，金融开放可能会对小型金融机构带来一定影响①。祝惠春（2018）认为我国金融监管体制改革的“四梁八柱”已完成，金融监管体制重塑，为防范金融风险夯实了制度基础②。

一部分学者认为在中美贸易摩擦的大背景下，应该谨慎推动金融开放（黄少安，2018a，2018b）。黄少安认为，美国发动贸易摩擦的战术目标是希望中国削减 1000 亿美元、甚至更多的贸易逆差；战役目标就是打击中国的先进制造业和高技术产业，要求中国放弃“中国制造 2025”；战略目标是诱惑和逼迫中国按照其要求全面开放金融。中国必须认识国际贸易的历史规律，准确研判美国发动贸易摩擦的目的和目标，冷静认识中国金融现状。绝不能拿金融开放，尤其是资本项目开放作为交易以平息贸易摩擦。中国如果按美国的要求被动开放金融，等于“自毁长城”、落入“特朗普陷阱”③。向松祚（2018）认为中国金融业根本没有做好进一步扩大开放的准备，因为从我国金融业的现状来看，存在着三大问题：第一，金融业自娱自乐，自我循环，中国的经济脱实向虚，这中国经济最大的失衡；第二，金融乱象触目惊心；第三，金融监管形同虚设④。

一些学者对于当前大力推进金融业全面开放表达了担忧。一些学者认为我国单方面全部开放金融业会导致国家经济主权被美国和西方控制（萨米尔·阿明，2018；程恩富，2018；杨芳洲，2018；张云东，2018；夏小

① 参见侯润芳：《中国扩大金融等领域开放影响几何?》，载于《新京报》2018 年 4 月 11 日。

② 祝惠春：《金融业开放会不会影响金融安全?》，载于《经济日报》2018 年 4 月 19 日。

③ 黄少安：《中国不能被动开放金融——基于中美贸易战的战略思考》，载于《东北财经大学学报》2018 年第 3 期；黄少安：《历史规律昭示：美国发动贸易战，中国不能被动开放金融》，闻道智库微信公众号，2018 年 5 月 9 日。

④ 向松祚：《中国金融业根本没有做好开放准备》，载于《上海企业》2018 年第 6 期。

林，2018；贾根良，2018；黄树东，2018）。萨米尔·阿明（2018）认为，体量巨大的欧美垄断寡头控制着全球货币与金融市场，为了维护其垄断地位，他们不会容忍中国经济强大，甚至成为国际金融操纵者“俱乐部”的一员。而对中国来说，国家权力对资本项目的控制是其改革成功的决定性因素，中国没必要急着加入全球化金融系统，而可以留在外面，为探索替代性的独立的区域系统打开空间，进而为一种非霸权的全球化发展创造更好条件[①]。程恩富（2018）认为，金融被外资掌控后的严重后果：首先，一个国家的银行被外资控股，将会彻底丧失国家经济主权，变成完全的殖民经济。其次，现代银行的信息中心和资讯中心地位，将使国家丧失政治主权和安全保障。黄树东（2018）认为，过度金融开放会导致发展中国家陷入金融殖民主义[②]。金融开放是经济发展的必然过程，但美国要求实施的金融开放和金融自由化，是超越了我们发展阶段的具有颠覆性风险的过程。新自由主义金融开放的成本非常高，不仅有金融危机和巨大的经济社会总成本，使许多发展中国家掉入漫长的“中等收入陷阱”。最大的成本是那些国家几乎丧失了金融主权，沦为金融殖民地。在金融上完全依赖西方，金融政策几乎被西方和某些跨国机构控制。

一些学者从金融安全、经济安全甚至国家安全的角度警示了中国的金融开放（余永定，2018；江涌，2018；卢荻，2018；陈文玲，2018；夏小林，2018；杨斌，2018；张宏良，2018）。随着中国改革开放的深化和中国金融体系与美国主导的国际金融体系的深度融合，中国金融的安全形势变得日益复杂。对中国金融安全可能造成的威胁包括：热钱流入导致资产泡沫化、资本外逃导致的货币危机和金融危机、与外汇储备积累相关的美元陷阱（美元指数贬值、美国通胀、美联储货币超发、美国扣押中国美元资产）等[③]。张宏良（2018）批评了放开金融业股比限制的“金融大开放”有利于“龙归大海”的错误观点，及“金融业外资还

① 萨米尔·阿明：《中国如何应对金融全球化?》，载于《文化纵横》2018年第6期。

② 黄树东：《中美贸易战中最寂寥但却最关键的战场》，经济金融100人论坛，2019年1月15日；黄树东：《认清美国对华发动贸易战的真正意图和目的》，载于《红旗文稿》2018年第16期。

③ 余永定：《中国金融安全的一角》，载于《经济导刊》2018年第6期。

不到2%，不用担心”掉以轻心的态度[①]。张嘉昕和王庆琦（2018）在国际比较视野下的研究发现：以美国为代表的发达国家银行业保护主义明显，严格限制外资的持股比例；而发展中国家银行业开放过程中则经历了惨痛的教训。在我国基本国情的前提下，并结合中美银行业对外开放的数据对比分析可见，中国银行业的开放程度已经较高。因此，现阶段银行业应谨慎对待外资持股比例问题，并加强金融业的监管，这对国民经济安全和可持续发展具有重要意义[②]。

关于推动新时代金融业全面开放，学者们给出了丰富的对策建议（郑新立，2013；吴晓求，2015，2018；曹凤岐，2018；刘世锦，2018；张承惠，2018；陆磊，2018；徐洪才，2018；董志勇，李成明，吴景峰，2018；姜建清，2019；谭小芬，梁雅慧，2019；陈卫东，2019）。2017年中国金融四十人论坛发布的《2017·径山报告》给出了关于中国金融业对外开放七个方面的政策建议[③]：（1）国务院金融稳定发展委员会应统筹金融改革开放政策，规划路线图并设计配套方案；（2）完善与开放金融体系相匹配的宏观审慎监管框架，有效预防并化解金融风险；（3）积极增加汇率的灵活性，更多地让市场因素决定汇率水平；（4）落实准入前国民待遇并放松外资机构的持股比例，真正推动金融机构的对外开放。监管部门应该在持股比例、设立形式、股东资质、业务范围、牌照数量等方面对中外资机构一视同仁，为外资进入中国市场提供公平、公正的竞争环境；（5）尊重国际市场规则和惯例，实现金融市场更高层次的开放；（6）利用国内产业结构转型升级和“一带一路”倡议的契机，积极构建对外投融资框架；（7）在宏观和微观两个层面建立跨境资本流动的管理框架，并稳健地加快人民币国际化的进程。

《2017·径山报告》（以下简称《报告》）对我国中长期金融开放工作

---

① 张宏良：《不能逾越的改制底线：国家主权与国家安全》，昆仑策研究院，2018年3月9日。

② 张嘉昕、王庆琦：《新时代我国银行业深化开放与风险防范研究——基于程恩富“金融业对等开放”原则》，载于《海派经济学》2018年第4期。

③ 参见《径山报告》课题组：《中国金融开放的下半场》中信出版社2018年版；黄益平：《积极、稳健地开放中国金融业——〈2017径山报告〉综合》，载于《新金融评论》2017年第5期。

给出了建议，《报告》认为，中期工作应着力促进境内外资本市场深度融合，如在完善“沪港通”“深港通”的基础上，研究通过“沪伦通”“沪新通”等方式联通境内外资本市场，最终实现股票市场的全面开放。而中长期来看，应进一步推动人民币国际化、有序实现资本项目可兑换，并完善中资机构“走出去”网络化布局。《报告》建议可考虑推动大宗商品交易用人民币计价结算，支持跨境电子商务人民币计价结算，全面放开个人经常项目跨境人民币结算业务。《报告》还指出，有关推出合格境内个人投资者境外投资（QDII2）、参照“负面清单+国民待遇”方式加快《中华人民共和国外汇管理条例》修订工作以及允许少量符合条件的优质外国公司在境内发行股票三项改革，目前相关部门已进行了大量前期准备工作，相关方案也已进行了仔细论证和细化，将择机推出上述改革措施。《报告》认为是时候完成人民币汇改“惊险一跃”，并提出两套汇率改革方案，方案一是采取类似美国和欧元区等发达经济体那样采取自由浮动的汇率形成机制，但考虑到国内当前对向自由浮动汇率体制过渡时的种种担心，《报告》建议中国还可以实施方案二，即类似于浮动汇率体制的人民币汇率宽幅波动制度。所谓宽幅波动，即钉住一篮子货币，同时设定宽幅年度汇率波动区间。需要注意的是，宽幅波动方案中没有日中间价和日波幅，人民币对美元的汇率变动取决于所选择的汇率波幅，以及美元对货币篮子中的其他货币的汇率变动，人民币对美元可能升值也可能贬值。与当前的人民币汇率形成机制相比，宽幅波动的优点在于：第一，市场供求力量得到较充分释放，投机人民币贬值的风险增加；第二，外汇储备的消耗得到最大程度的降低；第三，相对稳定的篮子汇率有利于稳定对外贸易；第四，随时会因为市场环境变化自发转为双向浮动的人民币汇率形成机制。

学者们大多同意，中国的金融开放应该坚持“双向对等开放”的原则（白钦先，2008；程恩富，2018；张云东，2018；夏小林，2018；黄树东，2018；张宏良，2018）。白钦先（2018）认为，目前对外开放存在的问题有：对外经济严重失衡，错把重要原则当成最高原则，有边界开放演变成无边界开放，不惜一切代价搞开放，双向开放变成单向开发，自主性开放变成自参性开放。他认为，这是不公平、不对等、不可持续的对外开放，严重削弱了我国金融主权的安全，金融国民财富的流失，也阻碍了科学发展观的贯彻落实以及和谐社会的建设。因此在对外开放中要秉持中国主体性、自主性的原则，明确开放是手段而非目的；对外开放战略要服从和服务国家的最高战略；坚持金融成本与收益的均衡原则，有所为有所不为；坚持双向开放的原则，内外均衡开放，公平、对等开放的原则。自主性开放、双向开放、有边界开放、均衡开放、可持续开放①。程恩富强调应坚持总体国家安全观审慎开展金融业对等开放②。夏小林（2018）认为，金融开放的要害在于坚持“国有银行为主体”和“对等开放”③。张宏良（2018）建议要结合正确的金融开放政策，审时度势，及时升级“总体国家安全”机制版本，要害是坚持“国有银行为主体”和“对等开放”④。

金融开放是把“双刃剑”。首先，金融开放可能带来新的风险。金融开放，一方面可以释放金融创造力，通过竞争，锻造提高国内金融机构的服务水平，通过优化自身的风险控制能力和治理水平，化解部分风险；另一方面，开放也会产生新的风险来源⑤。中国目前的金融实力和影响力，尚未允许完全的金融自由化，在必要的领域内，依然需要加强监管，防范金融风险的积聚和系统性金融风险的产生。在开放过程中，应注意引导资金流向，防范资金空转等现象，平衡实体经济和虚拟经济。

其次，金融开放可能冲击我国宏观经济调控能力。在金融市场尚不健全、银行体系仍脆弱的情况下，一旦国际投机资本在汇市和股市对人民币发起攻击，中国将无法通过汇率和利率的迅速调整，抵御国际投机资本的冲击⑥。外资金融机构有着雄厚的资金实力、丰富的管理经验和成熟的风

---

① 白钦先：《实施自主、公平、对等均衡与可持续发展的对外开放金融发展战略——在第十五届全球金融年会暨第五届中国（杭州）WTO与金融工程国际会议上的演讲（2008.5.19）》。

② 程恩富：《坚持总体国家安全观审慎开展金融业对等开放》爱思想，http：//www.aisixiang.com/data/109308.html，2018年4月17日。

③ 夏小林：《要害是坚持“国有银行为主体”和“对等开放”——兼谈习近平“要借鉴美国等国家的做法”》，乌有之乡，2018年6月28日。

④ 张宏良：《不能逾越的改制底线：国家主权与国家安全》，昆仑策研究院，2018年3月9日。

⑤ 钟正生、张璐：《中国金融改革：经验、困境与未来》，载于《国际经济评论》2017年第5期。

⑥ 余永定、东方IC：《没有资本管制就没有中国金融的稳定》，载于《企业观察家》2017年第2期。

险控制体系，当我国向外国金融机构打开金融市场的大门，外国的金融机构可以凭借这些优势抢占国内市场份额和金融资源，给我国国内的金融机构造成不小的冲击。并且我国金融监管虽然相比以往已经有了较大的发展，但是随着金融开放进程的不断深入，大量国外金融机构的涌入以及层出不穷的金融衍生品，会使得监管难度的加剧，这就要求我国监管机构必须尽快提高监管的能力和手段。面对这把“双刃剑”，我国只有进一步深化金融开放程度、完善金融开放体系、加强金融开放监管能力，才能壮大经济，赶上世界潮流。

最后，金融开放的收益分配是非均衡的。谁主导、谁受益。伴随着金融自由化，国际金融体系明显是由发达国家及国际金融垄断资本所主导的。鉴于发达资本主义国家在经济全球化进程中的主导地位、强势的话语权、贸易竞争规则的主导地位和国际组织的控制权等，一部分学者认为这些发达国家才是经济全球化的主要受益者①。

对此，发展中国家必须从开放的节奏、宏观金融监管、利率汇率政策以及增强金融企业的竞争力入手，精心设计参与金融全球化的战略，力争趋利避害，最大限度确保经济发展和金融安全。必须明确金融开放的底线与目标。金融开放不能危害国家金融安全和国家经济主权，不能损害国家利益。2017年7月的全国金融工作会议上，习近平针对金融开放（包括放宽股权限制）指出，“金融是国家重要的核心竞争力，金融安全是国家安全的重要组成部分，金融制度是经济社会发展中重要的基础性制度。必须加强党对金融工作的领导，坚持稳中求进工作总基调，遵循金融发展规律，紧紧围绕服务实体经济、防控金融风险、深化金融改革三项任务，创新和完善金融调控，健全现代金融企业制度，完善金融市场体系，推进构建现代金融监管框架，加快转变金融发展方式，健全金融法治，保障国家金融安全，促进经济和金融良性循环、健康发展。”② 习近平指出：“要扩大金融对外开放。要深化人民币汇率形成机制改革，稳步推进人民币国际

① 吴易风：《经济全球化的受益者主要是美国和其他发达国家》，载于《经济研究资料》2001年第1期。

② 习近平：《深化金融改革促进经济和金融良性循环健康发展》，新华社，2017年7月15日。

化，稳步实现资本项目可兑换。要积极稳妥推动金融业对外开放，合理安排开放顺序，加快建立完善有利于保护金融消费者权益、有利于增强金融有序竞争、有利于防范金融风险的机制。要推进‘一带一路’建设金融创新，搞好相关制度设计。”① 2017 年 4 月 25 日习近平在中共中央政治局第四十次集体学习上的讲话指出：“金融是现代经济的核心，金融安全是国家安全的重要组成部分。必须充分认识金融在经济发展和社会生活中的重要地位和作用，切实把维护金融安全作为治国理政的一件大事，扎扎实实把金融工作做好。”②

金融开放的目的是建设现代金融体系，制度——机构——监管，提高我国金融业的能力和效率，包括金融机构的竞争能力，金融市场的效率，金融监管的水平，更好地服务于实体经济，更好地推动现代经济体系建设，实现高质量经济增长③。

五、关于我国资本账户开放的研究

自 20 世纪 90 年代我国开始逐渐推行资本账户开放以来，我国资本账户开放的探索和尝试已有 20 多年。在这 20 多年里，我国的资本账户开放不断根据国内外经济金融的发展状态调整进度与步伐。显然，我国的资本账户开放的速度和程度都受到国内外宏观经济环境和金融环境的影响，甚至是牵制。作为世界第二大经济体和世界第一大贸易国，中国资本账户开放与否，如何开放备受海内外学界和业界的关注。自 1996 年我国实行经常账户开放以来，资本账户开放一直是我国外汇体制改革的重要目的之一，也使国内金融领域成为一个研究热点。当前国内学界普遍认为资本账户开放不是“要不要”的问题，而是应该如何开放，先开放什么、后开放什么，什么时候加速、什么时候放慢。在综合整理和分析大量相关文献

① 习近平：《深化金融改革促进经济和金融良性循环健康发展》，新华社，2017 年 7 月 15 日。

② 《习近平在中共中央政治局第四十次集体学习时强调金融活经济活金融稳经济稳做好金融工作维护金融安全》，央视网，2017 年 4 月 26 日。

③ 何德旭：《把握金融本质服务实体经济》，载于《光明日报》2019 年 4 月 2 日。

后，我们发现当前中国的资本账户开放程度不够，但是处于一个加速阶段。而绝大部分学者认为我国目前内外条件包括利率不够市场化、国内金融体系深度不够且不够完备、面临的对外金融风险较大，这些条件都不支持加速开放资本账户。

（一）资本账户开放的内涵

何为资本账户开放，当前众说纷纭，并没有形成一个国际通行的定义，不同的国家、地区甚至不同的组织机构皆赋予了资本账户开放不同内涵。

1. 组织机构对资本账户开放的定义

国际货币基金组织（IMF）如是定义资本账户开放，即指放开对跨境转移资本、跨境交易非金融资产、跨境直接投资，以及跨境进行证券投资和其他交易的管制，保证资本账户交易的自由度。[①] 经济合作与发展组织（OECD）为了更好地促进成员国之间的自由贸易往来和资本层面的深度合作，要求组织中的成员国彻底取消对成员国之间资本流动的监管和限制，甚至取消法律规定的约束和管制。[②] 印度的资本账户可兑换委员会在定义资本账户开放时突出强调市场机制的作用，即认为在国与国之间进行金融资产转换交易时应该以市场机制决定汇率自由为条件；同时不排除在遇到特殊情况时，制定并实施与外汇交易有关的货币政策和财政政策。[③]

显然，IMF 突出资本账户开放的具体内容，印度的资本账户可兑换委员会强调市场机制，同时也重视管制的作用；相比之下，OCED 对资本账户开放的理解更为极端，坚决否定排斥政府的管制。

---

① 朱冰倩、潘英丽：《资本账户开放度影响因素的实证分析》，载于《世界经济研究》2015 年第 7 期。

② 金汶澧：《资本账户开放理论综述》，载于《中国市场》2018 年第 33 期。

③ 姜波克、朱云高：《资本账户开放研究：一种基于内外均衡的分析框架》，载于《国际金融研究》2004 年第 4 期。

2. 专家学者对资本账户开放的理解

资本账户开放，在学术含义上与“资本账户自由化”“资本账户可兑换”等相近，均表示对资本账户的管制进行放松的含义。包括两层含义，一是指对资本与金融账户项下各子账户放松管制或取消管制的过程，包括放松或取消对跨境资本交易的限制和资本交易相关的外汇管制（如汇兑限制）。二是资本账户开放是相对而言的，与取消资本管制不是一个概念。在开放资本账户的大部分交易限制的情况下，一国仍然可对资本账户项下一部分交易进行管制。①

国内学者管涛在综合学界现有的各种定义之后，提出了一个比较全面具体的定义。资本项目可兑换即指取消对资本交易以及与之相关的支付和转移的所有直接和间接的限制和管制，取消对资本流动本身以及与之相关的汇兑和转移限制；政府不应该制定并实行带有歧视性的货币政策，不应该采取征税或补贴等行政手段干预跨国资本交易。②

（二）中国资本账户开放的进程

自 1996 年我国实行经常账户开放以来，中国资本账户开放已有 20 多年。在内外环境的牵制下，开放速度有缓有快，开放项目也有所取舍。具体开放进程如 4－32 所示。

1996 年 12 月 1 日，我国宣布实行“人民币经常项目可兑换和有较严格限制的资本项目可兑换。”③ 1997 年，受亚洲金融危机的影响，延缓开放。

① 方显仓、孙琦：《资本账户开放与我国银行体系风险》，载于《世界经济研究》2014 年第 3 期；方显仓、孙琦：《金融账户开放与三类风险的互动机制》，载于《世界经济研究》2015 年第 2 期。

② 姜波克、朱云高：《资本账户开放研究：一种基于内外均衡的分析框架》，载于《国际金融研究》2004 年第 4 期。

③ 宋玉华、陈静：《资本账户开放的经济效应研究——兼论推动我国资本账户开放的政策建议》，载于《统计研究》2003 年第 12 期。

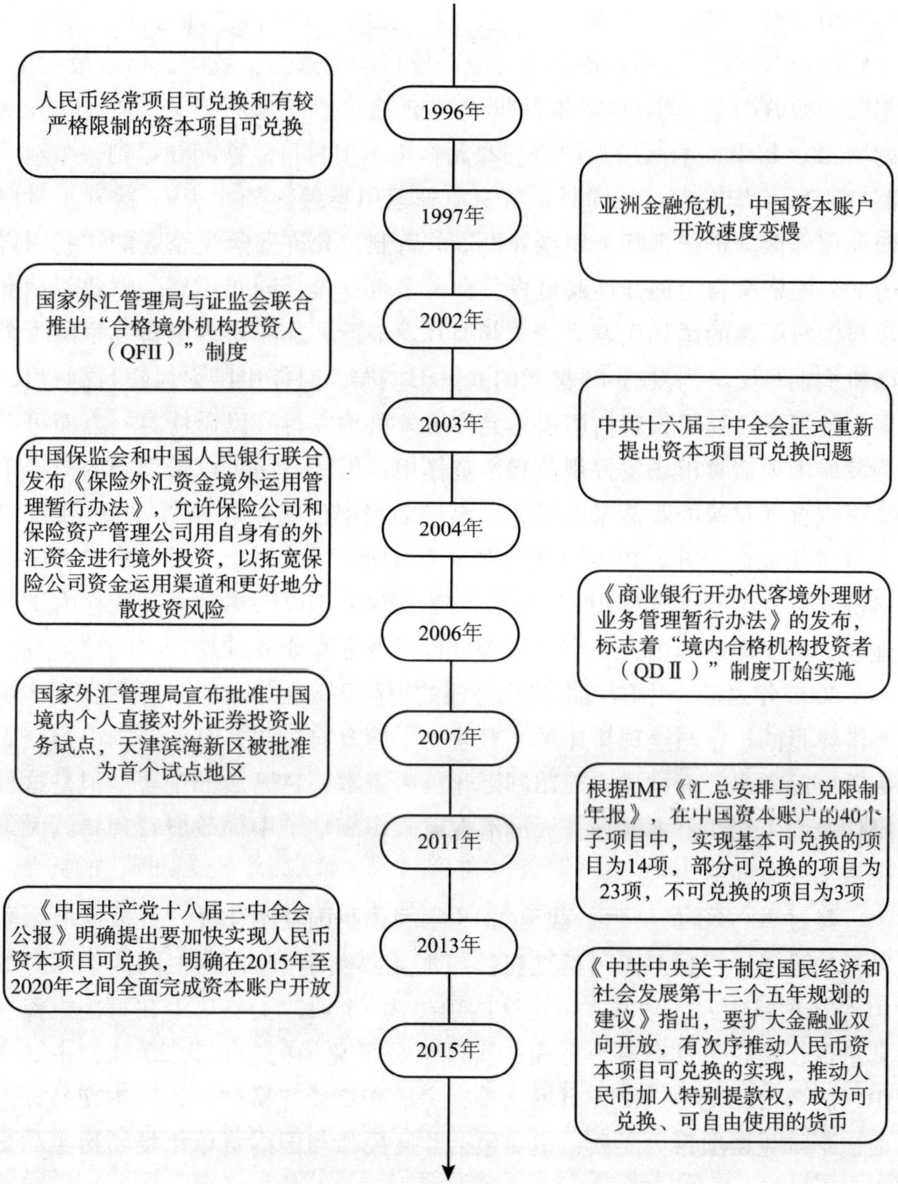

图4－32　中国资本账户开放进程

2001 年，我国加入 WTO，此事成为我国“走出去”的关键一步。为了履行对 WTO 关于不断提高金融业开放程度的承诺，我国此后政策频出，不断加快开放进程。2002 年便推出“合格境外机构投资人（QFII）”制度。2003 年中共十六届三中全会在此将资本项目可兑换问题提到一个新的高度。2004 年发布《保险外汇资金境外运用管理暂行办法》，放开了对保险公司和保险资产管理公司境外投资的管制，允许保险类企业能够利用自有的外汇资金自由地开展跨境投资和资本可兑换；同年年底，财政部批准世界银行下属的国际金融公司、亚洲开发银行和国际协理银行三家国际金融机构在中国境内发行 40 亿元的人民币债券，时任中国人民银行副行长、国家外汇管理局局长郭树清表示允许境外机构发行人民币债券一方面可以为发展国内债券市场发挥规范和示范作用；另一方面可以帮助国内债券市场形成合理有效的收益率曲线，进而推动利率市场化进程①。2006 年我国发布《商业银行开办代客境外理财业务管理暂行办法》，标志着“境内合格机构投资者制度（QDII）”开始实施。2007 年以天津滨海新区作为试点地区，开展中国境内首个个人直接投资对外证券业务试点。

2008 年之后，中国资本账户开放的速度更是显著加快，原因在于中国经济体量的扩张与全球排序的上升使得中国政府试图在全球范围内扮演更为重要的角色，而推进人民币国际化需要资本账户开放的配合。但是这种操作忽视了加快资本账户开放的潜在风险，高估了中国政府管理持续大规模资本外流的能力②。

经过 20 多年的努力，截至 2018 年底，我国资本化账户开放已取得阶段性的进展。根据 IMF《汇兑安排与汇兑限制年报》，在中国资本账户的 40 个子项目中，实现基本可兑换的项目为 14 项，主要集中在直接投资及其清盘、信贷工具交易等方面；实现部分可兑换的项目为 23 项，主要集中在股票市场交易、债券市场交易、房地产市场交易与个人资本交易等方面；不可兑换项目为 3 项，主要包括非居民参与国内货币市场与衍生品交

---

① 《外资机构首次在华发人民币债券获批》，第一财经日报，http：//bond. jrj. com. cn/2005/01/000000985037. shtml？ to = pc（最后访问时间：2019 年 5 月 7 日）。

② 张明：《中国资本账户开放：行为逻辑与情景分析》，载于《世界经济与政治》2016 年第 4 期。

易等①。

2013 年《中国共产党十八届三中全会公报》明确提出要加快实现人民币资本项目可兑换②。当年，中国人民银行公布了国内资本账户开放的时间表，明确在 2015 ~ 2020 年之间全面完成资本账户开放③。2015 年 3 月，天津、福建和广东被批准为自贸区，再一次加快了中国的资本账户开放速度；当年 10 月十三五规划特别强调资本账户开放的进程，加大金融开放程度，提高人民币的国际化水平，使人民币成为能够可自由兑换和使用的货币。

2013 年和 2015 年的两个纲领性文件中对于我国资本账户开放的阐述意味着实现资本账户可兑换已经成为中国政府的中期政策目标④。

对外开放已成为大势所趋，中国开放的大门只会越来越大。从中国资本账户开放层面看，中国开放的步伐从未停止，只会更加积极。

自 1996 年以来，中国一直在为资本账户开放而努力，也做了很多尝试，无论是从法定层面还是事实层面，中国的资本账户开放程度进一步加深，而开放的速度也有加快的趋势。其中，法定层面是逐年放松，基本处于中等偏上的开放水平；就实际情况而言，受 1997 年亚洲金融危机和 2008 年全球金融危机的影响，我国资本账户开放进程受到一定的波动，但是整体仍处于不断开放的趋势。从开放顺序来看，我国资本账户管理呈现出渐进式开放的特征，即先开放以实际经济活动为背景的资本交易和长期资本流入，如外商直接投资；而对波动性较强的金融性资本交易、短期资本流动和资本流出实行严格管制。⑤

---

① 易纲：《在全面深化改革开放中开创金融事业新局面——纪念改革开放 40 周年暨中国人民银行成立 70 周年》，载于《中国金融》2018 年第 23 期。

② 伍戈、孙树强：《资本账户开放对国内通货膨胀的影响：一个综述》，载于《金融市场研究》2014 年第 10 期。

③ 《陈雨露：中国资本账户开放或在 2015 - 2020 年》，新浪财经，2013 年 5 月 25 日（最后访问时间：2019 年 5 月 5 日）。

④ 冼国明、李炳涛：《资本账户开放度影响因素的实证分析》，载于《国际经济合作》2018 年第 2 期。

⑤ 宋玉华、陈静：《资本账户开放的经济效应研究——兼论推动我国资本账户开放的政策建议》，载于《统计研究》2003 年第 12 期。

（三）资本账户开放的前提条件

塔拉波（Tarapore）报告将资本账户开放的条件概括为五个方面：较低的中央政府财政赤字占GDP比重、低而稳定的通货膨胀率、较低的银行体系不良资产比率、适中的外债占GDP比重以及解除储蓄存款之外的利率管制。

朱冰倩和潘英丽（2015）提出影响资本账户开放的六个因素，分别是经济发展水平、国内金融市场深度、金融市场流动性和多样性、对外投资规模、宏观经济稳健性以及外汇准备充足程度①。李剑锋和蓝发钦（2006）在综合整理前人文献的基础上指出四个资本账户开放的先决条件，一是制定健全完备的宏观经济政策，尤其是适宜的汇率政策；二是创建健康的国内金融体系；三是构造独立且强有力的中央银行体系；四是保证畅通有效的信息流动②。熊衍飞等（2015）对44个国家和地区在内的1973～2012年间的面板数据进行检验分析发现因具备发达的国内金融市场、较高的贸易开放度、相对稳定的内外经济环境以及高效的政府预算执行—监督机制，OECD国家开放资本账户可以极大降低人均实际GDP增长率波动和人均消费增长率波动。新兴市场发展中国家因国内金融市场欠发达、贸易保护、内外失衡的经济环境和相对狂热的政府投资冲动，致使它们在面对外部国际资本套利时准备不足，在平衡通胀和汇率稳定上殚精竭虑，在实现经济平稳增长上渐行渐远，宏观经济波动逐渐累加③。

本书综合前人提出的资本账户开放的基础条件，归纳出以下几点最为根本的条件，包括稳定增长的经济发展水平、较高程度的利率市场化水平、完备稳定的内外经济金融环境以及和谐稳定的政治环境。

1. 稳定增长的经济发展水平

资本账户开放与经济发展之间有紧密的联系，并非是单向度关系，而

① 朱冰倩、潘英丽：《资本账户开放度影响因素的实证分析》，载于《世界经济研究》2015年第7期。

② 李剑峰、蓝发钦：《资本账户开放的次序选择：文献综述》，载于《特区经济》2006年第11期。

③ 熊衍飞、陆军、陈郑：《资本账户开放与宏观经济波动》，载于《经济学（季刊）》2015年第4期。

是一种双向影响关系。一方面，一国经济发展水平是资本账户开放与否以及开放到何种程度的基础条件。经济增长可以创造诸多投资机会，并在客观上保证了投资效益。因此经济增长增加和保障了投资收益的合理预期，为资本账户开放清除了障碍，进而降低了资本账户开放的投资风险①。

另一方面，资本账户开放在一定程度上也影响着一国经济的发展，对此学界持三种看法，一是促进论，即认为资本账户开放对经济增长有促进作用，包括只对工业化国家有促进作用，或者只对中等收入国家有促进作用，甚至对所有国家都有促进作用；二是促退论，即认为资本账户开放导致巨额资本流动，破坏金融体系，对产权保护程度较低等，进而不利于一国的经济增长；三是不确定论，体现在对经济增长的影响不确定，对微观经济主体的影响不确定以及对经济增长的影响时效不确定三个方面②。如熊衍飞等（2015）认为资本账户开放与宏观经济增长的关系因国而异，对于 OECD 国家而言，资本账户开放显著降低其人均实际 GDP 增长波动率和人均消费率波动③；而资本账户开放显著强化了新兴市场国家的人均实际 CDP 增长率波动，但是可 定程度上缓解人均消费增长率④。

2. 较高水平的利率市场化程度

利率市场化是资本账户开放的基础条件之一。当利率市场化程度较深的时候开放资本账户可以维持宏观经济的稳定；但如果在利率市场化程度不够的时候率先开放资本账户则可能引发宏观经济的波动。目前国内利率市场化水平远远不够，这也是我国当前面临的最严峻的挑战之一；如果顺利放开对利率的管制，那么我国资本账户开放也会更加顺畅。⑤ 在利率非市场的情况下开放资本账户，外部的冲击包括国外利率冲击和国外需求冲

① 朱冰倩、潘英丽：《资本账户开放度影响因素的实证分析》，载于《世界经济研究》2015 年第 7 期。

② 王锦慧、蓝发钦：《资本账户开放与经济增长：文献综述》，载于《经济评论》2006 年第 6 期。

③④ 熊衍飞、陆军、陈郑：《资本账户开放与宏观经济波动》，载于《经济学（季刊）》2015 年第 4 期。

⑤ 宋玉华、陈静：《资本账户开放的经济效应研究——兼论推动我国资本账户开放的政策建议》，载于《统计研究》2003 年第 12 期。

击等会在较大程度上扰乱本国家庭的消费和国内生产。[①]

然而当前中国仍然是利率管控比较严格的国家：一切利率都由政府决定，而金融机构几乎没有任何的利率自主权。针对我国利率不够市场化以及外汇市场面临巨大压力的情况，学者张春宝切实提出了三点举措，一是要提升国内低于短期资金大幅波动的风险机制以避免如货币市场工具等短期资金波动较大的资本账户开放带来的外部冲击所引发的本国货币危机；二是亟须加快我国利率市场化进程，进而推动国际资本的合理流动；三是要稳步开展汇率自由化改革，进而在获取三元悖论中间化福利效益的基础之上，夯实人民币的国际化稳定基础。[②]

3. 平衡稳定的内外经济金融环境

（1）资本市场开放前应该保证宏观经济稳定。[③]一国的宏观经济稳定包括四个层面的稳定：持续稳定增长的经济水平、低而稳定的通货膨胀、健康平衡的财政政策以及有弹性的汇率机制。[④] 2015 年“8. 11 汇改”以来人民币汇率出现了较大的波动，此时开放资本账户存在较大风险，应当实施适当应对资本流动带来的冲击的举措，增强宏观经济与金融市场的稳定性。[⑤]

（2）完善且强有力的金融体系。高效稳健的金融体系可以有效抵御外部的冲击，甚至还可以防范外部货币金融动荡冲击；而流动性强、多样性丰富的金融体系充满活力和竞争力，也可以有效分散风险。[⑥]IMF 在 2016 年发布的 183 个国家和地区的金融发展指数，中国仅排在第 33 位，可见当前中国的金融发展还处于一个较低的发展水平。

（3）平衡稳定的外部金融环境也是资本账户开放的有利条件之一。显然当前我国面临较为严峻的对外金融风险，主要表现为人民币过快贬值、

①③ 黄志刚、郭桂霞：《资本账户开放与利率市场化次序对宏观经济稳定性的影响》，载于《世界经济》2016 年第 9 期。

② 张春宝、石为华：《中国资本账户开放与外汇市场压力风险研究》，载于《世界经济与政治论坛》2015 年第 4 期。

④⑥ 朱冰倩、潘英丽：《资本账户开放度影响因素的实证分析》，载于《世界经济研究》2015 年第 7 期。

⑤ 冼国明、李炳涛：《资本账户开放度影响因素的实证分析》，载于《国际经济合作》2018 年第 2 期。

大规模的资本外流和外汇储备过快过多地减少。① 近年，美国经济持续走强，而中国经济发展的各项指标明显不符合预期，严重挫伤投资者的信心，使得人民币对美元持续处于贬值压力。中美利差进一步压缩，一旦中美利差收窄，资本会大量涌入美国市场，进而导致美元指数走强，人民币走弱，人民币承受贬值压力；如此发展，极有可能造成我国资本大规模外流，金融系统崩溃，最终造成不可挽回的局面。2018年10月7日，根据中国人民银行公布的数据我们得知，截至2018年9月末，我国外汇储备规模为30870亿美元，较8月末下降227亿美元，降幅为0.7%。由此可见，外汇储备减少的现象是非常严重的。

（4）一定程度上资本账户开放对国内经济金融稳定具有反作用。一国稳定的经济金融环境为资本账户开放创造了良好的条件，而资本账户开放也会影响该国经济金融的稳定。根据众多学者的数据统计，在全球各国资本账户开放后，国际金融危机的爆发频次更多，波及范围更广（这里的范围指的是区域和领域两个层面）以及危害程度更深。如据陈勇（2005）统计，1970～1979年，全球平均每年发生0.3次金融危机；而在1980年后，即全球普遍放宽金融监管后，1981～1995年，全球平均每年发生1.4次，可见放松金融监管后，全球金融危机发生的频率明显增加。② 资本账户开放后，实体经济与虚拟经济的界限更为模糊，虚拟经济对实体经济的影响程度远比资本账户开放前更大。资本的全球性流动，尤其是资本内流会导致国内过度投机和泡沫式繁荣，一旦泡沫撑不住的时候，该国就会立马出现金融危机，甚至陷入投资不足和产出锐减的困境，实体经济被虚拟经济严重反噬。李巍将资本账户开放、金融发展以及金融不稳定放在一个跨国横截面数据模型框架中进行研究。同时，利用面板数据模型研究资本账户开放、金融发展和国内资本产出率的影响。③ 研究结果发现，资本账户开放会使欠发展国家和新兴市场国家在开放资本账户过程中导致资本的

① 李婷：《人民币资本账户开放的风险分析及策略选择》，载于《金融经济》2019年第6期。

② 陈勇：《资本账户开放有利经济增长吗——关于资本账户开放与金融危机关系的文献综述》，载于《特区经济》2005年第3期。

③ 李巍：《资本账户开放、金融发展和经济金融不稳定的国际经验分析》，载于《世界经济》2008年第3期。

过度流入，也会增加受境外金融风险波动的可能性，进而不利于资本开放国的金融稳定；甚至开放资本账户会对开放国资本产出率产生不显著的负面影响。

4. 民主、稳定的政治环境

政治环境的良好与否主要是通过政治民主程度和政治稳定程度来衡量。而政治民主程度和政治稳定程度都对资本账户开放的速度和程度产生重要影响。有学者研究发现，民主程度越高的国家越容易推动资本账户的开放。[①] 除了民主程度会影响资本账户开放，一国政治稳定程度作为经济运行的基础，对资本项目自由化进程也有明显的影响。[②]

资本账户开放的最佳时机即具备发达的国内金融市场、较高的贸易开放度、相对稳定的内外经济环境以及程度较高的民主政治制度。以上述这些条件判断当前中国资本账户加速开放的条件是否成熟也有两派观点。一部分学者认为国内条件已经成熟，可以加速推动资本账户开放。中国人民银行调查统计司课题组认为，基于相关判断标准以及比较与国际经验，当前我国已经具备了资本账户持续开放的条件。[③] 还有一部分学者认为当前不具备资本账户加速持续开放的条件。石建勋（2012）和张礼卿（2012）认为我国尚不具备在短时间内加快开放的条件，更不存在全面开放的条件，所谓五年之内实现资本账户可兑换的说法，既不可取也不现实。张明（2012；2015；2016）坚持认为中国的资本账户开放仍应审慎渐进。中国社科院学部委员余永定一直坚决反对过早资本项目全面开放（余永定，2008）。他一贯坚持这一观点，加快资本项目自由化很危险，央行应扩大汇率双向浮动的范围，与此同时，应暂停以“人民币国际化”的名义进一步放松对跨境资本自由流动的限制（余永定，2012），资本管制不宜轻易放开，放开资本项目没有时间表（余永定，2013），截至目前，我看不出

---

① B. Eichengreen, D. Leblang. Democracy and Globalization. *Economics & Politics*, 2008, 20 (3): 289-334.

② 彭红枫、谭小玉、占海伟：《资本账户开放：影响因素与国际经验》，载于《武汉大学学报》（哲学社会科学版）2018年第2期。

③ 中国人民银行调查统计司课题组：《协调推进利率、汇率改革和资本账户开放》，载于《金融市场研究》2012年第2期；中国人民银行调查统计司课题组：《我国加快资本账户开放的条件基本成熟》，载于《中国金融》2012年第5期。

来中国有什么必要加快资本项目自由化的步伐，是否放开要视我国金融体系而定。他赞成资本自由化，但要逐步推进，要根据实际情况来进行。资本项目自由化要小心点，中国和世界间还是有一道长城，我们必须要做好准备再逐步加快开放（余永定，2014），资本项目自由化被许多中国经济学家奉为圭臬。其实，与贸易自由化不同，资本项目自由化从来就不是经济学界的共识。国际货币基金组织（IMF）前总裁、资本项目自由化的积极推动者康德苏认为：资本的自由流动可以促进资源实现效率最大化地使用，从而提高经济增长的速度。但事实上，迄今为止尚没有任何理论可以证明资本的自由流动可以带来康德苏所说的这种好处，过早资本项目全面开放是在根本性问题上犯颠覆性错误（余永定，2015），1997～1999年的亚洲金融危机表明，一国出现金融危机的充要条件是固定汇率制度、资本自由流动和国际收支逆差。对发生金融危机的发展中经济体而言，资本外逃无一例外地成为压倒骆驼的最后一根稻草。中国当时能够成功抗御亚洲金融危机冲击的关键就在于资本管制。资本管制是中国金融稳定的最后一道防线，这道防线守住了，中国绝对不会出事，而资本管制的彻底放弃，即人民币的（完全）自由兑换，应该是所有市场化改革的最后一步（余永定，2016），在金融市场尚不健全、银行体系仍脆弱的情况下，一旦国际投机资本在汇市和股市对人民币发起攻击，中国将无法通过汇率和利率的迅速调整，抵御国际投机资本的冲击（余永定，2017）①。蓝发钦和邓敏（2013）利用门槛模型分析发现当前我国资本账户开放条件尚未成熟②。彭红枫等（2018）利用基于FGLS估计的面板固定效应模型分析发现当前我国资本账户开放的节奏过快，不匹配当前国内金融和经济发展程

① 参见余永定系列文章。余永定：《当前不应加速资本项目自由化》，载于《经济研究参考》2008年第48期；余永定：《加快资本项目自由化很危险》，载于《资本市场》2012年第6期；余永定：《资本管制不宜轻易放开》，载于《金融世界》2013年第10期；余永定：《放开资本项目没有时间表》，载于《小康（财智）》2013年第10期；余永定：《资本自由化要小心》，载于《资本市场》2014年第1期；余永定：《过早资本项目全面开放是在根本性问题上犯颠覆性错误》，载于《经济导刊》2015年第9期；余永定：《亚洲金融危机和资本项目自由化》，载于《新金融》2016年第5期；余永定：《没有资本管制就没有中国金融的稳定》，载于《企业观察家》2017年第2期。

② 邓敏、蓝发钦：《金融开放条件的成熟度评估：基于综合效益的门槛模型分析》，载于《经济研究》2013年第12期。

度，因此我国资本账户全面开放的时机并没有完全成熟[①]。

（四）中国资本账户开放的利弊影响

1. 中国资本账户开放的有利之处

（1）资本账户开放推动世界各国经济发展。主流或正统经济学家普遍主张资本账户开放，在他们看来，资本账户开放可使全球储蓄获得有效分配，打破市场扭曲困境，使得储蓄资本从生产效率低的国家或地区及行业流向生产效率高的国家或地区及行业，从而提高了储蓄资本利用效率，为全球带来福利。2017年7月3日中国内地与香港特区债券市场互联互通合作上线试运行，中国金融四十人论坛高级研究员管涛发表评论表示，“债券通”上线表明中国内地资本账户开放开启了新征程；开放中国内地资本账户有利于世界其他国家或地区的资本共享中国经济发展所带来的益处。[②]

（2）资本账户开放打破封闭的金融体系。此外，资本账户的开放能够打破封闭的金融环境，为国际投资者的资本往来创造条件，倒逼国内金融机构改革，进而提高国内金融体系的效率。此外，开放资本账户使得资金从回报率低的国家或地区流向回报率高的国家或地区，从而提高了全球资金的利用效率。[③]

（3）资本账户开放有利于提升人民币国际化水平。杨荣海和李亚波（2017）从人民币国际化“货币锚”的角度阐述了资本账户开放的益处：“尽管中国对实际资本账户开放进程持稳健态度，但资本账户开放速度加快有利于提升人民币隐性‘货币锚’地位。”[④] 而资本账户开放的不利之处是资本账户开放可能引发的最大问题莫过于对开放国金融稳定的严重冲击。

---

① 彭红枫、谭小玉、占海伟：《资本账户开放：影响因素与国际经验》，载于《武汉大学学报》（哲学社会科学版）2018年第2期。

② 管涛：《“债券通”上线，中国资本账户开放迈出新步伐》，载于《国际金融研究》2018年第1期。

③ 陈勇：《资本账户开放有利经济增长吗——关于资本账户开放与金融危机关系的文献综述》，载于《特区经济》2005年第3期。

④ 杨荣海、李亚波：《资本账户开放对人民币国际化“货币锚”地位的影响分析》，载于《经济研究》2017年第1期。

凯明斯基、莱因哈特和德米尔－古克（Kaminsky，Reinhart[①] and Demirguc Kunt）[②] 等对20世纪70年代后世界各国金融危机进行研究后发现，资本账户开放等金融自由化进程的深入显著增强了全球开放国金融安全的关联性，且提高了金融危机的发生频率。一国发生金融危机，则会在最短的时间内波及与此有关的国家，进而恶化金融危机的影响程度。

2. 中国资本账户开放的不利之处

马勇和陈雨露（2010）认为当会计准则、市场机制不完善、监管体制不完备的时候，开放资本账户项目会引发过度投资和投机性繁荣，而一旦出现大规模的资本外逃，就极易以金融危机收场。[③] 方显仓等（2014、2015）利用现有数据，对中国资本账户开放程度与银行体系风险相关性进行协整检验、格兰杰因果检验和脉冲响应分析发现资本账户开放与银行体系风险存在长期稳定关系：政府部门采用直接或者间接的方式进行担保以及监管过度或缺位造成发展中国家市场运行和调控机制存在问题；而在不健全的金融体制下存在较高的道德风险，使得银行在急速扩张信贷业务的过程中偏好高风险项目，易出现过度投资，进而增加了银行不良贷款率。[④] 斯蒂格利茨（2000、2005）坚决反对贸然推进资本账户开放，他认为拉美和东亚等发展中国家面对IMF和美国财政部鼓吹资本账户开放政策的压力，在国内金融体系不完备和监管能力乏力的情况下，贸然加速推进开放资本账户极易造成金融危机。

（五）未来中国该如何开放资本账户

作为最大的发展中国家，中国的资本账户进一步开放是不可避免的趋势，资本账户开放更多的时候不是一个要不要的问题，而是应该如何开放

① Kaminsky G，Reinhart M. The Twin Crises：The Causes of Banking and Balance of Payments Problems. *American Economic Review*，1999，89：473－500.

② Demirguc－Kunt A，Detragiache E. Financial Liberalization and Financial Fragility. *World Bank Annual World Bank Conference on Development Economics*，Working Paper，1998，17：1－60.

③ 马勇、陈雨露：《资本账户开放与系统性金融危机》，载于《当代经济科学》2010年第4期。

④ 方显仓、孙琦：《资本账户开放与我国银行体系风险》，载于《世界经济研究》2014年第3期；方显仓、孙琦：《金融账户开放与三类风险的互动机制》，载于《世界经济研究》2015年第2期。

的问题。国内学者对此都提出了自己的见解。朱冰倩和潘英丽（2015）指出当前国内利率尚未市场化且汇率政策弹性不足，即使国内宏观经济和金融基本稳定，但是也未到全面开放的时间，但应该加快开放步伐。[①] 熊衍飞等（2015）从资本账户与宏观经济的关系出发，指出中国在逐步放开资本账户的同时，国际热钱进入我国证券市场和房地产行业“兴风作浪”的暗潮不可避免。为此，除了部署证券市场资金池，管控 QFII 和 RQFII、追踪热钱行业流向等治标措施外，巩固和落实利率、汇率市场化改革也尤为重要。此外还需要制订并落实资本账户开放计划表，有步骤、有顺序地逐步开放资本账户[②]。李剑锋和蓝发钦（2006）则更为关注资本账户开放的次序问题，他指出为避免资本账户开放可能带来的外部冲击，则需要讲究资本账户开放的排序问题，具体来说，第一步是要解决国内财政上的不平衡问题，保证国内宏观经济的稳定；第二步是逐步建立精简高效的现代银行监管体系；第三步渐进解除劳动市场的管制，让劳动力资源可以自由流动；待到条件成熟再开放资本账户。潘英丽（2014）主张推动人民币自由兑换，但资本账户应有限开放[③]。张明（2016）认为，考虑到目前中国经济所处的错综复杂的国内外形势，中国政府依然应该审慎渐进可控地开放资本账户，否则就可能遭遇系统性金融危机的爆发。因此，中国政府在未来的资本账户开放中仍应遵循恰当次序，加快建立宏观审慎监管框架，大力推进国内结构性改革以及建立危机预警、管理与应对机制[④]。杨小海、刘红忠和王弟海（2017）认为经济的结构性改革应优先于资本账户开放，同时发现降低居民的风险厌恶程度以及加快金融体系改革对未来缓解资本账户开放后所面临的资本外流压力大有裨益[⑤]。汪川（2018）也认为应该

---

① 朱冰倩、潘英丽：《资本账户开放度影响因素的实证分析》，载于《世界经济研究》2015 年第 7 期。

② 熊衍飞、陆军、陈郑：《资本账户开放与宏观经济波动》，载于《经济学（季刊）》2015 年第 4 期。

③ 潘英丽：《人民币自由兑换与资本账户有限开放》，载于《上海交通大学学报》（哲学社会科学版）2014 年第 3 期。

④ 张明：《中国资本账户开放：行为逻辑与情景分析》，载于《世界经济与政治》2016 年第 4 期。

⑤ 杨小海、刘红忠、王弟海：《中国应加速推进资本账户开放吗？——基于 DSGE 的政策模拟研究》，载于《经济研究》2017 年第 8 期。

讲究资本账户的开放次序，他认为应该在坚持渐进有序、审慎可控的原则下逐步推进资本账户开放①。

当前我国金融体制不健全，监管水平不高，财政和货币政策不能得到适当使用，因此不能贸然推动资本账户开放，否则可能引致金融经济危机，甚至会产生社会动荡。当下，中国不应加速资本账户开放进程，较为明智的选择是继续保持吸收外国直接投资②。刘建丰和潘英丽（2019）强调中国的资本账户开放进程必须与经济在当前和未来所处的发展阶段相适应，这是需要遵循的一个客观经济规律。相对于发达国家，中国等发展中国家的资本管制是长期常态化资本管制与或松或紧的临时性逆周期资本流出或流入管制两者的叠加。中国等发展中国家实施基于利率规则的货币政策和浮动汇率制，并辅以适度的临时性逆周期资本流出管制，对资本账户、产出和社会福利的稳定更加有利③。

目前我国经济发展处于一个稳定增长的状态，在一个可以获得资本账户开放红利的区间，因此资本账户开放是大势所趋；此外，当前我国政治制度民主化进程不断推进，政治制度稳定性强，为资本账户开放奠定了稳定坚实的政治环境。然而由于金融体制不够完备，利率也有待进一步市场化，另外，当前外汇市场极不稳定，中美贸易摩擦前景尚不明朗、世界经济增长放缓、全球金融风险上升、特朗普政府大幅度减税方案出台，以及新兴市场经济体金融不稳定性增大等，随时可能引发大规模的跨境资本流动，在这方面的任何草率举措，很可能再度引发资本的大量流出和人民币的持续贬值。因此我国当前资本账户开放不可操之过急，而是应该按照资本账户开放时间表，适时调整资本账户开放步伐，遵循主动性、渐进性以及可控性三个原则逐步实现资本账户开放，并且守住“开放资本不等于放弃管制”的底线，采用更加市场化的手段管理资本流动，强调价格型工具的调控作用。适度的资本账户管制将是稳定中国国际收支状况、捍卫国内

---

① 汪川：《资本账户开放的经济增长效应》，载于《经济问题探索》2018年第1期。

② 陈勇：《资本账户开放有利经济增长吗——关于资本账户开放与金融危机关系的文献综述》，载于《特区经济》2005年第3期。

③ 刘建丰、潘英丽：《常态化资本管制的必要性——基于不同经济发展阶段视角的DSGE模型分析》，载于《财经研究》2019年第1期。

金融市场开放成果、避免系统性金融危机爆发的最后防火墙，中国政府应该在相当长的时间内保留这一重要的政策工具。只有这样，才能有效规避或者最大程度降低资本账户开放对国内经济和金融的冲击，最大程度享受开放资本账户带来的红利。

第七节　中国服务贸易发展的历史回溯与研究进展

服务业现已成为各国经济发展中的重要组成部分，是体现一国贸易发展水平的重要标志。我国服务贸易发展的研究起步较晚，但发展迅速。

一、文献概况

在中国知网以“我国服务贸易”进行主题检索，共找到13168条结果，相关研究数量十分可观。从发表年度来看，主要集中在近10年，在2014年达到峰值为966篇，近几年研究热度逐渐下降。从研究主题来看，相关研究涉及服务行业、竞争能力、贸易自由化、不发达国家、比较优势、贸易逆差、贸易协定、影响因素等主题。

从图4－33中国知网“服务贸易”这一关键词的研究指数来看，相关研究从1992年开始逐渐起步，发文数量逐渐上升，尤其是2008年以来文献数量一直居于高位。2002年、2008年和2014年呈现为3个研究数量峰值，2014年达到最高峰，为974篇。之后的近几年研究热度开始下滑，文献数量逐年下降。

总体来看，有关我国服务贸易发展的研究起步较晚，但发展迅速，至今文献数量较大。相关研究文献呈现以下特点：

第一，宏观领域方面相关研究有同质化现象，大多数学者从中国服务贸易发展现状、影响中国服务贸易国际竞争力的因素、提出对策这三方面展开研究，内容除年限区别外基本大同小异。

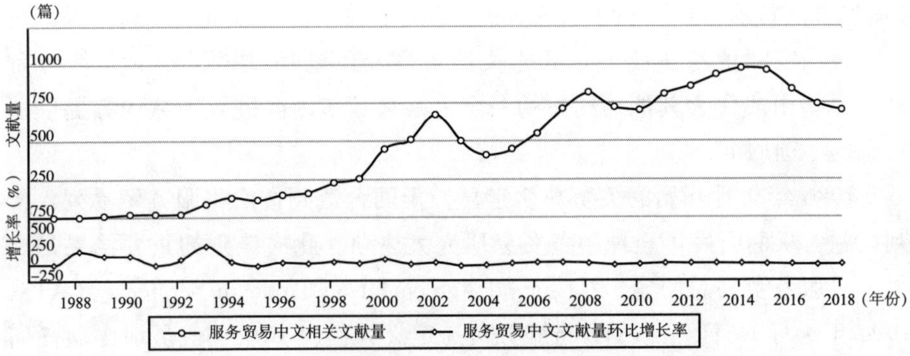

图 4－33　服务贸易中文相关文献量及其增长率

第二，细分领域方面的研究主要集中于金融服务贸易、旅游服务贸易、文化服务贸易，并未全面涵盖所有细分行业。且大量研究都采用了具有趋同性的研究方法和指标体系，所得的结论存在着一致性，使得论文形成的政策性建议和分析缺乏创新性。

第三，近几年相关文献新发数量有所下降，且出现不少结合最新环境背景的研究（新常态、一带一路、供给侧改革等），提出的建议或许将更有建设性。

二、关于服务贸易概念的探讨

20 世纪 90 年代以来，全球经济竞争的重点从货物贸易转向服务贸易，服务业成为全球经济增长最快的部门，其兴旺发达的程度成为衡量一个国家现代化水平的重要标志。中国服务贸易自 20 世纪 80 年代开始发展以来，也呈现出飞速发展的状态。我国虽然对服务贸易的研究较之西方经济学界起步较晚，但研究发展速度还是比较可观的。

在西方经济学界“服务贸易”也经历了一个长期探索的过程。1972 年，经济合作与发展组织（OECD）首次把“服务贸易”作为一个独立的经济学概念在文献中正式提出。1974 年，美国贸易法于第 301 条条款中再次提出“世界服务贸易”的概念。1989 年，美国、加拿大两国签署的

《美加自由贸易协定》（North America Free Trade Agreement）成为世界上第一个在国家间贸易协议上正式定义服务贸易的法律文件，定义“服务贸易”是指由或代表其他缔约方的一个人，在其境内或进入一缔约方提供所指定的一项服务。

1986年9月开始的关贸总协定乌拉圭回合谈判首次将服务贸易列入谈判议题，从而引发了全球服务贸易研究大热潮。此次谈判的重要结果是产生了《服务贸易总协定》（General Agreementson Trade in Services，GATS，1994年4月15日），GATS将服务贸易定义为：（1）从一成员境内向任何其他成员境内提供的服务；（2）在一成员境内向任何其他成员的服务消费者提供的服务；（3）一成员的服务提供实体通过在其他任何成员境内的商业存在所提供的服务；（4）一成员的自然人在任何其他成员境内提供的服务。我国作为《服务贸易总协定》的缔约方，也以GATS的定义为准并将服务贸易分为13大类。

20世纪90年代，美国经济学家迈克尔·波特在《国家竞争优势》一书中将服务贸易纳入国家竞争力的范畴，认为服务贸易和投资通过需求压力促进企业技术的提升，从而促进产业结构优化。①

三、中国服务贸易发展历史的文献梳理

结合实际情况和相关文献研究，笔者认为我国服务贸易的发展历程主要经历了以下四个阶段：第一阶段（1949～1979年），服务业发展受到压制，服务贸易发展处于低谷；第二阶段（1980～2001年），服务业的发展得到政府支持，服务贸易迅速发展；第三阶段（2002～2008年），加入世贸组织后中国服务贸易得到蓬勃发展；第四阶段（2009年至今），新常态下我国服务贸易继续发展。与发展阶段相符，国内学术界对于我国服务贸易发展问题研究从第二阶段才开始兴起，快速发展于第三阶段，繁盛于第四阶段。

① 韩玉军、王晓：《从波特的国家竞争优势理论看中国服务业与服务贸易的竞争力》，《首届国际服务贸易论坛暨国际贸易创刊25周年学术年会论文集》2007年，第199～208页。

1. 第一阶段（1949 ~ 1979 年）

该阶段新中国刚刚成立，还未开始改革开放政策，我国服务业发展受到压制，服务贸易发展处于低谷。相关学术研究也呈现空白。

2. 第二阶段（1980 ~ 2001 年）

该阶段是改革开放政策实施后我国经济快速发展的时期，我国服务贸易也开始进入起步阶段。这一时期的学者主要根据西方发达国家服务贸易状况探究如何发展中国的服务贸易，研究的主要内容围绕着：国际服务贸易发展趋势、国内开放服务贸易市场的必要性与方法、《服务贸易总协定》的各项条款及对策、服务贸易与第三产业的关系以及加入 WTO 后的策略等方面。研究方法上，主要是从理论与现实出发进行的定性分析。

该阶段学者们提出了我国应充分学习并掌握 GATS 各项条款，利用其对发展中国家的优惠政策有步骤地开放市场，稳步发展传统服务产业、加快发展新兴服务产业、提高服务业技术含量、适当引进部分服务业、加强法制建设、政府管理与专业人才培养等服务贸易发展策略。

3. 第三阶段（2002 ~ 2008 年）

2001 年 12 月 11 日，中国正式加入世界贸易组织，学术界相关领域的研究也越来越活跃与深入，服务贸易方面研究也快速发展，研究方法及研究角度较上一阶段也逐渐趋于多元化。

从研究的内容来看，该阶段对于服务贸易的研究不再局限于趋势与对策、理论与发展的研究，开始了服务贸易竞争力领域的研究。一些学者从解释 GATS 的具体内容入手，关注有增长潜力的服务部门的发展，从具体部门出发开始探讨服务业和服务贸易的竞争力问题，通过增强服务行业的竞争力推动服务贸易的发展。从研究方法来看，这一期间的研究不再局限于定性分析，开始加入了定量的实证研究。

在理论研究中，有学者提出“服务贸易的理论研究更适用于发达国家，而非发展中国家。对于发展中国家而言，比较优势理论往往是陷阱”（徐桂英、宋立功和张英，2002）。[①] 但也有学者持反面观点，并经过定量

① 徐桂英、宋立功、张英：《关于比较优势理论与服务贸易发展》，载于《探索与求是》2002 年第 8 期。

研究得出“我国的服务贸易与世界各国相比存在比较优势”的结论（王蓉梅和桂韬，2004）。[①]

相对于理论研究而言，更多学者选择侧重策略与方法的研究，包括从全局范围内思考的我国服务贸易整体发展战略，或是以某一方面为核心推动力的发展策略研究。其中，前者的相关研究更多，相关的研究主要有：从 WTO 角度研究加入 WTO 及《服务贸易总协定》对我国产生的影响及相应的发展对策；[②] 从全球服务贸易市场自由化趋势及国际服务贸易发展趋势的角度研究中国的发展策略；研究中国服务贸易发展现状，针对存在的问题提出相应的发展策略；从竞争力的角度研究以竞争力助发展；从中国服务贸易加入 WTO 承诺的角度，研究承诺兑现、现存问题及对策建议；进行服务贸易发展的国际比较，借鉴他国发展经验提出相应发展对策。

此外，还有学者提出“知识经济时代的国际服务贸易的创新尤为重要”。“以观念创新为基础、以格局创新为突破、以制度创新为实质，通过形式创新、政策创新、构成创新和工具创新、体制创新、制度创新等具体体现”（武瑞玲，2006）来实现以创新促发展的观念。[③]

4. 第四阶段（2009 年至今）

受到 2008 年全球性金融危机的影响，2009 年经济下行压力骤增，我国服务贸易出口出现短暂下滑，2009 年出口下降了 12.22%，达到历史最低点。虽然之后 2010 年经济迅速回升，服务总规模增长了 26.4%，出口增长了 32.35%，之后也保持了高速年增长率，但是也暴露了新常态下我国服务贸易发展存在着诸如贸易结构不合理、区域分布失衡、供需结构不合理等突出的现实问题，我国在逐渐成为服务贸易大国的同时，服务贸易强国的发展程度却略显滞后。

这种情况下，学者们把目光投向更具国际视野的领域，涌现出不少中国服务贸易国际竞争力的研究，服务贸易影响因素、国际竞争力的测定、

---

① 王蓉梅、桂韬：《在开放与保护的均衡中寻求大发展——入世后中国服务贸易发展思路的探讨》，载于《江苏商论》2004 年第 4 期。

② 林贤瑛：《WTO〈服务贸易总协定〉对我国国际旅游服务贸易的影响及法律对策》，南昌大学硕士论文，2005 年。

③ 武瑞玲：《知识经济时代创新与国际服务贸易发展关系研究》，载于《经济经纬》2006 年第 4 期。

比较优势测度、出口技术比较等方面的研究居多。大多学者从中国服务贸易发展现状、影响中国服务贸易国际竞争力的因素、提出对策三方面展开研究。在研究方法上更加倾向实证研究，通过借助或建立模型来进行测定。

(1) 关于中国服务贸易国际竞争力方面的研究。

第一，模型选择。在测量模型的选择上，以钻石模型与金字塔模型居多。基于波特钻石模型，我国学者结合我国服务贸易的特征，建立了修正后的“钻石模型”(郑吉昌，夏晴，2004)。① 波特钻石模型主要用于分析一个国家某种产业在国际上具有较强竞争力的原因，他认为国家竞争优势的取得，关键在于四个基本要素（生产要素、需求要素、相关产业、企业战略结构与同业竞争）和两个辅助要素（政府与机遇）的整合作用。如黄满盈等（2011）就采用了波特“钻石模型”对金融服务贸易进行了要素分析，主要集中于资本要素、人力资本和技术要素层面。②

而金字塔模型是丁平（2007）以服务贸易竞争力的内涵为基础，从宏观、中观和微观三个层次概括影响竞争力因素构建的新的服务贸易竞争力模型。③ 服务业的微观主体是服务企业，服务贸易国际竞争力的强弱最终要通过企业的竞争力体现；中观即产业层面，国内服务业发展水平始终是对外贸易的基础，而相关产业的发展也是密不可分的一部分，它们可以分别用服务业的 GDP 和服务业就业人数、制造业的货物出口总额进行反映；宏观层面，任何一个企业、产业的成长与发展都会受到本国国内环境的影响，学者多从市场环境、资源禀赋、政策支持几个方面进行反映。

第二，研究结论。研究结论方面，经过学者对中国服务国际贸易竞争力的测量，基本表明中国服务贸易整体水平不高，国际竞争力较弱；中国服务贸易部门间发展不平衡，竞争力差异较大；服务贸易出口结构以劳动

---

① 郑吉昌、夏晴：《服务贸易国际竞争力的相关因素探讨》，载于《国际贸易问题》2004 年第 12 期。

② 黄满盈、邓晓虹：《中国金融服务贸易国际竞争力的影响因素：基于“钻石模型”的实证分析》，载于《世界经济研究》2011 年第 7 期。

③ 丁平：《服务贸易国际竞争力：内涵与影响因素》，载于《河北地质大学学报》2007 年第 4 期。

密集型为主，资本、技术、知识密集型服务贸易的国际竞争力较弱。

（2）针对中国服务贸易细分行业方面的研究。国内学者大多数从波特国际竞争优势理论的角度，引入不同的因素和变量来研究服务贸易出口竞争力的具体影响，基于宏观层面进行研究，而我国细分行业的出口竞争力存在着较大的差异，如金融、通信和旅游等，因此一些中观的细分行业分析也具有较大的研究价值。国内学者针对我国服务贸易发展进行了大量的研究，其细分行业大致从金融服务、旅游服务开始，过渡到文化服务等。

第一，金融服务贸易。朱盛萍等（2012）和黄满盈等（2010）均使用了贸易竞争优势指数（TC）来衡量各国金融服务贸易的国际竞争力，且中国的TC指数为负，较之国际水平较弱。且黄满盈等（2011）采用了波特“钻石模型”对金融服务贸易进行了要素分析，主要集中于资本要素、人力资本和技术要素层面。[①]

基于我国金融服务贸易竞争力现状，有学者认为金融开放度对我国金融服务贸易的竞争力起到了促进作用（边昌、熊正德、陈强，2007），[②]并应建立我国金融服务贸易竞争力综合分析框架（丁珊珊，2008），[③]通过金融服务贸易自由化等途径，加大竞争压力、技术转移、制度创新、吸引外资等力度，以提高产业竞争力（郭根龙、冯宗宪、薛伟贤，2000），[④]在宏观上控制金融市场自由化进程以保护大环境，在微观上结合信息技术提高竞争力（王静，2008）等较为稳健的对策。[⑤]

第二，旅游服务贸易。熊元斌等（2013）以要素禀赋作为主要研究对象，探究了我国旅游服务贸易的比较优势所在。[⑥]周经等（2008）则以宏观的层面提出了旅游产业组织、人力资源状况和旅游交通因素对旅游贸易

---

① 黄满盈、邓晓虹：《中国金融服务贸易国际竞争力的影响因素：基于“钻石模型”的实证分析》，载于《世界经济研究》2011年第7期。

② 边昌、熊正德、陈强：《我国金融服务贸易国际竞争力影响因素的实证分析》，载于《金融经济》2007年第22期。

③ 丁姗姗：《金融服务贸易竞争力评价指标研究》，载于《当代经济》2008年第16期。

④ 郭根龙、冯宗宪：《国际金融服务贸易自由化的潜在经济收益分析》，载于《当代经济科学》2000年第6期。

⑤ 王静：《中美金融服务国际贸易竞争力对比及启示》，载于《国际经贸探索》2008年第4期。

⑥ 熊元斌、常文娟：《旅游服务贸易之比较优势新探》，载于《经济管理》2013年第3期。

服务存在着影响作用，并在做数据统计时处理了外汇带来的收入影响。①张百珍（2012）则在运用指标结果分析的基础上，还与东南亚等地的发展中旅游强国进行指标的数据对比，得出结论显示我国旅游服务贸易处在世界旅游服务贸易输出国的中等之列，但较之于发展中旅游强国仍显示出一定的不足。②

值得注意的是，国内学术界对于我国旅游服务贸易的研究依然处于一般性方法研究，实证研究有所欠缺。

第三，文化服务贸易。随着我国与世界文化的相互交流的促进和相容，文化服务贸易发展水平迅速提高，学者认为文化服务贸易作为一种特殊的需要明确界定的服务贸易行为，其同时具备了商品贸易的属性与精神和意识形态的属性（张骞，2011）。现有的研究大多采用了出口市场占有率和竞争优势指数两项主要指标对文化服务贸易竞争力进行度量（王菲菲、赵书华，2012；刘蓉，2014）③，且结果较为一致，均得出中国较之于日本、英国和美国等文化输出强国处于较弱势的文化服务贸易地位的结论。在研究的数据选用上，多篇文献都趋于同质化，且在数据采用上都选择了不同年限间的文化服务进出口数据，因此结果一致性明显。

四、中国服务贸易发展现状

从中华人民共和国商务部2015年发布的一份我国服务贸易统计报告中可以看出，我国在1982～2014年间，出口额和进口额都持续保持增长态势。对外开放程度逐渐扩大。仅2009年由于2008年金融危机影响略有下降，总体保持稳步增长，增长速度呈现放缓趋势，但仍维持增长。

此后3年我国服务贸易依然稳步增长，2015年，我国服务进出口总额

① 周经、吕计跃：《中国旅游服务贸易竞争力影响因素的实证分析》，载于《国际贸易问题》2008年第4期。

② 张百珍：《中国旅游服务贸易国际竞争力比较——与发展中旅游强国比较》，载于《经济研究导刊》2012年第3期。

③ 王菲菲、赵书华：《中国文化服务贸易国际竞争力研究》，载于《商业经济研究》2012年第7期；刘蓉：《中国文化服务贸易的国际竞争力研究》，载于《中国商论》2014年第12X期。

7130亿美元，按同口径比较，比上年增长14.6%。其中出口2881.9亿美元，同比增长9.2%。进口4248.1亿美元，增长18.6%，增幅均比上年有所提升。全年服务出口和进口均保持平稳较快增长，增速连续12个月运行在10%以上。2016年全年服务进出口额超过5万亿元人民币，增速达14.2%。2017年我国服务业增加值占国民经济的51.6%，成为国民经济的主要组成部分。服务贸易达46991亿元，同比增长6.9%，保持平稳增长；出口15407亿元，进口31584亿元；贸易差额－16177亿元，与上年基本持平。2017年我国服务贸易出口增速达11%，进口增速达5.2%。虽然2017年服务贸易额仍呈逆差态势，但出口增速却高于进口增速。从数据中可以看出，我国服务贸易在较长的时间内不断得到发展。服务贸易额逐年攀升。从商务部发布的"2018年中国服务贸易发展情况数据"来看，我国2018年服务出口增速创八年来新高，全年服务出口17658亿元，同比增长14.6%，是2011年以来的出口最高增速。进口34744亿元，增长10%。中国全年服务进出口规模连续5年保持世界第二位。在WTO分类的160多个部门中，我国已经开放的服务部门有100多个，开放比例接近发达国家水平。服务贸易也逐渐成为当代中国经济增长的主要推动力之一。可以肯定地说，改革开放以来，我国服务贸易得到了长足发展，与世界的交流日益增强。但是我国的服务贸易竞争力和发达国家相比仍有差距，成熟的产业基础和市场基础以及国际分工的制约是发达国家在服务贸易方面的天然优势。而相对的，发展中国家由于起步较晚基础较差，在服务贸易中更多以劳务输出为主，很难取得主导权与话语权。

从中国服务贸易协会网站发布的2017年我国服务贸易结构分项统计数据可以看出，2017年服务进出口额中比重最大的三类是旅行、运输和其他商业服务（见图4－34）。其他商业服务取代建筑业成为服务贸易进出口额第三大服务类别。相比2010年，我国服务贸易结构并没有产生太大的变化，略有一点差别，例如，知识产权出口增长率大幅提升，但出口量仍远小于进口量。从统计数据来看，虽然贸易逆差仍然存在且数额巨大，但出口增长率迅猛的增长势头表现出我国知识产权贸易正在快速发展中。此外服务外包是服务出口的新增长点，2017年企业全年承接服务外包总额12182.4亿元人民币，执行额8501.6亿元，同比增长26.8%和20.1%，增长率创历史新高。离岸服务外包对服务出口增长的贡献率达46%。

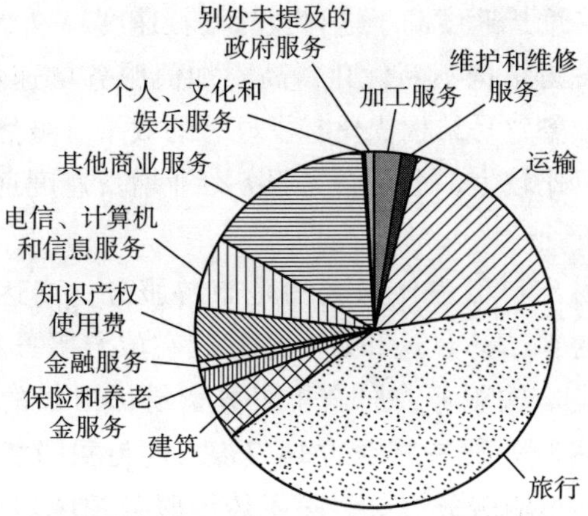

图4－34　2017年我国服务贸易结构分项统计

资料来源：中国服务贸易指南网站。

总的来看，目前我国服务贸易总额正在迅速增长，但贸易结构在近年来变化并不大，服务贸易中占比较大的为运输业和旅游业，而金融、保险、计算机及专利等产业占比仍然偏低。尽管近年来我国服务贸易发展迅速，但始终无法扭转贸易逆差持续扩大的形势，这与发展中国家在服务贸易中面临的被动形势有关，也是我国目前服务业发展状况决定的。因此，如何在未来的全球环境中推动我国服务贸易的健康发展，是目前亟须解决的问题。

在党的十九大报告中，提出构建拥有中国特色的现代化产业、扩大服务业对外开放、建设贸易强国等一系列新的目标和任务，也助推我国服务贸易快速发展。在此背景下，我国服务贸易发展呈现出以下特点：

第一，服务贸易规模发展迅速，占世界服务贸易总额比重不断增加。我国服务贸易虽然起步较晚，但是发展势头良好，规模快速扩大，整体呈良好趋势。这与我国增加服务贸易创新发展试点、不断放宽服务市场准入、不断培育服务出口优势、不断完善促进体系有密切关系。

根据商务部2017年数据，我国全年服务贸易进出口总额高达6956.8亿美元，同比增长5.1%；出口贸易额总计为2280.9亿美元，同比增长8.9%；进口贸易额4675.9亿美元，同比增长3.4%，[①]这是最近的7年当中，首次出口贸易增长速度高于进口贸易增长速度。

第二，服务贸易结构不断优化，高附加值服务增速加快。以2017年相关数据来看，服务贸易结构优化有了显著的效果。虽然传统服务行业在服务业中占比依然比较大，但是新兴服务行业增长速度远大于传统服务行业增长速度。

全年服务贸易出口额占比最大的是旅游服务，高达2935.9亿美元，占服务贸易总额的42.2%，这和近几年我国在旅游服务贸易方面的调整、优化有关。其次是运输服务，居全年服务贸易出口额的第二位，总体达1300.5亿美元，占服务贸易总额的18.7%，这与我国货物贸易实现较高增速从而带动国际运输服务有关。除了传统服务领域之外，在建筑服务、知识产权使用费、电信计算机信息服务等技术领域增长率对比整体增长速度也有明显的优势。

第三，国内区域发展差距逐渐缩小，创新发展试点区增长迅速。我国服务贸易在区域分布上呈现高度聚集的发展特点，但也要看到各个地区间的服务贸易差距正在逐步缩小。据统计，我国在2017年的服务贸易市场主要集中在东部11个省份，占比超过服务贸易总额的4/5，其中广东沿海地区、上海和北京服务贸易进出口总额占全国的66%；西部和中部地区合计占比15.5%，对比2010年中西部地区进出口额合计占比仅为9%，中西部增速远高于中东部地区，增长速度高达13.4%。另外，服务贸易创新发展试点地区增长速度远高于全国平均水平，2017年达3613.1亿美元进出口额，占全国比重50%以上。

第四，服务贸易逆差依旧，新兴服务贸易缓解逆差问题。中国服务贸易规模虽然增长显著，但是依然无法避免常年存在逆差问题。数据显示，2005～2017年，中国的服务贸易逆差从最开始的55亿美元增长至现在的

① 商务部：《中国服务贸易发展报告2017》。

2395亿美元，增长了约43倍。不过，近年来随着新兴服务领域的发展我国贸易顺差有所减小，总体来看处于基本稳定。

我国服务贸易逆差主要集中于旅行、运输两大传统领域，这主要与我国服务出口能力不足，我国服务业发展相对滞后、服务贸易促进体系不够完善等有关系。因此，我国其他新兴服务贸易领域带来的顺差，在一定程度上可以缓解我国服务贸易长期逆差过大的局面。

五、关于中国服务贸易未来的建议

近几年我国在国际上的经济地位越来越显著，大力提倡全球化、自由化的贸易环境，服务贸易的发展势头也更加强劲。结合最新的国际经济形势和相关研究文献，对于中国服务贸易未来发展建议有以下几点：

1. 借“一带一路”东风，提升服务贸易在国家发展大局中的地位

要顺应世界经济服务化的趋势，借鉴美国、日本等服务贸易强国的先进经验，投入更多资源发展服务贸易。要把服务贸易作为我国新一轮改革开放的主要内容和参与国际经济合作中的主要领域。要加强“一带一路”服务贸易合作，避免“一带一路”中的服务贸易短板。同时需要在长江经济带建设、京津冀协同发展和粤港澳大湾区建设中更加注重服务业和服务贸易发展。

2. 改善贸易逆差，促进服务出口、进口协调发展

要正确看待服务贸易逆差，这是我国服务贸易发展阶段决定的。促进服务行业进口和出口之间的协调发展，避免刻意抑制进口。而且，还可以增加举办中国进口博览会的次数，适度扩大高质量、高品质的服务进口，并探索以进口促出口的发展模式，促进我国服务业与全球服务价值链融合，提升我国服务业整体质量和水平。

3. 加大科技投入，创新服务贸易发展模式

加快服务贸易供给侧结构性改革，充分利用互联网技术和新兴创新科技推动我国服务贸易和服务业发展。服务贸易企业与伙伴之间的交流成本伴随着“互联网+”提供的信息技术和交易平台的推行大幅降低，支持各种服务提供模式的创新。一方面要搭建适应全球化服务贸易发展的互联网

平台，增强服务业的可贸易性，另一方面要发展数字内容服务贸易。

4. 增加附加值，打造“中国服务”品牌

增加服务贸易附加值、提高服务质量、实现全球服务价值链的高端跃升是中国未来服务贸易发展的方向。要利用多种手段整体塑造中国服务的国际品牌形象，加强国际宣传推广，让世界各国消费者认识了解中国服务，加强中国服务的标准化建设，以标准化提升中国服务的品牌知名度和美誉度，创立和发展“中国服务”品牌的评价体系和政策支持体系。

第八节　关于对外开放与保护国家经济安全的研究

一、关于对外开放与国家经济安全的研究

在全球化、知识化、信息化三大浪潮迅速席卷全世界的今天，作为国家非传统安全组成部分的经济安全变得越来越突出，并逐步取代军事安全而成为一国安全体系中最为基础和关键的核心部分。经济安全问题是世界各国普遍关心的大事，因为它维护的是国家整体的利益，影响到国家发展、稳定的大局。正如哈佛大学政治学教授亨廷顿所说：“在一个大国之间不大可能发生战争的世界里，经济力量将是决定一国是处于主导或相对优势地位还是从属地位的日益重要的因素。”1993 年，克林顿在《国家安全战略》中明确提出：经济实力、民主、人权共为外交政策的三大支柱；1996 年，俄罗斯公布的《国家安全构想》和《国家经济安全战略》中强调：保障国家安全应把保障经济安全放在首位。

利用中国知网期刊全文数据库，以“经济安全”作为文献名的关键词，共检索到 653 条文献，如图 4－35 所示。

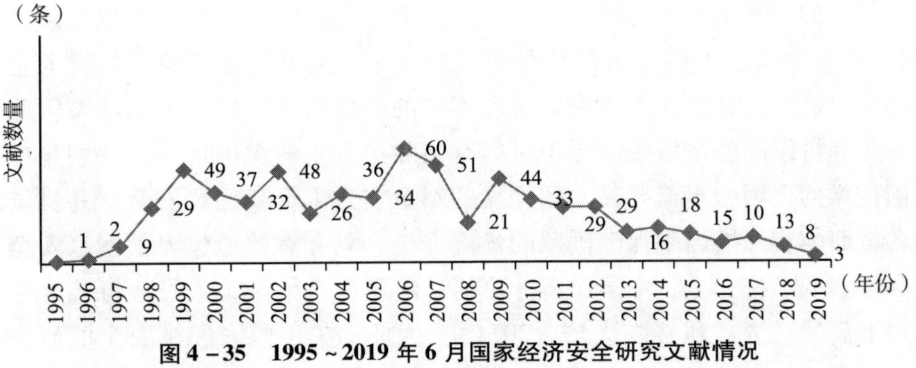

图4-35　1995～2019年6月国家经济安全研究文献情况

我国对国家经济安全的研究始自20世纪90年代初期。1994年，作为第一拨对我国国家安全和国家经济安全进行研究的学者，中国社科院学者赵英等写出了系统研究国家经济安全的第一本专著①。1995年，吴尚云翻译了苏联学者阿巴尔金关于《制定国家经济安全概念的方法》一文。赵英（1996）和华岳（1996）分别指出了新时期国家经济安全的重要性。冷战结束后，国际社会的基本矛盾更加突出地表现为国家主权与世界市场的矛盾，合作互惠的好处和摩擦冲突的危险都在增长（华岳，1996），经济安全在当今国际舞台上是日益受重视的热点问题，也是我国工作重心转到经济上后，对我国国家安全产生重大影响的战略问题（赵英，1996）。随着经济全球化进程的加快，经济竞争加剧、贸易摩擦增加，金融安全、能源安全、科技安全、人才安全等问题凸显，经济安全在国家总体战略中的地位提升②。2006年商务部研究院跨国公司研究中心主任王志乐撰文指出，目前中国处于一个半世纪以来经济安全度最高的时期，③ 韩德强撰文反陈“中国的经济安全到了建国以来很危险的时期”④，陈祥生（2007）反对韩德强的观点，认为在国有经济仍处支配地位的情况下，中国的经济安全是有保障的，中国对外开放的度是恰

① 赵英、胥和平、邢国仁：《中国经济面临的危险——国家经济安全论》，云南人民出版社1994年版。

② 中国现代国际关系研究院经济安全研究中心：《国家经济安全》，时事出版社2005年版。

③ 王志乐：《中国处于经济安全度最高时期》，载于《中国电力企业管理》2006年第9期。

④ 韩德强：《中国经济安全到了建国以来很危险的时期》，载于《探索》2006年第6期。

如其分的，在不涉及国计民生的一些产业部门，即使外资控股也无多大影响①。尽管学者们之间存在着观点分歧，但大家均认可国家经济安全的重要性。没有真正的国家安全和本国的经济安全，任何国家都不可能有长期持续的经济繁荣，更不可能有国际上真正的大国地位。特别是中国这样的大国，更需要靠本国强大的军事实力来保障国家安全，并且以各方面的实际措施来保障国家的经济安全。只有有效地保障了国家安全和国家的经济安全，中国经济才可能持续健康地繁荣，人民才可能有尽可能高的经济福利（左大培，2011）。因此，关于国家经济安全的研究成果日益丰富，其中不乏优秀之作，给国家的经济建设和发展提供了指导。

（一）关于经济安全含义的研究

叶卫平（2008）将国内学术界关于国家经济安全的定义大致分为两类：一类侧重于状态；另一类侧重于竞争能力。“状态论”认为国家经济安全是指主权国家的经济发展和经济利益不受外部和内部的威胁而保持稳定、均衡和持续发展的一种经济状态。持此类观点的学者包括雷家骕（1997）、魏拴成（2000）、唐宜红（2003）、舒展和刘墨渊（2014）、贺依婷（2015）等。

按照一些战略专家的定义，“所谓国家经济安全，主要指一个国家的经济在整体上是否处于健康运行、持续发展的状态，能否保持足够的国际竞争力，能否抵御大的天灾人祸的干扰。”但雷家骕（1997）认为，基于中国的实际情况，对于我国的“国家经济安全”，必须赋予与国际上其他国家不同的含义。在我国，整个经济处于安全状态，应主要表现为四个方面的特征：（1）经济发展的基础稳固，国民经济健康运行、高质量增长；（2）政府，特别是中央政府能够在宏观上有效地调节和控制经济生活；（3）整个国民经济对外保持一定的竞争优势；（4）整个国民经济具有应付来自国内外大的天灾人祸形成的非正常干扰的能力。而且，国家经济安

① 陈祥生：《中国经济到了很危险的时期了吗——与韩德强研究员商榷》，载于《探索》2007 年第 2 期。

全是一个完整的概念，上述任何一个方面出现问题，都应视为国家经济处于非安全状态。同时，“安全”和“非安全”都有程度上的差别。雷家骕（1997）强调主要有五大因素决定我国的国家经济安全状态：经济发展的现实基础是否稳固；中央政府能否有效地调节和控制经济生活；经济运行的健康程度；赢得和保持国际经济竞争优势的能力强弱；整个经济的防御性和补偿性的强弱。雷家骕（1997）还设想了国家经济安全战略的内容：（1）实现国家经济安全的目标。宜就定义中的四个方面分别设置相应的定性和定量目标；（2）实现国家经济安全的控制措施。宜就前述五个方面的影响因素分别设置控制界限；（3）受本战略控制的政府政策行为和企业经营行为，宜就此列出受控的“行为目录”；（4）在有关法律、法规中引入“国家经济安全”条款，对危害国家经济安全的人和组织应相应治罪①。雷家骕（2000）将经济安全与国家根本经济利益挂钩，认为国家经济安全即指国家的根本经济利益不受伤害。唐宜红（2003）认为，所谓国家经济安全，就是指一国最为根本的经济利益不受危害和威胁。其主要内容包括：一国经济在整体上主权独立、基础稳固、运行健康、增长稳定、发展持续；在国际经济生活中具有一定的自主性、防卫力和竞争力；不会因为某些问题的演化而使整个经济受到过大的打击和遭受过多的损失；能够避免或化解可能发生的局部性或全局性的危机。国家经济安全会受到内部和外部因素两方面的影响，在经济全球化蓬勃发展的今天，国外的因素起到越来越重要的作用②。叶卫平（2008）本人也倾向于第一种定义，因为，有无国家经济安全的能力或者能力大小，要通过状态来检验，而且评价状态能够得到系列统计数据的支持，而评价能力有的只能依靠主观打分了。但是，国家经济安全所表示的不是一般的经济状态，而是直接关系到国家战略利益的经济状态。因此，叶卫平（2008）认为国家经济安全主要指一个国家的经济主权没有受到严重损害，导致经济危机的风险处于可控的状态。这就需要把国家经济安全的概念与国家经济发展、国家经济稳定等区别开来，也不能把国家经济安全的功能等同于产业安全和区域经济安全。

---

① 雷家骕：《关于国家经济安全问题的思考》，载于《红旗文稿》1997年第17期。
② 唐宜红：《对外开放和维护国家经济安全》，载于《思想理论教育导刊》2003年第10期。

叶卫平（2008）还认为，国家性和历史性造成了国家经济安全定义的不统一性，国家经济安全指一个国家的经济主权没有受到严重损害，导致经济危机的风险处于可控的状态。从国家经济安全的三个重要特性，即性质决定个性大于共性、构成要素上战略性重于非战略性、开放条件下威胁的外源性多于内源性对国家经济安全的概念进行分析①。

另一类国家经济安全侧重于竞争能力（赵英、胥和平和邢国仁，1994；闫恩虎，2002；桑百川，2006；顾海兵、周智高和沈继楼，2006；顾海兵、沈继楼和周智高，2007；于子桐，2013；于在水，2014），例如，赵英、胥和平和邢国仁（1994）将国家经济安全与国家的经济竞争能力相联系，认为“国家经济安全是指一个国家的经济竞争能力；一个国家经济抵御国内外干扰、威胁、侵袭的能力；一个国家经济赖以生存并不断发展的国内国际环境。”② 对外经贸大学教授夏申认为：“在跨国公司进入东道国市场的条件下，经济安全是指东道国是否具备抗衡跨国公司垄断国内市场、损害本国权益的行为和抵御其传递世界经济风险的能力”③。桑百川（2006）认为经济安全与经济不安全相对立，“国家经济安全是在对外开放中综合国力和国家竞争力得到增强，能够掌握经济主导权，抵御经济全球化带来的外部经济风险，有效维护国家的根本经济利益。”④ 顾海兵、周智高和沈继楼（2007）指出，我国国家经济安全是指通过加强自身机制的建设，使我国经济具备抵御外来风险冲击的能力，以保证我国的经济在面临外在因素冲击时能继续稳定运行、健康发展。

左大培（2011）认为，目前国内流行的对于中国“经济安全”的定义，似乎略显宽泛。它将中国的经济稳定甚至人民福利的内容也都包括在了“经济安全”的概念之中。左大培（2011）还将两种国家经济安全综合起来，认为所谓的“国家经济安全”，既是指一国的一种能力，也是指一国的一种状态。在国家经济安全这种能力和状态下，在经济全球化的时

① 叶卫平：《国家经济安全的三个重要特性及其对我国的启示》，载于《马克思主义研究》2008 年第 11 期。

② 赵英、胥和平、邢国仁：《中国经济面临的危险——国家经济安全论》，云南人民出版社 1994 年版。

③ 夏申：《外资冲击与国家经济安全》，载于《中国经济信息》1996 年第 14 期。

④ 桑百川：《在对外开放中维护国家经济安全》，载于《中国流通经济》2006 年第 12 期。

代，一国能够保持其经济生存和发展所需战略资源的有效供给，国民经济体系既独立又开放地良好稳定运行和科学持续发展并抵御外来和内部的冲击和蚕食，整体的经济福利为本国人民共享而不受恶意侵害和不可抗力损害，国家经济主权和重要经济政策决定权不受外来威胁和控制，国际经济竞争保持独特优势而不受恶意伤害①。

庞中英（1997）则主张“广义安全”，他认为，作为全球巨大变化的一个主要方面，安全问题的含义、性质和内容同样发生了变化。今天，安全已经具有了不同于以往的更加广泛的含义，不能简单地认为后冷战时代军事安全地位的下降就相应地导致非军事安全地位的上升，因为在安全体系中，度量军事因素和非军事因素到底何者起主要作用是很难的，而且在不同的时期、不同的安全主体有着不同的安全需求。广义安全概念反映了世界相互依存状态下的基本现实，它绝非否定军事防务安全的重要性，而是强调安全的全面性和系统性②。庞中英（2011）还特别强调了中美关系对我国经济安全的重要性，中美经济关系面临七个关键问题：金融问题；贸易和货币问题；投资问题；结构性经济问题；就业问题；金融危机之后的贸易保护主义问题；经济与战略、政治问题的交织。我国经济现代化的成就和成功地融入世界经济体系，与发展同美国的经济关系是分不开的。但是与此同时，我国的经济安全也深受中美经济相互依存的挑战，妥善管理中美经济关系是战略性地确保我国经济安全的一个关键③。

闫恩虎（2002）区分了绝对经济安全观和相对经济安全观，认为国家经济安全是极富时代性的动态范畴，具有明显的相对性和非自主性，在目前非均衡不公平的国际经济秩序下，各国对其经济安全的理解和定位分为两类，即绝对经济安全观和相对经济安全观，经济发展是国家经济安全的根本保障，但经济安全又是各国经济发展的基本保证；组建参与区域经济集团和跨区域经济协作是目前促进国家经济安全的重要手段；调整内部产

① 左大培：《经济与国家安全》，乌有之乡，2011年5月7日。

② 庞中英：《广义安全、经济安全、安全合作——关于全球变化与安全问题的若干新思考》，载于《欧洲》1997年第1期。

③ 庞中英：《论中美经济关系中的核心问题——兼论我国面对的深层经济安全挑战》，载于《马克思主义研究》2011年第2期。

业结构推动科技进步，增强民族工业在国际市场中的竞争力是提高国家经济安全度的根本措施；加强国际金融协作，化解金融风险是全球化背景下保障国家经济安全的必要措施①。

总体上来看，何谓国家经济安全，迄今尚未形成比较统一的定义。

（二）关于国家经济安全的分类

在《国家安全学》一书中，经济安全一章的作者张澜涛把当前的国家经济安全分为七个方面，包括资源安全、国有经济安全、国家财政安全、金融安全、农业经济安全、商业秘密的保护、市场安全②。左大培（2011）认为中国目前所面临的经济安全问题可以分为两个方面：制度保障方面与对外经济关系方面。左大培（2011）还依据其给出的“国家经济安全”定义，指出金融安全是国家经济安全的核心，产业安全则是国家经济安全的主要支柱，而商贸安全是国家经济安全的动脉。贺依婷（2015）将国家的经济安全分为“整体完全”和“局部安全”。“整体安全”指国家在经济体中的主权不受侵害、国家经济体中基础设施建设稳固、国家经济体中经济运行健康可持续，并在国际社会中国家经济体有话语权、自卫性和竞争力；“局部安全”则是指涉及的战略资源安全、产业链条安全、财政安全以及国民经济体制的安全等③。张军果（2015）认为，经济安全是国家安全的基石，金融是现代经济的命脉与核心，确保金融安全是维护国家总体安全的重要环节。金融危机爆发的频度越来越高、爆发的程度越来越大、爆发的原因越来越复杂，是现代经济安全运转的最大难题。而在经济对抗中，谁能够控制金融这个无形的“核武器”，谁就有可能控制这个世界，自然就可以掌控战略博弈的主导权④。顾海兵、沈继楼和周智高（2007）强调研究国家经济安全问题应遵循“从外部着眼、从内部着手”的原则，从时间导向的经济安全、空间导向的经济安全、问题导向的经济安全、主体导向的经济安全和外生导向的经济安全等维度进行研究和探讨。

---

① 闫恩虎：《论国家经济安全及其防范模式》，载于《河北经贸大学学报》2002 年第 5 期。
② 参见刘跃进主编：《国家安全学》，中国政法大学出版社 2004 年版，第七章“经济安全”。
③ 贺依婷：《跨国公司对中国经济安全发展的影响》，载于《中外企业家》2015 年第 9 期。
④ 张军果：《论国际金融霸权与我国的金融安全》，载于《唯实》2011 年第 Z1 期。

(三) 关于如何保护国家经济安全

关于如何保护国家经济安全问题，不同的学者给出了不同的建议。顾海兵、沈继楼和周智高（2007）强调我国应实施“积极而稳健的国家经济安全战略”。闫恩虎（2002）总结道：经济发展是国家经济安全的根本保障，但经济安全又是各国经济发展的基本保证；组建参与区域经济集团和跨区域经济协作是目前促进国家经济安全的重要手段；调整内部产业结构推动科技进步，增强民族工业在国际市场中的竞争力是提高国家经济安全度的根本措施；加强国际金融协作，化解金融风险是全球化背景下保障国家经济安全的必要措施。周肇光（2003）提出，维护国家经济安全的主要目标，就是在国际交往中保障国家经济利益和政治主权不受侵害，切实保护民族企业的生存权和发展权，消除经济上的脆弱性和金融领域中的隐患，在与国际经济接轨中防范和化解金融风险，根据这个要求，我们认为必须建立生产、分配、交换和金融等“四位一体”的国家经济安全新模式，这对于促进中国市场经济健康、稳定和协调发展，具有重要的现实意义①。童志军（1996）、王晓蓉（1996）、李海舰（1997）、王涛、吴国蔚和曾诗鸿（2005）从外资进入对国家经济安全造成威胁的角度分别提出了对策建议。祝年贵（2003）提出了在利用外资的同时确保我国经济安全的举措：辩证处理对外开放与经济安全的关系、加强立法、强化民族企业、加强金融管理、建立国家经济安全管理体制等。

叶卫平（2008）从我国国家经济安全的国家性和历史性的角度剖析问题并给出了对策建议。(1) 我国国家经济安全的国家性从两个层次决定了我国国家经济安全的性质：首先，我国是社会主义国家，实行的是以公有制为主体的基本经济制度。这既不同于资本主义发达国家，也不同于资本主义发展中国家，因此我国的国家经济安全具有这个基本经济制度赋予的特殊性质和要求。其次，我国还是个社会主义大国。美国作为世界资本主义的超级大国，是不会容忍我国保持这个基本经济制度的。(2) 我国国家经济安全的历史性从五个层次决定了国家经济安全的性质：第一，我国是

① 周肇光：《如何在开放中维护国家经济安全》，载于《当代经济研究》2003 年第 9 期。

发展中国家。第二，我国还是一个发展中大国，是联合国安理会常任理事国中发展中国家的代表，维护广大发展中国家的利益、建立国际经济政治新秩序是我国义不容辞的责任，我国与发达国家的斗争是不可避免的。第三，我国尚处于工业化中期水平，需要加快冶金、机械、汽车、化工等装备工业部门的发展，才能基本实现工业化。第四，我国尚处于建设创新型国家的起步阶段。第五，我国加入 WTO 以来对国际市场形成了比较高的依存度。基于以上分析，叶卫平（2008）提出了坚持我国基本经济制度，坚持社会主义发展方向，建构国际经贸新秩序等的重要性。

赵英（2007）提出了政府采购对于维护国家经济安全的意义：首先，通过政府采购政策可以体现政府维护国家经济安全的战略意图与指向，体现了政府维护国家经济安全的责任与义务；其次，政府采购政策对于维护国家经济安全起到支撑与引导作用，通过政府采购，实际上可以在某些产业、产品领域起到推动技术标准、制定竞争规则的作用，甚至对产业、企业的发展起到决定性作用①。

贺小勇（1997）和赵英强调了利用法律手段维护国家经济安全的重要意义。赵英认为从国家经济安全角度进行综合立法有必要，这种立法应该是从政治和国家安全角度来做的，和反垄断相区别。“经济问题无所不包，要怎么定义？我认为比较可行的是，在相应领域的法律中对国家经济安全问题加以体现，比如说在能源法中作出相应的保障。还有，对于外企投资领域应该有个立法保护，哪个领域可以进入，哪个领域不可以进入。”②

舒展和刘墨渊（2014）强调了国家经济自主性的重要性。国家经济安全是经济发展和经济利益不受外来势力根本威胁的状态；国家经济自主性是国家自主地参与国际经济活动而不受外来势力根本威胁的能力。国家经济安全是存在状态和表象；国家经济自主性是内在素质和本质。强大的国家经济自主性，是国家经济长期处于安全状态的保障；国家经济的安全状态，反映了国民经济体系具有较强的自主性。因此，国家经济安全和国家

① 赵英：《政府采购与国家经济安全》，载于《中国招标》2007 年第 4 期；师车：《政府采购对国家经济安全的意义》，载于《国际安全研究》2007 年第 3 期。

② 范传贵：《“经济安全”缘何被视为国家安全基础》，载于《法制日报》2014 年 4 月 22 日。

经济自主性正相关。对于广大发展中国家而言，认清自身经济安全状态和国家经济自主性的实力，采取措施提高国家经济自主性，是应对全球化新挑战，建立国家经济安全战略的重要前提[①]。

雷家骕（2000；2001；2011）强调了完善国家经济安全制度的重要性，他认为，国家经济安全问题具有国家性、根本性、广泛性、战略性、整体性、国别性、强调危机管理七大特征。一国要维护自己的经济安全，通常必须建立六大制度，即建立民主、科学的国家经济安全决策制度；建立重大国家行为、政府行为、企业行为的经济安全影响审议体系；建立关键战略资源的战略储备制度；建立敏感产品的基本自给体系；建立敏感产业准入制度；建立国家经济安全预警及重大冲突处置机制[②]。2001年，雷家骕又增添了一条制度建议——建立国家经济安全态势监测预警机制，从而将六大机制扩展为七大制度机制[③]。雷家骕还分别撰文呼吁建立重大事项对于国家经济安全的影响评估制度[④]，以及信息安全制度[⑤]。

左大培（2011）认为[⑥]，中国目前所面临的经济安全问题可以分为两个方面：制度保障方面与对外经济关系方面。在经济安全的制度保障方面，中国目前的最大问题在于，由于多年来在宏观经济调节上过分依赖货币政策，导致在实行扩张性的宏观经济政策从而放松信贷时，出现严重的金融泡沫，很难阻止经济滑向过热；而一旦实行紧缩性的宏观经济政策从而收紧信贷，就会使金融泡沫破灭从而可能导致金融危机，并且使整个经济滑向衰退和萧条。

在对外经济关系方面，威胁中国经济安全的隐患主要集中在对外贸易和外资流入造成的外汇储备两方面。在中国的对外贸易方面，可能危及中

---

① 舒展、刘墨渊：《国家经济安全与经济自主性》，载于《当代经济研究》2014年第10期。

② 雷家骕：《完善国家经济安全的制度建设》，载于《中外管理导报》2001年第12期。

③ 马林、雷家骕：《完善维护国家经济安全的制度和机制框架》，载于《清华大学学报》（哲学社会科学版）2002年第4期。

④ 雷家骕：《我国亟待建立重大事项对于国家经济安全的影响评估制度》，载于《国际安全研究》2006年第S1期。

⑤ 曹宁、雷家骕：《基于国家经济安全的信息安全的影响因素》，载于《国际技术经济研究》2000年第4期。

⑥ 左大培：《经济与国家安全》，乌有之乡，2011年5月7日。

国的经济安全的隐患主要来源于两个方面：中国对外贸易的顺差过大和中国的对外贸易依存度过高。

对外贸易的顺差过大首先给了外国采取贸易保护主义措施打击中国出口的动力和口实。其次，对外贸易的顺差过大，净出口的波动就会导致中国国内经济波动的重要变量，外国的经济波动甚至危机就可能输入中国国内，从而干扰和破坏中国经济的稳定运行。净出口过大的这种害处要求我们不应当再追求过高的外贸顺差，加大进口的规模，限制中国净出口的规模，保持一定数量的对外贸易顺差，一个合理的数量界限应当是，今后中国的外贸顺差占本国 GDP 的比例通常都不要超过 2%。

过高的对外贸易依存度损害中国经济安全，主要是通过它在出口和进口两方面引起的结构性问题。由于中国有显著的贸易顺差，中国的对外贸易依存度过高首先表现为出口占中国经济总需求的比例过高。这样过多的出口使中国的产品销售和就业都过多地依赖国外市场，而国外市场上的状况又在很大程度上不受中国政府政策的制约，这就使中国企业的产品销售和工人就业都过度受外国制约而处于极不安全的境地。外国需求下降即使能导致本国进口下降，它为本国产业所创造的销售和就业机会往往也不会被那些出口下降的企业和工人利用，因为出口企业通常没有技术能力转向生产那些替代进口的产品。这就是进口与出口上的特殊结构性问题。在对外经济关系方面威胁中国经济安全的另一大隐患集中于外资流入造成的外汇储备上。中国的外汇储备自 2006 年起就是全球第一。大量的外汇储备来源于多年积累的经常项目顺差和多年积累的资本项目顺差，其中最主要的是多年来流入中国的外资，特别是外商直接投资。目前中国的外汇储备过多，这既降低了中国人民的福利，也损害了国家的经济安全。因为，过多的外汇储备不适当地过度减少了中国政府和人民所能够享用的财务资源，因此降低了中国人民的福利。过多的外汇储备还要求中国政府必须持有过多的外国金融资产，而过多持有的外国金融资产必定使中国承担了过多的遭受金融损失的风险，而且这些风险是中国为外国人承担的。过多的外汇储备还造成了巨大的通货膨胀压力；由于这种过多的外汇储备主要是由过多的外资流入造成的，过多的外汇储备与过度的外资流动结合在一起，还形成了巨大的经济波动压力，成为加剧中国经济波动的一大祸根，严重地威胁着中国的经济安全。

左大培（2011）的分析颇具深度。从 2018 年爆发的中美贸易摩擦来看，美国以中美巨额贸易逆差等为由指责中国并发动贸易摩擦，要求中国采取措施扩大从美国进口，减少贸易赤字，并迫使中国国内进行结构性改革等。左大培文章中的分析更加值得我们认真思考。

（四）关于国家经济安全量化监测及预警指标体系的研究

1999 年，中国社科院和国家统计局的专家们展开了对我国经济安全进行量化监测、预警的指标体系与方法的研究①。通过这套指标体系和方法，赵英评估认为，到 2020 年以前，我国经济还是处于一种基本安全的状况，但在总体指标安全基础上，赵英的结论显示，我国经济中的部分指标是不安全的②。

2003 年国务院发展研究中心国际技术经济研究所翻译了俄罗斯经济学家 B. K. 先恰戈夫主编的《经济安全——生产，财政，银行》一书。该书对国内经济安全预警、评估指标体系构建等颇有借鉴意义。该书设计了经济安全的“阈值”标准，该书指出，经济安全指标的第一类阈值，涉及生产领域，即俄罗斯在对外部世界依赖程度最低的条件下经济仍能运转的能力。这里最重要的是生产总量方面的阈值：国内生产总值应是“七强”平均指标的 75%，人均国内生产总值应是“七强”平均指标的 50% 和世界平均指标的 100%。第二类重要的阈值是居民生活水平指标的阈值：居民中收入低于最低生活费标准的公民比重为 7%，人的平均寿命为 70 岁，10% 拥有最高收入者与 10% 低收入者之间的差距为 8 倍。第三类阈值是财政状况指标的阈值，其内容十分丰富。其中最重要的有：内债额为国内生产总值的 30%，外债额为国内生产总值的 25%，预算赤字为国内生产总值的 5%，外汇现金额为卢布现金额的 25%，货币量（M2）为国内生产总值的 50%。该书还提出，经济安全的指标不应是单一含义的阈值，而应

---

① 赵英主编：《超越危机——国家经济安全的监测预警》，福建人民出版社 1999 年版；郭克莎：《〈超越危机——国家经济安全的监测预警〉评介》，载于《中国工业经济》1999 年第 11 期。

② 赵英：《国家经济安全状况评估》，载于《科学新闻》2006 年第 24 期。

该是标明安全地带的走廊①。

国内学者也积极构建国家经济安全的预警、评估指标体系（李海舰，1997；徐婷和汪涛，2000；聂富强，2005；顾海兵等，2007；年志远和李丹，2008；莫小东，2017）。李海舰（1997）从外商投资企业的市场占有率、品牌拥有率、技术控制率和外资控股率这四个方面监控外商直接投资对国家经济安全造成的影响。顾海兵等（2007）提出，构建中国经济安全的预警体系应明确我国经济安全的警义（包括构成警情的指标——警素和警情的程度——警度），并根据我国经济运行的具体情况，确定经济安全状态的临界值。一旦警情发生，首先，及时寻找经济安全危机发生的警源（自然警源、外生警源和内生警源），并分析警兆（先导指标）。其次，分析警兆和警素的数量对应关系，确定经济安全危机的程度，即警度。最后，结合模型方法、专家方法等预报警度，对我国经济安全危机进行科学预警。年志远和李丹（2008）认为国家经济安全预警指标的选择原则一般应包括完备性原则、主要性原则、可测性原则和独立性原则，在此基础上确定的预警指标体系可以分为财金安全预警指标、社会安全预警指标、外经安全预警指标、资源安全预警指标和产业安全预警指标等。经济安全预警指标体系，应该是一个分层的树状结构，国家经济安全态势的恶化，往往是一个或少数几个风险因素演化和交互作用的结果，而通过整个指标体系层层加权综合得出的指数往往会弱化某些风险因素的影响，导致经济整体安全评价值的不准确，而基于案例的评价方法的推广应用，有赖于案例数据库质量和评价技术的可靠性，这两者将是今后的重要研究方向。顾海兵、刘玮和周智高（2007）通过计算安全系数表明，2002～2005 年，我国经济安全的状况是逐渐降低的，而且安全级别较低，处在中或低的区间内，通过分指标考察发现，内部安全条件（我国经济发展不平衡）与外部安全条件（外资对我国技术的控制）中存在的问题，是近几年造成我国经济安全恶化的主要因素②。

① ［俄罗斯］B. K. 先恰戈夫主编，国务院发展研究中心国际技术经济研究所译：《经济安全——生产，财政，银行》，中国税务出版社 2003 年版。

② 顾海兵、刘玮、周智高：《中国经济安全状况监测评估：2002～2005》，载于《经济理论与经济管理》2007 年第 2 期。

在建立科学的监测体系上，构建我国的经济安全预警体系，及时对国家经济安全状况进行评估和预警，有助于我们精准施策，防患于未然，维护好国家经济安全，实现更好的发展。

二、关于对外开放与产业安全的研究

经济安全离不开产业安全。经济安全是国家体系的重中之重，经济安全包括产业安全，产业安全是经济安全重要的组成部分，而且经济安全中又以产业安全为至关重要的问题（顾海兵和段琪斐，2016）。产业安全是开放经济条件下困扰中国经济的一个新的突出的问题，也是理论界所面临的一个新的重大的研究课题。与国家安全等概念相比，产业安全以产业为探讨对象，更加具体，因而更加具有针对性、指导性。产业意义上的研究是较为中观层次的，从目前这方面的研究来看，几乎都是以某产业为比较对象和分析落脚点，产业安全研究所取得的成果操作性也较强。因此，对产业安全进行系统、深入的理论研究更具有深远而重要的意义[①]。

利用中国知网期刊全文数据库，以“产业安全”作为文献篇名的关键词，检索到1052条文献，如图4－36所示。

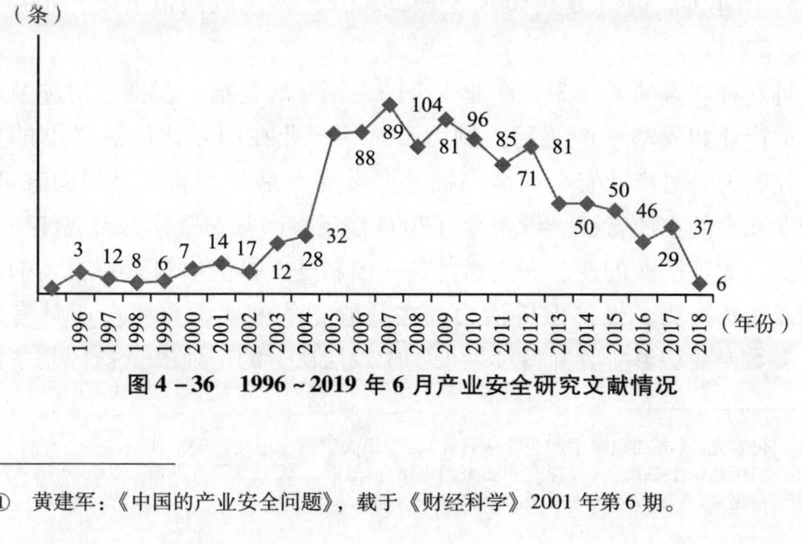

图4－36　1996～2019年6月产业安全研究文献情况

① 黄建军：《中国的产业安全问题》，载于《财经科学》2001年第6期。

（一）关于产业安全含义的研究

我国学术界对于产业安全尚未形成统一的认识。付春光（2008）将关于产业安全内涵的论点归纳为：控制权说、外资威胁说、制造业说、民族产业说、能力说、自我说、协调说、状态说、层次说、权力说①。

何维达和李冬梅（2006）将产业安全的含义归纳为以下四种观点②。

1. 产业控制力说（王允贵，1997；于新东，2000；张碧琼，2003）

持这种观点的学者较多，尽管表述各异，但核心都是强调本国资本对本国产业的控制力。如张碧琼（2003）认为，国家产业安全问题最主要是由于外商直接投资产生的，指的是外商通过合资、直接收购等方式控制国内企业，甚至控制某些重要产业，由此对国家经济构成威胁。马建全（2002）将产业安全定义为："产业安全是指一国对某一产业的创始、调整和发展拥有相应的自主权或控制权。对产业是否拥有创始权、调整权和发展权是衡量产业安全与否的标准。"③

2. 产业竞争力说（杨公朴等，2000）

这种观点主要是从产业竞争力的角度来理解产业安全，认为产业安全是指一国产业在开放竞争中具有竞争力，能抵御和抗衡来自国内外不利因素的威胁，保持产业部门的均衡协调发展。

3. 产业发展说（夏兴园和王瑛，2001；李连成，张玉波，2001；景玉琴，2004）

持这种观点的人认为，产业安全的内涵一般是指一国拥有对涉及国家安全的产业和战略性产业的控制力及这些产业在国际比较意义上的发展力。控制力是对产业安全的静态描述，发展力是对产业安全的动态刻画，是产业安全的本质特征。景玉琴（2004）还将产业安全分为宏观和中观两个层次。宏观层次的产业安全指的是一国制度安排能够引致较合理的市场结构及市场行为，经济保持活力，在开放竞争中本国重要产业具有竞争力，多数产业能够生存并持续发展。中观层次上的产业安全指的是本国国

---

① 付春光：《开放经济中产业安全研究》，中山大学博士论文，2008 年。
② 何维达、李冬梅：《我国产业安全理论研究综述》，载于《经济纵横》2006 年第 8 期。
③ 马建全：《加入 WTO 后影响我国产业安全的八大因素》，载于《亚太经济》2002 年第 4 期。

民所控制的企业达到生存规模，具有持续发展的能力及较大的产业影响力，在开放竞争中具有一定优势[①]。

4. 产业权益说（赵世洪，1998；吕政，2006）

持这种观点的学者认为，国民作为产业安全中的权益主体，在国界之内有明确的排他性经济主权。外国国民在东道国内取得的任何产业权益，都是对东道国国民权益在机会成本意义上的侵占，应得到东道国国民根据其自身利益的需要而作出权益让渡的许可。如吕政（2006）认为，产业安全是指在对外开放和国际竞争的条件下，国家的重要产业能够保持相对优势，在资本、技术和市场等领域，不受跨国资本的左右，从而实现本国利益的最大化。

史欣向等（2015）把对外开放对产业安全的影响区分为两个阶段，不同阶段产业安全的含义不同。第一阶段，强调外资进入威胁和控制权，外商外资利用资本、技术、管理、营销的优势，通过合资直接收购价等方式控制国内企业，甚至重要产业，由此形成产业安全威胁。产业控制力说属于第一阶段。顾海兵（1997）、杨公仆（2000）、纪宝成（2006）都曾经从这一角度对产业安全进行定义。第二阶段，强调自身生存和发展力的提高。产业发展力说和产业竞争力说都属于第二阶段。李孟刚（2006）认为产业安全是指特定行为体自主产业的生存和发展不受威胁的状态。产业权益说则是从国民利益、国家产业利益的角度来看问题，并不归属于上述两阶段分类。

李孟刚（2006）将现有产业安全的分类进行了梳理和辨析，然后提出了两种产业安全分类法：一种是基于产业经济学理论框架的产业安全分类，根据这种分类法，可将产业安全分为产业组织安全、产业结构安全、产业布局安全和产业政策安全，这种分类法有利于从产业经济学的理论研究路径去定性地研究产业安全；另一种是基于产业分类的产业安全分类，即将产业安全分为一次产业安全、二次产业安全、三次产业安全和具体产业安全，由于目前国家经济数据均按产业分类进行统计，数据性强且容易获得，这种分类法有利于对产业安全的定量分析和研究[②]。

---

① 景玉琴：《产业安全概念探析》，载于《当代经济研究》2004 年第 3 期。
② 李孟刚：《产业安全的分类法研究》，载于《生产力研究》2006 年第 3 期。

赵世洪（1998）提出了“国民产业安全”的概念。现国民产业安全，并非简单地指一国国民使其既有的或潜在的产业权益免受危害的状态和能力。由于产业权益本身的复杂性，其总量和份额消长关系在一定范围内的矛盾性，一国国民的选择并非总是一味规避产业权益免受危害，而是在利害之间进行抉择，在一定条件下要除害兴利，在更多的情况下则不能不取小害而兴大利。所以，更为准确的国民产业安全的定义是：一国的国民产业在国际产业竞争中为得到由对外开放带来的产业权益总量而让渡最小的产业权益份额，在让渡一定国民产业权益份额的条件下得到由对外开放引致最大的国民产业权益总量。简单地说，就是要在国际竞争中达成国民产业权益总量和其在国内份额的最佳组合①。

（二）对外开放冲击产业安全的原因分析

在分析导致产业不安全的原因时，国内学术界大致出现了外因论、内因论和制度论三种观点。叶卫平（2008）认为，影响国家经济安全的风险可以分为外源性和内源性两大类，一个国家在未开放条件下，内源性风险多于外源性风险；在开放条件下，外源性风险则要多于内源性风险。从我国现时期国家经济安全的外源性风险大于内源性风险出发，就需要进一步制定有别于反垄断法的外国投资安全法，从而准确而有效地维护我国的国家经济安全②。

1. 外因论的三种观点

外因论把出现产业安全的原因归为外部，具体又分三种观点：外商直接投资论；跨国公司论和经济全球化论。

（1）外商直接投资与产业安全。改革开放后，外资企业开始在中国进行投资，外国资本开始涌入中国。我国在 1979～1984 合计实际使用外资为 181.87 亿美元。2017 年，我国实际使用外资达 1310.35 亿美元。外资对于我国经济的影响越来越大。在此过程中，一场关于利用外资规模和产业安全大论战在全国展开（童志军，1996；李海舰，1997；方芳，1997；张

① 赵世洪：《国民产业安全概念初探》，载于《宏观经济研究》1998 年第 3 期。
② 叶卫平：《国家经济安全的三个重要特性及其对我国的启示》，载于《马克思主义研究》2008 年第 11 期。

志宏 1997，1998；祝年贵，2003；张碧琼，2003；王涛、吴国蔚和曾诗鸿，2005；李孟刚等，2006；付敏，2007；白澎，2010；毕冶、郭树华和杨伟，2011；丁冰，2012；周娟，2013）。

童志军（1996）认为引进外资有助于弥补本国资金缺口，促进技术、管理等方面的进步，从而有利于发展本国经济。因此，世界各国大都积极吸引国外资本的流入。但是，由于利用外资也存在一定的风险和消极影响，各国亦都在利用外资的同时考虑到对外资的合理限制与引导，特别是考虑到国家产业安全问题。国家产业安全问题最主要是由于外商直接投资产生的，指的是外商利用其资本、技术、管理、营销等方面的优势冲击民族企业①。李海舰（1997）则将外商投资企业的威胁总结为四个方面：市场占有率、品牌拥有率、技术控制率和外资控股率。祝年贵（2003）具体分析了外资威胁我国产业安全可能的原因：第一，利用资金实力，占据多数股权，控制国内企业；第二，利用技术工艺、无形资产和管理等经营资源的优势，控制国内企业的生产经营活动；第三，外商通过兼并收购及系列投资方式对同一产业内的企业进行一体化控制，使外资对我国的某些产业形成垄断链条；第四，外商对上、中、下游产业进行投资，力图控制关联产业；第五，通过战略联盟，共同控制我国的某些高科技产业②。方芳（1997）认为，外商直接投资对我国产业安全的威胁表现在外商利用其资金、技术、管理等方面的优势，通过合资、并购及系列投资方式来控制国内企业和垄断某些重要产业。由此引发产业安全问题。祝年贵（2003）认为，外资主要是通过品牌控制、技术控制和市场控制影响我国产业安全。并指出外资对中国产业结构的其他一些负面影响：外资投向导致产业结构失衡问题加剧；国家对产业的宏观调控能力下降。李孟刚等（2006）从市场、股权、技术、品牌、知识产权这五个方面展开分析认为，引进外资的初衷是利用和放大外资三方面的积极效应，即资本的积聚效应、先进技术的扩散效应以及管理和营销经验的示范效应。但是，随着我国引资力度的加大，外资数量不断增加的同时，产业对外依存度节节攀升，市场和原创

① 童志军：《利用外资和国家产业安全》，载于《中国投资》1996 年第 8 期。
② 祝年贵：《利用外资与中国产业安全》，载于《财经科学》2003 年第 5 期。

品牌被外资所吞噬，产业控制力被外资所削弱，技术溢出效应未如预期，却愈发凸显了产业安全隐患[①]。何维达、李冬梅和张远德（2007）认为，我国改革开放不断深入的过程同时也是民族工业面对外国资本日趋激烈的竞争过程，在激烈的竞争中，外商凭借其资本、技术、管理等生产要素或营销环节方面的优势，通过股权控制、品牌控制和技术控制等方式控制我国企业，甚至控制某些重要产业，由此引发产业安全问题[②]。毕冶、郭树华和杨伟（2011）认为经济开放条件下，每一个国家都不可避免地融入国际经济大循环之中。特别是不断扩大的外商直接投资（FDI），既对一国的经济发展起着不可替代的促进作用，又对一国的产业安全发展造成了巨大的隐患。目前在中国，随着 FDI 规模日益扩大、深入，外资通过股权、技术、品牌控制等方式严重影响了我国产业安全，如何合理利用外资，保护本国经济安全的发展，制定适合我国产业安全发展的外资政策、法规体系，就成为当前我们亟待解决的关键问题[③]。丁冰（2012）表达了类似的担忧，随着我国经济技术的发展和外商直接投资在我国的规模和形式的发展变化，外资对我国经济安全的潜在威胁也愈益增强[④]。周娟（2013）从资本流入推动国内通货膨胀的机制、国际资本流动对资产价格的冲击、国际资本流动与中央银行的调控困境三个维度分析国际资本流动对我国经济安全的影响，提出划分国际资本，实施分类管理、完善我国跨境资本流动监测和风险预警体系、配套制度改革和辅助政策等措施[⑤]。

（2）外资并购与产业安全。并购是外资来华主要投资手段。从历史数据上看，外资并购多是并购国内龙头企业。方齐云、梁媛（2007）、梁媛（2009）选取 1995～2006 年对被外资并购的 61 家上市公司进行特征分析。结果表明，在我国证券市场上受外资青睐的目标公司具有可识别的财务特征：目标公司具有良好的管理效率，主要体现在盈利能力、真实绩效以及

① 李孟刚、蒋志敏、李文兴：《警钟鸣响五大领域——市场、股权、技术、品牌、知识产权——中国外资产业控制报告》，载于《中国国情国力》2006 年第 6 期。

② 何维达、李冬梅、张远德：《FDI 对我国产业安全的影响及其对策》，载于《生产力研究》2007 年第 24 期。

③ 毕冶、郭树华、杨伟：《FDI 与中国产业安全问题研究》，载于《思想战线》2011 年第 6 期。

④ 丁冰：《FDI 正加大对我国经济安全的潜在威胁》，载于《现代国企研究》2012 年第 3 期。

⑤ 周娟：《论国际资本流动对我国经济安全的影响及对策》，载于《北方经贸》2013 年第 10 期。

营运能力方面，其中在营运能力方面的优势尤为明显。而且，目标公司有较大的资产规模和行业影响力[①]。学术界以及社会各界对于改革开放所引来的外资并购是否影响国家产业和经济安全又有极其不同的看法。

2005 年 10 月，美国的凯雷投资以相当于人民币 20.69 亿元的等额美元，拟购买徐工集团所持有的 82.11% 徐工机械股权。凯雷并购徐工案更是引起了国人对经济安全、外资超国民待遇等的质疑声浪。2006 年“两会”期间，全国政协委员李德水称，要谨慎对待垄断性跨国并购，防止出现财富创造出来后，其所有权和支配权却不完全属于当地政府和人民。但复旦大学张军教授表示不同意李德水提出的国家经济安全论，他认为徐工集团所处的工程机械业不是战略性行业，不要随意将经济问题政治化。商务部研究院专家梅新育则认为，“凯雷并购徐工”的争论，是对外资享受超国民待遇的反弹，政府有权利和义务保护国家安全[②]。高梁（2006）认为如果国有企业改革都搞成“私有化”“外资化”，那就将从根本上瓦解新中国几代人千辛万苦建立的科技和工业基础，意味着让外国人控制中国的工业产权和管理权、控制中国的金融命脉，而使中国人再次回到给外国人打工的地位，使经济发展走上依附型道路，这是最大的经济不安全[③]。

批评的观点认为，改革开放带来的外资并购现象对于中国的产业安全、经济安全是一场灾难。程恩富和李炳炎（2007）、李炳炎（2007）指出，外资已经完全渗透到了我们的国民经济当中，具体表现在大批龙头企业和上市公司被外资并购；外资在销售渠道、人才、技术等领域三管齐下的本土化战略攻势下，中国的人才纷纷跳槽外企；银行界的并购将会给我国产业安全、经济安全带来隐患，外资并购“双刃剑”的负面影响已越来越严重[④]。邓田生和刘慷豪（2008）指出，跨国并购可分为两个阶段：第一阶段，跨国公司开始对外投资，采用的是一般的善意并购的方式，对东

① 方齐云、梁媛：《外资并购国内上市公司目标选择与投资趋势研究》，载于《投资研究》2007 年第 9 期；梁媛：《中国境内外资并购的目标选择与经济效应研究》，西南交通大学出版社 2009 年版。

② 引自肖莉、王杰：《可能危及国家安全凯雷并购徐工案引发专家激辩》，载于《东方早报》2006 年 6 月 19 日。

③ 高梁：《凯雷并购徐工案：危害我国产业安全的典型案例》，载于《科学决策》2006 年第 11 期。

④ 李炳炎：《外资并购与我国产业安全》，载于《探索》2007 年第 6 期。

道国产业安全有积极的正面作用；第二阶段，随着并购规模的不断扩大，跨国并购变成对行业垄断性的并购，外资通过控制产业主导权、扰乱产业结构系统、垄断产业的核心技术和阻碍产业的自主创新等途径，对东道国产业安全构成潜在威胁。王丽华等（2008）站在控制权的角度分析了外资并购对我国企业产生的影响。指出外资并购可能将我国企业控制在产业链和价值链的低端，导致利益的多重流失。成立辉（2013）[①] 认为，外资并购对我国经济安全威胁的具体表现在打压国内企业遏制民族工业的发展，控制民族品牌赶杀同行竞争者、进行市场和行业垄断。邹航（2013）[②] 则将外资并购对我国经济安全的负面影响划分为影响资源安全、产业安全、金融安全三个方面。

当然，也有观点认为中国产业安全问题并不严重，外资并购“威胁说”有些夸大其词。2006 年 7 月 22 日，中国首届产业安全论坛上，成思危以“经济全球化背景下的国家产业安全”为题做了主旨演讲，提出应该注意两种倾向：一种倾向是对产业安全问题麻木不仁，漫不经心。也要谨防另一种倾向，即夸大产业的不安全，并以此对改革开放政策质疑。保障产业安全要从宏观、微观两个方面同时采取措施[③]。在第二届中国产业安全论坛上，成思危再度强调“产业安全”需要共识——只有坚持改革开放，才能确保产业安全。应当用综合的、系统的、动态的观点来考察产业安全。在经济全球化不断发展的今天，任何一个国家都不可能掌握所有产业的控制力和发展力。应理性看待外资并购，规范审查外资并购，关键在于做强企业[④]。王志乐（2006、2007、2011）认为，对待外资并购民族企业也要持谨慎乐观态度。桑百川（2007）指出，在参加经济全球化过程中，利用跨国并购吸收外商投资是必然的选择。目前外资在我国重点行业并未形成跨国公司垄断的局面。笼统地认为外资并购装备制造业骨干企业

---

① 成立辉：《经济全球化下中国外资并购与国家经济安全之维护》，载于《法制与社会》2013 年第 7 期。

② 邹航：《论外资并购对我国经济安全的影响》，载于《现代经济信息》2013 年第 10X 期。

③ 成思危：《经济全球化背景下的国家产业安全问题》，载于《财经界》2006 年第 9 期。

④ 成思危：《只有坚持改革开放才能确保产业安全——在第二届中国产业安全论坛上的讲话》，载于《中国国情国力》2007 年第 12 期。

会威胁国家经济安全过于夸大其词①。

更多的学者给出了辩证的看法。如葛顺奇（2007）认为外资并购对中国的行业影响尚未危及国家安全。但政府部门应该积极关注外资行径，规范外资行为。这样能做到既合理利用外资，又避免可能存在的经济风险。

不少研究指出，西方发达国家一直对跨国并购进行适当的政府干预，其经验做法对确保全球化背景下的中国经济安全大有好处（李娅和陈伟，2006；陈华和安加锋，2006；陈华和张春燕，2006；马建春和陈华，2006；杨文生，2007）。

学者们关于外资并购与产业安全、经济安全的争辩引起了中央决策部门的重视，2006 年 8 月 9 日，商务部、国务院国有资产监督管理委员会、国家税务总局、国家工商行政管理总局、中国证监会和国家外汇管理总局六部委联合发布修订后的《关于外国投资者并购境内企业的规定》，该规定于 2006 年 9 月 8 日起施行，新规定对于外资收购兼并国内民族企业进行了规范。

（3）经济全球化论。随着中国改革开放、加入 WTO 以及融入经济全球化进程的加快，越来越多的学者们开始担心经济全球化对我国产业安全的影响（文军，1999；郑通汉，1999；王朝才、傅志华和隆武华，1998；张龙平，1999；张澜涛，2000；马杰，2000；陈德照等，2000；郭学堂，2000；吴舒丹，2001；沈静，2002；史忠良，2003；张曠、张然和赵桂珍，2003；范爱军和韩忠先，2005）。陈德照等（2000）认为，经济全球化加快发展。它在给我国经济发展带来机遇的同时，也给我国的金融、产业和市场安全、自然资源等经济领域的安全带来了严重的挑战。面对挑战，我国应该采取积极进取的、辩证的、综合的和全民的安全观。并根据实际情况，采取符合我国国情的经济安全战略。肖文韬（2002）认为，产业安全作为国家经济安全的基本内容之一，究其产生的原因，是因为任何国家的经济都包含一定的产业并形成各时期的产业结构。当一国融入经济全球化的进程时，其产业和产业结构必定受全球化进程的影响而面临威胁。产业结构不良和低下必然导致产业处于不安全状态，从而导致国家经

① 桑百川：《在对外开放中维护国家经济安全》，载于《中国流通经济》2006 年第 12 期。

济处于不安全状态。从更深层次分析产业安全产生的原因，主要是发达国家和发展中国家在产业结构调整过程中充满了矛盾。张骥、张然和赵桂珍（2003）提出，20世纪90年代以来，经济全球化趋势日趋明显，它极大地改变了传统的“安全观”，经济安全成为各国安全的核心与基础，作为发展中国家，在经济全球化过程中，我国在金融安全、贸易安全、产业安全、信息安全、技术安全五个方面受到不同程度的影响。

经济全球化有利于资源和生产要素在全球的合理配置；有利于资本和产品在全球性流动；有利于科技在全球性的扩张；有利于促进不发达地区经济的发展，是人类发展进步的表现，是世界经济发展的必然结果。但学者们也指出了经济全球化的二重性（吴易风，2000、2001、2002、2003；陈志尚，2001；蔡曾清，2002；张伟超和张远军，2003）。吴易风（2000、2001、2002、2003）认为全球化既有利，又有弊，一方面，全球化可能给发展中国家带来机遇和利益；另一方面，全球化可能给发展中国家带来风险甚至灾难。全球化的主导力量是美国和其他发达国家。全球化的主要受益者也主要是美国和其他发达国家。美国和其他发达国家所推动的经济全球化给它们带来了巨大利益。对发展中国家来说，现在还无法证明全球化肯定利大于弊。全球化对发展中国家究竟是利大于弊，还是弊大于利，这不取决于发达国家的恩赐和施舍，它们对发展中国家也不会有什么恩赐和施舍，而是取决于发展中国家自己。就各个发展中国家来说，这主要取决于：（1）对什么是全球化有没有全面的和足够的认识；（2）对全球化给本国可能带来的利弊得失有没有符合实际的估计；（3）对本国融入全球化有没有充分的准备；（4）有没有趋利避害的切实措施。所以，在全球化面前，除了对什么是全球化要有全面的足够的认识、对全球化给本国可能带来的利弊得失要有符合实际的估计、对本国融入全球化要有充分的准备、要有趋利避害的切实措施之外，更重要的是：第一，在以社会主义经济建设为中心时，一定要坚持独立自主、自力更生的方针；第二，在深化社会主义经济体制改革时，一定要反对西方国家在经济全球化名义下图谋在社会主义国家推行的私有化、自由化和非调控化，特别是图谋在社会主义国家推行的私有化；第三，在扩大对外开放时，一定要与广大发展中国家一道为反对有利于西方发达国家的国际经济旧秩序、建立平等互利的国际经济新秩序而团结一致地进行有效的斗争[①]。

2. 影响产业安全的内因分析

学者们把出现产业不安全的内部原因归纳为三个方面：制度论、产业竞争力论和企业竞争力论。有人认为改革开放并不是产业安全产生的主因，国内政策法律法规不得当是主要因素。王学人和张立（2005）认为我国产业安全、经济安全问题的根源在于制度非均衡，也就是说潜在的针对产业安全的制度供给不能变为现实的制度供给。他们在《产业安全问题制度非均衡成因探讨》一文中指出改革的推进不足和旧体制的惯性影响并制约着政府经济管理体制、国有市场体制、对外贸易制度规则等诸多方面的发展[②]。中国人民大学贾根良教授（2013）则认为国家政策不合理，对外资进入不设防、外资享受超国民待遇等才是产业安全、经济安全受威胁的主因，给予外资企业超国民待遇，制造对本土企业不公平的竞争环境，鼓励外资投向高端制造业、高新技术产业、现代服务业、新能源和节能环保产业实际上是拱手把有利可图的投资领域奉送给外商，而本土企业则只能在低创新率、低进入壁垒、低附加值和低工资的产业价值链低端从事生产经营活动[③]。还有东道国一些产业的国际竞争力差，国外大量廉价进口商品和服务对国内市场的巨大冲击将挤压国内产业的原有市场份额，国内企业直接面对外资企业展开竞争，从而不仅使外向型经济部门和产业面临激烈竞争，各类面向国内市场的产业，其安全问题也愈益凸显。民族企业科技创新投入不足，技术水平有限，资本规模和品牌实力不强，都使得民族企业在与外资企业竞争中处于劣势。

更多的学者展开了综合分析。马建全（2002）还详细分析了影响我国产业安全的八大因素：跨国公司发展战略与东道国产业发展的吻合、产业金融环境、产业生产要素环境、市场需求环境、市场集中、产业进入壁垒、产业国际竞争力、产业控制力。景玉琴（景玉琴，2003；2004；2005；

① 吴易风：《全球化的二重性》，载于《当代思潮》2000 年第 6 期；吴易风：《全球化和反全球化》，载于《海派经济学》2003 年第 2 期；吴易风：《反全球化运动考察与分析》，载于《江苏行政学院学报》2002 年第 4 期；吴易风：《全球化的性质和利弊》，载于《中国人民大学学报》2001 年第 4 期。

② 王学人、张立：《产业安全问题制度非均衡成因探讨》，载于《求索》2005 年第 4 期。

③ 贾根良：《就停止引进外资并回购外资企业的一封信》，乌有之乡，2010 年 4 月 23 日。

2006；景玉琴、高洪力和高艳华，2004）从直接投资领域、国际贸易领域和本国制度环境三个方面分析了影响产业安全的因素，在直接投资领域，外国资本实施产业控制；在国际贸易领域，外国商品实施低价倾销；本国制度环境是指市场与政府的关系尚未理顺，而本国制度环境则包括资源配置扭曲、价格扭曲和政府功能扭曲。李孟刚（2006a；2006b；2010；2013）则从两个层面研究产业安全的影响因素：第一层，内外因的分析。外部影响因素为：外国资本、外来技术、外国商品；内部影响因素为：生存环境、竞争环境。第二层，基于产业经济学理论框架的影响因素分析。李孟刚将影响产业安全的因素分为组织因素、结构因素、布局因素和政策因素（李孟刚，2006）①。黄建军（2006）则从五个角度分析产业安全的影响：（1）中国的产业生存环境：产业的资本效率不受影响；资本成本下降；劳动力素质总体提高；劳动力成本上升较快；相关知识资源有保障；供给产业的竞争力影响较小；境内需求量增长；境内需求增长率较快；（2）中国的产业国际竞争力，竞争力可以划分为国家竞争力、产业竞争力、企业竞争力；（3）中国的产业控制力；（4）中国产业外资利用度；（5）中国的产业对外依存。产业对外依存包括对国外在技术、资源、市场和服务等方面的综合依赖。产业对外依存程度越大，产业生存越可能受到国际间经济和非经济因素的影响②。郑宝华等（2008）从产业竞争力形成机制角度将产业安全的成因分为内生因素和外生因素两类：外生因素包括生产要素中的初级要素、需求条件和外资；内生因素包括生产要素中的高级要素、关联产业、企业行为、政府作用。内生因素是产业安全的主导因素，是解决产业安全问题的落脚点和关键③。

（三）关于中国产业安全问题的判断

有人讲“国家产业安全”，有人提“民族产业安全”，有人则根本不

---

① 李孟刚：《产业安全的分类法研究》，载于《生产力研究》2006 年第 3 期；李孟刚：《产业安全理论研究》，载于《管理现代化》2006 年第 3 期；李孟刚：《产业安全理论研究（第二版）》，经济科学出版社 2010 年版；李孟刚：《中国产业安全问题研究》，社会科学文献出版社 2013 年版。

② 黄建军：《中国的产业安全问题》，载于《财经科学》2001 年第 6 期。

③ 郑宝华、李东、曹泽、李向前：《基于产业竞争力的产业安全成因分析》，载于《经济学动态》2008 年第 4 期。

承认存在产业安全问题①。有的学者给出了乐观的判断。2006年商务部研究院跨国公司研究中心主任王志乐撰文指出，目前中国处于一个半世纪以来经济安全度最高的时期，但不等于没有安全隐患，虽然中国经济的竞争力得到提高，但面临能否持续发展的严峻挑战，例如，对国际资源定价权的掌握，能源安全、环境安全等以及企业创新能力等问题需要进一步改变经济管理体制和运行机制②。在2006年7月22日中国首届产业安全论坛上，成思危发表演讲指出应该注意两种倾向：一种倾向是对产业安全问题麻木不仁，漫不经心：也要谨防另一种倾向，即夸大产业的不安全，并以此对改革开放政策质疑。③ 包群、叶宁华和王艳灵（2015）基于2000～2007年中国微观企业的数据，采用生存模型考察了外资进入对中国本土企业的存活期限与退出行为的影响，他们的研究表明，虽然外资企业加剧了行业内竞争，从而迫使同行业内资企业更快退出，但也通过与当地企业构建上、下游产业关联，为内资企业创造了新的存活机会与市场空间，这一作用也决定了外资进入对内资企业存活的竞争冲击并不如普遍预期的剧烈④。

但是，同在中国首届产业安全论坛上发表演讲的中共中央政策研究室副主任郑新立认为要高度重视对产业安全问题的研究，因为我国产业安全面临着几个突出问题：（1）缺乏具有自主知识产权的技术和产品是我国产业安全面临的最突出的问题。（2）能源资源环境对产业发展的制约不断加剧。（3）外资对国内某些行业的控制和垄断，将会严重制约国内企业的发展。尤其是外商并购重点转向重要行业的排头兵，一些行业龙头企业陆续被并购，跨国公司在华并购还出现了联合行动。（4）金融开放带来一些新的不安全因素⑤。

赵世洪（1998）认为产业安全问题不仅存在而且是重要的。纪宝成和

① 赵世洪：《国民产业安全概念初探》，载于《宏观经济研究》1998年第3期。

② 王志乐：《中国处于经济安全度最高时期》，载于《中国电力企业管理》2006年第9期。

③ 成思危：《只有坚持改革开放才能确保产业安全》，载于《财经界》2008年第1期。

④ 包群、叶宁华、王艳灵：《外资竞争、产业关联与中国本土企业的市场存活》，载于《经济研究》2015年第7期。

⑤ 郑新立：《高度重视产业安全的监测预警和对策研究》，载于《中国国情国力》2006年第8期。

刘元春（2006）从宏观整体开放水平、产业竞争力、外资并购以及产业升级四个方面分析我国产业安全面临严峻的形势。包括从宏观整体开放水平角度，较高的贸易依存度、较高的资本形成依存度以及较低的自主创新率等问题的影响。从产业竞争力角度来看，较低的劳动生产率增长速度、高额的能源投入以及低水平的研究开发投入水平对产业安全产生不利影响。大规模的外资涌入对国家支柱产业形成了全面的资本和技术控制的格局，可能引起我国对核心产业和相应的核心技术丧失控制力。比较优势的出口导向型发展战略可能会严重影响我国产业的创新能力和升级能力①。单春红、曹艳乔和于谨凯（2007）分别从结构效应和溢出效应实证分析了利用外资对我国产业安全的效应，结构效应分析表明外资利用对我国的产业安全具有不利的影响，存在产业结构和地区经济结构失衡的现象，溢出效应计量检验表明，外资对第一产业的溢出效应不显著，对第二产业存在着正的溢出效应，对第三产业的溢出效应为负，这种溢出效应的差异加剧了我国产业结构的不均衡，进而影响着我国的产业安全②。

（四）对产业安全态势评估的理论研究与实证分析

一些学者构建了产业安全评估模型和指标体系。何维达和何昌（2002）分别以贸易专业化系数指标来评价产业国际竞争力、以产业出口对外依存度和产业资本对外依存度指标来评价产业对外依存度、以产业外资股权控制率指标来评价产业控制力，通过定量分析，对中国三大产业安全进行评估。该评价体系由产业国际竞争力评价指标、产业对外依存评价指标和产业控制力评价指标组成的指标体系。具体通过 4 大项指标，以及 4 大项指标下的 19 项具体指标对我国三大产业的产业安全性进行分析。最终通过对相关指标赋予权重，认为当前阶段，中国三大产业暂时处于安全阶段。在 2006 年 7 月 22 日，中国首届产业安全论坛上，中共中央政策研究室副主任郑新立认为要高度重视对产业安全问题的研究，因而也就需要高度重

① 纪宝成、刘元春：《对我国产业安全若干问题的看法》，载于《中国国情国力》2006 年第 9 期。

② 单春红、曹艳乔、于谨凯：《外资利用对我国产业安全影响的实证分析——外资结构效应和溢出效应的视角》，载于《产业经济研究》2007 年第 6 期。

视产业安全的监测预警和对策研究①。景玉琴（2006）通过产业国内环境评价、产业竞争力评价、产业控制力评价三个方面，政府规制环境、市场环境、绩效、结构、产业受控状况、国别集中度六大影响因素，借助于政府行政能力、产业软环境、金融环境、生产要素环境、市场需求、产业绩效、产业结构、外资产业控制、外资国别集中度九个影响因子，建立起新的产业安全评估模型，以全面地考察产业安全状况②。孙瑞华（2006）建立开放经济条件下基于一国国内市场竞争的产业安全两国模型，来具体讨论和说明产业安全的基本内涵、最佳产业安全状态的确定以及产业安全水平的测度问题。笔者认为在设定一些必要的前提条件的基础上，可建立起基于一国国内市场竞争的产业安全两国模型，且该模型表示存在国民产业权益总量和其在国内份额的最佳组合，揭示了产业安全的实质，对产业安全进行评估。何维达（2008）设计了一套产业安全评价指标体系，对加入WTO以来我国若干重要产业安全（包括机械、汽车、钢铁、电信和粮食等）进行了分析与评价，并对未来10年产业安全的趋势进行了预测③。何维达和杜鹏娇（2013）根据战略性新兴产业的特点和产业安全指标构建原则，从产业国内环境、产业国际竞争力、产业对外依存和产业关联性角度，遴选了18个三级指标作为战略性新兴产业安全评价的指标。在评价战略性新兴产业安全时要注意运用层次分析法对指标赋权，定量指标要进行标准化处理，评价指标的相对性和产业安全度量问题④。

更多的学者对中国总体产业安全及一些具体行业的产业安全展开了实证研究。杨公朴等（2000）测度了中国汽车产业的安全性；杨继平（2005）评估了加入WTO后中国钢铁工业产业安全；龚文龙（2007）对中国棉花产业安全进行了评价；何维达和吴玉萍等（2007）对中国的煤炭行业产业安全进行实证分析；何维达（2008）对加入WTO以来我国机械、汽车、钢铁、电信和粮食等若干重要产业安全状况进行了分析与评价；何维达、

① 郑新立：《高度重视产业安全的监测预警和对策研究》，载于《中国国情国力》2006年第8期。

② 景玉琴：《产业安全评价指标体系研究》，载于《经济学家》2006年第2期。

③ 何维达：《中国若干重要产业安全的评价与估算》，知识产权出版社2008年版。

④ 何维达、杜鹏娇：《战略性新兴产业安全评价指标体系研究》，载于《管理现代化》2013年第4期。

潘玉璋和吴玉萍（2009）对中国石化产业安全展开了分析与定量估算；张丽淑（2011）从跨国企业行为视角对零售业的产业安全进行评估，研究构建了零售产业安全评估指标体系，并分别通过加权平均模型、模糊综合评价模型两种方法进行实证验证；卜伟（2011）等基于产业控制力分析了我国装备制造业产业安全问题；荆竹翠和李孟刚（2012）对中国金融产业安全进行了研究；何维达、刘亚宁和曾辉（2011）对我国汽车产业安全进行了总体评价；何维达、梁智昊和张川（2013）给出了我国物流产业安全评价与对策研究。史欣向等（2015）则利用三级指标运用层次分析法、专家法和主成分分析法测算出我国高技术产业的安全状况，他得出了中国高技术产业处于外资适当进入阶段，属于安全的范畴[①]。

（五）关于保护产业安全的对策研究

关于在对外开放中如何保护产业安全，学者们给出了丰富的对策建议。

1. 深化改革论

在第二届中国产业安全论坛上，成思危发表演讲认为，应当用综合的、系统的、动态的观点来考察产业安全。在经济全球化不断发展的今天，任何一个国家都不可能掌握所有产业的控制力和发展力。应理性看待外资并购，规范审查外资并购，“产业安全”需要共识——只有坚持改革开放，才能确保产业安全，保护产业安全关键在于做强企业[②]。商务部国际贸易经济合作研究院王志乐认为，需要进一步改变经济管理体制和运行机制，从而解决能源安全、环境安全等以及企业创新能力等问题[③]。

2. 提高竞争力说

金碚（2006）认为，产业安全问题归根到底是产业竞争力的问题，也就是说，对于一个国家竞争力强的产业，一般不会存在产业安全问题。通常一个国家的产业竞争力比较弱的时候会出现产业安全问题。要维护中国

① 史欣向、李善民、王满四、李昶：《“新常态”下的产业安全评价体系重构与实证研究——以中国高技术产业为例》，载于《中国软科学》2015 年第 7 期。

② 成思危：《只有坚持改革开放才能确保产业安全——在第二届中国产业安全论坛上的讲话》，载于《中国国情国力》2007 年第 12 期。

③ 王志乐：《中国处于经济安全度最高时期》，载于《中国电力企业管理》2006 年第 9 期。

的产业安全，归根到底是怎样提升中国的产业竞争力的问题。而“有竞争才有竞争力”，要处理好引进外资和发展民族工业的关系，关键是增强我国产业的国际竞争力，这就必须坚持对外开放，一旦实行经济开放，国际竞争就在国内和国外的两个市场展开，国内企业产业的竞争力也会得到不断提高[①]。景玉琴、高洪力和高艳华（2004）提出了“竞争替代”的解决办法，针对现行体制中某些行政性垄断与地区封锁制造了不平等竞争，限制了行业竞争力的提高，使我国一些重要产业在开放竞争中丧失竞争优势，对产业安全构成了隐患，可以考虑在完全对外开放前先对内开放，允许民间资本先行进入外资或迟或早都要进入的领域，同时创造公平竞争的环境[②]。

3. 幼稚产业保护论

景玉琴（2005）提出了产业保护与有效竞争并举的思路与政策建议[③]。景玉琴（2005）还提出，第一，国家拥有独立主权，能够在本国产业受到侵害时采取相应的反侵害措施是极为重要的；第二，要充分肯定保护关税等产业保护方式对经济处于弱势地位的国家的作用；第三，逐步提高出口产品的科技含量和附加值是增强产业竞争力的重要途径；第四，维护产业安全的根本途径是保护民族经济的发展能力[④]。王维和高伟凯（2008）提出要正确处理开放、发展与产业安全之间的关系；要建立产业安全预警体系，预防外资对某个行业的垄断；要通过科技创新和国内企业的兼并和重组，提高国内产业的竞争力，实现长期产业安全[⑤]。朱建中（2003）认为，政府规制在保障产业安全中具有不可替代的作用，制定政府规制必须跟踪世界技术进步和产业发展的趋势，全面贯彻落实科学发展观，以平等互利地开展国际经济技术合作为前提，以优化国内经济环境、维护市场秩序为中心，以提高企业自主创新能力和国际竞争力为重点，确保国家经济

① 金碚：《处理好引进外资和发展民族工业关系的关键是增强我国产业的国际竞争力》，载于《中国工业经济》1996年第9期；金碚：《产业竞争力与产业安全的关系》，载于《财经界》2006年第9期。

② 景玉琴、高洪力、高艳华：《创造有利于产业安全的制度环境》，载于《理论前沿》2004年第24期。

③ 景玉琴：《开放、保护与产业安全》，载于《财经问题研究》2005年第5期。

④ 景玉琴：《关于产业安全问题的经济思想钩沉》，载于《江汉论坛》2005年第10期。

⑤ 王维、高伟凯：《基于产业安全的我国外资利用思考》，载于《财贸经济》2008年第12期。

安全和产业安全[①]。左大培（2003）则给出了独立自主地发展我国战略产业的建议，不仅如此，他还提出，军工产业是我国战略产业的核心支柱，独立自主地发展我国的战略产业，首先意味着独立自主地发展我国的军工产业，其次将它们转变为我国名副其实的战略产业[②]。张新民、黄晓蓓和郑建明（2012）着眼于企业层面对外资并购与我国产业安全进行分析，提出未来产业安全研究需要向动态研究、定量分析及微观分析扩展。

王元京（2007）认为，外商在我国关键性产业的投资具有明显的正面效果，但外商尤其是跨国公司加快进入我国关键性产业对我国的产业安全构成一定的隐患。为了保障产业安全，应当在关键性产业引进外资过程中处理好六大关系。王元京（2007）从影响产业安全的角度将关系国家经济命脉的关键性产业限定在稀缺资源性产业、自然垄断产业、国防工业、重大装备工业及特殊服务产业。稀缺资源性产业是指那些关系到国家和民族基本生存与发展的产业，如煤炭、石油天然气、石油化工、稀有金属和水等基础资源产业。它们是具有重要战略意义的经济资源。社会经济发展受到这些资源条件的约束。自然垄断型产业是指那些社会效益显著、外部性强、投资规模大、建设周期长、成本递减显著的产业。通常这些产业的基础结构呈网状分布，因而也被称作“网络型产业”，如电信、铁路、电力、邮政、城市供水、供煤气、供天然气、有线电视等。国防工业是指与国防密切联系的战略性产业，如航空、航天、核工业以及武器制造等。这些行业关系到国家安全，是没有条件也要创造条件发展的行业。重大装备工业是指那些在产值和产量上对国民经济贡献大、产业链条长、关联度高，为国防等工业提供生产条件和主要元器件，对经济增长带动作用强的竞争性产业，如汽车、石化、船舶、电子、机械制造等。这类产业是整个制造业和国民经济各个产业的基础。这类行业中的一些关键领域需要掌控在国有经济手中。特殊服务产业是指那些影响国家形象、核心价值观和经济秩序的产业，如金融保险、广播电视、文化出版、教育等。为了保障产业安全，应当在关键性产业引进外资过程中处理好六大关系：（1）处理好关键

① 朱建中：《论保障我国产业安全的政府规制建设》，载于《江汉论坛》2006 年第 10 期。

② 左大培：《关于我国战略产业发展问题》，第二届中国国家安全论坛论文集，2003 年，第 133～142 页。

性产业与非关键性产业吸引外资的关系问题；(2) 处理好国内并购与国外并购的有限选择问题，应该对不同的产业实施差别化的开放政策；(3) 处理好投资并购中“以我为主”还是“以外为主”的关系，全世界主要国家在关键领域和国民经济命脉的领域均设有投资壁垒；(4) 处理好单一国家并购与多个国家并购的关系，引进外资或外资并购高度集中于某一个国家会存在很大的不安全因素；(5) 处理好跨国公司投资与非跨国公司投资的关系问题，跨国公司获得控制性股权会带来经济安全隐患；(6) 处理好用股权换技术还是用资金换技术的关系问题，对于关键性产业来说，“以市场换技术”战略是正确的[①]。

国家发展和改革委员会宏观经济研究院课题组（2009）给出了全面的对策建议：面对产业安全问题，应建立健全相关法律法规体系，完善产业损害预警体系，增加维护产业安全的制度供给，不断提高我国产业安全的应对能力；切实提高运用贸易救济措施的水平和能力；充分发挥行业协会等中介组织在维护产业安全中的作用；支持企业开展技术创新，切实提高产业的可持续发展能力；鼓励企业开展制度和管理创新，不断提升产业国际竞争力[②]。

国内学者关于经济安全和产业安全有着非常丰富的成果，一些研究成果颇具深度，产生了重要的社会影响。例如，赵英、李海舰研究员主持完成的中国社会科学院重大课题的最终成果《大国之途——21 世纪初的中国经济安全》，一书共 60 余万字，是十几位经济学、国际关系学、军事学专家共同努力的成果，其中某些成果作为内部报告，产生了较大的影响[③]。

关于经济安全和产业安全的学术研究也引起了中央决策部门的重视，中央积极采取措施保证经济安全和产业安全，实现更好的发展。

中共十五大报告中明确提出要“维护国家经济安全”表明国家经济安全已经引起了高层领导的重视。中共十六大报告在总结过去的经验时指出

---

① 王元京：《外商在关键性产业投资并购对产业安全的影响》，载于《经济理论与经济管理》2007 年第 4 期。

② 国家发展和改革委员会宏观经济研究院课题组：《中国产业安全态势评估、国际借鉴及若干对策建议》，载于《改革》2009 年第 4 期。

③ 参见吕铁：《〈大国之途——21 世纪初的中国经济安全〉评介》，载于《中国工业经济》2006 年第 8 期。

“始终把国家的主权和安全放在第一位”，还强调在扩大对外开放中，要“十分注意维护国家经济安全”。中共十六届三中全会《中共中央关于完善社会主义市场经济体制若干问题的决定》提出的“统筹城乡发展、统筹区域发展、统筹经济社会发展、统筹人与自然和谐发展、统筹国内发展和对外开放”的新要求。其中，统筹国内发展与对外开放要做到“四个兼顾”：一是兼顾国际国内两个市场，在发展外向型经济与扩大内需的平衡中实现国民经济的持续发展；二是兼顾国内结构调整与国际产业转移；三是兼顾“引进来”与“走出去”；四是兼顾扩大对外开放与保障国家经济安全（郭克莎，2003；张松涛，2004；杨圣明，2004；李锦斌，2004；裴长洪，2006；高梁，2008；桑百川，2010；2011）。

我国于1997年首次提出成立国家安全委员会的方案，在中共中央层面有一个类似的组织——中央国家安全领导小组。2000年9月，中共中央决定组建“中央国家安全领导小组”，与“中央外事工作领导小组”合署办公，两块牌子，一套机构。江泽民任组长，钱其琛任副组长，刘华秋任中央外事领导小组办公室和中央国家安全领导小组办公室主任。2012年下半年，在周边海洋领土争端频发、海洋权益保护问题突出的背景下，中央又设立了中央海洋权益工作领导小组，负责海洋权益事务的议事和协调。

2013年11月9～12日召开的中国共产党第十八届中央委员会第三次全体会议通过的《中共中央关于全面深化改革若干重大问题的决定》对加强国家安全作出顶层设计，明确提出“设立国家安全委员会，完善国家安全体制和国家安全战略，确保国家安全”①。2014年1月24日中共中央政治局召开会议，研究决定中央国家安全委员会设置。2014年4月15日习近平主持召开中央国家安全委员会第一次会议。中央国家安全委员会的设立有利于提高国家在面临各种安全危机和挑战时的应变能力，也代表着我国在捍卫国家安全和国家利益方面的决心和意志。

2018年4月17日，习近平在主持召开十九届中央国家安全委员会第

① 《中共中央关于全面深化改革若干重大问题的决定》（2013年11月12日中国共产党第十八届中央委员会第三次全体会议通过），新华社北京2013年11月15日电。

一次会议讲话中强调，全面贯彻落实总体国家安全观，必须坚持统筹发展和安全两件大事，既要善于运用发展成果夯实国家安全的实力基础，又要善于塑造有利于经济社会发展的安全环境；坚持人民安全、政治安全、国家利益至上的有机统一，人民安全是国家安全的宗旨，政治安全是国家安全的根本，国家利益至上是国家安全的准则，实现人民安居乐业、党的长期执政、国家长治久安；坚持立足于防，又有效处置风险；坚持维护和塑造国家安全，塑造是更高层次更具前瞻性的维护，要发挥负责任大国作用，同世界各国一道，推动构建人类命运共同体；坚持科学统筹，始终把国家安全置于中国特色社会主义事业全局中来把握，充分调动各方面积极性，形成维护国家安全合力①。

在中共十九大上，总体国家安全观的思想得到进一步升华，成为习近平新时代中国特色社会主义思想的重要内容。报告指出：坚持总体国家安全观，“必须坚持国家利益至上，以人民安全为宗旨，以政治安全为根本，统筹外部安全和内部安全、国土安全和国民安全、传统安全和非传统安全、自身安全和共同安全，完善国家安全制度体系，加强国家安全能力建设，坚决维护国家主权、安全、发展利益。”②

在丰富发展总体国家安全观思想过程中，习近平同志提出许多具有原创性、时代性的新理念、新思想、新战略。例如，强调贯彻落实总体国家安全观必须正确处理“五对关系”、做到“十个重视”。指出要坚持既重视外部安全又重视内部安全、既重视国土安全又重视国民安全、既重视传统安全又重视非传统安全、既重视发展问题又重视安全问题、既重视自身安全又重视共同安全，切实做好国家安全各项工作③。学者们对习近平的总体国家安全观思想展开了研究（刘跃进，2014；石磊，2017；马振超，2018）。并结合习近平的总体国家安全观对经济安全、产业安全等展开了探索。如程恩富（2018）提出坚持总体国家安全观审慎开展金融业对等开

① 《习近平在十九届中央国家安全委员会第一次会议上强调全面贯彻落实总体国家安全观开创新时代国家安全工作新局面》，载于《人民日报》，2018年4月18日01版。

② 习近平：《决胜全面建成小康社会夺取新时代中国特色社会主义伟大胜利——在中国共产党第十九次全国代表大会上的报告（2017年10月18日）》，新华社北京10月27日电。

③ 闻言：《指导新时代国家安全工作的强大思想武器——学习〈习近平关于总体国家安全观论述摘编〉》，载于《人民日报》2018年5月4日，第6版。

放，江涌（2018）结合总体国家安全观分析了当前中国经济安全态势①。但是，关于总体国家安全观、国家经济安全、产业安全等还有很多值得研究的领域，如关于中国“核心利益”的研究、有关全球化与国家利益的研究、关于中国的海外利益研究等，尤其是研究如何构建集政治安全、国土安全、军事安全、经济安全、文化安全、社会安全、科技安全、信息安全、生态安全、资源安全、核安全等于一体的国家安全体系，也是极为重要的研究议题。

第九节　关于对外开放与贸易摩擦的研究

在知网数据库系统，以“贸易摩擦”作为篇名的关键词进行检索，在1992～2019年期间，共计有1440篇文献。

一、贸易摩擦国别研究

改革开放之后，国内学者即开始关注贸易摩擦问题。最初，域外国家或地区的贸易摩擦问题，尤其是日美贸易摩擦是学术研究的焦点。1982年3篇关于贸易摩擦的文章，其中有1篇论文分析了日欧贸易摩擦及其根源（郝一生，1982），两篇文章剖析日美贸易摩擦问题（王鼎咏，1982；赵春元，1982）。1983年两篇贸易摩擦的文章都是关于日本的贸易摩擦问题，（陈云达，1983；顾达，1983），1984年3篇文献中有两篇是分析日美贸易摩擦的（樊勇明，1984；石志毅，1984）。此后直至21世纪，日美贸易摩擦成为学术研究的热点议题（宋益民，1985；晋林波，1986；宋焕军，1988；史惠康，1988；储玉坤，1988；徐俊人，1988；刘大洪，1988；陈明星，1991；黄静波，1992；林晨辉，1992；刘江永，1993；赵春明，1994；冯昭奎，1994；罗永光，1994；王媛，1995；张学斌，1995；刘力，1996；

① 江涌：《当前中国经济安全态势》，载于《政治经济学评论》2018年第4期。

李长明，1996a；1996b；秦海，1996）。

学者们聚焦日美贸易摩擦与当时的历史背景有关。第二次世界大战后，日本实现了经济20多年的经济高速发展，成为资本主义二号经济强国。日益强大的日本开始在美国大肆收购资产，著名的帝国大厦也被日本人买走。日本某些经济指标的迅猛增长到甚至令美国举国上下感到不安的地步，于是美国决定采取一些措施来应对。这场贸易摩擦先从纺织品争端开始。1971年，美国强迫日本接受了他们提出的“日美纺织品协定”。1974年、1977年、1978年，日美在钢铁领域开始争端不断，通过给日本钢铁出口加上配额，发起反倾销调查等方式限制日本。随后日美贸易摩擦延伸至汽车行业，除了限制日本汽车出口规模，美国还要求日本完全放开本国的汽车市场。1985年，美国召集了美国、德国、法国、英国、日本五国财政部长和央行行长，在美国纽约的广场饭店召开会议，签署了“广场协议”，其主要内容是五国联合干预外汇市场，使美元对日元及马克等主要货币有秩序贬值，日本陷入通缩陷阱。因此，日美贸易摩擦问题自然就成为学术研究的角度。

其间，为数不多的文献分析了美韩（韩国）贸易摩擦问题（朴永奎和张辉，1989；李鹤容和沈默，1989）；1992年11月5日，美国政府贸易代表希尔斯宣布美国将对欧共体某些农产品征收巨额惩罚性关税。美国的这一决定不啻是美国“投向欧洲的一颗炸弹”，使美欧关系骤然紧张，使全球贸易自由化进程蒙上浓郁的阴影。陆琛（1992）、王苏颖（1993）、张永安和杨逢珉（1994）、薛彦平（1995）分别探讨了美欧贸易摩擦问题。侯若石（1990）分析了发展中国家工业发展及其与美国的贸易摩擦。研究中美贸易摩擦的文献很少。张学斌从政治背景的角度探讨了中美贸易摩擦（张学斌，1995），金泽虎（1997）较早探究了中美贸易摩擦问题，他认为，中美贸易由于互补性强、潜力大，发展速度很快，但由于一些具体原因，中美在最惠国待遇、贸易平衡、知识产权、纺织品贸易协定等问题上产生一系列摩擦；这些摩擦由于更深刻的政治原因和经济原因而变得相当复杂[①]。

---

① 金泽虎：《中美贸易摩擦及其成因分析》，载于《哈尔滨商业大学学报》（社会科学版）1997年第5期。

2000年5月31日突发中韩“大蒜事件”引起了学者们对中韩贸易摩擦的关注（刘新英，2000）。2001年4月23日，日本政府对我国的大葱、鲜香菇、蔺草席3种农产品实施紧急限制进口措施，挑起了两国间的贸易争端，打破了长期以来两国共同营造的比较和谐的经贸关系。国内学者开始关注中日经贸摩擦问题（陈建，2001；张舒英，2001；傅钧文，2001；归泳涛，2001；张未末、余迎广和张海勇，2001；刘松涛，2001；吴德烈，2001；甲斐谕和王志刚，2002）。

冷战过去了，中美两国之间的贸易摩擦却变得频繁而又激烈了。1989年6月，美国在西方世界带头对中国实行了贸易制裁；1991年6月和1993年8月，美国政府以不确切情报为根据，指责中国向巴基斯坦出口M－11型导弹及其技术，两次对中国实施经济制裁。1991～1993年，美方又不断在劳改产品出口问题上大做文章，向中国施加压力。从2000年开始，美国经济表现出明显的下滑趋势。一方面，美国GDP实际增长率从2000年初的5%一路下跌，至2001年末接近0；另一方面，失业率水平从2001年初开始不断攀升，至2002年初已经接近6%。通货膨胀率从2001年初开始不断下跌。这意味着国内需求在不断收缩。其中，钢铁行业从2000年中开始表现出明显收缩的趋势，出货量和存货量同比增速显著下滑。此外，美国粗钢产能利用率从2000年中期开始也转为下跌趋势，从90%以上下跌至2002年初仅为60%左右。2002年3月，美国根据“201条款”对10多种进口钢铁征收最高为30%的关税，有效期为3年[①]。这引起了国内学者的注意（刘芹，2001；佟福全，2002；周灏，2002；方虹，2002），2003年之后，关于中美贸易摩擦成为学术研究的热点。

关于中国对外开放中的贸易摩擦问题，不同学者针对不同国家的贸易摩擦展开了国别研究，如中美贸易摩擦（张学斌，1995；冯国钊和刘遵义，1999；陈向阳，2000；陈继勇和彭斯达，2001；雷达和于春海，2002；赵晓，2003；于铁流和李秉祥，2004；石磊和寇宗来，2004；湛柏明，2004；赵建，2004；苗迎春，2004；龙向阳，2004；蒲华林，2004；

① 姜超、梁中华、宋潇：《历史上美国如何打贸易战？》，凤凰财经网，2018年6月20日。

丁家云，2004；陈泰锋，2005；赵晓和柳阳，2005；胡方，2005；李丽，2005；梁军，2005；岳晋峰，2005；张璐，2005；尹翔硕，2006；查贵勇和高凡，2006；胡静寅，2006；李春顶，2007；倪世雄和李淑俊，2007；李淑俊和倪世雄，2007；崔日明，2007；蓝庆新，2007；周骏宇和周文贵，2007；尹翔硕和李春顶，2008；冯耀祥，2008；王丽娜，2008；陈泰锋，2008；王亚飞，2008，2009，2014；李淑俊和郭增栋，2009；柳剑平和张兴泉，2009；邹小宇和朱宇，2009；杨志龙，2009；李淑俊，2010；黄晓凤和廖雄飞，2011；熊珍琴，2011；陈仁新，2011；何泽荣和帅建林，2011；王威，2013；杨世平，2014；杨亚楠、夏楠和赵兵，2014；蒋永宏和于程程，2015；罗琳和张家福，2015；王宾容和王久乐，2016；郑云心，2016；方杰，2016；吴晓林和张兴泉，2016；贾中正，2017；华民，2018；余淼杰，2018；魏杰和王韧，2018；陈甬军和张记欢，2018；余淼杰、金洋和刘亚琳，2018；杨翠红，2018；管传靖，2018；熊琛然等，2018；连平，2019；杜永红，2019；吴书画，2019；陈伟、朱俊峰和田国强，2019；刘强、徐静珍和马春倩，2019）；中日贸易摩擦的研究（吴德烈，2001；张晓静和冯星光，2002；张鸿，2002；高文燕和杜国功，2002；李俊慧，2003；王珏，2005；王跃生等，2008；赵玉峰，2009；苑涛和杜金东，2010；柳剑平和张兴泉，2011；徐梅，2014;）；中欧贸易摩擦的研究（黄辉，2005；党军，2006；魏龙和王丹丹，2006；唐静和朱智敏，2007；郝亚威，2008；杨倩和教明玮，2008；王思璇，2009；张亚珍，2009；任丽华，2009；邓宗豪，2009；卢大钊，2010；郝洁，2012；龚立恒和黄珏群，2012；李惠瑛，2013；杜兴鹏，2013；王樾，2014；陆斯尧，2017；潘晓莎，2018）；中韩贸易摩擦（刘新英，2000；李晓峰和张巍，2006；孟祥伟，2008；张文虎，2011；文春花和李钟林，2014）；中墨贸易摩擦（张蕙杰，2006；薛飞和张建元，2009；王婷和李艳君，2012；吴国平和岳云霞，2012），等等。其中，关于中美贸易摩擦的研究成果最为丰富，也最为全面、系统与深入。本书对此展开文献综述。

二、贸易摩擦事件引发学术研究高潮

在经济全球化的进程中，中国逐步成为美国最重要的贸易伙伴之一，贸易摩擦也伴随而生。2017 年中国共遭遇 21 个国家（地区）发起贸易救济调查 75 起，涉案金额 110 亿美元。中国已连续 23 年成为全球遭遇反倾销调查最多的国家，连续 12 年成为全球遭遇反补贴调查最多的国家①。中国成为世界上最具竞争力的经济体，不仅使原有贸易体系面临挑战，而且对美国的经济发展造成了“强大威胁”，美国在世界市场上的地位被削弱了。刘欣和戴芸（2012）、方虹（2002）、张哲人和彭华（2013）等通过对中美贸易诸多个案的统计与实证分析，发现中美贸易摩擦的频率与经济全球化的速度及中国经济发展速度成正比，经济全球化快速发展不仅会增加中美贸易摩擦的频率，还会引发经济其他层面乃至政治领域的摩擦。而中美贸易摩擦的事件引发了国内学者对于贸易摩擦研究的兴趣。中美历史上六次贸易摩擦交锋②。从文献检索的情况来看，每一次贸易摩擦交锋都会引发一轮研究的高潮，如表 4－14 所示。

表 4－14　历史上的中美贸易交锋情况

发起时间	美国政府发起缘由	结果
1991 年 4 月	中国专利法缺陷，美国作品著作权、商标秘密和商标权保护的缺乏	中美签订知识产权保护协议，中国对改进知识产权法律作出承诺
1991 年 10 月	美国商品进入中国市场遇到不公平壁垒问题	中美达成协议，中国承诺未来 5 年里对美国商品取消进口壁垒

① 夏旭田、钟华：《中国已连续 23 年成全球遭遇反倾销调查最多国家》，载于《21 世纪经济报道》2018 年 1 月 24 日。

② 根据文献资料综合整理而成，参考资料包括：《历史上的中美贸易战：美曾五次对中国动用 301 条款》，新华网，2018 年 5 月 1 日。肖立晟、袁野：《中美五次贸易摩擦交锋——理解其中的“对等”要求》，肖立晟宏观经济分析，2018 年 5 月 16 日。清华大学国家国际金融与经济研究中心 CIFER 中美贸易关系小组：《中美贸易争端大事记》（更新至 2019 年 6 月 9 日）。

续表

发起时间	美国政府发起缘由	结果
1994 年 6 月	要求中国完善知识产权保护，对美国知识产权产品开放	中美达成第二个知识产权保护协议
1996 年 4 月	中国对知识产权保护不力	中美达成第三个知识产权保护协议
2010 年 9 月	中国对清洁能源存在补贴行为	同意修改《风力发电设备产业化专项资金管理暂行办法》中涉嫌禁止性补贴的内容
2017 年 8 月	中国侵犯美国知识产权	2018 年美国发动贸易摩擦，中国反击

第一次交锋（1987～1992 年）。1987 年，中美围绕知识产权和贸易问题交锋。1987 年 4 月，里根政府要求美国和外国缔结政府间科技合作协定时必须就知识产权保护达成协议。1988 年 6 月，美国驻华大使馆就《中美科技合作协定》同中国谈判，谈判中提出知识产权保护的“对等问题”。美国主张“一方提供法律保护，另一方不提供法律保护，则提供保护的一方享有在世界范围内的一切权益”来处理药品、化学产品、计算机软件、半导体芯片和其他我国尚未完成立法的主体。中方表示将会加强知识产权保护，但美方要求超出极限，不切实际。1991 年 4 月，中方重申采取行政措施保护美方权益，5 月 20 日，两国正式续签《中美科技合作协定》。

在贸易方面，1988 年美国贸易赤字和财政赤字扩大，决定以双边贸易不平衡为由制裁报复主要贸易伙伴，提高进口商品关税、禁止某些商品进入美国。1991 年 4 月，美国贸易代表办公室宣布中国为“重点国家”。宣布对中国包括啤酒、矿石、纺织品、鞋类等总值 15 亿美元货物采取报复措施。在最后关头，1992 年 1 月中美签署了《保护知识产权的谅解备忘录》，中国同意加入两大世界知识产权保护公约和同意修改专利法，美方宣布贸易清单取消实施。本次贸易摩擦以双方的妥协结束。

第二次交锋（1994 年 4 月～1995 年 2 月）。1994 年美国贸易代表又指责中国没有保护知识产权，将中国列为“最严重侵犯美国专利权和版权”的唯一的重点国家，开始为期 6 个月调查。12 月美方公布 28 亿美元报复清单，涉及电子、鞋类、玩具、箱包等，征收100%惩罚性关税；中国公布反报复清单，涉及烟、酒、CD、化妆品等征收特别关税100%。中国的强硬换来美国的继续谈判，但谈判破裂。美国延迟贸易制裁时间，为回旋提供余地。1995年2月美国能源部部长奥利里率总统特使和大批企业家访华。2月26日，中美达成协议，美国停止301调查，取消贸易报复，中国同意加强知识产权保护。

第三次交锋（1996年4月～1996年6月）。1996年4月30日美国政府认为中国没有认真执行协议，再次将中国列入"重点国家"名单。1996年5月15日美方提出建议性制裁措施，制裁内容与上次几乎相同。中方也立刻提出反贸易报复措施：部分进口品加征100%特别关税，同时暂时限制美国产品的进口和暂停审批美方企业在华投资设厂等。1996年6月两国代表团非正式磋商，达成协议，美方取消贸易制裁，中方同意加强执法、严格市场准入以及侵权工厂处置，这次协议只涉及行动性的问题而并不是一系列的承诺。

第四次交锋（2004～2009年）。2001年我国加入WTO后，美国商界对中国知识产权保护情况不满，2004年美国再次将中国列入"重点观察国家"名单，向中国施加压力。2007年美国向世贸组织提起诉讼，认为中国惩治盗版和假冒商品的刑罚门槛过低、中国海关处置没收侵犯知识产权货物的行为不当、中国限制版权保护的文化产品市场准入。次年，双方分别进行了书面陈述并提交报告。经过两年的审理，2009年WTO专家组以证据不足为由拒绝美国对中国的三项指控，同时指出中国在相关方面存在的不足，美国接受裁判结果。

第五次交锋（2010～2010年）。2010年9月美国钢铁工人联合会指出中国的新能源产业政策，如国内补贴损害了美国产业经营和就业，提请对中国展开反补贴调查。2010年10月，美国针对中国清洁能源政策措施启动"301调查"，指控中国"非法"补贴中国清洁能源产品使其低价进入全球市场，损害美国贸易权利；并向世贸组织上诉，并宣布要实施惩罚性关税。2010年10月17日，中国能源局驳斥美国指控，指出美国政府能源补贴远高于中国。2010年12月，中美双方在WTO争端解决机制项下进行磋商，同意修改《风力发电设备产业化专项资金管理暂行办法》中涉嫌禁止性补贴的内容，终止了WTO程序，最终以双方磋商协调解决结局。

第六次交锋（2017～2019年）。2017年8月19日，美国总统特朗普签署备忘录指示美国贸易代表办公室（USTR）对中国开展“301调查”。2018年2月16日美国商务部披露232调查结果，认为钢铁和铝产品进口现在可能威胁美国国家安全。2018年3月8日美国总统特朗普签署公告，认定进口钢铁和铝产品威胁美国国家安全，决定于3月23日起，对进口钢铁和铝产品全面征税（即232措施），税率分别为25%和10%。23日美国USTR发布《基于1974年贸易法301条款对中国关于技术转移，知识产权和创新的相关法律，政策和实践的调查结果》，宣布拟对中国部分商品加征25%关税，贸易摩擦开始。同日，中国商务部关于就美国进口钢铁和铝产品232措施及中方应对措施公开征求意见的通知：拟中止对美国实施实质相等的减让和其他义务，即对自美进口部分产品加征关税。2018年4月1日中国国务院关税税则委员会宣布对原产于美国的约30亿美元进口商品中止关税减让义务的清单，4月2日起实施。4日美国USTR发布涉及500亿美元，1300个单独关税项目的进口产品惩罚关税（25%）清单。针对中国的“中国制造2025”产业政策。4日中国宣布对美500亿美元进口反制清单，将对原产于美国的大豆等农产品、汽车、化工品、飞机等进口商品对等采取加征关税措施，税率为25%。4日中国就美国对华“301调查”项下征税建议在世贸组织争端解决机制下提起磋商请求，正式启动世贸组织争端解决程序。2018年5月29日美国白宫发表声明称将对从中国进口的价值500亿美元的商品征收25%的关税，并将加强对获取美国工业重大技术的相关中国个人和实体实施出口管制，并采取具体投资限制。2018年6月16日美国宣布对500亿美元商品加征25%的进口关税，其中第一部分约340亿美元中国商品主要集中在航空航天、信息技术、汽车零件等高科技领域，将于7月6日起实施。16日中国宣布对500亿美元商品加征25%的进口关税，其中对美农产品、汽车、水产品等545项商品约340亿美元商品加征关税措施将于7月6日实施。2018年7月10日美国宣布拟将对2000亿美元中国产品加征约10%关税。6日中国对美国340亿美元商品开始加征25%关税。2018年8月1日美国宣布拟将对2000亿美元中国产品的征税税率由10%提高至25%。3日国务院关税税则委员会宣布拟将对原产于美国的约600亿美元商品，按照四档不同税率加征5%～25%不等的关税。8日美国宣布对第一轮500亿美元中国商品剩余部分（160亿美元）加征25%关税，8月23日生效。中国宣布对160亿美元美国商品加征25%关税，8月23日生效。2018年9月18日美国政府宣布将于9月24日起，对原产于中国的2000亿美元商品加征10%的进口关税，并将于2019年1月1日加征关税税率上调至25%。国务院关税税则委员会宣布对8月3日发布的清单中涉及600亿美元进口商品自2018年9月24日加征10%和5%的关税。国务院新闻办公室9月24日发布《关于中美经贸摩擦的事实与中方立场》白皮书，旨在澄清中美经贸关系事实，阐明中国对中美经贸摩擦的政策立场，推动问题合理解决。2018年12月14日美国贸易代表办公室宣布正式将针对中国2000亿美元产品加征关税从10%提高至25%的时间由2019年1月1日改为2019年3月2日。2019年5月9日美国政府宣布，自2019年5月10日起，对从中国进口的2000亿美元清单商品加征的关税税率由10%提高到25%。13日国务院关税税则委员会宣布自2019年6月1日起，对已实施加征关税的600亿美元部分美国商品提高加征关税税率，分别实施10%～25%关税。对之前加征5%关税的税目商品，仍继续加征5%关税。31日中国商务部新闻发言人高峰称，针对近期一些外国实体出于非商业目的，对中国企业采取封锁、断供和其他歧视性措施的行为，中国将建立不可靠实体清单制度。2019年6月2日国务院新闻办公室发布《关于中美经贸磋商的中方立场》白皮书，旨在全面介绍中美经贸磋商基本情况，阐明中国对中美经贸磋商的政策立场。6日商务部发表《关于美国在中美经贸合作中获益情况的研究报告》，阐明美国从中美经贸合作中获益巨大。8日国家发展改革委正牵头组织研究建立国家技术安全管理清单制度，以更有效预防和化解国家安全风险。具体措施将于近期出台。

三、关于中美贸易摩擦原因的研究

1. 中国角度的中美贸易摩擦原因

从中方经济原因探寻中美贸易摩擦的原因。

（1）国家产业结构调整及中国参与国际分工的原因。一些学者尝试从经济全球化和产业国际转移角度来剖析中美贸易摩擦，以探求中美贸易顺差的合理性，同时对中美贸易衡量标准的选择和双方地位实质上的不平等问题进行了深入剖析，并从维护国际贸易增长全局方面提出了初步建议（赵建，2004；韩擎和杨斐然，2004；蓝庆新，2007；韩晶，2008；赵书晓，2010；熊珍琴，2011；刘欣和戴芸，2012；苏乐，2013；王宾容和王久乐，2016）。赵建（2004）认为，国际贸易的背后是国际分工，国际间产业结构不相配乃是引发贸易摩擦的深层原因，而各国经济政策及其国内利益集团的政治行为则是使国内外产业间的矛盾外部化为国际贸易摩擦的关键。因此，从长期来看，应对国际贸易摩擦除加强国际政策协调之外，还要重视调整产业结构[①]。苏乐（2013）通过大量数据统计进行分析，指出生产力水平决定一国在国际分工体系中的地位，美国出于产业结构调整和升级的目的，把一些劳动密集型“夕阳产业”转移到包括中国在内的处于价值链低端的国家，随着中国对美贸易顺差的不断增加，美国自然不会轻易接受这样的现状，不断挑起贸易争端。

（2）我国企业缺乏核心技术、竞争力弱，导致我国出口商品结构不合理、档次低、质量差，中国通过出口大量农副产品、廉价加工品、组装产品等低附加值产品，使顺差呈现逐年递增的趋势，但对美贸易中竞争力不足，容易遭到美国的反倾销、反补贴、技术性贸易壁垒的指控，这是中美贸易摩擦不断增加的重要内部经济成因。在我国对美贸易摩擦案例中，受美国反倾销指控案例最多，分析其原因，主要是生产企业的产品质量较低，不符合国际技术标准，企业经营混乱，产品结构不合理等（丁家云，2004；陈泰锋，2005；成健，2009）。王亚飞（2009）指出，反倾销已成为中美贸易摩擦的重要手段，而美国对华保护贸易的手段也将不断翻新。

（3）我国出口市场过于集中、增长过快、出口秩序紊乱，对美外贸依存度过大，对美国的贸易“依赖”也使得我国在对美贸易中处于被动地位，美国凭借这种优势掌握了对华贸易的绝对主动权（丁家云，2004；陈

① 赵建：《国际贸易摩擦背后的产业结构和政治因素》，载于《世界经济与政治论坛》2004年第3期。

泰锋，2005；魏浩和马野青，2006；魏浩，2007；韩国立，2007；尹翔硕和王领，2010；邝艳湘，2010；姜团，2014）。邝艳湘（2010）利用“多阶段博弈模型”展开分析，认为中国对美国贸易依赖格局的不断“定型”，是导致两国贸易摩擦日益频繁的重要成因。魏浩（2007）利用1993～2004年期间我国十大进出口地区的地区结构及其对称性问题进行了实证研究，研究结果表明：我国在这10个地区的整体出口地区结构、整体进口地区结构及其内部的出口地区结构都不断优化，但是，其内部的进口地区结构却不断恶化；我国与加拿大的进出口对称性问题最为优化，与我国台湾地区和香港特别行政区的进出口对称性问题最为严重；美国与欧盟都是我国重要的进出口地区，但是我国与美国的进出口对称性问题比较严重。因此，我国不仅应该继续实施出口市场多元化战略、注重实施进口市场多元化战略，还要特别注重利用对外直接投资来调节我国进出口地区结构，大力实施“走出去”战略。

（4）外贸经营体制不完善（李雨时，1996；赵春明和何艳，2000；赵春明，2002；卢现祥，2003；邵来安，2005；郭兴平，2005；成健，2009）；国际贸易规则的“既定导向”致使中美贸易摩擦难以避免。中国加入WTO后，直接与世界经济与贸易规则接轨，国际贸易行为自然受WTO国际贸易规则的约束，但中国的改革采取的是渐进式制度变迁路径，各种原因导致中国与国际贸易规则接轨并不畅通，由于制度冲突造成的贸易摩擦就难以避免（邵来安，2005；郭兴平，2005；成健，2009；蔡四青，2009；孔庆峰，2011）。

（5）应对贸易摩擦的战略战术不高（陈泰锋，2005）等因素是导致中美贸易摩擦的主要原因。成健（2009）、王春蕾（2006）、苏乐（2014）等均认为，我国企业在遭遇技术性贸易壁垒后往往“束手无策”，难以维护自身利益。

一些学者从中美贸易利益分配不均衡的角度分析中美贸易摩擦的成因（曾铮和张路路，2008；汪伟，2010；蓝庆新，2007；刘欣和戴芸，2012；王晓姗，2014；葛明、林玲和赵素萍，2015；葛明、赵素萍和林玲，2016；张晓磊、张为付和崔凯雯，2018）。中国对美国“巨额”“贸易顺差”引发的所谓“非均衡收益格局”使中美贸易再添“不平衡”，导致贸易摩擦加剧。第一，全球化带来的“产业转移”使中国在中美贸易中获得了“巨大利益”，中美贸易出现“非均衡受益格局”，贸易摩擦由此发生。第二，即便在所谓“非均衡贸易格局”中，事实上美国也获得了巨额经济利益，而美国却打着“不平衡”的旗号希望“赢”回贸易利益，两国贸易摩擦由此加剧。一些学者认为，无论是从比较优势还是规模经济角度分析，在中美贸易交换中都不可能完全“对等”，美国总认为丧失了更多的经济利益，使得贸易摩擦不可避免。

也有研究者从心理、制度以及政治角度研究了中美贸易摩擦的成因。李春顶（2007）创新性地从心理、制度以及政治角度研究了中美贸易摩擦的成因，并给出了一个综合分析框架，认为从心理角度来看，中美贸易摩擦源于美国人的失衡心理、妒忌心理；从制度角度来看，美国的政策制定制度决定了政府代表资产阶级的利益，因此一旦中国对美国的出口影响到资产阶级的利益，他们就会制造障碍，贸易摩擦由此而生；从政治角度来看，中美贸易摩擦的产生主要是由于美国的“集体行动”等政治行为以及美国制造的“中国威胁论”。何泽荣和帅建林（2015）认为中美文化之间的相互对立和排斥形成的文化冲突是中美贸易摩擦的最深层次，文化冲突的核心是价值观的冲突。美国的文化霸权或霸权价值观理念决定了美国国家利益的霸权性和扩张性，从而导致美国在中美贸易关系中频频制造贸易摩擦。美国的霸权均势战略的根本动机和目的是遏制挑战国，维护美国在世界体系中的核心地位①。

孙磊和谭波（2015）对主流贸易理论中解释贸易摩擦成因的重商主义理论、幼稚产业保护理论、特定要素与S－S定理、国际贸易扭曲理论、战略性贸易政策、GBS理论、政治经济学分析框架以及经济再平衡调整与贸易摩擦八部分进行了梳理。通过对每种理论的产生背景、形成过程、主要内容以及局限性的分析，明确了关于贸易摩擦成因理论分析的完整体系②。

一些学者认为，对美贸易出口额的统计方法有问题，导致计算得出的

① 何泽荣、帅建林：《从文化冲突角度看中美贸易摩擦》，载于《财经科学》2011年第3期。
② 孙磊、谭波：《贸易摩擦成因理论研究综述》，载于《商业经济研究》2015年第6期。

对美贸易逆差“虚高”（柳剑平、张兴泉，2009；李亨哲，2014；闫凯，2014；董一，2013）统计方法和统计误差（冯国钊和刘遵义，1999；郭兴平，2005；王直、魏尚进和祝坤福，2015；余淼杰，2018）。冯国钊和刘遵义（1999）认为，统计方法和统计误差也是引起贸易摩擦的一个重要原因，这主要表现在对中国香港地区转口贸易的计算、到岸价格、离岸价格的采用等方面，计算上的不一致，大幅度增大了原本的贸易差额，增加了摩擦的机会。

2. 美国角度的中美贸易摩擦原因

不少文献从美国的角度探讨中美贸易摩擦的成因。

（1）美国贸易保护主义的抬头导致贸易摩擦（丁家云，2004；于铁流和李秉祥，2004；苗迎春，2004；岳晋峰，2005；周骏宇、周文贵，2007；钱俊君，2010；杨培强和张兴泉，2014）。从美方的角度来看，美国政府出于政治考虑，出台干预贸易政策，影响两国贸易关系美国政府出于政治考虑，在对华贸易中运用了经济政治化的手段，出台干预贸易的政策，颁布各种条约干涉中美贸易。梁军（2005）认为：“对于有利于美国的事情，即使伤害到许多国家的重大利益，美国政界会睁只眼闭只眼……要求世界各国都唯美国利益马首是瞻，中国政府与企业不可能俯首帖耳，于是贸易摩擦就产生了”[①]。李春顶（2007）通过建立理论和实证模型证实了贸易国为保护就业会采取相应产业政策措施，从而导致劳动力密集型产业以及价格劳动需求弹性大的产业容易遭受贸易摩擦。尹翔硕和李春顶（2008）则指出“边际保护”思想直接引致政府的福利加权计算，从而影响贸易政策偏向于保护夕阳产业，贸易摩擦滋生和激化。王才举（2009）发现中美贸易摩擦呈现深受美国利益集团影响、是异质产业体间的摩擦、朝混合型摩擦方向发展、留有美国决策机制烙印、中美贸易摩擦掺杂着第三方因素的特点。所以，我国应采取运用适当的外交战略和战术、积极利用世贸组织规则以平和的心态看待贸易摩擦、坚持以扩大内需为长期发展战略、加快产业结构的调整和优化、调整贸易数据统计方法的对策来减少

① 梁军：《中美贸易摩擦的经济学困惑及其政治经济学解释》，载于《国际观察》2005年第4期。

中美贸易摩擦的发生。钱俊君（2010）认为，中美贸易摩擦是异质产业体之间的贸易扩张型摩擦，具有复合相互依存的特征，往往具有地区或全球联动效应，还深受意识形态的干扰，与美国的国内政治也有密切关联。杨培强和张兴泉（2014）从企业异质性的角度出发，认为贸易保护政策给出口与非出口企业带来不同的贸易利得是中美产业内贸易摩擦产生的动因。美国贸易保护主义的抬头受到美国维护国家利益从而贸易战略调整的影响，也受到美国国内利益集团的影响（丁家云，2004；陈泰锋，2005；王丽娜，2008；甄亚丽，2009）。

（2）大国竞争与美国全球战略遏制中国造成贸易摩擦（张学斌，1995；雷达和于春海，2002；赵晓，2003；丁家云，2004；苗迎春，2004；赵晓和柳阳，2005；陈泰锋，2005；李丽，2005；胡麦秀和薛求知，2008；王丽娜，2008；成健，2009）；张学斌（1995）认为美国固有的意识形态使其对中国的崛起很不放心，不少民众和政治家对中国的人权和政治体制持有异议，往往将双边经济问题与意识形态挂钩。雷达和于春海（2002）认为中美经济摩擦政治化的深层原因在于全球经济关注点由利益创造向利益分配转移，同时，中美两国意识形态上的差异是中美经济摩擦政治化的特殊原因。赵晓（2003）提出中国进入“国际摩擦时期”的概念，指出中国在崛起中必然引起国际经济、政治的不平衡，进而由平稳崛起的前期逐渐过渡到摩擦的中期，其表现可能是贸易、投资、宏观（如人民币汇率之争）以及政治、文化诸层面的各种摩擦①。李丽（2005）通过分析中美贸易摩擦中的政治因素作用，指出美国的国会管理贸易和利益集团代言人制度导致保护主义横行，故而贸易摩擦不断。周骏宇和周文贵（2007）认为，中美贸易摩擦的发生并愈演愈烈有其客观必然性，一方面中美贸易摩擦是世界经济失衡、美国经济中各方面矛盾日益凸显以及美国国内贸易保护主义抬头的“正常”反映；另一方面中美之间发生贸易摩擦是中国经济持续高速发展、中国的国际经济地位迅速提升的必然产物。成健（2009）认为，由于非均衡收益格局的存在以及经济全球化使贸易摩擦成为一种必

① 赵晓：《从战略角度看中国的“国际经济摩擦”时期》，载于《国际经济评论》2003年第11期。

然。张哲人和彭华（2013）认为，中国经济的高速发展及其在世界经济舞台上的影响力不断提升，美国希望维持其霸权地位，惧怕中国的强大威胁到美国的全球利益，为了维护自身的政治和经济利益，美国采取了政治手段干预经济的措施。

（3）美国产业结构调整的结果（雷达和于春海，2004；赵建，2004；陈泰锋，2005；韩国立，2007；尹翔硕和李春顶，2007；王丽娜，2008；王亚飞，2014）。雷达和于春海（2004）指出通过考察内部结构调整对外部环境的要求，并结合中美两国当前的经济结构特征可以看出，中美之间贸易摩擦的根源在于两国经济结构调整过程的特征和潜在的互补关系。赵建（2004）认为国际间产业结构不相匹配，并指出各国经济政策及其国内利益集团的政治行为则是使国内外产业间的矛盾外部化为国际贸易摩擦的关键。尹翔硕和李春顶（2007）认为，南北国家出口产品市场结构的差异引起南北不对称是贸易摩擦的关键所在，发展中国家出口的劳动密集型产品的完全竞争市场环境是其频繁遭遇贸易摩擦的微观本质，且该结论与发达国家进口国内有无相关竞争性产业并无关联性。所以对于发展中国家来说，解决贸易摩擦的根本途径在于提升产业结构，增加出口产品的技术含量和层次①。王亚飞（2014）认为美国经济结构调整、中美贸易不平衡、东亚地区区域性产业结构调整等是导致中美贸易摩擦深刻的结构性原因。

（4）美国经济的衰退导致贸易摩擦（史敏，1987；尹翔硕，2001；苗迎春，2004；刘建江，2005；陈平，2006；聂元贞，2006；王建华和范荷芳，2007；成健，2009；甄亚丽，2009）。由于国内经济形势的原因，美方对国内市场份额进行战略调控，导致中美贸易摩擦。肖德和李坚（2006）认为中国为加入 WTO 签署了非市场经济地位规定、特定产品过渡性保障机制、纺织品限制措施、过渡性报告审议制度等附加条款，这些附加条款为美国对华实施贸易保护提供了便利。

（5）美国出口管制政策尤其是美国对华高技术产品出口管制的影响（张汉林和蔡春林，1991；李志军，1999；李安方，2004；袁嫣和刘运顶，

① 尹翔硕、李春顶：《国际贸易摩擦南北不对称与摩擦的形成——基于一个三国贸易模型的分析》，载于《南开经济研究》2007 年第 5 期。

2006；刘子奎，2008；黄晓凤和廖雄飞，2011；李恒阳，2012；陈葵，2014)。李志军（1999）对美国对华技术出口管制的历史和现状进行较为系统、深入地分析研究，指出美国对华技术出口管制是造成中美贸易逆差的主要原因。黄晓凤和廖雄飞（2011）指出美对华高技术产品出口管制与中美贸易失衡存在长期稳定的均衡关系，且具有相互促进的放大效应，出口管制是引发并加剧双边贸易失衡的主要原因。

3. 关于中美贸易摩擦影响的研究

关于中美贸易摩擦的影响，学者们均给出了辩证的判断。

（1）中美贸易摩擦对中美经贸关系的发展带来了明显的消极影响（苗迎春，2004；尹翔硕，2006；周骏宇和周文贵，2007；韩国立，2007；张京和庞引巧，2008；赵书晓，2010)。尹翔硕（2006）指出，美国对中国具有比较优势的产品实施反倾销等限制措施，会使美国的总福利下降；而限制技术知识在中国的扩散，实际上也就在一定程度上限制了中国经济的长期发展。韩国立（2007)；周骏宇、周文贵（2007）和赵书晓（2010）认为，中美贸易摩擦的不断加剧，对我国的出口有较大的限制，使我国出口生产企业蒙受了巨大的经济损失。

（2）学者们也认为中美贸易摩擦也会倒逼中国国内的技术进步与改革发展。尹翔硕（2006）认为，美国对中国具有比较优势的产品实施反倾销等限制措施，在一定程度上会迫使中国产业更快地升级。韩国立（2007)；周骏宇、周文贵（2007）和赵书晓（2010）认为，中美贸易摩擦会加速产品的结构升级，有利于培养我国的竞争优势产业，推动我国对外直接投资的发展。周骏宇、周文贵（2007）和赵书晓（2010）还认为中美贸易摩擦产生倒逼压力，迫使我们反思发展的战略，从而作出制度创新和战略调整，从而有助于促进我国加快推动出口市场多元化战略，有利于促使中国企业、政府和全社会更加关注民生，注重保障劳工福利和人民福祉，树立强烈的环境意识，重视资源节约和环境保护，从而提升中国整体国民福利。

中美双边贸易发展史，是一部曲折中前进的历史。在中美经贸往来快速发展的过程中，贸易摩擦是在所难免的。如果中美双方能通过协商妥善解决争端，就会迎来新的发展机遇。历史一次又一次地澄清一个现实：贸易保护主义对经贸发展于事无补，“301调查”及贸易报复措施只会扩大贸易伙伴国之间的分歧①。回溯经济史，改革开放以来，美国曾经针对中国5次“301调查”，从历史结果看，最终双方均达成妥协，并未演化成全面贸易摩擦。这从侧面反映出中国经济发展的韧性，也说明不管面对多么复杂多变的外部环境，中国总是能够保持战略定力，通过坚持深化改革和扩大开放，把外部压力转化为内部改革的动力，从而推动中国经济的不断发展。

4. 关于中国应对中美贸易摩擦的对策建议

（1）应对中美贸易摩擦：应理性看待、全面认识、正确对待，以平常心对待之（丁家云，2004；崔日明、李兵和赵勇，2007；王丽娜，2008；成健，2009；王才举，2009）。

（2）从政府角度来看，对外，应该在政治、经济、社会和文化等诸多方面对美国进行深入而全面的了解，利用一切手段与美国建立沟通机制（岳晋峰，2005；于铁流和李秉祥，2004；崔日明、李兵和赵勇，2007）；熟悉和掌握WTO贸易争端解决机制，合理运用WTO相关规则，切实保护我国对外贸易利益（于永达等，2004；丁家云，2004；徐慧竹，2007；王丽娜，2008；王才举，2009）；要加大技术进步的步伐，促进我国产业结构的升级，不断地优化出口产品结构，提高产品质量（丁家云，2004；岳晋峰，2005；徐慧竹，2007；王才举，2009；成健，2009；崔日明、李兵和赵勇，2007）；完善中国的反倾销立法，加强反倾销机构的功能建设，建立和完善我国的贸易救济体系，运用贸易救济手段维护自身权益（李怀政，2004；李毅，2005；何添锦，2005；鲍晓华，2007；李智，2009；俞燕宁，2012；张乃根，2014；刘学文和朱京安，2015；查贵勇，2017；张春玲，2017；王威和刘晓丹，2019）。对内，把握国际经济环境的变化趋势，及时调整经济与贸易发展战略，转向内需驱动的解决发展战略（王丽娜，2008；王才举，2009），采取更有效的诸如自动出口限制，对外直接投资等对策（于铁流和李秉祥，2004）；进一步完善社会主义市场经济体制，加强对内开放、真正建立起统一开放、竞争、有序的市场体系（丁家

① 洪俊杰、杨志浩：《从历史看中美贸易摩擦》，载于《财经智库》2018年第4期。

云，2004；王丽娜，2008）。建立贸易摩擦预警机制。提供全面的国际贸易咨询服务。

（3）从企业角度来看，大力实施品牌战略，提高企业竞争力（岳晋峰，2005；秦法萍，2005；王丽娜，2008）；实施多元化市场战略（刘力，1996；方堃，2001；华晓红，2002；汪素芹和叶伟春，2003；张云，2005；魏浩和马野青，2006；魏浩，2007；杨长湧，2010；韩小蕊，2012）；积极实施"走出去"的战略；大力发展企业集团。企业要从自身利益出发，积极应诉、有效应诉、积极配合、认真研究反补贴等新摩擦（崔日明、李兵、赵勇，2007）。

（4）应对技术性贸易壁垒的思路。企业要追求技术创新，努力提高产品的技术含量，大力推行环境标准制度和环境认证制度的具体措施转变观念，实施出口可持续发展战略，建立并采用与国际接轨的技术法规和标准体系。积极推进环保产业的发展，将环保纳入对外贸易发展战略（夏友富，1999；2001；易晓娟，2001；夏友富、俞雄飞和李丽，2002；杭争，2003；宋宇，2003；蔡茂森和朱少杰，2003；王志明和袁建新，2003；张海东，2004；张锡嘏，2004；张平，2004；张小蒂和李晓钟，2004；李春顶，2005；金德有和韩建平，2005；孙敬水，2005；鲍晓华和朱钟棣，2006；顾国达、牛晓婧和张钱江，2007；杨森然，2018；樊秀峰、郭嫚嫚和魏昀妍，2019，王领和宋熙晨，2019）。加强信息网络建设，建立技术性贸易壁垒的预警机制（王厚双，2004；张云，2005；刘向丽和张驰，2006；李计广、熊韶辉和张汉林，2007；党军和冯宗宪，2007；李钊和王舒健，2007；李计广和李焱伟，2008；胡方和邓瑾，2013；郝嘉玮，2017）。

（5）应对绿色壁垒的思路（彭建，1997；李慧明和卜欣欣，2000；李艳芳，2001；吴建华，2001；薛荣久，2002；赵海鸥，2002；丁家云，2002；俞浩伟，2002；林汉川和田东山，2002；曾凡银，2003；杜强，2003；姜芳，2003；刘凤军和吴琼琛，2005；林国华，2007；钟筱红、张志勋和徐芳，2007；孙红雨和佟光霁，2019）。政府应积极开展"环境外交"，积极参与国际环境公约和国家多边协定中环境条款的谈判；积极推进我国的环保立法、健全环保法制；制定扶持绿色产品的产业政策；加强基础性科学研究，加大对检测技术设备和相应的检测技术人员队伍建设的投资，尽快建立我国自己的绿色贸易壁垒技术指标体系；加强宣传，提高绿色发展意识。

（6）充分发挥行业协会的主导、协调、服务作用（崔日明、李兵和赵勇，2007；徐慧竹，2007）。此外，尹翔硕（2006）建议我国将政策的重点放在没有优势的进口和技术知识领域，应当加强对知识产权的法律保护，同时，要求发达国家将知识产权保护与技术转让问题一起考虑，降低技术转让的费用。崔日明、李兵和赵勇（2007）则认为，政府应制定和实施知识产权战略，建立知识产权预警与保障机制；企业要提高知识产权保护意识，培育和增强知识产权竞争力。李春顶（2007）指出，我们要解决中美贸易的摩擦问题，除了要积极面对，用国际贸易的争端解决机制保护我们自己以外，还要多用心理战术，多采用抚恤和游说策略，在美国政治中扶植和培育我们的代言人，做到有的放矢，有针对性地解决问题。

四、关于 2018 年中美贸易摩擦的研究

自从特朗普上台后，其高举美国优先旗帜，致力于实施贸易保护政策，而中美贸易摩擦自 2018 年 3 月以来不断有新动态呈现[①]。从表面上看，中美贸易逆差是这次贸易摩擦的直接原因，然而从更深层面思考，美国和中国正在日益冲突的贸易结构，中美由互补性贸易转向竞争型贸易，美国的霸权主义等交织在了一起，促成了这次美国对中国的制裁。贸易摩擦的未来走向和最终结束方式不仅对两国，对全世界都将产生深远的影响。科学分析中美贸易摩擦的本质，有助于我们正确研判，保持中国全面深化改革开放既有战略的定力，沉着应对中美贸易摩擦可能带来的各种风险。

1. 关于 2018 年中美贸易摩擦原因的研究

特朗普政府发动贸易摩擦的一个理由是在中美贸易中美国长期巨额贸易赤字，美国吃亏了。特朗普政府指出在 2017 年美中间的贸易逆差高达

---

① 清华大学国家国际金融与经济研究中心 CIFER 中美贸易关系小组：《中美贸易争端大事记》（本次跟踪更新至 2019 年 6 月 9 日）。

3752亿美元，这也是特朗普政府对中国发动贸易摩擦的最直接的借口。而国内也有许多学者认为中美之间的确存在长期贸易逆差，例如，夏胤磊（2018）认为“美国发动贸易战的直接原因之一是在中美近年来的贸易往来格局中，美国始终处于贸易逆差的地位，对华贸易的比较优势逐渐丧失”；郭可为（2018）也认为“特朗普发动对华贸易摩擦主要是为了扭转巨额对华贸易逆差”。特朗普认为这意味着美国在中美贸易中吃亏了。盛松成（2018）批评了中美贸易失衡严重是贸易摩擦不可避免的根本原因，认为国际贸易不仅包括货物贸易，也包括服务贸易。多年来，中国对美国积累了大量贸易顺差，但主要是在货物贸易领域；在服务贸易领域，中国贸易逆差逐年扩大，是世界上仅次于美国的第二大服务贸易进口国。美国是中国服务贸易逆差的最大来源国，仅从中国的大量货物贸易顺差和美国的逆差来讨论中美贸易失衡，而忽略了两国货物贸易和服务贸易的全貌，是有失偏颇的。如果从中美双边贸易的视角重新计算两国对彼此国际收支差额的贡献，2016年中美贸易逆差实际上不到2000亿美元。中国通过服务贸易对美国的收入、就业和经济增长作出了巨大贡献[①]。王勇（2018）从现行WTO统计规则过于陈旧的角度探讨了中美之间贸易逆差的问题，他认为贸易统计仅基于所谓“原产地”规则无法适应20世纪90年代中期以来经济全球化发展形成的“全球供应链”网络的新现实。这与其他许多学者的观点是一致的，中国提供加工生产服务，实际上赚取的只是微薄的加工劳务费，而真正的大额增值利润通过跨国公司经营、专利权收费等方式仍然是保留在拥有产权或核心技术的美国手上。只是因为目前的全球分工情况下，让中国成为最终完成产品的“原产地”，从而导致了在“原产地”计算方法下中美贸易逆差被夸大。林毅夫（2018、2019）认为，美国巨额贸易逆差根源在其自身。美国贸易逆差从20世纪70年代显现，尤其在80年代中期以后迅速扩大，与1971年美元与黄金脱钩导致布雷顿森林体系崩溃，及后来的金融自由化有密切关系。金融自由化开始后，金融监管放松，银行准备金率下降，贷款增加、支持消费；同时，各种金融创新和衍生品蔓生，股票市场和房地产市场繁荣，财富效应同样刺激居民消

① 盛松成：《中美贸易逆差实际没那么大》，华尔街见闻，2018年4月3日。

费，储蓄动机减弱，储蓄率降低。国际宏观经济的一个原理是贸易逆差基本等于消费与储蓄之差。金融自由化之后，美国消费与储蓄之间的缺口逐年扩大，贸易逆差自然不断增加，这才是美国巨额贸易逆差的根本来源。而同时，美元作为国际储备货币的地位又帮助维持美国贸易逆差的长期增长①。华民（2018）客观评价了贸易失衡现象，认为贸易失衡是贸易和经济增长的动力，刻意追求贸易平衡对于贸易和经济增长都会带来消极的影响。导致当前世界贸易摩擦加剧的主要原因在于，贸易不够公平且产生了很多外部性问题。面对不断加剧的贸易摩擦，与其选择贸易平衡，不如选择贸易公平，并通过合适的公共经济政策来解决贸易产生的外部性问题。华民（2018）以“超边际分工”来解释美国的巨额贸易逆差。美国无疑是当今世界上最大的贸易逆差国，但它成为世界上最大的贸易逆差国的原因与过度消费无关，而是与全球产业链分工体系下的超边际分工有关。全球产业链分工造成了国际贸易的端点解，使得美国成为一个超资本要素密集工序的国际分工参与者。其后果是，美国既是世界上最大的资本项顺差国，又是世界上最大的经常项逆差国②。中华人民共和国商务部的报告指出，中美双方的贸易统计有差异。按中方统计，2018 年中国对美国货物贸易顺差 3233. 3 亿美元，服务贸易逆差 485 亿美元。按美方统计，2018 年美对华货物贸易逆差 4191. 6 亿美元，服务贸易（跨境模式）顺差 405. 3 亿美元。美方宣称对华贸易逆差超过 5000 亿美元、美国“吃亏”了，这一说法不符合事实。美对华贸易逆差是市场作用的结果，受到多种客观因素影响。中美双边贸易中，顺差在中国，利益在双方。美方“吃亏”、中方“占便宜”的论调完全站不住脚③。郭树清（2019）认为美国事实上从对华贸易逆差中获得极大好处，“美国从中美经贸往来中得到的好处，相当于从一头牛身上剥下来很多张皮。”④ 郭树清（2019）总结了美国从中

① 林毅夫：《美国巨额贸易逆差的根本原因在其自身》，财新，2018 年 4 月 3 日。林毅夫：《我对中美贸易战的三个观点》，中国新闻网，2019 年 5 月 22 日。

② 华民：《新“里昂惕夫之谜”：贸易失衡的超边际分析——兼论中美贸易摩擦的理论根源与演变趋势》，载于《探索与争鸣》2018 年第 6 期。

③ 中华人民共和国商务部：《关于美国在中美经贸合作中获益情况的研究报告》（2019 年 6 月），新华社北京 6 月 6 日电。

④ 郭树清：《2019 清华五道口全球金融论坛发言稿全文》，载于《每日经济新闻》2019 年 5 月 25 日。

美经贸往来中得到的好处：(1) 美国的进口商及跨国公司拿到贸易差额中的绝大部分利润；(2) 美国消费者通过中美贸易获取巨大的“消费者剩余”；(3) 美国输往中国的产品和服务都是中国发挥价格支撑的领域；(4) 20 世纪 90 年代以来，美国出现“高消费，低通胀”奇迹，一个重要原因是人口超过欧美日总和的中国，增加了全球消费品供给；(5) 美国获得廉价资本回流；(6) 美国长期占有中国巨额储蓄资源。

特朗普发动贸易摩擦的一个核心认知在于他把美国制造业在过去 20 年失业率的上升怪罪于中国的贸易顺差。在美国国内尤其是政界经常存在一种声音，美国的失业尤其是制造业失业是由其对华贸易逆差造成的，对华贸易逆差是“罪魁祸首”。如美国白宫首席贸易顾问纳瓦罗就声称，2001 年以来对华贸易逆差致使美国损失数百万个制造业就业岗位。也有一些研究得出对华贸易逆差是美国失业的主要原因。如大卫 · H. 奥特尔 (David H. Autor)，大卫 · 多恩 (David Dorn)，戈登 · H. 汉森 (Gordon H. Hanson，2013) 提出了所谓的“中国综合征”，认为中国出口增加了美国地方相应制造业产业的失业、降低了劳动参与率和工资，美国制造业就业的总损失中有 25% 是由中国出口造成的，政府在失业、残疾、退休和医疗等方面的转移支付也相应地快速增加[①]。美国经济政策研究所 (Economic Policy Institute，EPI) 研究员罗伯特 · E. 斯科特 (Robert E. Scott，2018) 的研究结论是，2001 ~ 2015 年，美国因对中国的贸易逆差损失 340 万个就业岗位[②]。

然而大多数经济学家普遍不赞成这样的简单逻辑。在美国大选前，近 400 位知名经济学教授联名反对特朗普就在于他的经济学常识充满错误，早就有研究指出美国制造业失业率上升主要来自机械自动化对于人力的取代。大量的研究表明，美国的失业主因在于自身经济结构调整，而非对华

---

① David H. Autor, David Dorn, Gordon H. Hanson, The China Syndrome: Local Labor Market Effects of Import Competition in the United States. *The American Economic Review*, 103.6 (2013): 2121 - 2168.

② Robert E. Scott, Estimates of Jobs Lost and Economic Harm done by Steel and Aluminum Tariffs are Wildly Exaggerated, Economic PolicyInstitute, March 21, 2018. https: //www. epi. org/publication/estimates - of - jobs - lost - and - economic - harm - done - by - steel - and - aluminum - tariffs - are - wildly - exaggerated/.

贸易逆差。美国明尼苏达大学和明尼阿波利斯联邦储备银行的蒂莫西·J. 基欧（Timothy J. Kehoe）、宾夕法尼亚州立大学的金·J. 鲁尔（Kim J. Ruhl）和多伦多大学的约瑟夫·B. 斯坦伯格（Joseph B. Steinberg，2018）运用动态一般均衡模型研究了贸易逆差对美国就业的影响，他们的研究发现，对华贸易逆差并不是美国失业的主因，只能解释其很小的一部分，1992～2012 年美国货物部门的失业下降仅有 15.1% 是由贸易逆差引起的。考虑到对华贸易逆差仅占其总贸易逆差的一部分，对华贸易逆差对美国失业的影响更小。客观看待贸易和就业/失业的关系。对外贸易确实会对某些劣势产业造成负面影响，从而造成失业，但同样会让自身优势产业扩张，从而创造就业[①]。加利福尼亚大学戴维斯分校的罗伯特·C. 芬斯特拉（Robert C. Feenstra）和爱达荷大学的阿基拉·佐左原（Akira Sasahara，2018）在其工作论文《中国冲击、出口和美国就业：一个全球投入产出分析》中指出，尽管美国从中国的货物进口导致 140 万个制造业就业和 60 万个服务业就业损失，但美国出口同样创造了 200 万个制造业就业、50 万个资源型行业就业和 410 万个服务业就业（合计创造 660 万个就业）。1995～2011 年，仅货物贸易而言，美国对世界出口相对从中国进口而言，净创造就业 170 万个。总体而言，美国从对外贸易中收获了就业，而非损失了就业[②]。

对于美方指责中国盗窃知识产权、强制技术转让的反驳。郭树清（2019）反驳美国指责“中国偷窃美国技术”是现代强权逻辑，是对中国人民的侮辱。美国借知识产权保护之名行贸易保护之实，对中国的指责完全没有依据。发达国家一直通过技术转移获得巨大收益，通过专利特许经营等方式，发达国家的许多科学技术在发展中国家的应用获取了高额利润，其中一部分利润又成为了新的研究开发资本，使发达国家的技术进步形成了良性循环[③]。商务部新闻

① Kehoe T J, Ruhl K J, Steinberg J B. Global Imbalances and Structural Change in the United States. *Journal of Political Economy*, 2018, 126 (21): 760 – 796.

② Robert C. Feenstra & Akira Sasahara, The "Chinashock," Exports and U. S. Employment: Aglobalinput-output analysis, *Review of International Economics*, Wiley Blackwell, 2018, 26 (5): 1053 – 1083.

③ 郭树清：《2019 清华五道口全球金融论坛发言稿全文》，载于《每日经济新闻》2019 年 5 月 25 日。

发言人高峰反击美国的言论，强调美国指责中国强制技术转让、盗窃知识产权，这不仅是对中国改革开放和历史事实的歪曲，也是对商业信用的破坏，根本违背了契约精神①。中国社科院学部委员、前央行货币政策委员会委员余永定2018年6月27日在“世界报业辛迪加”网站刊文：《美国指责中国窃取技术知识产权根本站不住脚》，事实上，几十年来无论是希望进入中国的外国公司还是中国本土企业都很愿意接受“以市场换技术”的策略——很多外国投资者都在进入中国市场的同时为中国带来了先进的技术。无论那些外国公司认为这种做法如何不妥，事实上，那些外国公司已经从对华投资中获利颇丰②。李永（2018）在《人民日报》撰文，以翔实的数据反驳了美国所谓的“窃取技术知识产权”“强迫技术知识产权转让”指责③。中华人民共和国国务院新闻办公室《关于中美经贸摩擦的事实与中方立场（2018年9月）》及《关于中美经贸磋商的中方立场》（2019年6月）也驳斥了这一指责。

中美贸易失衡并非简单的较大的贸易差额的现象，它背后隐藏着很多值得深究的细节和切入点。我们应当理性地看待中美的贸易失衡，这也是判断中美贸易摩擦的重要理论基础。

（1）中美贸易逆差数据失真：由于中美双方遵守的不同的国际商品贸易统计方法与条例，因此导致美方公布的巨额逆差数据与现实不符，严重失真。从2000年开始，中国成为美国最大的贸易逆差国，据相关统计专家估计，排除虚假成分和统计误差外，2004年，中国对美国的贸易顺差805亿美元，2017年达3007.7亿美元。按照美国的统计数据显示，2004年美国对华贸易逆差1622.5亿美元，2017年达4089.3亿美元，美国统计的贸易逆差额远远高于我国海关统计的数额。不管是按照中国的统计还是美国的统计，事实上中美贸易不平衡一直都存在，并且呈现不断激增趋势。造成数字出入较大的原因主要是中美双方在统计方法上存在差异，虽然该逆差值仍然很大，但是真实的数据才能真正折射出当下的贸易现状。

---

① 《美方指责中国盗窃知识产权、强制技术转让，中方这样回应!》，载于《环球时报》，2018年7月12日。

② Yuyongding, Trumps Weak Case Against China, Project Syndicate, 2018, 6 (27).

③ 李永：《中国偷窃美国技术？谎言!》，载于《人民日报》2018年7月18日，第2版。

当然，除了统计方法的差异，还有更深层次的原因，例如，美国对华歧视性的出口管制政策，其中美国对华实施高科技产品出口管制，是制约美国对华出口和影响双边贸易平衡的主要障碍；美国的产业结构调整也会引起中美贸易不平衡，美国对华投资不断向纵深发展，这些在华企业生产的产品不断从中国出口到美国，又进一步增大了中美贸易之间的不平衡。

（2）美国经济结构导致逆差现状：一方面，美国领导的第三次革命后，传统制造业逐渐外散，产业发展主要集中于高端的服务业，因此导致国内出现内需过大转向国外的局面。而中国对美国出口很大比例主要是加工贸易，而大部分加工贸易是把从中国香港、中国台湾和新加坡等国家和地区同美国的贸易顺差转移到了中国大陆。除了中方是美国的最大贸易进口国外，美国对世界超过 100 个经济体存在不同程度的逆差格局。而另一方面，中国逐渐开始强调供给侧改革，大力鼓励进出口，并非刻意维持顺差地位。

（3）美国在贸易顺逆差形势下，仍获巨大收益：一方面，根据相关数据显示，中美贸易为美国创造了近 300 万个岗位，在一定程度上缓解了失业率高居不下的状况；另一方面，价格低廉的中国商品促进了美国国内物价水平的下降，很大程度上减缓了通货膨胀。

（4）美国对华服务性贸易额顺差比较显著：在货物贸易方面，美国的确存在贸易逆差，但是近年美国通过服务贸易这类附加值较大的贸易获得大量收益，存在着服务贸易顺差。

（5）中国出口结构不合理，对美依赖程度高。我国产品结构提升不大，这种粗放型的增长方式容易成为美国反倾销的理由；另一方面，中国过度依赖美国市场，中国出口商品中 20% 销往美国，加大了对外贸易的不确定性风险，一旦美国采取贸易保护措施，中国对外出口将会受到较大影响。此外，一些外贸企业的知识产权意识淡薄，在文化、信息、技术领域侵权现象时有发生。

因此，从更深程度分析，贸易逆差只不过是美国进行贸易摩擦所找的一个理由而已，本质上是霸权主义的美国对迅速崛起的社会主义中国的戒心；中美贸易之间的贸易目前存在结构性和长期性等问题，导致难以通过磋商在短期内解决；此外，贸易摩擦是为了转移美国国内的政治社会问题。一些文献从特朗普的商人特质、美国国内矛盾变化等角度探寻中美贸易摩擦的缘由，中美此次爆发的贸易摩擦是由于特朗普的商人思维，寻求美国公司利益最大化，或特朗普出于连任总统、转移国内矛盾的政治角度考虑而采取的举措。美国的问题是内部的，内部问题解决不了就外化成为国际问题，贸易摩擦只是其中一种“外化”行为（郑永年，2019）。郭可为（2018）强调“特朗普发动贸易摩擦主要就是为了竞选政治、配合扩张性财政政策”。特朗普在发起贸易摩擦的时候正值 2018 年美国的国会选举，特朗普此举无疑是为了争取民众对于共和党的投票，将国内矛盾转移到中国身上，进一步稳定自己 2020 年的总统选举。同时，对于中国的商品加收关税有利于特朗普在短期内获得较大的财政收入，提升自己的政绩。蓝庆新和赵乐祥（2018）也认为“本次中美贸易战是由于美国主流民意对政府的影响”。中美之间的长期贸易逆差导致大部分民众对于中国的不满，加上政客和媒体的炒作，美国民众认为正是由于中国的原因而导致了美国的工业退化、民众失业等问题，从这一角度考虑，特朗普发动贸易摩擦，是受到美国国内的民粹主义影响。赵柯（2018）认为从表面的经济角度看，目的是纠正中美贸易逆差，从政治角度看是特朗普为了通过发动贸易摩擦来赢得美国 2018 年下半年国会、参议院、众议院的中期选举，此外，还涉及华尔街金融利益，此外，美国国内严重的民粹主义也对贸易摩擦起到了促进作用，同时，也是全球领导地位的国家权力之争。黄礼健（2018）认为主要是美国近年来社会两极分化严重，民粹主义泛滥，单边主义行为盛行，同时美国对中国的崛起感到焦虑，期望通过贸易摩擦来遏制中国经济的发展，从中国自身层面来说是由于中国对自身实力过度自信并且低估了贸易摩擦升级的可能性，还存在对美国名义和战略意图估计不足的问题。外交是内政的延续，所以，从美国国内不同利益集团的利益诉求的变化，来研判美国对华贸易政策的调整，从而为我们有的放矢地采取应对之策也是大有裨益的。郑永年（2019）认为，中美贸易摩擦表面上表现为两国之间，但根源来自美国内部体制，是美国内部体制消化和应付不了其体制本身所引发的问题，而执政者把此“外化”为贸易摩擦[①]。

① 郑永年：《中国政治经济模式及其未来》，载于《联合早报》2019 年 1 月 1 日。

一些人从“模式之争”“体制之争”甚至“文明之争”来分析中美贸易摩擦的原因。美国国务卿蓬佩奥日前在底特律经济俱乐部发表了长达3万多字的演讲，又强调必须让全球经济重回“美国模式”。“美国与中国的所谓模式之争，其实是美国对自己可能失去霸权地位的战略焦虑。”[①]高善文（2018）认为中美之间冲突的核心是两种经济模式的冲突，美国的经济制度是一种自由经济制度，中国的市场经济模式是政府主导下的市场经济制度，这两种制度安排非常不兼容，随着中国经济在技术上日益复杂化，规模日益扩大，两者之间的冲突势必愈演愈烈[②]。福卡智库（2018）的研究报告认为中美竞争终究是模式的竞争[③]。郑永年（2018）认为，中美贸易摩擦的本质上是中西方两种政治经济模式之间的竞争和冲突。这两种政治经济模式都具有文明性，是中西方文明演化的产物。正是因为具有文明性，这两种模式都具有可持续性，不管两者间怎样的竞争和冲突，谁也改变不了谁，各自都会根据自己的逻辑发展下去[④]。美国这几年来逐渐形成了对中国的三个冷战判断，即政治上的权威主义；经济上的国家资本主义；国际关系上的新扩张主义[⑤]。改革开放以来，中国尽管向西方学习市场经济，中国经济制度渐趋成熟，形成了具有自己特殊的“混合经济模式”[⑥]。不过，西方简单地把中国视为是“国家资本主义”模式。中国“国家资本主义”的内外部影响，主要包括以下几个层面：国家资本主义导致中国内部市场的不开放，西方企业在中国失去了“竞争力”；中国国有企业在国际市场上政治原则高于经济原则，影响西方企业的竞争力；国家资本主义是中国“外部扩张”的主要政治工具。在西方看来，正如苏联经济模式是对西方自由资本主义模式的最大威胁，今天中国的国家资本主义已经成为西方自由资本主义的最大经济威胁。20世纪80年代，西方相信中国会从计划经济转型到自由市场经济，但现在已经没有这种观点了。

---

① 《美国与中国的模式之争：美国对失去霸权产生焦虑》，载于《环球时报》2018年6月21日。

② 高善文：《中美贸易摩擦“修昔底德陷阱”和深层次原因》，高善文经济观察，2018年6月23日。

③ 福卡智库：《中美未来竞争的根本》，福卡智库，2018年8月29日。

④ 郑永年：《西方政治经济模式的困境》，载于《联合早报》2018年12月25日。

⑤ 郑永年：《美国为什么要和中国进行“新冷战”》，载于《联合早报》2018年6月26日。

⑥ 郑永年：《中国政治经济模式及其未来》，载于《联合早报》2019年1月1日。

中国改革开放以来，西方对中国的战略基本上包括三个方面：围堵和遏止中国崛起，至少防止中国挑战西方的霸权；鼓励中国进入西方主导的世界体系，不想失去中国，即不想让中国成为另外一个“苏联”；改变中国成为一个类似西方的国家。但现在这些选项都没有用了，因此西方形成了对华新冷战思维：既然西方没有能力围堵遏止中国，也没有能力改变中国，因此，一个可行的选择就是中国变成另一个“苏联”，和中国进行一场新的冷战，这样西方至少可以团结起来，尽最大的努力遏止中国的扩张，并且也能孤立中国[①]。客观上看，中美模式之间不存在竞争关系。到目前为止，这两种模式在自己的国家，都是成功的，但也都有继续改革的必要性。更重要的是中美模式之间是相互影响的。

还有人提出，所谓的模式之争不过是它的表象，掀开“模式之争”的假面，中美两种制度之争和两种价值观的较量才是中美贸易摩擦的真相，美国对中国发起贸易摩擦，是因为中国不按照市场规则出牌，搞政府主导经济模式。如果中国遵循市场规则，美国愿与中国公平竞争，便不会有贸易摩擦等冲突。这种观点就是将中美之争定性为制度之争。在治国模式之上还有一些全人类都应当共同遵循的价值理念。美国认为自己的政治制度是普世性的，所以有扩张的冲动和义务。但是，每个主权国家都应该按符合本国国情的方式发展，每个主权国家也有权利自行选择和决定自己的发展道路与发展模式，中国也不例外。中国经过了一段摸索和理论创新的过程后，得出现在令人自信的成功模式，中国拒绝被强加于西方价值观，拒绝西方以其标准来衡量中国在人权、自由、民主等领域的进步。

所谓的制度之争也存在现实解释力不足。在中美贸易摩擦之前和进行的同时，韩国、日本、加拿大、墨西哥、欧盟、印度等轮番成为美国贸易打压的目标。如果中美之间真是制度之争，那么，美国为何又会打压与它制度相同的国家呢？实际上，一旦当美国感觉到某一领域被或者将要被其他国家所超越时，就会毫不留情地通过贸易摩擦来精准打击和解决问题，甚至包括对自己的盟友，例如，德国、法国和日本，例如这一点已经为事

① 郑永年：《美国为什么要和中国进行“新冷战”》，载于《联合早报》2018年6月26日。

实所证明（冷滔，1997；董德志和金佳琦，2018；刘思岑，2018；夏胤磊，2018；邓曦泽，2019）。一言以蔽之，将制度之争作为中美之争的本质是天真幼稚的（邓曦泽，2019）。

在有些人看来，许多美国人相信美国是一个独一无二的国家，特殊的国家起源形成了特殊的文明，也塑造了民主、平等、自由经济等价值观。美国对维护这些价值观有使命感，有时甚至可能因此对其他国家产生优越感。而随着中国经济崛起以及中国政府近年的大力推动，中华文化和中文对世界各地的人越来越具吸引力。2019 年 4 月 29 日，美国国务院政策规划办公室主任基伦·斯金纳在智库"新美国"召开的论坛上抛出"文明冲突"论，斯金纳说，与北京的对抗是"一场与一个完全不同的文明和不同的意识形态的斗争，美国以前从未经历过这样的斗争"①。斯金纳的讲话把中美在国际政治的博弈上升到中西文明和意识形态争斗的高度，还掀开政治正确的遮羞布，直言中国是美国面对的第一个"非白人"大国竞争对手，震惊全球。阎学通（2018）认为，中国政府应在特朗普没下决心支持内阁成员挑起的"中美模式之争"时，在意识形态上尽量避免冲突。在阎学通（2018）看来，特朗普本人目前在与中国进行战略竞争时还不想和中国发生意识形态之争，目前是其内阁成员作出"模式之争"的判断。例如，美国国务卿蓬佩奥最近在讲话中谈到非洲时表示，要把西方模式，也就是人权、法治、知识产权理念教给他们，让非洲的发展更接近"西方模式"而非"中国模式"。美国国防部长马蒂斯在海军学院讲话时也在谈跟中国的"模式之争"②。

中国国家主席习近平在亚洲文明对话大会开幕式上的主旨演讲中指出："每一种文明都扎根于自己的生存土壤，凝聚着一个国家、一个民族的非凡智慧和精神追求，都有自己存在的价值。人类只有肤色语言之别，文明只有姹紫嫣红之别，但绝无高低优劣之分。认为自己的人种和文明高人一等，执意改造甚至取代其他文明，在认识上是愚蠢的，在做法上是灾难性的！""每一种文明都是美的结晶，都彰显着创造之美。一切美好的事

① 《"糟透了"！斯金纳"中美文明冲突论"遭痛批》，载于《参考消息》2019 年 5 月 27 日。

② 《〈环球时报〉专访阎学通：中美有机会避免"模式之争"》，载于《环球时报》2018 年 7 月 6 日。

物都是相通的。”“我们既要让本国文明充满勃勃生机，又要为他国文明发展创造条件，让世界文明百花园群芳竞艳。”“中华文明是亚洲文明的重要组成部分。”“中华文明是在同其他文明不断交流互鉴中形成的开放体系。”① 文明从来都是在交流互鉴中向前进步。实际上，中国文化中没有国强必霸、威胁别人的基因，向来崇尚以和为贵、兼济天下的文明观。中华文明从未也永远不会成为其他文明的威胁。

更多的文献从大国实力变化引发中美竞争入手来解释中美贸易摩擦（孙学峰，2011；金灿荣和王浩，2015；冯维江等，2015；郑若麟，2018；时殷弘，2018；许健康，2018；Mearsheimer，2014、2015、2016、2018；格雷厄姆·艾利森，2019；郑永年，2019）。不少学者从特朗普“美国优先”的政策来分析美国对华政策的变化，认为美国单边主义行为冲击国际秩序（钱文荣，2017；李文，2017；金英姬，2018；滕建群，2018；韦宗友，2018；袁征，2019；李潇潇，2019；葛汉文，2019），或以此来解构中美经贸关系（梅冠群，2017；朱海斌，2017；钟伟，2017）甚至美国发动贸易摩擦的动机（龚婷，2018；李庆四，2018；刘建江，2018；邢瑞利，谭树林，2018；方芳，2019）。越来越多的学者认识到，美国发动对中国的贸易摩擦，目的在于遏制中国的崛起（陈继勇，2018；张幼文，2018；张茉楠，2018；钟飞腾，2018；张明，2018；郝家龙，2018；马弘，2018；东艳，2018；盛斌和严兵，2018；蔡喜洋，2018；沈国兵，2018，2019；白暴力和傅辉煌，2019）。

一些学者从中国经济发展大国实力不断提升分析了贸易摩擦的原因。陈继勇（2018）、张幼文（2018）认为美国的真正目的不是纠正所谓贸易不公平，而是要抑制中国战略性新兴产业的发展②。张杰（2018）认为美国针对中国发起的贸易摩擦的内在动机，既有针对和遏制中国自主创新能力体系的崛起和科技创新赶超的战略意图，也有从今后的中国经济高质量发展中谋取更大份额的美国利益现实诉求，这就决定了此次中美贸易摩擦

---

① 习近平：《深化文明交流互鉴共建亚洲命运共同体——在亚洲文明对话大会开幕式上的主旨演讲（2019年5月15日，北京）》，载于《人民日报》2019年5月16日，第2版。

② 张幼文：《中美贸易战：不是市场竞争而是战略竞争》，载于《南开学报》（哲学社会科学版）2018年第3期。

有“斗而不破”“边谈边斗”的持久战特征。宋磊（2018）认为两国生产组织方式之间的竞争既是贸易争端的根本原因，也是决定贸易争端走向的核心变量。姚洋和邹静娴（2019）认为，中美贸易摩擦表面上看是由中美间长期经常账户失衡引起的贸易争端，但从更长期的视角来看，背后折射出的是中美两国在长期经济增速以及生产率进步上的差异。包括美国在内的诸多发达国家在其经济起飞阶段都曾有过长期且稳定的经常项目顺差，实证结果也表明在控制了各国金融市场发展效率及贸易伙伴国经济增速后，国家间相对经济增长率高低是决定两国经常账户结构的基本面因素。从经济增长角度来解释贸易摩擦有两个维度可供考虑：一是当一国增速（相对）放缓时往往倾向于挑起贸易摩擦，二是当国家间增速变动较大时可能激化贸易摩擦。前者主要源于逆差国的不满，后者主要源于全球经济、政治格局大调整带来的冲击。一国长期增长率背后又是以生产率进步为支撑，从这一视角来看，未来贸易摩擦的势头取决于“技术进步”与国家间擦枪走火“意外”的赛跑[①]。

一些学者，尤其是国际关系领域的学者，以大国崛起、霸权转移与冲突、“修昔底德陷阱”等来就解释中美贸易摩擦。2012 年美国哈佛教授格雷厄姆·艾利森（Graham Allison）提出“修昔底德陷阱”[②] 概念之后，很快被政界学界广泛使用，如前世行行长罗伯特·佐利克（Robert Zoellick）在《国家利益》（*The National Interests*）杂志上发表的文章《美国、中国和修昔底德：北京和华盛顿如何避开通常的不信任和恐惧》[③]，美国著名战略家布热津斯基接受访谈的文章《中国能避开“修昔底德陷阱”吗》[④]，新加坡国立大学东亚研究所所长郑永年的《中美如何避免“修昔底德陷阱”?》等[⑤]。艾利森 2017 年的著作《注定一战：中美能避免修昔底德陷

① 姚洋、邹静娴：《从长期经济增长角度看中美贸易摩擦》，载于《国际经济评论》2019 年第 1 期。

② Graham Allison. Thucy dides's Trap Has Been Sprung in the Pacific. *Financial Times*, 2012, 8 (21).

③ Robert B. Zoellick. “U. S. , China and Thucy dides: How can Washington and Beijing avoid Typical Patterns of Distrust and Fear?” *The National Interests*, 2013: July – August.

④ Brzezinski, Zbigniew. “Can China Avoid the Thucy Dides Trap?”, New Perspectives Quarterly, 2014, 31 (2): 31 – 33.

⑤ 郑永年：《中美如何避免“修昔底德陷阱”?》，观察者网，2012 年 9 月 4 日。

阱吗?》[①]，更是引起了全球关注。国内学者也纷纷使用“修昔底德陷阱”来解释中美贸易摩擦。

沈建光（2018）提及，早在2015年，美国前国务卿基辛格博士便在发展论坛的演讲中，指出中美摩擦背后的实质是“崛起大国与守成大国的传统冲突”。美国这次发起的贸易摩擦很明显是出于遏制中国高新技术的发展，从而达到抑制中国整体发展速度和质量的作用。隆国强（2018）认为美国发动贸易摩擦的真正原因有三点：（1）利益敲诈。通过贸易摩擦或发动贸易摩擦的威胁，迫使贸易伙伴开放市场、让渡经济利益，是美国的惯用伎俩，以往曾经对多个国家使用过。尽管美国从中美双边合作中取得了巨大经济利益，但美国政界一些人却以零和博弈观点看待双边经贸合作，把国内收入差距扩大等内部问题归咎于“中国抢夺了就业机会”，把由于储蓄率过低等内部结构性问题导致的贸易逆差归咎于中国的政策，认为美方“吃亏了”。单方面发起贸易摩擦，其直接动机就是企图迫使中国在贸易投资上进一步对美扩大市场准入，增加购买美国产品，从而使美国获取更多经济利益，同时对外转移美国国内矛盾。（2）战略遏制。贸易摩擦不仅是美国获取更多经济利益的手段，也是美国遏制中国的重要手段。美国加征关税的500亿美元中国出口产品，主要针对的是《中国制造2025》中包含的高科技领域，反映了美国遏制中国技术追赶的意图。（3）模式打压。美国从维护其全球霸权的角度出发，对中国发展模式横加指责。美国污蔑中国发展模式是“国家资本主义”，无端指责中国对外商投资企业存在强制性技术转让要求、中国支持企业“走出去”是获取先进技术的政府行为、中国政府支持网络盗取美国商业机密与知识产权，肆意批评中国实行产业政策。所以，美方发动贸易摩擦的动机是多元的，理由是不正当的，行为是不符合世界贸易组织规则的，影响是恶劣而深远的。中国要从维护国家发展环境的大局出发，应对好中美贸易摩擦。综合施策，妥善应对短期冲击。保持战略定力，做

---

① Graham Allison，Destined for War：Can America and China Escape Thucy dides's Trap，Houghton Mifflin Harcourt，2017. 格雷厄姆·艾利森著，陈定定、傅强译：《注定一战：中美能避免修昔底德陷阱吗?》，上海人民出版社2019年版。

好自己的事情[①]。一些文献以中美国际领导权的竞争来解释中美贸易摩擦（贺凯和冯惠云，2018；宋伟，2018；周方银，2018；钟飞腾，2018）。

黄礼健（2018）认为“美国对中国崛起感到焦虑和敌视，并将对华采取全方面遏制战略，而中美贸易摩擦就是其经济遏制措施”。夏胤磊（2018）则认为“中美贸易摩擦的本质原因是美国为了维持高新技术领域的霸权”。美国对于中国开展的贸易摩擦一方面出于对中国GDP增长速度的担忧，另一方面是对于中国创新科技技术迅速发展的担忧。在此次贸易摩擦中，美国有一个要求就是要中国对于“中国制造2025”中的行业改变补贴政策，如同王勇（2018）认为，美国对华贸易摩擦的目标，既体现了美国担心“高铁模式”在中国其他高科技行业的推广导致类似美国那样的外资企业，不得不在中国以技术换市场，而导致自身的高新技术的流出。又体现美国对于中国大力提倡推广创新发展，而导致的科技实力快速上升的担忧。进一步而言，有学者认为中国和美国之间贸易摩擦是“修昔底德陷阱”的体现。邓曦泽（2019）一针见血地指出，中美之争的本质是霸权之争，它可以具体表现为科技之争、经济之争、军事之争、货币之争、文化之争等。国家也是经济人，在无政府的国际社会，国家利益是最高利益。在国际社会中，国家谋求国家利益最大化的手段就是霸权。霸权即世界主导权最基础的好处是在国际社会中享有不平等且有优先权的交换关系，简言之，就是国际特权。美国霸权为美国带来了许多好处。典型者，如美元霸权其实是对他国财富的一种掠夺[②]。

《人民日报》2018年8月10日发表的文章《美国挑起贸易战的实质是什么?》，全面准确地分析了美国挑起贸易摩擦的原因[③]：在美国看来，今天中国的发展已经“危及到了美国第一”。作为世界第二大经济体，中国的经济总量已经超过美国的60%，是日本、德国、英国的GDP之和，还是世界第一大货物贸易国、世界最大外汇储备国。特别是中共十八大以来，中国的发展成果进入井喷期，拥有世界1/4的工业能力，创新科技水平正快速追赶美国，与世界各国的经贸关系更加密切，对世界其他国家也

① 隆国强：《理性认识当前的中美贸易摩擦》，载于《人民日报》2018年8月29日，第7版。
② 邓曦泽：《中美之争的本质》，载于《联合早报》2019年6月20日。
③ 任平：《美国挑起贸易战的实质是什么?》，载于《人民日报》2018年8月10日，第5版。

充满吸引力……自鸦片战争以后，经过 100 多年努力，中国重新走近世界舞台的中央，已经成为第二大经济体的中国，理所当然地成了美国全球霸权地位的最大挑战者。更何况，“中国的经济增长速度与潜力均远大于历史上的苏联与日本”，成了美国的一个“前所未有的对手”。对于这样的“对手”，美国必然会采取两种手段，一是以对手来激励自己，争取民众对“美国再次强大”的政治支持；二是在各个层面遏制对手的超越。

中国经济、科技和外交等各方面崛起，使得美国产生明显的压力，认为中国对美国产生威胁，进而遏制中国发展。一是中国经济超预期发展，GDP 持续高速增长，将超越美国。2007 年中国 GDP 为 3.5 万亿美元，而美国 GDP 超过 14 万亿美元，而 2017 年中国 GDP 达 12.4 万亿美元，而美国 GDP 为 19.4 万亿美元，约为美国的 64%。两国之间的 GDP 差距不断减少，如果按现有两国经济增长速度，预计在 2028 年前后中国 GDP 将超过美国。中美贸易摩擦不仅是全球金融危机之后中美两国经济力量和影响力发生变化之后的必然结果，也是逆全球化背景下以世界贸易组织为基础的国际贸易体系地位下降的必然结果。中美贸易摩擦反映的是“修昔底德”陷阱的遏制和反遏制的逻辑。也就是说，中美贸易摩擦是两个国家的博弈，这种博弈是基础于核心利益之上的博弈，那么，如何需求破解中美贸易摩擦的方案？必须准确定位中美核心利益并寻求共赢（叶胜舟，2019）。中美这两大世界强国展开权力、势力之争是很自然的，但竞争不该演变成冲突。两国必须找到具有建设性的合作模式，在竞争的同时，也在各个重要课题上展开合作，共创双赢（李显龙，2019）。

中美之争，核心在霸权。但这不是说中国已经要挑战美国的霸权了，而是美国认为它的霸权受到了威胁。如贾根良（2018）认为中国尚无实力挑战美国，打掉“中国制造 2025”并不是美国对华发动经济战的最终目的，美国之目的在于让中国陷入依附发展，是要将中国经济变成美国的殖民地，把中国变成他们的“取材之地、牟利之场”。基于此，只有保护民族经济才是应对中美经济战的正确选择。由于缺乏互信、霸权心态和文化差异，美国对于“新型大国关系”理念的态度发生了微妙的变化。中国的和平发展与美国霸权战略存在着结构性的矛盾，这是两国构建新型大国关系面临的重大挑战。王缉思（2019）提出，研判美国对华政策出现的重大变化，可以通过四个不同视角进行解释。第一个视角是国家地位和权力之争。第二个视角是制度和规则之争。第三个视角是利益之争，特别是经济利益之争。第四个视角是美国国内政治之争。从上述任何一个单一视角解读美国对华政策的转变，都不免带有片面性。把四个视角叠加，才能窥视美国对华政策的全貌①。此观点颇具见地。

当然，也有学者质疑所谓的“修昔底德陷阱”（Holmes，2013；彭成义，2015；钱乘旦，2016；彭波，2017；扬之，2018）。彭成义（2015）认为“修昔底德陷阱”这个概念并没有严谨细致的学术考证为基础。“修昔底德陷阱”有两种解读，即现实主义学派理解的“国强必霸必战”及民主政体不可避免的扩张及覆灭，第二种解读更忠实于修昔底德的原意和思想。在这种解读的基础上，将“修昔底德陷阱”套用到中美关系头上并将中国与雅典类比、美国与斯巴达类比是犯了张冠李戴的错误②。吴志成和王慧婷（2017）认为将“修昔底德陷阱”机械地套用于分析中美关系的发展犯了本质性的错误。“修昔底德陷阱”的理论依据主要来源于权力转移理论和安全困境理论，它主要预设了三个前提条件，即新兴国家寻求武力改变现有体系、国际体系的无政府状态以及霸权战争的收益大于成本。然而，这些前提假定完全不符合当今世界政治发展的客观现实，也有悖于当代中国和平发展的实践和中美关系发展的主流大势。彭波（2017）甚至提出，所谓的“修昔底德陷阱”是一个完全不顾历史事实的说法，格雷厄姆？艾利森为了给美国压制中国的发展寻找理由，特意杜撰了一个“修昔底德陷阱”③。

2. 对中美贸易摩擦走向的判断

自中美贸易摩擦爆发以来，国内出现了各种各样的观点，石建勋撰文指出，应当警惕中美经贸摩擦中的消极悲观的“投降论”、别有用心的“文明冲突”论、“意识形态冲突”论和“制度冲突”论、“指责中国论”④。

① 王缉思：《如何判断美国对华政策的转变》，载于《环球时报》2019 年 6 月 13 日。

② 彭成义：《被颠倒的“修昔底德陷阱”及其战略启示》，载于《上海交通大学学报》（哲学社会科学版）2015 年第 1 期。

③ 彭波：《中美之间修昔底德陷阱是个谎言》，观察者网，2017 年 5 月 16 日。

④ 石建勋：《警惕中美经贸摩擦中的奇谈怪论》，载于《经济日报》2019 年 6 月 16 日。

2018年美国发动贸易摩擦，拉拢一些国家试图遏制中国发展和崛起。国内对中美贸易摩擦一再发生误判。在贸易摩擦开始之前，大多数人都相信中美之间的贸易摩擦不可想象。中国长期以来和美国之间的贸易是互补性贸易，长久以来双方在经济贸易方面的冲突较小，这使中国低估了和美国发生贸易摩擦的可能性，盲目乐观，忽视了中国正在进行的巨大转型，此外也低估了美国在经济贸易层面的巨大压力，并过分自信于中国改革开放以来取得的巨大成就，而对贸易摩擦的后果产生了过于乐观的心理。"G2论""中美国""夫妻论"等观点大受欢迎。直到贸易摩擦来了，人们还不敢相信，要么认为只有特朗普这样的"疯子"才会这样做，要么认为，"特朗普这个行动，无非是他首先发起了一个对中国的贸易政策行动，我情愿用一个tradepolicy（贸易政策）来讲。特朗普完全有权利这样做，那么我们中国当然也做了回应。"① 在贸易摩擦过程中，误判仍然发生，2018年5月19日《中美经贸磋商的联合声明》发布当天，国内市场一片欢呼，认为贸易摩擦就此结束，事实证明是一厢情愿，仅隔10天美方单方面撕毁联合声明。5月29日白宫声明表示，美国将对500亿美元含有"重要工业技术"的中国进口商品加征25%的关税，包括与"中国制造2025"相关的技术，最终清单将在6月15日之前公布，关税将在此后不久施行。

也有一些学者对未来贸易摩擦的走向展开了深入探讨。社科院学部委员余永定（2018）认为中美贸易摩擦不仅是经济利益问题而且是地缘政治问题，中美贸易摩擦将常态化、长期化。美国的对华经济政策可能会越来越多地表现出以下三个特征：一是在高技术领域继续压制中国；二是美国在同中国的经济交往中将大力强调所谓"对等性"（reciprocity）；三是美国将更经常使用禁运之类的大棒打击中国企业。贸易摩擦没有赢家，鹿死谁手还未可知②。余永定在第九届"中日金融圆桌研讨会"的主题演讲中指出，中美贸易谈判中美国在"数量目标、主权问题、尊严问题"三方面

① 龙永图：《根本不要怕美国打什么贸易战》，凤凰网财经，2017年11月21日。江玮：《龙永图：中美贸易谈判的回旋余地有多大》，载于《财经》2018年4月2日。

② 余永定：《对中美贸易战的几点看法》，凤凰网财经观察，2018年8月17日。余永定：《中美贸易战的回顾与展望》，载于《债券》2018年第8期。

打破了（中国）底线，所以中国是不能接受的。余永定列出了美方升级贸易摩擦的六种可能：一是关税的升级；二是投资战；三是美国切断全球价值链扼杀中国高技术产业，开始是中兴，现在是华为；四是升级情况是汇率战；五是金融制裁①。六是冻结中国的海外资产，包括中国的外汇储备。升级到投资战、技术战、汇率战、金融制裁、冻结中国海外资产等。

张宇燕和冯维江（2018）创造了一个新词“规锁”来形容特朗普的对华政策。他们认为，美国精英层在对华问题上已经形成一定共识，中美关系开始进入质变期。中美关系开始发生质变可以概括为美国对华政策由“接触”（engagement）调整为“规锁”（confinement）。“接触政策”的核心是接纳中国成为国际社会的“正式成员”，并让中国逐步成为分担美国国际责任的“利益攸关方”。“规锁政策”的核心是要规范中国行为，锁定中国经济增长空间和水平，从而把中国的发展方向和增长极限控制在无力威胁或挑战美国世界主导权的范围以内。美国对华“规锁政策”主要有三项相互关联且逐次递进的内容：首先，美国以贸易不平衡为由提出所谓“对等贸易”，威逼中国扩大进口、进一步开放市场。其次，美国是要在技术上压制和防范中国，固化自身在科技上的垄断或竞争优势。最后，美国想要通过重新塑造国际制度以求规范和约束中国。美国对华政策转化为“规锁”后中美关系未来演变有四种可能情景：情景一是中美经过一个时期的反复贸易摩擦，中国的“让利不让理”对策总体获得成功。情景二是中国与美欧日等发达经济体以及主要新兴经济体经过多轮谈判和政策协调，在兼顾多方利益诉求的基础上完成对 WTO 框架的升级与拓展。情景三的基本特征是国际政治经济舞台上的主要博弈者之间没能成功实现 WTO 框架的升级与拓展，同时以美国为首的发达国家也没能就如何与中国打交道求得共识。情景四是在中国和美欧日之间无法达成兼顾各方核心诉求的“现代化”版 WTO 多边体制条件下，后者联合起来“另起炉灶”，包括重启跨太平洋伙伴关系协定（TPP）与跨大西洋贸易与投资伙伴关系协定（TTIP）谈判并最终达成协议，抑或让某些现存机制（如经合组织

① 余永定：《中美贸易战的前景》，第九届中日金融圆桌闭门研讨会的主题演讲，中国金融四十人论坛（CF40），2019 年 6 月 1 日。

（OECD）或G7）担起“高水平”的“现代化”经贸多边机制的功能。比较而言，在以上四种情景中，对我国最不利的是情景四，出现可能性最大的是情景二和情景三，最理想的是情景一，次优为情景二。中国的应对之策的原则为趋利避害，在综合考虑可能性和重要性之后，情景二应成为我方努力争取的现实目标。需要强调的是，在使情景二成为现实的过程中，我们尚需付出持续而且艰辛的谈判努力，同时对难免出现的负面影响要有充分的估计和准备[①]。

复旦大学国际问题研究院院长吴心伯认为特朗普对华政策有三个基本点，即脱钩、限制和施压脱钩。关于脱钩，最理想的就是全面中断中美经贸关系，但面向中国市场的美国企业不可能再离开这个市场，所以，特朗普政府能做的只能是技术上的脱钩和国防产业链上的脱钩；关于限制，目前主要是限制中国学生学者到美国去学习相关专业和在美国从事科研工作，还有限制中国的媒体和文化机构，包括基金会等与美国相关机构的合作；关于施压，特朗普政府施压的手段便是声称中国的企业或个人侵犯美国的知识产权，违反美国的相关政策等或者是采取司法行动。吴心伯认为“修昔底德陷阱”最后有可能在中美之间自我实现，两国存在爆发全面军事冲突的风险[②]。

唐宜红和张鹏杨（2018）发现长期以来中美贸易摩擦的演进呈周期波动特征，现阶段处于上升趋势，目前正在从单纯的贸易摩擦向涵盖贸易、投资甚至规则的全面摩擦演化，涉及的领域逐渐转向高端制造业和金融服务业，而“去规则化”的单边主义已经成为美国对华贸易摩擦的重要形式。就以上特征而言，本书认为“美国利益优先”和“公平贸易”在不同时期的内涵差异成为中美贸易摩擦演变的直接出发点和落脚点，而经济层面的“全球经贸格局调整”和政治方面的“大国博弈”则是中美贸易摩擦演变的根源。他们对中美贸易摩擦未来的走势进行了预测：（1）贸易摩擦不会停滞，但激烈程度会在较长的时间里有所下降；（2）“去规则

---

① 张宇燕、冯维江：《从“接触”到“规锁”：美国对华战略意图及中美博弈的四种前景》，载于《清华金融评论》2018年第7期。

② 吴心伯：《特朗普政府对华政策的重大调整》，“复旦人文智慧课堂”2019新年论坛演讲，2019年1月28日。

化”的单边主义不可持续，将形成更有利于美国利益的双边或多边框架；（3）美国对华贸易争端将向高端制造业与金融领域不断蔓延[①]。郑永年（2019）认为美国对中国进行的是经济战，美国社会很多精英提倡通过和中国进行经济战的方式来拖慢甚至遏制中国的发展。所以，不难理解，今天中美两国尽管进行着“贸易摩擦”，但“贸易摩擦”仅仅是一个名义而已，实际早已经大大超越了贸易范畴，包括商贸、投资、知识产权、技术等方面，可以说是已经拉开了要进行全面经济战的架势[②]。

《求是》杂志发表题为《认清本质洞明大势斗争到底——中美经贸摩擦需要澄清的若干问题》的文章，对中美贸易摩擦给出了全面深入的分析，颇有见地：（1）中美经贸关系不是“零和博弈”。他们以霸权主义的思维来考量，中国在任何方面获益都会被看成使美国“吃了亏”，中国在任何领域接近甚至超过美国都会被当作对美国的“威胁”。（2）美方所强调的“公平贸易”根本不公平。美国一些人强调的“公平贸易”不是基于国际规则，而是以“美国优先”为前提，以维护美国自身利益为目标。（3）奉行单边主义走不通，奉行单边主义、霸权主义绝没有出路，这是国际社会的基本共识，很多美国人也非常清楚。（4）搞科技霸权主义不可能得逞。中国生机勃勃的科技创新事业和举世瞩目的发展成就证明，美国用卑劣手段打压围堵所谓的“竞争对手”，并不能保证其科技领先地位。（5）极限施压对中国不管用。中国是日益强起来的大国，不是任人宰割的“羔羊”，美国一些人试图以极限施压的霸蛮办法来强压中国就范，注定徒劳无功。（6）贸易保护不可能实现美国“制造业回流”。美国现任政府寄希望于通过加征关税、高筑贸易壁垒等手段制造经贸摩擦，以贴“卖国标签”、威胁加税等方式要求美资跨国公司回流美国，这种做法不会达到预期效果。（7）经贸摩擦不可能促进美国经济繁荣。在经济全球化时代，贸易保护主义是毒药而不是良方，搞经贸摩擦没有赢家，伤人也必伤己。（8）加征关税不符合美国民众利益。经贸摩擦最终的后果，只是让极少数美国人获益，而大多数美国人将受损。（9）中美经贸摩擦压不垮中国经

① 唐宜红、张鹏杨：《中美贸易之争的演变特征、动因及走势》，载于《经济研究参考》2018 年第 20 期。

② 郑永年：《“经济战”与中美关系》，载于《联合早报》2019 年 6 月 18 日。

济。用全局、长远和根本的眼光来冷静客观审视，就能得出这样的结论：影响总体可控，向好趋势不变，综合优势明显，调控手段充足，是挑战更是机遇。（10）中国对待中美经贸摩擦的立场和态度明确坚定、始终如一。零和博弈还是互利共赢，对立还是合作，封闭还是开放，垄断还是竞争，单边主义还是多边主义，等等。归根结底，是走霸权主义的老路，还是走构建人类命运共同体的新路。在这些重大原则性问题上，中国的立场和态度明确坚定、始终如一①。

实践中，中国在以全方位的、更大规模、更深刻的开放政策迎战美国的对华经济战（郑永年，2019）。与排他性的重商主义时代不同，今天的经济战竞争的焦点是看谁更开放，看谁能够通过开放政策吸引到最优质经济技术资源，从而提高和强化自己的竞争能力，追赶或者保持经济的领先地位。所以，当美国西方开始进行贸易保护主义和经济民族主义的时候，中国领导层一再宣言要坚持开放政策，并且开始了新一波的更为深度的开放政策实践。

3. 关于中美贸易摩擦影响的实证研究

关于中美贸易摩擦，绝大多数研究者给出了两败俱伤甚至多输的判断。国宏观经济研究院副院长毕吉耀（2018）在接受经济日报记者专访时表示，打贸易摩擦不仅两败俱伤，而且会殃及池鱼，各方应保持理性②。

邓聿文（2019）认为，特朗普在贸易摩擦问题上，秉持的是一种零和博弈的思维。美国精英阶层的这些鹰派，在遏制中国已经成为跨党派共识的基础上，走得更远。他们认为，从确保美国国家利益即维护美国全球第一的角度看，打击中国是绝对必要和“政治正确”的，不如此不足以遏制中国，现在围堵已经有点晚了，若再过5年或10年，即使举美国全国之力，可能也遏制不了中国。如果无法遏制中国，那将是美国梦魇的开始。也就是说，美国鹰派是要和中国赌一赌国运，虽然在这个过程中，和中国这个庞然大物赌国运，美国遭受的损失会很大，如同中国人常讲的杀敌一千，自损八百，但在他们看来，美国如今在经济、军事、科技、价值观和

① 青原：《认清本质洞明大势斗争到底——中美经贸摩擦需要澄清的若干问题》，载于《求是》2019年第12期。

② 《贸易战“两败俱伤”更“殃及池鱼”》，载于《经济日报》2018年3月29日。

同盟体系上有碾压中国的全方位优势，不怕和中国打这场国运战，让中国永远构不成挑战美国的力量，那么长期看美国就是赢了。所以，中美贸易摩擦也许是一场混合了意识形态、地缘政治和文明较量的新型冷战，直到决出胜负[①]。英国人罗思义（2019）对此的看法则是负和博弈，用他的话说，特朗普的真正目标是“双输”。罗思义推论，如果特朗普想延缓中国作为超级大国的崛起速度，贸易摩擦可能是一种有效的手段。如果对美国的伤害是适度的，而中国付出的代价是严重和持久的，特朗普可能会得出这样的结论：前一种损失可以接受。基于这种逻辑，“地缘政治而非美国利益最大化至上”才是特朗普的真正目标。

海外学者有几份关于中美贸易摩擦冲击的实证研究影响很大。卡瓦洛、戈皮纳特、尼曼和唐（Cavallo、Gopinath、Neiman and Tang）的研究采用劳工统计局关于从中国进口商品价格的数据，其研究发现，因关税上升造成的成本几乎全部由美国进口商承担。从中国进口的（关税加征前）跨境价格几乎没有变化，关税加征后进口价格急剧上涨与关税幅度一致。一些关税已转嫁给美国消费者，如对洗衣机加征的关税，其余部分则由进口商通过降低利润率吸收。关税进一步提高可能会同样地转嫁至消费者。虽然对通货膨胀的直接影响可能很小，但是通过提高国内竞争对手的价格，可能会产生更广泛的影响[②]。

欧盟的“欧洲经济和财政政策研究所”（Econ Pol Europe）给出的分析，认为美国对2500亿美元中国商品全部加征25%关税后，美国企业和消费者只承担其中的4.5%，另外的20.5%将由中国企业承担，美国将从征税中获得184亿美元净收益（net welf are gain）。NBER的两篇工作论文The Return to Protectionism和The Impact of the 2018 Trade Waron US Prices and Welfare，指出美国加征关税带来美国国内价格的上行，关税成本基本上全部由美国消费者和企业承担，分别有78亿美元和69亿美元的净福利

① 邓聿文：《双输：特朗普政府对华战略的真正目标?》，FT中文网，2019年6月18日。

② Alberto Cavallo，Gita Gopinath，Brent Neiman and Jenny Tang，Tariff Pass through at the Border and at the Store：Evidence from US Trade Policy，May 2019. http：//faculty. chicagobooth. edu/brent. neiman/research/CGNT. pdf.

损失[①]。

美国学者玛莉·阿米蒂、斯蒂芬·J. 雷丁和大卫·魏因施泰因（Mary Amiti，Stephen J. Redding and David Weinstein，2019）关于向贸易伙伴征收关税对美国价格和福利造成负面影响的研究。他们比较了美国向贸易伙伴六个回合征收关税之前和之后的价格变化，以及被征税商品和未被征税商品的价格变化之后，总结出几个重要发现：（1）整体上，没有出口商降价的明显证据，关税成本几乎完全由美国家庭和进口商承担；（2）美国进口商向中国以外地区寻找新的替代商品，但他们的价格仍然高于征税前从中国进口商品的价格；原本美国国内生产的同类商品随着被征税进口商品"搭便车"提价；同时由于美国处于充分就业下，国内生产替换商品带来对其他商品生产的冲击；这三者带来的效率（福利）损失超出美国新增关税收入的总额；（3）贸易摩擦冲击供应链，如果美国维持2018年已征收关税不变，预计未来每年将有1650亿美元的贸易将失去或者被重新定向，这将对在中美投资设厂的美国企业以及中国出口商造成显著的冲击；（4）加征关税前，受影响商品的进口总额与种类都处在上升趋势，加征关税后，两者都出现了明显的下降（进口总额下跌了25%～30%），未被征税的商品进口总额与种类都保持原来的上升趋势；由于商品种类多样性意味更高的消费福利，他们的下降将使得美国消费者的福利损失比上面估计的数字要更大[②]。

世界银行集团首席经济学家、耶鲁大学经济学教授、《美国经济评论》前主编佩妮洛皮·戈德伯格（Pinelopi Goldberg）、加州大学洛杉矶分校的帕布罗·法杰尔鲍姆（Pablo Fajgelbaum）、加州大学伯克利分校的帕特里克·肯尼迪（Patrick Kennedy）和哥伦比亚大学的阿米特·坎德瓦尔（Amit Khandelwal）的联合研究也发现，消费者和美国公司支付了大部分关税成本。但它也更进一步证明了这样一个事实：在考虑到其他国家的报复性措施后，特朗普关税政策的主要受害者是在2016年大选中支持

① Zoller－Rydzek，B. M. M.，& Felbermayr，G.（2018）. Whois Paying for the Trade War with China? Econ Pol Policy Brief.

② Mary Amiti，Stephen J. Redding，David Weinstein，The Impact of the 2018 Trade Waron U. S. Prices and Welfare，NBER Working Paper No. 25672March2019. http：//www. nber. org/papers/w25672.

特朗普的农民和蓝领工人。另外，四位经济学家将美国进口成本的年度损失定为680.8亿美元，占其国内生产总值（GDP）的近0.4%。经济学家发现，美国贸易保护主义在某些方面也让美国生产商得到了好处，但受到关税的影响更大。在考虑了较高关税的影响和较高价格对国内生产者的影响之后，研究发现美国经济的年度总损失降至近60亿美元①。

全球贸易伙伴关系（trade partnership worldwide）的一项最新研究发现，美中贸易全面战争，特朗普（Trump）征收关税，中国进行报复，将使美国的GDP增长率略高于1个百分点，使四口之家的平均年收入减少2294美元，并使美国经济损失200多万个就业机会。这是一个巨大的经济成本，有可能终结特朗普连任的希望——以及特朗普的繁荣②。国际货币基金组织在当地时间2019年5月23日发布的一份报告显示，中美贸易的紧张局势可能对严重挫伤商业和金融市场情绪，中美生产商及相关产业链成输家。而美国的消费者也会因为美国加征关税的政策承担更多的成本③。

相比较之下，尽管有不少文献剖析中美贸易摩擦对中美双方乃至全球经济的影响，但国内学者对于中国消费者和厂商的关税成本和福利损失作出量化分析还比较少（沈建光，2018；赵洪岩和盛柳刚，2018；张志明和杜明威，2018；李春顶，何传添，林创伟，2018；Dong，Yan and Chunding Li，2018；Li，Chunding，Jing Wang，John Whalley，2019；东艳，2019）。赵洪岩和盛柳刚（2018）的量化研究得出三点结论。第一，即使中美贸易谈判没有达成协议，但如果贸易争端不再升级，双方的总体的出口损失可能是非常有限的。贸易摩擦也不会改善目前的中美贸易不平衡状况。第二，虽然中国比美国出口绝对值受损略微高一些，但由于中国对美国的出口额是美国对中国出口额的两倍多，所以美国相对受损即对中

① Pablo D. Fajgelbaum，Pinelopi K. Goldberg，Patrick J. Kennedy and Amit K. Khandelwal，The Return to Protectionism，NBER Working Paper No. 25638 March 2019. http：//www. nber. org/papers/w25638.

② Trade Partnership Worldwide，Estimated Impacts of Tariffs on the U. S. Economy and Workers，for Tariffs Hurt the Heartland，February 2019. https：//tradepartnership. com/wp – content/uploads/2019/02/All – Tariffs – Study – FINAL. pdf.

③ Eugenio Cerutti，Gita Gopinath and Adil Mohammed，The Impact of US – China Trade Tensions，IMF，MAY23，2019. https：//blogs. imf. org/2019/05/23/the – impact – of – us – china – trade – tensions/.

国的出口降幅更大。第三，两国受损的行业差异非常大。美国受损相对集中，其农场主将是美中贸易摩擦最大的受害者。虽然中国的机械、电机设备和光学照相医疗精密仪器等行业是主要受损者，但由于美国301名单覆盖的产品广，单个产品的损失并不大，而且多是工业中间品，受损的不只是中国，处于产业链上下游的其他国家也会分担损失。同时由于在高端制造业里外资企业比较多，它们受损比中资企业严重。总体而言，贸易摩擦打响的话，美国的痛感会更明显[①]。中国农业大学国际经济研究贸易政策模拟实验室量化评估测算了美国关税上调的宏观经济影响。该实验室根据一个包含29个国家或地区的内生性贸易不平衡全球一般均衡模型系统测算发现，如果美国对从中国进口的2000亿美元商品目录的关税从10%提高至25%，将使中国的GDP下降0.657%，制造业就业将减少1.028%，出口贸易将下降3.359%，进口贸易将下降1.384%。美国的GDP将减少0.004%，制造业就业下降0.652%，出口贸易将减少1.876%，进口贸易将下降3.883%。世界经济整体上GDP将下降0.123%，制造业就业减少0.28%，贸易下降0.79%。在中国出台反制清单的情况下，美国的GDP将下降0.067%、制造业就业减少0.907%、出口贸易下降2.611%、进口贸易下降3.936%，中国的GDP将减少0.622%、制造业就业减少1.046%、出口贸易减少3.402%、进口贸易下降1.945%。世界经济的GDP将下降0.134%、制造业就业减少0.323%、对外贸易减少0.869%[②]。张志明和杜明威（2018）利用多区域投入产出模型和国际投入产出表方法，从全球价值链视角，以增加值贸易和总值贸易两个维度测算中美贸易摩擦对全球各经济体的非对称贸易效应，实证研究发现：中美贸易摩擦导致与中美存在价值链联系的所有经济体出口贸易均遭受到不同程度损失，其中，美国出口贸易利益遭受的损失显著大于中国。另外，美国对华贸易制裁对其他

---

① 赵洪岩、盛柳刚：《中美贸易战如何量化分析?》，FT中文网，2018年5月2日。

② Dong，Yan and Chunding Li. "Economic Sanction Games among the US，the EU and Russia：Payoffs and Potential Effects"，Economic Modelling，Volume 73，June 2018，Pages 117 – 128. Li，Chunding，Jing Wang，John Whalley，" Trade Protectionism and US Manufacturing Employment"，NBER Working Paper No. 25860，Issuedin May 2019. 东艳：《制度摩擦、协调与制度型开放》，载于《华南师范大学学报》（社会科学版）2019年第2期。李春顶、何传添、林创伟：《中美贸易摩擦应对政策的效果评估》，载于《中国工业经济》2018年第10期。

经济体出口贸易利益和全世界总值出口贸易的负面冲击均显著大于中国对美国同等规模贸易制裁。中华人民共和国国务院新闻办公室发布的《关于中美经贸磋商的中方立场》白皮书用事实说明，美国加征关税措施损人不利己，美国的关税措施导致中国对美出口额下滑，2019 年 1～4 月同比下降 9.7%，连续 5 个月下降。同时，由于中国不得不针对美国加税采取加征关税应对，美国对华出口连续 8 个月下降。中美经贸摩擦带来的不确定性使两国企业对开展投资合作持观望态度，中国对美投资持续下滑，美国对华投资增速也明显降低。据中国有关方面统计，2018 年中国企业对美国直接投资 57.9 亿美元，同比下降 10%。2018 年美国实际对华投资金额 26.9 亿美元，增速从 2017 年的 11% 大幅回落至 1.5%。由于中美经贸摩擦前景不明，世界贸易组织将 2019 年全球贸易增长速度由 3.7% 下调至 2.6%。不仅如此，美国采取的一系列贸易保护措施，违反世界贸易组织规则，损害多边贸易体制，严重干扰全球产业链和供应链，损害市场信心，给全球经济复苏带来严峻挑战，给经济全球化趋势造成重大威胁①。

4. 中国应对贸易摩擦的对策建议

国内学界对于中美贸易摩擦意见分化，有“坚决反击论”（梅新育，2018；余云辉，2018；贾根良，2019）、“必败论”（华民，2018）、“持久战论”（任泽平，2018；颜色和郭凯明，2018；余永定，2018，2019）和“经济脱钩论”（余云辉，2018；黄仁伟，2019；贾根良，2018，2019；吴心伯，2019；吴铭，2019；张云，2019）。

国内对于中美贸易摩擦的误判以及态度的分歧，反映出国内对美国研究不够深入、不够全面，这意味着亟待加强对美国的研究，因为中国怎么看美国，决定不了中美关系，美国怎么看中国，可以决定中美关系。同时也意味着，对于中美贸易摩擦乃至于中美关系的研究，我们需要理性思维、系统思维、战略思维与底线思维。

中美关系是改革开放的国际环境基础（盛洪，2018），2015 年以来，美国战略界已经用“战略十字路口”来描述中美关系②。国内外学界关于

① 引自中华人民共和国国务院新闻办公室：《关于中美经贸磋商的中方立场》，2019 年 6 月。

② 达巍：《建立面向未来的中美关系战略共识与长期稳定框架》，载于《现代国际关系》2015 年第 6 期。

"中美关系已发生实质性变化"这一点形成共识(傅莹和基辛格,2015;达巍,2015;王缉思,2018;张文木,2018;杨希雨,2018;管清友,2018;王帆,2018;吴心伯,2018,2019;陶文钊,2018;吴晓求,2018;张茉楠,2018;魏尚进,2018;宿景祥,2018;王文,2018;赵明昊,2018;滕建群,2018;吉姆·奥尼尔,2018;门洪华,2018;唐永胜,2018;黄琪轩,2018;阎学通,2018;金灿荣,2018;张建新,2018;Katherine Koleski,2018;张志坤,2019)。尽管对中美关系会否滑向"新冷战"有分歧(约瑟夫·奈,2018;芮效俭,2018;MichaelLind,2018;郑永年,2018),但学者们均同意美对华政策深度调整给中国的开放发展提出了长期严峻挑战(陈宝森,2017;宋国友,2017;周世俭,2017;于春海,2017;林海虹和田文林,2017;温铁军,2018;桑百川,2018;余永定,2019;沈建光,2019;王辉耀,2019;沈大伟,2019;乔里奥·普格列瑟,2019;彼得·比特纳,2019;汉娜·菲尔德舒,2019;约瑟夫·奈,2019;孟祥青,2019;杨文静,2019;孔庆江,2019;傅梦孜,2019;张胜军,2019;李巍和张玉环,2019;李开盛,2019;姚枝仲,2019;Kevin Rudd,2019)。

学者们对中国应对贸易摩擦给出了很多对策建议。中国人民大学国家发展与战略研究院发布《以深化改革开放应对外部环境的不确定性——中美贸易战的属性、影响和对策》,分别从深化改革开放、重构国际经贸规则和科技进步的角度提出了对策建议。贸易摩擦可以成为中国深化改革开放的外部推动力量,未来贸易摩擦与争端将持久而严峻。坚定不移地深化改革开放,是中国应对外部环境变化的根本举措。中国各界要审视自身存在的问题,未来深化改革、扩大开放。很多学者持相同的观点(华民,2018;张幼文,2018;陈继勇,2018;王孝松,2018;魏杰,王韧,2018;高善文,2018;颜色,2018)。中国最优的应对是贸易自由化,现实的选择是帕累托改进,合适的方法是调整最优关税,强化知识产权保护,最终的途径是通过深化国内体制改革,从帕累托改进渐趋帕累托最优(华民,2018)。余永定(2018)认为,中国处理中美贸易摩擦的方针应该是以战止战,须有理有利有节。积极捍卫多边主义原则,维护现存国际秩序。以中美贸易摩擦为契机，深化改革、调整对外经济发展战略①。面对美国可能升级贸易摩擦的情况，中国有必要调整一下长期战略，要更多发展国内市场，对外依存度还有下降的余地。同时，中国不得不调整在全球价值链中的位置，政府应该给企业必要的支持，减轻中国在调整自己在全球产业链中位置时经受的困难。第一，加速推进国内改革进程，加强和完善对知识产权和私有产权的保护。加速市场化改革，消除各种市场扭曲，让市场在资源配置上发挥决定性作用。贯彻竞争中性原则。第二，积极捍卫多边主义原则，维护现存国际秩序。第三，认真履行 WTO 承诺，坚持全方位的开放方针。第四，把更多增长的动力转到国内的需求上来，做好中国自己的事。第五，加强与周边国家的友好睦邻关系，积极参加多边和双边贸易自由化进程，考虑加入跨太平洋伙伴全面进步协定（CPTPP），积极参加世贸组织（WTO）改革②。张杰（2018）开出来六大药方：始终保持强大且理性的战略定力、实施对等贸易制裁、谋划实施贸易利益对等、坚守分离均衡博弈策略、牢守遵循 WTO 规则、主动实施对外改革开放③。邓曦泽（2019）在剖析了中美之争的本质之后，给出了对待中美关系的几个基本理念：一是拒绝幼稚主义。不要认为，中国改变了制度，美国就不会打压中国了。二是拒绝义和团思维。幼稚主义的另一极端是义和团思维。不能因为美国可能成为中国的长期性、战略性、对抗性的对手，就仇恨美国，抵制美国，不认可和学习美国的优点。意气对解决问题没有任何帮助。三是主动深化改革开放。四是继续学习美国。五是超越霸道，走向王道。中国应该更加开放，团结更多国家，与他们共享利益④。"新马派"学者（程恩富，2018；程恩富和翟婵，2019）强调确立知识产权优势的战略思想。"新李斯特学派"（贾根良和黄阳华，2008；贾根良，2018）提出了"高端保护、内需市场、智能环保、国家领导、主权信贷、南南成长"的经济政策主张。王东东（2018）认为核心技术是国之重器。对信

---

① 余永定：对中美贸易战的几点看法，凤凰网财经观察，2018 年 8 月 17 日。

② 余永定：《中美贸易战的前景》，第九届中日金融圆桌闭门研讨会的主题演讲，中国金融四十人论坛（CF40），2019 年 6 月 1 日。

③ 张杰：《中美经济竞争的战略内涵、多重博弈特征与应对策略》，载于《世界经济与政治论坛》2018 年第 3 期。

④ 邓曦泽：《中美之争的本质》，载于《联合早报》2019 年 6 月 20 日。

息产业和互联网发展来说，商业模式的创新固然能够带来流量和财富，但最终比拼的还是核心技术实力，而核心技术靠化缘是要不来的。在中国经济由高速增长转向高质量增长的关键阶段，要顺应新一轮科技革命及产业变革大势，“加强关键核心技术攻关”，尽快在基础性、关键性核心技术上掌握话语权和主动权[①]。余云辉（2019）认为，美国挑起中美贸易摩擦和科技战，实质上是出于对中国发展趋势和社会制度优势的担忧。美国发动贸易摩擦并非简单的贸易问题和科技问题。中美贸易冲突的背后是中美之间国家战略定位的冲突，是两国制度与模式的冲突，是西方独霸文化与中华“平天下”文化的冲突，也是西方霸道文明与中华王道文明的冲突。中美之间冲突的时间长短无法确定，要有持久战的准备，但中美冲突的胜负结果是确定的。中华文明五千年不间断的文明史已经给出了确定的历史轨迹和确定的历史答案[②]。发展“自主型经济”的核心内容是产业（包括科技）自主、金融（包括货币）自主、制度（包括机制）自主，并把自主的产业、金融和制度打造成为符合“阴阳合道、三生万物”原理的稳定“三角结构”。

5. 中美经济“脱钩论”将铸成大错

对于中美贸易摩擦乃至中美关系的研究，我们需要理性思维、系统思维、战略思维与底线思维。随着中美贸易争端加剧，中美各自国内都出现了“经济脱钩论”（黄仁伟，2019；张云，2019）。持此论调的一些美国人说，中国对美依赖甚于美国对华依赖，如果中美经济脱钩，美国会无伤大局，中国则将无法承受，于是他们有恃无恐地建议“脱钩”，主张对华强硬、“遏制”中国、“惩罚”中国、“制衡”中国（Halper，2010；Navarro，2006；Navarro 和 Autry，2011；Navarro，2015；Blackwill 和 Tellis，2015；郭良平，2018；吴心伯，2019）。如科技脱钩、投资脱钩、产业脱钩、教育脱钩、人才脱钩，等等。

国内有学者提出了（余云辉，2018；贾根良，2019；伯明登，2019；吴铭，2019），只有保护民族经济才是应对中美经济战的正确选择[③]，中

---

① 王东东：《从中美贸易争端看突破关键核心技术之紧要》，载于《浙江经济》2018年第9期。

② 余云辉：《发展自主型经济打造“国家极限生存能力”》，昆仑策网，2019年6月17日。

③ 贾根良：《只有保护民族经济才是应对中美经济战的正确选择》，搜狐网，2018年9月5日。

国应大幅度减少出口退税，尽快完全取消出口退税。取消所有对外资企业的优惠，通过强制措施大幅度提高外资企业工人的最低工资，对在华跨国公司提高各种资源的价格并征收相关税收，以便限制跨国公司把消耗资源和污染环境的产业转移到我国，同时提高外资企业的出口关税。停止引进外国直接投资，并使用多余的外汇储备回购在华外资企业。在金融结构方面，继续实行资本项目管制，严禁国内企业到海外上市，并实行人民币贬值的政策。减持美国国债。加快调整实体经济，从出口导向型经济转向“国内经济大循环”①，应排除对所谓外资、所谓国际市场、所谓国际经济规则的一切幻想，抛弃一切攀附、依赖思维，重新回到“独立自主，自力更生、艰苦奋斗，愚公移山”的政治经济路线②。

中美经济深度交融决定了无法脱钩。首先，中美互为重要的货物贸易伙伴。美国是中国最大货物出口市场和第六大进口国，对美出口占我国总出口的19%。2017年中美双边货物贸易额达5837亿美元，是1979年两国建交时的233倍。中国是美国出口增长最快的市场。据联合国统计，2017年美国对华货物出口1299亿美元，比2001年增长了557%，远高于美国对全球112%的出口增幅。美国出口的62%的大豆、25%的飞机、17%的汽车、15%的集成电路和14%的棉花，都销到了中国市场。

其次，服务贸易在双边经贸合作中的地位日益上升。据美方统计，中美双边服务贸易额从2007年的249.4亿美元增至2017年的750.5亿美元。其中美对华服务出口额从131.4亿美元增至576.3亿美元，增长了3.4倍。美国是中国第二大服务贸易伙伴，中国是美国第二大服务出口市场。

最后，中美之间投资规模巨大。截至2017年底，美国对华直接投资累计超过830亿美元，在华美资企业约为6.8万家。中国对美国投资存量约为670亿美元。另外，中国大量投资美国金融资产，持有超过1万亿美元的美国国债，是持有美国国债最多的国家。

中美经贸往来是双赢合作。中美经贸合作的互惠性体现在多个方面。第一，双边经贸合作为双方企业提供了巨大的市场机会。双方企业通过出

① 贾根良：《只有保护民族经济才是应对中美经济战的正确选择》，察网，2018年9月6日。
② 吴铭：《应对中美贸易战，应借鉴中国应对苏联封锁的历史经验》，察网，2019年2月16日。

口或投资，分享了对方的市场机会。中国在中美货物贸易领域有2700多亿美元顺差。而美国在中美服务贸易领域有大额顺差，2016年美对华服务贸易顺差约为550亿美元。还有不少美资企业通过对华投资而非出口方式进入中国市场。按照美国经济分析局的统计，2015年美资企业在华销售额为4814亿美元，比中资企业在美256亿美元的销售额高出4558亿美元。因此，从利用对方市场机会的角度看，双方受益大体平衡。第二，双边经贸合作为两国创造了大量就业机会。据美中贸易委员会估算，2015年对华出口和双向投资支持了美国260万个就业岗位。另据有关研究，自中国进口货物在美国下游产业链创造约400万个就业岗位。由于中国劳动生产率远低于美国，对美国经贸合作创造的就业岗位更多，据有关研究估算，对美国货物出口为中国创造了大约1750万个就业岗位。考虑到两国人口总量差距，双方在就业岗位方面的受惠程度基本相当。第三，中美双边经贸合作助推两国产业结构升级，并为两国消费者提供了性价比更高的商品与服务，增加了消费者福利。

"脱钩论"绝对不是解决中美各自经济问题的出路，更不利于缓解和解决中美贸易摩擦。相反，通过谈判找到双方经济再平衡的路径，管控分歧，使中美经贸关系朝这"合作竞争"的方向发展，形成更高水平更高质量的中美经贸关系，才是正确的选择。

构建中美双边自由贸易安排是推动中美经贸关系平衡稳定发展的制度保障。构建中美双边自由贸易安排，在两国货物贸易、服务贸易、投资、技术合作等方面大幅度消除制度性壁垒，将为中美两国企业在对方市场获得稳定的优惠待遇，也是符合世界贸易组织规则的制度安排。

第十节　关于"人类命运共同体"的研究

国务院新闻办公室2011年发布的《中国的和平发展》白皮书首次提及"命运共同体"这一概念，中共十八大倡导了"人类命运共同体意识"，2013年3月，习近平在莫斯科国际关系学院发表演讲，第一次正式地对世界历史“新常态”做了判断：“这个世界，各国相互联系、相互依存的程度空前加深，人类生活在同一个地球村里，生活在历史和现实交汇的同一个时空里，越来越成为你中有我、我中有你的命运共同体。”① 在2015年博鳌亚洲论坛主旨演讲中，习近平进一步指出：“我们生活在同一个地球村，应该牢固树立命运共同体意识，顺应时代潮流，把握正确方向，坚持同舟共济，推动亚洲和世界发展不断迈上新台阶。”② 2015年9月28日，习近平在纽约联合国总部出席第七十届联合国大会一般性辩论时进一步指出：“当今世界，各国相互依存、休戚与共。我们要继承和弘扬联合国宪章的宗旨和原则，构建以合作共赢为核心的新型国际关系，打造人类命运共同体。”③ 此后，习近平在国际国内重要场合多次阐述“命运共同体”的理念，形成了关于认识和解决全球性问题的“中国倡议”。2017年1月，习近平出席联合国“共商共筑人类命运共同体”高级别会议，“构建人类命运共同体”被写入联合国社会发展委员会第55届会议决议，得到了世界各国的广泛认可。党的十九大报告正式提出“构建人类命运共同体”的概念。

根据“中国倡议”中关于“人类命运共同体”的表述，站在世界历史发展和人类共同价值立场上充分理解全球性问题，是人类命运共同体思想的理论基础；坚持合作共赢、共同发展，是迈向命运共同体必须遵守的首要的根本原则。要坚持这一基础和充分贯彻这一根本原则，世界各国就必须摒弃“冷战思维”，打破地缘、文化、政治制度、经济模式等旧有的屏障，共同呼唤新的国际合作模式与文明对话机制的产生，从而促进各方的共同发展。

利用中国知网中国期刊全文数据库（CNKI），选择“哲学与人文科学”“社会科学Ⅰ辑”“社会科学Ⅱ辑”和“经济与管理科学”这四个子数据库，以“人类命运共同体”作为“文献篇名”的关键词进行检索，

---

① 习近平：《顺应时代前进潮流促进世界和平发展》，载于《人民日报海外版》2013年3月25日。

② 习近平：《迈向命运共同体开创亚洲新未来》，新华网，http：//www.xinhuanet.com/politics/2015－03/29/c_127632707.htm，2015－03－29。

③ 中共中央宣传部：《习近平总书记系列重要讲话读本》，学习出版社2016年版。

检索结果情况发现，2012 ~ 2019 年 6 月，共计有 1545 篇文献。其中，2012 年盛斌和魏方（2012）发表《罗姆尼失忆症 & 人类命运共同体》一文，解读了“人类命运共同体”这一概念的内涵是指在全球化纵深发展的背景下，全体人类在追求自身利益的同时应当兼顾他人利益，协调合作，增进人类共同利益，共同推进人类文明进步①。各年文献数量情况如下：2013 年 3 篇；2014 年 2 篇；2015 年 17 篇；2016 年 58 篇；2017 年 310 篇；2018，844 篇；2019 年 1 ~ 6 月 307 篇。这表明自“人类命运共同体”提出以来，国内外学者纷纷对其展开了多层次、宽领域的研究。其中，国外学者由于文化背景、理论体系的不同，对相关问题的研究和认识也呈现出了更加多元化的视角，为国内学者提供了不同的视野和观点。

一、海外视角下的“人类命运共同体”研究

自“人类命运共同体”提出以来，国内外学者纷纷对其展开了多层次、宽领域的研究。其中，国外学者由于文化背景、理论体系的不同，对相关问题的研究和认识也呈现出了更加多元化的视角，本节对外国有关“人类命运共同体”的研究进行了梳理，将其归纳为对提出“人类命运共同体”的动因的研究、关于实践可行性的研究以及关于“人类命运共同体”的影响的研究三大方向，以此深入了解其他国家对这一“中国方案”的真实看法。通过这些梳理，以期为中国学者的研究提供新思路和更加国际化的视角，同时能够为“人类命运共同体”构想的完善和发展提供借鉴。

1. 对中国提出“人类命运共同体”的动机研究

作为新的时代环境下中国在处理国际关系方面的重要表述，中国提出“人类命运共同体”的内在动因得到了诸多国外学者的关注。国外学者主要从人类命运共同体的历史根源、对中国未来发展的影响以及对世界形势走势的影响三个方面剖析了该理论体系的提出动因。

（1）对中国历史文化传统的继承与发扬。有学者认为中国儒家“天

① 盛斌、魏方：《罗姆尼失忆症 & 人类命运共同体》，载于《中国海关》2012 年第 12 期。

下观”是一种包容性人文主义与包容性联系主义的结合[①]。与此同时，中国人自古以来都崇尚“公义”“兼济天下”“和合大同”，这些文化基因正是人类命运共同体提出的历史文化基础，中国一直致力于对“公义”的追求，中国未来的发展也必将根植于这一历史土壤之中[②]。《世界邮报》(The World Post) 内森·加德斯总编辑（Nathan Gardels）曾在其评论文章中提道：“从来源上看，习近平主席提出的‘人类命运共同体’理念要追溯到3000年前的周朝。习近平‘新时代’国际关系理念以‘人类命运共同体’为基石，源于古代的智慧——‘天下’‘普天之下’与‘和谐共生’，根植于地球上最悠久的文明中。”此外，在一些学者看来，人类命运共同体带有较为强烈的民族主义色彩。英国曼彻斯特大学政治学系教授认为中华民族的复兴是一种“道德叙事”，旨在纠正近代屈辱史中整个民族遭受的不公正待遇，并使中国重回世界中心[③]。

另外，有学者特别关注到中国很早就开辟了“丝绸之路”以促进经贸交流，同时建立了繁荣发达的海上贸易，以此积累了与世界各国尤其是周边邻国人文互动的历史经验，而人类命运共同体的提出正是该历史经验的当代延伸[④]。

（2）对中国未来发展的深谋远虑。自中共十八大以来，习近平总书记提出要实现中华民族伟大复兴的中国梦。国外有学者认为，“中国梦”体现了中国领导人确立中国发展道路和国际定位的诸多现实影响因素，而通过呼吁各国共同构建“人类命运共同体”能应对各种风险和挑战，这是实现中华民族伟大复兴中国梦的重要战略举措，更是中国今后发展的关键一步[⑤]。更进一步来看，“人类命运共同体”的提法与中国和平发展的国际

---

① Feng Zhang, Confucian Foreign Policy Traditions in Chinese History, *in The Chinese Journal of International Politics*, 2015, 8 (2): 197 - 218.

② Jeanne Hoffman, China's Search for the Future: A Genealogical Approach, *in Futures*, 2013, 54 (11): 53 - 67.

③ William A. Callahan, China 2035: Fromthe China Dreamto the World Dream, *in Global Affairs* 2, 2016 (3): 247 - 258.

④ Gu Ho Eom, Silk Roads Again: Revisiting Roads Connecting Eurasia, *in Journal of Eurasian Studies*, 2017, 8 (1): 1 - 2.

⑤ Camilla T. N. Sorensen, The Significance of Xi Jinping's "Chinese Dream" for Chinese Foreign Policy: From "Tao Guang Yang Hui" to "Fen Fa You Wei", *in Journal of China and International Relations*, 2015 (3): 55 - 58.

战略是相一致的，它是一种超越双边关系的区域远景，能够以此缓解周边国家对中国崛起与日益增加的影响力的担忧。这一宏观战略的产生有国内经济的因素，当然更是中国发挥区域领导力的一个例子①。建立这样一个共同体能够通过双赢模式为中国营造更有利的国际环境，从而维护和保障国内社会、政治、经济发展的稳定性与长久性②。

与此同时，也有学者另辟蹊径提出：中国提出“人类命运共同体”理念，是企图对世界政治、经济秩序进行重塑。由于旧有国际政治经济秩序对中国当前的经济、社会持续发展形成了阻碍，所以中国意图通过构建“人类命运共同体”制衡西方、对抗美国，进一步拓展区域影响力、提升全球治理能力③。另有学者认为中国经济发展至当前阶段，国内能源供给不足、资源分配不均、产能过剩等困境将会越来越突出，因此中国提出了“一带一路”倡议和“人类命运共同体”理念，其实质是为了与周边和沿线国家达成合作，解决能源补给和资源优化的问题④。近年来，中国海上贸易和主权争端频频引起世界广泛关注，也有学者据此认为，“人类命运共同体”的提出蕴含着维护本国海上安全与权益的目的。海上丝绸之路是为中国自身战略利益而生，通过缓和南海、东海的领土争议，减少海上各国对中国海洋发展的阻力，以经济的、折中的、迂回的方式来巩固中国的海上贸易与影响力⑤还有亚洲学者从东北亚局势出发，认为当前萨德反导系统的部署打破了东北亚稳定格局，中国的“人类命运共同体”理念既服务于东北亚各国间的信任和共同利益，也为构建亚洲命运共同体提供重要的思想指导⑥。

---

① Philippa Brant，“One Belt，One Road? China's Community of Common Destiny” the Interpreter，*in Lowy Institute for International Policy*，March 31，2015.

② Christine R. Guluzian，Making Inroads：China's New Silk Road Initiative，*in Cato Journal*，2017，37（1）：135 – 147.

③ Malcolm Warner，On Globalization “with Chinese Characteristics”?，*in Asia Pacific Business Review*，2017，23（23）：309 – 316.

④ Fengshi Wu，China's Global Quest for Resources：Notes for Policy Advocates，in China's Global Quest for Resources：Energy，Food and Water，Oxon：Routledge，2017：173 – 185.

⑤ Hoo Tiang Boon，Mingjiang Li and James Char，Introduction to the Special Issue：New Trends in Chinese Foreign Policy，*in Asian Security*，2017，13（2）：81 – 83.

⑥ Nam – Kook Kim，Trust Building and Regional Identity in Northeast Asia，in IAI Working Paper，2017，17（10）：1 – 18

（3）为世界各国走出困境提出方案。习近平总书记曾多次强调要“推动人类命运共同体建设，共同创造人类美好未来”，这是中国作为一个大国的责任与担当，许多外国学者由此十分认同中国所提出的建设“人类命运共同体”的主张，认为这正是当今新的国际形势下能够指引各国走出困境的方案。学者提摩·基维马基（Timo Kivimaki）认为，中国外交政策的出发点是谋求共同利益，以中国力量推动各国共同发展，这与美国的‘冷战思维’有着根本不同。人类命运共同体的提出符合这一准则，中国正在运用自己的方式为和平解决世界的共同问题助力①。还有学者从应对全球危机的角度给予高度评价，认为环境污染和破坏是世界性的难题，与每个国家息息相关，解决全球性危机需要树立责任意识和合作理念，命运共同体是一个很好的模式。借此机制能够加强世界各国自然科学与社会科学的沟通与合作，为全球可持续发展提供环境保护、生态治理的理论知识、研究手段和科学方法②。

2. 对“人类命运共同体”具体实践的研究

（1）人类命运共同体的可行性。自 2014 年正式提出“人类命运共同体”的新命题以来，崛起中的中国始终坚持以行践言，把自身的发展与人类进步事业紧密联系在一起，以期实现中国发展、世界发展和实现人类“共同价值”三者的最大公约数，这一举措获得了不少外国学者的认可。

许多学者在研究“人类命运共同体”时，会将“一带一路”倡议作为其主要载体和实践路径，而“一带一路”自实施以来，已经取得了许多举世瞩目的成果。如建立互联的通信和交通网络将促进整个南南地区或地带的投资和发展，并为所有参与者建设起经济复兴的动力。这将使得“人类命运共同体”的愿景成为现实；“一带一路”计划在中亚有力推进，连接亚洲、非洲、欧洲等地区的贸易，影响深远；秘鲁专家认为“一带一路”倡议使拉美国家也能共享发展成果，在基础设施建设、技术培训等方

---

① Timo Kivimaki, Soft Power and Global Governance with Chinese Characteristics, *in The Chinese Journal of International Politics*, 2014, 7 (4): 421－447.

② Xiangwan Du, Responding to Global Changes as a Community of Common Destiny, *in Engineering*, 2016, 2 (1): 52－54.

面使秘鲁民众受益①。

与此同时，许多国外学者都认为作为一种区域合作机制，人类命运共同体及“一带一路”倡议所蕴含的思想意蕴、所遵守的开放包容、共商共建共享等原则使其具备了与周边国家的区域战略对接和融合的可能性，因而大大提高了整个方案的可行性。如俄罗斯所提出的“跨欧亚发展带”就被认为完美地契合了“中国倡议”②。此外如哈萨克斯坦的“光明之路”、东盟的“东盟互联互通总体规划”（MPAC）、土耳其的“中部走廊”、欧盟的“容克计划”等区域战略也被认为与人类命运共同体和“一带一路”有极大的对接可能性，从而形成一个整体上相互契合的区域合作机制③。

此外，外国学者充分信任中国具备实现人类命运共同体这一伟大构想的强大实力。有学者将这种实力归纳为四个方面：第一，改革开放后的中国具有一种强烈的国家认同感，有实力对外传播国家产品理念；第二，中国有实力控制好资本流向和性质，确保全球化背景下国家金融安全；第三，中国激活国内储蓄和外资，推动两者变为农业、基础设施和工业的投资，这种积累意味着中国的储蓄大于发达国家的对内投资。第四，中国工业发展模式有效地将自我保护和推动出口结合起来。人类命运共同体的核心‘一带一路’战略体现了中国发展模式的升级，也是中国对国际合作的全新思考，支持建立一个全球自由贸易体系④。

（2）人类命运共同体的不可实现性。“人类命运共同体”以中国“和为贵”“兼济天下”等中国传统文化为根基，包含着包容互鉴、合作共赢、持续发展、共同繁荣等丰富内涵，彰显了促进人类共同发展进步的共同价值，为人类社会的未来发展勾勒出一幅“自由人联合体”的美好蓝图。但许多对中国传统文化和当代发展理念缺乏全面认识的外国学者，对这样一个“美好蓝图”的可行性提出了质疑。其质疑的内容主要包含以下

---

① 刘雨萌、王金燕：《国外对“人类命运共同体”研究述评》，载于《科学社会主义》2018年第5期。

② Vladimir Yakunin, The Future of World Order: Building a Community of Common Destiny, *in China Quarterly of International Strategic Studies*, 2017, 3 (2): 159 – 173.

③ 车轴：《人类命运共同体：近期国内外研究综述及进一步探讨》，载于《理论与改革》2018年第5期。

④ Weidong Liu, Michael Dunford: Inclusive Globalization: Unpacking China's Belt and Road Initiative, in Area Development and Policy, 2016, 1 (3): 327.

几个方面。

一是对“人类命运共同体”文化根基的质疑。有学者提出，中国所谓的“义利观”十分不切实际，基于“信义、情义、正义、道义”的“中国义利观”较“互利共赢”等理念而言，理想主义色彩更重，只是一个“乌托邦式的构想”，不可能在未来5到10年内实现①。更有甚者认为中国的“天下观”实质上是一种极具民族主义色彩的、“中国中心”的“有序理性”②，且中国的民族主义者普遍抱有“区域统治”的历史幻梦，因此中国当前提出的“共赢、共享”并不可信③。

二是对“双赢”理念的质疑。有学者提出，“双赢”理念具有超现实性和低效能的特征，国际市场总体资源有限，资本此消彼长，“双赢”只可能作为合作、妥协的结果，而不可能实现利益的最大化④。

三是对中国提出新理念的动机的质疑。仍有一部分国外学者遵循传统的零和博弈思维，从地缘政治的视角把人类命运共同体视作可能的异己力量，他们怀疑“人类命运共同体”在批评现有全球治理合法性和有效性不足的同时，怀有复杂的、无法被清晰探知的目的，因而真正属于全人类的“命运共同体”是不可能实现的⑤。

四是人类命运共同体构建将受到多重不确定因素的影响。经济学人欧洲智库对“一带一路”进行了风险评估：“一带一路”运营风险包括政治稳定风险，因为很多中方投资建设的项目规模大、耗资多，极易受潜在的政治波动的影响而中断；主权风险，中东国家如叙利亚和伊拉克主权风险指数较高，战争使得政府动荡飘摇，合作缺乏长期稳定性；法律和监管风险，各国法律法规纷繁复杂，不同国家间的某些条款甚至相互矛盾、存在

① Nien-chung and Chang－Liao，China's New Foreign Policyunder XiJinping. *in Asian Security*，2016，12（2）：82－91.

② Ruben Gonzalez－Vicente，The Empire Strikes Back？China's New Racial Sovereignty. *in Political Geography*，2016－11－01.

③ Linda Jakobson，Reflections from Chinaon XiJinping's“AsiaforAsians”. *in Asian Politics & Policy*，2019，8（1）：219－223.

④ Feng Zhang，Chinaasa Global Force. in Asia & the Pacific Policy Studies，2016，3（1）：120－128.

⑤ Francois Godement，Expanded Ambitions，Shrieking Achievements：How China Sees the Global Order. in European Councilon Foreign Relations（ECFR）Policy Brief，2017－03.

漏洞，在签订合同进行协商时将会是巨大阻碍；劳动力市场风险，高水平高技术劳动力缺乏，专业人士更少，为了引进人才，成本将大增等[①]。此外，在人类命运共同体的构建过程中，大国博弈与地缘政治风险也难以避免。一方面对美国而言，“一带一路”倡议损害了其“重返亚太战略”的利益，冲击美元体系及其对外贸易，美国将会采取多种方式来遏制和削弱中国力量[②]；另一方面对日本而言，随着中美竞争加剧，日本也会参与抵御中国对外扩张的队伍中，力求在亚太地区维持旧有的实力与影响[③]。

3. 对“人类命运共同体”的影响研究

关于人类命运共同体构建迄今为止产生的具体影响，外国学者的研究也可直观地划分为两大阵营：一方认为“人类命运共同体”方案符合了国际社会发展潮流，是当今局势下的大势所趋，且已经产生了诸多积极影响，在将来还会发挥越来越重要的作用；而另一方则被“人类命运共同体”和“一带一路”倡议的推进引发了担忧，认为中国的系列举措将会使中国自身成为世界秩序的新威胁。

对“人类命运共同体”的影响持积极态度的外国学者认为，“人类命运共同体”的提出体现了人类文明形态的变革，是关系人类可持续发展的重大理论和现实课题，将促使人们更加关注全球性危机，有利于世界各国携手打造更加和平、稳定、繁荣、宜居的美丽地球。

有学者认为，“人类命运共同体”的概念中既包含经济要素，也包含安全要素，这表明了中国不但重视自身安全问题，也开始重视区域安全问题，“人类命运共同体”的提出对于实现和巩固“共同发展”和“共同安全”两大目标具有重大意义。从经济上来看，“人类命运共同体”理念的提出和“一带一路”一批重要成果的落地，粉碎了“将全球化作为世界经济危机替罪羊”的谎言，维护了国际自由贸易，为世界各国携手对抗保

---

① EIUnit, GBritain: Prospects and Challenges on China's One Belt, One Road: A Risk Assessment Report, *in The Economist Intelligence Unit*, 2015: 1－26.

② Woo Sang Kim, The Rise of China and Power Transition Scenarios in East Asia, *in Korean Journal of Defense Analysis*, 2015, 27 (3): 313－329.

③ Michael Reiterer, Does the EU Matter in the "Asian" Century?, *in Kobe Law Journal*, 2016, 65 (4): 151－172.

守主义和民粹主义思潮侵袭提供了主体支撑和话语保障①；政治上，“中国特色”的全球化将逐步消解以西方为中心的国际旧秩序，引发国际政治积极变革，促进世界多极化向纵深发展②；安全上，网络空间命运共同体的构建能够加强国际网络安全、促进国家间互信与合作③，各国携手应对“伊拉克和大叙利亚伊斯兰国”（ISIS）及海盗势力等世界性恐怖主义的能力将在紧密合作中得到加强④。

而对“人类命运共同体”的影响抱有负面态度的学者多是从质疑中国提出该构想的动机出发，进而认为“人类命运共同体”最终会以损害周边国家以及美国的利益为路径，使中国自身成为最大的赢家，而非所谓的“共赢”。

有学者认为，中国作为全球128个国家的最大贸易伙伴，与大多数国家处于贸易顺差的地位，持续贸易顺差造成部分经济实力较为薄弱的国家对中国经济的依赖程度不断加深。不仅如此，随着近年来中国对外投资的加速增长，中国加快输出过剩产能及技术的步伐也在加快，这使得一些国家更加担忧中国将会在周边国家制造“飞地”、会对不发达国家的资源进行“掠夺”，会严重威胁到本国的经济安全，担忧未来将会形成一个以中国为中心、周边国家为外围的“核心—周边”秩序⑤。

更有学者直接指出：“‘人类命运共同体’和‘一带一路’计划不可避免将引起美国和中国在亚太地区与全球的争霸”。⑥“‘人类命运共同体’和‘一带一路’是反美的，能在一定程度上应对美国对中国全方位的打击和制约，并将见证美国逐渐丧失其帝国统治地位，为中国成为世界超级大

① Ling Chen, Barry Naughton, A Dynamic China Model: The Co－Evolution of Economics and Politics in China, *Journal of Contemporary China*, 2017, 26 (103): 18－34.

② Xing Li and Timothy M. Shaw, Same Bed, Different Dreams and Riding Tiger Dilemmas: China's Rise and International Relations/Political Economy, *Journal of Chinese Political Science*, 2014, 19 (1): 69－93.

③ Brantly Womack, Beyond Win-win: Rethinking China's International Relationships in an Era of Economic Uncertainty, *in International Affairs*, 2013, 89 (4): 911－928.

④ Olivia Gippner, Antipiracy and Unusual Coalitionsin the Indian Ocean Region: China's Changing Role and Confidence Building with India, *in Journal of Current Chinese Affairs*, 2017, 45 (3): 107－137.

⑤ 刘传春：《人类命运共同体内涵的质疑、争鸣与科学认识》，载于《毛泽东邓小平理论研究》2015年第11期。

⑥ Jean Marc F. Blanchard, Colin Flint: The Geopolitics of China's Maritime Silk Road Initiative. *in Geopolitics*, 2017, 22 (2): 223－245.

国奠定基础。”①

4. 小结

从国外有关“人类命运共同体”的研究中我们可以看出，外国学者对该理念关注度很高，且研究领域呈现出不断拓宽的趋势。这一方面说明，“人类命运共同体”的提出已经在世界范围内产生了较大的影响力，引起了国际社会的高度重视；同时也说明该理念是契合了当前时代的需求、顺应了历史发展的方向，因而能够成为众多学者和智库的研究对象。

但与此同时，我们也能清晰认识到，不少外国的学者怀着对中国根深蒂固的偏见而质疑中国提出“人类命运共同体”的目的的单纯性及长远的影响。这些观点根植于各国不同的意识形态、社会制度、文化传统、价值观念、利益诉求，同时还深深地受到“冷战思维”“地缘政治”以及当前西方一些新的社会思潮的影响。面对这些误解和偏见，我们应当不断增强自身的话语权从而积极主动发声。既要及时澄清错误观点、厘清混淆概念，更要通过谋求各国利益相通点、切实推进合作共赢和共建共享来取得“人类命运共同体”的构建成果，用事实向世界证明中国的能力与决心。

二、国内视角下的“人类命运共同体”研究

目前国内学者主要从“人类命运共同体”的内涵、特征、理论渊源、思想意义和构建路径等方面进行研究，研究内容涉及中国特色社会主义理论、中国优秀传统文化、马克思共同体思想、世界历史理论、全球治理等诸多层面，为进一步研究“人类命运共同体”提供了理论参考。对现有研究成果加以分梳和评析，对于进一步拓展习近平“人类命运共同体”的研究空间，明晰今后的研究方向，无疑具有重要价值。

1. “人类命运共同体”的思想渊源

大部分国内学者认为“人类命运共同体”的思想渊源有三种：马克思恩格斯的共同体思想、中国优秀传统文化、中国共产党人的国际战略思想。

① Thomas Zimmerman, The New Silk Roads: China, the U. S. and the Future of Central Asia, in New York University, 2015: 1 - 28.

（1）理论渊源：从“人类命运共同体”与中华优秀传统文化的关联角度来界定“人类命运共同体”。郭海龙和汪希（2016）认为人类命运共同体思想深植于中国的优秀传统文化土壤中，并且与中国以“和”为核心的优秀传统文化精神是一脉相承的。[①] 张梅颖（2016）也认为人类命运共同体思想是中华民族“天下大同”古老理念的现代表达，也是中华文化“知行合一”优秀传统的继承发展。[②]

（2）理论渊源：从马克思的“真正共同体”思想层面界定“人类命运共同体”。源于马克思主义共同体思想。马克思在《1857—1858 年经济学手稿》中指出，前资本主义时代的共同体是个人异己的对立物且随着生产力的发展自然消解了，在《资本论》中指出资本共同体和货币共同体以抽象的方式加重了这种异己的力量，而真正的共同体是作为社会关系总和的个人生存与发展的内在前提，必须重建实现个性自由与全面发展的理想的共同体。[③] 习近平同志提出的“人类命运共同体”则是对以往虚假共同体的超越，是人类在理想的共同体生成过程中对马克思共同体思想的一种时代性表达。

（3）实践渊源：中国共产党为“人类命运共同体”思想奠定了理论基础。周雯雯（2017）等指出，打造“人类命运共同体”是中国共产党在新时期，面对新问题，对中国特色社会主义外交理论的创新，也是中国共产党在新时期坚持独立自主的和平外交政策与坚定走和平发展道路的延续和创新。[④] 毕文锐（2017）等学者指出，“人类命运共同体”理念的提出，是中国构建新型全球治理体系新思维的体现。唯有各国都意识到彼此的命运休戚与共，相互理解包容，共同发展，共担责任，才能推动国际秩

---

① 郭海龙、汪希：《习近平人类命运共同体思想的生成、价值和实现》，载于《邓小平研究》2016 年第 3 期，第 42 页。

② 张梅颖：《“人类命运共同体”与中国传统文化》，载于《中国统一战线》2016 年第 8 期，第 72～73 页。

③ 藏峰宇：《马克思的共同体思想与人类命运共同体意识》，载于《中国社会科学报》2017 年 2 月 25 日，第 3 版。

④ 周雯雯、林美卿、赵金科：《论习近平“人类命运共同体”思想的科学内涵和重大意义：基于马克思主义理论视角》，载于《理论导刊》2017 年第 1 期。

序朝着公平合理的方向不断发展。①

对于人类命运共同体思想渊源的认识，学界一方面从传统文化和马克思主义两个方面来思考其理论渊源；另一方面又从不同的时间节点与场合来追溯其实践渊源，从中我们也看到了人类命运共同体思想来源的多维性与复杂性。

2. “人类命运共同体”思想的内涵

国内学界对人类命运共同体的内涵做了多层次多角度的阐释，涉及传统文化、国际主义、法治文明、共生论以及人类共同价值等角度。

（1）它与中华民族传统文化具有某些共通性。这种观点将“人类命运共同体”置于中国传统文化视域下来思考，认为二者具有某些层面的共通性，可以吸收和继承。金应忠（2015）认为“人类命运共同体”与中国传统“和文化”关于世界及人类如何存在、如何发展的观点具有相似性，它既显示了当代中国理念与“和文化”理念的一脉相承性，又具有与当代世界和平发展的现实所需要的适应性。② 叶小文（2016）认为：“‘人类命运共同体’的文化释义，是‘命运相连，休戚与共’，是同一个地球，同一片大地，同样的经历，同样的危机，同样的挑战，同样的愿景——和平、发展、合作、共赢。”③

（2）它是具有社会主义性质的国际主义。这种观点将“人类命运共同体”视为国际主义与社会主义相结合的产物。李爱敏认为“人类命运共同体”兼具低层次的工具理性国际主义和高层次的价值理性国际主义，“是21世纪初由中国共产党首先提出、倡导并推动的一种具有社会主义性质的国际主义价值理念和具体实践。”④

（3）它是包含不同层次的共生论。学界从民族国家到全球性层面探讨“人类命运共同体”的共生性，实现了认识层面的时空转移。金应忠

① 毕文锐、马俊锋：《人类命运共同体的理论基础》，载于《中国社会科学报》2017年2月23日，第6版。

② 金应忠：《从“和文化”到新型国际关系理念——兼论人类命运共同体意识》，载于《社会科学》2015年第11期。

③ 叶小文：《人类命运共同体的文化共识》，载于《新疆师范大学学报》（哲学社会科学版）2016年第3期。

④ 李爱敏：《“人类命运共同体”：理论本质、基本内涵与中国特色》，载于《中共福建省委党校学报》2016年第2期。

（2016）认为“人类命运共同体是民族国家命运共同体之间在共生关系利益交融发展并赋予体系结构性过程中建构起来的，有自己发展变化的逻辑前提和逻辑演绎的条件和依据”。[①] 刘传春（2017）认为人类命运共同体是中国基于人类共同利益而作出的推动世界各国合作共赢的新理念，“应当从世界因相互依存而形成的发展、合作、共赢的属性来科学认识人类命运共同体的内涵，推动人类命运共同体的理论研究”。[②]

（4）它内含着人类共同价值。此观点将“人类命运共同体”提升到对人类共同价值的贡献层面来认识。大体有两种观点：第一，丛斌（2016）认为人类命运共同体是基于传统血缘、地缘和文化所形成的集合体。共同价值观和传统、共同感情、共同信仰和集体意识，为成员提供某种确定性和安全性，使成员能维系相互依存、相互信任和相互帮助的社会关系。[③] 第二，张曙光（2015）指出人类命运共同体“是一种以应对人类共同挑战为目的的全球价值观和新共生观。”它探究个人之道、共同体之道、人类共同发展之道和大自然之道及其相互关系，最大限度地推动“万物并育而不相害，道并行而不相悖”那样一种和谐的“天下达道”局面的出现。[④] 杨宏伟与刘栋（2017）则认为，全球基于共同利益和目标达成的价值共识是构建“人类命运共同体”的价值依托。[⑤]

综上所述，学界注重分析人类命运共同体的中国特性、内在结构、实践内涵，侧重于从世界交往交流交融的角度论述人类命运共同体的共同价值、共生意义、国际意义。这些观点体现人类命运共同体这一概念的内涵具有一定差异性、超越性、本土性和全球性等特点。

① 金应忠：《从“和文化”到新型国际关系理念——兼论人类命运共同体意识》，载于《社会科学》2015 年第 11 期。

② 刘传春：《人类命运共同体内涵的质疑、争鸣与科学认识》，载于《毛泽东邓小平理论研究》2015 年第 11 期。

③ 丛斌：《让共同体意识为全面深化改革铸魂》，载于《中央社会主义学院学报》2016 年第 1 期。

④ 张曙光：《“类哲学”与“人类命运共同体”》，载于《吉林大学社会科学学报》2015 年第 1 期。

⑤ 杨宏伟、刘栋：《论构建“人类命运共同体”的“共性”基础》，载于《教学与研究》2017 年第 1 期。

3. “人类命运共同体”思想的价值

（1）“人类命运共同体”思想的理论意义。

第一，丰富与发展了马克思的共同体思想。习近平“人类命运共同体”思想是对马克思的“自由人的联合体”思想的丰富与发展，为实现马克思所追求的理想社会提供了现实可行的道路。[①] 因此，卢德友（2014）认为“人类命运共同体”思想在诸多方面与“自由人的联合体”理论契合，“自由人的联合体”内在的价值诉求使得“人类命运共同体”思想的倡导顺理成章，“人类命运共同体”是实现“自由人的联合体”的一种积极的现实行动[②]。

第二，传承并弘扬了中国优秀传统文化。饶世权与林伯海（2016）认为，“人类命运共同体”思想是科学社会主义的最新成果，传播了中国传统“和文化”，增强了中国文化软实力，推动着当代世界政治、经济新秩序及新型国际关系的建构[③]。李爱敏（2016）指出，我国倡导“人类命运共同体”理念，是对中国古代传统“大同”与“和文化”的延续。“人类命运共同体”根植于中国优秀传统文化之中，有利于传播中国声音，弘扬中国价值，提高中国在国际舞台的话语权。[④]

第三，丰富了党中央治国理政的理念和方略。王毅（2016）指出，打造“人类命运共同体”的目标“丰富了以习近平同志为总书记的党中央治国理政的理念和方略，成为中国特色社会主义理论体系的重要组成部分”。[⑤] 田旭明（2016）也指出，习近平人类命运共同体思想丰富和深化了中国特色社会主义理论体系内容。[⑥]

（2）“人类命运共同体”思想的实践意义。

---

① 张希中：《习近平命运共同体思想的形成维度、内涵及价值意蕴探析》，载于《行政与法》2016 年第 2 期。

② 卢德友：《“人类命运共同体”：马克思主义时代性关照下理想社会的现实探索》，载于《求实》2014 年第 8 期。

③ 饶世权、林伯海：《习近平的人类命运共同体思想及其时代价值》，载于《学校党建与思想教育》2016 年第 7 期。

④ 李爱敏：《“人类命运共同体”：理论本质、基本内涵和中国特色》，载于《中共福建省委党校学报》2016 年第 2 期。

⑤ 王毅：《携手打造人类命运共同体》，载于《人民日报》2016 年 5 月 31 日，第 7 版。

⑥ 田旭明：《习近平共同体思想及其当代价值意蕴》，载于《学术论坛》2016 年第 1 期。

第一，有利于推进全球治理。习近平提倡打造“人类命运共同体”的主张，有利于填补全球治理思想的空白，提高中国外交实践中关于全球合作的远景理念意识，为国家之间突破地缘政治和狭隘国家利益的因素，实现合作共赢提供了一条可行方案。饶世权、林伯海（2016）认为，习近平的人类命运共同体思想有助于积极应对和解决全球性现实问题和挑战，如自然灾害、经济危机、恐怖主义、核扩散、跨国贩毒、传染性疾病蔓延，等等。① 左凤荣（2017）认为，“人类命运共同体”思想对全球治理和国际秩序的变革具有很强的引领作用，它是中国向世界贡献的新理念，反映了人类对世界安宁与经济发展的渴望，也是我国参与全球治理的目标所向，“人类命运共同体”思想将推动全球治理朝着公正合理的方向发展，营造持久稳定、繁荣的国际环境。②

第二，为“中国梦”提供强大动力。董力人（2016）将人类命运共同体等同于世界梦。中国有两个梦想：一个是“中国梦”；另一个就是构建“共有共享的人类命运共同体”的“世界梦”，两者相辅相成，互为机遇。习近平倡议的“人类命运共同体”生动呈现了中国的“世界梦”，是继“新型国际关系”后推出的又一重大国际关系理念，超越了历史上大国争霸的“零和博弈”窠臼，人类命运共同体思想将为“中国梦”的实现提供助推力。③

第三，有利于推进“一带一路”建设。“一带一路”建设是“人类命运共同体”的路径之一，后者是前者建设的终极目标。刘传春（2016）认为，“人类命运共同体”思想孕育和驱动了“一带一路”建设，“一带一路”建设为“人类命运共同体”的构建奠定物质基础。④ 梁正国（2015）认为，“一带一路”摒弃了“国强必霸”和“零和博弈”思维，最终形成“人类命运共同体”。⑤

---

① 饶世权、林伯海：《习近平的人类命运共同体思想及其时代价值》，载于《学校党建与思想教育》2016 年第 4 期。

② 左凤荣：《全球治理的理想目标与追求：习近平的“人类命运共同体”思想》，载于《中国浦东干部学院学报》2017 年第 1 期。

③ 董立人：《习近平“人类命运共同体”思想研究》，载于《学习论坛》2016 年第 3 期。

④ 刘传春：《“一带一路”战略的质疑与回应：兼论人类命运共同体构建的国际认同》，载于《石河子大学学报》2016 年第 1 期。

⑤ 梁正国：《“一带一路”的“普世价值”》，载于《黔西南论坛》2015 年第 4 期。

4. “人类命运共同体”的构建路径

作为一种新理念，人类命运共同体展望了人类未来发展的美好前景。但是，推进和落实人类命运共同体不是一帆风顺的，而是面临着诸多挑战。陈向阳（2016）认为这种挑战主要来自四个方面：美国唯我独尊的“霸权心态”依旧并不断更新换代，极力把持国际秩序主导权；两大“关键地区”不稳定与不确定因素增多，地区和平与安全不容乐观；“历史的惯性”和旧的观念作祟；“人类命运共同体”的五大领域，每个领域均面临严峻挑战。① 刘传春（2015）认为实现共同安全、共同发展和共同责任的人类命运共同体将面临“中国威胁论”“中国担忧论”“中国责任论”等方面的质疑。② 面对这些挑战，学界从多角度探讨如何推进人类命运共同体的落实问题。

一是文化角度：李岁月（2017）认为，“人类命运共同体”思想继承并发扬了中国传统文化中的整体性思维、辩证性思维和创新性思维，并指出在构建“人类命运共同体”的过程中，要积极融入中国优秀传统文化的元素。③ 陈强（2016）认为，“人类命运共同体”的文化构建包括重建“精神丝绸之路”“一带一路”平台以及丰厚的中华传统文化资源是打造“人类命运共同体”必不可少的一部分。④ 袁靖华（2017）认为人类命运共同体是中国传媒在国际传播中应重点破题的方向。传媒人应主动融通中外思想资源中的世界主义话语，将传播人类命运共同体为核心的中国的新世界主义。

二是外交角度：任晶晶（2017）认为人类命运共同体为中国大国外交创新指明了方向，构建人类命运共同体对于中国外交创新性发展的导向作用体现在推动互联互通、改善全球治理、发展稳定大国关系、营造良好周边环境、开展广泛区域合作五个方面。⑤ 江河（2018）认为“一带一路”

---

① 陈向阳：《以“人类命运共同体”引领世界秩序重塑》，载于《当代世界》2016年第5期。
② 刘传春：《人类命运共同体内涵的质疑、争鸣与科学认识》，载于《毛泽东邓小平理论研究》2015年第11期。
③ 李岁月：《试析人类命运共同体的传统文化意蕴》，载于《甘肃理论学刊》2017年第5期。
④ 陈强：《“人类命运共同体”的文化构建与“精神丝绸之路”》，载于《西北民族大学学报》（哲学社会科学版）2016年第4期。
⑤ 任晶晶：《构建人类命运共同体与当代中国外交的创新性发展》，载于《中国特色社会主义研究》2017年第6期。

的共建使国际法的基本价值由消极的和平迈向以普遍安全为前提的积极和平，为南海地区的安全合作奠定社会基础，有利于中国根据其宏观战略制定南海安全合作的路线图。国家形象构建和话语传播也普遍被认为将是一种行之有效的方法。[①] 王燕（2018）认为人类命运共同体思想国际传播的过程就是中国贡献全球治理智慧的过程，通过与西方的话语体系的对接从而形成中外相互融通的话语传播体系。此外，通过联合国宪章下的多边法律机制的建设与完善也是寻求共同体规范意义的强化的一个重要途径。[②] 李赞（2016）从国际法和国内法两个维度对人类共同体的国际法原理与机制进行了考察，提出基于主权又超越主权的国际社会本位理念是人类命运共同体建设的思想基础，各国法律趋同化发展是人类命运共同体建设的国内法路径。[③]

三是战略角度：陈向阳提出“三路径”说，认为须系统谋划、辩证统筹、稳步推进。按纵向地域和对象推进包括周边、亚非发展中国家及南南合作、发达国家三个层面的合作。按横向领域推进与各国政治、经济、安全、文化、生态环境五大领域的交往。两手并举、双管齐下，既包括双边与多边，也包括刚柔并济、恩威并施，区别对待不同对象。[④] 于洪君提出“四路径”说，要注重意识内化于心，外化于行动；注重政策措施的综合性；推动建立开放、包容、透明的国际制度体系；各国政府要做到权责均衡，内外兼顾。[⑤]

5. “人类命运共同体”研究的不足与展望

（1）关于“人类命运共同体”研究的不足之处。

第一，对基本概念的界定不清晰。国内学者对“共同体”“命运共同

---

① 江河：《人类命运共同体与南海安全合作——以国际法价值观的变革为视角》，载于《法商研究》2018 年第 3 期。

② 王燕、陈伟光：《经济全球化与全球经济治理的制度转型》，载于《学术界》2018 年第 4 期。

③ 李赞：《建设人类命运共同体的国际法原理与路径》，载于《国际法研究》2016 年第 6 期。

④ 陈向阳：《以“人类命运共同体”引领世界秩序重塑》，载于《当代世界》2016 年第 5 期。

⑤ 于洪君：《树立人类命运共同体意识，推动中国与世界良性互动》，载于《当代世界》2013 年第 12 期。

体”“人类命运共同体”的概念界定不清晰，给人们理解和接纳“人类命运共同体”带来困扰。因此国内学者需要对“共同价值”、西方国家主张的“普世价值”、马克思的共同体理论及马克思社会有机体思想的概念进行界定，从而加深人们对“人类命运共同体”的认识。

第二，国内学者对“人类命运共同体”思想的研究重自我宣传。国内学者对待“人类命运共同体”的研究存在缺乏实然研究的问题。“人类命运共同体”在对外宣传过程中要注重提升中国的话语权，话语权的提升在一定程度上可以增强中国在国际社会的影响力。“人类命运共同体”是典型的中国话语，国内学者需要构建符合中国特色的话语体系，不断增强中国在意识形态领域的话语权。

第三，对“人类命运共同体”的研究方法较为单一。当前，国内学者对“人类命运共同体”的研究方法大多采用文献研究法，随着当今社会背景的复杂性以及时代的变化与发展，迫切需要国内学者对“人类命运共同体”的研究方法进行创新。国内学者将研究议题和范围持续扩大，在一定程度上造成理论研究的泛化，难以形成对“人类命运共同体”系统而完整的分析框架。从目前的研究现状看，“人类命运共同体”研究的学科视角大多集中在政治学、哲学、文学、马克思主义理论的范围内，很少使用跨学科研究法、比较研究法、实验法、调查法、观察法、定量分析法、定性分析法等方法。此外，目前国内学者未曾使用文献计量学对“人类命运共同体”研究现状的结构分布、变化情况、数量关系等进行分析，因此人们对“人类命运共同体”的了解和掌握不够系统，需要努力寻求突破口。

（2）对“人类命运共同体”研究的展望。

第一，深化“人类命运共同体”概念界定的研究。国内学者需要对“共同体”的概念、“人类命运共同体”的层次和类别进行准确的界定，区分“共同体”与“共同价值”的概念、社会共同体与社会有机体的概念，避免对概念的随意解读。

第二，提升“人类命运共同体”思想的国际影响力研究。习近平在外交场合多次提出“人类命运共同体”思想，国内学者需要了解国际社会对这一思想的态度。“人类命运共同体”思想不是一般意义上的治国理政思想，其最根本的目的是出于国家发展策略的考量，这也是中国在现在与将来能够立足于世界民族之林的重要策略。目前，有些国家在政治上依附于美国，而在经济上依托于中国，已经给构建“人类命运共同体”带来了很大的挑战。加强对“人类命运共同体”的宣传与落实，都有利于提高这一思想在国际社会的接受度和认可度。

第三，创新“人类命运共同体”思想的研究方法，采取多学科方法的研究范式对“人类命运共同体”的研究。应当适应当前社会发展的动态需求，同时，结合学术研究跨学科、时代性、地域特色等特点，发挥研究者个人特长，做好学术积累和学术研究。从多学科的视角研究“人类命运共同体”思想，国内学者可以将其研究拓展至新闻传播学、法学、社会学、教育学、政治经济学等领域，全面且立体地揭示和把握“人类命运共同体”思想的运行机制和发展规律，从而为国家治理现代化和全球治理提供智力支持。针对“人类命运共同体”思想研究中存在的不足，国内学者需要拓宽研究领域，创新研究方法，以期为进一步研究“人类命运共同体”思想提供参考资料。

第十一节　关于“一带一路”倡议的研究

“一带一路”倡议是实现中华民族伟大复兴中国梦的重要战略途径，包括“新丝绸之路经济带”和“21 世纪海上丝绸之路”，其战略目标是要建立一个包括欧亚大陆在内的世界各国政治互信、经济融合、文化包容的利益共同体、命运共同体和责任共同体，是一个共商共建共享的联动发展倡议。因此，自“一带一路”倡议提出以来就引发各国智库学者、媒体、官方的密切关注与积极研究，为了实现“一带一路”倡议，研判国外关于“一带一路”的看法至关重要。利用中国知网期刊全文数据库（CNKI），选择“哲学与人文科学”“社会科学Ⅰ辑”“社会科学Ⅱ辑”和“经济与管理科学”这四个子数据库，以“一带一路”作为“文献篇名”的关键词进行检索，检索结果情况发现，2014 年至 2019 年 6 月，共计有 25224 篇文献。其中，各年文献数量情况如下：2014 年合计 160 篇；2015 年合计3313篇；2016年合计4187篇；2017年合计7794篇；2018年合计7217篇；2019年1~6月合计2530篇。

一、“一带一路”国外视角的研究

1. 海外国家对“一带一路”倡议的看法

“一带一路”沿线国家和域外关键大国对“一带一路”倡议的看法极为重要，直接关系到“一带一路”倡议的实施及运作。本书选取美国、欧盟、日本、“一带一路”沿线国家包括俄罗斯、印度、巴基斯坦、新加坡等代表性国家的观点进行研究。美国作为当今世界最具影响力的国家之一，其对“一带一路”的认知不仅关系到本国相关政策，对世界其他的国家的态度也有重要影响，因此有必要将其作为研判对象，研究其对“一带一路”倡议的认知。“一带一路”贯穿亚非欧大陆，连接起东亚和欧洲经济圈，欧盟、俄罗斯既是“一带一路”沿线的参与者，又在国际关系中占据重要地位，研究其认知也十分必要。日本与我国隔海相望，都是东亚乃至世界范围内的大国而且存在相互竞争的关系，日本一直以来与美国的关系更为密切，故研究日本对“一带一路”的认知也十分必要。另外，“一带一路”沿线国家如印度、巴基斯坦是实际参与者，对“一带一路”能否成功实施以及实施获得的成果大小起着决定性作用。本书拟从上述国家及区域对“一带一路”倡议的动机、影响以及有关方面提出的政策建议三方面分析其关于“一带一路”的认知。

总体来讲，不同国家及区域对“一带一路”的认知有明显差异。美国总体上对中国的“一带一路”政策持怀疑态度，马建英（2015）通过对美国媒体、学界、智库等的研究发现，虽然美国国内存在一些客观、积极的看法，但是总体上对中国的“一带一路”倡议持怀疑态度，认为“一带一路”倡议是中国拓展国际影响力的战略工具，将导致中美之间大范围的竞争，并且对美国在欧亚大陆的利益和领导地位造成严重威胁。[①] 随着

① 马建英：《美国对中国“一带一路”倡议的认知与反应》，载于《世界经济与政治》2015年第10期。

“一带一路”的发展以及美国政权交替，美国对“一带一路”的认知也发生一定变化，特别是特朗普政府从开始的稍微积极到中美贸易竞争加剧后的极力反对抹黑。因此总体来讲，美国对“一带一路”的认知持怀疑态度，而且日益强烈。

相比而言，欧盟整体对“一带一路”的认知更偏向正面，但不同国家的看法也不尽相同。欧亚（2017）在论文中提到英国、西班牙、波兰、荷兰等个别欧盟国家的中央政府、地方政府和工商界更倾向于将“一带一路”的实施视为经济行为，并且积极与中国合作，而德国、法国等欧盟大国持“中立”“谨慎乐观”“有待观察”的观点，将“一带一路”视为政治行为。①

日本对“一带一路”的认知受到美国、政权组织更替以及“一带一路”自身的成就三方面的影响。王义桅（2018）提到日本对“一带一路”的认知随着“一带一路”成就超过预期而发生变化，从最初的否定与质疑到模棱两可，再到考虑参与，再到寻求有限合作和试图对“一带一路”走向、规则制定等增加影响，日本政界也多次释放出参与“一带一路”建设的积极信号。②

沿线国家对“一带一路”认知存在较大差异，印度对“一带一路”的看法经历了态度模糊、积极响应和抵制三个阶段，2016 年后印度认为“一带一路”会损害其在印太区域的利益，对“一带一路”持强烈反对、怀疑批判态度，而俄罗斯、巴基斯坦、新加坡等沿线国家多从正面理性的角度进行认知。

2. 国外对“一带一路”倡议动机的认知

国外智库、媒体等多认为中国提出“一带一路”倡议主要出于经济、政治、安全等方面考虑，本书将从经济动机、政治动机、安全动机三方面讨论其关于“一带一路”的认知。

---

① 欧亚：《欧盟国家对“一带一路”的认知与评价：基于 ETNC 智库报告的分析》，载于《公共外交季刊》2017 年第 2 期。

② 王义桅、崔白露：《日本对“一带一路”的认知变化及其参与的可行性》，载于《东北亚论坛》2018 年第 4 期。

（1）经济动机。

第一，美国部分人士将“一带一路”看作中国版的“马歇尔计划”，甚至有人认为“一带一路”已经超越了第二次世界大战后美国的“马歇尔计划”，中国试图通过经济援助实现政治控制，而且这种观点从奥巴马政府时期一直延续到特朗普时期。例如仙侬·蒂耶兹（Shannon Tiezzi）指出，中国的“一带一路”倡议与“马歇尔计划”都是崛起中的大国试图用其经济力量实现其外交政策目标，“马歇尔计划”使美国实现了大国之梦，因此中国也希望通过“一带一路”倡议来实现其目标。[①] 波士顿大学凯文·加尔格尔（Kevin Gallagher）教授也将“一带一路”倡议描述为21世纪的“中国版马歇尔计划”，尽管其更多从正面解读“马歇尔计划”的含义——它将帮助缩小区域资金差距以改变亚洲国家的面貌。[②] 美国美中经济与安全评估委员会委员凯瑟琳·托宾（Katherine C. Tobin）在该委员会2018年1月25日就中国“一带一路”倡议专门举行的听证会上表示，“一带一路”倡议是习近平主席力推的外交政策倡议，它不仅仅是经济刺激计划，也是“中国梦”的全球形象；不仅是市场营销战略，也是中国“走出去”政策的升级版，同时它还是谋求中国经济支配地位的蓝图。[③]

第二，美国、欧盟、日本、俄罗斯、沿线国家等不少学者、媒体将“一带一路”倡议视为中国经济自我救赎论以及谋求人民币国际化的途径。他们认为中国经济发展进入“新常态”，目前处于产能过剩的状态，通过“一带一路”对国外进行基建投资实际上是为了输出过剩产能，保持国内经济增速。例如，美国方面，世界银行前驻华首席代表杜大伟（David Dollar）认为，“一带一路”倡议的提出是为了应对后金融危机时代国内经济下行等问题，希望通过“一带一路”促进国内经济增长。[④] 卡内基国际和平基金会研究员包道格（Douglas H. Paal）认为，中国GDP在经历了很

---

① Shannon Tiezzi, The New Silk Road: China's Marshall Plan?, *The Diplomat*, 2014, 11 (6).

② Is Infrastructure Bank China's New Marshall Plan for Asia?, 2015, 3 (30), http://www.nationmultimedia.com/news/opinion/aec/30257016.

③ 韦宗友：《战略焦虑与美国对“一带一路”倡议的认知及政策变化》，载于《南洋问题研究》2018年第4期。

④ David Dollar, China's Riseasa Regional and Global Power: The AII Bandthe "One Belt, One Road", Brookings Institution, 2015, 7 (15), http://www.brookings.edu/research/chinas-rise-as-a-regional-and-global-power-the-aiib-and-the-one-belt-one-rod/.

长一段时期的快速增长后，增速已经有所放缓，尽管近年来中国加大了投资量，但经济增速反而下降，因此中国在此时发起亚投行和“一带一路”倡议是希望通过对沿线国家实施基建投资获得收益，同时扩大亚洲地区的互联互通，转移过剩产能，刺激国内经济增长。[①]《华尔街日报》引用其他评论者的观点认为中国的“一带一路”是服务自身利益的倡议，旨在解决中国巨大的钢铁及重工业装备的产能过剩。[②] 欧洲方面，法国国际关系研究所（IFRI）中国研究中心主任爱丽丝·艾克曼（Alice Ekman）认为，中国的建筑业、钢铁、煤炭行业面临产能过剩，中国通过“一带一路”倡议快速实施的基建投资计划大多是为中国的重要行业寻求海外市场。[③] 关于人民币国际化方面，布鲁金斯学会客座研究员孙仁柱（Injoo Sohn）认为中国通过亚投行以及丝路基金向沿线国家借贷人民币，扩大人民币的适用范围，有助于加速人民币国际化进程，同时削弱美元的霸权地位。[④] 高小升（2017）在论文中提道：伦敦国际安全战略研究所主办的学术期刊《生存：全球政治与战略》（*Survival*：*Global Politics and Strategy*）明确表示，中国的“一带一路”倡议的动力之一就是提高中国的国家财富和国际资本，从而推动人民币作为融资和交易货币的使用和发展。[⑤]

第三，也有部分欧盟人士、日本学者从正面解读中国发起“一带一路”倡议的意图。欧盟认为“一带一路”有助于缩小中国中西部差距，是中国为了弥补中西部发展不均的重要战略步骤。高小升（2017）在研究欧盟对“一带一路”的看法时提到，世界经济论坛（WEF）欧亚部前主管安德鲁·查克霍恩（Andrew Chakhoyan）认为，中国推行“一带一路”倡议是因为建立连接中国西部和中国最大贸易伙伴欧盟的走廊，将有助于

① Douglas H. Paal，China's Counterbalance to the American Rebalance，http：//carnegieendowment. org/2015/11/01/china – s – counterbalance – to – americanrebalance/is5m.

② Andrew Browne，China's World：Beijing Touts “Silk Road” as Force to Fight Terror，*in the Wall Street Journal*，2015，11（2）.

③ Alice Ekman，China's New Silk Roads：AFlexible Implementation Process，in Alice Ekmanetal，Three Years of China's New Silk Roads：From Wordsto（Re）action?，Paris：Ifri，February 2017，2：10.

④ Injoo Sohn，Five Political Challenges in China's Monetary Ambition，http：//www. brookings. edu/research/opinions/2015/03/09 – china – monetaryambition – sohn.

⑤ 高小升：《欧盟高端智库对“一带一路”倡议的评析》，载于《社会科学文摘》2018 年第 2 期。

中国西部地区的复兴，从而减缓东部沿海发达地区与中西部省份之间的差距。[①] 日本方面，东京大学社会科学研究所教授丸山知雄认为中国提倡的“一带一路”并不是想重新书写世界经济规则，而是想为新兴国家提供资金和技术共同发展，发达国家应该对中国的贡献表示欢迎态度。日本政策研究大学院大学校长田中明彦认为，中国与日本在东南亚并非零和博弈，对于东南亚来说，与中国和日本同时保持好关系是最佳选择。[②]

第四，部分沿线国家认为中国提出“一带一路”倡议也是为了破除“马六甲困境”。随着中国海上贸易额增大，贸易越来越频繁，对马六甲海峡的依赖程度也越来越高，“一带一路”在欧亚内陆建立基础设施正是为了破除对海上通道的依赖。印度国家海事基金会的格普雷特·库拉纳分析认为，“一带一路”倡议的主要目的一方面是海上贸易互联互通的需要，是为了保证海外贸易的运输安全，因为中国40%的对外贸易需要通过印度洋，而且比例还在持续增长；另一方面则是为了保障中国海外资源能源供应渠道的畅通，特别是原油供应的安全，破解“马六甲困境”。新加坡东亚研究所的米希尔·瑞查尔德森分析认为，中国日益增长的原油进口中超过80%是通过马六甲海峡的邮轮运输，中国担心这条能源大动脉会由于美国和中国关于台湾问题的争议而被截断。中国希望通过“一带一路”路上管道建设获得其目前天然气需求量的35%和石油需求量的25%，这意味着它将大大减少对通过马六甲海峡的海上运输的依赖。[③]

（2）政治动机。

第一，美国、欧盟、俄罗斯有人士将“一带一路”看作中国版“再平衡”战略论，是为了应对2011年奥巴马政府提出的“亚太再平衡”战略以及TPP协定，日本则认为中国是为了构建东亚新秩序。例如，美国西东大学和平与冲突研究中心主任汪铮将“一带一路”视为中国对美国“亚太再平衡”战略的首次正面回应，虽然从表面上看“一带一路”旨

---

① 高小升：《欧盟高端智库对“一带一路”倡议的评析》，载于《社会科学文摘》2018年第2期。

② 王义桅、崔白露：《日本对“一带一路”的认知变化及其参与的可行性》，载于《东北亚论坛》2018年第4期。

③ 贺方彬：《沿线国家对“一带一路”倡议的认知及启示》，载于《青海社会科学》2017年第4期。

在加强沿线国家的基建、贸易和互联互通，但实际上也存在安全问题，只不过中国借用丝绸之路的含义巧妙地降低了其中的地缘政治敏感性。[①]仙侬·蒂耶兹（Shannon Tiezzi）认为“一带一路”具有明显的战略意图，中国将与伙伴国联手修建包括港口在内的海上基础设施，这与中国已在斯里兰卡、巴基斯坦布局的“珍珠链”战略形成对接，联通西太平洋与印度洋海域及海上基础设施，使中国的海上力量进一步西进。[②]欧盟高端智库的研究指出，当前亚欧大陆许多国家先后提出了各自的促进欧亚一体化计划，如美国的“新丝绸之路计划”、俄罗斯的欧亚经济联盟等，“一带一路”倡议则是中国版本的欧亚一体化计划。欧洲对外关系委员会（ECFR）的研究报告认为，“一带一路”倡议是中美竞争走出东亚的表现，中国通过“一带一路”倡议将中国的影响扩展至东亚以外的地区，同时也希望影响一些美国的传统盟友。俄罗斯《独立报》也刊文认为，“‘一带一路’倡议正是对美国‘亚太再平衡’战略的强力回应，这一倡议通过大规模的基础设施投资和建设，以实现区域的互联互通和经贸发展，可以提防并瓦解正在酝酿中的对中国的战略包围。”在日方看来，习近平领导的“一带一路”外交是一种回归型外交，意在重构中国为“宗主国”、周边国家为“朝贡国”的现代版东亚朝贡体系，并且认为亚投行是其实现战略目标的工具。

第二，有部分美国人士认为“一带一路”通过对沿线国家提供经济援助，实际上是一种新型的外交政策——“中国版怀柔政策”，目的是稳定因南海问题而持续发酵的“中国威胁论”，也是一种软实力的扩张。例如，马建英（2015）在文章中引用美国国防大学中国军事研究中心主任的说法，中国的周边外交试图“左右兼顾”其在涉海领土主权问题上日渐强硬的同时，也开始在周边展开魅力攻势。美国亚洲研究所的高级研究员纳德吉·罗兰（Nadege Rolland）表示“基建外交”是在缓解因南海领土争端问题上造成的劣势，通过丝绸之路将加强与周边国家的联系从而增强中国

① Zheng Wang, China's Alternative Diplomacy, *The Diplomat*, 2015, 1 (30).
② Shannon Tiezzi, The Maritime Silk Roadvs the String of Pearls, *The Diplomat*, 2014, 2 (13).

在周边弱势国家的影响力。①

第三，印度认为“21世纪海上丝绸之路”是升级版的“珍珠链”战略，中国将会染指印度洋地区。他们认为，中国在印度洋的一些重要港口（珍珠）进行战略布局，通过将“珍珠”串联成“链”对印度进行战略围堵。新德里政策研究中心的战略问题研究专家布拉马·切拉尼认为中国的“新丝路”倡议只不过是把所谓的“珍珠链”战略换了个包装，更有甚者认为这是中国建设海外海军基地的一步。② 另外，中国与孟加拉国、斯里兰卡、马尔代夫在“一带一路”上的合作也令印度十分担忧，他们害怕“一带一路”会让这些小国全面倒向中国，未来很可能在印度洋上形成一个以中国为“轴”，以南亚各小国为“辐”的地缘结构，印度将全面失去印度洋和南亚地区的霸主地位。③

（3）安全动机。

欧盟部分学者认为维护国家安全也是中国实施“一带一路”倡议的考虑因素，他们认为“一带一路”倡议是为了提高和巩固中国的能源安全、贸易安全和经济安全。欧盟安全研究所（EUISS）初级分析师卡米尔·布鲁杰（Camille Brugier）指出，中国国内经济发展对进口能源的依赖程度升高，而“一带一路”将有利于中国从中亚获得能源，这将会降低中国对俄罗斯、中东、非洲等能源输出国的依赖，以此拓宽进口能源路径，提升能源稳定性和安全性。④ 瑞典斯德哥尔摩国际和平研究所的报告认为：中国通过“一带一路”倡议来提高中国在全球经济特别是国际金融中的影响，从而推进中国国内的经济安全，应对安全威胁，并获得战略发展空间。

总体来说，国外认为中国实施“一带一路”政策的经济、政治、安全动因并不是完全割裂开的，而是互为补充，中国是在通过“一带一路”倡

---

① 马建英：《美国对中国“一带一路”倡议的认知与反应》，载于《世界经济与政治》2015年第10期。

② 杨胜兰、朱新光：《美国、印度对“一带一路”的知觉与错误知觉及中国的应对策略》，载于《学术探索》2017年第8期。

③ 梅冠群：《印度对“一带一路”的态度变化及其战略应对》，载于《印度洋经济体研究》2018年第1期。

④ 高小升：《欧盟高端智库对“一带一路”倡议的评析》，载于《社会科学文摘》2018年第2期。

议在政治、经济两方面塑造自己在国际秩序中的新角色，而这将会对世界政治、金融等秩序产生影响与冲击。

3. 国外对“一带一路”倡议影响的认知

国外政府、智库学者、媒体从政治、经济、软实力等多个角度分析“一带一路”对美国、欧盟、沿线国家以及世界的影响。

第一，部分美国、日本人士认为“一带一路”倡议将会挑战美国、日本在亚洲、非洲等区域的影响力，挑战地缘政治格局。宋瑞琛（2017）引用布鲁金斯学会外交政策项目特聘研究员、前印度驻华大使希夫尚卡尔·梅农（Shivshankar Menon）的观点，中国通过“一带一路”加强与亚欧国家之间的联系，塑造中国的周边环境，同时辐射国际环境，从而使亚太地区成为全球政治经济中心，以及国际新旧秩序争论的中心。乔舒亚·梅尔策（Joshua Meltzer）也认为，“一带一路”倡议是中国经济和外交的胜利，这表明美国对中国扩大区域领导力和影响力雄心的接受态度，但也增加了美国对亚洲地区经济领导力的不确定性。[①] 另外，他们认为“一带一路”一定程度上提升了中国软实力，将会加速美国在全球尊严和影响的竞争中落败。特别是中国的“一带一路”倡议积极实施落实，为沿线国家提供基础设施建设，使美国的“新丝绸之路”计划相形见绌，这将会冲击美国的国际影响力。《华盛顿邮报》指出，中国正在通过“一带一路”倡议、成立亚投行等各种手段投射中国的软实力。在美国内顾倾向增强，不愿加入亚投行、退出气候变化，甚至威胁要减少对外援助时，中国的倡议将极大改善其全球形象，摇身一变成为“全球化的推动者”。[②]

第二，关于是否挑战现有国际金融秩序，美国认为“一带一路”特别是亚投行将威胁美国领导的国际金融秩序，提升中国在区域领导中的地位和影响力。日本保守主义学者也持此种观点，欧盟观点则相对较为客观。美国、日本认为亚投行会冲击世界贸易组织、世界银行、国际货币基金组织和亚洲开发银行的地位，而美国、日本在这些机构中扮演重要角色。宋

① 宋瑞琛：《美国对“一带一路”倡议的认知及中国的策略选择——基于对美国布鲁金斯学会和外交关系委员会学者观点的分析》，载于《国际展望》2017 年第 6 期。

② Lawrence Summers, “The Actual China Issue That Should Worry the United States”, in The Washington Post, 2017, 4 (10).

瑞琛（2017）援引美国外交关系委员会高级研究员罗伯特·卡恩（Robert Kahn）的观点，他认为亚洲地区的发展由于基础设施建设滞后而受到制约，亚投行希望通过加强基础设施投资实现亚洲的发展，这一举措表明中国对国际货币基金组织（IMF）等国际金融机构改革的不满，希望通过与其他新兴国家的合作改变这一现状，实际上亚投行的成立是对国际经济秩序的挑战，也是中国欲在亚洲投资领域发挥主导权的表现。日本则担心亚投行的发展会导致日本主导的亚洲开发银行被边缘化，担忧“一带一路”威胁日本的海外市场，担心从目前的经济形势看未来亚洲经济一体化将由中国主导，中日在东南亚的基础设施建设投资上的竞争会随之加剧。[①] 欧盟对“一带一路”是否会挑战现有国际经济秩序存在两种不同的看法，一方面，英国国际安全战略研究所秘书长兼首席执行所长约翰·奇普曼（John Chipman）在该所出版的《战略调查（2015）》（*Strategic Survey* 2015）新闻发布会上称：“中国建议亚投行是因为不相信西方金融机构的能力和公平性，中国希望一个体现中国规则的金融机构，而中国成为一个更加自信和更加活跃的大国将带来亚洲地区战略上的不确定。”[②] 另一方面，英国皇家国际事务研究所亚洲项目高级顾问夏添恩（Tim Summers）指出，“一带一路”倡议和中国的其他倡议一起，共同组成了中国更加积极地改革国际秩序的步骤，但这些步骤并不旨在替代国际秩序，因为中国保持着对第二次世界大战后国际机构的强有力参与，在某些方面，中国的国际关系参与方式甚至回到了蕴含着不干预和主权国家平等的第二次世界大战后全球秩序的理想状态。[③]

第三，欧盟部分学者认为“一带一路”倡议对欧盟既有挑战又有机遇。“一带一路”倡议中的中国投资将刺激欧盟及其成员国经济发展和就业，也为欧盟其他战略目标的实现提供了支撑。意大利国际事务研究所（IAI）高级研究员尼古拉·卡萨里尼（Nicola Casarini）认为，中国通过

① 黄凤志、刘瑞：《日本对“一带一路”的认知与应对》，载于《现代国际关系》2015年第11期。

② John Chipman，Strategic Survey 2015：The Annual Review of World Affairs，Press Statement，London：International Institute for Security Studies，15 September 2015.

③ 高小升：《欧盟高端智库对“一带一路”倡议的评析》，载于《社会科学文摘》2018年第2期。

“一带一路”倡议加大对欧洲基建的投资，这些投资将会创造更多的就业机会，刺激欧盟的经济增长。[①] 荷兰国际关系研究所的政策简报认为，参与“一带一路”倡议能使欧盟实现双重目的，一方面通过与中国合作实现更大的地区稳定，另一方面这也为长远影响中亚和印度洋地区的非传统安全奠定新的基础。但是，欧盟也认为“一带一路”将会改变欧盟投资标准，影响欧盟成员国之间的互动关系，甚至影响欧盟一致对外的原则。尼古拉·卡萨里尼（Nicola Casarini）在认识到机遇的同时也提醒要注意挑战，伴随着欧盟各国对获取中国资金的竞争，欧盟作为一个主体越来越难以形成对中国的共同立场。

第四，沿线国家除印度外多从正面角度认知“一带一路”对其自身以及世界的影响。他们认为“一带一路”倡议有利于沿线国家的经济发展进而改善民生，有利于维护本地区的和平与稳定，同时也为低迷的世界经济提供新的支撑，建立更加公平、公正、合理的国际政治经济新秩序，提升广大发展中国家的国际地位和国际影响力。老挝人民革命党中央总书记、国家主席本杨指出，“一带一路”通过加强区域间的互联互通，让中国和沿线国家实现了共同发展进步，共同分享成果，这会为包括老挝在内的沿线国家及人民带来切实的民生利益，为广大发展中国家创造了难得的发展机会。印度尼西亚国家科学院经济研究中心主任奴古荷分析认为，“一带一路”在全球的声望越来越高，将产生巨大的、难以估量的价值，它将为沿线国家和人民提供互利互惠的最好交往方式；将创造跨越大洲大洋的全球经贸和投资新框架，强力推动全球经济发展与繁荣；将促进不同文明、宗教、民族之间的相互尊重和交流，扭转发达国家与发展中国家之间发展的不平衡，为世界和平与安宁创造新的机遇。新加坡国立大学郑永年教授分析认为，“在后金融危机时代，全球经济复苏乏力，逆全球化思潮涌动，‘一带一路’倡议对改善全球治理，具有重要作用。当前，新兴市场经济体在世界经济中的份额逐年增大，但制度性话语权欠缺，‘一带一路’探索的新型全球化，将为广大发展中国家提供了难得的发展机遇，也将推动

---

① Nicola Casarini, China's Inroadsin to the West, The World Today, 2015, 71 (5).

更加公平合理的国际经济新秩序的建立。”[①]

第五，印度认为“一带一路”将会威胁印度本国的经济产业以及本国在南亚的战略地位。一方面，他们认为中国通过“一带一路”倡议进行港口建设、产能合作、工业园区建设、人民币国际化等手段占领沿线各国市场，中国产品将打垮本国本土工业；另一方面，印度担心一旦“一带一路”的项目例如中巴经济走廊、孟中印缅经济走廊、中印尼经济走廊建成，将会改变南亚地区印强巴弱的力量格局，威胁印度在南亚的地位。[②]

4. 国外关于是否参与“一带一路”倡议的政策及建议

在政策建议方面，美国、日本、印度对“一带一路”持怀疑态度，因而政策及建议多为对抗“一带一路”倡议。

美国的观点分为两极并且有随时间的发展而变化的过程，既有持怀疑态度，又有人士指出可以与中国积极合作。一方面建议美国政府为“一带一路”倡议设置障碍，美国的一些智库机构纷纷发表报告，呼吁政府坚决应对中国的崛起及其在亚洲的“扩张”。例如，新美国安全研究中心的埃利·拉特纳（Ely Ratner）和埃尔布里奇·科尔比（Elbridge Colby）等认为，在习近平的领导下，中国试图将自己打造为海洋强国，通过“一带一路”与周边国家进行贸易、投资，增强联系。中国在许多方面已不再“韬光养晦”而是“大展作为”。因为，美国需要保持警惕，有必要在中国活跃地区加强军事介入、加强合作，维持并深化与盟国之间的关系。[③] 另一方面，一些美国媒体认为“一带一路”建设能够为美国企业带来商机，同时中美在中亚、中东等地区的维稳和反恐等问题领域存在合作空间。韦宗友（2018）指出，《纽约时报》及《华尔街日报》承认，包括通用公司、花旗银行、霍尼韦尔国际及卡特皮勒在内的美国跨国企业从“一带一路”建设中获益良多。[④] 一些美国学者也认为中美可以加强合作，例如，马建

---

① 贺方彬：《沿线国家对“一带一路”倡议的认知及启示》，载于《青海社会科学》2017 年第 4 期。

② 梅冠群：《印度对“一带一路”的态度变化及其战略应对》，载于《印度洋经济体研究》2018 年第 1 期。

③ Ely Ratner, et al. , More Willing and Able: Charting China's International Security Activism, Report of Centerfora New American Security, 2015, 5.

④ 韦宗友：《美国媒体对“一带一路”倡议的认知——基于美国三大主流媒体的文本分析》，载于《国际观察》2018 年第 1 期。

英（2015）指出，美国外交关系委员会、进步研究中心的研究员阿里拉·维耶赫（Ariella Viehe）在出席中国“2015 丝绸之路经济带城市国际论坛”时指出，中美两国在推动全球经济增长极全球发展方面有共同目标，中国的“一带一路”倡议与美国的计划有很多互补合作指出，尤其是在中亚、巴基斯坦的阿富汗地区，中美是互补而不是竞争关系。①

日本一方面认为“一带一路”是对日本经济的威胁，不利于日本经济的长远发展，特别是对外投资和基础设施建设方面，中国会通过加强与沿线国家的经济合作和联系，进而与日本在诸如东南亚、中亚等日本具有传统优势的地区进行经济竞争，因此认为参与“一带一路”事实上是在“为中国做嫁衣”，呼吁政府和企业在考虑“一带一路”时持慎重态度。而在另一方面，许多日本经济界人士将“一带一路”看作日本经济和企业发展的机遇，日本国内狭小的市场的现状迫使企业必须抓住中日关系改善的机遇期，随着“一带一路”倡议的实际利好显现，日本商界人士更希望能够搭上“一带一路”的经济顺风车，在加快恢复与中国的经济联系和抓住中国巨大市场的同时，通过“一带一路”加快海外投资的深度和广度，为企业产品出口寻求更大的市场，因此经济界人士中敦促政府尽快与中国商讨参与“一带一路”建设的呼声日渐高涨，多数一直以来对华友好的经济团体、产业界和企业界人士都持这种欢迎、参与和合作的观点。②

印度提出自己的互联互通和对外经济合作计划，与“一带一路”开展竞争和博弈，提出以下建议：“季风计划”“东进战略”、加大对周边及印度洋国家的拉拢帮助和渗透控制、在实现自身利益最大化的基础上与中国合作、推动印度海军转型等。印度学者提出，为了应对中国“一带一路”倡议，印度需要增加其在有关太平洋海洋安全的政治纷争中的卷入，加强与东盟的互动，更加活跃地参与东亚峰会、东盟防长扩大会议以及东盟海事论坛扩大会议等。印度尼赫鲁大学的知名中国问题学者谢刚认为，中国同印度合作是“丝绸之路经济带”建设计划成功的必要条件，中印不联手

① 马建英：《美国对中国“一带一路”倡议的认知与反应》，载于《世界经济与政治》2015 年第 10 期。

② 王义桅、崔白露：《日本对“一带一路”的认知变化及其参与的可行性》，载于《东北亚论坛》2018 年第 4 期。

则丝路建不成。①

对“一带一路”倡议较为认同的国家如欧盟、巴基斯坦、俄罗斯、新加坡等的政策及建议多为在谋求自身利益的基础上与中国进行“一带一路”合作。如欧盟智库认为在“一带一路”倡议的具体建设的事项上，可考虑使一些项目与欧盟正在里海、南高加索和中亚地区运作的项目实现对接和整合，从而使欧盟的资源流动与政策架构融入“一带一路”的体系当中。②

综上所述，国外对“一带一路”的认知因其所站立场的不同而不同，而且是随着“一带一路”所获得的成就与时间的推移而变化，因此我国在推行“一带一路”倡议时不仅需要综合考量世界各国的看法，而且需要及时研究其态度的变化及隐藏的深层次原因。同时也需要加大对外传播的力度，到什么山上唱什么歌，根据不同国家的国情定制不同的传播方案，实现精准传播。在研究别人认知的基础上有针对性地解决问题，“一带一路”才能在更广阔、更充分的国际空间中实施，也才能得到源源不断的、可持续的发展动力。

二、国内学者关于“一带一路”倡议的研究

（一）关于“一带一路”倡议提出背景的研究

自2008年经济危机以来，全球经济增长动能不足、复苏乏力，全球经济治理相对滞后，难以适应新型国际经济关系；全球发展失衡，贫富差距不断扩大，逆全球化、贸易保护主义、民粹主义等流行，全球治理赤字问题浮出水面，全球经贸规则和秩序重构，在此时代背景下，中国提出“一带一路”倡议，坚持打造稳定可持续发展模式，打造合作共赢式发展

① 梅冠群：《印度对“一带一路”的态度变化及其战略应对》，载于《印度洋经济体研究》2018年第1期。

② 忻华：《欧盟决策体系对“一带一路”倡议的认知与回应》，载于上海市社会科学界联合会：《中国特色社会主义：实践探索与理论创新——纪念改革开放四十周年》（上海市社会科学界第十六届学术年会文集－2018年度），上海市社会科学界联合会，2018年。

模式，坚持公平包容发展原则，为全球治理贡献中国智慧，为全球共同繁荣贡献中国力量。

1. “一带一路”倡议与全球经济增长新动能

一些学者从全球经济增长动能转换角度分析认为，现阶段面临的最大的难题是世界经济增长动能不足。当前世界经济增长正处于重要的转折点，旧的经济动能已无法满足需求，新的经济动能尚未形成，由于新的经济增长动能尚未形成，全球经济的结构性失衡以及新的技术创新难以实现，都将促使全球经济更加复杂，经济稳定性更加不足（陆燕，2017），造成2008 年经济危机以来全球经济恢复乏力（李晓、丁一兵，2017），而“逆全球化”和贸易保护主义的形成和发展更是加剧了全球经济动荡的可能性（上海社会科学院世界经济研究所宏观分析组，2017；2018）。正处在经济发展大转型期的中国，敏锐地抓住世界经济长周期的转折性态势和历史性机遇，以中国发展新理念引领世界经济新周期，让世界经济新周期助推中国经济新发展，同时也为全球经济的恢复和增长贡献中国方案（上海社会科学院世界经济研究所宏观分析组，2017；2018）。中国既是贸易自由化与投资便利化的参与者和受益者，更是贸易全球化的直接推动者。据国际货币基金组织（IMF）发布的数据，2009～2015 年，中国对全球经济增长的贡献率每年都在25%以上，且中国出口占全球的份额已上升至13.8%。近年来，中国积极推进包括全面开放战略和“一带一路”“亚太自贸区”等在内的全球化进程。中国抓住难得的历史性机遇，积极倡导全球化、主张构建“包容性”发展，中国积极推动新一轮全球化，以全球价值链重塑为契机，全面提升国家的产业结构竞争力，为全球发展更好地贡献治理理念和治理规则这样的公共产品，来创造新的全球化净收益①。

2. 逆全球化、全球治理赤字与“一带一路”倡议

对全球化新态势的深刻认识是中国推动全球治理走出困境、转型发展的重要基础条件。2008 年以来，世界经济增长、国际贸易和投资陷入低

① 张茉楠：《当前“逆全球化”趋势与新一轮全球化走向》，载于《宏观经济管理》2017年第5期。

迷，复苏动力不足，增长分化加剧，保护主义抬头。经济全球化遇到波折，逆全球化、反全球化浪潮汹涌，民粹主义彰显。世界正处于“逆全球化”的历史时期，曾经的“地球村”观念在一些典型国家，正在被贸易保护、边境修墙、控制移民等政治思潮和政治举措所替代。美欧一些发达国家中不时高涨的狭隘的民族主义、保护主义、民粹主义等“逆全球化”浪潮，不断加剧着国际社会的分化，导致世界政治的碎片化，也引发了人们对世界秩序崩溃的担忧。学者们结合逆全球化和全球秩序重塑问题对“一带一路”倡议展开了丰富的研究（张茉楠，2017；蔡明阳，2017；陆燕，2017；上海社会科学院世界经济研究所宏观分析组，2017；2018；黄桂钦，2017；唐宜红和符大海，2017；钟昌标，2017；卢静，2018；林毅夫，2018；龙永图，2018；朱云汉，2018；丛日云，2018；庞中英，2018；霍建国，2018；何伟文，2018；让－马克·夸克，2018；付宇程，2018；王虎和袁璇，2018；刘洋和纪玉山，2018；杨万东和张蓓，2019）。

一些文献从全球经济治理滞后角度展开分析，当前国际经济力量发生深刻变化，国际经济格局和关系更加复杂，当前全球治理体系未能反映新格局，存在难以适应新需求，难以有效化解国际经济金融紊乱等问题。戴维·赫尔德和凯文·扬（2012）认为，全球金融治理体系、全球安全治理体系以及全球环境治理体系已经呈现出深度的结构性难题，而在金融领域扩大参与和承诺范围、在安全领域形成以社会公正为核心的议程、在环境领域可持续性的集中，它不仅是美好世界的重要价值，也是有效实施全球治理的核心原则。不仅是一个更美好世界的重要价值，也是有效全球治理的核心操作原则。因此，为提高全球治理的效率，完善全球治理方案，需要各国在打破现有体系的基础上，制定新的全球规则，从而为多边协议的构成和发展奠定基础①。陈文玲和颜少君（2012）则指出，当前全球经济治理并不完善，缺陷主要集中在国际货币体系方面，这增加了全球宏观政策协调的难度。秦亚青（2013）则使用了全球治理失灵的概念，认为全球治理失灵主要体现在两个方面，一方面表现为全球治理规则滞后，不能反

① 戴维·赫尔德、凯文·扬、朱旭：《有效全球治理的原则》，载于《南开学报》（哲学社会科学版）2012年第5期。

映权力消长，不能适应安全性质的变化，不能应对复杂的相互依存关系；另一方面表现为现有全球治理理念滞后，依然以一元主义治理观、工具理性主义和二元对立思维方式为主导①。

张茉楠（2017）从全球价值链分工的角度剖析当今逆全球化的危害。当前，国际分工越来越表现为相同产业不同产品之间和相同产品内不同工序、不同增值环节之间的多层次分工。国际分工的范围和领域不断扩大，逐渐由产业间分工发展为产业内分工，进而演进为以产品内部分工为基础的中间投入品贸易（称为“产品内贸易”），从而形成“全球价值链分工”。全球生产和贸易模式正从最终品贸易转向价值链贸易。在全球价值链分工时代，全球经济体系与其以“发达国家和发展中国家”区分，不如以全球生产者和消费者来划分。各国产业结构的关联性和依存度大大提高，一国产业结构必须在与其他国家产业结构互联互动中进行，在互利共赢中实现动态调整和升级，也因此才能获得资源整合、要素配置效率和全要素生产率提高所带来的全球共同发展的红利。所以，从根本上说，商品、资本和人员的自由流动是全球化繁荣的基础，一切阻碍这种要素自由流动的行为都无异于是对全球化的巨大挑战。当前全球政经格局正处于前所未有的新调整期，其间发生的冲突与博弈正是这一变化的突出表现。“逆全球化”为全球结构秩序重构带来一次重大变革机遇②。

一些学者从“逆全球化”及全球治理赤字的角度展开了分析。近年来，部分发达国家民粹主义盛行，逆全球化潮流涌动。特别是部分发达国家的国际经贸政策转向单边主义和保护主义，导致全球化进程受挫，逆全球化、民粹主义与排外主义全球流行，给世界经济发展带来严重不确定性（陈伟光和蔡伟宏，2017；栾文莲，2018；佟家栋和刘程，2018；陈伟光和郭晴，2018；雷达，2018；保建云，2019）。美国对逆全球化的纠结来源于自己所建立的国际经济秩序，成为保护和鼓励其他经济体获取国际经济合作利益的保护伞。因此，它的目标既是要求世界补偿过去的损失，又要建立能够保护自身利益的新秩序（佟家栋和刘程，2018）。王缉思

① 秦亚青：《全球治理失灵与秩序理念的重建》，载于《世界经济与政治》2013 年第 4 期。
② 张茉楠：《当前“逆全球化”趋势与新一轮全球化走向》，载于《宏观经济管理》2017 年第 5 期。

(2008)较早使用了全球治理赤字的概念①。钟昌标(2017)提出，逆全球化是全球化和全球治理不匹配的结果，这波逆全球化呈现国际贸易、国际投资和国际金融“三管齐下”的保护主义特征。逆全球化动向与国际经贸的迅猛发展必定会导致国际经贸规则的重构，对中国的影响体现在国际角色转换、经济制度变革、经济格局重塑、政策机制升华、市场文化改造和国民意识更新等方面②。蔡明阳(2017)认为，经济全球化是世界经济发展的一个重要趋势，但是近年来，全球化确有放慢甚至逆转的迹象，英国脱欧预示欧盟一体化进程的巨大倒退，美国特朗普当选总统并倡导大幅提高关税等反全球化举措，凸显了全球化进程的困境。发达经济体相对衰落，对经济全球化的推动在弱化，而发展中经济体群体性崛起，世界经济格局正在发生重大的变化，全球贸易规则面临重构。中国在享有全球化带来的快速发展的同时，也付出了资源损耗、环境污染等代价。但是中国不能由此否定全球化，而是应该通过自身的发展适应规则的变化，引领规则的构建，加强国际合作，不断提升我国在全球经济当中的话语权和影响力③。卢静(2018)认为“逆全球化”背后反映出的是全球治理赤字问题。全球治理的民主赤字、分配赤字、责任赤字等，是当前“逆全球化”现象产生的重要原因。然而事实上，全球化是不可逆转的历史大势，“逆全球化”将为改革完善现有的全球治理体制提供新动力④。

“逆全球化”浪潮只能严重破坏全球自由贸易与经济体系的正常运转，侵蚀人类社会合作共赢的成果，给全球政治经济发展带来新的问题与挑战。面对“逆全球化”浪潮的冲击和影响，作为全球最大的发展中国家，中国应致力于以“中国方案”和“中国应对”参与新一轮全球化规则的建设与全球治理，在推动“新全球化”的过程中积极贡献包括“一带一路”与“人类命运共同体”在内的全球治理理念与治理规则等公共产品，以创造新的全球化净收益，引领新全球化的进程(钟昌标，2017；刘洋和

① 王缉思：《全球治理的“赤字”越来越大》，载于《人民论坛》2008年第22期。
② 钟昌标：《逆全球化动向与国际经贸规则重构的中国响应》，载于《阅江学刊》2017年第6期。
③ 蔡明阳：《逆全球化背景下的中国对外开放策略》，载于《当代经济管理》2017年第5期。
④ 卢静：《“逆全球化”凸显全球治理赤字》，载于《人民论坛》2018年第19期。

纪玉山，2018；刘斌、甄洋和屠新泉，2018；李坤和杜钦，2018；余淼杰、徐竹西和祝辉煌，2018；魏勇强和王宏伟，2018）。习近平指出："要让经济全球化进程更有活力、更加包容、更可持续。我们要主动作为、适度管理，让经济全球化的正面效应更多释放出来，实现经济全球化进程再平衡；我们要顺应大势、结合国情，正确选择融入经济全球化的路径和节奏；我们要讲求效率、注重公平，让不同国家、不同阶层、不同人群共享经济全球化的好处。"① 习近平强调，新全球化旨在构建人类命运共同体，建设一个持久和平、普遍安全、共同繁荣、开放包容、清洁美丽的世界②。在2017年5月14日，习近平主席出席"一带一路"国际合作高峰论坛开幕式并发表主旨演讲时就提到了"和平赤字、发展赤字、治理赤字"这3大"赤字"③。2019年3月26日，习近平主席在巴黎出席中法全球治理论坛闭幕式，并发表题为《为建设更加美好的地球家园贡献智慧和力量》的重要讲话，为全球治理提供中国方案："坚持公正合理，破解治理赤字""坚持互商互谅，破解信任赤字""坚持同舟共济，破解和平赤字""坚持互利共赢，破解发展赤字"④。张宇燕（2019）认为，提出"信任"这个"赤字"实际上点明了国际关系的问题所在，同时有了一个指明解决这3大"赤字"的方向和基础，要把互尊互信挺在前头，把对话协商利用起来，坚持求同存异、聚同化异，通过坦诚深入的对话沟通，增进战略互信，减少相互猜疑⑤。门洪华（2017）认为，塑造新型国家关系代表着中国对自身与世界互动关系认识的新高度，是推动全球治理转型的密钥。塑造新型国际关系是中国推动全球治理走出困境、转型发展的重要路径和中国特色大国外交的重要标签。构建以合作共赢为核心的新型国际关系，是

---

① 习近平：《共担时代责任　共促全球发展——在世界经济论坛2017年年会开幕式上的主旨演讲》，载于《人民日报》2017年1月18日，第3版。

② 习近平：《共同构建人类命运共同体——在联合国日内瓦总部的演讲》，载于《人民日报》2017年1月19日，第1版。

③ 《习近平在"一带一路"国际合作高峰论坛开幕式上的演讲》，载于《人民日报》2017年5月15日，第1版。

④ 习近平：《建设更加美好的地球家园贡献智慧和力量——在中法全球治理论坛闭幕式上的讲话（2019年3月26日，巴黎）》，新华社巴黎2019年3月26日电。

⑤ 任一林：《习近平倡导破解4大"赤字"：为全球治理提供中国方案》，中国共产党新闻网，2019年3月27日。

对传统国际关系理论的重大创新，也是对中国丰富外交实践的提炼升华，指明了处理国与国关系的崭新思路，代表了中国对未来世界的理想与愿望，体现了中国的责任与担当①。中国在全球治理中不仅是国家参与者，而且是全球治理改革的主要力量之一。如果中国在全球治理中的角色到位，全球治理赤字的状况将得到重大改善②。

逆全球化的一个重要原因是全球化的利益分配不均衡。越来越多的学者意识到自由贸易具有二重性（Rodrik，1997；Stiglitz，2002，2017a，2017b；罗德里克，2004；2018），突出问题是发达国家与发展中国家之间的不公平问题（俞可平，1998；俞可平和黄卫平，1998；王宁和薛晓源，1998；吴易风，2001；梅俊杰，2008；萨米尔·阿明，2012；温铁军，2016；程恩富和高建昆，2016；程恩富，2018；戈莫里和鲍莫尔，2018）；以及全球化对国内不同群体福利效应的非均衡性（Milanović，2016；Baldwin，2016；拉加德，2018；Lund et al.，2019）。刘洋和纪玉山（2018）认为，随着“逆全球化”浪潮的兴起，当前全球政治经济发展已处于全球化进程的十字路口。全球化的利益分配不均引发“受益群体”与“受损群体”之间的矛盾冲突，西方发达国家在现有全球产业分工布局下出现的产业空心化与高失业率问题，新自由主义政策范式的惯性影响，以及以美国为代表的西方发达国家在全球化上的战略收缩，是导致保守主义、孤立主义与民粹主义盛行从而导致逆全球化出现的主要原因。“逆全球化”浪潮只能严重破坏全球自由贸易与经济体系的正常运转，侵蚀人类社会合作共赢的成果，给全球政治经济发展带来新的问题与挑战。面对“逆全球化”浪潮的冲击和影响，作为全球最大的发展中国家，中国应致力于以“中国方案”和“中国应对”参与新一轮全球化规则的建设与全球治理，在推动“新全球化”的过程中积极贡献包括“一带一路”与“人类命运共同体”在内的全球治理理念与治理规则等公共产品，以创造新的全球化

① 门洪华：《应对全球治理危机与变革的中国方略》，载于《中国社会科学》2017年第10期。

② 庞中英：《全球治理赤字及其解决——中国在解决全球治理赤字中的作用》，载于《社会科学》2016年第12期。

净收益，引领新全球化的进程①。

3. 不平等国际金融货币体系的弊端

一些文献认为，当前国际货币体系不完善（周小川，2009；李稻葵和尹兴中，2010；王道平和范小云，2011；杨盼盼和徐建炜，2014；阙澄宇和李丹捷，2014），甚至存在货币霸权现象（程恩富和夏晖，2007；程恩富和王中保，2008；王立强，2010；陈思进，2010；华民、刘佳和吴华丽，2010；白钦先和张敖，2011；刘福堆，2011；李慎明，2015；李秀辉，2016），从而导致全球经济失衡。周小川（2009）指出，2008 年全球经济危机爆发并在世界范围内迅速传播，这反映出当前国际货币体系存在内在不足。因此，在当前国际经济形势背景下，从国际货币体系的内在缺陷出发，构建与主权国家保持相对稳定的长期的脱钩的国际储备货币，才是国际货币体系改革最理想的目标②。程恩富和夏晖（2007）从国际本位货币角度分析认为，在布雷顿森林体系崩溃后，美国凭借美元的国际本位货币地位和优势，通过发行纸币等途径掠夺其他国家的财富；通过美元贬值，规避汇率风险，攫取国际通货膨胀税收益③。除了通过传统的垂直产业分工攫取利润，金融帝国主义在全球掠夺财富的手法不断翻新。包括控制和垄断世界能源和其他大宗商品，如石油、天然气、粮食等攫取巨额利润；依托对世界货币体系的垄断和货币霸权来掠夺财富；凭借资本实力以投资的方式，推动经济繁荣，抢夺发展红利；通过金融、经济、政治、外交、宗教乃至战争的手段改变经济环境，将对手陷于经济或财政困境，借助于经济危机抄底购买资产或者控制金融企业，攫取暴利④。

（二）关于“一带一路”倡议的内涵

“一带一路”是“丝绸之路经济带”和“21 世纪海上丝绸之路”的

① 刘洋、纪玉山：《从“逆全球化”到“新全球化”：中国发展的战略选择》，载于《江苏行政学院学报》2018 年第 3 期。

② 周小川：《关于改革国际货币体系的思考》，载于《中国金融》2009 年第 7 期。

③ 程恩富、夏晖：《美元霸权：美国掠夺他国财富的重要手段》，载于《马克思主义研究》2007 年第 12 期。

④ 王立强：《攫取与掠夺：从阶级到民族国家——国际金融寡头超越了亚当·斯密》，引自李慎明主编：《国际金融危机与当代资本主义：低潮中的世界社会主义思潮与理论》，社会科学文献出版社 2010 年版，第 101～114 页。

简称。“一带一路”不是一个实体和机制，而是合作发展的理念和倡议。对“一带一路”倡议内涵的理解却有较大的差异，特别是国内各地区在积极参与过程中也凸显出盲目和无序（史育龙，2015）。史育龙认为，可以从古今传承、内外开放、海陆统筹、东西互济、虚实结合、中外共赢这几组对应平衡关系中来理解和把握，“一带一路”是国家对外开放的大战略。

一些学者从经济发展战略的角度来剖析“一带一路”，认为“一带一路”倡议是新时期中国领导层统筹国内发展和国际战略的主要政策框，是一种国际区域经济合作新模式（黄益平，2015；桑百川和杨立卓，2015；张茉楠，2015；卢锋等，2015；夏先良，2015；刘卫东，2015；金碚，2016；苗吉，2017；欧阳莹和陈建林，2017；商紫君和谢鸿昆，2017；杨旭、徐益俊和李位航，2017；徐益俊和李位航，2017）。刘卫东（2015）认为，“一带一路”指“丝绸之路经济带”和“21世纪海上丝绸之路”，是中国为推动经济全球化深入发展而提出的国际区域经济合作新模式。其核心目标是促进经济要素有序自由流动、资源高效配置和市场深度融合，推动开展更大范围、更高水平、更深层次的区域合作，共同打造开放、包容、均衡、普惠的区域经济合作架构。“一带一路”框架包含了与以往经济全球化完全不同的理念，即“和平合作、开放包容、互学互鉴、互利共赢”，这正是丝绸之路文化内涵的体现。商紫君和谢鸿昆（2017）认为，从内涵上看，‘一带一路’倡议以经济无边界、政治无国界、文化无差异为特征，以共商、共建、共享为原则，既是国际经济合作网络、国家发展战略、国家构想的统一，又是人类利益共同体、命运共同体、责任共同体的统一。金碚（2016）认为，当前世界正在兴起第三次经济全球化浪潮，进入经济全球化3.0时代。中国在经济全球化1.0时代国运衰落，在经济全球化2.0时代寻求复兴，必将在经济全球化3.0时代占据重要国际地位，发挥影响全球的大国作用。全球化利益的实现依赖于一系列现实条件。这些条件主要包括：物质技术状况和基础设施条件、地缘利益格局和市场势力结构、国际制度安排即全球治理结构等。在经济全球化3.0时代，国际竞争的本质是“善治”，而不是武力和霸权。最重要的是成为充满创新活力国度，从而体现出经济体的生命力、竞争力和创造力。所以，中国在经济全球化3.0时代的地位将取决于如何从曾经的“高增长引领世界经济”转变为未来的“善治与活力引领世界经济”。在经济全球化3.0时代，世界各类经济体的利益处于相互渗透、绞合和混血的状态，虽然矛盾难以避免，但更具包容性和均势性的全球发展，符合大多数国家利益。尤其是对于利益边界扩展至全球的世界大国，维护经济全球化发展的新均势同各自的国家利益相一致。所以，在利益关系错综复杂和矛盾冲突难以避免的经济全球化3.0时代，深度的结构性变化使得世界主要竞争对手之间的利益相互交叉重合，“共生”“寄生”关系日趋深化，在客观上向着“利益共同体”的方向演变，有可能成为具有比以往的经济全球化时代更加和平（较少依赖军事霸权）的竞争方式和融通秩序的全球经济一体化时代。苗吉（2017）认为，“一带一路”倡议是新时期中国领导层统筹国内发展和国际战略的主要政策框架。苗吉（2017）评估了中国“一带一路”倡议的预期收益，分析该倡议需持续关注的潜在风险，并进一步提出中国的应对方略。“一带一路”作为一个多维政策框架，中国对其预期收益有四个方面：第一，回应“中国威胁论”，提升中国的软实力；第二，通过广袤地域的经济整合，获取中国持续崛起的动力；第三，缓解美国海洋霸权对中国贸易和能源生命线的威胁，维护中国外交与战略权益；第四，重建有利于中国国家利益和“支配地位”的区域秩序。笔者认为，应合理管理对“一带一路”预期，防止高估该倡议的潜在收益，更不能低估该倡议所包含的政治、经济和安全风险。与之对应，中国应从以下四个方面管理自身对倡议的预期及其现实风险：悉心经营国家形象；严格依照经济学原理而非政治决断建立和发展项目，防止过分战略化倾向；降低其军事与安全意识，谨慎参与军事和战略活动；通过多边框架徐图修正令自己受益颇丰的制度[①]。

胡鞍钢（2014）的视角则超越经济领域，主要是在经济安全、地区稳定、区域发展这几个方面阐述“一带一路”倡议的内涵。他认为，与亚欧国家共建“丝绸之路经济带”，虽然表面上目标以经贸合作发展为主，但其战略意义广泛，事关国防安全、经贸安全、能源安全、边疆安全等重要

① 苗吉：《“一带一路”倡议：预期管理、风险规避及战略应对》，载于《世界经济与政治论坛》2017年第3期。

领域的全局性国家安全问题。在外交上，共建“丝绸之路经济带”可以打造连通亚欧国家的陆路大通道，以经贸发展促进全面合作，积极推进区域安全合作，维护周边和平稳定大局。何茂春和郑维伟（2017）认为“一带一路”建设是要打造绿色丝绸之路、健康丝绸之路、智力丝绸之路、和平丝绸之路的理念，进一步明确了“一带一路”倡议建设总目标、发展大方向。

一些学者从中国外交新理念的角度来探寻“一带一路”的内涵（盛斌，2015；张蕴岭，2015；李文和蔡建红，2015）。李文和蔡建红（2015）认为，“一带一路”是以“和谐、和睦与和平”为核心内容的外交新理念；在战略层面，提出实现“亚太梦”与推进亚太自贸区建设的长远目标；在政策实践层面，提出“一带一路”建设的宏伟构想。“一带一路”建设的实施可以使多元化、多样化的各个国家和地区相互交织在一起，相互依存，实现利益共享，扩大共同安全，推进合作安全，促进发展安全，增进可持续安全。赵可金（2016）从国际外交角度认为从“一带一路”倡议所提出的战略环境、战略目标、战略资源以及战略路径和方法来看，“一带一路”本质上是中国寻求建立以合作共赢为核心的新型国际关系的重要载体，其战略思维是努力做一个负责任、敢担当的大国，坚持走中国特色的大国外交之路，其核心是中国要学习做建设性领导者。程国强（2017）也将“一带一路”看作为一种新型国际关系的具体实践，它以合作共赢为核心，作为一种国际经济新秩序，则以包容共享为根基，作为一种新型国际发展合作，则将以推动共同发展为目标。

大量的文献从新的全球治理方案这一角度分析“一带一路”的内涵（黄河，2015；陈伟光和王燕，2016；王亚军，2017；刘占勇，2018）。陈伟光和王燕（2016）从治理主体、治理对象、治理机制、治理目标等要素构建其治理的总体框架，并鉴于“一带一路”的中国元素和治理特征，在中国传统周边治理模式中，发展出兼收并蓄东方传统关系治理与西方规则治理的“一带一路”治理新模式。认为“关系”有利于中国与“一带一路”沿线国家达成共识、塑造命运共同体的认知基础，“规则”则为“一带一路”基础设施建设、贸易与投资的便利化等提供制度依据，关系治理与规则治理在“一带一路”建设中可针对不同成员方、不同阶段以及不同议题发挥替代性和互补性功能，以增进“一带一路”建设及治理绩效。“一带一路”治理伴随“一带一路”整个倡议实施的过程，在此过程中，参与方对战略实施进程中潜在风险和现实问题共同商讨、协调、管控和处理，其依据是通过制度规则和关系规范模式，引导和形成“一带一路”建设进程中的秩序，以保证“一带一路”中的“五通”实现，最终打造以命运共同体为目标的新型区域经济合作机制。黄河（2015）、王亚军（2017）均从国际公共产品的角度阐述了“一带一路”倡议的内涵，中国提出的“一带一路”倡议具有非竞争性和非排他性的公共产品基本特征，同时，从设计理念到操作框架、从愿景到行动，都体现出鲜明的中国特色、中国风格和中国气派。理论上，“一带一路”倡议推动了全球治理理论的多重创新，丰富和发展了国际合作理论和全球价值链理论，“丝路精神”是对新中国外交核心价值理念的继承创新，共商共建共享原则更是对全球治理理论的重要贡献。实践上，“一带一路”倡议兼具区域合作、国际协议等特点，开创了中国外交的新实践和国际合作的新模式，具有发展、和平、文化、合作等方面的典范价值，为新时期国际关系提供了新的解决方案。

科林·弗林特和张晓通（2016）认为“一带一路”是地缘政治理论的创新。西方地缘政治学历经百余年来的发展演变，形成了系统、权威的古典地缘政治理论，提供了一整套有关地缘政治的思维模式和认识论框架，也即“西方地缘政治想象”。受此影响，当代西方地缘政治精英在解读“一带一路”时会产生两种习惯性思维：一是历史类比，将中国与历史上的崛起大国相比照；二是通感，想象中国会模仿自己追求扩张和霸权。本书批判了西方传统地缘政治理论的认知基础，指出“一带一路”不以追求权力和控制为目的，不依循“国家中心主义”路径，也不采取海陆对立的“两分法”视角，而是尝试超越传统的地缘政治思维。中国应妥善应对“一带一路”实践中的地缘政治风险，讲好中国的地缘故事，改造重商主义的地缘经济学，代之以合作开放、互利共赢的新地缘经济学，探索和构建有中国特色的地缘政治学。

一些研究机构及媒体使用“中国版马歇尔计划”来描述中国大规划对外基建投资：亚洲基础设施投资银行是中国版马歇尔计划的重要实施保

证，“一带一路”是中国资本输出计划的战略载体，通过资本输出消化自身的过剩产能，并以拉动新兴市场国家和欠发达国家的基础设施建设带动全球增长①。但大多数人并不认同这一点（金玲，2015；胡键，2015；王义桅，2015），王义桅（2015）强调“一带一路”绝非中国版“马歇尔计划”。金玲（2015）认为“一带一路”倡议与“马歇尔计划”有根本差别，前者以共同发展为根本属性，以平等互利为原则，以务实合作为导向；后者本质上是一项政治与安全战略，美国通过附加条件的援助，开始了与苏联的冷战进程。此外，与“马歇尔计划”相比，“一带一路”倡议的实施将面临更多的挑战，不仅需要应对沿线国家多样化的利益诉求、更加复杂的政治和安全环境，还面临诸多域外因素的干扰。对于将“一带一路”倡议与“马歇尔计划”类比的提法，需要理性、区别对待，不宜将二者直接对立，因为从经济发展的逻辑看，二者的确存在共性，“马歇尔计划”也可为“一带一路”倡议的实施提供正反两方面的经验和教训。胡键（2015）认为“一带一路”并非是中国的“马歇尔计划”，“一带一路”首要的任务是中国国内的互联互通。中国内部的发展长期受制于种种障碍，尤其是地理上的自然分割，导致了区域上的不平衡。如果内部都不能互联互通，外部即便互联互通了，内部的发展仍然是不平衡的，因而也就无法从根本上改变中国内部发展的地区二元现象。其次在内部互联互通的同时，还应加强对外的互联互通，中国既是陆权国家，也是海权国家，因而中国必须要从海陆两方面进行对外开放和对外延展，最大可能地拓展中国的外部利益。本倡议同样是欧亚秩序的第二次重塑，中国是欧亚大陆上的重要国家，而欧亚秩序的碎片化将成为中国和平发展道路上的重要障碍。在政治重塑欧亚秩序的同时，中国比较早地试图用经济的手段来重塑。

何维达和辛宇非（2015）、国家开发银行丝绸之路经济带的战略性项目实施策略研究——重点国家的战略评估与政策建议课题组（2017）、乔依德（2018）等则认为，“马歇尔计划”的成功经验对中国“一带一路”倡议具有启示意义。何维达和辛宇非（2015）认为两者之间有差异，但在

① 叶檀：《中国推出马歇尔计划如何取得成功?》，载于《中国经济信息》2014年第22期。

解决资本过剩和产能过剩上有共同点。“马歇尔计划”的成功经验为“一带一路”建设提供了经验借鉴，包括促进建设的政策组合、政府与市场的协调、金融支持以及共建共享利益共同体等。乔依德（2018）认为，“马歇尔计划”是第二次世界大战后美国为了复兴西欧经济（开拓海外市场）、稳定国内经济等目标而推出的跨境经济援助计划，一般认为它是一个比较成功的计划。它的特点有：该计划是无偿的，但资金的使用是有条件的；美国强势主导整个计划的实施过程；实施中多边与双边关系双管齐下；为实施该计划而设立的管理机构级别较高，与内阁平行；美国对资金的使用有严格的控制。这些特点对计划的成功起到了一定的作用。作为跨国经济合作战略，它对我国“一带一路”倡议和人民币国际化都有所启示。“一带一路”倡议应该尊重各国不同需求和特点实施差异化援助；重视平衡国内及各沿线国家之间的利益；创新投融资模式，打造多元化融资体系，可将我国已有的对外无偿援助集中打包成“一带一路”合作基金以形成品牌效应。对于人民币国际化，应倡导优先使用本币；有意识地扩大人民币在“一带一路”中的跨境使用；扩大人民币从资本项下输出及其离岸市场发展；加强便利货币跨境使用的基础设施建设，推进人民币跨境支付系统（CIPS），推动金融机构“走出去”。

（三）中国“一带一路”倡议实施的现实意义及实际效果的研究

自2013年习近平主席提出“一带一路”倡议至2019年6月，“一带一路”倡议在政策沟通、设施联通、贸易畅通、资金融通、民心相通五通建设取得明显进展，从倡议到现实，已经成为全球规模最大、最受关注的公共产品。联合国秘书长古特雷斯曾高度评价中国“一带一路”倡议实施的效果①。

1. 对全球贸易和经济增长的贡献

2019年1月23日，信用保险公司裕利安宜（Euler Hermes）发布的报

① 古特雷斯：《“一带一路”倡议是对解决全球问题的重要贡献》，中国新闻网，2017年5月10日。

告指出，2018年“一带一路”对全球贸易的促进额高达1580亿美元（约合10727.7亿元人民币），2019年，中国与“一带一路”沿线国家的商品贸易总额预计将增长1170亿美元（约合7943.9亿元人民币），其中出口额将增长560亿美元（约合3802.2亿元人民币），从80个国家的进口额将增长610亿美元（约合4141.7亿元人民币）。在当前对世界经济减速担忧加剧之际，这将拉动世界贸易总额增长0.3个百分点，对世界经济增长贡献0.1个百分点。随着“一带一路”倡议对全球经济的拉动作用日益凸显，越来越多的国家都在思考如何用好该倡议所带来的“红利”。胡必亮（2018）归类总结了共建“一带一路”倡议提出5年来，我国所做的一些主要工作，包括构建了基本的制度框架；推进了一系列重要的基础设施和国际产能合作项目；提供了一些“一带一路”建设顺利进行所需的重要保障。“一带一路”倡议的5年实践表明，共建“一带一路”反映了世界历史潮流发展的基本方向，符合中国和相关国家的利益诉求，发展前景乐观可期；但是也要根据5年实践中出现的现实问题，进一步采取一些切实可行的政策措施①。

大部分学者主要基于贸易便利化和区域经济一体化两个视角，从国际贸易角度对“一带一路”倡议的建设效果进行了分析（杜秀红，2015；孔庆峰和董虹蔚，2015；赵东麒和桑百川，2016；中国人民大学重阳金融研究院，2016；金芳，2016；黄庆波，2017；冯晴，2017；江萍，2017；张会清，2017；郑晓明和吕佳宁，2018；陈继勇、刘燚爽，2018；杨青龙、吴倩，2018；李芳芳、张巧和程宝栋，2018；胡再勇、付韶军和张璐超，2019）。孔庆峰和董虹蔚（2015）在测算“一带一路”沿线69个国家贸易便利性的基础上，通过拓展的引力模型分析认为，“一带一路”沿线亚欧国家之间的贸易潜力巨大，并且贸易便利化水平的提升有助于激发和进一步扩大贸易潜力。

中国“一带一路”的建设不仅有利于中国国内对外直接投资的调整和发展，而且，中国对“一带一路”沿线国家的投资也有助于改善沿线各国的基础设施建设，提高其投资便利化水平，促进对外直接投资的增加，改

① 胡必亮：《“一带一路”五周年：实践与思考》，载于《中国科学院院刊》2018年第9期。

善这些国家的制度环境，从而有效地促进沿线各国的经济增长。金芳（2016）发现，“一带一路”倡议下中国对外直接投资步入新阶段的发展格局，即以“一带一路”为空间载体的国际投资流将突破传统国际直接投资的“大三角”结构；以基础设施投资为先导的国际投资流将带动优势产能与基础产能互补合作的新模式；以人民币资产为依托的国际投资流将助力中国资本的国际循环和以政策沟通及民心相通为支撑的国际投资流将开创利益共享的新局面。周文和赵方（2017）通过对欧盟、中国、美国、印度和日本5个经济体与非洲国家之间的2000～2014年的贸易和投资数据分析认为，中国在非洲的援助和投资非常注重基础设施建设，不断加大对基础设施的投资，为当地经济发展提供了更好的外部环境。隋广军、黄亮雄和黄兴（2017）的实证分析结果表明，“一带一路”沿线国家的基础设施水平开始逐步完善，并且中国向沿线国家直接投资增长1%，能显著促进沿线国家人均实际GDP增长0.01%，中国投资对沿线国家经济增长的贡献率约为12%。更多的文献分别从东道国市场规模、东道国人均收入水平、东道国资源禀赋、政治稳定性、与东道国的距离以及东道国的制度环境等诸多方面，实证分析了中国对外直接投资的影响因素（张亚斌，2016；崔岩和于津平，2017；李晓敏和李春梅，2017；周强，2017；文绪武和郑慧敏，2017；彭冬冬和林红，2018；王颖、吕婕和唐子仪，2018）。

王恕立和吴楚豪（2018）、李俊久和蔡琬琳（2018）、彭澎和李佳熠（2018）分别分析了中国与“一带一路”沿线国家的经贸合作对于沿线国家技术溢出效应及全球价值链提升等产生的积极作用。周文和方茜（2017）从政治经济学角度分析认为，“一带一路”倡议充分考虑了中国与沿线国家的资源互补，从而可以在推动各国经济共同发展、共同繁荣的条件下，也有利于促进全球霸权治理向多极化治理的全球治理结构的转变，实现互利互惠、合作共赢。

2. “一带一路”倡议对全球治理的贡献

国内大量的文献从对全球治理贡献的角度总结了“一带一路”倡议的建设成效（周宇，2011；陈文玲和颜少君，2012；戴维·赫尔德和凯文·扬，2012；秦亚青，2013；黄仁伟，2013；何帆、冯维江和徐进，2013；徐秀军，2014；黄永富，2014；陈伟光和申丽娟，2014；张宇燕和任琳，

2015；苏长和，2015；蔡拓，2015；常青，2015；谢来辉，2015；张宇燕，2016；张幼文，2016；蔡拓等，2016；綦大鹏，2016；门洪华，2017；李滨，2017；吴晓明，2017；时殷弘，2017；关雪凌、于鹏和赵尹铭，2017；徐秀军，2017a；2017b；沈亚梅，2017；胡必亮，2017；张文显，2017；郁庆治，2017；张晨、卢江和周端明，2017；刘勇和张译文，2017；段晓华，2017；陈东晓和叶玉，2017；王敏，2017；陈建奇和张原，2017；陈伟光，2017；陆伟，2017；郭璇，2017；陈岳和蒲傅，2017；庞中英，2018；何亚非，2018；刘建飞和谢剑南，2018；保建云，2018；胡必亮，2018；李丹，2018；任洁，2018；姚巧华，2018；张译文和张爱武，2018；毛强，2018；杨娜，2018；丁工，2018；米军，2018；黄超，2018；庞中英，2019）。

学者们普遍同意，中国是世界上最大的发展中国家、第二经济大国、最大货物贸易国、第二大对外直接投资国、最大外汇储备国、最大旅游市场，在全球治理中占据十分重要的地位。作为全球治理体系建设的积极参与者，为世界贡献了全球治理的中国智慧和中国方案，中国同世界各国一道，持续努力推动国际秩序和全球治理体系朝着更加公正合理的方向发展[①]。谢来辉（2015）区分了“扭曲的全球治理”与“真正的全球治理”，认为全球发展治理正在经历一场重大的转变，当前全球发展治理正在从过去西方主导的治理格局中摆脱出来。第一，在核心国际组织方面，目前联合国在全球发展议程方面已经明显处于主导地位，日益取代国际货币基金组织和世界银行过去数十年所占据的核心领导地位；第二，治理主体日益多元化，原来处于世界经济边缘地带的新兴发展中国家越来越多地参与发展援助，而且也开始建立新的发展融资机构，挑战了发达国家的垄断地位；第三，在发展理念方面，“华盛顿共识”已经失去正当性，可持续发展和包容性发展等新理念日益占据主导地位。当然，尽管全球发展领域“真正的全球治理”已经越来越近，但也依然存在许多挑战。张幼文（2016，2017）从国际协同、国际合作以及国际经济结构角度分析认为，中华文明处世之道倡导了全球治理遵循共商、共建、共享原则，坚持正确义利观增加了中国与各国的利益汇合点。“一带一路”建设是世界协同发

① 张宇燕：《全球治理的中国视角》，载于《世界经济与政治》2016年第9期。

展机制的创新和国际合作模式的创新，是推动合作共赢、破解世界发展难题的中国方案。陈伟光和蔡伟宏（2017）指出中国倡导构建的开放、包容、普惠以及共享的新型全球化模式和全球经济治理新秩序是现代升级版全球化体系。门洪华（2017）指出在中国迅猛崛起与世界快速转型并行的时刻，中国进一步明确自己的全球战略定位：现行国际体系的参与者、受益者、建设者、贡献者，国际合作的倡导者，和平发展的实践者，共同发展的推动者，多边贸易体制的维护者，全球治理的积极推动者和引领者。中国在全球政治、经济、安全、文化、生态等诸方面推出一系列具有深远意义的中国倡议和中国方案，正在实现由国际事务的参与者向积极引领者的历史性转变。张春（2017）则强调贸易保护主义、孤立主义和民粹主义等严峻挑战之际，“一带一路”倡议为国际社会提供了重要公共产品，并在实践过程中有力地推动了全球治理的调整与变革。秦亚青和魏玲（2018）强调，中国“一带一路”倡议以新型全球治理观为指导，以构建多元协商合作体系、开放包容的世界经济和以可持续发展为核心的共同体为主要目标，有助于全球治理走出实践和理论困境，引领塑造新型全球治理和世界秩序。任洁（2018）则指出，随着全球化的深入发展，由此引发的国际秩序变化，从根本上要求全球治理体系的大变革，以“一带一路”倡议为重要组成部分的人类命运共同体的构建是中国顺应时代发展趋势、秉承共商共建共享全球治理观向世界贡献的中国方案。李巍和罗仪馥（2018）强调在全球秩序面临巨大变革压力，全球治理呈现新格局的背景下，中国“一带一路”成为当前引领各国抵制“逆全球化”浪潮的有力治理机制。

3. “一带一路”倡议与中国在全球价值链中地位的攀升

由发达国家主导的传统单循环全球价值链不仅搭载了全球知识与价值分工体系，也决定了垂直专业化分工生产方式下的利益分配格局。中国代工企业被跨国公司锁定在全球价值链低端的加工、组装等低附加值环节，成为世界“血汗工厂”，给中国造成产业链“低端锁定”的问题（卢福财和胡平波，2008；时磊和田艳芳，2011；吕越、陈帅和盛斌，2018）。当代国际新分工是以进出口诸方在产品生产的多个环节上混合使用多种要素从而组成全球价值链为特征的，由于我国企业普遍缺乏市场势力致使发达国家跨国公司通常在国际竞争中处于主导地位，而我方则面临低端锁定、利益扭曲、引进依赖等不利格局（陈佳贵和王钦，2005；吕政和张克俊，2006；张小蒂和朱勤，2007；陈爱贞和刘志彪，2011；陈超凡，王赟，2015；张慧明，蔡银寅，2015；胡大立，2016；成祖松，2019）。嵌入全球价值链对企业研发创新行为具有显著的抑制作用，对外资企业、加工贸易企业以及高技术企业的作用尤其明显（刘志彪和张杰，2009）。

全球价值链体系下发展中国家本土企业被俘获，源自发达国家的跨国公司所具有的技术势力和国际大购买商所具有的市场势力，发达国家作为价值链中的主导者，会设计各种参数来控制以代工者身份参与其价值链体系的中国企业的技术赶超和价值攀升过程（刘志彪、张杰，2007）。进而迫使中国企业被"锁定"于低附加值、低创新能力的微利化价值链低端生产制造环节，形成"低端锁定"。在这种低端锁定作用下，跨国公司获得高额的垄断利润，而中国企业则只能获得较低的利润，而且随着跨国公司利用其核心能力对中国企业利润不断挤压，使得利润空间变得越来越小。因此，发展中国家摆脱全球价值链背景下被俘获关系的出路在于基于国内市场空间的国内价值链的培育（刘志彪和张杰，2007；2009；张珉和卓越，2010；许南和李建军，2011）。中国的产业升级，要在战略层面上充分重视从被"俘获"与"压榨"的全球价值链（GVC）中突围的问题，加快构建以本土市场需求为基础的国家价值链（NVC）的网络体系和治理结构（刘志彪和张杰，2007；2009）。

提高中国在GVC中位置不仅取决于价值链领导者的市场势力，同时也取决于发展中国家本土企业的产业升级能力（Isaksen and Kalsaas，2009）。"一带一路"倡议为我国企业摆脱"被俘获"困境，提升国际分工地位，重塑全球价值链体系提供了重要机遇。所谓，"双环流"价值链体系，一个环流是与发达国家之间形成价值循环体系，处于价值链低端的中国的主要任务是在产业分工中学习，不断向价值链高端攀升；另一个环流是与"一带一路"沿线国家形成产能国际合作循环体系，中国的主要任务是凭借处于价值链高端的位置，通过产能合作和转移等方式形成新的价值循环体系，"双环流"价值链体系为我国摆脱处于GVC低端的状态提供了极其有益的思路（张辉、易天和唐毓璇，2017；蓝庆新和姜峰，2017；黄先海和余骁，2017；张远鹏，2017；韩晶和孙雅雯，2018）。中国主导的“双环流全球价值链”是一种新型价值链体系，包括中国和发达经济体及中国和发展中经济体两个价值链环流，凭借经济贸易地位及产业发展水平，中国在中间节点位置发挥中心枢纽作用。构建中国主导的“双环流全球价值链”要强化“合作共赢、共同繁荣”的发展理念，加强政策沟通和交流；积极推进“引进来”和“走出去”战略，在“一带一路”产业融合的基础上更高效合理地利用外资、扩大对外投资和国际产能合作；提高中国制造的领导能力，为构建中国主导的“双环流全球价值链”搭建更为顺畅的通道。

（四）关于“一带一路”倡议面临的风险与挑战的研究

尽管“一带一路”倡议对促进各国经济发展、改善全球治理等方面起着至关重要的作用，但由于沿线地区经济、政治、文化等方面存在巨大的差异，以及复杂性的不断上升，中国“一带一路”在建设和实施的过程中，面临着诸多风险和挑战。大致可以归纳为：

1. 经济风险

一些文献从“一带一路”沿线国家存在经济发展水平低、主权信用等级不高、配套设施水平低、债务违约严重、金融结构不稳定、宏观环境复杂等方面入手，剖析了我国实施“一带一路”项目投资可能面临的经济风险（周方根，2015；马昀，2015；邹长胜和孙源，2015；李锋，2016；保建云，2017；张燕生、王海峰和杨坤峰，2017；牛书涛和张迎丽，2017；李俊锋和王朋吾，2017；尹晨、周薪吉和王祎馨，2018；李原和汪红驹，2018；张春蕊，2018）。马昀（2015）认为，“一带一路”倡议的实施面临着债务国违约、项目泡沫化、经济转型迟缓以及沿线国家运营环境复杂等众多经济风险或潜在经济风险，绝不可掉以轻心。何茂春等（2015）认为“一带一路”倡议实施的主要障碍在于：区域内的国家充满疑虑、大国暗中掣肘、内部关系有待理顺、基础设施的建设与维护成本不小，我国企业是否能够堪当开发重任有待观察。牛书涛和张迎丽（2017）指出，在“一带一路”建设中存在许多经济风险，例如，丝路沿线国家多为发展中国家，这些国家基础设施落户，政局动荡不安，在这些国家投资存在较大经济风险，投资回报率无法保证，甚至会导致血本无归。张春蕊（2018）从经济风险角度分析认为，中国“一带一路”在建设过程中不仅面临短时间难以规避和消除的地缘政治风险，还面临着合作国家宏观经济风险、合作国家金融风险、合作过程中贸易及投资风险以及合作国家“搭便车”等经济风险。

2. 地缘政治风险

“一带一路”沿线不少国家大多处于发展中阶段，经济增长缓慢，民主制度不健全、不稳定，而且不少国家都存在着领土争端、民族冲突、宗教冲突、政局动荡、恐怖活动激增等风险（全毅、汪洁和刘婉婷，2014；韩永辉和邹建华，2014；刘海泉，2015；何茂春等，2015；李晓和李俊久，2015；蒋姮，2015；杨思灵，2015；余莹，2015；刘海泉，2015；肖新梅，2015；魏琪嘉，2015；黄河，2016；周平，2016；陈积敏，2017；王晓春等，2017；毛勇兵，2017；洪菊花等，2018；周强等，2018）。刘海泉（2015）探讨了“一带一路”倡议所面临的双重安全挑战：第一，以大国政治博弈、领土和岛屿争端以及区域内个别国家政局动荡为主的传统安全挑战；第二，以恐怖主义、海盗以及跨国有组织犯罪为主的非传统安全威胁。为应对安全风险，中国除了发展自身力量外，还需要贯彻“三个重视”，即重视合作中提供安全公共产品、重视美国与俄罗斯的利益关切和重视巴基斯坦的“支点”作用。薛力（2015）强调指出，中国应注意到“一带一路”倡议对于转移过剩产能的效果很有限，外汇储备用于投资的安全性与收益很难保障。有必要把沿线国分为四类进行处理，重点放在潜在的周边支点国家；对于一般中小国家只能进行选择性合作；对于主权争端国，需要以建设性的态度处理争端；对于周边大国应该制定专门的外交政策，优先从经济与文化领域着手，建立“亚洲五国经济论坛”，成立“亚洲文明对话”机制。周平（2016）从多个角度剖析了中国“一带一路”倡议存在沿线国家之间的地缘政治关系并不是一成不变的，容易激起相关国家主动参与地缘政治博弈，从而给“一带一路”的实施造成地缘政治障碍；由于地缘关系而限于一隅的矛盾激活，容易陷入地区矛盾和动荡的麻烦之中；以及针对性的地缘政治布局，大量地缘性人口输入，地缘政治资源约束等地缘政治风险。洪菊花等（2018）从国际地缘环境、区域地缘环境、投资国—东道国地缘关系、东道国投资地缘风险、具体项目地缘风险、合作尺度转换等多个角度分析了“一带一路”的地缘政治风险，并进一步采用层次分析法，对重大项目的地缘风险进行了评估。

3. 信用风险及法律风险

部分学者从信用风险及法律风险角度分析了“一带一路”倡议可能面临的风险。王义桅和郑栋（2015）指出，“一带一路”信用风险具有主体层面多元性的特点，并分别从国家信用、企业信用以及个人信任三个层面，按照宏观到微观的逻辑，深入分析了“一带一路”倡议面临的道德风险。在“一带一路”倡议推进的过程中，除开政治风险，中国企业在经营活动中也将面临一系列法律风险（刘真，2016；芦斌和柴若冰，2017；雷霞，2017；王芳，2018；赵赟，2018）。芦斌和柴若冰（2017）提出，“一带一路”倡议是一项造福沿线各国人民的宏伟工程，我国在推进“一带一路”建设过程中，面临着诸多法律风险。因此，需要健全国内税法，促进国际税制合作；不断完善双、多边投资协定，提升资金融通法律服务；增强品牌建设，树立知识产权保护意识；加强司法协助和配合，加快制定国际司法合作协议，从而促进沿线各国的交流合作，推动世界经济发展。王芳（2018）认为，在“一带一路”倡议下引入 PPP 模式是为了解决庞大的资金需求，鼓励企业“走出去”，但沿线国家不同的法律体系和市场规范则给“走出去”的企业带来诸多法律风险，如法律环境调查风险、知识产权侵权风险、税收叠加风险和涉外法律适用风险。为此，本书认为应对东道国做全面尽职的法律调查，保护知识产权，完善双边、多边税收协定，推进国际税制合作，加强国际司法协助，构建法律安全体系，推进“一带一路”倡议下 PPP 模式的合作。防范和化解中国企业在“一带一路”倡议实施中可能遇到的法律风险，必须立足当前，着眼长远，精准应对。包运成（2015）、田旭明（2015）、郭秉菊（2015）、李晓敏和李春梅（2016）、邵明朝（2017）、卢文超（2017）、王刚（2017）、陈梅（2018）、孟刚（2018）等从“一带一路”沿线国家的法制环境角度入手，分析了一些国家法制不健全，腐败高发，项目运营在对外交往活动中也存在较大的腐败风险，需要在政府与企业、宏观与微观两个层面构建腐败风险防控体系。从政府角度来说，应当在完善本国海外投资法律体系，做好海外投资信息情报服务的同时，用好现存国际经济法律体系，积极推动建立区域性和双多边国际经济法律体系。从企业角度来说，应当加强“走出去”，提升企业风险管理水平和企业社会责任意识，转变思维，实现企业海外投资经营的本土化。

4. 域外国家掣肘的风险

大国战略博弈加大，对共建“一带一路”形成一定掣肘。沿线地缘政治复杂敏感，是大国长期博弈和较量的重点区域。少数国家与我国缺乏政治互信，对我国实施和平发展战略心存疑虑，在大国之间搞平衡，以谋取自身利益最大化（袁新涛，2014；薛力，2015；高荣伟，2015；黄永弟，2016；魏琪嘉和肖宏伟，2016；陈积敏，2017；苗吉，2017；王亚军，2018）。袁新涛（2014）从国家战略角度分析认为，在中国“一带一路”建设中，面临着来自美国、俄罗斯、日本等国主导的区域性战略举措的巨大压力，如美国实施“新丝绸之路”战略和主导跨太平洋伙伴关系协定、俄罗斯实施“欧亚经济联盟”战略和寻求欧亚地区事务主导权以及日本实施“丝绸之路外交”战略和搅局南海围堵中国等。高荣伟（2015）分析认为，“一带一路”沿线多个国家是新兴经济体和发展中国家，相互之间有较为复杂的地缘政治局势；大国角力方面，“一带一路”沿线多个国家正面临着领导人接替、民主政治转型、民族冲突等问题；经济合作方面，由于各国利益诉求不同，“一带一路”实施过程中，难免与沿线国家发生经济利益方面的冲突。

（五）“一带一路”倡议对外传播中存在的问题

“一带一路”倡议提出以来，得到国际社会广泛支持和积极参与，取得重要建设进展，成为引领世界发展方向的一面旗帜。国际社会对“一带一路”的关注热度始终不减，各种讨论、议论甚至争论从未间断过（程曼丽，2017）。目前国内对“一带一路”的宣传很火热，但在对外宣介的力度、方式和方法上很不到位。与此同时，也有部分西方国家和沿线国家媒体歪曲解读和攻击该倡议。如何向世界各国讲清“一带一路”倡议的核心理念、为“一带一路”建设赢得良好的舆论环境，仍然是对外传播过程中需要认真思考的问题（申现杰和肖金成，2014；金玲，2015；周凯，

2015；刘辰和刘欣路，2015；程曼丽，2017；曾蕊蕊，2017；史安斌和盛阳，2017；陈伟军，2018；郭子烨，2018）。

所以，中国需要在两个方面反思"一带一路"倡议：一是在海外支出方面如何决定？这又得解决两个问题：透明度和可持续性。二是该倡议如何呈现给海外受众？

第五章

总结与展望：中国对外开放的大门只会越开越大

第一节　开放是国家繁荣发展的必由之路

自改革开放和加入WTO后，中国的对外贸易战略和发展实践受到世界各国的广泛关注。在发达国家中，英国脱欧挫伤欧洲一体化进程；美国特朗普政府推行“美国优先”政策反映出民粹主义、保护主义和孤立主义相互交织，严重威胁国际贸易和投资自由化以及全球经济一体化。在发展中国家和新兴市场，南美部分国家政局不稳，西亚北非地缘冲突频繁，国际贸易和投资合作变数频频，强化经济全球化的不确定性①。整体而言，当今世界保护主义此起彼伏，经济全球化受到严重威胁。是坚定不移地走全球化道路，还是奉行强化地方和国家权力的保护主义，用不同的经济理论范式解释就可以得出不同的结论，且都具有一定的合理性。本书通过对新古典主义、新李斯特主义、新结构主义、新马克思主义综合派经济学理论以及习近平新时代开放发展思想的相关文献进行梳理对比，探讨在错综复杂的时代背景下，中国的对外发展将何去何从，并为此找到相关理论依据。

对于自由贸易一直有不同的视角（托达罗和史密斯，2009）。贸易乐观主义的拥趸者从西方主流经济学出发，推崇全球经济自由化（萨缪尔森，1948，1949；Bernard and Jensen，1999；Bhagwati，2005；Martin Wolf，2005；道格拉斯·欧文，2003；2013；帕斯卡尔·拉米，2019；Kun Jiang et al.，2019；Altman，2019）。质疑者则提出了“普雷维什－辛格假说”（Frankenhoff，1962；John Toye and Richard Toye，2003），发现了贸易条件恶化（Prebisch，1949；1950；1959；1961；Singer，1949；1950；Filippo，1988；Maizels，1999；Jose and Maria，2004）及“贫困化增长”（Bhagwati，1958；1968；Johnson，1977；Lindeken，2006；Singer and Sarkar，2006；贾根良和沈梓鑫，2016）。更多学者认为自由贸易具有二重性（Rodrik，

① 徐秀军：《全球化vs逆全球化：砥砺前行的全球经济》，载于《环球》2017年第26期。

1997；Stiglitz，2002；2017a；2017b；罗德里克，2004；2018），突出问题是发达国家与发展中国家之间的不公平（俞可平，1998；俞可平和黄卫平，1998；王宁和薛晓源，1998；吴易风，2001；梅俊杰，2008；萨米尔·阿明，2012；温铁军，2016；程恩富和高建昆，2016；程恩富，2018；Milanović，2016；Baldwin，2016；拉加德，2018；戈莫里和鲍莫尔，2018；Lund et al.，2019），新自由主义把经济全球化引向了歧途（李文，2018）。罗德里克（1997）就曾忧虑地认为经济开放不见得是好事[①]。林毅夫（2017）认为，如果不考虑发展中国家的结构因素和现实背景，盲目开放可能带来经济危机[②]。如果政府人为地让缺乏自生能力的企业被创立并生存，势必要使政府强制扭曲本国利率和汇率以及产品价格，此外还要摒弃市场用行政手段配置各种生产资源，以达到保护这些企业的目的。由于市场不能发挥作用，政府居于主导地位，这就会导致大量寻租行为的出现，最终的结果会使这个欠发达地区的经济效率越来越低，欠发达地区只有遵循比较优势，培养具有自生能力的企业，市场才能更好地运行，才能保持经济高效运行，缩小同发达地区的收入差距[③]。实际上，各国应根据国情决定参与经济全球化的程度及战略（罗德里克，2011；2018；斯蒂格利茨和查尔顿，2013）。

一、不同经济学流派的观点

1. 新古典主义经济学

20 世纪 70 年代，新古典主义经济学（又称新自由主义）逐渐取代凯恩斯主义经济学并风靡全球[④]。该理论是在以强政府为特征的凯恩斯主义

---

① D. Rodrik. Has Globalization Gone Too Far? *California Management Review*, 1997, 39 (3): 29-53.

② 林毅夫：《新结构经济学、自生能力与新的理论见解》，载于《武汉大学学报》（哲学社会科学版）2017 年第 6 期。

③ 林毅夫：《自生能力、经济转型与新古典经济学的反思》，载于《经济研究》2002 年第 12 期。林毅夫：《发展战略、自生能力和经济收敛》，载于《经济学（季刊）》2002 年第 2 期。

④ ［美］斯蒂芬·雷斯尼克、理查德·沃尔夫著，孙来斌、申海龙译：《经济危机：一种马克思主义的解读——兼与凯恩斯主义经济学和新古典主义经济学比较》，载于《国外理论动态》2010 年第 10 期。

失灵的情况下崛起的，其成立基于两个理论假设，即理性假说和自然率假说[①]。新古典主义的三个基本观点分别是：一是主张保护个人利益、强调私有化的重要性；二是反对国家干预，主张自由竞争、自由放任；三是主张经济自由化，包括贸易自由化和金融自由化。该理论格外重视对外贸易的重要性，认为鼓励出口贸易效益颇多，首先，可以吸引更多的外国投资，进而为国内创造更多的就业机会；其次，在国际竞争中，还会产生一般“教育效应”，从而增强企业的国际竞争力；最后，还能改善国际收支状况，提高在国际资本市场中的信用[②]。

2. 新结构经济学

多年来，全世界只有少数国家实现了从发展中向发达的跨越，绝大多数国家仍在贫穷与“中等收入陷阱”中徘徊[③]。基于此，林毅夫教授及其弟子以欠发达经济体为研究对象，采用新古典经济学的分析方法研究现代经济增长的本质及其决定性因素，致力于帮助发展中国家发展经济、消除贫困、实现共享和发展[④]。林毅夫教授认为一个国家经济结构发展和变迁的驱动因素可以概括为：要素禀赋、比较优势、市场和政府。每个经济体在每一个时间节点上的产业和技术结构内生于该经济体的要素禀赋和结构，而每个经济体在特定时间下的比较优势则是由要素禀赋结构所决定的。不同于新李斯特主义强调竞争优势实现赶超，新结构经济学认为一个经济体融入经济全球化的浪潮中，只有充分利用自身的要素禀赋，发挥比较优势才能做大做强。

3. 新马克思主义综合派

新马克思主义经济学又称激进经济学，是现代经济学的一个流派，该学派试图从创新的马克思主义理论角度去探寻当今经济全球化的应对之策。新马克思主义综合派的经济学者围绕全球经济危机本质、特点、影响及其与马克思主义的关系等一系列的问题展开了广泛而又深入的研究，并

① 裴鸿池：《新古典主义经济学概要分析》，载于《辽宁大学学报》（哲学社会科学版）1996年第3期。

② 刘石成：《发展经济学新古典主义经济发展理论与实践的评析》，载于《兰州学刊》2003年第6期。

③ 林毅夫：《新结构经济学的理论基础和发展方向》，载于《经济评论》2017年第3期。

④ 林毅夫：《新结构经济学的理论框架研究》，载于《产业经济评论》2013年第Z1期。

对新自由主义和经济全球化进行了猛烈抨击，如中国社会科学研究院王玫在其文章中，抨击了新自由主义的“经济改革计划”“消灭贫困计划”“经济援助计划”等，针对经济全球化中发达国家对欠发达国家的剥削也作出了严厉的批评①。国内新马克思主义学派的程恩富教授在竞争优势和比较优势的基础上提出了知识产权优势，他认为比较优势是一种静态优势，只有在特定的情况下才能转化为竞争优势，形成出口竞争力；而这一转换过程的关键就在于以国际经济综合竞争为导向，创造和培育我国的知识产权优势或知产型竞争优势②。

4. 新李斯特主义

李斯特主义经济学是一种以国家利益为导向、生产力发展为核心的经济学③，是在经济全球化和新国际分工的现实背景下对李斯特经济学的继承和发展④。该理论以欠发达国家为研究对象⑤，尤其关注自20世纪70年代以来世界经济结构发生的以全球价值链和美元霸权为主要特征的重大变化⑥。新李斯特主义坚决反对新自由主义及其全球化，主张应在特定的历史时期内实行贸易保护，同时将贸易保护的范围由制造业扩展至农业、服务业、技术和金融等领域并创新性地指出欠发达国家应该直接从低端价值链向高端价值链跃升⑦，即发展中国家应该依靠“竞争优势”而非“比较优势”完成赶超。

二、开放发展：各国发挥各自优势参与经济全球化

当今世界处于急剧变革的时代，经济全球化已不再仅仅是生产的分工

---

① 王玫：《新马克思主义经济学对新自由主义和经济全球化的批判》，载于《北京行政学院学报》2005年第3期。

② 程恩富、丁晓钦：《构建知识产权优势理论与战略——兼论比较优势和竞争优势理论》，载于《当代经济研究》2003年第9期。

③ 杨虎涛：《中国为什么需要李斯特而非简单地回到李斯特——兼评〈新李斯特经济学在中国〉》，载于《当代经济研究》2016年第2期。

④⑥ 丁涛、贾根良：《新李斯特经济学的全球价值链理论初探》，载于《社会科学战线》2017年第8期。

⑤⑦ 胡晓琪：《新常态下新兴经济体转型发展对策研究——新李斯特经济学视角》，载于《经济师》2014年第12期。

和产品的交换，更多的新资本输出和消费市场的全球化。在新一轮的经济全球化浪潮中，欠发达国家或地区应该如何参与全球价值链中，如何不沦为经济全球化的牺牲品而是受益方，各个学派给出了自己的看法。

（一）经济自由化

新古典主义经济学派的口号的“放松管制，解除管制。”[①] 对内主张反对国家干预，主张自由竞争、自由放任；对外主张经济自由化，包括贸易自由化和金融自由化。该学派认为自由竞争经济具有内在的稳定性，可以通过市场机制自发调节实现经济的均衡增长，而如果政府权力介入或私人力量参与经济的发展，只会增加市场的不确定性[②]。

经济自由化理论只有基于三种假设才能成立[③]，即资源的稀缺性假设，理性经济人假设和市场竞争机制是最有效的资源配置方式。资源的有效性包含两层含义：一是全社会的资源是有限的，因此有限的资源需要配置到最能实现其价值的地方，进而有限的资源应该在全球自由流动；二是单个经济体所拥有的资源是有限的，因此为了实现个人利益最大化，必须谨慎投入、高效利用。理性经济人假设则指每一个经济主体为了实现自己经济效用和利润的最大化，都会积极地参与经济活动，并且尽最大努力保证资源的高效利用以避免社会资源的浪费。完善的市场竞争机制能够充分反映出各种投入要素与产出品的市场价格，生产者和消费者都会根据市场价格信号的指示作出合乎理性经济人假设的行为，从而使得市场规模不断扩大、专业化分工不断深化。

（二）发展比较优势产业

以林毅夫教授为代表的新结构主义继承了新古典主义的这三个假设，

---

① ［美］斯蒂芬·雷斯尼克·理查德·沃尔夫著，孙来斌、申海龙译：《经济危机：一种马克思主义的解读——兼与凯恩斯主义经济学和新古典主义经济学比较》，载于《国外理论动态》2010 年第 10 期。

② 裴鸿池：《新古典主义经济学概要分析》，载于《辽宁大学学报》（哲学社会科学版）1996 年第 3 期。

③ 宋天伟：《新结构经济学与新古典经济学比较研究》，载于《经济视角（上旬刊）》2015 年第 9 期。

在资源稀缺性的前提下提出了要素禀赋结构和比较优势理论。在相对有限和缓慢发展的资源条件下，企业所投资的产业和使用的技术遵循该国比较优势时，企业的要素生产成本最低，具有自生能力；当经济中的软硬基础设施合适时，交易成本也会最低，形成最强的竞争力，成为竞争优势，生产的剩余会最大，资本回报会最高，资本积累的积极性会最强，要素禀赋结构、比较优势、产业升级和收入增长会最快。在此过程中，一个发展中国家可以利用后发优势，取得比发达国家更快速地技术创新和产业升级，进而促进经济发展①。

如果违背比较优势发展，不仅难以实现资源的最大效用，造成资源浪费，在国际竞争中将毫无竞争优势。为了让有限的比较优势转化为实际优势，政府需要确认该国具有比较优势的产业，并且消除那些可能阻止这些产业兴起的约束，创造条件使这些产业成为该国的实际比较优势②。基于理性经济人假设，新结构经济学认为只要一国的经济发展是在比较优势的基础上发展的，生产者和消费者都会自主理性地安排自身的经济行为以实现效用和利益最大化。尽管新结构经济学肯定政府在确认本国具有比较优势的产业方面的重要作用，但更加强调这种确认的过程最科学的做法是以市场价格为指引信号，正确的价格信号会指引企业以最优的要素组合、最低的成本去生产本国具有比较优势的产品，这样的产品在国际市场上才会具有竞争优势，从而实现收益最大化③。

（三）培养知识产权优势

20 世纪 90 年代初我国学者介绍引进波特的国家竞争优势理论，90 年代中后期，国内学者兴起了研究竞争优势的高潮④。部分学者将比较优势与竞争优势理论并列，认为比较优势已经过时，应当强调竞争优势，而越来越多的学者认识到不能割裂二者的联系，应当寻求从比较优势到竞争优

① 林毅夫：《新结构经济学的理论基础和发展方向》，载于《经济评论》2017 年第 3 期。
② 林毅夫：《新结构经济学的理论框架研究》，载于《产业经济评论》2013 年第 Z1 期。
③ 宋天伟：《新结构经济学与新古典经济学比较研究》，载于《经济视角（上旬刊）》2015 年第 9 期。
④ 廖国民：《入世后中国的贸易战略：比较优势还是选择性赶超?》，载于《上海经济研究》2003 年第 5 期。

势的途径，但归根结底还是推崇竞争优势[①]。对此新马克思主义综合派学者程恩富不以为然，他认为无论是比较优势还是竞争优势在国内运用都具有不可忽视的缺陷，比较优势是相对本国产品而言，在国际竞争中未必具有优势；而竞争优势包括生产要素、国内需求、相关支撑产业、企业的战略结构和竞争、政府的作用和机会六个方面，因素太多，重点不突出，不利于中国长远健康发展[②]。他针对比较优势和竞争优势的理论和实践缺陷，提出中国应该培育第三种优势——知识产权优势，即通过逐步拥有以自主核心技术和自主名牌为主要内容的自主知识产权的经济优势，是相对于比较优势、竞争优势而言的第三种优势[③]。参与全球化竞争中，中国不仅要创新和培育自己的知识产权优势，还应在生产关系上做到以公有制为主体、国有制为主导。这种主张不同于新古典主义，因为新古典主义的理论基础是私有制、是市场经济；而新结构主义在这方面与新古典主义是一脉相承的，因此也不同于新马克思主义综合派。此外，新马克思主义综合派认为，经济全球化是大势所趋，无法回避，但是为了国家的根本利益，在开放发展的过程中，必须要逐步降低对外依存度，包括适当控制外贸依存度、外资依存度以及外产依存度，并积极提高自主发展的能力[④]。

三、贸易保护：从低端价值链跃升到高端价值链

尽管对依靠什么样的优势参与国际竞争存在不同的考虑和建议，但从结论来看，新古典主义、新结构主义和新马克思主义综合派都主张开放发展，参与到全球价值链中。新李斯特主义学派独树一帜，呼吁贸易保护，独立自主实现从低端价值链向高端价值链的跃升。该学派坚决反对中国或

---

① 陶然、周巨泰：《从比较优势到竞争优势——国际经济理论的新视角》，载于《国际贸易问题》1996 年第 3 期；洪银兴：《从比较优势到竞争优势——兼论国际贸易的比较利益理论的缺陷》，载于《经济研究》1997 年第 6 期；鲍晓华：《从比较优势到竞争优势》，载于《财贸经济》2001 年第 4 期。

② 程恩富、丁晓钦：《构建知识产权优势理论与战略——兼论比较优势和竞争优势理论》，载于《当代经济研究》2003 年第 9 期。

③ 程恩富、廉淑：《比较优势、竞争优势与知识产权优势理论新探——海派经济学的一个基本原理》，载于《求是学刊》2004 年第 6 期。

④ 曹雷、程恩富：《加快向充分自主型经济发展方式转变——基于经济全球化视野的审思》，载于《毛泽东邓小平理论研究》2013 年第 8 期。

者说发展中国家“走出去”，主要基于以下几个原因：

1. 经济全球化是不对称全球化

所谓不对称全球化，是指发达国家一方面通过高关税保护和严禁发展中国家高新技术企业投资来保护其国内市场；另一方面，又迫使发展中国家对其产品和跨国公司的投资更加敞开大门，并企图通过所谓知识产权保护的“国际规则”（技术保护主义）将发展中国家的经济锁定在全球价值链的中低端[①]。近30年来，全球成千上万个跨国公司为了实现成本最小化和利益最大化，在世界各国布局生产，推动经济全球化向着全球价值链的方向纵深发展；随着全球价值链的深入发展，世界经济出现了生产和贸易布局呈现失衡状态[②]，发达国家处于价值链的高端，垄断着利润最高的产业，占有世界最多的财富；欠发达国家则处于价值链的中低端，形成以廉价制成品的出口型的经济，却在高端产品和技术方面高度依赖发达国家。

2. “中日大分流”“英国崛起”以及“美国霸权”等历史经验证明在特定的时候保护民族工业，才能依靠自身力量变大变强，实现赶超

日本方面，曾经同为西方列强的鱼肉在面临挑战时，毅然决然接受李斯特经济学的指导，选择保护民族经济、财政金融改革、统一国内市场和建立中央集权体制等改革活动，走上一条“出口高端产品并进口低端产品”的致富强国之路[③]。英国方面，从15世纪末开始便开始探索保护主义，包括1485年的羊毛工业贸易保护主义、1651年的航海法案以及1672年的谷物法等以加强本国农业和制造业的保护力度，待到工业稳住领先地位后，再打出自由贸易的幌子以劝说落后国家实行自由贸易[④]。美国方面，尽管一直鼓吹自由主义，但其实政府干预和保护主义的影子随处可见。从美国农业的全球扩张来看，美国政府先放任农业巨头在国内市场扩张，并在各种具体事务上给予全方位的支持，美国农业巨头在政府的支持下掌握

---

① 贾根良：《不对称全球化：历史、理论与当代中国》，载于《南国学术》2018年第4期。

② 黄鹏、汪建新、孟雪：《经济全球化再平衡与中美贸易摩擦》，载于《中国工业经济》2018年第10期。

③ 贾根良：《中日大分流——日本明治维新成功的根本原因》，察网，http：//m. sohu. com/a/301578810_425345（最后访问时间：2019年4月1日）。

④ 贾根良：《只有保护民族经济才是应对中美经济战的正确选择》，乌有之乡，http：//www. wyzxwk. com/Article/ zjingji/2018/09/393369. html（最后访问时间：2019年4月1日）。

了种子、化肥等农业上游高端环节，待高端环节在国际竞争中形成竞争优势时，美国政府又开始鼓吹农业自由贸易主义，以建立美国农业巨头为主导的农业全球价值链①。

3. 中国的现实情况不允许中国继续走以自由贸易、大力引进外国直接投资和出口导向型经济为主要特征的经济发展模式②

改革开放40多年，中国总体经济高速增长，1978～2017年，产值（产出）从0.4万亿元（3679亿元）提高至82.7万亿元（名义），同期价格增长6.5倍，年均真实增速9.3%；是同期世界年均真实增速2.5%的3.72倍。可见开放发展对我国经济的腾飞式发展具有重大意义③。但自2018年，中国经济面临诸多困难，从国际来看，从“中兴事件”到美国单方面挑起“贸易摩擦”再到“华为事件”，中国企业“走出去”频频碰壁，也再次说明我国出口导向型经济发展模式遭遇空前的危机，低端产品出口的大量过剩遭到了许多国家保护主义措施的任意宰割，日益暴露出它对我国国际竞争力的严重损害和失去抵御外部风险能力的严重弊端④；从国内来看，经济下行压力仍在持续、结构性失业状况不容乐观、产业结构严重失衡、民营企业叫苦不迭，消费降级传言不绝于耳……这些都是国内经济发展遭遇“瓶颈”的表现。综合来看，当前中国经济不稳定不确定的因素很多，新李斯特主义学者认为在“内忧外患”之时，保卫民族工业与发展内向型经济是中国转型升级、实现崛起的唯一路径。按照新古典主义和新结构主义的“比较优势”学说，当前中国以及其他发展中国家的禀赋结构就是劳动力资源丰富；因此在国际竞争中的比较优势就是劳动密集型产业，即应该发展廉价制成品的出口导向型经济，从全球价值链低端参与国际竞争。新李斯特主义学者反对这一观点，认为尽管中国人口基数大，但人力资本的优势不在于数量多、价格廉价，而在于科技创新潜在的巨大规模优

---

① 丁涛、贾根良：《新李斯特经济学的全球价值链理论初探》，载于《社会科学战线》2017年第8期。

② 贾根良：《不对称全球化：历史、理论与当代中国》，载于《南国学术》2018年第4期。

③ 《朱镕基之子大量图表全面剖析中国经济现状》，凤凰网财经，https：//finance.ifeng.com/a/20180213/15986339_0.shtml（最后访问时间：2019年4月1日）。

④ 贾根良：《保卫民族产业与内向型经济：中国崛起的唯一选择》，载于《当代财经》2010年第12期。

势。在此基础上，中国应该充分开发其人力资本禀赋，着力保护和发展以技术和知识密集为特征的高端产业、各产业的高端技术，对国民经济进行调整，推动经济结构的转型升级[①]，引导中国成为独立自主的创新发展强国[②]。

四、中国方案：习近平新时代开放发展思想

自1978年中国实行改革开放以来，中国一直坚持对外开放；自2001年中国加入WTO后，中国的对外贸易战略更是得到世界范围的关注。在改革开放的40多年里，中国实现了腾飞式的发展，逐渐走向世界舞台的中央。

2015年，中共十八届五中全会提出了开放发展新理念，坚持开放发展，奉行合作共赢的开放战略。这是马克思主义开放发展理论中国化、时代化、大众化的最新成果[③]。2018年7月，为了纪念改革开放40周年，《习近平改革开放思想研究》一书正式出版，系统分析和解读了习近平开放发展思想的现实背景、理论体系、理论内涵以及实现路径等各个方面。在科学把握经济全球化的历史进程，深刻把握中国同世界关系的客观历程以及全面把握当前中国所面临的内外挑战和机遇的基础上[④]，中国选择在经济全球化的大潮中坚持开放发展。习近平开放发展理论内涵丰富，目标明确。戴翔将习近平开放发展理论的内涵总结为五个方面：一是实现内外联动，全面提升开放发展水平；二是完善营商环境，健全适应性的体制机制；三是形成全面开放，推动互利共赢国际合作；四是参与全球治理，完善国际经济治理体系；五是正确处理各种关系，提升开放经济水平[⑤]。为了实现更高水平的对外开放，发展成为现代强国，最终走向世界

---

① 贾根良：《只有保护民族经济才是应对中美经济战的正确选择》，乌有之乡，http://www.wyzxwk.com/Article/jingji/2018/09/393369.html（最后访问时间：2019年4月1日）。

② 贾根良：《新李斯特经济学作为一个学派何以成立?》，载于《教学与研究》2015年第3期。

③ 李院平：《马克思开放发展思想及中国运用》，载于《重庆社会科学》2017年第11期。

④ 辛向阳：《习近平对外开放思想研究》，载于《贵州省党校学报》2016年第4期。

⑤ 戴翔、张二震、王原雪：《习近平开放发展思想研究》，载于《中共中央党校学报》2018年第4期。

舞台的中央[①]，需要实施好“一带一路”国家倡议[②]、渐进推动区域合作、大胆探索自由贸易试验区、努力优化区域开放布局、积极参与全球经济治理[③]。其中，大力推进“一带一路”建设是当前中国经济开放发展的新布局，是新时期、新阶段中国开放发展的重大谋划和部署，旨在为沿线国家打造综合运输通道，创建经贸合作平台和搭建人文交流纽带，使包括中国在内的沿线国家能够切实获益。积极参与全球经济治理，提高中国在全球经济治理中的话语权是当前中国经济开放发展的新作为，助力于打破旧体制，重新建立国际经贸合作新规则、新制度，维护国际经济秩序的平等公正，最终促进中国和世界各国的和平长远健康发展[④]。

在面对保护主义盛行、民粹主义觉醒、反全球化的声音日渐凸显，尤其是美国单方面排斥中国、打压中国制度与道路时，坚持开放发展理论的学者认为，中美经贸合作关系中，中国获利更多，中国对美国的依附更多，因此要彻底粉碎让中美两国经济“熔断”脱钩的图谋，坚持“你中有我，我中有你”；此外还要依据不同的替代程度征收关税，以降低自伤成本；迅速布局海外生产基地以补充替代市场；继续鼓励中国企业对美、欧等发达国家的制造业投资，获取间接的技术转让[⑤]。可见，在面对美国的全方位打压下，坚持开放发展理论的学者完全不同于新李斯特主义所主张的推行保护主义保护民族经济，而是坚持与美国长期周旋，让对方明白“道不同，不得不相谋”[⑥]。

当前国际经济的不确定不稳定因素此起彼伏，国际合作关系也平添变数，作为最大的发展中国家，中国的开放发展理念以及实践对国际社会和中国自身的发展都具有深刻的意义和影响：从国际社会来看，如“一带一路”倡议可以加强沿线国家的经济交流，力促全球实现再平衡；形成命运共同体的新型合作关系，从而促进全球和谐稳定发展；于中国而言，一方

---

① 王学先、张秦肇：《从对外开放到开放发展——习近平开放发展思想与邓小平对外开放思想比较研究》，载于《南华大学学报》（社会科学版）2018 年第 8 期。

② 杨柳：《习近平开放发展理念与中国开放道路的总结展望》，载于《探索》2016 年第 5 期。

③ 戴翔、张二震、王原雪：《习近平开放发展思想研究》，载于《中共中央党校学报》2018 年第 4 期。

④ 刘万华：《开放发展具有丰富深刻的内涵》，载于《红旗文稿》2016 年第 1 期。

⑤⑥ 裴长洪：《美国对华贸易战的本质是打压中国制度与道路》，载于《财经智库》2018 年第 6 期。

面增强中国的影响力，树立大国形象；另一方面是为国内经济找到新增长点，实现国内经济的稳定发展①。从理论本身的意义来看，开放发展理念是对马克思开放发展思想的继承、发展和创新，不仅揭示了社会主义开放发展的规律，更是结合当前中国的发展实际和时代背景为中国在未来的道路做了全面的部署②。

面对错综复杂的国际关系，在习近平新时代开放发展理论的指引下，中国将坚定不移地对外开放，奉行互利共赢的开放战略，推动贸易和投资的自由化便利化③。

综上所述，经济全球化是当代世界经济的重要特征，也是世界经济发展的重要趋势；但显然，当前经济全球化面临严峻的挑战，包括部分发达国家的反全球化和逆全球化思潮；发展中国家和新兴市场政局不稳定、地缘冲突紧张也为国际经贸合作增加不确定性因素。

运用不同的理论框架分析问题会得出不同的结论。新古典主义基于资源稀缺性假设、理性经济人假设和竞争机制是最有效的资源配置方式三个假设，判定只有坚持贸易、投资和金融自由化，世界分工才会更加合理，世界市场也会更具活力。新结构主义继承和发展了新古典主义的三个假设，提出各国在确认各自的要素禀赋结构后，以比较优势加入全球价值链中，只有这样才能避免资源的浪费，并且实现资源效用和利益最大化。新马克思主义综合派在比较优势的基础上，创新性地提出知识产权优势，培育本国的具有自主知识产权的核心竞争力，从全球价值链高端切入，逐渐摆脱对国外技术的依附，实现自主创新发展道路。不同于以上三种观点，以国家利益为导向、生产力发展为核心的新李斯特主义认为在失衡的经济全球化浪潮中，只有保护民族工业才是本国经济实现赶超的唯一出路。

不激进开放、不盲目闭守、多措并举才是未来中国处理国际经贸关系

---

① 张宗斌、刘俊成：《习近平对外开放经济思想研究》，载于《中国市场》2018 年第 2 期。

② 李院平：《马克思开放发展思想及中国运用》，载于《重庆社会科学》2017 年第 11 期。

③ 顾学明：《以开放发展引领经济全球化步入新时代（深入学习贯彻习近平同志系列重要讲话精神）——深入学习习近平同志关于坚持全方位对外开放的重要思想》，载于《人民日报》，2017 年 3 月 9 日；顾学明：《更好地践行开放发展理念》，载于《理论视野》2017 年第 12 期。

和国际竞争问题的正确选择。为了实现经济的转型升级，促进中国经济更好更稳的发展，中国应该放弃廉价制成品导向的出口经济，而应该充分挖掘具有创新性的人力资源，引导中国经济走向高新技术导向的出口经济，形成“出口高端产品—进口低端产品”的外贸经济体系。此外，中国作为世界上最大的市场主体，应该采取多种措施带动国内消费，刺激国内市场活力，降低对国外市场的依附性，与世界各国形成合作共赢而不是失衡的国际关系。最后，中国的经济政策应该更具综合性和前瞻性，避免在与发达国家展开合作时处于被动的一方，也要注意在敞开大门让其他国家搭乘中国经济发展的“快车”“便车”时的方式和力度。

第二节　推动新一轮高水平对外开放实现更高质量发展

中国改革开放40多年的经验表明，开放推动改革，开放促进发展，开放带来繁荣。在首届中国国际进口博览会开幕式上，习近平强调指出：“中国开放的大门不会关闭，只会越开越大。中国推动更高水平开放的脚步不会停滞！中国推动建设开放型世界经济的脚步不会停滞！中国推动构建人类命运共同体的脚步不会停滞！”加快形成全面开放新格局，推动新一轮高水平对外开放，实现更高质量发展，是新时代我国开放发展工作的中心。以全面开放新格局推动更高水平开放，应抓住以下重点。

一、构建人类命运共同体引领全球开放新格局

伴随着全球化的深入发展和人类相互依存的日益加强，全球治理的重要性愈来愈为人们所认同，它既是当代国际关系的主题、时代发展的新要求，也成为一个国家对外战略的重要向度与内容。中共十八大明确提出

“加强同世界各国交流合作，推动全球治理机制变革”，“坚持权利和义务相平衡，积极参与全球经济治理”，这是中国对外战略的重要指导原则与任务，从而表明了中国政府对全球治理的高度重视。

1. 构建人类命运共同体，实现全球开放中的共商、共建、共享

开放型经济是大势所趋，也是中国经济增长的动力所在。中国经济的各方面将与“开放”紧密相连，全球资源会被“请进来”，到中国参与配置，而中国也将“走出去”参与全球资源配置。但经济全球化在促进各国优势互补、共同发展的同时，也带来了国家之间利益失衡的问题。发达国家往往凭借资本、技术等优势处于支配地位，而大多数发展中国家付出较高成本却只能获取较低收益。随着全球经济格局调整和自身经济实力提升，中国作为一个负责任大国在继续学习的同时，开始更加积极和主动地参与全球经济治理，从国际社会的积极融入者转变为主动塑造者，努力在全球经济制度建设中作出贡献。这既是深化对外开放的内在要求，也是促进世界经济和谐发展的客观需要，有助于打破少数国家对全球经济法律规则的“垄断”，使全球治理向更为合理均衡的方向发展。习近平总书记准确把握经济全球化的时代特征，提出了人类命运共同体的思想，指出：“世界各国联系紧密、利益交融，要互通有无、优势互补，在追求本国利益时兼顾他国合理关切，在谋求自身发展中促进各国共同发展，不断扩大共同利益汇合点。”我们要以对外开放的主动赢得经济发展和国际竞争的主动，在扩大开放中同世界各国形成深度融合的互利合作格局。

2. 形成同国际贸易投资规则相适应的体制规则

中国一方面在既有机构与机制中与美国博弈，争取更多权利，如IMF、WTO、世界银行，另一方面则通过新的国际经济机构与机制，通过“一带一路”、亚投行、金砖国家合作组织，区域全面经济伙伴关系（覆盖亚洲16国的“RCEP”）、亚太自由贸易区（FTAAP）等，获得具有区域或全球影响的规则制定权，推广中国价值与原则，并与美国主张的规则形成某种竞争局面。

近年来，美国主要凭借三大谈判进行贸易战略部署，即跨太平洋伙伴关系协议（CPTPP）、跨大西洋贸易与投资伙伴关系协定（TTIP）与国际

服务贸易协定（TISA）。CPTPP 意图构建一个“面向 21 世纪、高标准、全面的自由贸易的平台”，TTIP 谈判由美国和欧盟于 2013 年 6 月启动，意图在广泛的经济领域内消除贸易壁垒，建立美欧利益共同体，包含市场准入、法规与非关税壁垒、应对全球贸易机遇与挑战的规则，议题集中在服务、市场准入、竞争、投资等方面内容，TISA 在 2012 年由美国和澳大利亚牵头建立，内容包括扩大市场准入，消除服务业的贸易和投资壁垒。纵观三大谈判，TPP 和 TTIP 聚焦于生产环节和经济体制领域，TISA 侧重于服务贸易领域，形成了“货物贸易—服务贸易—投资”三位一体的新形势。三大谈判相互影响、相互补充，构成了美国从双边、区域到诸边、多边的全方位的贸易战略，是美国为了重新掌握国际贸易领导权而共同构建的国际贸易新规则。新规则范围广、自由度高、标准高，符合发达国家的利益和要求，新兴经济体发展受到遏制，在三大谈判中，中国、俄罗斯、印度等主要新兴市场国家集体“被缺席”，美欧巩固其在全球贸易体系中领导地位的意图昭然若揭。为了适应三大谈判尤其是 TISA 的对于服务贸易的高标准，就是要积极主动地从制度和规则层面进行改革，适应国际规则新变化，全面推进外贸、外资等领域管理体制便利化，全面实行准入前国民待遇加负面清单管理制度，建立国际经贸谈判新机制，健全对外开放中有效维护国家利益和国家安全的体制机制，以体制机制创新赢得国际竞争的主动。

二、对标高标准规则营造国际一流营商环境

开放与改革相伴而生，对外开放与对内开放两个轮子一起转起来，提高内外联动能力，中国的开放发展才能走得更好。目前，对内开放的“瓶颈”在于要素流动上还存在着诸多的限制，所以在对内开放上，我们还需要新布局，对标高标准规则，完善各方面开放规则和宽领域开放体系，全面实施市场准入负面清单制度，加快市场经济体制建设，营造国际一流营商环境。

《中共中央关于制定国民经济和社会发展第十三个五年规划的建议》提出，要“完善法治化、国际化、便利化的营商环境，健全有利于合作共

赢并同国际贸易投资规则相适应的体制机制”。这是着眼于我国适应经济全球化新形势，加快培育国际经济合作和竞争新优势，提出了形成对外开放新体制的新要求和新任务，这对于我国深化全方位对外开放、发展更高层次的开放型经济具有重要指导意义。

首先要求完善法治化、国际化、便利化的营商环境。良好的营商环境是促进经济又好又快发展的重要基础和保障，完善营商环境，就是要努力营造公平公正的法治环境、平等竞争的市场环境、透明高效的行政环境。

市场经济本质上是法治经济。发展需要动力，动力源自活力，市场经济的活力就在于平等的经济主体基于自身利益最大化的考量，通过讨价还价达成契约，对于市场经济而言，契约是至关重要的。那么，靠什么来尊重契约和维护契约呢?“经济人”的道德力量是很重要的，但还不够，因为在利益面前，道德的力量会显得很脆弱甚至不堪一击，这时候，就需要法律来维护契约的尊严，来约束和调节利益主体尊重遵守契约的行为。所以法治是市场经济的内核。法治化营商环境的本质是依法办事，以法治保障经济发展，要求政府、企业、社会和个人的活动必须在法治的框架下进行。法治有效地降低市场经济的交易成本，提高市场经济的效率。在法治轨道上深化以市场为导向的经济体制改革，为经济发展着力营造公平有序的法治环境，中国经济必将在转型升级的新阶段续写“直挂云帆济沧海”的新传奇。

当前国际、国内和城市之间的三元竞争格局不断加剧，全球范围对人才、资金、投资和市场的争夺也趋于白热化，以投资和贸易自由化、便利化为标志的国际化营商环境正成为国家和地区竞争的核心。要围绕激发市场活力，再调整一批行政审批、备案事项，出台和落实投资负面清单、政府权力清单和权责清单。具体来说，首先，就是要依法管理开放，用法治办法解决开放中遇到的问题，不断完善涉外法律法规体系，做到重大开放举措于法有据；建立统一开放、竞争有序的市场体系和监管规则，尊重非歧视性规则的国际营商惯例，平等对待包括外商投资企业在内的所有市场主体；在贸易、投资等对外开放领域全面推进管理体制便利化，健全服务保障体系，提高为市场主体服务的便利化水平。

其次，要健全有利于合作共赢的体制机制，就是要完善市场准入和监管方式，健全产权保护、信用体系等方面的制度，并通过统筹双边、多边、区域、次区域开放合作，与各国在合作中扩大共同利益，以共同利益推进互利合作。

完善市场准入和监管方式需要切实推进"三个清单"制度建设。三张清单三位一体，具有清晰的改革逻辑。"负面清单"从经济改革切入，瞄准政府与市场关系，打破许可制，扩大了企业创新空间，"权力清单"和"责任清单"从行政体制改革切入，瞄准规范政府权力，作出明细界定，是自上而下的削权。政府要拿出"权力清单"，明确政府该做什么，做到"法无授权不可为"；给出"负面清单"，明确企业不该干什么，做到"法无禁止皆可为"；理出"责任清单"，明确政府怎么管市场，做到"法定责任必须为"。"三张清单"就是要调动市场"无形的手"、捆住政府"掠夺之手"、发挥政府"扶助之手"，确立政府与市场的新关系、新秩序。负面清单是一种更加开放、更加透明、更加公平的市场准入管理模式，也是规范和约束政府权力的有效方式。所以，"三个清单"就是激发活力、鼓励创新、推动发展的逻辑。

三、完善对外开放三大布局，切实提升开放发展效能

完善对外开放战略布局，要在双向开放以及把握好国际国内两个市场、两种资源上加大力度。统筹兼顾，协调推进对外开放区域布局、对外贸易布局和对外投资布局，推进同有关国家和地区多领域互利共赢的务实合作，打造全方位开放发展新格局。

1. 完善对外开放区域布局，稳步推进"一带一路"建设，完善陆海内外联动、东西双向互济的全方位开放新格局

我国采取的是"非均衡式"的改革开放推进战略，东部沿海地区率先开始了改革开放的试验，国家对东部沿海地区也给予了特殊开放政策，再加上东部沿海地区具有的区位优势、发展基础优势和要素禀赋优势，导致对外开放"海强陆弱""东快西慢"的特征明显，我国内陆沿边地区对外开放一直相对落后。既有的开放经济模式导致国内不同区域之间的产业分

工不合理，东中西部之间产业未能实现梯度转移，产业关联效应不大，产业结构低水平基础上高度同构化，不同区域之间的良性经济生态系统未能真正建立起来。“十三五”时期积极通过开放发展促进区域协调发展，加快内陆沿边开放步伐，提升沿海地区开放水平，打造陆海内外联动、东西双向开放的全面开放新格局。

在完善对外开放区域布局上，要以“雁行理论”为指导，统筹国内区域开放布局，针对内陆沿边和沿海地区的不同基础和特点，对外开放规划要有所区别、有所侧重。在区域开放格局上，形成东部与中西部之间、沿海沿边与内地之间的梯度开放格局，在区域产业分工上形成梯度产业分工与转移的“雁行模式”，即区域之间形成技术密集与高附加值产业—资本技术密集产业—劳动密集型产业的阶梯式产业分工体系，这有利于加强国内各区域对外开放资源和能力的整合与协同。

东部沿海地区对外开放起步早，经济发展基础好，具备全球品牌影响力和全球竞争力的中国跨国企业大部分集中在沿海地区，它们拥有先进的公司治理模式、研发创新能力和全球资源配置能力，提升开放型经济发展水平更具有利条件，在国内多层次区域对外开放格局中，东部沿海地区有基础、有能力担当“领头雁”。东部地区应当积极主动推动对外开放转型升级，提升参与全球分工和竞争的层次，加快从国际加工装配基地向先进制造基地转变，从制造中心向制造研发中心、服务贸易中心转变，提高自主创新能力，充分发挥在对外开放中的引领作用。内陆地区可以积极承接东部地区转移出来的产业，与东部地区形成产业分工，为东部地区提供产业配套。

区位因素一直是制约内陆沿边地区扩大对外开放的主要因素。内陆沿边地区劳动力等要素价格相对便宜是其竞争优势，但内陆沿边地区开放口岸少、基础设施差，高昂的物流费用限制了附加值含量低的出口型产业从东部沿海地区转移过来。要加快内陆沿边开放，首先要改善基础设施条件，加强内陆沿边地区口岸和基础设施建设，开辟跨境多式联运交通走廊，改变内陆沿边地区的相对区位，从而与当地的竞争优势很好地结合起来，从而发挥积极作用。“一带一路”建设为内陆沿边地区的基础设施建设提供了良好的契机，内陆沿边地区可以乘势而上，与相关国家共同规划建设面向东南亚、南亚、中亚、欧洲等地区的国际物流大通道，增开国际客货运航线，发展江海、铁海、陆航等多式联运，加强与相关国家交通、物流标准体系对接，为内陆沿边地区参与国际经济合作提供更大便利。

内陆沿边地区产业基础薄弱也是不容忽视的。产业基础薄弱，产业配套能力不强，影响了内陆沿边地区吸纳国际国内产业转移的能力。所以，内陆沿边地区要充分依托本地优势、突出自身特色，发展外向型产业集群，形成各有侧重和特色的对外开放基地，夯实对外开放的产业基础。

2. 完善对外贸易布局，以创新推动我国从外贸大国迈向贸易强国

以创新提高传统优势产品的竞争力。轻工、纺织等劳动密集型消费品是我国的传统优势产品，但近年来竞争力逐步削弱。应鼓励企业积极开展技术创新，增加研发投入，提高产品质量，增加出口商品的技术含量和附加值，提高生产效率以消化成本优势不在的不利影响，巩固国际市场份额；鼓励企业开展业务模式创新，延伸产业链、价值链，加强营销和售后服务网络建设，扩大国际市场份额；创新对外贸易监管制度，提高贸易便利化水平，鼓励跨境电子商务、市场采购贸易、外贸综合服务企业等新型贸易方式发展，支持中小企业开拓国际市场。

以创新壮大装备制造等新的出口主导产业。改革开放以来，我国装备制造业取得了长足发展，高铁、通信、电力设备、工程机械等产品性价比高，具备了较强的国际竞争力。“十三五”时期，应抓住全球新一轮基础设施建设的机遇，以对外承包工程为先导，创新金融服务业以支撑装备制造业出口。

创新对外贸易发展模式，大力发展服务贸易。服务贸易已经成为新一轮国际竞争的焦点和深度参与经济全球化的重要途径。近年来，我国服务贸易发展迅速，但相较于货物贸易仍显滞后。应在巩固运输、旅游等传统服务贸易的同时，努力扩大文化、中医药、软件和信息服务等新兴服务出口。顺应装备制造业“走出去”趋势，大力发展相关的金融、保险、物流、维修等服务贸易出口，实现服务贸易与货物贸易、对外投资紧密结合、相互促进。提高服务外包的技术含量和附加值，逐步从被动接包向专业服务提供商转变。

3. 完善双向投资布局，促进“引进来”和“走出去”协调发展

双向投资是对外开放的更高级形态，是我国深度融入世界经济，更好地统筹两个市场、两种资源、两类规则的有效途径。应在积极有效利用外资、集聚全球优势资源的同时，加快“走出去”步伐，不断提高全球资源和市场配置能力，整合和延伸产业链，扩大与世界各国的利益汇合点和优势互补点。

在“引进来”方面，现阶段利用外资不是简单的引进资金，更重要的是吸收国际投资承载的技术创新能力、先进管理经验以及高素质人才。要扩大开放领域，放宽准入限制，积极有效引进境外资金和先进技术，尤其是具有关键核心技术、前沿技术和企业技术创新能力强的新兴产业，如新一代信息技术、高端装备制造、新能源、节能环保、生物医药等。

在“走出去”方面，我国对外开放已进入由贸易大国迈向投资大国、产品输出迈向产业输出的新阶段，出现了市场、能源资源、投资“三头”对外深度融合的新局面。在这样的背景下，应完善境外投资管理制度，健全对外投资促进政策和服务体系，提高境外投资便利化水平。推动同更多国家签署高标准双边投资协定、司法协助协定，争取同更多国家互免或简化签证手续。完善对外投资风险防控机制，构建海外利益保护体系。制定“走出去”国别产业战略规划，有序推进重点行业国际产能和装备制造合作，带动我国装备、技术和服务输出。推动更多有实力的企业开展跨国经营，成为我国参与经济全球化的骨干力量和重要依托。充分发挥政策性金融机构的功能，引导商业性金融机构加快境外布局、创新融资模式，加强与国际金融机构合作，构建覆盖广、效率高的金融服务平台，为国际产能和装备制造合作提供更好的金融服务。

四、有序扩大服务业对外开放

现代服务业是国民经济的重要组成部分，也是现代产业体系的重要内容。发达的服务业是推进结构转型升级、为经济中高速增长的重要动力，也是全面建成小康社会的重要保障。服务贸易具有知识含量高、资本和技术密集、资源消耗少等特点，其比重的提升将有力促进我国外贸结构优

化。相比较于制造业，我国服务业对外开放明显滞后，服务贸易发展水平偏低，高端服务业领域竞争力较弱。有序扩大服务业对外开放，不仅有利于提升服务业竞争力，而且有利于推动服务业与制造业在开放中融合发展，提升我国制造业在全球价值链中的地位。《中共中央关于制定国民经济和社会发展第十三个五年规划建议》（以下简称《规划建议》）第一次提出了“开展加快发展现代服务业行动”，《规划建议》还提出要“放宽市场准入，促进服务业优质高效发展，推动生产性服务业向专业化和价值链高端延伸、生活性服务业向精细和高品质转变，推动制造业由生产型向生产服务型转变”，“有序扩大服务业对外开放，扩大银行、保险、证券、养老等市场准入”，这些意见为我国“十三五”时期加快服务业转型升级、开创现代服务业发展新格局指明了方向和思路。

我国 GDP 的全球比重远高于服务业的全球份额，中国服务贸易发展的短板明显。经济学理论和世界发达国家工业化进程历史经验表明，在工业化中后期，工业发展趋缓，而服务业发展速度将在一段时期内持续快于工业，且比重不断提高。根据世界银行的数据，目前美英日等发达国家的服务业增加值占国内生产总值比重均在 70% 以上，其中，美国 80%（2017），英国 80%（2017），日本 72.6%（2013）。金砖五国中其他四国服务业的比重也高于我国，其中巴西 71%、俄罗斯 60%、印度 52.1%、南非 68%。美国为全球服务业最发达的国家之一，2017 年美国服务业增加值达 15.52 万亿美元，在全球服务业中的比重超过 1/4，是中国的 2.45 倍。

2018 年我国人均 GDP 达 9780 美元，按照世界银行的划分标准，已跨入中等偏上收入国家行列，这一时期经济结构调整步伐将明显加快，服务业比重明显上升。2018 年，中国服务业增加值为 469575 亿元人民币，折合 70960.6 亿美元，约为中国 GDP 总量的 52.16%。目前，我国服务业占比虽然已超过 50%，但与发达国家 70% 以上的占比仍有较大差距，服务业的发展前景非常广阔。

服务业对外开放是提升我国服务业竞争力的必由之路。世界贸易组织发布《2018 世界贸易统计报告》，报告显示，2017 年全球服务贸易全面复苏，服务贸易出口增长 8%、进口增长 6%。排名前三的商业服务出口国分别为美国、英国和德国，出口总额约为 1400 亿美元；美国、中国和德国则是排名前三的进口国。

根据中国商务部发布的《我国 2018 年服务贸易有关情况》披露的数据，2018 年全年我国服务出口 17658 亿元，同比增长 14.6%，是 2011 年以来的出口最高增速；进口 34744 亿元，增长 10%，服务进出口逆差 17086 亿元。中国服务业进出口逆差的问题需要引起注意。

此外，中国需要进一步扩大高附加值服务出口规模，优化服务出口结构。中国服务贸易结构持续优化，服务贸易高质量发展取得积极进展。2018 年全年知识密集型服务进出口 16952.1 亿元，增长 20.7%，高于整体增速 9.2 个百分点，占进出口总额的比重达 32.4%，比 2017 年提升 2.5 个百分点；旅行、运输和建筑三大传统服务进出口 33224.6 亿元，增长 7.8%，占进出口总额的比重为 63.4%，比 2017 年下降 2.2 个百分点。知识产权使用费进口增幅较大，高端生产性服务需求和出口竞争力同步增长。知识产权使用费进口 2355.2 亿元，增长 22%；出口 368 亿元，增长 14.4%。技术服务出口 1153.5 亿元，增长 14.4%，进口 839.2 亿元，增长 7.9%。表明我国对高端生产性服务需求仍然旺盛，同时高端生产性服务出口竞争力也在提升。

抓住经济全球化加速发展的历史机遇，拓展中国服务业对外开放新空间，成为当前党和政府必须解决好的重大课题。为了进一步推动服务业与服务贸易融合发展，相互促进，增强服务贸易主要领域与国内相关产业发展的联动性，为服务贸易发展奠定坚实的产业基础。必须有序推进服务业对外开放，全力构筑我国服务业对外开放新格局。《中共中央关于全面深化改革若干重大问题的决定》中提出："统一内外资法律法规，保持外资政策稳定、透明、可预期。推进金融、教育、文化、医疗等服务业领域有序开放，放开育幼养老、建筑设计、会计审计、商贸物流、电子商务等服务业领域外资准入限制，进一步放开一般制造业。加快海关特殊监管区域整合优化"，必须认真贯彻这一战略部署，坚持维护国家安全，积极稳妥有序推进服务业对外开放，推动我国服务业持续健康发展。

我国服务业对外开放的主要思路是：

（1）制度先行。以制度改革推动服务业对外开放，从国内经济社会发展自身需要变化出发，以服务领域的市场开放促进服务业管理制度的改革，保护外商投资合法权益，保护知识产权，创造国际一流营商环境，引入市场准入的“负面清单”管理制度，及时总结、复制、推广四大自由贸易试验区服务业开放的成功经验，通过市场有序竞争来扩大服务产品供给，促进服务质量提升，使服务业成为支撑国民经济和社会发展的主导力量。进一步简政放权，积极推进行政审批制度改革，确实提高依法行政的规范性和透明度，形成透明和可预期的服务业对外开放环境；建立和完善外资安全审查制度，加强准入前风险管控，完善国家反垄断监督和审查机制，强化事中事后监管，维持公平、开放、竞争、有序的市场环境，更加有效地提高市场的效率。

（2）重点突破。将金融、电信、运输、专业服务作为服务业对外开放的重点领域。金融、电信、运输是最主要的生产性服务业，国有企业多、垄断性较强、开放水平低、国际竞争力弱、改革阻力大、经济影响广。

（3）全面推进。对接国际先进规则，全面推进服务业的对外开放。要积极推动建筑、旅游、计算机和信息等竞争相对比较充分的部门对外开放，还要大胆推进视听服务、个人文化娱乐等相对敏感部门的对外开放，也要主动推进教育、医疗、养老等公共服务部门的对外开放。要通过服务业全面开放，促改革、促发展，带动服务业的全面发展，推动经济发展方式的根本转变。

（4）对等扩大金融业对外开放。金融业开放是我国经济全球战略的要求，扩大金融业开放是形成对外开放新体制的重要环节。扩大金融服务业对外开放的潜在红利较大，扩大金融业对外开放，能够丰富我国金融市场的主体结构，对于引进先进的经营技术、管理手段、产品服务创新起到了积极的促进作用。

应该如何扩大金融业开放呢？首先是创新金融业市场准入制度，构建准入前国民待遇和负面清单，以审慎监管代替业务限制。新形势下金融服务业开放的模式是准入前国民待遇和负面清单。市场准入制度是塑造市场主体的核心环节，是国家对市场进行干预的基本制度，美国、欧盟等金融业发达经济体在市场准入方面，均以审慎监管指标是否达标作为准入标准，这值得我们学习和借鉴。构建起金融业准入前国民待遇和负面清单制度，才能为我国金融业对外开放奠定良好的基础。

其次，建立和健全外商投资国内金融业的国家安全审查机制，加强对金融开放的监管，让中国的金融开放之路走得更加稳健。在世界经济发展的进程中，金融开放的提速通常也伴随着金融风险的加剧，甚至可能因金融危机而导致本国经济增长的进程受到严重影响。金融安全是总体国家安全的重要基础，所以中国金融对外开放必须坚持自主、渐进和可控的原则。

参考文献

[1]［美］傅立民（Chas W. Freeman，Jr.）著，王柏松、王在亮译：《有趣的时代：美国应如何处理中美关系》，社会科学文献出版社 2018 年版。

[2]［美］尼娜·哈奇格恩、莫娜·萨特芬著，张燕、单波译：《美国的下个世纪：美国如何在其他大国崛起的时代里保持繁荣》，社会科学文献出版社 2011 年版。

[3]《国际贸易问题》编辑部编：《中国对外贸易问题研究》，中国对外经济贸易出版社 1983 年版。

[4]《经济研究》编辑部：《中国经济理论问题争鸣》，中国财政经济出版社 2002 年版。

[5]《径山报告》课题组：《中国金融开放的下半场》，中信出版社 2018 年版。

[6]《习近平谈治国理政（第二卷)》，外文出版社 2017 年版。

[7]《习近平谈治国理政》，外文出版社 2014 年版。

[8]《中国外贸体制改革的进程、效果与国际比较》课题组：《中国外贸体制改革的进程、效果与国际比较》，对外经济贸易大学出版社 2007 年版。

[9] 蔡昉：《四十不惑：中国改革开放发展经验分享》，中国社会科学出版社 2018 年版。

[10] 曹勇：《中国资本账户开放研究》，中国财政经济出版社 2005 年版。

[11] 曾华群：《WTO 与中国外贸法的新领域》，北京大学出版社 2006 年版。

[12] 陈彪如、冯文伟：《经济全球化与中国金融开放》，上海人民出版社 2002 年版。

[13] 陈家勤：《国际经贸理论通鉴——国际经贸理论中国卷（下册）：中国当代国际经贸理论》，对外经贸大学出版社 2008 年版。

[14] 陈琦伟：《国际竞争论：中国对外经济关系的理论思考》，格致出版社 2014 年版。

[15] 陈仁新：《中美贸易摩擦的政治经济学分析》，中国经济出版社 2011 年版。

[16] 陈泰锋：《中美贸易摩擦》，社会科学文献出版社 2005 年版。

[17] 陈文玲、丁俊发、郭冬乐、韩继志：《现代流通与内外贸一体化》，中国经济出版社 2005 年版。

[18] 陈宣庆、张可云：《统筹区域发展的战略问题与政策研究》，中国市场出版社 2007 年版。

[19] 陈岳、蒲傅：《构建人类命运共同体》，中国人民大学出版社 2017 年版。

[20] 成思危、李孟刚：《产业安全名家论》，经济科学出版社 2011 年版。

[21] 程炼、王国刚：《中国金融发展与改革（2015）》，社会科学文献出版社 2015 年版。

[22] 迟福林：《世纪之交：中国的金融开放与金融安全》，外文出版社 1999 年版。

[23] 崔健：《外国直接投资与发展中国家经济安全》，社会科学出版社 2004 年版。

[24] 丁志杰：《发展中国家金融开放：效应与政策研究》，中国发展出版社 2002 年版。

[25] 对外经济贸易部对外经济贸易管理局编：《对外贸易管理》，中

国对外经济贸易出版社 1985 年版。

［26］对外经济贸易大学国际经济研究院课题组：《对外开放四十年：回顾与展望》，人民日报出版社 2018 年版。

［27］樊弘、高鸿业、严仁赓、罗志如：《当代资产阶级经济学说(第一册)》，商务印书馆 1962 年版。

［28］樊增强：《跨国公司投资、资产并购与中国经济安全》，中国社会科学出版社 2015 年版。

［29］方芳：《中国保险业的对外开放与竞争力分析》，中国金融出版社 2005 年版。

［30］格雷厄姆·艾利森著，陈定定、傅强译：《注定一战：中美能避免修昔底德陷阱吗?》，上海人民出版社 2019 年版。

［31］桂世镛：《论我国社会经济发展战略》，中国计划出版社 1988 年版。

［32］郭羽诞等：《反倾销与中国产业安全》，上海财经大学出版社 2006 年版。

［33］国家发展和改革委员会国际合作中心对外开放课题组：《中国对外开放 40 年》，人民出版社 2018 年版。

［34］何维达、宋胜洲：《开放市场条件下产业安全与政府规制》，江西人民出版社 2003 年版。

［35］何维达：《中国若干重要产业安全的评价与估算》，知识产权出版社 2008 年版。

［36］贺平、周峥：《亚太合作与中国参与全球经济治理》，上海人民出版社 2015 年版。

［37］洪俊杰、赵晓雷：《中国（上海）自由贸易试验区发展机制与配套政策研究》，科学出版社 2016 年版。

［38］洪涛、朱振荣：《内外贸联动发展》，经济管理出版社 2013 年版。

［39］胡援成：《中国资本账户的开放》，江西人民出版社 2002 年版。

［40］黄辉：《中欧贸易摩擦》，社会科学文献出版社 2005 年版。

［41］黄静波：《中国对外贸易政策改革》，广东人民出版社 2003 年版。

［42］黄宪、赵征：《开放条件下中国银行业的控制力与国家金融安

全》，中国金融出版社2009年版。

［43］吉原恒淑詹姆斯·霍姆斯著，钟飞腾等译：《红星照耀太平洋：中国崛起与美国海上战略》，社会科学文献出版社2014年版。

［44］江小娟、杨圣明、冯雷：《中国对外经贸理论前沿Ⅱ》，社会科学文献出版社2001年版。

［45］姜波克：《金融开放与经济发展》，复旦大学出版社1999年版。

［46］姜波克：《开放条件下的宏观金融稳定与安全：姜波克文选》，复旦大学出版社2005年版。

［47］姜彦福：《我国国家经济安全态势观察报告》，经济科学出版社2000年版。

［48］金碚：《中国工业国际竞争力——理论、方法与实证研究》，经济管理出版社1997年版。

［49］金德有、韩建平：《中国应对技术性贸易壁垒策略》，中国标准出版社2005年版。

［50］经济安全论坛：《中国国家经济安全态势观察与研究报告》，经济科学出版社2002年版。

［51］景玉琴：《开放、保护与产业安全》，经济科学出版社2006年版。

［52］雷家骕：《国家经济安全：理论与分析方法》，清华大学出版社2011年版。

［53］李钢、李俊：《迈向贸易强国：中国外经贸战略的深化与升级》，人民出版社2006年版。

［54］李恒阳：《美国不扩散出口管制政策分析》，中国社会科学出版社2012年版。

［55］李岚清：《中国对外经济贸易的改革与发展》，中国对外经济贸易出版社1994年版。

［56］李家祥等：《中国经济开放理论研究》，海口：南方出版社2001年版。

［57］李孟刚：《产业安全理论研究（第二版)》，经济科学出版社2010年版。

［58］李孟刚：《中国产业安全问题研究》，社会科学文献出版社2013

年版。

[59] 李巍著：《制度之战：战略竞争时代的中美关系》，社会科学文献出版社 2017 年版。

[60] 李小华：《金融外交与国家安全：构建新时期的中国金融外交战略》，北京大学出版社 2015 年版。

[61] 李秀香：《幼稚产业开放式保护问题研究》，中国财政经济出版社 2004 年版。

[62] 李扬、王国刚：《中国金融改革开放 30 年研究》，经济管理出版社 2008 年版。

[63] 李扬：《引领新常态：若干重点领域改革探索》，社会科学文献出版社 2015 年版。

[64] 李毅：《国际贸易救济措施》，对外经济贸易大学出版社 2005 年版。

[65] 厉以宁：《改革开放以来的中国经济：1978 ~ 2018》，中国大百科全书出版社 2018 年版。

[66] 刘力、许民：《入世后的中国外资政策》，中国社会出版社 2002 年版。

[67] 刘树成：《金融开放与宏观稳定》，社会科学文献出版社 2004 年版。

[68] 刘跃进：《国家安全学》，中国政法大学出版社 2004 年版。

[69] 刘志迎：《现代产业经济学教程》，科学出版社 2007 年版。

[70] 隆国强：《构建开放型经济新体制：中国对外开放 40 年》，广东经济出版社 2017 年版。

[71] 卢静：《对外开放：国际经验与中国道路》，世界知识出版社 2011 年版。

[72] 罗纳德·麦金农著，周庭煜等译：《经济市场化的次序——向市场经济过渡时期的金融控制（第二版）》，上海人民出版社、上海三联书店 1997 年版。

[73] 马慧敏：《当代中国对外贸易思想研究》，立信会计出版社 2003 年版。

[74] 马杰:《经济全球化与国家经济安全》，经济科学出版社 2000 年版。

[75] 马晓河:《开放条件下我国产业安全问题研究》，中国计划出版社 2010 年版。

[76] 马晓野:《外贸体制与国际贸易波动——加入 WTO 前的中国外贸政策效果评析》，清华大学出版社 2004 年版。

[77] 迈克尔·波特著，李明轩、邱如美译:《国家竞争优势（中文版)》，华夏出版社 2002 年版。

[78] 聂富强:《中国国家经济安全预警系统研究》，中国统计出版社 2005 年版。

[79] 潘英丽:《国际货币体系未来变革与人民币国际化（下卷)》，格致出版社、上海人民出版社 2014 年版。

[80] 裴长洪:《中国开放型经济建设 40 年》，中国社会科学出版社 2018 年版。

[81] 裴长洪:《共和国对外贸易 60 年》，人民出版社 2009 年版。

[82] 普拉萨德等:《金融全球化对发展中国家的影响：实证研究结果》，中国金融出版社 2004 年版。

[83] 丘杉:《中美贸易摩擦的战略考察》，社会科学文献出版社 2009 年版。

[84] 邱咬兴等:《卫生检疫与中国产业安全》，上海财经大学出版社 2006 年版。

[85] 权衡:《中国区域经济：统筹协调发展》，上海人民出版社 2007 年版。

[86] 任烈:《贸易保护理论与政策》，立信会计出版社 1997 年版。

[87] 桑百川:《区域开放战略论》，中国青年出版社 1996 年版。

[88] 上海 WTO 事务咨询中心:《中国推进构建开放型经济新体制》，上海人民出版社 2015 年版。

[89] 盛松成、刘西:《金融改革协调推进论：论中国利率、汇率改革与资本账户开放》，中信出版社 2015 年版。

[90] 沈开艳:《中国（上海）自由贸易试验区建设》，上海社会科学

院出版社 2014 年版。

［91］史晓丽：《WTO 规则与中国外贸管理制度》，中国政法大学出版社 2002 年版。

［92］史忠良：《经济全球化与中国经济安全》，经济管理出版社 2003 年版。

［93］斯大林：《苏联社会主义经济问题》，人民出版社 1953 年版。

［94］孙敬水：《技术性贸易壁垒的经济分析》，中国物资出版社 2005 年版。

［95］孙新：《中日韩经济合作促进东亚繁荣》，中国海关出版社 2005 年版。

［96］孙玉琴：《中国对外贸易体制改革的效应》，对外经济贸易大学出版社 2005 年版。

［97］陶大镛：《两个平行的世界市场》，世界知识出版社 1955 年版。

［98］托马斯·孟著，袁南宇译：《英国得自对外贸易的财富》，商务印书馆 1965 年版。

［99］万解秋、徐涛：《论 FDI 与国家经济安全》，复旦大学出版社 2006 年版。

［100］万军：《迈向开放型经济新时代》，广东经济出版社 2015 年版。

［101］王厚双：《直面贸易摩擦》，辽海出版社 2004 年版。

［102］王缉思：《释疑：走出中美困局》，社会科学文献出版社 2014 年版。

［103］王缉思：《世界政治的终极目标》，中信出版集团 2018 年版。

［104］王洛林：《全球化与中国：理论与发展趋势》，经济管理出版社 2010 年版。

［105］王平：《WTO 与中国对外贸易》，武汉大学出版社 2011 年版。

［106］王小鲁、樊纲、郭金龙、王宏伟：《中国地区差距：（分报告）区域间资本流动与区域经济差距》，经济科学出版社 2004 年版。

［107］王小鲁：《中国地区差距：（分报告）农村工业化和城市化在区域发展中的作用》，经济科学出版社 2004 年版。

［108］王新奎：《世界贸易组织与我国国家经济安全》，上海人民出

版社 2003 年版。

［109］王亚飞：《中美贸易摩擦的政治经济学研究：理论与实证分析》，河北大学出版社 2009 年版。

［110］王自立：《中国贸易安全报告：预警与风险化解》，红旗出版社 2009 年版。

［111］韦开蕾：《外商直接投资与中国地区经济增长》，经济科学出版社 2013 年版。

［112］魏后凯等：《中国地区发展》，经济管理出版社 1997 年版。

［113］肖林、马海倩：《国家试验：中国（上海）自由贸易试验区制度设计》，格致出版社 2014 年版。

［114］谢莹：《国家产业安全法理论与实践》，中国商务出版社 2005 年版。

［115］燮邦：《新中国的对外贸易》，学习生活出版社 1955 年版。

［116］徐桂华：《中国经济安全的国家战略选择》，复旦大学出版社 2005 年版。

［117］徐龙炳：《国民经济安全研究》，复旦大学出版社 2007 年版。

［118］许传华：《开放条件下金融风险预警指标体系研究》，湖北人民出版社 2012 年版。

［119］许涤新：《许涤新经济文选》，上海人民出版社 1979 年版。

［120］许铭：《中国产业安全问题分析》，山西经济出版社 2006 年版。

［121］杨公仆、夏大慰：《产业经济学教程（修订版）》，上海财经大学出版社 2002 年版。

［122］杨公朴、干春晖：《产业经济学》，复旦大学出版社 2005 年版。

［123］杨贵言：《中日韩自由贸易区研究》，中国社会科学出版社 2005 年版。

［124］尹翔硕：《中国对外贸易改革的进程和效果》，山西经济出版社 1998 年版。

［125］余淼杰：《余淼杰谈中美贸易——全球经贸新格局下的大国博弈》，北京大学出版社 2018 年版。

［126］余永定：《见证失衡：双顺差、人民币汇率和美元陷阱》，生

活·读书·新知三联书店，2010年版。

［127］余永定：《最后的屏障：资本项目自由化和人民币国际化之辩》，东方出版社2016年版。

［128］俞浩伟：《绿色壁垒与国际贸易课》，中国环境科学出版社2002年版。

［129］苑涛、杜金东：《中日贸易摩擦：理论、影响、对策》，中国财政经济出版社2010年版。

［130］臧旭恒等：《产业经济学》，经济科学出版社2005年版。

［131］张海东：《技术性贸易壁垒与中国对外贸易》，对外经济贸易大学出版社2004年版。

［132］张平：《外商直接投资对中国区域经济的影响研究》，经济日报出版社2010年版。

［133］张松涛：《宏观经济，对外经济，世界经济：改革开放新阶级的思考》，中国对外经济贸易出版社2001年版。

［134］张锡嘏：《外国技术性贸易壁垒及其应对》，对外经济贸易大学出版社2004年版。

［135］张晓君等：《国家经济安全法律保障制度研究》，重庆出版集团2007年版。

［136］张幼文、周建明：《经济安全金融全球化的挑战》，上海社会科学院出版社1999年版。

［137］张幼文：《面向世界：中国对外开放的战略选择》，高等教育出版社1999年版。

［138］张玉卿、郑志海：《加入世界贸易组织后产业合法保护》，中国对外经济贸易出版社2002年版。

［139］张蕴岭、赵梅：《中美新型大国关系：理论与构建》，社会科学文献出版社2016年版。

［140］张长全：《中国金融开放与发展中的安全预警问题研究》，经济科学出版社2008年版。

［141］赵谨：《全球化与经济摩擦》，商务印书馆2002年版。

［142］赵伟：《中国区域经济开放：制度转型与经济增长效应》，经

济科学出版社 2011 年版。

[143] 赵细康：《环境保护与产业国际竞争力理论与实证分析》，中国社会科学出版社 2003 年版。

[144] 赵英、李海舰：《大国之途：21 世纪初的中国经济安全》，云南人民出版社 2006 年版。

[145] 赵英、胥和平、邢国仁：《中国经济面临的危险——国家经济安全论》，云南人民出版社 1994 年版。

[146] 赵英：《大国天命：大国利益与大国战略》，经济管理出版社 2001 年版。

[147] 赵英：《新的国家安全观：战争之外的对抗与抉择》，云南人民出版社 1992 年版。

[148] 赵英：《超越危机——国家经济安全的监测预警》，福建人民出版社 1999 年版。

[149] 郑通汉：《经济全球化中的国家经济安全问题》，国防大学出版社 1999 年版。

[150] 中国现代国际关系研究院经济安全研究中心：《国家经济安全》，时事出版社 2005 年版。

[151] 周骏宇：《对外开放与制度变迁：中国入世的制度经济学解读》，西南财经大学出版社 2007 年版。

[152] 周小川：《外贸体制改革的探讨》，中国展望出版社 1990 年版。

[153] 周新苗：《对外经济开放与中国产业安全研究》，上海交通出版社 2014 年版。

[154] 周肇光：《谁来捍卫国家经济安全——开放型国家经济安全新论》，安徽大学出版社 2005 年版。

[155] 朱钟棣：《入世后中国的产业安全》，上海财经大学出版社 2006 年版。

[156] 庄起善：《中东欧转型国家金融银行业开放、稳定与发展研究》，复旦大学出版社 2008 年版。

[157] 邹琪等：《反补贴与中国产业安全》，上海财经大学出版社 2006 年版。

［158］邹至庄著，曹祖平等译：《中国经济转型》，中国人民大学出版社 2005 年版。

［159］包群、叶宁华、王艳灵：《外资竞争、产业关联与中国本土企业的市场存活》，载于《经济研究》2015 年第 7 期。

［160］保建云：《论全球治理体系变革的中国方案：来自中国改革开放的贡献》，载于《国家治理》2018 年第 47 期。

［161］鲍晓华、朱钟棣：《技术性贸易壁垒的测量及其对中国进口贸易的影响》，载于《世界经济》2006 年第 7 期。

［162］鲍晓华：《反倾销措施的贸易救济效果评估》，载于《经济研究》2007 年第 2 期。

［163］边洁英：《中国对外贸易摩擦的特征、成因及应对策略》，载于《价格月刊》2014 年第 10 期。

［164］蔡春林：《金砖国家推动全球经济治理变革与转型》，载于《亚太经济》2013 年第 5 期。

［165］蔡翠红：《中美关系中的"修昔底德陷阱"话语》，载于《国际问题研究》2016 年第 3 期。

［166］蔡茂森、朱少杰：《论技术性贸易壁垒的抑制效应与我国出口行业的对策》，载于《国际贸易问题》2003 年第 5 期。

［167］蔡四青：《隐性国际贸易摩擦与预警机制建立的对策》，载于《经济问题探索》2009 年第 6 期。

［168］蔡拓、陈志敏、吴志成、刘雪莲、姚璐、刘贞晔：《人类命运共同体视角下的全球治理与国家治理》，载于《中国社会科学》2016 年第 6 期。

［169］蔡拓：《全球治理的反思与展望》，载于《天津社会科学》2015 年第 1 期。

［170］蔡拓：《全球治理的中国视角与实践》，载于《中国社会科学》2004 年第 1 期。

［171］曹建明、贺小勇：《加入 WTO 与我国对外经贸立法》，载于《中国法学》2000 年第 1 期。

［172］曹建明：《WTO 与中国法治建设》，载于《中国对外贸易》

2001 年第 8 期。

[173] 曹建明:《入世与我国涉外经贸法制体制的改革与完善》,载于《上海对外经贸大学学报》2002 年第 3 期。

[174] 曹宁、雷家骕:《基于国家经济安全的信息安全的影响因素》,载于《国际技术经济研究》2000 年第 4 期。

[175] 曹秋菊:《跨国并购与中国产业安全问题研究》,载于《湖南商学院学报》2007 年第 1 期。

[176] 曾光:《开放与适度保护:内外贸一体化的战略思考》,载于《改革与开放》2005 年第 10 期。

[177] 曾康霖:《关注和防范大国经济、金融互动带来的风险》,载于《中国高校社会科学》2011 年第 1 期。

[178] 曾铮、张路路:《全球生产网络体系下中美贸易利益分配的界定——基于中国制造业贸易附加值的研究》,载于《世界经济研究》2008 年第 1 期。

[179] 查贵勇:《2016 年我国对外启动贸易救济措施调查》,载于《对外经贸》2017 年第 2 期。

[180] 陈德照、孙兰兰、慕海军、郑焕斌、康荣平、高德步:《经济全球化与我国经济安全战略的若干思考》,载于《国际技术经济研究》2000 年第 4 期。

[181] 陈德照、谈世中:《实行对外开放是我国坚定不移的战略方针》,载于《国际贸易》1983 年第 5 期。

[182] 陈东、邢霂:《创建自由贸易港的意义与策略》,载于《中国国情国力》2018 年第 1 期。

[183] 陈东晓、叶玉:《全球经济治理:新挑战与中国路径》,载于《国际问题研究》2017 年第 1 期。

[184] 陈积敏:《构建中美新型大国关系,破解“修昔底德陷阱”》,载于《和平与发展》2015 年第 3 期。

[185] 陈继勇、彭斯达:《“入世”后中美经贸关系的走势》,载于《世界经济与政治》2001 年第 3 期。

[186] 陈继勇:《中美贸易战的背景、原因、本质及中国对策》,载

于《武汉大学学报》（哲学社会科学版）2018年第5期。

[187] 陈建光：《修昔底德陷阱的迷思：中美新型大国关系的一种解读》，载于《广西师范大学学报》（哲学社会科学版）2017年第3期。

[188] 陈建奇、张原：《中国推动全球经济治理改革的战略选择》，载于《天津社会科学》2017年第3期。

[189] 陈葵：《美国出口管制政策改革及对中美贸易的影响》，载于《复旦国际关系评论》2014年第2期。

[190] 陈懋功：《李嘉图比较成本论的合理内核》，载于《经济科学》1984年第3期。

[191] 陈平：《"广场协议Ⅱ"：背景、可行性与局限》，载于《国际经济评论》2006年第2期。

[192] 陈琦伟：《比较利益论的科学内核》，载于《世界经济》1981年第3期。

[193] 陈琦伟：《论国际价值——比较利益论科学内核的再探讨》，载于《世界经济》1982年第6期。

[194] 陈启杰：《试论内外贸一体化——上海发展外向型经济、调整内外贸格局的一条思路》，载于《财经研究》1989年第2期。

[195] 陈寿琦：《对于应用"比较成本理论"的看法》，载于《国际商务研究》1981年第3期。

[196] 陈四清：《立足新时代新格局勇担新征程新使命——中国银行业对外开放40周年回顾与展望》，载于《清华金融评论》2018年第12期。

[197] 陈泰锋：《中美贸易摩擦根源的反思》，载于《国际经济合作》2005年第9期。

[198] 陈万灵、蔡春林：《对标高水平开放规则，构建中国全面开放新体系》，载于《云梦学刊》2018年第3期。

[199] 陈维涛、严伟涛、庄尚文：《进口贸易自由化、企业创新与全要素生产率》，载于《世界经济研究》2018年第8期。

[200] 陈伟、朱俊峰、田国强：《中美贸易摩擦对中国大豆的影响及对策分析》，载于《大豆科学》2019年第1期。

[201] 陈伟光、申丽娟：《全球治理和全球经济治理的边界：一个比

较分析框架》，载于《战略决策研究》2014 年第 1 期。

［202］陈伟光：《全球化逆动与中国的应对：基于全球化和全球治理关系的思考》，载于《教学与研究》2017 年第 4 期。

［203］陈文敬：《中国对外开放三十年回顾与展望（二）》，载于《国际贸易》2008 年第 3 期。

［204］陈文敬：《中国对外开放三十年回顾与展望（一）》，载于《国际贸易》2008 年第 2 期。

［205］陈享光、王选华：《我国 FDI 技术溢出效应研究述评》，载于《经济理论与经济管理》2008 年第 9 期。

［206］陈向阳：《从国际格局角度看冷战后的中美关系》，载于《国际观察》1999 年第 4 期。

［207］陈晓文：《WTO 体制与中国参与 FTA 的路径——基于多边贸易体制困境的分析》，载于《世界经济研究》2006 年第 4 期。

［208］陈妍：《全球经济治理现状与改革措施——全球治理高层政策论坛综述之二》，载于《经济研究参考》2014 年第 61 期。

［209］陈杨偕、赵文涛：《“开放”理念的历史与现实——纪念改革开放四十周年》，载于《佳木斯大学社会科学学报》2019 年第 1 期。

［210］陈永：《反思“修昔底德陷阱”：权力转移进程与中美新型大国关系》，载于《国际论坛》2015 年第 6 期。

［211］陈甬军、张记欢：《从经济贸易理论角度看中美贸易摩擦》，载于《中国石油企业》2018 年第 6 期。

［212］陈甬军、张记欢：《中美贸易摩擦的经济学理论辨析》，载于《党政研究》2018 年第 4 期。

［213］成健：《中美贸易摩擦经济原因分析及对策研究》，载于《工业技术经济》2009 年第 6 期。

［214］成立辉：《经济全球化下中国外资并购与国家经济安全之维护》，载于《法制与社会》2013 年第 7 期。

［215］成思危：《只有坚持改革开放才能确保产业安全》，载于《中国流通经济》2008 年第 1 期。

［216］成思危：《只有坚持改革开放才能确保产业安全——在第二届

中国产业安全论坛上的讲话》，载于《中国国情国力》2007年第12期。

[217] 程恩富、李炳炎：《警惕外资并购龙头企业维护民族产业安全和自主创新——美国凯雷并购徐工案的警示》，载于《生产力研究》2007年第5期。

[218] 程惠芳、梁越：《贸易政策变动与异质性企业生产率——基于我国制造业企业数据的实证研究》，载于《国际贸易问题》2014年第7期。

[219] 程惠芳：《国际直接投资与开放型内生经济增长》，载于《经济研究》2002年第10期。

[220] 程继贤：《关于外贸体制改革的几点意见》，载于《国际贸易问题》1980年第1期。

[221] 迟福林：《从自由贸易试验区走向自由贸易港》，载于《中国远洋海运》2018年第11期。

[222] 迟福林：《推动形成对外开放新格局下的区域开放布局与区域协调发展》，载于《北方经济》2018年第5期。

[223] 崔日明：《中美贸易摩擦中的知识产权保护研究》，载于《国际贸易》2007年第9期。

[224] 崔野、王琪：《全球公共产品视角下的全球海洋治理困境：表现、成因与应对》，载于《太平洋学报》2019年第1期。

[225] 戴觅、余淼杰：《企业出口前研发投入、出口及生产率进步——来自中国制造业企业的证据》，载于《经济学（季刊）》2012年第1期。

[226] 戴志强：《我国对外贸易法律制度发展进程述评》，载于《时代经贸（学术版）》2006年第12期。

[227] 单春红、曹艳乔、于谨凯：《外资利用对我国产业安全影响的实证分析——外资结构效应和溢出效应的视角》，载于《产业经济研究》2007年第6期。

[228] 邓田生、刘慷豪：《跨国垄断性并购对我国产业安全的影响及对策研究》，载于《科技进步与对策》2008年第7期。

[229] 邓炜：《经济全球化下的经济制度开放与合作》，载于《中共南京市委党校学报》2018年第6期。

[230] 邓炜：《经济全球化与我国经济制度的开放》，纪念邓小平

"南方谈话"发表十周年理论研讨会，2002年。

[231] 邓小芳:《贸易摩擦的理论动因综述》，载于《社科纵横》2006年第12期。

[232] 第三届贸易强国论坛:内外贸联动需要制度安排甚至贸易革命》，载于《中国商论》2012年第18期。

[233] 丁栋虹:《从市场开放走向制度开放》，载于《董事会》2010年第7期。

[234] 丁工:《中国参与全球经济治理的历史沿革和现实举措》，载于《江南社会学院学报》2018年第2期。

[235] 丁家云:《绿色贸易壁垒与我国对外贸易的发展》，载于《经济问题探索》2002年第4期。

[236] 丁元竹:《地区统筹发展的战略思考》，载于《理论与现代化》2004年第5期。

[237] 丁元竹:《影响我国近中期发展的十大因素》，载于《瞭望》2003年第28期。

[238] 东艳:《构建开放型经济新体制框架下的国际贸易新战略》，载于《国际贸易》2015年第2期。

[239] 东艳:《制度摩擦、协调与制度型开放》，载于《华南师范大学学报》(社会科学版) 2019年第2期。

[240] 董婷婷:《美国利益集团研究及对贸易政策影响分析的文献综述》，载于《知识经济》2014年第22期。

[241] 董一:《再议2008~2009年的中美贸易摩擦》，载于《经济纵横》2013年第6期。

[242] 窦鹏鹏:《改革开放40年中国对外贸易理论的演进》，载于《现代管理科学》2019年第3期。

[243] 杜强:《全球绿色贸易壁垒与我国对外贸易发展对策》，载于《亚太经济》2003年第2期。

[244] 杜兴鹏:《中欧贸易摩擦问题及对策研究》，载于《价格月刊》2013年第11期。

[245] 杜旭宇:《关于国家经济安全问题研究综述》，载于《理论前

沿》1999 年第 16 期。

［246］杜鹰：《区域协调发展的基本思路与重点任务》，载于《求是》2012 年第 4 期。

［247］杜鹰：《深入学习实践科学发展观全面推进区域协调发展》，载于《宏观经济管理》2009 年第 2 期。

［248］杜永红：《中美贸易摩擦背景下中国对外经济发展策略》，载于《中国流通经济》2019 年第 1 期。

［249］段晓华：《“一带一路”背景下中国参与全球经济治理的路径选择》，载于《改革与战略》2017 年第 12 期。

［250］樊杰、梁博、郭锐：《新时代完善区域协调发展格局的战略重点》，载于《经济地理》2018 年第 1 期。

［251］樊秀峰、郭嫚嫚、魏昀妍：《技术性贸易壁垒对中国高新技术产品出口二元边际的影响——以“一带一路”沿线国家为例》，载于《西安交通大学学报》（社会科学版）2019 年第 1 期。

［252］范恒山：《促进区域协调发展：基本方向与重点任务》，载于《经济研究参考》2014 年第 13 期。

［253］范恒山：《关于“十三五”促进区域协调发展基本思路的思考》，载于《理论视野》2015 年第 12 期。

［254］范恒山：《深入学习实践科学发展观全面做好促进区域协调发展工作》，载于《宏观经济管理》2008 年第 11 期。

［255］范恒山：《新时代促进区域协调发展的思考》，载于《紫光阁》2018 年第 1 期。

［256］范剑勇、朱国林：《中国地区差距演变及其结构分解》，载于《管理世界》2002 年第 7 期。

［257］方芳：《中美贸易战的美方逻辑分析》，载于《北方经贸》2019 年第 1 期。

［258］方行明、张焱、丁俊菘：《中美之间“修昔底德陷阱”的破解与中国逆境制胜的战略组合——从二维博弈到三维博弈的理论创新》，载于《财经科学》2017 年第 12 期。

［259］方堃：《中国外贸市场多元化状况的计量分析》，载于《国际

经贸探索》2001 年第 2 期。

［260］ 冯艾玲、李华云、周小川：《外贸体制改革及其外部配合关系的探讨》，载于《改革》1988 年第 1 期。

［261］ 冯德连：《论我国外贸体制改革》，载于《财贸研究》1994 年第 5 期。

［262］ 冯国钊、刘遵义：《对美中贸易平衡的新估算》，载于《国际经济评论》1999 年第 Z3 期。

［263］ 冯俊新：《从贸易理论和历史经验看待中美贸易摩擦》，载于《中央社会主义学院学报》2018 年第 6 期。

［264］ 冯梦骐：《对我国内陆自由贸易港建设问题的思考》，载于《管理现代化》2019 年第 1 期。

［265］ 冯明：《内外贸一体化的内涵及发展思路探讨》，载于《商业时代》2013 年第 23 期。

［266］ 冯维江：《中美权力博弈与新型大国关系的演进——基于公共产品与关系专用性投资的视角》，载于《世界经济与政治》2016 年第 11 期。

［267］ 冯耀祥：《中美贸易摩擦的特点、成因和应对策略》，载于《世界贸易组织动态与研究》2008 年第 10 期。

［268］ 冯昭奎：《10 +3：走向东亚自由贸易区之路》，载于《世界经济与政治》2002 年第 3 期。

［269］ 傅强、袁正清：《隐喻与对外政策：中美关系的隐喻之战》，载于《外交评论（外交学院学报）》2017 年第 2 期。

［270］ 高国力：《新时代背景下我国实施区域协调发展战略的重大问题研究》，载于《国家行政学院学报》2018 年第 3 期。

［271］ 高鸿业：《比较成本学说不应构成我国外贸发展战略的理论基础》，载于《经济问题探索》1982 年第 4 期。

［272］ 高鸿业：《对比较成本学说的剖析——五评萨缪尔森经济学》，载于《经济理论与经济管理》1983 年第 6 期。

［273］ 高丽敏、雷兴长：《中国对外贸易摩擦原因综述分析》，载于《西安财经学院学报》2007 年第 4 期。

［274］ 高梁：《凯雷并购徐工案：危害我国产业安全的典型案例》，

载于《科学决策》2006 年第 11 期。

[275] 高善文：《处理中美贸易摩擦需要更系统性的思考》，载于《清华金融评论》2018 年第 4 期。

[276] 高文燕、杜国功：《探析中日经济摩擦现状及对策》，载于《国际经贸探索》2002 年第 2 期。

[277] 葛汉文：《特朗普时代美国的同盟政策及同盟体系》，载于《世界经济与政治论坛》2019 年第 1 期。

[278] 葛明、林玲、赵素萍：《全球生产网络背景下中美贸易失衡透析——基于附加值贸易核算法的研究》，载于《世界经济研究》2015 年第 5 期。

[279] 葛明、赵素萍、林玲：《中美双边贸易利益分配格局解构——基于 GVC 分解的视角》，载于《世界经济研究》2016 年第 2 期。

[280] 葛顺奇：《跨国并购及其对中国经济安全的影响》，载于《国际经济评论》2007 年第 6 期。

[281] 龚立恒、黄珏群：《欧债危机背景下中欧贸易摩擦动因分析》，载于《中国外资》2012 年第 20 期。

[282] 龚婷：《美国对华经贸政策新发展与中美经贸关系前景》，载于《国际问题研究》2018 年第 3 期。

[283] 顾国达、牛晓婧、张钱江：《技术壁垒对国际贸易影响的实证分析——以中日茶叶贸易为例》，载于《国际贸易问题》2007 年第 6 期。

[284] 顾海兵、段琪斐：《中国经济安全冲击的国别来源研究》，载于《经济学动态》2016 年第 2 期。

[285] 顾海兵、沈继楼、周智高、唐帅：《中国经济安全分析：内涵与特征》，载于《中国人民大学学报》2007 年第 2 期。

[286] 顾海兵、夏梦：《基于国家经济安全的资本账户开放程度实证分析》，载于《学习与探索》2013 年第 6 期。

[287] 顾振华、沈瑶：《利益集团影响下的贸易保护——一个贸易政治经济学的文献综述》，载于《经济问题探索》2016 年第 12 期。

[288] 关雪凌、于鹏、赵尹铭：《金砖国家参与全球经济治理的基础与战略》，载于《亚太经济》2017 年第 3 期。

[289] 管传靖:《全球价值链与美国贸易政策的调适逻辑》,载于《世界经济与政治》2018 年第 11 期。

[290] 广东国际战略研究院课题组:《中国参与全球经济治理的战略:未来 10~15 年》,载于《改革》2014 年第 5 期。

[291] 郭冬乐:《中国内外贸一体化的实践、目标与政策建议(上)——对流通组织形式的考察》,载于《财贸经济》2004 年第 5 期。

[292] 郭璐:《改革开放 40 年来中国对外贸易制度演变研究》,载于《价格月刊》2018 年第 10 期。

[293] 郭美新、陆琳、盛柳刚、余淼杰:《反制中美贸易摩擦和扩大开放》,载于《学术月刊》2018 年第 6 期。

[294] 郭晴、陈伟光:《中国参与全球经济治理机制与战略选择的探讨》,载于《国际经贸探索》2018 年第 3 期。

[295] 郭锐、王亚飞、陈东:《"双向开放"战略实施对我国区域发展格局的影响》,载于《中国科学院院刊》2016 年第 1 期。

[296] 郭璇:《全球治理的"中国方案"与中国话语的建构》,载于《浙江社会科学》2017 年第 5 期。

[297] 郭学堂:《经济全球化与中国经济安全形势:从冷战后国家安全观的变化谈起》,载于《军事经济研究》2000 年第 1 期。

[298] 郭周明、张晓磊:《高质量开放型经济发展的内涵与关键任务》,载于《改革》2019 年第 1 期。

[299] 郭周明:《新时代推动形成全面开放新格局思考》,载于《中国高校社会科学》2018 年第 5 期。

[300] 国家发展改革委委员会国际合作中心课题组:《中国区域对外开放指数的构建与分析》,载于《全球化》2013 年第 2 期。

[301] 国家发展和改革委员会宏观经济研究院课题组:《中国产业安全态势评估、国际借鉴及若干对策建议》,载于《改革》2009 年第 4 期。

[302] 国家开发银行亚太自贸区战略研究课题组:《亚太自由贸易区 2020 年后亚太经济一体化的方向》,载于《中国远洋航务》2016 年第 11 期。

[303] 国务院发展研究中心课题组:《未来区域发展呈现十大趋势》,载于《领导决策信息》2004 年第 14 期。

[304] 韩德强：《中国经济安全到了建国以来很危险的时期》，载于《探索》2006年第6期。

[305] 韩晶、孙雅雯：《借助“一带一路”倡议构建中国主导的“双环流全球价值链”战略研究》，载于《理论学刊》2018年第4期。

[306] 韩晶：《产业国际转移与中美贸易摩擦》，载于《观察与思考》2008年第18期。

[307] 韩琪：《我国“复关”以后的外贸体制改革》，载于《国际商务（对外经济贸易大学学报）》1993年第3期。

[308] 韩擎、杨斐然：《从产业结构看中美贸易摩擦的特征、原因及趋势》，载于《改革与开放》2004年第2期。

[309] 韩小蕊：《当前形势下继续推进我国出口市场多元化战略研究》，载于《企业导报》2012年第10期。

[310] 韩志欣：《中美贸易摩擦的原因与对策分析》，载于《黑龙江对外经贸》2011年第8期。

[311] 杭争：《技术性贸易壁垒对我国对外贸易的影响及对策》，载于《国际贸易问题》2003年第2期。

[312] 郝洁：《欧债危机下的中欧贸易摩擦新动向、趋势及应对》，载于《国际贸易》2012年第11期。

[313] 郝璐、年志远：《比较优势、交易成本与对外贸易制度创新——兼论我国对外贸易制度改革》，载于《云南社会科学》2015年第6期。

[314] 郝亚威：《中欧贸易摩擦的政治经济分析》，载于《合作经济与科技》2008年第17期。

[315] 何德旭、郑联盛：《从美国次贷危机看金融创新与金融安全》，载于《国外社会科学》2008年第6期。

[316] 何帆、冯维江、徐进：《全球治理机制面临的挑战及中国的对策》，载于《世界经济与政治》2013年第4期。

[317] 何添锦：《欧美对华实施贸易救济的思考》，载于《国际贸易问题》2005年第5期。

[318] 何维达、杜鹏娇：《战略性新兴产业安全评价指标体系研究》，载于《管理现代化》2013年第4期。

[319] 何维达、何昌:《当前中国三大产业安全的初步估算》, 载于《中国工业经济》2002 年第 2 期。

[320] 何维达、李冬梅、张远德:《FDI 对我国产业安全的影响及其对策》, 载于《生产力研究》2007 年第 24 期。

[321] 何维达、李冬梅:《我国产业安全理论研究综述》, 载于《经济纵横》2006 年第 8 期。

[322] 何维达:《中国"入世"后的产业安全问题及其对策》, 载于《经济学动态》2001 年第 11 期。

[323] 何欣荣、于佳欣、邓中豪:《自贸区"新雁阵"引领更高水平开放》, 载于《小康》2018 年第 35 期。

[324] 何亚非:《中美关系良性互动将有力推动全球治理体系的调整与完善》, 载于《东南亚研究》2018 年第 1 期。

[325] 何泽荣、帅建林:《从文化冲突角度看中美贸易摩擦》, 载于《财经科学》2011 年第 3 期。

[326] 贺凯、冯惠云:《中美国际领导权的竞争和共享》, 载于《战略决策研究》2018 年第 2 期。

[327] 贺力平:《从国际和历史角度看国际资本流动与金融安全问题》, 载于《国际经济评论》2007 年第 6 期。

[328] 贺平、沈陈:《RCEP 与中国的亚太 FTA 战略》, 载于《国际问题研究》2013 年第 3 期。

[329] 贺小勇:《利用法律手段维护国家经济安全》, 载于《法学》1997 年第 12 期。

[330] 洪俊杰、黄薇、张蕙:《中国企业走出去的理论解读》, 载于《国际经济评论》2012 年第 4 期。

[331] 洪俊杰、林建勇、王星宇:《新常态下"引进外资"与"对外投资"两大战略关系再思考与协调研究》, 载于《国际贸易》2016 年第 3 期。

[332] 洪俊杰、裴建锁:《加强顶层设计、全面提高经济开放水平——"全面提高开放型经济水平"研讨会综述》, 载于《经济研究》2013 年第 8 期。

[333] 洪俊杰、张国峰:《全面开放新格局与大国发展战略——第四

届国际经济学前沿论坛综述》，载于《经济研究》2018 年第 8 期。

［334］洪俊杰：《中国开放型经济的双环流理论初探》，载于《国际贸易问题》2018 年第 1 期。

［335］洪银兴：《从比较优势到竞争优势——兼论国际贸易的比较利益理论的缺陷》，载于《经济研究》1997 年第 6 期。

［336］洪银兴：《允许部分地区先富和统筹区域发展的衔接》，载于《经济学家》2004 年第 6 期。

［337］胡必亮：《“一带一路”五周年：实践与思考》，载于《中国科学院院刊》2018 年第 9 期。

［338］胡方、邓瑾：《对外贸易摩擦预警机制问题与对策思考》，载于《WTO 经济导刊》2013 年第 12 期。

［339］胡方、余炳雕：《入世以来的中外经济摩擦：现状、原因与对策》，载于《东北亚论坛》2005 年第 6 期。

［340］胡辉林：《中美贸易摩擦研究综述》，载于《合作经济与科技》2011 年第 9 期。

［341］胡加祥：《我国建设自由贸易港若干重大问题研究》，载于《太平洋学报》2019 年第 1 期。

［342］胡静寅：《中美贸易摩擦中的经济民族主义分析》，载于《国际经贸探索》2006 年第 4 期。

［343］胡麦秀、薛求知：《美国对华实施反补贴的经济与政治动因分析》，载于《南京师大学报》（社会科学版）2008 年第 2 期。

［344］胡乃武、张可云：《统筹中国区域发展问题研究》，载于《经济理论与经济管理》2004 年第 1 期。

［345］胡倩：《国有外贸企业体制改革探索》，载于《财贸研究》2001 年第 5 期。

［346］胡少维：《促进区域协调发展的若干思考》，载于《开放导报》2013 年第 5 期。

［347］胡淑珍：《适应社会主义市场经济要求深化外贸体制改革——中国国际贸易学会 1992 年学术年会有关观点综述》，载于《经济研究参考》1993 年第 Z1 期。

[348] 胡星宇:《内陆开放型经济发展战略分析》,载于《经济师》2019 年第 3 期。

[349] 胡雄斌:《关于 WTO 与我国经济安全的思考》,载于《军事经济研究》2002 年第 1 期。

[350] 华舫振:《谈谈李嘉图的“比较成本说”——读李嘉图论对外贸易有感》,载于《国际商务研究》1981 年第 1 期。

[351] 华民:《新“里昂惕夫之谜”:贸易失衡的超边际分析——兼论中美贸易摩擦的理论根源与演变趋势》,载于《探索与争鸣》2018 年第 6 期。

[352] 黄超:《全球发展治理转型与中国的战略选择》,载于《国际展望》2018 年第 3 期。

[353] 黄芳:《入世后我国外贸体制改革存在的问题》,载于《工业技术经济》2002 年第 4 期。

[354] 黄河:《全球化转型视野下的跨国公司与全球治理》,载于《国际观察》2017 年第 6 期。

[355] 黄仁伟:《全球经济治理机制变革与金砖国家崛起的新机遇》,载于《国际关系研究》2013 年第 1 期。

[356] 黄永富:《我国参与全球经济治理的策略建议》,载于《中国经贸导刊》2014 年第 35 期。

[357] 霍建国:《深化改革开放全面构建开放型经济新体制——关于“十三五”时期扩大对外开放的思考》,载于《全球化》2015 年第 6 期。

[358] 纪宝成、刘元春:《对我国产业安全若干问题的看法》,载于《经济理论与经济管理》2006 年第 9 期。

[359] 季崇威、袁文祺:《大力提高经济效益打开外贸新局面》,载于《国际贸易》1983 年第 3 期。

[360] 季崇威:《应用“比较成本论”指导我国对外贸易、在国际贸易中取得较好的经济效果》,载于《国际商务研究》1981 年第 3 期。

[361] 简泽、张涛、伏玉林:《进口自由化、竞争与本土企业的全要素生产率——基于中国加入 WTO 的一个自然实验》,载于《经济研究》2014 年第 8 期。

［362］江小涓：《吸引外资对中国产业技术进步和研发能力提升的影响》，载于《国际经济评论》2004年第2期。

［363］江小涓：《中国对外开放进入新阶段：更均衡合理地融入全球经济》，载于《中国工商管理研究》2006年第8期。

［364］江涌：《当前中国经济安全态势》，载于《政治经济学评论》2018年第4期。

［365］姜荣春：《新时期构建开放型经济新体制的理论宗旨、逻辑主线与主要内容》，载于《国际贸易》2015年第2期。

［366］蒋殿春、夏良科：《外商直接投资对中国高技术产业技术创新作用的经验分析》，载于《世界经济》2005年第8期。

［367］金碚：《产业国际竞争力研究》，载于《经济研究》1996年第11期。

［368］金碚：《产业竞争力与产业安全的关系》，载于《财经界》2006年第9期。

［369］金碚：《处理好引进外资和发展民族工业关系的关键是增强我国产业的国际竞争力》，载于《中国工业经济》1996年第9期。

［370］金灿荣、赵远良：《构建中美新型大国关系的条件探索》，载于《世界经济与政治》2014年第3期。

［371］金灿荣：《中美关系与"修昔底德陷阱"》，载于《湖北大学学报》（哲学社会科学版）2015年第3期。

［372］金英姬：《特朗普的"美国优先"理论与中美关系》，载于《中国发展观察》2018年第5期。

［373］荆林波、李蕊、汤婧：《我国面临的贸易摩擦现状、成因、趋势与对策》，载于《财贸经济》2010年第12期。

［374］荆林波、袁平红：《改革开放四十年中国流通领域发展回顾与展望》，载于《求索》2018年第6期。

［375］景春梅：《加强全球经济治理、促进共同责任——第二届全球智库峰会综述》，载于《经济学动态》2011年第8期。

［376］景玉琴：《产业安全的根本保障：提升民族资本产业控制力》，载于《福建论坛》（人文社会科学版）2006年第1期。

[377] 鞠建东、林毅夫、王勇：《要素禀赋、专业化分工、贸易的理论与实证——与杨小凯、张永生商榷》，载于《经济学（季刊）》2004 年第 4 期。

[378] 库桂生：《论国家经济安全及其战略对策》，载于《军事经济研究》1998 年第 6 期。

[379] 蓝剑平：《国内关于“全球治理”理论的研究进展：一个文献综述》，载于《中共福建省委党校学报》2008 年第 12 期。

[380] 蓝庆新、韩萌、马蕊：《从国际自由贸易港发展经验看我国自由贸易港建设》，载于《管理现代化》2019 年第 2 期。

[381] 蓝庆新：《产业国际转移视角下的中美贸易摩擦研究》，载于《国际经济合作》2007 年第 8 期。

[382] 雷达、于春海：《贸易摩擦背后的政治博弈——对近期国际钢铁贸易摩擦的案例分析》，载于《国际经济评论》2002 年第 5 期。

[383] 雷达、于春海：《内外均衡、结构调整和贸易摩擦》，载于《世界经济与政治》2004 年第 8 期。

[384] 雷家骕：《关于国家经济安全问题的思考》，载于《红旗文稿》1997 年第 17 期。

[385] 雷家骕：《关于国家经济安全研究的基本问题》，载于《管理评论》2006 年第 7 期。

[386] 雷家骕：《完善国家经济安全的制度建设》，载于《中外管理导报》2001 年第 12 期。

[387] 雷启振、袁怀宇、付景远：《我国出口与经济增长的经验实证：1979～2008》，载于《经济问题探索》2011 年第 4 期。

[388] 黎海波、宋瑞芝：《“修昔底德陷阱”：认识误区与战略应对》，载于《现代国际关系》2017 年第 9 期。

[389] 黎斯：《外贸体制改革的新阶段》，载于《国际贸易问题》1984 年第 6 期。

[390] 黎文靖、郑曼妮：《何去何从：贸易保护还是开放竞争？——来自微观企业创新的证据》，载于《财经研究》2018 年第 3 期。

[391] 李安方：《美国对华技术出口管制的效果评判与前景分析》，

载于《国际贸易问题》2004 年第 7 期。

[392] 李滨：《新全球治理共识的历史与现实维度》，载于《中国社会科学》2017 年第 10 期。

[393] 李炳炎：《外资并购与我国产业安全》，载于《探索》2007 年第 6 期。

[394] 李泊溪：《地区协调发展战略思考》，载于《经济管理》1997 年第 1 期。

[395] 李春顶、何传添、林创伟：《中美贸易摩擦应对政策的效果评估》，载于《中国工业经济》2018 年第 10 期。

[396] 李春顶、尹翔硕：《就业保护与国际贸易摩擦的产业分布》，载于《经济评论》2008 年第 4 期。

[397] 李春顶：《出口与增长：中国三十年经验实证（1978~2008）》，载于《财经科学》2009 年第 5 期。

[398] 李春顶：《技术性贸易壁垒对出口国的经济效应综合分析》，载于《国际贸易问题》2005 年第 7 期。

[399] 李春顶：《中国企业“出口－生产率悖论”研究综述》，载于《世界经济》2015 年第 5 期。

[400] 李春顶：《中美贸易摩擦成因中的心理、制度和政治因素分析》，载于《财贸研究》2007 年第 3 期。

[401] 李丹：《论全球治理改革的中国方案》，载于《马克思主义研究》2018 年第 4 期。

[402] 李桂芹：《关于“复关”后我国外贸体制的思考》，载于《黑龙江社会科学》1996 年第 1 期。

[403] 李国平、范红忠：《生产集中、人口分布与地区经济差异》，载于《经济研究》2003 年第 11 期。

[404] 李国平、刘健：《“统筹区域发展”与缩小贫富差距》，载于《探索与争鸣》2004 年第 9 期。

[405] 李海舰：《监控国家经济安全的指标设计》，载于《经济研究参考》1997 年第 95 期。

[406] 李海舰：《外资进入与国家经济安全》，载于《中国工业经济》

1997 年第 8 期。

［407］李计广、李焱伟：《欧盟进口贸易摩擦预警机制及对中国的启示》，载于《国际经贸探索》2008 年第 3 期。

［408］李计广、熊韶辉、张汉林：《美国政府贸易摩擦预警机制及启示》，载于《国际贸易》2007 年第 6 期。

［409］李计广、张汉林、桑百川：《改革开放三十年中国对外贸易发展战略回顾与展望》，载于《世界经济研究》2008 年第 6 期。

［410］李家祥：《改革开放 40 年中国对外开放理论主线的发展与新时代的创新》，载于《天津商业大学学报》2019 年第 1 期。

［411］李建华：《关于深化国有外贸企业改革的几点思考》，载于《南开管理评论》1997 年第 2 期。

［412］李剑林：《基于发展观演变的中国区域经济发展战略及空间格局调整》，载于《经济地理》2007 年第 6 期。

［413］李军：《关于外贸体制进一步改革的思考》，载于《管理世界》1987 年第 2 期。

［414］李俊慧：《中日贸易摩擦与中日两国产业结构的关系》，载于《国际贸易问题》2003 年第 8 期。

［415］李坤望：《改革开放三十年来中国对外贸易发展评述》，载于《经济社会体制比较》2008 年第 4 期。

［416］李黎：《关于我国国有外贸企业改革策略的研究》，载于《国际商务研究》1998 年第 s1 期。

［417］李丽：《中美贸易摩擦的政治经济分析》，载于《世界经济研究》2005 年第 1 期。

［418］李连成、张玉波：《试析 FDI 与我国产业安全》，载于《经济前沿》2001 年第 12 期。

［419］李猛：《新时代中国特色自由贸易港建设中的政策创新》，载于《经济学家》2018 年第 6 期。

［420］李孟刚：《产业安全的分类法研究》，载于《生产力研究》2006 年第 3 期。

［421］李孟刚：《产业安全理论研究》，载于《管理现代化》2006 年

第3期。

［422］李名良：《关于探索建设内陆自由贸易港的思考》，载于《中国经贸导刊》2018年第13期。

［423］李强、徐康宁：《制度质量、贸易开放与经济增长》，载于《国际经贸探索》2017年第10期。

［424］李庆四：《特朗普对华贸易战的原因及影响》，载于《现代国际关系》2018年第6期。

［425］李善同、何建武、刘云中：《全球价值链视角下中国国内价值链分工测算研究》，载于《管理评论》2018年第5期。

［426］李少军：《论经济安全》，载于《世界经济与政治》1998年第11期。

［427］李淑俊、郭增栋：《浅析美国行政保护主义——以中美贸易摩擦为例》，载于《当代世界与社会主义》2009年第1期。

［428］李淑俊、倪世雄：《美国贸易保护主义的政治基础——以中美贸易摩擦为例》，载于《世界经济与政治》2007年第7期。

［429］李巍、张哲馨：《战略竞争时代的新型中美关系》，载于《国际政治科学》2015年第1期。

［430］李巍：《WTO法与中国对外贸易的可持续发展》，载于《经济问题探索》2004年第5期。

［431］李文：《特朗普任期内美国内外政策调整与中美关系》，载于《中国社会科学院研究生院学报》2017年第2期。

［432］李贤森：《中美贸易争端中美国的“规锁政策”与中国的应对策略》，载于《现代管理科学》2018年第12期。

［433］李向阳：《跨太平洋伙伴关系协定：中国崛起过程中的重大挑战》，载于《国际经济评论》2012年第2期。

［434］李潇潇：《“特朗普式治理”重塑美国内政外交》，载于《当代世界》2019年第1期。

［435］李晓西：《WTO与政府管理体制的创新》，载于《求是》2001年第22期。

［436］李晓西：《改革开放30年对外开放理论回顾》，载于《北京师

范大学学报》(社会科学版) 2008 年第 5 期。

[437] 李晓西:《加入世贸组织 10 年:中国市场化进程演进轨迹》,载于《改革》2011 年第 12 期。

[438] 李扬:《建设上海自由贸易区:中国新一轮改革开放启动》,载于《中国党政干部论坛》2013 年第 11 期。

[439] 李雨时:《近期外贸体制改革的方向》,载于《改革》1990 年第 3 期。

[440] 李雨时:《论中国对外贸易发展与国际通行规则的接轨》,载于《中国对外贸易》1996 年第 7 期。

[441] 李志军:《美国对华出口管制与中美贸易逆差:实质与对策》,载于《世界科技研究与发展》1999 年第 4 期。

[442] 厉以宁:《中国外贸体制改革和发展外向型经济问题》,载于《社会科学辑刊》1989 年第 4 期。

[443] 连平:《改变美方非理性预期》,载于《企业观察家》2019 年第 1 期。

[444] 梁军:《中美贸易摩擦的经济学困惑及其政治经济学解释》,载于《国际观察》2005 年第 4 期。

[445] 梁琦、张二震:《比较利益理论再探讨——与杨小凯、张永生先生商榷》,载于《经济学(季刊)》2002 年第 4 期。

[446] 林建勇、洪俊杰:《全球贸易发展的趋势与特点——兼论中国外贸发展新策略》,载于《现代管理科学》2016 年第 10 期。

[447] 林毅夫、刘培林:《中国的经济发展战略与地区收入差距》,载于《经济研究》2003 年第 3 期。

[448] 凌胜利:《中美关系如何斗而不破》,载于《现代国际关系》2018 年第 6 期。

[449] 刘昌黎:《泛太平洋战略经济伙伴关系协定的发展与困境》,载于《国际贸易》2011 年第 1 期。

[450] 刘潮:《当前我国对外经贸研究的热点问题——1994 年中国国际贸易学会学术年会综述》,载于《理论前沿》1994 年第 21 期。

[451] 刘诚、张定法:《从中美贸易摩擦透视国际规则之争》,载于

《清华金融评论》2018 年第 8 期。

［452］刘得手、李祥峰：《避免贸易摩擦升级符合中美双方的利益》，载于《人民论坛》2018 年第 11 期。

［453］刘汉秉：《我国对外经济发展战略问题的初探》，载于《未来与发展》1982 年第 2 期。

［454］刘建飞、谢剑南：《全球治理体系变革与中美新型大国关系建构》，载于《太平洋学报》2018 年第 1 期。

［455］刘建飞：《新时代中国外交战略中的中美关系》，载于《美国研究》2018 年第 2 期。

［456］刘建江：《特朗普政府发动对华贸易战的三维成因》，载于《武汉大学学报》（哲学社会科学版）2018 年第 5 期。

［457］刘建江：《透视美国巨额贸易逆差与经济增长并存的合理性》，载于《国际贸易问题》2005 年第 7 期。

［458］刘克、安占然：《内外贸一体化经营的思路》，载于《兰州商学院学报》1997 年第 3 期。

［459］刘力：《当前中国面临的国际经济摩擦与对策》，载于《管理世界》2004 年第 9 期。

［460］刘满平：《当前贸易环境下对我国外贸体制改革的思考》，载于《中国经贸导刊》2005 年第 15 期。

［461］刘啟仁、黄建忠：《贸易自由化、企业动态与行业生产率变化——基于我国加入 WTO 的自然实验》，载于《国际贸易问题》2016 年第 1 期。

［462］刘少阳：《改革开放以来中国共产党对外开放战略的历史演进（1978 ~ 2018）》，载于《经济研究导刊》2018 年第 26 期。

［463］刘书林：《从反封锁到构建人类命运共同体——新中国对外开放战略的历史演进》，载于《理论与评论》2018 年第 4 期。

［464］刘夏明、魏英琪、李国平：《收敛还是发散？——中国区域经济发展争论的文献综述》，载于《经济研究》2004 年第 7 期。

［465］刘向丽、张驰：《我国出口贸易摩擦预警机制的现状、问题与对策》，载于《对外经济贸易大学学报》（国际商务版）2006 年第 4 期。

［466］刘欣、戴芸：《解构中美贸易顺差问题——试析生产全球化、

国际产业转移之影响》，载于《亚太经济》2012年第3期。

[467] 刘迎秋：《西方比较成本学说在我国的实践意义新析》，载于《江西社会科学》1986年第3期。

[468] 刘勇、张译文：《中国参与全球经济治理的新模式及路径研究》，载于《经济纵横》2017年第11期。

[469] 刘志成、刘斌：《贸易自由化、全要素生产率与就业——基于2003~2007年中国工业企业数据的研究》，载于《南开经济研究》2014年第1期。

[470] 刘重力、盛玮：《中日韩FTA战略比较研究》，载于《东北亚论坛》2008年第1期。

[471] 刘子奎：《冷战后美国出口管制政策的改革和调整》，载于《美国研究》2008年第2期。

[472] 龙建成、魏玮、慕继丰：《全球化进程中的中国经济增长——"经济全球化、竞争环境与中国经济增长"国际研讨会综述》，载于《经济研究》2003年第11期。

[473] 隆国强：《中国改革开放四十年的重要经验》，载于《中国外汇》2018年第9期。

[474] 卢现祥：《加入WTO后我国体制演进的新趋势》，载于《经济学动态》2003年第8期。

[475] 卢阳春、吴凡：《FDI对中国产业结构演进的优化——基于1978~2008年的经验和数据实证》，载于《经济体制改革》2009年第3期。

[476] 鲁开垠：《外贸体制改革的新思路：构造中国式综合商社的思考》，载于《经济问题》1989年第2期。

[477] 陆建人：《中国-东盟自由贸易区：进展与问题》，载于《亚太经济》2006年第3期。

[478] 陆铭、陈钊、严冀：《收益递增、发展战略与区域经济的分割》，载于《经济研究》2004年第1期。

[479] 陆伟：《失落、忧惧和迷茫：日本学界眼中的国际秩序转型、中国战略走向和对华政策选择》，载于《国外社会科学》2017年第2期。

[480] 陆卫明、冯晔：《新时代全面深化改革开放的现实依据与推进

路径——改革开放40年的总结和反思》，载于《探索》2018年第5期。

[481] 鹿世明：《"调剂余缺论"的困惑——兼评姚曾荫先生的"商品分类说"》，载于《世界经济与政治论坛》1993年第2期。

[482] 鹿世明：《比较成本规律是客观存在——读姚曾荫先生的答客问》，载于《世界经济与政治论坛》1993年第7期。

[483] 罗能生、洪联英：《全球化条件下文化冲突的贸易效应分析》，载于《世界经济研究》2006年第10期。

[484] 罗志：《对以综合商社为模式改造中国外贸企业的再思考》，载于《国际经贸探索》1993年第6期。

[485] 吕政：《自主创新与产业安全》，载于《中国国情国力》2006年第8期。

[486] 马振岗：《美国挑起对华贸易摩擦的背后》，载于《人民论坛》2018年第12期。

[487] 毛其淋、盛斌：《贸易自由化、企业异质性与出口动态——来自中国微观企业数据的证据》，载于《管理世界》2013年第3期。

[488] 毛其淋：《要素市场扭曲与中国工业企业生产率——基于贸易自由化视角的分析》，载于《金融研究》2013年第2期。

[489] 毛强：《改革开放40年中国参与全球治理的实践与贡献》，载于《当代世界与社会主义》2018年第6期。

[490] 门洪华：《推动中国对外开放进入新时代——党的十八大以来中国对外开放战略的总结与前瞻》，载于《社会科学》2019年第1期。

[491] 门洪华：《应对全球治理危机与变革的中国方略》，载于《中国社会科学》2017年第10期。

[492] 米军：《金砖国家推动全球经济治理的路径选择》，载于《国外社会科学》2018年第3期。

[493] 苗迎春：《新时期美国贸易逆差的三大悖论及其原因分析》，载于《管理科学》2004年第1期。

[494] 莫兰琼：《改革开放以来中国对外贸易战略变迁探析》，载于《上海经济研究》2016年第3期。

[495] 倪红福、龚六堂、陈湘杰：《全球价值链中的关税成本效应分

析——兼论中美贸易摩擦的价格效应和福利效应》，载于《数量经济技术经济研究》2018 年第 8 期。

[496] 倪沙：《改革开放 40 年来中国对外贸易发展研究》，载于《现代财经》（天津财经大学学报）2018 年第 12 期。

[497] 倪世雄、李淑俊：《从公众－国会－政府的互动关系看美国贸易保护主义——以中美贸易摩擦为例》，载于《美国研究》2007 年第 4 期。

[498] 聂元贞：《美国贸易政策的演变与我国目前的应对策略》，载于《郑州轻工业学院学报》（社会科学版）2006 年第 1 期。

[499] 潘文卿等：《全球价值链背景下增加值核算理论综述》，载于《统计研究》2015 年第 3 期。

[500] 庞中英：《“全球治理中国方案”的类型与实施方略》，载于《学术界》2018 年第 1 期。

[501] 庞中英：《动荡中的全球治理体系：机遇与挑战》，载于《当代世界》2019 年第 4 期。

[502] 裴长洪、刘斌、李越：《中国特色自由贸易港发展模式探索》，载于《国际商务》（对外经济贸易大学学报）2019 年第 1 期。

[503] 裴长洪、彭磊：《中国流通领域改革开放回顾》，载于《中国社会科学》2008 年第 6 期。

[504] 彭成义：《被颠倒的“修昔底德陷阱”及其战略启示》，载于《上海交通大学学报》（哲学社会科学版）2015 年第 1 期。

[505] 彭兴韵、何海峰：《新金融动荡下的中国金融安全分析》，载于《经济学动态》2008 年第 9 期。

[506] 彭支伟、张伯伟：《TPP 和亚太自由贸易区的经济效应及中国的对策》，载于《国际贸易问题》2013 年第 4 期。

[507] 綦大鹏：《国际体系的历史性挑战与中国的应对》，载于《现代国际关系》2016 年第 5 期。

[508] 綦鲁明：《完善全球经济治理需要各国共同承担责任——第二届全球智库峰会开幕式综述》，载于《经济研究参考》2011 年第 49 期。

[509] 钱文荣：《美国大选及特朗普的政策走向与中美关系》，载于《和平与发展》2017 年第 1 期。

[510] 强永昌、权家敏：《改革开放以来我国出口与经济增长实证研究》，载于《生产力研究》2010 年第 9 期。

[511] 强永昌、陶勇：《外贸宏观管理体制改革之四——与外贸有关的财政体制改革》，载于《国际贸易》1993 年第 8 期。

[512] 强永昌：《关于我国宏观外贸体制改革问题——“复关”后我国外贸新体制构造的思考》，载于《国际贸易》1993 年第 5 期。

[513] 强永昌：《宏观外贸体制改革之三：与外贸有关的金融体制改革》，载于《国际贸易》1993 年第 7 期。

[514] 强永昌：《外贸宏观管理体制改革之二：行政管理体制改革》，载于《国际贸易》1993 年第 6 期。

[515] 强永昌：《外贸宏观管理体制改革之五——进出口商品价格管理制度改革》，载于《国际贸易》1993 年第 9 期。

[516] 清华大学国情研究院课题组：《习近平经济思想的全球治理行动框架》，载于《人民论坛·学术前沿》2017 年第 20 期。

[517] 邱德民：《我国外贸体制改革的探讨》，载于《财贸经济》1983 年第 8 期。

[518] 邱杰、常慧立：《关于外贸体制改革采取“一揽子”转轨方式的思考》，载于《国际贸易问题》1986 年第 5 期。

[519] 邱树林：《关于外贸体制改革的几点意见》，载于《财贸经济》1982 年第 2 期。

[520] 曲倩：《我国外贸体制改革深化之构想》，载于《中国外资》2013 年第 10 期。

[521] 权衡：《中国区域经济发展战略理论研究述评》，载于《中国社会科学》1997 年第 6 期。

[522] 全毅：《TPP 和 RCEP 博弈背景下的亚太自贸区前景》，载于《和平与发展》2014 年第 5 期。

[523] 全毅：《改革开放 40 年中国对外开放理论创新与发展》，载于《经济学家》2018 年第 11 期。

[524] 任洁：《人类命运共同体：全球治理的中国方案》，载于《东南学术》2018 年第 1 期。

[525] 任治俊、胡腾:《国际问题与全球治理: 新文献综述 (2010~2011)》, 西南交通大学出版社2012年版。

[526] 阮宗泽:《"百年未有之大变局": 五大特点前所未有》, 载于《世界知识》2018年第24期。

[527] 桑百川、邓寅:《探索建设自由贸易港: 模式与方向》, 载于《国际贸易》2018年第3期。

[528] 桑百川:《区域开放重心内移与经济再均衡》, 载于《中国经贸》2013年第9期。

[529] 桑百川:《在对外开放中维护国家经济安全》, 载于《中国流通经济》2006年第12期。

[530] 上海对外经贸大学自由贸易港战略研究院:《关于建设自由贸易港的经验借鉴与实施建议》, 载于《国际商务研究》2018年第1期。

[531] 上海市人民政府发展研究中心课题组:《中国 (上海) 自由贸易试验区建设三年成效、经验与建议》, 载于《科学发展》2016年第10期。

[532] 沈丹阳、彭敬:《全球价值链发展新趋势下推进中国全球价值链研究的若干思考》, 载于《全球化》2014年第12期。

[533] 沈丹阳:《经济特区外贸体制创新思考》, 载于《特区经济》1998年第12期。

[534] 沈丹阳:《冷静观察主动出击——当前我国对外贸易摩擦多发的原因、面临的形势与对策》, 载于《今日中国论坛》2005年第12期。

[535] 沈丹阳:《我国构建开放型经济新体制与推动建设开放型世界经济》, 载于《世界经济研究》2017年第12期。

[536] 沈国兵:《特朗普政府"美国利益优先"战略理念与中美贸易摩擦》, 载于《广西财经学院学报》2018年第4期。

[537] 沈国兵:《国际贸易保护主义发展新趋势新特点及我国应对策略: 一个综述》, 载于《世界经济情况》2012年第8期。

[538] 沈建光:《对美国关税影响的初步分析》, 载于《中国外汇》2018年第22期。

[539] 沈觉人:《积极稳步前进进一步改革外贸体制》, 载于《国际贸易》1986年第9期。

［540］沈觉人：《一九八一年中国对外贸易展望和当前的外贸体制改革》，载于《国际贸易问题》1981年第1期。

［541］沈静：《经济全球化与中国国家经济安全的若干思考》，载于《世界经济研究》2002年第4期。

［542］沈铭辉：《构造区域全面经济伙伴关系协定——走向统一的地区架构》，载于《东北亚论坛》2013年第4期。

［543］沈伟：《“修昔底德”逻辑和规则遏制与反遏制——中美贸易摩擦背后的深层次动因》，载于《人民论坛·学术前沿》2019年第1期。

［544］沈亚梅：《探析全球治理转型中的“中国方案”》，载于《和平与发展》2017年第6期。

［545］盛斌、果婷：《亚太区域经济一体化博弈与中国的战略选择》，载于《世界经济与政治》2014年第10期。

［546］盛斌：《国际贸易政策的政治经济学：理论与经验方法》，载于《国际政治研究》2006年第2期。

［547］盛斌：《贸易保护的新政治经济学：文献综述》，载于《世界经济》2001年第1期。

［548］盛斌：《贸易政策政治经济学的实证研究：综述与评论》，载于《南开经济研究》2001年第5期。

［549］盛斌：《美国视角下的亚太区域一体化新战略与中国的对策选择——透视“泛太平洋战略经济伙伴关系协议”的发展》，载于《南开学报》（哲学社会科学版）2010年第4期。

［550］盛斌：《亚太自由贸易区的政治经济分析：中国视角》，载于《世界经济与政治》2007年第3期。

［551］盛浩：《改革开放以来我国外贸战略的演变及展望》，载于《中国流通经济》2018年第11期。

［552］石磊、寇宗来：《美国的贸易逆差及中美贸易摩擦成因探析》，载于《复旦学报》（社会科学版）2004年第4期。

［553］时殷弘：《全球治理和开明秩序面对的倾覆危险》，载于《世界经济与政治》2017年第6期。

［554］史敏：《美国经济地位衰落的症结》，载于《世界经济》1987

年第12期。

[555] 史树林:《"入世"影响我国外贸制度的几个问题》,载于《法学杂志》2001年第2期。

[556] 史欣向、李善民、王满四、李昶:《"新常态"下的产业安全评价体系重构与实证研究——以中国高技术产业为例》,载于《中国软科学》2015年第7期。

[557] 舒莎:《改革开放以来我国对外贸易管理制度的演化》,载于《中外企业家》2012年第21期。

[558] 宋磊:《中美贸易争端的本质是生产组织方式之争》,载于《中央社会主义学院学报》2018年第6期。

[559] 宋伟:《中国为什么不是争霸国? 实力转变理论视角下的中美关系》,载于《太平洋学报》2017年第7期。

[560] 苏存:《借鉴外国经验、培育我国综合商社》,载于《当代亚太》1995年第6期。

[561] 苏长和:《全球治理体系转型中的国际制度》,载于《当代世界》2015年第11期。

[562] 孙江永、冼国明:《产业关联、技术差距与外商直接投资的技术溢出》,载于《世界经济研究》2011年第4期。

[563] 孙军、高彦彦:《"一带一路"倡议下"三环流"价值链体系构建与推进路径》,载于《中共南京市委党校学报》2018年第5期。

[564] 孙三和:《外贸体制改革问题座谈会综述》,载于《国际商务研究》1985年第1期。

[565] 谭祖谊:《内外贸一体化的内涵、经济效应及其路径选择》,载于《北方经贸》2011年第8期。

[566] 汤毅、尹翔硕:《贸易自由化、异质性企业与全要素生产率——基于我国制造业企业层面的实证研究》,载于《财贸经济》2014年第11期。

[567] 唐国强、王震宇:《亚太自由贸易区:路线图与优先任务》,载于《国际问题研究》2015年第1期。

[568] 唐贤兴、张翔:《全球化与全球治理:一个"治理社会"的来临》,载于《世界经济与政治》2000年第1期。

[569] 唐宜红、张鹏杨:《中美贸易之争的演变特征、动因及走势》，载于《经济研究参考》2018年第20期。

[570] 陶传平:《我国外贸体制改革进程述评》，载于《外向经济》2000年第6期。

[571] 滕建群:《特朗普“美国优先”安全战略及其对中美关系的影响（英文)》，载于《China International Studies》2018年第3期。

[572] 滕维藻:《中国社会主义现代化与外贸型式》，载于《南开学报》(哲学社会科学版) 1981年第1期。

[573] 田春华:《试论深化外贸体制改革与实施出口产业政策的联系与衔接》，载于《国际商务研究》1989年第3期。

[574] 佟家栋:《中国自由贸易试验区的改革深化与自由贸易港的建立》，载于《国际商务研究》2018年第1期。

[575] 外经贸部入世后中美经贸关系中期展望课题组:《新因素——中美经济贸易关系中期展望》，载于《国际贸易》2001年第4期。

[576] 汪同三、王静:《中国外贸体制改革的政策效应——基于单变量的结构突变点的检验》，载于《21世纪数量经济学（第7卷)》2006年。

[577] 汪尧田、束金中:《论我国外贸体制改革的深化》，载于《国际贸易》1993年第1期。

[578] 汪尧田、叶松年:《对资产阶级古典国际贸易理论——比较成本说的评价》，载于《国际贸易问题》1981年第1期。

[579] 汪尧田:《对“比较成本论”的几点看法》，载于《国际商务研究》1981年第3期。

[580] 王宾容、王久乐:《国际产业结构趋同与中美贸易摩擦动因》，载于《首都经济贸易大学学报》2016年第6期。

[581] 王存刚:《马克思主义国际关系理论：原创、创新与未来》，载于《理论与现代化》2016年第4期。

[582] 王存刚:《识时、顺势、坚守、创新——纵论改革开放40年来的中国外交》，载于《当代世界》2018年第12期。

[583] 王煌、杨高举:《中美贸易摩擦背景下的市场化改革与全方位开放——中国美国经济学会2018年学术年会综述》，载于《浙江大学学

报》（人文社会科学版）2019 年第 1 期。

［584］王缉思、赵建伟：《评美国亚太“再平衡”战略》，载于《冷战国际史研究》2017 年第 1 期。

［585］王建华、范荷芳：《美国对华反补贴政策的演变与内在动因分析》，载于《国际贸易问题》2007 年第 11 期。

［586］王晶、曹杰：《全球治理研究的文献综述》，载于《当代经济管理》2017 年第 4 期。

［587］王娟：《对外开放与技术创新——基于改革开放四十年的经验》，载于《经济体制改革》2018 年第 5 期。

［588］王珏：《中日贸易差额分歧与中日贸易摩擦》，载于《现代日本经济》2005 年第 3 期。

［589］王岚、盛斌：《全球价值链分工背景下的中美增加值贸易与双边贸易利益》，载于《财经研究》2014 年第 9 期。

［590］王林生：《关于对李嘉图“比较成本说”的评价问题》，载于《国际商务研究》1981 年第 3 期。

［591］王林生：《试论社会主义对外贸易的地位和作用问题》，载于《国际贸易》1982 年第 2 期。

［592］王露：《内外贸并举贸易大国变强国》，载于《中国市场》2012 年第 25 期。

［593］王玫黎、武俊松：《中美贸易摩擦的“修昔底德陷阱”及其防范》，载于《人民法治》2018 年第 10 期。

［594］王梦奎：《关于统筹城乡发展和统筹区域发展》，载于《管理世界》2004 年第 4 期。

［595］王敏：《新时代下中国参与全球治理的新实践与新对策》，载于《经济研究参考》2017 年第 7 期。

［596］王琪、崔野：《将全球治理引入海洋领域——论全球海洋治理的基本问题与我国的应对策略》，载于《太平洋学报》2015 年第 6 期。

［597］王荣军：《美国为何挑起对华贸易摩擦》，载于《人民论坛》2018 年第 13 期。

［598］王锐生、梁世斌：《驳“关于统一的世界市场瓦解问题的商

权”一文》，载于《经济研究》1958 年第 1 期。

[599] 王绍熙：《试论当前外贸体制改革的理论基础及其主要特征》，载于《国际贸易》1985 年第 6 期。

[600] 王淑敏、朱晓晗：《建设中国自由贸易港的立法必要性及可行性研究》，载于《中国海商法研究》2018 年第 2 期。

[601] 王苏生、胡王江、付波航：《新常态下的区域协调发展与区域合作——第二十届全国经济地理研究会年会观点综述》，载于《区域经济评论》2017 年第 4 期。

[602] 王巍：《改革开放四十年的历史进程和基本经验》，载于《领导科学论坛》2018 年第 22 期。

[603] 王玮：《权力变迁、责任协调与中美关系的未来》，载于《世界经济与政治》2015 年第 5 期。

[604] 王小鲁、樊纲：《中国地区差距的变动趋势和影响因素》，载于《经济研究》2004 年第 1 期。

[605] 王晓玲：《国际经验视角下的中国特色自由贸易港建设路径研究》，载于《经济学家》2019 年第 3 期。

[606] 王欣：《FDI、知识溢出与生产率增长——基于 DEA 方法和状态空间模型的经验研究》，载于《世界经济研究》2010 年第 7 期。

[607] 王新奎：《论我国开放条件下的外贸经济效益问题》，载于《世界经济研究》1985 年第 4 期。

[608] 王新奎：《中国（上海）自贸试验区改革的重点：对外商投资准入实施“负面清单”管理》，载于《上海对外经贸大学学报》2014 年第 1 期。

[609] 王学人、张立：《产业安全问题制度非均衡成因探讨》，载于《求索》2005 年第 4 期。

[610] 王亚飞：《大国兴起与国际经济摩擦——兼论中美贸易摩擦》，载于《世界经济与政治论坛》2009 年第 1 期。

[611] 王亚飞：《贸易摩擦研究文献综述——兼论中美贸易摩擦》，载于《世界经济与政治论坛》2006 年第 4 期。

[612] 王一鸣：《“十三五”时期推动区域协调发展的几点思考》，载

于《中国发展观察》2016年第3期。

[613] 王勇：《国内结构变革与中美关系的未来走向》，载于《现代国际关系》2018年第6期。

[614] 王珍珍、赵富蓉：《自由贸易港建设：内涵、基础及效应分析》，载于《北京工业大学学报》（社会科学版）2018年第5期。

[615] 王直、魏尚进、祝坤福：《总贸易核算法：官方贸易统计与全球价值链的度量》，载于《中国社会科学》2015年第9期。

[616] 王志乐：《外资并购与国家经济安全》，载于《中国外资》2007年第6期。

[617] 王子先：《关于我国实行"大经贸战略"的若干问题》，载于《国际贸易问题》1994年第12期。

[618] 王子先：《以竞争优势为导向——我国比较优势变化与外贸长期发展的思考》，载于《国际贸易》2000年第1期。

[619] 韦宗友：《特朗普时期的大国关系：美俄、美印与中美》，载于《人民论坛·学术前沿》2018年第1期。

[620] 魏浩、马野青：《中国出口商品的地区结构分析》，载于《世界经济》2006年第5期。

[621] 魏浩：《中国进出口地区结构及其对称性问题的实证研究》，载于《财贸经济》2007年第5期。

[622] 魏后凯：《改革开放30年中国区域经济的变迁——从不平衡发展到相对均衡发展》，载于《经济学动态》2008年第5期。

[623] 魏后凯：《外商直接投资对中国区域经济增长的影响》，载于《经济研究》2002年第4期。

[624] 魏加宁：《关于影响我国经济安全的几个重要因素》，载于《现代管理科学》1999年第6期。

[625] 魏杰、王韧：《理性应对中美贸易摩擦的关键在持续深化改革开放》，载于《西部论坛》2018年第6期。

[626] 魏廷华：《关于深化外贸体制改革若干问题的思考》，载于《广州对外贸易学院学报》1990年第4期。

[627] 温信祥、徐昕：《人民币国际化的全新历史时期——"一带一

路"与未来国际金融体系》，载于《人民论坛·学术前沿》2015 年第16 期。

［628］文东伟：《全球价值链分工与中国的贸易失衡——基于增加值贸易的研究》，载于《数量经济技术经济研究》2018 年第 11 期。

［629］翁东玲、汤莉：《金砖国家推进全球经济治理改革的机遇与路径》，载于《新视野》2017 年第 6 期。

［630］吴必康：《"春秋无义战"、抑或"修昔底德陷阱"？——英美渐进式霸权转移的历史和理论逻辑》，载于《人民论坛·学术前沿》2014 年第 5 期。

［631］吴大琨：《关于李嘉图的"比较成本说"》，载于《国际商务研究》1981 年第 3 期。

［632］吴红、杜红：《关于外贸体制改革问题的观点综述》，载于《财经研究》1991 年第 12 期。

［633］吴晓明：《"中国方案"开启全球治理的新文明类型》，载于《中国社会科学》2017 年第 10 期。

［634］吴易风：《全球化的二重性》，载于《当代思潮》2000 年第 6 期。

［635］吴易风：《全球化和反全球化》，载于《海派经济学》2003 年第 2 期。

［636］吴永恂：《也谈比较成本说》，载于《国际贸易问题》1981 年第 4 期。

［637］吴永恂：《资产阶级经济理论中的比较成本说简介》，载于《经济学动态》1964 年第 9 期。

［638］吴玉雄：《对中国入世制度变迁的分析》，载于《产经评论》2002 年第 5 期。

［639］吴志成、王慧婷：《"修昔底德陷阱"对中美关系发展的非适用性分析》，载于《政治学研究》2017 年第 1 期。

［640］夏友富：《技术性贸易壁垒体系与当代国际贸易》，载于《中国工业经济》2001 年第 5 期。

［641］冼国明、严兵：《FDI 对中国创新能力的溢出效应》，载于《世界经济》2005 年第 10 期。

［642］肖育才、唐宗力：《关于多层次的出口发展战略和外贸体制改

革的探讨》，载于《武汉大学学报》（人文科学版）1986 年第 3 期。

[643] 萧冬连：《国门是如何打开的——中国对外开放的起步过程》，载于《中共党史研究》2018 年第 4 期。

[644] 谢建国、丁蕾：《出口贸易与企业研发能力——来自中国工业企业微观数据的证据》，载于《产业经济评论》2018 年第 3 期。

[645] 谢来辉：《从“扭曲的全球治理”到“真正的全球治理”——全球发展治理的转变》，载于《国外理论动态》2015 年第 12 期。

[646] 谢奕秋：《开放型大国的制度自觉》，载于《南风窗》2015 年第 19 期。

[647] 邢瑞利、谭树林：《美国国内关于中美贸易战论争的焦点与实质》，载于《深圳大学学报》（人文社会科学版）2018 年第 6 期。

[648] 熊珍琴：《产业国际转移视角下的中美贸易摩擦》，载于《改革与战略》2011 年第 4 期。

[649] 熊治东：《国际组织与全球治理——第三届“全球治理·东湖论坛”国际研讨会综述》，载于《华中科技大学学报》（社会科学版）2018 年第 1 期。

[650] 徐崇温：《中国道路致力于打造人类命运共同体》，载于《中国浦东干部学院学报》2017 年第 1 期。

[651] 徐坚：《美国对华政策调整与中美关系的三大风险》，载于《国际问题研究》2018 年第 4 期。

[652] 徐明棋：《上海自由贸易试验区金融改革开放与人民币国际化》，载于《世界经济研究》2016 年第 5 期。

[653] 徐晓梅：《关于我国外贸体制改革问题讨论综述》，载于《经济理论与经济管理》1999 年第 3 期。

[654] 徐秀军：《规则内化与规则外溢——中美参与全球治理的内在逻辑》，载于《世界经济与政治》2017 年第 9 期。

[655] 徐秀军：《新兴国家视角下的金砖国家与全球经济治理体系变革》，载于《当代世界》2014 年第 8 期。

[656] 徐秀军：《中国参与全球经济治理的路径选择》，载于《国际问题研究》2017 年第 6 期。

［657］许煜、马立钧：《外贸体制改革与国际经济规则接轨的意义》，载于《对外经济贸易大学学报》1996年第3期。

［658］薛求知、罗来军：《技术引入和技术学习——外资企业与内资企业技术空间博弈》，载于《经济研究》2006年第9期。

［659］薛荣久：《50年的探索——对建国以来中国外贸理论的回顾与思考》，载于《国际贸易》1999年第10期。

［660］薛荣久：《李嘉图"比较成本说"不能指导我国对外贸易——与季崇威同志商榷》，载于《经济科学》1982年第2期。

［661］薛荣久：《如何跨越绿色贸易壁垒》，载于《国际贸易问题》2002年第12期。

［662］郇庆治：《理解人类命运共同体的三个重要层面》，载于《人民论坛·学术前沿》2017年第12期。

［663］严兵：《外商在华直接投资的溢出效应——基于产业层面的分析》，载于《世界经济研究》2005年第3期。

［664］严建苗：《开放条件下我国外贸经济效益问题初探》，载于《国际贸易问题》1988年第11期。

［665］严匡国：《借鉴比较成本说的科学成分提高我外贸经济效益》，载于《社会科学》1982年第3期。

［666］颜少君：《新形势下中美关系的新定位》，载于《全球化》2018年第4期。

［667］杨丹辉：《对外开放四十年：中国的模式与经验》，载于《China Economist》2018年第4期。

［668］杨国庆、黄帅：《国际领导力视角下的中美贸易摩擦》，载于《复旦国际关系评论》2014年第2期。

［669］杨蕙馨：《李嘉图的"比较成本论"与"劳动价值论"的关系》，载于《经济科学》1983年第2期。

［670］杨建军：《中外合资外贸公司：我国外贸企业战略重组的选择》，载于《改革与开放》1997年第9期。

［671］杨洁勉：《改革开放40年中国外交理论建设》，载于《国际问题研究》2018年第5期。

[672] 杨军、黄洁、洪俊杰、董婉璐:《贸易便利化对中国经济影响分析》,载于《国际贸易问题》2015 年第 9 期。

[673] 杨娜:《改革开放 40 年:中国参与全球治理的特点及启示》,载于《教学与研究》2018 年第 8 期。

[674] 杨俏文、侯湘柏:《贸易战主题文献的可视化计量分析》,载于《中国国际财经(中英文)》2018 年第 9 期。

[675] 杨森然:《技术性贸易壁垒对我国外贸发展的影响及对策》,载于《知识经济》2018 年第 3 期。

[676] 杨圣明、裴长洪、冯雷:《WTO 与中国 90 年代后期外经贸发展战略》,载于《财贸经济》1997 年第 1 期。

[677] 杨圣明:《面临"入世"的中国外贸体制改革》,载于《国家行政学院学报》2000 年第 5 期。

[678] 杨世平:《论当今国际贸易保护主义的特点及其对中国的影响——以中美贸易摩擦为例》,载于《经济研究导刊》2014 年第 7 期。

[679] 杨小凯、张永生:《新贸易理论、比较利益理论及其经验研究的新成果:文献综述》,载于《经济学(季刊)》2001 年第 1 期。

[680] 杨小凯、张永生:《新贸易理论及内生与外生比较利益理论的新发展:回应》,载于《经济学(季刊)》2002 年第 1 期。

[681] 杨新方:《我国外贸体制改革的新突破 设立中外合资外贸公司的意义、问题与对策》,载于《国际贸易问题》1998 年第 5 期。

[682] 杨艳红、卢现祥:《中国对外开放与对外贸易制度的变迁》,载于《中南财经政法大学学报》2018 年第 5 期。

[683] 杨长湧:《构建开放型经济新体制打造高水平开放新格局》,载于《中国财政》2016 年第 1 期。

[684] 姚曾荫:《关于社会主义国家对外贸易的几个基本理论问题答客问》,载于《国际贸易》1987 年第 7 期。

[685] 姚曾荫:《正确执行对外开放政策——兼评比较利益学说的利用问题》,载于《国际贸易》1982 年第 7 期。

[686] 姚大伟、曹寿成:《对深化外贸体制改革的几点思考》,载于《国际经贸探索》1988 年第 4 期。

［687］姚凯：《世界贸易组织与发展中国家的对外贸易》，载于《经济评论》1999年第6期。

［688］姚璐、刘雪莲：《后危机时代全球治理发展的新动向》，载于《国外理论动态》2013年第8期。

［689］姚巧华：《人类命运共同体——全球治理体系变革与重构的中国方案》，载于《学习论坛》2018年第8期。

［690］姚树洁、冯根福、韦开蕾：《外商直接投资和经济增长的关系研究》，载于《经济研究》2006年第12期。

［691］姚树洁、韦开蕾：《中国经济增长、外商直接投资和出口贸易的互动实证分析》，载于《经济学（季刊）》2008年第1期。

［692］姚苏烽：《循序渐进的放权：中国加入世贸组织与外贸经营权》，载于《国际贸易》1997年第11期。

［693］姚贤镐：《国际分工与社会主义国家对外经济关系》，载于《经济科学》1980年第4期。

［694］姚洋、邹静娴：《从长期经济增长角度看中美贸易摩擦》，载于《国际经济评论》2019年第1期。

［695］叶晓迪、乌凌翔：《权力位置、身份定位与21世纪中美关系的演进——兼论新时代中国外交的应对》，载于《国际展望》2019年第1期。

［696］尹翔硕、李春顶、孙磊：《国际贸易摩擦的类型、原因、效应及化解途径》，载于《世界经济》2007年第7期。

［697］尹翔硕、李春顶：《边际保护、加权福利与中美贸易摩擦的成因》，载于《财经问题研究》2008年第4期。

［698］尹翔硕、李春顶：《国际贸易摩擦南北不对称与摩擦的形成——基于一个三国贸易模型的分析》，载于《南开经济研究》2007年第5期。

［699］尹翔硕、王领：《中美贸易不平衡中的东亚因素》，载于《亚太经济》2010年第1期。

［700］尹翔硕：《进入新经济时期的美国贸易逆差——兼评中美贸易不平衡问题》，载于《世界经济研究》2001年第2期。

［701］尹翔硕：《中美贸易摩擦的影响及我们的政策重点》，载于《世界经济研究》2006年第8期。

[702] 应谷声：《李嘉图“比较成本说”的合理内核——兼与王怀宁、陈琦伟两同志商榷》，载于《中南财经政法大学学报》1981年第4期。

[703] 应谷声：《体现等价的交换比率在哪里？——与陈琦伟同志商榷》，载于《世界经济》1982年第2期。

[704] 于立新、袁伶娃：《对“八五”期间外贸体制改革的几点思考》，载于《宏观经济研究》1991年第4期。

[705] 于立新：《“八五”我国外贸体改应注重的几个问题及中后期改革设想》，载于《中国经济问题》1991年第4期。

[706] 于立新：《深化外贸体制改革中的若干问题的思考》，载于《国际经贸探索》1994年第6期。

[707] 于培伟：《关于内外贸一体化的再思考》，载于《中南财经政法大学学报》2005年第3期。

[708] 于铁流、李秉祥：《中美贸易摩擦的原因及其解决对策》，载于《管理世界》2004年第9期。

[709] 于新东：《产业保护和产业安全的理论分析》，载于《上海经济研究》1999年第11期。

[710] 余道群：《我国外贸体制改革总体目标模式的构想》，载于《暨南学报》（哲学社会科学版）1988年第3期。

[711] 余宏：《深化外贸体制改革的几点思考》，载于《武汉金融》1991年第3期。

[712] 余淼杰、崔晓敏：《人民币汇率和加工出口的国内附加值：理论及实证研究》，载于《经济学（季刊）》2018年第3期。

[713] 余淼杰、金洋、刘亚琳：《中美贸易摩擦的缘起与对策——一个文献综述》，载于《长安大学学报》（社会科学版）2018年第5期。

[714] 余淼杰、李晋：《进口类型、行业差异化程度与企业生产率提升》，载于《经济研究》2015年第8期。

[715] 余淼杰、王宾骆：《对外改革、对内开放、促进产业升级》，载于《国际经济评论》2014年第2期。

[716] 余淼杰、徐竹西、祝辉煌：《逆全球化背景下我国自由贸易港建设的动因与路径》，载于《江海学刊》2018年第2期。

[717] 余淼杰、袁东：《贸易自由化、加工贸易与成本加成——来自我国制造业企业的证据》，载于《管理世界》2016 年第 9 期。

[718] 余淼杰、张睿：《中国制造业出口质量的准确衡量：挑战与解决方法》，载于《经济学（季刊）》2017 年第 2 期。

[719] 余淼杰、智琨：《进口自由化与企业利润率》，载于《经济研究》2016 年第 8 期。

[720] 余淼杰、祝辉煌：《贸易政策不确定性的度量、影响及其政策意义》，载于《长安大学学报》（社会科学版）2019 年第 1 期。

[721] 余淼杰：《改革开放四十年中国对外贸易奇迹：成就与路径》，载于《国际贸易》2018 年第 12 期。

[722] 余淼杰：《中国的贸易自由化与制造业企业生产率》，载于《经济研究》2010 年第 12 期。

[723] 余敏友、廖丽、刘筱萌：《“WTO 多哈回合与中国贸易政策和法律的新挑战”》，载于《武大国际法评论》2009 年第 1 期。

[724] 余南平：《中国自由贸易港建设：定位与路径》，载于《探索与争鸣》2018 年第 3 期。

[725] 余永定：《中美贸易战的回顾与展望》，载于《债券》2018 年第 8 期。

[726] 余永定：《对陈琦伟同志的“比较利益与国际价值论”的几点看法》，载于《世界经济》1986 年第 11 期。

[727] 余永定：《过早资本项目全面开放是在根本性问题上犯颠覆性错误》，载于《经济导刊》2015 年第 9 期。

[728] 余振、周冰惠、谢旭斌：《参与全球价值链重构与中美贸易摩擦》，载于《中国工业经济》2018 年第 7 期。

[729] 俞可平：《全球治理引论》，载于《马克思主义与现实》2002 年第 1 期。

[730] 袁倩：《第三届“全球学与全球治理论坛”综述》，载于《国外理论动态》2016 年第 6 期。

[731] 袁文祺、戴伦彰、王林生：《国际分工与我国对外经济关系》，载于《中国社会科学》1980 年第 1 期。

[732] 袁文祺、葛虹：《略论外贸体制改革的必要性》，载于《国际贸易》1984 年第 12 期。

[733] 袁文祺、王健民：《重新认识和评价对外贸易在我国国民经济发展中的作用和地位》，载于《国际贸易》1982 年第 1 期。

[734] 袁文祺：《九十年代我国外贸发展与改革的总体思路和设想》，载于《财贸经济》1990 年第 6 期。

[735] 袁嫣、刘运顶：《美国出口管制政策、对华出口管制及其发展趋势研判》，载于《广东金融学院学报》2006 年第 4 期。

[736] 袁征：《美国单边主义行为冲击国际秩序》，载于《人民论坛》2019 年第 1 期。

[737] 袁征：《中美新型大国关系构建：理想与现实》，载于《和平与发展》2015 年第 2 期。

[738] 张岸元：《构建开放型经济新体制》，载于《宏观经济管理》2016 年第 1 期。

[739] 张晨、卢江、周端明：《增强中国特色社会主义政治经济学对中国对外开放和参与全球治理的理论阐释力》，载于《政治经济学评论》2017 年第 2 期。

[740] 张崇文：《外贸体制必须改革》，载于《经济管理》1979 年第 12 期。

[741] 张定胜、刘洪愧、杨志远：《中国出口在全球价值链中的位置演变——基于增加值核算的分析》，载于《财贸经济》2015 年第 11 期。

[742] 张东冬、左凤荣：《美国国家实力衰落与国际权力格局的变化》，载于《国际展望》2018 年第 2 期。

[743] 张二震、戴翔：《关于构建开放型经济新体制的探讨》，载于《南京社会科学》2014 年第 7 期。

[744] 张帆、余淼杰、俞建拖：《“一带一路”与人民币国际化的未来》，载于《人民论坛·学术前沿》2017 年第 9 期。

[745] 张汉林、蔡春林：《试论美国对华出口管制政策及前景》，载于《美国研究》1991 年第 2 期。

[746] 张杰、李勇、刘志彪：《出口促进中国企业生产率提高

吗？——来自中国本土制造业企业的经验证据：1999 ~ 2003》，载于《管理世界》2009 年第 12 期。

［747］张杰、李勇、刘志彪：《出口与中国本土企业生产率——基于江苏制造业企业的实证分析》，载于《管理世界》2008 年第 11 期。

［748］张杰：《中美经济竞争的战略内涵、多重博弈特征与应对策略》，载于《世界经济与政治论坛》2018 年第 3 期。

［749］张可云：《新时代的中国区域经济新常态与区域协调发展》，载于《国家行政学院学报》2018 年第 3 期。

［750］张可云：《预防新一轮区域经济冲突》，载于《战略与管理》2002 年第 2 期。

［751］张磊：《WTO 体制下的保障措施和特殊保障措施》，载于《国际经贸探索》2006 年第 1 期。

［752］张玲：《“一带一路”战略视阈下我国区域经济的协调发展》，载于《经济研究导刊》2017 年第 14 期。

［753］张平：《技术性贸易壁垒与知识产权》，载于《中国政法大学学报》2004 年第 1 期。

［754］张生玲、张丽平：《我国外贸体制改革三十年理论回顾》，载于《国际贸易》2008 年第 7 期。

［755］张生玲：《改革开放以来我国流通体制改革发展理论回顾》，载于《中国流通经济》2009 年第 4 期。

［756］张松涛：《关于我国外贸体制进一步改革的构思》，载于《国际贸易》1988 年第 12 期。

［757］张文玲：《中国区域经济发展战略研究综述》，载于《社科与经济信息》1996 年第 1 期。

［758］张文木：《新时代中美关系特点及其本质——兼析苏联后期的外交失误及目前“新冷战”概念的错误》，载于《世界社会主义研究》2018 年第 7 期。

［759］张文显：《推进全球治理变革、构建世界新秩序：习近平治国理政的全球思维》，载于《环球法律评论》2017 年第 4 期。

［760］张显高：《简评“不发达经济学”》，载于《学术月刊》1964

年第1期。

[761] 张晓磊、张为付、崔凯雯:《贸易利益分配失衡与贸易摩擦——兼论此次中美贸易摩擦的解决思路》,载于《国际贸易》2018年第10期。

[762] 张燕生:《"十三五":全面深化新一轮改革开放》,载于《中国外汇》2015年第3期。

[763] 张燕生:《适应经济全球化新形势、构建开放型经济新体制》,载于《当代世界》2014年第3期。

[764] 张燕生:《新一轮高标准改革开放应如何先行先试——中国(上海)自由贸易试验区的改革重点和未来方向》,载于《学术月刊》2013年第10期。

[765] 张译文、张爱武:《论推动全球经济治理平台建设的中国方案》,载于《桂海论丛》2018年第3期。

[766] 张影强:《加快全球治理改革提升中国国际影响力——全球治理高层政策论坛综述之一》,载于《经济研究参考》2014年第61期。

[767] 张幼文:《中美贸易战:不是市场竞争而是战略竞争》,载于《南开学报》2018年第3期。

[768] 张幼文:《我国外贸体制改革的新任务》,载于《上海对外经贸大学学报》1998年第6期。

[769] 张幼文:《中国推进全球治理的基本主张与深远影响》,载于《毛泽东邓小平理论研究》2016年第5期。

[770] 张宇燕、冯维江:《从"接触"到"规锁":美国对华战略意图及中美博弈的四种前景》,载于《清华金融评论》2018年第7期。

[771] 张宇燕、任琳:《全球治理:一个理论分析框架》,载于《国际政治科学》2015年第3期。

[772] 张宇燕:《全球治理的中国视角》,载于《世界经济与政治》2016年第9期。

[773] 张玉荣、琚贻玖:《论全面深化外贸体制改革》,载于《国际经贸探索》1991年第5期。

[774] 张蕴岭:《中美能斗而不破吗》,载于《世界知识》2018年第12期。

［775］张蕴岭：《东亚合作与中国—东盟自由贸易区的建设》，载于《当代亚太》2002 年第 1 期。

［776］张蕴岭：《探求东亚的区域主义》，载于《当代亚太》2004 年第 12 期。

［777］张振江：《亚太自由贸易区：美国战略与中国应对》，载于《世界经济与政治》2009 年第 4 期。

［778］张志宏：《利用外资与我国产业安全若干问题的深入思考》，载于《中国工业经济》1998 年第 3 期。

［779］张志明、杜明威：《全球价值链视角下中美贸易摩擦的非对称贸易效应——基于 MRIO 模型的分析》，载于《数量经济技术经济研究》2018 年第 12 期。

［780］章昌裕：《近年来我国关于“比较成本说”讨论综述》，载于《经济学动态》1985 年第 2 期。

［781］长江开发开放总体构想研究课题组：《长江流域开发开放战略构想》，载于《经济研究参考》1996 年第 35 期。

［782］赵蓓文：《外资风险视角下的中国国家经济安全预警指标体系》，载于《世界经济研究》2012 年第 1 期。

［783］赵春明、何艳：《减弱入世冲击的国际经验及对中国的启示》，载于《世界经济研究》2000 年第 5 期。

［784］赵春明：《不可替代的宏观调控——减弱加入 WTO 冲击的国际经验及启示》，载于《国际贸易》2002 年第 11 期。

［785］赵建：《国际贸易摩擦背后的产业结构和政治因素》，载于《世界经济与政治论坛》2004 年第 3 期。

［786］赵瑾：《中美经济摩擦的焦点和主要问题》，载于《世界经济》2004 年第 3 期。

［787］赵晋平：《更多体现比较利益：加入 WTO 与中国对外经济贸易关系》，载于《国际贸易》2000 年第 6 期。

［788］赵晋平：《关于探索建设自由贸易港的几点思考》，载于《中国发展观察》2018 年第 6 期。

［789］赵世洪：《国民产业安全概念初探》，载于《宏观经济研究》

1998 年第 3 期。

[790] 赵伟、黄上国：《加入 WTO 的制度变迁效应——基于产业组织的分析》，载于《数量经济技术经济研究》2004 年第 2 期。

[791] 赵伟：《区域开放：中国的独特模式及其未来发展趋向》，载于《浙江学刊》2001 年第 2 期。

[792] 赵晓、柳阳：《再论中国崛起之"国际经济摩擦时代"》，载于《国际经济评论》2005 年第 2 期。

[793] 赵晓：《从战略角度看中国的"国际经济摩擦"时期》，载于《国际经济评论》2003 年第 11 期。

[794] 赵英：《产业国际竞争力与国家经济安全（上）》，载于《经济管理》1997 年第 2 期。

[795] 赵英：《产业国际竞争力与国家经济安全（下）》，载于《经济管理》1997 年第 4 期。

[796] 赵英：《产业国际竞争力与国家经济安全（中）》，载于《经济管理》1997 年第 3 期。

[797] 赵英：《国家安全战略哲学初探》，载于《欧洲研究》1997 年第 3 期。

[798] 赵永清：《近年来我国外贸体制改革的新进展》，载于《国际贸易问题》1997 年第 10 期。

[799] 赵元铭：《产业控制力的实现层次：基于后发国家产业安全边界的审视》，载于《世界经济与政治论坛》2008 年第 6 期。

[800] 郑宝华、李东、曹泽、李向前：《基于产业竞争力的产业安全成因分析》，载于《经济学动态》2008 年第 4 期。

[801] 郑新立：《高度重视产业安全的监测预警和对策研究》，载于《中国国情国力》2006 年第 8 期。

[802] 郑永年：《中美关系和国际秩序的未来》，载于《国际政治研究》2014 年第 1 期。

[803] 郑毓盛、李崇高：《中国地方分割的效率损失》，载于《中国社会科学》2003 年第 1 期。

[804] 中国社会科学院财贸物资经济研究所"外贸"课题组：《我国外

贸体制改革与外贸发展的反思及对策》，载于《财贸经济》1987 年第 6 期。

［805］中月光：《论深化我国外贸体制改革的几个问题》，载于《国际经贸探索》1993 年第 4 期。

［806］钟昌标、张梦婷、俞峰：《“引进外资”与“对外投资”的协调机制与政策研究》，载于《国际贸易》2018 年第 1 期。

［807］钟飞腾：《超越霸权之争：中美贸易战的政治经济学逻辑》，载于《外交评论》（外交学院学报）2018 年第 6 期。

［808］钟朋荣：《外贸体制要实现四大转变》，载于《财贸经济》1988 年第 7 期。

［809］钟山：《论对外开放与经济制度变迁》，载于《外贸与商检》2002 年第 2 期。

［810］钟伟：《特朗普时代：中美经贸关系仍可期》，载于《中国外汇》2017 年第 4 期。

［811］仲鑫：《我国外贸体制改革进程的特点与政策性思考》，载于《产业经济研究》2005 年第 1 期。

［812］周方银：《国际领导权之争的误区与中美关系的前景》，载于《战略决策研究》2018 年第 2 期。

［813］周小川：《外贸体制改革及有关经济思想的转变进程》，载于《经济社会体制比较》1988 年第 4 期。

［814］周泳：《试论 GATT/WTO 法律制度和环境保护》，载于《南开学报》1998 年第 3 期。

［815］周宇：《全球经济治理与中国的参与战略》，载于《世界经济研究》2011 年第 11 期。

［816］周肇光：《如何在开放中维护国家经济安全》，载于《当代经济研究》2003 年第 9 期。

［817］朱刚体：《“比较成本理论”与我国对外贸易》，载于《国际商务研究》1981 年第 2 期。

［818］朱国兴、王绍熙：《关于马克思对李嘉图“比较成本说”的评价问题》，载于《国际贸易》1982 年第 8 期。

［819］朱海斌：《特朗普时代的中美经贸关系》，载于《清华金融评

论》2017 年第 3 期。

[820] 朱桦:《我国内外贸一体化发展的若干思考》，载于《国际市场》2012 年第 Z2 期。

[821] 朱平芳、李磊:《两种技术引进方式的直接效应研究——上海市大中型工业企业的微观实证》，载于《经济研究》2006 年第 3 期。

[822] 朱彤书、何家宝:《也谈李嘉图比较成本说——与朱钟棣、陈琦伟同志商榷》，载于《世界经济》1982 年第 4 期。

[823] 朱文晖、张玉斌:《改革开放以来中国区域政策的四次调整及其研判》，载于《开放导报》2004 年第 1 期。

[824] 朱钟棣:《比较成本说的理论缺陷——与陈琦伟同志商榷》，载于《世界经济》1981 年第 11 期。

[825] 朱钟棣:《新中国外贸体制改革的回顾与展望》，载于《财经研究》1999 年第 10 期。

[826] 祝年贵:《利用外资与中国产业安全》，载于《财经科学》2003 年第 5 期。

[827] 庄峻:《优化中国外贸格局又一招——组建中外合资外贸公司的意义及对策》，载于《国际贸易》1997 年第 9 期。

[828] 邹柏松:《关于李嘉图的比较成本论的讨论简介》，载于《经济科学》1981 年第 3 期。

[829] 蔡如鹏:《专家: 中美战略竞争不是模式之争更不是制度之争》，载于《中国新闻周刊》2019 年 5 月 20 日，总第 899 期。

[830] 邓曦泽:《中美之争的本质》，载于《联合早报》2019 年 6 月 20 日。

[831] 邓聿文:《双输: 特朗普政府对华战略的真正目标?》，FT 中文网，2019 年 6 月 18 日。

[832] 董希淼:《中国银行业 40 年回顾、现状与展望》，人大重阳网，2018 年 12 月 29 日，http: //rdcy - sf. ruc. edu. cn/Index/news_cont/id/53731. html.

[833] 高虎城:《完善对外开放战略布局》，载于《人民日报》2015 年 12 月 10 日，第 7 版。

[834] 高善文：《中美贸易摩擦“修昔底德陷阱”和深层次原因!》，高善文经济观察，2018年6月23日。

[835] 高祖贵：《世界百年未有之大变局的丰富内涵》，载于《学习时报》2019年1月21日。

[836] 顾海兵，周智高，沈继楼：《中国经济安全的范式研究》，载于《光明日报》2006年5月23日

[837] 何立胜：《制度型开放：全面对外开放的新阶段》，载于《学习时报》2019年1月16日。

[838] 雷册渊：《专访丨洪远朋：幸运的是，这三个“春天”我都参与了、努力了》，载于《解放日报》2018年12月29日。

[839] 李显龙：《望中美能共创双赢》，载于《联合早报》2019年6月1日。

[840] 李永江：《内外贸一体化存在五大障碍》，载于《国际商报》2004年9月28日。

[841] 林毅夫：《坚持实事求是的理论创新科学应对新挑战》，载于《人民日报》2019年6月12日，第9版。

[842] 刘英：《麦金农金融发展理论对中国金融改革的启示》，载于《第一财经日报》2014年10月16日。

[843] 隆国强：《理性认识当前的中美贸易摩擦》，载于《人民日报》2018年8月29日，第7版。

[844] 罗思义：《与特朗普的经济持久战，中国最具有杀伤力的武器是什么?》，观察者网，2019年6月4日。

[845] 青原：《打打谈谈两由之》，载于《求是》2019年第10期。

[846] 青原：《认清本质洞明大势斗争到底——中美经贸摩擦需要澄清的若干问题》，载于《求是》2019年第12期。

[847] 权衡：《加快形成全面开放新格局》，载于《人民日报》2018年11月12日。

[848] 人民银行国际司：《关于人民币国际化和资本项目可兑换的几点思考》，载于《第一财经日报》2019年2月19日。

[849] 任平：《美国挑起贸易战的实质是什么?》，载于《人民日报》

2018 年 8 月 10 日，第 5 版。

[850] 任泽平、罗志恒、贺晨、梁颖：《中美贸易摩擦再升级：本质、影响、应对与展望》，泽平宏观，2019 年 5 月 20 日。

[851] 任泽平、罗志恒：《大国兴衰和中美贸易摩擦》，泽平宏观，2019 年 5 月 14 日。

[852] 商务部：《关于美国在中美经贸合作中获益情况的研究报告》2019 年 6 月。

[853] 商务部党组：《中国对外开放四十年的回顾与思考》，载于《人民日报》2019 年 1 月 18 日，第 10 版。

[854] 邵宇：《全球化至暗时刻：逃离三重修昔底德陷阱》，清华大学国家金融研究院国际金融与经济研究中心（CIFER），2018 年 12 月 8 日。

[855] 石建勋：《警惕中美经贸摩擦中的奇谈怪论》，载于《经济日报》2019 年 6 月 16 日。

[856] 汪洋：《构建开放型经济新体制》，载于《人民日报》2013 年 11 月 22 日，第 6 版。

[857] 王缉思：《如何判断美国对华政策的转变》，载于《环球时报》2019 年 6 月 13 日。

[858] 王缉思：《身处百年未有之大变局的世界》，载于《环球时报》2019 年 3 月 7 日。

[859] 王建：《关于“国际大循环”经济发展战略的构想》，载于《经济日报》1988 年 1 月 5 日。

[860] 王惟中：《为新殖民主义服务的“不发达经济学”》，载于《人民日报》1964 年 4 月 10 日。

[861] 王兆星：《中国过去四十年的经济成就金融改革功不可没》，新浪财经，2018 年 11 月 14 日。

[862] 魏后凯：《区域统筹：破解地区差距扩大难题》，载于《光明日报》2004 年 6 月 17 日。

[863] 吴浩：《“制度型开放”将向全球释放红利》，载于《经济日报》2019 年 3 月 13 日。

[864] 熊若愚：《推动形成全面开放新格局》，载于《学习时报》

2018 年 1 月 12 日。

［865］徐林：《区域统筹：破解地区差距扩大难题》，载于《光明日报》2004 年 6 月 17 日。

［866］许英明：《外商投资法开启制度型开放新时代》，载于《中国经济时报》2019 年 3 月 13 日。

［867］扬之：《“修昔底德陷阱”是否真的适用于中美关系?》，观察者网，2018 年 8 月 25 日。

［868］杨长湧：《将新时代高水平开放持续推向深》，载于《经济日报》2019 年 2 月 12 日。

［869］叶胜舟：《贸易战未来：如何定位中美核心利益并寻求共赢?》，FT 中文网，2019 年 5 月 16 日。

［870］余永定：《对中美贸易战的几点看法》，凤凰网财经观察，2018 年 8 月 17 日。

［871］余永定：《中美贸易战的前景》，第九届中日金融圆桌闭门研讨会的主题演讲，中国金融四十人论坛（CF40），2019 年 6 月 1 日。

［872］余云辉：《发展自主型经济打造“国家极限生存能力”》，昆仑策网，2019 年 6 月 17 日。

［873］张家栋：《美国风格大变源于转型困境》，载于《环球时报》2019 年 4 月 22 日。

［874］张祥：《用科技振兴贸易》，载于《中国高新技术产业导报》1999 年 6 月 1 日。

［875］张宇燕等：《世界面临百年未有之大变局》，载于《人民日报》2018 年 12 月 24 日，第 14～15 版。

［876］赵洪岩、盛柳刚：《中美贸易战如何量化分析?》，FT 中文网，2018 年 5 月 2 日。

［877］郑延冰：《深刻认识大变局》，载于《人民日报》2019 年 5 月 23 日，第 9 版。

［878］郑永年：《“经济战”与中美关系》，载于《联合早报》2019 年 6 月 18 日。

［879］郑永年：《中美关系的未来》，载于《联合早报》2019 年 6 月

4日。

[880] 郑永年：《中美如何避免“修昔底德陷阱”?》，观察者网，2012年9月4日。

[881] 中央党校习近平新时代中国特色社会主义思想研究中心：《中国对外开放的宝贵经验》，载于《光明日报》2018年9月25日，第6版。

[882] 周小川：《进一步的金融开放对中国非常重要》，载于《上海证券报》2019年6月16日，第9版。

[883] 祝惠春：《金融业开放会不会影响金融安全?》，载于《经济日报》2018年4月19日。

后　记

本书是上海财经大学程霖教授主持的“复兴之路：新中国经济思想研究”系列丛书的其中一本，主要内容是阐释中华人民共和国成立70年对外开放发展的历程及理论研究的演进脉络。

本书包括导论在内共计五章，由上海财经大学经济学院的陈波撰写，其中，上海财经大学经济学院李昊匡博士协助完成了第四章第一和第二节的写作工作。本书在撰写的过程中参考了大量的文献成果，在本书中基本上都有标注，在此向这些文献的作者表示感谢，如果存在遗漏的情况，也谨向这些作者表示歉意。经济科学出版社的孙丽丽编辑为本书的出版做了大量的工作，付出了艰辛的劳动，本人也在此向孙丽丽编辑表示感谢。本书由本人总体策划、设计和执笔，因此，如果有任何的错误或疏漏，理应由本人承担全部责任，也希望各位领导、专家及广大读者不吝赐教和指正。

陈　波

2019年9月